LES STATISTIQUES
UNE APPROCHE NOUVELLE

DONALD H. SANDERS

M. J. Neeley School of Business
Texas Christian University

A. FRANKLIN MURPH

M. J. Neeley School of Business
Texas Christian University

ROBERT J. ENG

Babson College

Traduction et adaptation :

FRANÇOIS ALLARD

collège de Bois-de-Boulogne

Consultation technique :

MICHEL PELLETIER

collège de Bois-de-Boulogne

D1401600

Montréal Toronto New York Saint Louis San Francisco
Auckland Bogotá Guatemala Hambourg Johannesburg
Lisbonne Londres Madrid Mexico New Delhi Panama
Paris San Juan Sao Paulo Singapour Sydney Tokyo

Les statistiques, une approche nouvelle
Copyright © 1984, McGraw-Hill, Éditeurs

Dépôt légal : 2ᵉ trimestre 1984
Bibliothèque nationale du Québec
Imprimé et relié au Canada
 3 4 5 6 7 8 9 0   IG84   09876
ISBN 0-07-548670-9

Cet ouvrage a été imprimé par les ateliers de l'**Imprimerie Gagné Ltée. Francine Corbeil** en a été l'éditrice. **Jean-Pierre Leroux** a assuré la révision. **Gilles Piette** a conçu et réalisé la maquette de couverture. Et **Céline Rousseau** a coordonné la réalisation.

TABLE DES MATIÈRES

PARTIE 2
ÉCHANTILLONNAGE EN THÉORIE ET EN PRATIQUE

PARTIE 3
FAIRE FACE AU CHANGEMENT

PARTIE 4
SUJETS DIVERS

PRÉFACE

S'il ne me restait qu'une heure à vivre, j'aimerais la passer dans un cours de statistiques : elle me semblerait tellement plus longue.

Réflexion d'un étudiant

Ce livre de statistiques tentera — encore une fois! — de vous rendre agréable l'étude de la théorie statistique afin que vous n'en veniez pas à croire, vous aussi, qu'un cours de statistiques n'est qu'un moyen inventé par l'homme pour retarder indéfiniment le moment de son passage dans l'au-delà.

La majorité des étudiants auxquels s'adresse ce livre admettront volontiers qu'il est indispensable, de nos jours, pour fonctionner dans une société submergée d'informations de nature quantitative, de posséder une certaine connaissance de base de la statistique. Cependant, nous savons par expérience que très peu d'étudiants prennent un plaisir fou à résoudre des problèmes mathématiques. En fait, de nombreux étudiants ont une sainte horreur des mathématiques (pour lesquels elles constituent une véritable langue étrangère) et n'hésitent pas à croire les rumeurs les plus invraisemblables qui circulent au sujet des cours de statistiques.

Pourquoi avons-nous écrit ce livre? Tout simplement parce que nous croyons que l'apathie et le dégoût des étudiants face à la statistique sont reliés d'une certaine manière au fait que, malheureusement, plusieurs livres de statistiques sont très rigoureux au niveau de l'écriture, mathématiquement inaccessibles, extrêmement détaillés. . . et atrocement ennuyeux!

Nous avons voulu éviter de tomber dans ces pièges; vous constaterez que *la différence majeure entre ce livre et plusieurs autres* réside dans l'approche que nous avons adoptée : nous avons tenté de (1) communiquer avec l'étudiant plutôt que de lui transmettre bêtement de l'information, (2) présenter la matière d'une façon détendue et informelle sans négliger toutefois les concepts les plus importants, (3) soutenir l'attention de l'étudiant en incorporant dans le texte des citations, en employant des noms ridicules et des situations invraisemblables ou cocasses, (4) utiliser chaque fois que c'est possible une approche intuitive ou basée sur le bon sens pour développer les concepts. Bref, ce livre a été écrit pour les étudiants et non pour les statisticiens de carrière et il a pour but de vous convaincre que l'étude de la statistique peut être une expérience stimulante, intéressante et enrichissante.

Plus précisément, *ce livre a pour but* de permettre aux étudiants inscrits dans un premier cours de statistiques de se familiariser avec plusieurs techniques et concepts importants dont ils auront besoin pour (1) évaluer l'information véhiculée quotidiennement à travers les rapports d'organismes, les articles de journaux et de magazines et les émissions de radio et de télévision, (2) accroître leur aptitude à prendre de meilleures décisions dans un large éventail de situations et (3) accroître leur aptitude à mesurer et faire face à des conditions changeantes autant à la maison qu'au travail. Cependant, *ce livre n'a pas pour but* de transformer les étudiants en statisticiens professionnels car il est évident que la plupart de ses utilisateurs seront des consommateurs plutôt que des producteurs d'informations de nature statistique. Par conséquent, nous avons mis l'accent sur l'explication des techniques statistiques et sur l'interprétation des résultats qui en découlent. Cependant, *les préalables mathématiques nécessaires pour aborder ce livre sont très modestes — les notions mathématiques requises sont réduites au minimum.* (L'étude des probabilités et des distributions de probabilités, par exemple, se limitera aux notions de base essentielles.)

**STRUCTURE
DU LIVRE**

Ce livre contient *quatre parties*. Au début de chaque partie, une brève introduction apporte une justification à la partie et identifie les différents chapitres de celle-ci. De plus, les premières pages de chaque chapitre sont consacrées à l'énoncé des *objectifs d'apprentissage* et du *contenu du chapitre*. On retrouve des problèmes et des questions de compréhension à la fin de chaque chapitre et dans les *sections d'auto-évaluation* qui apparaissent dans la plupart des chapitres. Ces problèmes et ces questions visent à vérifier si les objectifs d'apprentissage du chapitre sont atteints. Un résumé des parties de ce volume vous est présenté ci-dessous.

**Partie 1 :
Statistique
descriptive**

Le sujet traité dans les *quatre chapitres* de la partie 1 est la statistique descriptive. Comme dans tous les ouvrages, le chapitre 1 est consacré à l'introduction du sujet. Le chapitre 2 examine les erreurs le plus fréquemment commises lors de l'utilisation des méthodes statistiques; plusieurs exemples illustrent ces propos. Les chapitres 3 et 4 traitent des mesures de tendance centrale et de dispersion.

**Partie 2 :
L'échantillonnage
en théorie et en
pratique**

Les *sept chapitres* de la partie 2 vous proposent certains concepts d'*inférence statistique*. Les chapitres 5 et 6 présentent les notions de base de la théorie de l'échantillonnage; dans le chapitre 7, on découvre comment utiliser les données échantillonnales pour *estimer* certains paramètres d'une population. Les chapitres 8 à 11 s'attardent enfin à l'étude de techniques de *tests d'hypothèses*.

**Partie 3 :
Faire face au
changement**

Les *trois chapitres* de la partie 3 sont consacrés à la *mesure* et à la *prévision* de variations. Le chapitre 12 montre comment utiliser les nombres indices pour mesurer les variations dans les conditions économiques; dans les chapitres 13 et 14, on apprend comment utiliser l'analyse des séries chronologiques, la régression et la corrélation pour faire des prévisions.

Partie 4 :
Sujets divers

Les quatorze premiers chapitres du livre n'ont évidemment pas fait le tour de toutes les techniques statistiques mises à la disposition des statisticiens et des décideurs. Cette partie du livre présente certains outils quantitatifs qui n'ont pu être examinés dans les chapitres précédents. Ainsi, par exemple, *le chapitre 15 aborde l'étude de certaines méthodes statistiques non paramétriques.*

Ce chapitre aurait pu logiquement se retrouver dans la partie 2, mais nous avons préféré le placer ici. Finalement, le dernier chapitre (chapitre 16) est une brève présentation de quelques-unes des techniques qu'il est impossible de traiter en détail dans un livre de niveau élémentaire.

Donald H. SANDERS

NOTE DU
TRADUCTEUR

Ce livre est conçu pour un niveau élémentaire; il s'adresse aux étudiants qui suivent un cours d'initiation à la théorie statistique. Les auteurs ont réussi à présenter les différentes notions en privilégiant une approche plus intuitive que formelle; les préalables mathématiques nécessaires se résument à très peu de chose. Évidemment, certains puristes verront là l'occasion de jouer les vierges offensées; par contre, de nombreux étudiants seront ravis de constater qu'il est possible d'aborder l'étude de la statistique d'une façon simple, détendue et intéressante.

L'humour est un outil pédagogique indiscutable; il permet de soutenir l'intérêt du lecteur en lui arrachant un sourire au moment où il serait plutôt porté à s'arracher les cheveux. À mon avis, les auteurs ont très bien réussi à manipuler cet outil pour créer un ouvrage à la fois intéressant, accessible et agréable. Cependant, le lecteur que j'étais, enchanté de la version en langue anglaise, s'est vite transformé en traducteur angoissé. Comment traduire un tel livre? Comment rendre justice aux auteurs? Suis-je drôle et intéressant? Vous seuls pourrez répondre à cette dernière question.

Pour terminer, je tiens à remercier Michel Pelletier, le consultant (qui a fait semblant d'apprécier mon travail), la dactylographe qui a dit me trouver drôle (on cherche toujours la sécurité d'emploi!), mon épouse qui a passé de nombreuses soirées seule (à ne penser qu'au chèque de la maison d'éditions!), mes enfants qui continuent à m'appeler papa malgré tout, le chien du voisin, muet de naissance (le chien, pas le voisin), et le monde entier (une vraie remise des Oscars!)

François ALLARD

PARTIE 1

STATISTIQUE DESCRIPTIVE

Les méthodes pour recueillir, classer, synthétiser et présenter de l'information quantitative constituent une partie importante de la théorie statistique. En fait, les premiers livres d'introduction à la statistique examinaient presque exclusivement ces méthodes de description.

Dans cette partie du livre, nous verrons comment diverses mesures statistiques peuvent être utilisées (et mal utilisées) pour décrire et résumer la relation existant entre des variables. Même si la partie 3 met l'accent sur la mesure et la prévision des variations, les trois chapitres de cette section du livre portent, pour une large part, sur la statistique descriptive.

Contrairement aux anciens livres d'introduction à la statistique, les textes plus récents accordent une place importante aux méthodes d'inférence statistique utilisées pour prendre des décisions à partir de mesures effectuées sur des échantillons. (L'inférence statistique est traitée à la partie 2.) Mais on peut affirmer, même au niveau de l'inférence statistique, que les mesures calculées, servant de base à la prise de décisions, sont de nature descriptive. Par conséquent, une connaissance de la statistique descriptive est nécessaire à tout consommateur d'information quantitative, c'est-à-dire à tout citoyen instruit.

La partie 1 contient les chapitres suivants :

1. C'est un départ.
2. Des menteurs, des #$%& menteurs et quelques statisticiens.
3. Statistique descriptive : distribution de fréquences et mesures de tendance centrale.
4. Statistique descriptive : mesures de dispersion et de dissymétrie.

CHAPITRE 1
C'EST UN DÉPART

OBJECTIFS D'APPRENTISSAGE

Après avoir lu attentivement ce chapitre et répondu aux questions de compréhension, vous devriez pouvoir:

☞ donner la signification des termes suivants: « statistique », « statistique descriptive », « paramètre » et « recensement »;

☞ comprendre et expliquer pourquoi il est important de posséder une certaine connaissance de la théorie statistique;

☞ énoncer les étapes principales de la méthode statistique de résolution de problèmes.

CONTENU DU CHAPITRE

OBJECTIFS ET STRUCTURE DU LIVRE

    Objectif du livre
    Structure du livre

UTILITÉ DE LA STATISTIQUE

    Décrire la relation entre des variables
    Aider à la prise de décision
    Faire face au changement

MÉTHODE STATISTIQUE DE RÉSOLUTION DE PROBLÈMES

RÔLE DE L'ORDINATEUR EN STATISTIQUE

SOMMAIRE

TERMES ET CONCEPTS IMPORTANTS

QUESTIONS DE COMPRÉHENSION

3

Dans le livre de O. Henry, *The Handbook of Hymen*, M. Pratt fait la cour à la riche Mᵐᵉ Sampson. Le malheureux M. Pratt a cependant un rival: un poète. Pour compenser ses lacunes romantiques, M. Pratt choisit un livre de données numériques afin d'éblouir Mᵐᵉ Sampson.

> « *Assoyons-nous sur ce rondin au bord de la route, dis-je, et oublions l'inhumanité et la grivoiserie des poètes. C'est dans les merveilleuses énumérations de faits vérifiés et de mesures bien précises que se trouve la vraie beauté. Dans ce rondin sur lequel nous sommes assis, Mᵐᵉ Sampson, dis-je, se cachent des statistiques plus magnifiques que n'importe quel poème. Les cercles nous indiquent que l'arbre avait soixante ans. Enfoui à deux mille pieds sous terre, il serait devenu charbon en trois mille ans. La mine de charbon la plus profonde du monde est située à Killingworth, près de Newcastle. Une boîte ayant une longueur de quatre pieds, une largeur de trois pieds et une profondeur de deux pieds et huit pouces peut contenir une tonne de charbon. Si une artère est sectionnée, appliquez une pression au-dessus de la blessure. La jambe contient trente os. La Tour de Londres brûla en 1814.* »

> « *Continuez, M. Pratt, dit Mᵐᵉ Sampson. C'est si original et tellement apaisant. Je pense que les statistiques sont des plus charmantes.* »

Il est possible (et même probable) que vous ne partagiez pas, en ce moment, l'opinion de Mᵐᵉ Sampson à l'égard des statistiques. Oh, vous admettez sûrement qu'une certaine compréhension des outils statistiques est nécessaire dans notre monde moderne. Mais vous n'avez jamais placé la résolution de problèmes mathématiques en tête de liste de vos activités préférées; vous avez peut-être entendu des rumeurs pas trop flatteuses au sujet de cours de statistiques, et vous n'attendiez pas avec une impatience incontrôlable le jour béni où vous pourriez ouvrir, à votre tour, un livre de statistiques. Si ces quelques commentaires semblent décrire assez bien votre situation, vous n'avez pas à justifier ici vos craintes. Après tout, plusieurs bouquins de statistiques sont très rigoureux au niveau de l'écriture, mathématiquement inaccessibles, extrêmement détaillés. . . et incroyablement ennuyeux!

Évidemment, il ne sera pas possible, dans ce livre, de bannir l'usage de formules mathématiques dans la résolution de problèmes statistiques et dans la démonstration d'énoncés statistiques importants. Cependant, un haut niveau de connaissance en mathématiques n'est absolument pas requis pour saisir le contenu présenté dans cet ouvrage. En effet, il nous fait plaisir de vous informer qu'un cours d'initiation à l'algèbre de niveau secondaire constitue une préparation tout à fait convenable et contient pratiquement tous les éléments mathématiques requis (par exemple: effectuer des opérations très difficiles comme l'addition, la soustraction, la multiplication, la division et extraire des racines carrées).

Vous découvrirez dans les pages et les chapitres qui suivent qu'un effort a été fait pour (1) communiquer avec vous plutôt que de donner un cours, (2) présenter le contenu d'une façon informelle et détendue sans omettre les concepts les plus importants, (3) soutenir votre intérêt à l'aide de citations et (4) utiliser une approche intuitive dans la présentation de certains concepts. En bref, ce livre a été écrit pour les étudiants débutants et non pour les statisticiens aguerris et son but est de convaincre que l'étude de la statistique peut s'avérer une expérience stimulante, intéressante et enrichissante. (Si M. Pratt a su convaincre Mme Sampson, vous pouvez, vous aussi, être convertis.)

Dans les pages qui suivent, nous discuterons brièvement (1) *des objectifs et de la structure du livre,* (2) *de l'utilité de la statistique,* (3) *de la méthode statistique de résolution de problèmes* et (4) *du rôle de l'ordinateur en statistique.*

OBJECTIFS ET STRUCTURE DU LIVRE

Le gouvernement a un bras long et un bras court; le long sert à prendre et se rend partout, le bras court sert à donner, mais il atteint seulement ceux qui sont tout près [1].

Ignazio Silone

Objectif du livre

Ce livre a pour objectif de vous présenter plusieurs méthodes et concepts statistiques importants dont vous aurez probablement besoin pour (1) évaluer des informations quotidiennes telles que des rapports d'organismes, des articles de revues ou de journaux, des commentaires radiophoniques ou télévisés, (2) accroître votre capacité de porter des jugements sur des sujets aussi variés que la qualité d'un produit particulier, la pertinence du renvoi d'un fonctionnaire ou l'honnêteté d'un vendeur, et (3) accroître votre habileté à mesurer et à faire face au changement tant à la maison qu'au travail.

Par contre, *ce livre n'a pas pour objectif* de vous transformer en statisticien professionnel puisqu'il est peu probable que vous cherchiez à exercer une telle profession. Donc, comme vous avez plus de chances de devenir un *consommateur* qu'un producteur d'informations statistiques, nous mettrons l'accent dans ce livre sur l'explication des méthodes statistiques et sur l'interprétation des conclusions qui en découlent. Bref, le dialogue qui suit, tiré du livre de K.A.C. Manderville, *The Undoing of Lamia Gurdleneck,* termine cette section en livrant un important message que nous avons gardé à l'esprit tout au long de la rédaction de ce volume [2].

> « *Vous ne m'avez pas dit encore, dit Lady Nuttal, ce que fait votre fiancé dans la vie.* »
>
> « *Il est statisticien* », *répondit Lamia, avec une désagréable sensation d'être sur la défensive.*
>
> *De toute évidence, Lady Nuttal était prise au dépourvu. Elle ne pouvait imaginer qu'un statisticien pouvait entretenir une relation sociale normale. Pour elle, cette espèce ne se perpétuait que par l'union d'individus de l'espèce, comme les mules.*

---

1. Avez-vous remarqué que les chapitres et les sections de chapitres des livres savants et les traités académiques sont souvent précédés de citations choisies par l'auteur pour une quelconque raison? Dans certains cas, ces citations servent à mettre en lumière le sujet présenté; dans d'autres cas (même de la part d'auteurs érudits), il semble n'y avoir aucune raison justifiant le message et cela demeure un mystère pour le lecteur. La citation présentée ci-haut tombe malheureusement dans la deuxième catégorie! Cependant, de temps en temps, à travers le texte, nous tenterons d'utiliser des citations (de Aldous Huxley, Mark Twain et autres) dans le but plus louable de mettre l'accent sur le sujet traité.

2. Tiré du livre de Maurice G. Kendall et Allan Stuart, *The Advanced Theory of Statistics,* vol. 2: *Inference and Relationships,* New York, Hafner Publishing Company, Inc., 1967.

« Mais, tante Sara, c'est une profession très intéressante », dit vivement Lamia.

« Je n'en doute pas, répliqua sa tante, qui évidemment en doutait fortement. Exprimer quoi que ce soit d'important à l'aide de simples nombres est si franchement impossible que celui qui en est capable doit pouvoir très bien gagner son pain. Mais ne penses-tu pas que vivre avec un statisticien doit être plutôt monotone? »

Lamia restait silencieuse. Elle se sentait peu enthousiaste à l'idée de parler de l'étonnante capacité émotionnelle qu'elle avait découverte sous la carapace numérique d'Edward.

« Ce ne sont pas les nombres eux-mêmes, dit-elle finalement, mais ce que vous en faites qui est important. »

Structure du livre

Ce livre est divisé en quatre parties et seize chapitres. Avant d'examiner en détail la structure du livre, il serait bon de s'arrêter un peu, le temps de définir certains termes. Le mot « statistique » a deux significations bien différentes. Lady Nuttal et Mme Sampson définiraient probablement ce mot selon *son premier sens,* comme étant essentiellement celui de « nombres » ou « données »; autrement dit, elles considèrent le mot « statistiques » *au pluriel,* comme synonyme de « faits numériques ». *Au singulier,* le mot prend *un autre sens;* en effet, « la statistique » est une science, un sujet d'étude, comme la mathématique l'est.

Les premiers livres de statistiques traitaient principalement des méthodes de *description* de données: techniques pour classer, synthétiser et présenter l'information. En général, on mettait l'accent sur la *cueillette* et le *classement de données,* puis sur l'utilisation de mesures de synthèse, telles que la moyenne, pour décrire efficacement les caractéristiques ou la structure fondamentale du sujet étudié. L'élaboration de tableaux et de graphiques servant à mettre en évidence des relations et à interpréter et *communiquer* les valeurs calculées recevait aussi une attention toute particulière. Évidemment, *la statistique descriptive représente encore une partie importante de la théorie statistique.* Par exemple, des données relatives aux ventes ou aux revenus peuvent être classées ou groupées selon (1) le volume, la grandeur ou la quantité, (2) la situation géographique ou (3) le type de produit ou de service. Souvent, les masses de données doivent être condensées et traitées — c'est-à-dire résumées — afin que l'information qui en ressort soit concise et facilement utilisable; sinon ces masses de données sont sans grande valeur. Un directeur des ventes, par exemple, peut ne vouloir connaître que la moyenne mensuelle des ventes de certains magasins. Un rapport contenant le volume des ventes par service, produit et vendeur, est donc plus susceptible d'intéresser un gérant que ce directeur. Une fois les données classées et résumées, il est souvent nécessaire de présenter ou communiquer à l'utilisateur éventuel l'information obtenue sous une forme qui lui convient, par exemple à l'aide de tableaux et de graphiques appropriés.

Résumons quelques points soulevés au paragraphe précédent avant de retourner à la structure de ce livre. Le mot « statistique » peut se rapporter à des données numériques; cependant, tout au long de ce volume, il se rapportera généralement à *l'ensemble des principes et des méthodes mis au point pour recueillir, classer, synthétiser et communiquer des données numériques en vue de l'utilisation de celles-ci.* Le sujet de la partie 1 (les quatre premiers chapitres) est *la statistique descriptive, terme qui désigne l'ensemble des méthodes de cueillette de classement, de synthèse et de présentation de données.* Une connaissance des méthodes de description statistique vous aidera à évaluer l'information transmise dans des rapports, des articles de journaux et des commentaires télévisés, accroîtra votre capacité de mesurer et, par conséquent, de faire face au changement de conditions économiques. Dans le chapitre 2, par exemple, nous verrons comment certains individus ou groupes *peuvent utiliser d'une façon impropre les méthodes statistiques* dans le but de semer la confusion ou de tromper délibérément. Plusieurs mauvais usages présentés impliquent des méthodes de description. Au chapitre 3, nous considérerons la cueillette et le classement des données et les différentes *mesures de tendance centrale* utilisées fréquemment par les administrateurs et les économistes. D'autres mesures importantes utilisées pour quantifier la *dispersion* ou la *variabilité* des données seront examinées au chapitre 4.

Dans les livres modernes, en plus de la statistique descriptive, un autre aspect de la théorie statistique doit être étudié en profondeur : l'inférence statistique. *L'inférence statistique* consiste en l'ensemble des méthodes qui permettent de tirer des conclusions sur un groupe déterminé — *population* ou *ensemble universel* — à partir de données provenant d'un *échantillon* choisi dans cette population. Il faut noter, ici, que le mot « population » (tel qu'il est utilisé en statistique) ne s'applique pas seulement à des groupes de personnes mais à l'ensemble étudié d'unités de toutes sortes. Ainsi, une population peut représenter l'ensemble des pièces produites sur une chaîne de montage, les poulets congelés qui font partie d'une livraison, les comptes recevables d'une compagnie ou les personnes au sein d'une organisation. Contrairement au *recensement* qui est l'étude d'une population dans sa totalité, un échantillon constitue un segment de la population choisie pour étude afin (1) d'*estimer* certaines caractéristiques[3] inconnues de la population — par exemple le pourcentage de consommateurs qui aiment tel nouveau produit — ou (2) de *faire des tests* pour déterminer si des hypothèses ou des affirmations à propos de caractéristiques inconnues de la population sont acceptables — par exemple l'affirmation d'un-e vendeur-euse disant que la vie moyenne de son produit est supérieure à celle du produit que vous utilisez habituellement. On constate alors que l'inférence statistique va plus loin que la simple description des données d'échantillonnage et devient un outil précieux puisqu'elle permet aux personnes qui doivent prendre des décisions de réduire le niveau d'incertitude inhérent à la prise de décisions sans données d'échantillon. La figure 1.1 résume un certain nombre de points énoncés aux précédents paragraphes.

La partie 2 a pour titre Échantillonnage en théorie et en pratique et comprend les chapitres 5 à 11. Les chapitres 5 et 6 présentent d'une façon claire et simple les bases conceptuelles de la théorie de l'échantillonnage. Les chapitres 7 à 11 traitent de l'utilisation des données d'échantillonnage au niveau de l'estimation et des tests d'hypothèses concernant certaines caractéristiques inconnues de la population.

La partie 3 (Faire face au changement) contient certains éléments d'inférence statistique, mais le contenu des chapitres 12, 13 et 14 est essentiellement descriptif. Cependant, l'intérêt de la partie 3 porte sur *la mesure et la prévision de variation*. Dans

---

3. Une *caractéristique de la population*, comme un pourcentage ou une moyenne de la population, est appelée *paramètre*. Une caractéristique d'échantillon (moyenne ou pourcentage) est appelée *statistique*. Nous reviendrons à ces définitions au chapitre 6.

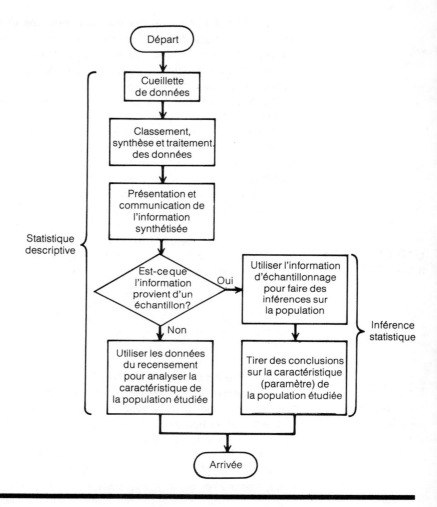

FIGURE 1.1

le chapitre 12, par exemple, nous examinons les *méthodes d'indices* élaborées pour mesurer dans le temps les variations au niveau des conditions économiques [4]. Dans le chapitre 13, nous présentons l'*analyse des séries chronologiques*, qui consiste (1) à analyser les données antérieures pour déceler des modèles relativement fiables et ensuite (2) à projeter ces modèles dans le futur pour faire des prévisions. Finalement, dans le chapitre 14, nous étudions une méthode d'analyse qui a pour objectif la prédiction de la valeur d'une variable dépendante à partir des valeurs prises par différents facteurs indépendants exerçant une influence sur cette variable dépendante.

4. Dans le chapitre 12, par exemple, nous présenterons la notion d'indice des prix à la consommation, lequel mesure les variations moyennes des prix de plusieurs biens de consommation durant une certaine période. Cet indice figure parmi les statistiques les plus importantes transmises régulièrement par le gouvernement fédéral. Il est très souvent fait référence à cet indice à la télévision et dans les journaux.

La partie 4 (Sujets divers) est constituée des chapitres 15 et 16. Ces deux derniers chapitres présentent certains outils additionnels utiles aux analystes et aux personnes qui prennent des décisions; il n'a pas été question de ces outils dans les chapitres précédents. (Dans ce livre, nous ne faisons qu'effleurer les sujets présentés; plusieurs chapitres pourraient faire l'objet d'une étude beaucoup plus approfondie.)

La plupart des chapitres de cet ouvrage contiennent des *sections d'auto-évaluation* qui suivent immédiatement la présentation des notions importantes. Nous vous incitons à tester votre compréhension des sujets traités en répondant aux questions et en résolvant les problèmes de ces sections d'auto-évaluation avant d'aborder les notions suivantes. Les réponses aux questions d'auto-évaluation sont à la fin des chapitres. Vous trouverez aussi à la fin de la plupart des chapitres (1) une liste des *termes et concepts importants* traités dans le chapitre, (2) des *problèmes supplémentaires* et (3) des *questions de compréhension*.

UTILITÉ DE LA STATISTIQUE

Au début de ce chapitre, cette phrase apparaissait: « Oh, vous admettez sûrement qu'une certaine compréhension des outils statistiques est nécessaire dans notre monde moderne. » Peut-être cette affirmation était-elle prématurée; peut-être n'acceptez-vous pas du tout ce fait. Cependant, il est indéniable que vous avez besoin d'une connaissance de la statistique pour vous aider à (1) *décrire et comprendre certaines relations*, (2) *prendre de meilleures décisions* et (3) *faire face au changement*.

Décrire la relation entre des variables

Étant donné que la quantité de données quantitatives recueillies, analysées et présentées aux citoyens et aux instances décisionnelles a, pour une raison ou une autre, augmenté si rapidement, nous devons être en mesure de tamiser ces masses considérables de données pour *identifier* et *décrire* certaines *relations*, quelquefois obscures, *entre des variables*, et ce, plus particulièrement dans le processus de prise de décisions. Les exemples qui suivent nous montrent l'utilité de l'analyse statistique dans la compréhension de relations:

1. Une personne en affaires peut, en synthétisant des masses de données relatives au revenu et au coût, comparer le retour moyen sur l'investissement durant une certaine période avec celui de périodes précédentes.

2. Les gouvernements ou les organismes s'occupant de santé publique peuvent, par l'application des techniques statistiques sur d'énormes quantités de données, mettre en lumière certaines relations entre l'usage du tabac ou l'obésité et un éventail de maladies. (En retour, ces conclusions peuvent mener à des décisions affectant des millions de personnes.)

3. Un chercheur en marketing peut utiliser les méthodes statistiques pour décrire la relation entre la demande pour un produit et des caractéristiques telles que le revenu, la grandeur de la famille et sa composition, l'âge et l'origine ethnique des consommateurs de ce produit. En se basant sur ces relations, des efforts au niveau de la publicité et de la distribution peuvent être faits pour tenter de rejoindre les groupes représentant les marchés les plus rentables pour l'entreprise.

4.   Une enseignante peut utiliser les techniques statistiques pour déterminer s'il existe une relation significative entre les résultats qu'un étudiant a obtenus en mathématiques au niveau secondaire et ceux qu'il a obtenus au niveau collégial dans cette discipline. Si une telle relation existe, l'enseignante pourra faire des prévisions sur le résultat probable qu'un étudiant obtiendra en mathématiques au niveau collégial en se basant sur ses résultats de mathématiques au niveau secondaire.

Aider à la prise de décision

Un administrateur peut utiliser la statistique pour prendre de meilleures décisions dans les situations d'incertitude. Voici quelques exemples :

1.   Supposons que vous soyez le directeur des achats au sein d'une entreprise mettant sur le marché des dîners surgelés de poulet frit. Vous êtes responsable de l'achat des poulets éviscérés en lots de 100 000. Des normes ont été établies spécifiant que le poids moyen des poulets dans un lot doit être de 1 kilogramme — les poulets plus gros ont tendance à être coriaces; les poulets plus maigres sont trop décharnés. Le camion d'un nouveau fournisseur vous arrive avec un chargement que vous avez décidé d'accepter s'il respecte les normes de qualité et de poids. Le vendeur de ce fournisseur vous assure que le chargement rencontrera vos normes. Devriez-vous accepter cette livraison sur la simple parole du vendeur? Non, sans doute. Vous devriez plutôt utiliser les techniques d'inférence statistique pour choisir un échantillon aléatoire, par exemple, de 100 poulets sur cette population de 100 000 poulets. Vous pourriez peser chaque poulet de cet *échantillon*, calculer le poids moyen des 100 poulets, exécuter certains autres calculs et, par la suite, arriver à une conclusion concernant le poids moyen de cette *population* de 100 000 poulets. En se basant sur cette information, vous seriez alors en mesure de prendre une décision plus éclairée sur l'acceptation ou non de cette livraison.

2.   Supposons encore que vous soyez le directeur de production d'une usine produisant des cartouches. L'on sait que certaines variations apparaissent dans les cartouches produites — impliquant à coup sûr des variations au niveau de la trajectoire et de la vitesse obtenues par les cartouches produites —, mais ces variations sont tolérables si elles ne dépassent pas les limites spécifiées plus d'une fois sur 100. En utilisant un plan d'échantillonnage statistiquement déterminé, vous pourriez parvenir à des conclusions valables à propos d'un lot de production. Vos conclusions ou inférences seraient basées sur des tests portant sur un petit nombre de cartouches tirées, choisies au hasard dans ce lot de production.

3.   Finalement, supposons que le directeur du salon de coiffure Les Patrons à postiches, M. Carl Vicie, affirme que 90% des clients sont satisfaits des services de la compagnie. Si Mme Minnie Stériel, une activiste, croit que cette affirmation est exagérée et justifie un recours en justice, elle pourra utiliser les techniques d'inférence statistique pour décider si oui ou non elle doit poursuivre M. Vicie. (La réponse à la question de poursuivre ou non Carl se trouve au chapitre 8.)

Dans le premier exemple, vous auriez pu peser les 100 000 poulets pour déterminer le poids moyen de la livraison. Une telle approche, cependant, aurait été longue et onéreuse. Dans le deuxième exemple, vous auriez pu déterminer la qualité du produit en testant toutes les cartouches produites, mais comme ce test est destructif, vous n'auriez plus eu rien à vendre. (Dans les deux exemples, évidemment, vous avez recueilli de l'information statistique vous permettant de prendre de meilleures décisions.) Et dans le troisième exemple, Minnie peut tester l'affirmation de Carl avant de décider d'entreprendre une action en justice (avec la possibilité réelle d'être poursuivie à son tour s'il s'avère qu'elle fait erreur).

Faire face au changement

Planifier signifie déterminer l'action à entreprendre dans le futur; par conséquent, la planification et les décisions doivent s'appuyer sur la prévision de relations ou d'événements devant se produire dans le futur. Il est donc nécessaire d'utiliser certaines méthodes ou techniques de prévision afin de cerner le futur. Évidemment, les techniques statistiques ne nous permettront pas de deviner avec une précision absolue le cours futur des événements, mais *ces techniques pourront nous aider,* comme les exemples suivants le démontrent, *à mesurer les variations actuelles de même qu'à améliorer le processus de prévision:*

1. Périodiquement, les statisticiens du gouvernement recueillent des données relatives au prix de plusieurs articles de consommation dans différentes régions du pays afin de calculer un *indice sommaire qui mesure la variation dans les prix* entre la période où se fait le relevé et une période de base antérieure. (Des indices semblables sont calculés pour mesurer la variation au niveau de la production de certains produits de consommation.) Les chefs syndicaux se servent souvent (et vous pourriez en faire autant) de l'information véhiculée par cet indice pour déterminer le pouvoir d'achat du dollar avant d'entreprendre une négociation salariale.

2. Supposons qu'un gérant des ventes ait accès à toute l'information concernant les ventes d'un certain produit durant les dix dernières années. Si, après l'étude de cette *série chronologique,* ce gérant a toutes les raisons de croire qu'un modèle décelé au cours de ces dix années prévaudra encore dans le futur, il pourra alors, à l'aide de techniques statistiques, prévoir les ventes futures de ce produit en se basant sur la situation antérieure. Il pourra aussi raffiner ces prévisions de ventes en considérant les *variations saisonnières* — il est possible, par exemple, que les ventes soient plus élevées en décembre qu'en février.

3. Examinons une dernière situation. Dans une usine d'assemblage, les postulants doivent passer un test d'habileté manuelle. Le directeur du personnel a constaté que les postulants ayant obtenu un résultat élevé au test ont tendance à produire davantage que ceux ayant eu un résultat faible. En employant une technique statistique appelée *analyse de régression* (sujet traité au chapitre 14), le directeur du personnel peut alors prévoir le niveau de productivité future d'un postulant en se basant sur le résultat obtenu au test de dextérité.

Si vous ne l'avez pas déjà remarqué, il existe plusieurs points communs entre (1) les sections précédentes précisant le besoin d'une connaissance de la statistique et (2) l'objectif et la structure de ce livre. Ces points communs peuvent se résumer de la façon suivante: l'objectif poursuivi dans les différentes parties de ce livre est de vous aider à acquérir une connaissance de la statistique nécessaire à une meilleure description et compréhension des relations, à la prise de meilleures décisions et à un meilleur comportement face à des conditions changeantes.

MÉTHODE STATISTIQUE DE RÉSOLUTION DE PROBLÈMES

On peut aborder la résolution de problèmes en imitant l'exemple suivant tiré du livre de Mark Twain, *Sketches Old and New*:

Si un boulet de canon prend 3⅓ secondes pour parcourir quatre milles, 3⅜ secondes pour parcourir les quatre milles suivants et 3⅝ secondes pour parcourir les quatre milles suivants, et si le rythme de croisière continue à diminuer toujours de la même façon, combien de temps prendra-t-il pour parcourir un milliard cinq cents millions de milles?

Arithmeticus
Virginia, Nevada

Je n'en sais rien.

Mark Twain

La plupart des problèmes statistiques doivent cependant être abordés d'une façon plus scientifique. Il existe plusieurs étapes à suivre pour arriver à une réponse rationnelle lors de l'examen d'un problème statistique et si l'une d'elles est ignorée, le résultat final peut devenir non valable, imprécis ou inutilement coûteux. *Les étapes principales dans la résolution de problèmes statistiques sont les suivantes:*

1. *Identifier le problème ou la situation.* L'administrateur ou le chercheur doit clairement comprendre et définir le problème ou la situation qui se présente à lui. À cette étape de la résolution du problème, l'information quantitative utile doit comprendre des données décrivant la nature et l'étendue du problème — insuffisance de production, ventes annulées —, les faits concernant la population étudiée et l'impact de la situation sur des ressources telles que le personnel, le matériel, l'argent et le temps.

2. *Rassembler les données disponibles.* Des données précises, appropriées, aussi complètes que possible et *pertinentes au problème considéré* doivent être recueillies. Les sources de données se divisent en deux catégories: sources *internes* et sources *externes.* Les services de la comptabilité, de la production et du marketing ainsi que d'autres services au sein de l'entreprise constituent des sources internes de données de nature économique ou commerciale que doit mettre à profit l'entreprise. En plus de l'information véhiculée par les Chambres de commerce, les clients et les fournisseurs, les données de sources externes se retrouvent (1) dans les périodiques financiers comme *Les Affaires, Financial Post, Business Week* ou *Wall Street Journal* et (2) dans les différentes publications gouvernementales, notamment celles publiées par Statistique Canada. Généralement, il est préférable de recueillir les données de *sources primaires* — c'est-à-dire des organismes ou agences qui ont initialement recueilli les données et qui les ont publiées les premiers — plutôt que de *sources secondaires* — c'est-à-dire des organismes ou agences qui publient des données déjà parues auparavant. Ceci s'explique par le

fait que les sources secondaires sont sujettes à des erreurs de reproduction et n'expliquent pas toujours comment les données furent recueillies et quelles sont les limites au niveau de leur utilisation[5]. Sherlock Holmes a très bien fait ressortir l'importance de la cueillette de données dans ce commentaire tiré de *The Adventure of the Copper Beeches:* « Les faits! Les faits! Les faits! Je ne peux pas faire de briques sans argile. »

3. *Recueillir de nouvelles données.* Pour plusieurs situations, l'analyste ne peut trouver dans d'autres sources les données nécessaires; il n'a pas d'autre choix, alors, que de recueillir lui-même ces données. Il peut être nettement avantageux pour l'analyste de recueillir lui-même de nouvelles données puisqu'il peut ainsi définir les variables et les façons de mesurer ces variables afin que les données recueillies possèdent les propriétés nécessaires à la résolution du problème. Il y a plusieurs *méthodes de cueillette des données désirées.* L'*interview* personnelle est une pratique courante pour recueillir des données. L'interviewer présente au répondant un formulaire contenant des questions élaborées au préalable, puis inscrit dans les espaces réservés à cette fin les réponses obtenues. Cette méthode permet à l'interviewer de clarifier, si nécessaire, les termes que le répondant ne comprend pas; par conséquent, on obtient un très grand pourcentage de réponses utilisables. Cependant, cette méthode de cueillette est très coûteuse et, il faut bien le dire, certaines erreurs peuvent résulter de la façon dont l'interviewer pose les questions. Ces interviews peuvent quelquefois se faire par téléphone. (C'est évidemment moins coûteux, mais étant donné que certaines personnes n'ont pas le téléphone ou ont des numéros confidentiels, les résultats de l'enquête risquent d'être biaisés.) L'envoi de *questionnaires par la poste* est une autre pratique courante. La règle générale consiste à formuler les questions de telle sorte que les répondants pourront répondre par un crochet ou en quelques mots. L'utilisation des questionnaires par la poste est souvent moins coûteuse que les interviews personnelles mais le pourcentage de réponses utilisables est généralement inférieur; de plus, les répondants ne sont pas toujours les personnes auxquelles le questionnaire a été posté, sans compter que certaines personnes, par manque d'intérêt pour le sujet d'enquête, peuvent répondre à la légère aux questions posées.

4. *Classer et synthétiser les données.* Une fois les données recueillies, l'étape suivante consiste à classer ou grouper celles-ci afin de les rendre utilisables. Le fait d'identifier les unités d'information ayant des caractéristiques communes et de les mettre en groupes ou classes s'appelle *classer,* comme nous l'avons vu. Les données associées à la production, par exemple, peuvent être classées selon le

---

5. Elles peuvent aussi négliger d'indiquer comment les variables mesurées sont définies par la source primaire. Durant la dépression, au mois de novembre 1935, par exemple, le National Industrial Conference Board estimait que le nombre de chômeurs aux États-Unis était de 9 millions; la National Research League l'estimait à 14 millions; quant à la Labor Research Association, son estimation dépassait celles des deux autres avec un nombre de 17 millions. Évidemment, ces estimations varient principalement à cause des différences entre les façons de définir le mot « chômeur ». Quarante-cinq ans plus tard, au début des années 1980, on peut dire que le phénomène observé aux États-Unis s'est aussi produit au Canada; on ne s'entend toujours pas sur une définition précise du mot « chômeur » et on peut encore lire dans la presse des estimations du nombre de chômeurs qui sont, à l'occasion, nettement différentes.

type de produit, le lieu de production et le procédé employé. Pour classer, il faut, à l'occasion, utiliser une méthode prédéterminée de codage visant à identifier les unités d'une façon abrégée. Un code numérique peut être utilisé pour identifier des personnes (numéro d'assurance sociale, numéro d'employé), des endroits (code postal, numéro de district de vente), des choses (numéro de catalogue). Une fois les données classées, il est possible de *synthétiser* l'information contenue dans celles-ci pour en faciliter l'usage. Les tableaux et graphiques ainsi que diverses valeurs numériques descriptives telles que les *mesures de tendance centrale* et les *mesures de dispersion* (mesure de l'éparpillement ou de la variabilité des données autour de la mesure de tendance centrale) sont des outils utilisés pour synthétiser ou résumer l'information.

5. *Présenter les données.* L'information synthétisée à l'aide de tableaux, de graphiques et de mesures quantitatives clés facilite la compréhension de la situation, aide à identifier les relations et fournit à l'analyste un outil de présentation et de communication appréciable.

6. *Analyser les données.* Pour résoudre le problème, il faut maintenant *interpréter* les résultats obtenus lors des étapes précédentes; sur la base des mesures descriptives calculées, il faut faire les inférences statistiques jugées valables et utiliser les outils statistiques disponibles afin de déterminer les scénarios d'actions les plus appropriés. (La pertinence des options choisies dépend évidemment de l'habileté de celui ou celle qui traite le problème et de la qualité de son information.) La personne qui prend une décision sur l'action à entreprendre doit le faire à la lumière des buts visés afin que cette décision représente la meilleure solution au problème soulevé. Encore une fois, la justesse du choix dépend de l'habileté analytique[6] (incluant l'habileté à appliquer les techniques quantitatives appropriées) et de la qualité de l'information.

Les étapes précédentes sont résumées à la figure 1.2 (version modifiée de la figure 1.1).

---

6. Vous connaissez l'histoire de l'homme de science qui entraînait une puce à sauter lorsqu'une cloche sonnait? Une fois l'entraînement terminé, le scientifique décida de sonner la cloche et d'arracher une patte de l'insecte après chaque saut. Lorsque la pauvre puce n'eut plus qu'une patte, le scientifique sonna la cloche et la puce sauta péniblement. Le scientifique arracha alors la dernière patte, sonna la cloche et observa la puce qui ne bougea pas d'un poil. Sa conclusion : lorsque vous arrachez toutes les pattes d'une puce, celle-ci devient sourde.

FIGURE 1.2

**Méthode statistique
de résolution de problèmes**

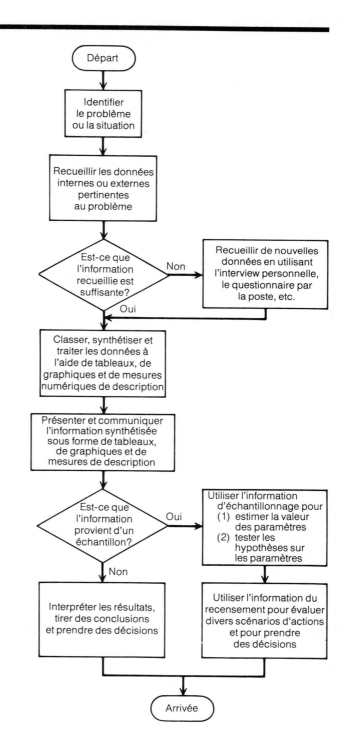

RÔLE DE
L'ORDINATEUR
EN STATISTIQUE

Statisticien : nom moderne donné au membre de la confrérie pythagoricienne. Les secrets de cette confrérie sont jalousement gardés, mais il semble que le mot de passe soit « sigma ». Les membres passent la nuit dans le temple érigé à leur idole, la nourrissant de cartes I.B.M. Ils croient que si leur idole n'est pas constamment nourrie, elle sera tuée par son ennemi juré, le Coupeur de Budget, et que les membres de la confrérie seront condamnés à un purgatoire de calculatrices de poche. Cette confrérie est vue d'un mauvais oeil par d'autres groupes qui jugent excessif leur intérêt pour les déviations.

Royall Brandis

Comme le suggère cette définition facétieuse, l'ordinateur joue un rôle important en statistique. En fait, l'ordinateur peut être efficacement utilisé dans toute opération de traitement qui possède au moins une des caractéristiques suivantes :

1. *Une grande quantité de données.* Plus le nombre de données à traiter pour obtenir l'information désirée est grand, plus le traitement par ordinateur s'avère économique par rapport aux autres méthodes.

2. *Répétition des projets.* Étant donné les frais investis dans la préparation du travail pour traitement par ordinateur, il est souvent plus économique d'utiliser l'ordinateur lorsque les projets se répètent.

3. *Nécessité d'une plus grande vitesse de traitement.* Plus l'information doit être obtenue rapidement, plus l'ordinateur se révèle un outil de grande valeur comparativement à d'autres méthodes plus lentes.

4. *Nécessité d'une plus grande précision.* Si la tâche à exécuter est soigneusement élaborée, le traitement par ordinateur s'avère d'une précision indiscutable.

5. *La complexité des opérations requiert l'aide de l'électronique.* Lorsque l'analyse de situations impliquant un grand nombre de variables ayant des relations entre elles est requise, il n'y a pas d'autre choix que d'utiliser l'ordinateur. Par exemple, la prise de décision à l'aide d'outils statistiques tels que la programmation linéaire et la simulation[7] commande généralement l'utilisation de l'ordinateur.

Il arrive souvent en statistique que le nombre de données à traiter soit élevé; de plus, plusieurs techniques statistiques sont répétitives et souvent l'information produite doit être précise et disponible rapidement. Par exemple, dans le chapitre 13, nous calculerons des indices saisonniers de variation. Même si le problème présenté fut simplifié, de manière à réduire le nombre de calculs nécessaires, l'auteur a pris un certain temps pour effectuer les opérations à l'aide d'une calculatrice. L'ordinateur peut effectuer cette tâche répétitive avec un nombre de données de beaucoup supérieur en moins d'une minute. Comme nous le verrons au chapitre 14, il est fastidieux d'effectuer à la main les calculs de l'analyse de régression, tandis que l'ordinateur peut les faire très rapidement. En fait, l'ordinateur a élargi le champ d'application de plusieurs techniques de l'analyse statistique, techniques dont l'utilisation était auparavant limitée à cause de l'ampleur des calculs requis. (John Adams, dans les années 1840, a pris

---

7. Nous examinerons brièvement ces outils au chapitre 16.

deux longues années pour calculer la position de la planète Neptune. Son travail peut maintenant être refait avec plus de précision à l'aide de l'ordinateur et ce, en un peu plus d'une minute.)

Puisque ce livre s'emploie à expliquer les méthodes statistiques et à interpréter les conclusions qui en résultent, nous ne discuterons pas de l'élaboration de programmes informatiques pour résoudre les problèmes statistiques présentés[8]. Cependant, les programmes pour calculer presque toutes les mesures présentées dans ce livre et pour appliquer les méthodes étudiées sont habituellement disponibles dans les grands centres d'informatique spécialisés dans le traitement des données commerciales. De plus, vous avez maintenant accès à des logiciels en statistiques pour les micro-ordinateurs.

SOMMAIRE

Ce livre a pour but de vous aider à devenir un consommateur averti de statistiques et l'accent sera mis sur l'explication des méthodes statistiques et sur l'interprétation des conclusions qui en résultent. Le livre contient quatre parties et seize chapitres. La partie 1, ainsi qu'une large part de la partie 3, est consacrée à l'étude de la statistique descriptive, tandis que la partie 2 traite de l'inférence statistique. Le citoyen instruit a besoin d'une connaissance de la statistique descriptive et de l'inférence statistique afin de pouvoir (1) décrire et comprendre les relations, (2) prendre de meilleures décisions et (3) faire face au changement.

Nous avons présenté dans ce chapitre les six principales étapes de la méthode statistique de résolution de problèmes. Dans les chapitres qui suivent, nous recourrons souvent à ces étapes, mais nous ne ferons pas référence à leur rang dans l'énumération. Il est à espérer que nous n'appliquerons pas les méthodes statistiques de la même façon que celle présentée au chapitre suivant!

---

8. Un des auteurs de ce livre vous invite humblement à consulter au moins un de ses quatre livres d'informatique (voir Donald H. Sanders, *Computers in Business: An Introduction*, 4e éd., New York, McGraw-Hill, 1979) pour de plus amples informations sur l'utilisation de l'ordinateur. Les coauteurs pensent que tout autre bon livre d'introduction serait probablement aussi acceptable.

TERMES ET CONCEPTS IMPORTANTS

1. Statistiques (pluriel)
2. Statistique (singulier)
3. Statistique descriptive
4. Inférence statistique
5. Mesures de tendance centrale
6. Population
7. Échantillon
8. Paramètre
9. Statistique (voir le renvoi 3)
10. Recensement
11. Indice
12. Données internes
13. Données externes
14. Source primaire
15. Source secondaire
16. Interview personnelle
17. Questionnaire posté
18. Classer
19. Synthétiser

QUESTIONS DE COMPRÉHENSION

1. Énoncer les différents sens donnés au mot « statistique ».
2. Quelle est la différence entre la statistique descriptive et l'inférence statistique?
3. La description statistique reste encore une partie importante de la statistique. Discuter cet énoncé.
4. Comment les données d'échantillonnage peuvent-elles être utilisées lors de la prise de décisions?
5. Une statistique peut servir à estimer un paramètre. Discuter cet énoncé.
6. Comment la connaissance de la statistique peut-elle vous aider à (a) décrire les relations entre des variables, (b) prendre de meilleures décisions et (c) faire face aux variations?
7. Puisque personne ne peut prédire le futur, essayer de faire des prévisions constitue une perte de temps! Discuter cet énoncé.
8. Énoncer et discuter les étapes de la méthode statistique de résolution de problèmes.
9. Quelle est la différence entre une source primaire et une source secondaire de données?
10. Certaines personnes n'ont pas le téléphone ou ont un numéro confidentiel, et cela peut biaiser le résultat d'une enquête. Discuter cet énoncé.
11. Comparer la méthode de cueillette de données par interviews personnelles avec la méthode par questionnaires postés.
12. a) Discuter les caractéristiques qui favorisent une utilisation efficace de l'ordinateur.
    b) Comment l'ordinateur peut-il aider les statisticiens?

CHAPITRE 2

DES MENTEURS, DES #$%& MENTEURS ET QUELQUES STATISTICIENS

Voici quelques commentaires qui ont malheureusement été cités très fréquemment:

« Il existe trois sortes de mensonges: les mensonges, les affreux mensonges et les statistiques. » Benjamin Disraeli

« Énoncez d'abord les faits et vous pourrez ensuite les tordre comme il vous plaît. » Mark Twain

« Dans les temps anciens, on ne possédait pas les statistiques et on devait donc s'en remettre au mensonge. D'où les grandes exagérations de la littérature du temps: géants, miracles et merveilles! On utilisait alors le mensonge, tandis que maintenant c'est les statistiques: mais c'est du pareil au même. » Stephen Leacock

« Il utilise les statistiques comme l'ivrogne, les lampadaires — pour s'appuyer plutôt que pour s'éclairer. » Andrew Lang

« Ce n'est pas le fait d'ignorer des choses qui nous cause des problèmes, mais plutôt le fait de mal percevoir la réalité des choses que nous connaissons. » Artemus Ward

Tous ces commentaires visant principalement les statistiques, il n'est donc pas étonnant que quelqu'un ait aussi dit: « Si tous les statisticiens du monde étaient ligotés ensemble, ce serait une très bonne chose! »

Malheureusement, ces opinions défavorables à l'endroit des statistiques sont probablement formulées par des personnes qui, ayant accepté aveuglément certaines conclusions statistiques, se sont aperçues, après coup, qu'elles furent trompées. Il est vrai que les méthodes statistiques ont été (et le seront sûrement encore) mal utilisées par certains journalistes, agences de publicité, statisticiens, politiciens (étonnant n'est-ce pas!), vendeurs, bureaucrates, médecins — et la liste pourrait s'allonger — dans le but de tromper ou, à tout le moins, de semer la confusion [1].

Dans ce chapitre, nous identifierons quelques erreurs parmi les plus fréquentes dans l'application de la méthode statistique. Certaines conclusions statistiques peuvent être erronées et vous, consommateurs d'informations statistiques, devez être avertis de cette possibilité. En fait, tout citoyen instruit devrait être en mesure de juger de la validité de l'utilisation des techniques quantitatives [2]; si le temps consacré à l'étude de l'analyse statistique vous permet d'atteindre ce but, vous en sortirez gagnants, à coup sûr. Dans les pages qui suivent, nous examinerons quelques exemples d'une mauvaise utilisation des statistiques et ce, sous les titres suivants: (1) *L'obstacle*

---

1. Il est inutile de chercher à découvrir les motifs des personnes qui utilisent d'une façon incorrecte les méthodes statistiques. Que ces erreurs techniques soient commises inconsciemment ou que l'information statistique soit délibérément biaisée, simplifiée à outrance ou déformée à dessein, le résultat est le même: les gens sont mal informés et trompés.

2. Pour plus d'informations concernant les vices d'application des méthodes statistiques, nous vous conseillons les livres suivants: Stephen K. Campbell, *Flaws and Fallacies in Statistical Thinking*, Englewood Cliffs, N.J., Prentice-Hall, Inc., 1974; Darrell Huff, *How to Lie with Statistics*, New York, W.W. Norton & Company, Inc., 1954; W. Allen Wallis et Harry V. Roberts, *Statistics: A New Approach*, Glencoe, Ill., The Free Press, 1956, p. 64-89.

du biais, (2) *Les moyennes trompeuses*, (3) *La dispersion, cette grande oubliée*, (4) *L'artiste de la persuasion*, (5) *Les embûches du* post hoc ergo propter hoc, (6) *Jouer sur les mots*, (7) *La tendance doit se maintenir*, (8) *La période de base bondissante* et (9) *La précision excessive*. La dernière section est une brève discussion sur les *pièges à éviter*.

L'OBSTACLE DU BIAIS

Nous avons vu que la première étape de la démarche statistique est la cueillette de données représentatives. Les questions mal formulées ou biaisées durant cette étape nous mènent immanquablement à des conclusions non valables. Les questionnaires d'enquête qu'envoient, par exemple, les élus du peuple à leurs électeurs sont souvent rédigés à la hâte et les questions sont alors équivoques. Plus grave encore, certaines questions sont formulées de telle sorte qu'elles influencent les répondants dans le sens voulu par les personnes qui font l'enquête. Par exemple, Frederick Richmond, représentant de l'État de New York, a demandé à ses électeurs, à propos des dépenses militaires, s'ils favorisaient « l'élimination du gaspillage dans le budget de la Défense » et 95% des gens ont naturellement répondu « oui ». Sam Stratton, un autre représentant de l'État de New York et un homme fort du Pentagone, a posé la question ainsi[3] :

> « *Le budget de la défense de cette année représente la plus petite portion de notre budget national allouée à la défense depuis Pearl Harbour. Toute coupure importante(. . .) impliquera que dorénavant les États-Unis ne seront plus les plus forts du point de vue militaire. Croyez-vous que:*
>
> « *a. Nous devons conserver notre suprématie militaire?* [Près de 63 % des gens ont répondu « oui».]
>
> « *b. Cela importe peu que nous soyons dépassés par l'U.R.S.S.?* [Seulement 27 % ont coché cette réponse.]

Certaines personnes, lors de la cueillette ou de l'analyse des données, sont tentées d'utiliser le facteur « frime » pour mettre l'accent sur les faits en accord avec leurs idées préconçues plutôt que sur ceux allant à l'encontre de leurs opinions.

Le facteur « frime » permet de transformer facilement, en une seule opération, les résultats réels en résultats désirés et ce, sans avoir à répéter des expériences ennuyeuses, des calculs et des graphiques. Quand le facteur « frime » fut découvert, il devint aussitôt très populaire auprès des ingénieurs et scientifiques, mais c'est dans le domaine des statistiques et des sciences sociales qu'il fut le plus utilisé puisque, dans ces domaines, les résultats réels diffèrent très souvent des résultats souhaités par les enquêteurs. . . Par conséquent:

$$\begin{pmatrix} Résultats \\ désirés \end{pmatrix} = \begin{pmatrix} Facteur \\ «\,frime\,» \end{pmatrix} \times \begin{pmatrix} Résultats \\ réels \end{pmatrix}$$

3. « (Crab) Grass Roots: Questionnaires Sent by Congress Tap Voter Vitriol », *in Wall Street Journal*, 21 août 1975, p. 13.

Contrairement aux mensonges qui s'éventent à la longue, le facteur « frime » est un mélange très durable de demi-vérités et de sophismes courants et il se découvre régulièrement de nouvelles applications. Comment utiliser le facteur « frime »? Merci de vous en informer. Les publicitaires nous fournissent souvent de beaux exemples. Supposons qu'on vous présente à la télévision un acteur professionnel disant (avec une grande sincérité d'ailleurs) que « 8 médecins sur 10 recommandent les ingrédients composant l'élixir Gastro-Dismal ». Pourriez-vous résister à la tentation d'en acheter une bouteille? Il est peut-être vrai que 8 médecins sur 10 approuvent les ingrédients communément employés dans ce genre de médicaments. Ils n'ont probablement pas affirmé que Gastro-Dismal était une marque supérieure aux autres. En fait, il est même possible que les ingrédients pris séparément aient reçu l'approbation des médecins, mais que du mélange de ces ingrédients concoctés par les employés de Gastro-Dismal résulte un produit très nocif.

Un autre exemple devrait vous permettre de bien comprendre l'art des publicitaires. Il y a quelques années, le Bureau de promotion du raisin de Californie a publié l'annonce suivante dans au moins une revue s'adressant aux femmes: « Votre mari retirera assez d'énergie de 49 raisins pour danser avec vous pendant 11 minutes. Imaginez ce qui peut arriver s'il en mange sans cesse? » Stephen Campbell émit le commentaire suivant: « Je peux imaginer plusieurs choses qui peuvent arriver à un homme qui mange sans arrêt du raisin, et elles sont toutes très pénibles [4]. »

Généralement, l'utilisation du facteur « frime » a pour but de biaiser les conclusions; cependant, il arrive que le biais apparaisse sans mauvaises intentions. Quelquefois, un chercheur fera face à des conclusions fausses à cause de données biaisées involontairement. Les sondages qui prédisaient la victoire de Thomas Dewey sur Harry Truman lors de l'élection à la présidence des États-Unis en 1948, la conclusion d'un psychiatre disant que la majorité des gens sont déséquilibrés, la prédiction du *Literary Digest* donnant Alf Landon gagnant sur Franklin Roosevelt à la présidence des États-Unis en 1936 sont autant d'exemples démontrant l'effet de données biaisées. Dans l'exemple du fiasco du *Literary Digest*, la prédiction était basée sur un échantillon de 2 millions de bulletins retournés (sur 10 millions postés). Malheureusement pour le *Digest* (qui cessa de paraître en 1937), les bulletins avaient été postés à des personnes inscrites dans l'annuaire téléphonique ou possédant un permis de conduire. N'importe quel historien pourrait vous dire qu'aux États-Unis, en 1936, les personnes possédant un téléphone ou une automobile formaient une classe à part et étaient donc peu représentatives de l'électorat. Ces personnes, parmi les plus à l'aise, étaient par conséquent plus enclines à voter pour le républicain Landon.

LES MOYENNES TROMPEUSES

Madame Claire Auclair en a assez de vivre à la ville; elle décide d'emporter ses pénates dans une petite ferme des Montagnes Sableuses, où l'air et l'eau sont purs, où le rythme de vie est plus lent, où elle peut cultiver les concombres et où elle aura la paix désirée pour écrire son roman traitant de la décadence et du manque de savoir-vivre des poètes de son temps. Claire, qui a découvert la ferme comblant ses espérances, est surprise d'apprendre de la bouche de l'agent immobilier que les 100 fermiers de la

---

4. Stephen K. Campbell, *Flaws and Fallacies in Statistical Thinking*, Englewood Cliffs, N.J., Prentice-Hall, Inc., 1974, p. 174.

région ont un revenu moyen de 13 000 $ environ. Six mois plus tard, on organise une manifestation pour protester contre une future augmentation de la taxe foncière dans la région : les manifestants allèguent que le revenu moyen dans la région n'est que de 3000 $ et que, par conséquent, ils ne peuvent payer davantage de taxes.

Claire n'y comprend plus rien; mais, comme elle n'a pas fait un sou de profit avec ses concombres, elle ne peut que se rallier à cet argument.

Comment une baisse si importante dans le revenu moyen peut-elle se produire en six mois seulement? La réponse, évidemment, est que le revenu moyen n'a pas vraiment changé. *On peut affirmer que 13 000 $ et 3000 $ sont tous les deux des moyennes ou plutôt des mesures de tendance centrale correctement calculées!* Les 100 fermiers de la région se répartissent de la façon suivante : 99 fermiers ayant un revenu annuel de près de 3000 $ et un fermier, propriétaire de plus de 100 acres de terrain, ayant investi des millions de dollars dans son élevage. Ce propriétaire terrien gagne approximativement 1 000 000 $ par année. Par conséquent, la moyenne — la moyenne arithmétique — est calculée en divisant le revenu total des 100 fermiers (c'est-à-dire 99 fermiers × 3000 $ = 297 000 $, et à ce résultat on ajoute le million de dollars du centième fermier pour obtenir un total de 1 297 000 $) par le nombre de fermiers, à savoir 100. La moyenne arithmétique est de 12 970 $, près de 13 000 $ donc. La moyenne de 3000 $ est, en fait, la *médiane* et elle représente le revenu du fermier se trouvant au milieu du groupe de 100 par rapport aux revenus.

Dans cet exemple, la moyenne arithmétique est trompeuse parce qu'elle ne décrit pas la situation générale des fermiers; cependant, elle est correctement calculée. Le problème est qu'on emploie le mot « moyenne » pour différentes mesures de tendance centrale — la moyenne arithmétique, la médiane ou le *mode*. (Le mode est la valeur la plus fréquente. Dans notre exemple, le mode est aussi de 3000 $. Dans d'autres exemples, il pourrait différer de la médiane et de la moyenne arithmétique.) Il arrive fréquemment que le choix de la mesure de tendance centrale soit inapproprié à la situation, et ce choix est souvent fait dans le but d'induire en erreur le consommateur d'informations statistiques.

LA DISPERSION, CETTE GRANDE OUBLIÉE

Karl Tell est un économiste spécialisé dans les questions antitrust en Allemagne au XIXᵉ siècle. Le directeur du collège où il enseigne le prie d'accepter le poste d'entraîneur de l'équipe d'athlétisme. Étant plongé dans une étude sur les barons de Dusseldorf, voleurs notoires de l'époque, Karl n'est pas très enthousiaste à cette idée. Mais le directeur, très persuasif, lui fait remarquer qu'il n'a pas un poste assuré et qu'incidemment la demande pour son cours n'est pas très forte. Karl accepte donc. Après enquête, il constate que la performance moyenne des quatre sauteurs en hauteur est de 1,50 mètre, et que celle des trois sauteurs à la perche est de 3 mètres. Karl en conclut que son aventure d'entraîneur risque de ne susciter que des sarcasmes de la part des étudiants et des collègues. Karl a-t-il raison?

Probablement, mais pas à cause des informations qu'il a recueillies. Karl est une autre victime de la moyenne trompeuse (la moyenne arithmétique, dans cet exemple). Si Karl avait fouillé davantage, il aurait découvert qu'en fait, un de ses quatre sauteurs en hauteur franchit régulièrement le niveau des 2,25 mètres — suffisant pour remporter toute compétition à laquelle il est susceptible de participer — tandis que les trois autres parviennent à peine à sauter 1,25 mètre. Au saut à la perche, le meilleur des trois athlètes dépasse facilement le niveau des 5 mètres tandis que les deux autres réussissent péniblement à atteindre le cap des 2 mètres. La morale de cette histoire est pour ainsi dire la même que celle de la section précédente : *à elles seules, les mesures de tendance centrale ne peuvent, dans la plupart des cas, décrire complètement une situation.* Il est à remarquer ici que le fait de ne pas prendre en considération la dispersion nous mènera à des conclusions fausses chaque fois que l'étalement des valeurs autour de la mesure de tendance centrale sera tel que celle-ci tendra à nous tromper. En fait, l'oubli de la dispersion et le recours aux moyennes trompeuses agissent souvent de concert pour semer la confusion et induire en erreur.

Pour terminer, citons l'histoire, souvent racontée, de ce guerrier chinois qui, menant ses hommes à la bataille, rencontra sur son chemin une rivière. Comme il n'avait pas de bateau et qu'il savait que la profondeur moyenne de la rivière, à ce temps-là de l'année, n'était que de 1 mètre, le Chinois ordonna à ses hommes de la traverser à pied. Rendu sur l'autre rive, le Chinois constata avec stupeur que certains de ses hommes s'étaient noyés. Même si la profondeur moyenne n'était que de 1 mètre, à certains endroits la profondeur ne dépassait pas 5 centimètres et, à d'autres, il y avait suffisamment d'eau pour emporter ces malheureuses victimes de la dispersion oubliée.

L'ARTISTE DE LA PERSUASION

Les tableaux statistiques et les graphiques constituent des façons de présenter et de synthétiser les données; ils permettent au futur utilisateur de mieux apercevoir la relation pouvant exister entre des variables et de se faire rapidement une idée claire et concise de la situation étudiée. Quand ils sont bien construits, ces tableaux et ces graphiques sont des outils d'une valeur certaine. Voici une brève description des *types de présentation des données le plus fréquemment utilisés*:

1. Les *tableaux statistiques* représentent une façon de classer les données selon un système de lignes et de colonnes; cette méthode de classement permet aux futurs utilisateurs des données de repérer rapidement l'information qu'ils désirent. Le tableau 2.1 nous montre quelques exemples de tableaux statistiques à l'intérieur desquels les données ont été classées de différentes façons. Le tableau 2.1*a*, par exemple, illustre la situation de l'emploi au Canada dans différents secteurs d'activités, à deux périodes. Selon quels critères les données des tableaux 2.1*b*, *c* et *d* furent-elles classées?

2. Les *graphes curvilignes* ne sont pas des outils de présentation des données aussi précis que les tableaux; par contre, ils font généralement ressortir de façon plus claire les relations entre les variables. Très souvent, on utilise conjointement ces deux types de présentation des données: la représentation graphique des données sert alors à analyser celles-ci. Les nombres sur l'axe vertical des graphes curvilignes sont souvent des quantités (par exemple des dollars, des tonnes produites) ou des pourcentages, tandis qu'on retrouve habituellement sur l'axe horizontal une échelle de temps (c'est pourquoi ces graphiques sont souvent appelés des graphes de *séries chronologiques*). Le graphe présenté à la figure 2.1*a*, par exemple, illustre les ventes réalisées par distributeurs automatiques au Canada de 1977 à 1982; puisqu'une seule variable est étudiée dans ce graphe, on n'y aperçoit donc qu'une seule ligne brisée. Évidemment, on peut illustrer sur un

FIGURE 2.1

Graphes curvilignes

Ventes par distributeurs automatiques, au Canada, 1977-1982

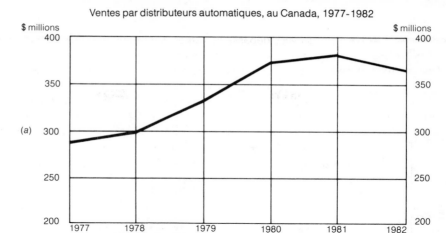

(a)

Source: Statistique Canada, catalogue 63-213, *Exploitants de distributeurs automatiques*, 1982.

Prix moyens mensuels des voitures particulières au Canada, selon leur origine, 1981-1983

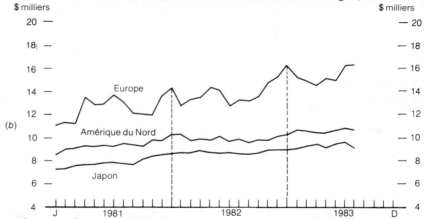

(b)

Source: Statistique Canada, catalogue 63-007, *Ventes de véhicules automobiles neufs,* août 1983.

Investissements étrangers à long terme au Canada selon la nature de l'investissement.

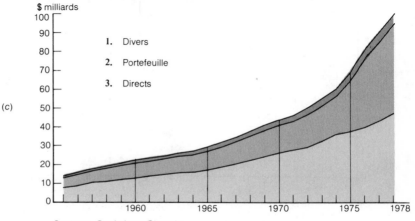

(c)

Source: Statistique Canada.

FIGURE 2.2

Graphes en tuyaux d'orgue

Texas Instruments Inc. investit dans la recherche et le développement et augmente ses dépenses en capital. . .

. . . et connaît un essor remarquable au niveau de ses ventes

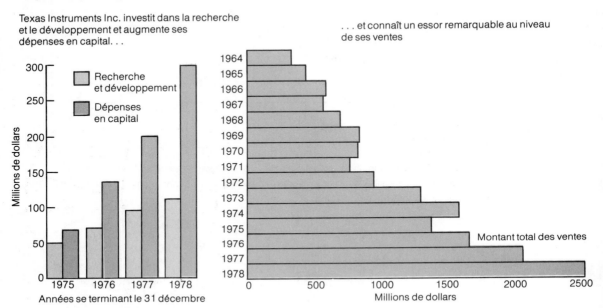

Source: *Business Week*, 18 septembre 1978, p.66.

(a)

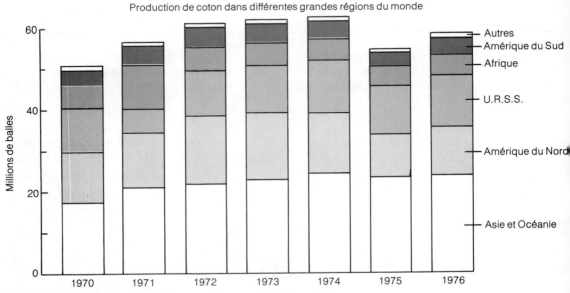

Production de coton dans différentes grandes régions du monde

Source: Adapté de *Economic Review*, Federal Reserve Bank of Atlanta, mai-juin 1977, p.70.

(b)

Par groupe d'activités économiques

– 1 – Fabrication
– 2 – Pétrole et
 gaz naturel
– 3 – Finances
– 4 – Mines et fonderies
– 5 – Commerce
– 6 – Services publics
– 7 – Autres entreprises

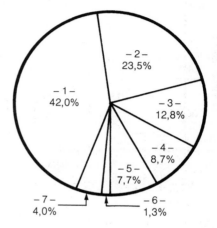

FIGURE 2.3

Représentation par secteurs circulaires   *Source :* Statistique Canada, *Investissements directs étrangers au Canada,* 1978

même graphique plusieurs *séries chronologiques*; c'est d'ailleurs le cas à la figure 2.1*b* et à la figure 2.1*c.* Dans la figure 2.1*b,* les trois lignes brisées ont été tracées à partir de la même base tandis que, dans la figure 2.1*c,* le graphe a été bâti par étages grâce à l'addition des investissements des trois types considérés dans la figure de telle sorte que la courbe supérieure illustre l'évolution des investissements totaux étrangers au Canada durant la période s'étalant de 1955 à 1978.

3. Le *graphe en tuyaux d'orgue* est une suite de rectangles dont les hauteurs représentent des quantités. Comme dans le cas des graphes curvilignes, il arrive très souvent qu'une échelle représente des quantités ou des pourcentages tandis que l'autre est divisée selon une unité de temps (voir la fig. 2.2*a*). On peut aussi rencontrer des *graphes en tuyaux tronçonnés* dans lesquels chaque rectangle comporte un certain nombre de subdivisions, comme l'illustre la figure 2.2*b.*

4. Les *représentations graphiques par secteurs circulaires* illustrent à l'aide d'un ou de plusieurs cercles divisés en secteurs la ventilation d'un tout à travers plusieurs composantes. On peut utiliser un cercle unique, comme dans l'exemple de la figure 2.3, ou plusieurs cercles s'il est nécessaire d'illustrer les variations des composantes pour une période donnée.

TABLEAU 2.1
Tableaux statistiques

Canada — Emploi
Estimations non désaisonnalisées; milliers de personnes

Secteurs	Avril 1983	Avril 1982	Variations
Agriculture	**433**	**433**	**—**
Non agricole	**9 894**	**9 999**	**−105**
Autres industries primaires	243	229	14
Industries manufacturières	1 785	1 940	−155
Construction	507	548	− 41
Commerce	1 817	1 129	− 12
Transport, communications et autres services publics	851	853	− 2
Finances, assurances et affaires immobilières	591	628	− 37
Services	3 343	3 233	110
Administration publique	757	740	17
Total emploi	**10 327**	**10 432**	**−105**

Source: Statistique Canada, catalogue 7-100, avril 1983, tableau 1.

(a)

Recettes des entrées des cinémas réguliers (taxes d'amusement non comprises), Canada et provinces, 1977 et 1981; en milliers de dollars

Provinces	1977	1981	Variations
CANADA	197 813	279 219	81 406
Terre-Neuve	2 282	3 554	1 272
Île du Prince-Édouard	860	1 112	252
Nouvelle-Écosse	5 743	7 401	1 658
Nouveau-Brunswick	3 938	4 263	325
Québec	46 583	54 027	7 444
Ontario	72 872	108 884	36 012
Manitoba	7 835	10 523	2 688
Saskatchewan	8 240	8 496	256
Alberta	22 433	36 316	13 883
Colombie-Britannique	26 104	43 612	17 508
Yukon et Territoires du Nord-Ouest	923	1 031	108

Source: Statistique Canada, catalogue 63-207, *Cinémas et Distributeurs de films,* 1981, p. 11.

(b)

Nombre et projections du nombre de ménages au Canada; en milliers

	Total	Âge du chef 25-34 ans
Recensement 1976	7 166,1	1 680,2
Projections:		
SÉRIE A:		
1981	8 275,2	2 062,4
1986	9 464,8	2 407,8
1991	10 541,8	2 635,2
1996 (1)	11 191,8	2 433,2
2001 (1)	11 820,7	2 204,8

(1) Pour la période 1991-2001, la projection est faite en maintenant constants au niveau atteint en 1991 les taux de chefs et proportions par état matrimonial; ces données devront donc être interprétées avec prudence.

Source: Statistique Canada, catalogue 91-522, *Projections des ménages et des familles,* décembre 1981, tableau 5, p. 79.

(c)

Valeur des ventes des boissons alcooliques per capita 15 ans et plus. Année financière se terminant le 31 mars 1982

Provinces	Valeur des ventes
Terre-Neuve	404,3 $
Île du Prince-Édouard	353,2
Nouvelle-Écosse	329,7
Nouveau-Brunswick	295,7
Québec	255,7
Ontario	319,1
Manitoba	308,1
Saskatchewan	322,0
Alberta	415,0
Colombie-Britannique	414,1
Yukon	900,2
Territoires du Nord-Ouest	568,9
TOTAL	324,2

Source: Statistique Canada, catalogue 63-202, *Le Contrôle et la Vente des boissons alcooliques au Canada,* 1981.

(d)

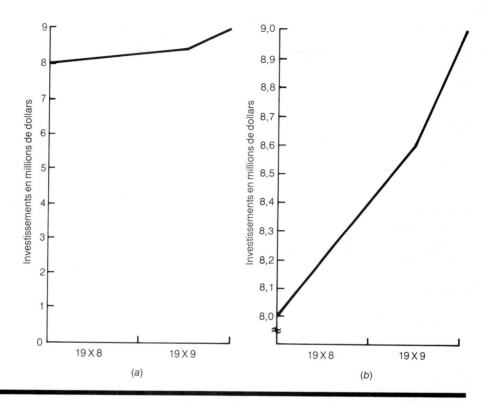

FIGURE 2.4

Il existe donc plusieurs façons honnêtes de présenter des données. Cependant, certains artistes de la persuasion ont pour but de créer des impressions trompeuses à partir de données réelles et honnêtes. Comment cela peut-il se faire? Il existe de nombreux trucs, mais nous nous limiterons à quelques exemples.

Supposons que vous vouliez vous faire réélire député à l'Assemblée nationale; durant les deux dernières années de votre mandat, les investissements du gouvernement dans votre région sont passés de 8 000 000 $ à 9 000 000 $. Cette performance n'est guère reluisante et tous vos collègues politiciens en conviennent, mais les électeurs et les électrices de votre comté n'ont pas besoin de le savoir. En fait, vous pourriez retourner à votre avantage cette situation embarrassante en retenant les services d'un artiste de la persuasion. La figure 2.4a serait une façon honnête de présenter l'information. Mais, étant donné que vous voulez induire en erreur sans toutefois mentir, vous préférez distribuer à vos électeurs la figure 2.4b. La différence entre ces deux figures réside dans le changement au niveau de l'échelle verticale. (Le petit signe apparaissant sur l'axe vertical de la figure 2.4b indique correctement une coupure de l'échelle verticale, mais les consommateurs de ce type d'informations le remarquent rarement.) En coupant l'échelle verticale et, par conséquent, en changeant la proportion entre l'échelle verticale et l'échelle horizontale, vous créez l'impression que les investissements du gouvernement dans votre région ont fortement augmenté

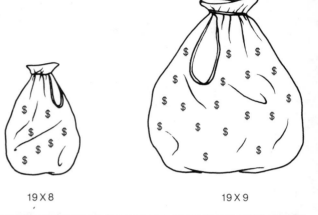

FIGURE 2.5

Pictogrammes trompeurs   19 X 8   19 X 9

durant votre mandat[5]. Votre graphique sur les investissements du gouvernement ayant suscité des commentaires élogieux, vous décidez maintenant d'utiliser un autre truc. Une nouvelle industrie s'est implantée dans votre comté durant les deux dernières années; il y a eu augmentation du taux de pollution de l'air et de l'eau, mais aussi augmentation du salaire hebdomadaire moyen des employés semi-spécialisés, celui-ci passant de 100 $ à 150 $. Évidemment, ce n'est pas vous qui avez attiré l'industrie dans la région; de plus, il semble que l'augmentation des salaires qui a suivi l'implantation de la nouvelle industrie ne fut pas nécessairement causée par celle-ci, mais vous ne voyez aucune raison d'alourdir le dossier en y apportant des éléments additionnels compliqués[6]. Comment transmettre à vos électeurs et à vos électrices cette information concernant l'augmentation des salaires? Après avoir éliminé plusieurs approches, vous décidez d'utiliser le *pictogramme* de la figure 2.5. La *hauteur* du petit sac d'argent équivaut à 100 $ et, proportionnellement, la *hauteur* du grand sac équivaut à 150 $. Par contre, l'aire couverte par chaque figure est clairement trompeuse. L'espace occupé par le grand sac est disproportionné et crée une impression visuelle trompeuse. Mais, évidemment, cela n'était pas votre intention, n'est-ce pas?

Supposons maintenant que les électeurs aient jugé bon de vous faire quitter la politique malgré vos efforts de persuasion dignes des plus grands artistes en cette matière. Après de longues recherches, vous vous dénichez un emploi dans la compagnie de vos parents. La première tâche qu'on vous confie consiste à préparer à l'intention des actionnaires et du syndicat des rapports illustrant les progrès de la compagnie durant la dernière année. La compagnie a très bien fait et les profits ont été de 25 cents pour chaque dollar de vente. La figure 2.6*a* illustre très précisément la

---

5. Vous pourriez accentuer davantage cette impression favorable en gardant la même échelle verticale et *en compressant l'échelle horizontale* (temps).

6. Nous discuterons cette question dans la prochaine section.

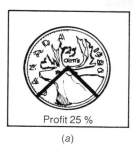

Profit 25 %   Profit 25 %   Profit 25 %

(a)   (b)   (c)

FIGURE 2.6

situation. Par contre, pour les actionnaires, l'impression de prospérité pourrait être accentuée si vous changez la perspective de la pièce, comme à la figure 2.6*b*. Cependant, comme vous ne voulez pas que les syndiqués s'agitent, vous pourriez leur présenter la situation des profits à l'aide de la perspective de la figure 2.6*c*.

LES EMBÛCHES DU *POST HOC ERGO PROPTER HOC*

Il existe une expression latine pour exprimer le faux raisonnement qui dit: puisque B suit A, alors B est causé par A. Cette expression est *post hoc ergo propter hoc* (c'est-à-dire après ceci, donc à cause de ceci). L'utilisation erronée des méthodes quantitatives conduit souvent à l'établissement de fausses relations de cause à effet[7]. En fait, vous devrez être sur vos gardes quand viendra le temps de porter un jugement sur certaines affirmations formulées à partir de l'étude des relations existantes entre des variables. Évidemment, comme les exemples suivants le montrent, certaines conclusions erronées sont facilement repérables:

> *L'augmentation des arrivées de cargaisons de bananes dans le port de Halifax a été suivie d'une augmentation du nombre des naissances à l'échelle nationale. Donc, les bananes sont la cause de l'augmentation des naissances.*

> *95% des gens qui font régulièrement usage de marijuana ont consommé de grandes quantités de lait dans leur jeunesse. Par conséquent, l'introduction précoce du lait dans l'alimentation mène à la consommation de marijuana.*

> *L'espérance de vie de l'homme a doublé dans le monde depuis la découverte du plant de tabac. Donc, le tabac. . . (ça dépasse les bornes; inutile alors de compléter).*

---

7. Nous aborderons plus en détail cette notion au chapitre 14.

Tous les exemples d'embûches du *post hoc* ne sont pas aussi évidents; certains, en effet, sont très subtils. Pour illustrer ce fait, revenons quelques pages en arrière (lors de notre discussion sur le biais introduit dans le sondage du *Literary Digest*) et reprenons la phrase suivante : Malheureusement pour le *Digest* (qui cessa de paraître en 1937), les bulletins avaient été postés à des personnes inscrites dans l'annuaire téléphonique ou possédant un permis de conduire. Peut-être avez-vous conclu, à partir de cet exemple, que la disparition de cette revue fut causée par la piètre qualité des sondages concernant l'élection de 1936? Évidemment, ce sondage a sûrement terni l'image de la revue, mais en a-t-il vraiment *causé* la faillite? N'est-il pas plus plausible de croire que plusieurs facteurs réunis ont entraîné cet échec?

Nous allons maintenant conclure notre discussion portant sur les embûches du *post hoc* en revenant au monde antiseptique de la politique. Nous avons déjà vu dans la section précédente comment un politicien peut porter à son crédit des événements favorables survenant après son élection. Une autre technique — aussi vicieuse que la première — très prisée des politiciens consiste à accuser son adversaire d'être la cause d'événements malheureux.

Par exemple, le magazine *Time* a rapporté les remarques suivantes que Richard Nixon a émises lors de la campagne présidentielle de 1968[8] :

> *Hubert Humphrey défend des politiques ayant mené à une augmentation du taux de criminalité dix fois plus élevée que celle de la population. Si vous voulez que votre Président ne fasse rien pour contrer la criminalité, votez pour Humphrey. Hubert Humphrey reste assis et laisse les États-Unis devenir une nation où 50 % des femmes américaines sont effrayées à l'idée de se promener dans les rues la nuit.*

Ces remarques sont ironiques, compte tenu des événements subséquents, et trompeuses, vu le trop grand pouvoir accordé à la personne occupant le poste de vice-président.

JOUER SUR LES MOTS

Ne pas définir les termes et concepts nécessaires à la bonne compréhension d'un message, *faire des comparaisons inappropriées et illogiques* entre des choses différentes ou dissemblables, *utiliser de prétendus faits ou énoncés statistiques pour sauter à une conclusion* qui ne tient pas compte des diverses possibilités ou qui est tout simplement illogique, *utiliser un jargon ou des termes savants* pour embrouiller le message quand des mots simples et des phrases claires sont souhaitables, tous ces jeux avec les mots sont utilisés pour semer la confusion et tromper. Les exemples suivants tendent à mettre en relief cette situation malheureuse :

1. L'exemple des différents nombres de chômeurs fournis par les organismes cités au renvoi 5 du chapitre 1 montre comment le fait de ne pas définir clairement les termes nuit à la compréhension. Des termes tels que « pauvreté », « population », « niveau de vie » et « seuil de pauvreté », pour n'en nommer que quelques-uns, sont sujets à plusieurs définitions; le consommateur d'informations devrait être averti de la définition utilisée.

---

8. *Time*, 1er novembre 1968, p. 15.

2. Une agence de surveillance gouvernementale américaine a fait échec à la campagne de publicité des fabricants du pain Hollywood qui affirmaient que leur pain contenait moins de calories par tranche que ceux des marques concurrentes. En fait, l'agence a constaté que la tranche Hollywood était plus mince que la normale. Ainsi, il n'y avait pas de différence significative au niveau du nombre de calories lorsque des quantités égales de pain étaient comparées.

3. « Une personne sur quatre dans le monde est un communiste chinois. . . Pensez à cela la prochaine fois que vous écouterez votre émission de télévision préférée. » Que veut dire « dans le monde »? « Le carburateur Issue est jusqu'à 10 % moins polluant et jusqu'à 50 % plus efficace. » Moins polluant que quoi? Qu'une aciérie? Et plus efficace que quoi? Qu'un Boeing 747?

4. « Une naissance sur dix est illégitime. Ainsi, vous vous trompez sur l'identité du père dix fois sur cent. » Les données relatives à plusieurs activités (incluant les naissances illégitimes, les viols, la consommation de marijuana) peuvent être trompeuses parce que plusieurs cas demeurent non déclarés.

5. Le représentant Ben Grant, plaidant en faveur de la clarté et de la simplicité dans la rédaction de la nouvelle constitution du Texas, donna l'exemple suivant d'utilisation d'un jargon. Si un homme, nota Grant, veut donner une orange à un autre, il lui dit simplement: « Prenez cette orange. » Par contre, si cet homme est avocat, le don risque d'être accompagné de ces quelques mots: « Par le présent acte, je vous donne en tout et en parties mon bien, cette orange, et vous transporte mes intérêts en celle-ci, droit, titres, possessions et jouissance sur et dans la dite orange incluant ses peau, jus, pulpe et noyaux et tous les droits et avantages inhérents avec plein pouvoir de mordre, couper, sucer et même de manger »! ! !

LA TENDANCE DOIT SE MAINTENIR

Une autre façon d'abuser des méthodes quantitatives consiste à assumer qu'étant donné qu'un modèle s'est avéré valable pour décrire la situation d'un secteur particulier dans le passé, il doit nécessairement se maintenir dans le futur. Une telle extrapolation, non soumise à la critique, est évidemment inacceptable. Les changements dans la technologie, la population et le mode de vie entraînent des changements aux niveaux économique et social qui peuvent rapidement occasionner des revirements ou des contre-courants influençant la structure sociale ou les secteurs économiques. L'invention de l'automobile, par exemple, a provoqué une croissance marquée des industries de l'acier et du pétrole et un déclin rapide dans la production de carrioles et de fouets de cocher. Pourtant, comme l'a fait remarquer l'éditeur de journal anglais Norman MacRae, une extrapolation des tendances des années 1880 montre clairement que toutes les villes du monde devraient être ensevelies sous le crottin de cheval.

Évidemment, une projection éclairée dans le futur des modèles passés ou des tendances peut être un outil très précieux pour planifier ou prendre des décisions; ce sujet sera traité au chapitre 13 lors de notre étude des séries chronologiques. Mais, sans une bonne dose de logique, ces extrapolations à partir de modèles quantitatifs passés peuvent mener à des conclusions erronées, conclusions qui s'adressent souvent à un très grand nombre de personnes. Peut-être serions-nous plus indulgents à l'égard des gens qui élaborent des projections nous induisant en erreur si leur message était aussi divertissant que le passage suivant tiré du livre de Mark Twain *Life on the Mississippi*:

En l'espace de cent soixante-seize ans, la longueur du Mississippi a diminué de deux cent quarante-deux milles. Ceci représente, en moyenne, pas moins d'un mille et un tiers par année. Par conséquent, toute personne réfléchie, qui n'est ni aveugle, ni idiote, peut s'apercevoir qu'à l'ère primaire silurienne oolithique, il y aura de ça un million d'années en novembre prochain, le fleuve Mississippi s'allongeait sur plus d'un million trois cent mille milles plus loin et ressortait du golfe du Mexique comme une canne à pêche. Et, par le même raisonnement, toute personne peut constater que, dans sept cent quarante-deux ans, le Mississippi ne mesurera plus qu'un mille et trois quarts de long et que les rues du Caire et de la Nouvelle-Orléans se rejoindront, ces deux villes ayant alors le même maire et le même conseil exécutif. Il y a, dans la science, quelque chose de fascinant. On peut arriver à des conclusions surprenantes par le simple examen d'un fait dérisoire.

LA PÉRIODE DE BASE BONDISSANTE

Un des auteurs de ce volume (un individu extrêmement âgé) se souvient qu'étant jeune il allait au cinéma et qu'à l'occasion certains courts métrages présentés invitaient les gens à participer en chantant une ou deux mélodies. Au moment même où la musique se faisait entendre, les paroles de la chanson apparaissaient à l'écran et une balle bondissait d'un mot à l'autre pour indiquer au public la synchronisation des paroles et de la musique. Le public devait chanter à l'unisson en suivant la balle bondissante. (Pour ajouter une couleur nostalgique, on peut souligner qu'à peu près personne ne chantait; les gens profitaient de cette pause pour aller s'acheter du pop-corn ou assouvir d'autres besoins plus pressants.)

Tout comme les vieux spectateurs de cinéma négligeaient de suivre la balle bondissante, les gens d'aujourd'hui sont souvent confondus parce qu'ils ne suivent pas la période de base bondissante, c'est-à-dire *la période de base utilisée pour calculer les pourcentages.* Quelques exemples suffiront pour justifier l'importance de bien situer la période de base afin d'éviter les malentendus.

1. Le patron demande à l'employé touchant un salaire hebdomadaire de 300 $ d'accepter une diminution de 20 % durant la période de récession. Plus tard, une augmentation de 20 % lui sera accordée. L'employé est-il heureux? La réponse dépend du choix de la période de base pour les deux calculs. Si l'on calcule la coupure de salaire en prenant comme période de base la période présente (et le salaire de 300 $), alors le salaire après coupure sera de 240 $ (300 $ × 0,80). Par contre, si l'augmentation de 20 % est calculée sur la *base déplacée* de 300 $ à 240 $, alors le salaire réajusté s'élèvera à 288 $ (1,20 × 240 $). Ainsi, la période de base bondissante aura coûté à l'employé 12 $ par semaine, ce qui risque fort peu de le réjouir.

2. Dans le chapitre 12, nous étudierons la notion d'indice, laquelle constitue une façon plus efficace de mesurer les variations de variables économiques telles que les prix et les quantités produites. Malheureusement, les journalistes n'utilisent pas toujours judicieusement ces indices. Supposons, par exemple, que 1967 soit la période de base pour le calcul de l'indice des prix et que l'indice 100 lui soit accordé. En 1973, l'indice a grimpé à 130 et, en 1975, ce même indice des prix est monté à 160. Ces nombres signifient qu'il y a eu une augmentation des prix de

30 % durant la période s'étendant de 1967 à 1970 et une augmentation de 60 % durant la période allant de 1967 à 1975. Jusqu'ici il n'y a pas de problèmes. Un journaliste met la main sur ces données et affirme qu'il y a eu une *augmentation de 30 %* au niveau des prix entre 1973 et 1975. Il est vrai que les nombres 130 et 160 sont des pourcentages et qu'il existe une différence de 30 % entre 1973 et 1975. Cependant, l'*augmentation en pourcentage* n'est en réalité que de 23,1 % : $(160 - 130) / 130 = 23,1$. Dans cet exemple, le journaliste a oublié de déplacer la période de base en 1973.

3. Les pourcentages d'*augmentation peuvent facilement excéder 100 %*. Par exemple, la compagnie dont les ventes sont passées de 1 000 000 $ en 1974 à 4 000 000 $ en 1976 a eu un *pourcentage d'augmentation* de 300 % : $(4 000 000 - 1 000 000) / 1 000 000$. (Évidemment, les ventes de 1976 *comparées* aux ventes de 1974 sont dans un rapport correspondant à 400 % — $(4 000 000 \div 1 000 000) \times 100$ —, ce *pourcentage relatif* et le pourcentage d'augmentation sont souvent confondus.) Par ailleurs, *il est impossible d'avoir un pourcentage de diminution supérieur à 100 %* si les nombres considérés sont positifs. Par exemple, le magazine *Newsweek* a affirmé que Mao Tsé-Toung avait réduit de 300 % le salaire de certains fonctionnaires du gouvernement chinois[9]. Bien entendu, une fois les salaires coupés de 100 %, il ne reste plus rien à couper. L'éditeur embarrassé a admis plus tard que la coupure était de 66,67 % plutôt que de 300 %.

Les exemples présentés plus haut n'illustrent que quelques-uns des abus associés à l'utilisation des pourcentages; cependant, ils nous donnent une bonne idée de l'importance de suivre la période de base bondissante.

LA PRÉCISION EXCESSIVE

Les statistiques découlant de résultats d'échantillonnage s'expriment souvent sous forme de nombres d'une grande précision. Il n'est pas rare que plusieurs décimales soient employées et que l'apparente précision qui s'en dégage confère un caractère d'infaillibilité à l'information véhiculée. Cet aspect d'infaillibilité est souvent accentué lorsque les données sont transmises par ordinateur. Il est clair que cette impression de précision peut être fausse. À titre d'exemple, W.E. Urban, un statisticien employé par la New Hampshire Agricultural Experiment Station à Durham (États-Unis), a écrit cette lettre à l'éditeur du magazine *Infosystems* relativement à un article paru quelque temps auparavant. « Votre magazine, écrit Urban, m'a fourni un exemple parfait de précision numérique impeccable et d'interprétation ridicule que je ne manquerai pas de présenter à mes étudiants de statistique. À partir d'un échantillon de taille 55, en arriver à des pourcentages ayant deux décimales est un non-sens total. » Le premier pourcentage d'échantillonnage cité dans l'article était de 31,25, mais, comme le nota Urban, le pourcentage correspondant dans la population d'où fut tiré l'échantillon pouvait se situer n'importe où entre 12 et 62 %! Urban conclut ainsi sa lettre : « Je réalise qu'il est

---

9. *Newsweek*, 16 janvier 1967, p. 6.

très douloureux de se débarrasser de toutes les belles décimales que l'ordinateur nous donne(...), mais qui trompons-nous? » La réponse de l'éditeur : « Personne. Vous avez parfaitement raison. »[10]

La précision exagérée ne se retrouve pas uniquement au niveau des résultats d'échantillonnage. En 1950, par exemple, dans *Information Please Almanac,* le nombre de personnes parlant le hongrois était estimé à 13 000 000, tandis que, pour la même année, le *World Almanac* estimait ce nombre à 8 001 112. Il y avait donc une différence de près de cinq millions de personnes entre les estimés de ces deux almanachs réputés. Ceci n'est pas particulièrement surprenant. Cependant, n'est-il pas curieux que le nombre du *World Almanac* soit si précis? Est-il raisonnable de penser qu'une telle exactitude est possible quand les nombres dépassent le million[11]? Oskar Morgenstern a très bien résumé la situation[12] :

Il est exagéré de traiter une situation avec un niveau de précision excédant celui des erreurs élémentaires. Le cas classique est évidemment celui de l'homme à qui on demanda l'âge de la rivière; il répondit 3 000 021 ans. On lui demanda alors comment il pouvait être si précis; la réponse fut que 21 ans plus tôt, l'âge de la rivière était estimé à 3 millions d'années.

ÉVITER LES PIÈGES

**Harcelez-les, harcelez-les.
Faites-leur perdre le ballon!**

**Mots d'encouragement d'un petit
mais célèbre collège américain**

Un des buts les plus importants d'un cours de statistique est d'aider tout citoyen instruit à détecter les abus dans l'utilisation des méthodes quantitatives. Ainsi, l'information véhiculée dans la plupart des chapitres qui suivent devrait vous prémunir contre les dangers présentés dans ce chapitre. En fait, plusieurs chapitres contiennent des sections complètes qui mettent en lumière les limites et les pièges associés à diverses méthodes statistiques. Toutefois, même après avoir terminé l'étude de ce volume, vous vous apercevrez qu'il n'est pas toujours facile de reconnaître et de contrecarrer les faux raisonnements statistiques. Vous devez, comme l'équipe encouragée par les mots cités plus haut, rester sur la défensive si vous ne voulez pas commettre certaines bévues statistiques graves. Pour éviter les pièges, lorsque vous examinez une information quantitative, posez-vous les questions suivantes :

10. *Infosystems,* août 1972, p. 8.

11. Albert Sukoff, dans l'édition de mars 1973 de la *Saturday Review of the Society,* écrivait que « les grands nombres sont monnaie courante dans notre culture, mais, étrangement, plus les nombres sont grands, moins ils semblent avoir de sens... Des anthropologues ont étudié les systèmes des nombres primitifs de centaines de tribus aborigènes. Les Yancos de l'Amazonie brésilienne arrêtent de compter à trois puisque leur mot pour « trois » est « *poettarrorincoaroac* »; ça se comprend. »

12. Oskar Morgenstern, *On the Accuracy of Economic Observations,* Princeton, N.J., Princeton University Press, 1963, p. 64.

1. *Quelle est la source de l'information qu'on me présente?* Certaines personnes, ayant des intérêts bien déterminés, utilisent les statistiques pour ajouter du poids à leurs idées personnelles. En se servant essentiellement des mêmes données brutes, le syndicat peut montrer que les profits de la compagnie sont très élevés et que, par conséquent, une augmentation des salaires est justifiée, tandis que, de son côté, la compagnie peut prouver que la marge de profit est très basse et que la productivité des travailleurs est inférieure à celle que l'on trouve dans d'autres industries et d'autres pays. Les politiciens de partis adverses peuvent utiliser les mêmes statistiques gouvernementales sur l'emploi, la taxation, la dette nationale, les dépenses d'aide sociale, les budgets, les investissements dans la défense, etc., pour tirer des conclusions étrangement différentes et influencer l'électorat.

2. *Sur quelle preuve se base la source pour appuyer l'information?* Les méthodes suspectes de cueillette de données ou de présentation devraient vous rendre prudents. De plus, vous devriez, bien entendu, porter un jugement sur la pertinence de l'information par rapport à la situation ou au problème étudié.

3. *Quelle preuve ou information manque-t-il?* Ce qui n'est pas mis à votre disposition peut s'avérer plus important que ce que la source vous fournit comme information. Si les hypothèses concernant les tendances, le calcul des pourcentages ou la façon de comparer, si les définitions des termes, des mesures de tendance centrale et de dispersion utilisées, si la grandeur des échantillons employés ou si d'autres faits importants ne sont pas donnés, il y a lieu d'être sceptique.

4. *Est-ce que la conclusion est vraisemblable?* Est-ce que les faits ou énoncés statistiques ont été utilisés pour supporter une conclusion qui ne tient pas compte de certaines autres possibilités vraisemblables? Est-ce que la conclusion apparaît être logique et sensée?

SOMMAIRE

Plusieurs personnes acceptent, sans les soumettre à la critique, les conclusions statistiques et s'aperçoivent, après coup, qu'elles ont été induites en erreur. Le but de ce chapitre n'était pas de vous apprendre à appliquer mal les méthodes statistiques afin de mieux exploiter vos semblables, mais plutôt de vous fournir quelques outils vous permettant de juger avec plus de discernement l'information statistique qui vous est présentée ainsi que l'utilisation des techniques quantitatives. De nombreux exemples parmi ceux choisis étaient humoristiques. Par contre, il est beaucoup moins amusant de s'apercevoir que certains individus peuvent utiliser les statistiques pour véhiculer de l'information dirigée et biaisée visant à changer les résultats d'une élection ou à orienter le choix des consommateurs vers un médicament de qualité douteuse. Dans les chapitres qui suivent, vous apprendrez, du moins nous l'espérons, comment éviter les pièges dont nous avons parlé ici. Dans le passionnant chapitre qui suit, par exemple, vous en apprendrez suffisamment sur les moyennes trompeuses pour ne plus vous laisser tromper par une mauvaise utilisation de ces mesures. De grâce, ne le sautez pas!

TERMES ET CONCEPTS IMPORTANTS

1. Biais
2. Moyenne arithmétique
3. Médiane
4. Mode
5. Dispersion
6. Tableaux statistiques
7. Graphes curvilignes
8. Graphes en tuyaux d'orgue
9. Représentation par secteurs circulaire
10. Pictogramme
11. *Post hoc ergo propter hoc*
12. Période de base bondissante
13. Pourcentage relatif
14. Précision excessive

QUESTIONS DE COMPRÉHENSION

1. Selon le Journal des Anciens de l'Université Sir Georges Wigwam, le gradué moyen de l'année 1954 touche aujourd'hui un salaire annuel de 36 123 $. Commenter cette affirmation.

2. Les tests effectués par un laboratoire indépendant ont démontré que les personnes utilisant le dentifrice Krinkle ont 36 % moins de caries. Commenter cette réclame.

3. Un quart de million de clients ont utilisé l'élixir Gastro-Dismal pour soigner leur calvitie. La compagnie remet le double de leur argent aux clients insatisfaits, et seulement 2 % des utilisateurs n'ont pas vu d'amélioration et ont demandé un remboursement. Commenter cette publicité.

4. Il y a autant de personnes dont l'intelligence est au-dessus de la moyenne qu'il y en a dont l'intelligence est au-dessous de la moyenne. Discuter cette affirmation.

5. Les revenus de notre société sont passés de 5 000 000 $ à 10 000 000 $ en deux ans : une augmentation de 200 %. Discuter cette affirmation.

6. Étant donné le nombre d'empoisonnements causés par l'aspirine, la pilule anti-conceptionnelle apparaît être un des médicaments les plus inoffensifs sur le marché. Discuter cet énoncé.

7. Puisque 66 % de toutes les victimes de viol et de meurtre furent, à un moment ou à un autre, parentes ou amies de leurs assaillants, une femme est plus en sécurité, la nuit, dans un parc en compagnie d'inconnus qu'elle ne l'est à la maison. Commenter cette assertion.

8. On a fait passer un examen d'histoire à un groupe d'enseignants du Manitoba et la moyenne du groupe fut de 60 %. C'est donc dire que les enseignants du Manitoba sont très faibles en histoire. Êtes-vous d'accord?

9. L'année dernière, aux États-Unis, la consommation de marijuana s'élevait à 760,67 millions de cigarettes — infraction de la loi inégalée depuis la prohibition. Discuter cette affirmation.

10. Identifier et décrire quatre façons utilisées fréquemment pour présenter les données.

11. L'établissement de fausses relations de cause à effet est souvent dû à la mauvaise utilisation des méthodes quantitatives. Discuter cet énoncé.

12. Comment peut-on se servir des mots pour tromper ou semer la confusion?

13. Expliquer comment se calcule un pourcentage d'augmentation.

14. Il n'est pas possible d'avoir un pourcentage de diminution supérieur à 100 % si les données de base sont de valeur positive. Expliquer.

15. Afin de minimiser les chances d'être induits en erreur, quelles questions devriez-vous vous poser lorsque vous examinez une information quantitative?

CHAPITRE 3

STATISTIQUE DESCRIPTIVE : DISTRIBUTION DE FRÉQUENCES ET MESURES DE TENDANCE CENTRALE

OBJECTIFS D'APPRENTISSAGE

Après avoir lu attentivement ce chapitre, résolu les problèmes et répondu aux questions de compréhension, vous devriez pouvoir :

☞ expliquer comment s'effectue une mise en ordre des données brutes et comment se construit une distribution de fréquences;

☞ représenter graphiquement une distribution de fréquences à l'aide d'un histogramme ou d'un polygone de fréquences;

☞ énoncer les types de mesures utilisées pour résumer et décrire les principales propriétés d'une distribution de fréquences;

☞ calculer les mesures de tendance centrale telles que la moyenne, la médiane, le mode pour des données non groupées ou pour des données classées selon une distribution de fréquences;

☞ calculer une mesure utilisée pour résumer des données qualitatives.

CONTENU DU CHAPITRE

39

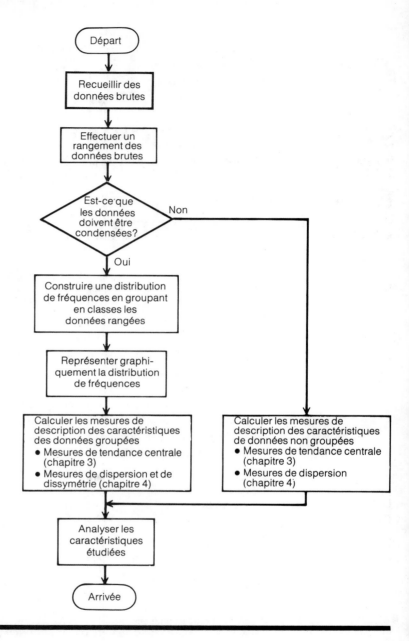

FIGURE 3.1

Nous avons vu au chapitre 1 que l'expression « statistique descriptive » représente l'ensemble des méthodes de cueillette, classification, résumé et présentation des données. Dans ce chapitre et dans le chapitre 4, nous examinerons tous ces aspects de la statistique descriptive. Ainsi, dans ce chapitre, (1) nous étudierons brièvement le problème de *la cueillette et du traitement des données brutes (non groupées)*, (2) nous examinerons *les méthodes de classement (et de représentation graphique) des données sous forme de distribution de fréquences*, (3) nous jetterons un coup d'oeil sur *les mesures les plus couramment utilisées pour décrire et résumer une distribution de fréquences,* (4) nous verrons les façons de calculer *les mesures de tendance centrale les plus courantes.* Vous trouverez à la figure 3.1 un sommaire de la démarche présentée dans ce chapitre et au chapitre 4.

INTRODUCTION À LA CUEILLETTE ET AU TRAITEMENT DES DONNÉES

Nous avons vu au chapitre 1 que certaines sources externes ou internes peuvent fournir des données existantes et que de nouvelles données peuvent être obtenues à l'aide d'interviews personnelles et de questionnaires postés; nous n'examinerons pas en détail les méthodes de cueillette des données. Il faut noter, cependant, que toutes les données recueillies seront le résultat d'un *dénombrement* ou de l'utilisation d'un instrument de *mesure* quelconque. Le nombre de boîtes postales d'une région donnée, par exemple, est déterminé par dénombrement tandis que des instruments tels que l'odomètre d'une automobile, la pompe d'un poste d'essence et le pèse-personne nous fournissent des mesures de la distance parcourue, de la quantité d'essence vendue et du poids des individus.

Il est très rare que les données recueillies prennent toutes la même valeur; au point de vue statistique, de telles situations sont sans grand intérêt et ne commandent aucune étude particulière. Les données relatives à un dénombrement ou à une mesure représenteront plutôt, pour les besoins d'analyse, différentes valeurs d'une variable, c'est-à-dire une caractéristique sujette à certaines variations. Une variable dont les valeurs sont obtenues par un processus de dénombrement est appelée *variable discrète* (par exemple le nombre d'enfants par famille est une variable discrète). Et une variable continue en est une pour laquelle les valeurs sont mesurées et notées avec un degré de précision déterminé [1].

Passons par-dessus l'étape de la cueillette des données et regardons maintenant comment on peut traiter les données afin d'en retirer le maximum d'informations.

Les données brutes

La directrice de production désireuse de se faire une idée sur la productivité des travailleurs n'ira sûrement pas consulter une liste exhaustive et détaillée des articles produits par chacun des employés de l'usine où elle travaille; de même, le directeur des ventes n'apprendrait sûrement pas grand-chose sur l'aspect général des ventes en regardant une à une toutes les factures émises durant une période déterminée. Ces données brutes non traitées doivent être mises systématiquement en ordre afin qu'elles puissent livrer au futur utilisateur l'information qu'elles contiennent.

Un exemple de données brutes est présenté au tableau 3.1. Comme, plus loin dans ce chapitre de même qu'au chapitre 4, nous devrons calculer diverses mesures dans le but de résumer et de décrire ces données de ventes, peut-être serait-il bon de faire ici une pause et de vous donner quelques informations sur la dite compagnie.

---

1. Comme les quantités mesurées sont des variables continues, elles ne fournissent que des résultats approximatifs. L'aiguille de l'indicateur de vitesse d'une automobile, par exemple, peut indiquer 80 km par heure. Mais si l'aiguille était plus fine, si l'indicateur était gradué plus précisément et si le câble était fabriqué avec plus de soin, la lecture pourrait être de 79 km par heure. De meilleurs instruments pourraient donner des lectures de 79,42 km par heure, 79,4243 km par heure, etc. Pouvez-vous expliquer, maintenant, pourquoi une longueur mesurée à 10 cm est approximative?

TABLEAU 3.1
Données brutes

Litres de sirop Collant Cola vendus en un mois par 50 employés de la
compagnie de boissons Paquet et Vestie

Employés	Litres vendus	Employés	Litres vendus
P.P.	95,00	R.N.	148,00
A.M.	100,75	S.G.	125,25
P.T.	126,00	A.D.	88,50
P.U.	114,00	R.O.	133,25
M.S.	134,25	E.Y.	95,00
F.K.	116,75	Y.O.	104,50
L.Z.	97,50	O.U.	135,00
F.E.	102,25	U.S.	108,25
A.N.	110,00	L.T.	122,50
R.J.	125,00	E.A.	107,25
O.O.	144,00	A.T.	137,00
U.Y.	112,00	R.I.	114,00
T.T.	82,50	N.S.	124,50
G.H.	135,50	I.T.	118,00
R.I.	115,25	N.I.	119,00
O.S.	128,75	G.C.	117,25
U.S.	113,25	A.S.	93,25
P.O.	132,00	N.C.	115,00
O.R.	105,00	Y.A.	116,50
F.T.	118,25	T.N.	99,50
W.O.	121,75	H.B.	106,00
O.F.	109,25	I.E.	103,75
R.T.	136,00	N.F.	115,25
K.H.	124,00	G.U.	128,50
E.I.	91,00	X.N.	105,00

La compagnie de boissons Paquet et Vestie fut fondée par Émile Paquet et Alain
Vestie à la fin des années 20. Le produit original de la compagnie était une boisson peu
commune appelée Mise en Orbite qui tenait son goût distinct d'un procédé de fabrication particulier: quatre distillations à travers le radiateur d'une Packard 1926. Ce
produit original fut rapidement abandonné par les fondateurs de la compagnie qui
considéraient que la réglementation gouvernementale et les tracasseries bureaucrati-
ques étaient excessives. Bref, après une période où ils montrèrent un grand intérêt
pour diverses institutions correctionnelles, Émile et Alain changèrent leur ligne de
production de telle sorte que Paquet et Vestie met maintenant en marché une gamme
complète de boissons gazeuses en bouteilles et en canettes. De plus, certains sirops
de boissons gazeuses sont vendus aux cinémas, aux restaurants et à d'autres commerces qui mélangent eux-mêmes une petite quantité de sirop avec de l'eau gazeuse
et vendent ce produit dans des verres de carton. Le directeur des ventes tient à suivre
de près l'évolution des ventes du nouveau sirop Collant Cola, et c'est dans ce but que
les données brutes du tableau 3.1 ont été recueillies. (Vous constaterez que cette
masse désordonnée de nombres est probablement sans grande valeur pour le directeur des ventes. Imaginez la situation s'il y avait 500 valeurs au lieu de 50!)

Le rangement des données

La façon la plus simple d'organiser les données selon un ordre précis consiste à effectuer un rangement des données — rangement des valeurs des données en ordre ascendant (de la plus petite à la plus grande valeur) ou descendant (de la plus grande à la plus petite valeur.) Le rangement des données de ventes du sirop Collant Cola a été effectué et vous est présenté au tableau 3.2. Ce rangement s'est fait selon un ordre ascendant.

Le rangement des données brutes comporte plusieurs avantages. D'abord, nous voyons au tableau 3.2 que les ventes varient de 82,50 à 148 litres. Ensuite, il devient évident que la moitié inférieure des valeurs se répartit entre 82,50 et 115 litres et que la moitié supérieure des valeurs s'étend de 115,25 à 148 litres. Enfin, ce rangement nous permet de déceler s'il existe une grande concentration de données autour d'une valeur particulière. (Dans le tableau 3.2, aucune valeur n'apparaît plus de deux fois, mais dans d'autres situations, il pourrait y avoir une forte concentration.)

En dépit de ses avantages, le rangement des données constitue une façon peu pratique de traiter celles-ci; plus le nombre des données est grand, plus ce fait devient évident. Ainsi, il est souvent nécessaire de condenser les données sous une forme plus propice à l'analyse statistique. La prochaine section a pour objet de montrer comment les données peuvent être présentées sous une forme plus synthétique.

TABLEAU 3.2
Rangement des données

Litres de sirop Collant Cola vendus en un mois par 50 employés de la compagnie de boissons Paquet et Vestie

Litres vendus	Litres vendus
82,50	115,25
88,50	116,50
91,00	116,75
93,25	117,25
95,00	118,00
95,00	118,25
97,50	119,00
99,50	121,75
100,75	122,50
102,25	124,00
103,75	124,50
104,50	125,00
105,00	125,25
105,00	126,00
106,00	128,50
107,25	128,75
108,25	132,00
109,25	133,25
110,00	134,25
112,00	135,00
113,25	135,50
114,00	136,00
114,00	137,00
115,00	144,00
115,25	148,00

Source: Tableau 3.1.

DISTRIBUTION DE FRÉQUENCES

La distribution de fréquences a pour but de présenter les données sous une forme synthétique sans perdre l'essentiel de l'information contenue dans les valeurs. Pour atteindre ce but, il suffit de grouper les données dans un nombre relativement restreint de classes. Ainsi, une distribution de fréquences (ou tableau de fréquences) est tout simplement un classement des données selon une certaine caractéristique observable. Dans le tableau 3.3, par exemple, nous avons groupé les litres vendus en sept classes et nous avons indiqué le nombre d'employés dont les ventes se situent à l'intérieur de chacune des classes. (Le terme « distribution de fréquences » provient de la fréquence d'occurrence des valeurs dans les différentes classes.)

Vous remarquerez au tableau 3.3 que les données sont maintenant présentées sous une forme plus synthétique et plus utilisable. Un rapide coup d'oeil sur la distribution de fréquences suffit pour s'apercevoir que près des deux tiers des employés ont vendu entre 100 et 130 litres (les ventes de 33 des 50 employés se retrouvent dans les trois classes centrales). Bref, le tableau 3.3 nous trace un portrait raisonnablement bon de l'aspect général des ventes du sirop Collant Cola. Évidemment, cette compression des données a pour résultat une perte d'informations. Nous ne savons plus, par exemple, combien de litres chaque employé a vendus. Et nous ne pouvons pas savoir, à partir du tableau 3.3, que l'étendue des valeurs est de 65,50 litres exactement[2]. Par contre, les avantages d'une distribution de fréquences bien construite surpassent habituellement les inconvénients de cette perte inévitable d'informations. Pour construire une distribution de fréquences, il est nécessaire de déterminer (1) le nombre de classes à utiliser pour grouper les données, (2) la largeur de ces classes et (3) le nombre d'observations ou les *fréquences* de chaque classe. Dans la section qui suit, nous examinerons brièvement les deux premières étapes qui sont reliées. (La dernière étape consiste en un simple déplacement d'informations du rangement à la distribution, et nous n'avons pas à la considérer ici.)

TABLEAU 3.3
Distribution de fréquences

Litres de sirop Collant Cola vendus en un mois par 50 employés de la compagnie de boissons Paquet et Vestie

Litres vendus	Nombre d'employés (fréquences)
80 et moins de 90	2
90 et moins de 100	6
100 et moins de 110	10
110 et moins de 120	14
120 et moins de 130	9
130 et moins de 140	7
140 et moins de 150	2
	50

Source: Tableau 3.2.

2. Tout ce que nous pouvons savoir, c'est qu'il y a, par exemple, deux employés dans la première classe dont les ventes se situent quelque part entre 80 et moins de 90 litres et que l'étendue des valeurs se situe quelque part entre 50 et 70 litres.

Quelques considérations pratiques

Lors de la construction d'une distribution de fréquences, il est habituellement souhaitable de suivre les règles ou critères suivants :

1. *Le nombre de classes utilisées* pour grouper les données va généralement d'un minimum de 5 à un maximum de 15. Le nombre de classes choisies dépend de facteurs tels que le nombre d'observations à grouper, l'objectif poursuivi lors de l'élaboration de la distribution et la préférence arbitraire de l'analyste. Évidemment, il y aurait peu ou il n'y aurait pas du tout d'amélioration par rapport au rangement ascendant si les données avaient été groupées en 22 classes au tableau 3.3, chaque classe ayant une largeur de 3 litres. Et, à l'autre extrême, trop d'informations auraient été perdues si nous avions groupé les données du tableau 3.3 en seulement 3 classes de largeur de 22 litres chacune.

2. *Les classes doivent être choisies de telle sorte que* (*a*) la plus petite et la plus grande observation y soient incluses et (*b*) chaque observation se retrouve dans une et une seule classe — cela implique que doivent être évités les écarts entre les classes successives et les chevauchements de celles-ci qui pourraient violer cette règle.

3. Chaque fois que la chose est possible, *les largeurs des classes doivent être égales* (de plus, il est souhaitable d'utiliser des largeurs de classes qui sont multiples de 5, 10, 100, 1000, etc.). De grands écarts dans les données peuvent parfois forcer l'utilisation de largeurs de classes inégales dans la distribution de fréquences; cependant, de tels intervalles de classes peuvent causer des difficultés au niveau de l'élaboration des graphiques et du calcul de certaines mesures statistiques de nature descriptive. Notre tableau 3.3 a été arbitrairement construit à l'aide de 7 classes d'une égale largeur. Comment la largeur de 10 litres a-t-elle été déterminée? Vous posez des questions vraiment intéressantes. La formule suivante, très simple, a été utilisée pour estimer la largeur nécessaire :

$$I = \frac{G - P}{c}$$

où I = largeur
   G = valeur de la plus grande observation
   P = valeur de la plus petite observation
   c = nombre de classes

Évidemment, comme nous l'avons vu au tableau 3.2, les ventes du Collant Cola vont d'une valeur minimum de 82,50 litres à une valeur maximum de 148,00 litres. Par conséquent :

$$I = \frac{148,00 - 82,50}{7}$$

$$I = \frac{65,50}{7}$$

= 9,363 une valeur voisine de la largeur de classe de 10 litres utilisée au tableau 3.3

TABLEAU 3.4
Distribution à classes ouvertes

Revenu total de familles choisies au hasard

Revenus totaux	Nombre de familles
Moins de 5 000 $	6
5 000 $ et moins de 10 000 $	14
10 000 et moins de 15 000	18
15 000 et moins de 20 000	10
20 000 et moins de 25 000	5
25 000 et moins de 30 000	4
30 000 et plus	3
	60

4. Autant que possible, *l'utilisation de classes ouvertes doit être évitée*. Le tableau 3.4 est un exemple d'une *distribution ayant des classes ouvertes*. Cependant, l'emploi de telles classes ouvertes peut s'avérer nécessaire lorsque certaines valeurs sont extrêmement petites ou extrêmement grandes par rapport à une majorité d'observations plutôt voisines les unes des autres, ou lorsque l'établissement d'une limite supérieure entraîne la révélation d'une information confidentielle[3]. Mais il reste qu'une distribution ayant des classes ouvertes pose des problèmes au niveau de la représentation graphique et rend impossible (comme nous le verrons plus tard) le calcul d'importantes mesures statistiques descriptives comme la moyenne arithmétique et l'écart type: nous devons donc construire des distributions à classes ouvertes le moins souvent possible.

5. Quand il existe une concentration de données brutes autour de certaines valeurs, il est préférable de construire la distribution de telle sorte que *ses points de concentration se situent au centre de la classe*. (La justification de ceci deviendra évidente quand nous calculerons la moyenne arithmétique des données groupées en distribution de fréquences.) Dans le tableau 3.3, le centre de la classe « 110 et moins de 120 » est de 115 litres, la limite inférieure de la classe est de 110 litres et la limite supérieure est de 119,99... litres. Par contre, un autre analyste pourrait recueillir des données additionnelles concernant les ventes du sirop Collant Cola et arrondir les ventes au litre près. Cet analyste pourrait construire une distribution de fréquences semblable à celle du tableau 3.3 avec les classes suivantes: 80 à 89, 90 à 99, 100 à 109, 110 à 119, etc. Dans ce cas, il y aurait une différence de 9 litres entre les limites, mais la largeur des classes serait toujours de 10 litres. Pourquoi? Parce que la vraie *limite inférieure* ou la *borne inférieure* de la classe « 110 à 119 » serait de 109,5 et la vraie *limite supérieure* ou la *borne supérieure* serait de 199,5. Ainsi, la largeur de cette classe serait toujours de 10 litres mais le centre de la classe, dans ce cas, serait 114,5 litres.

---

3. Par exemple, dans le tableau 3.4, fixer la limite supérieure de la dernière classe équivaudrait probablement à révéler le revenu d'une famille facilement identifiable dans un quartier.

Une fois les données groupées sous une forme plus synthétique, la distribution de fréquences bien construite peut être utilisée pour fins d'analyse, d'interprétation et de communication. Pour atteindre un ou plusieurs de ces objectifs, il suffit souvent de représenter graphiquement une distribution de fréquences. Vous vous demandez comment représenter graphiquement une distribution de fréquences? Comme ça tombe bien!

Représentation graphique d'une distribution de fréquences

Une distribution de fréquences ou un tableau de fréquences comme celui représenté au tableau 3.3 est utile (1) s'il est nécessaire de se reporter aux données ou (2) pour calculer des mesures descriptives visant à résumer certaines caractéristiques des valeurs. Cependant, une représentation graphique des données présentées dans un tableau de fréquences est un bien meilleur outil pour (1) capter l'attention d'un observateur et (2) mettre en lumière des tendances ou des relations difficilement discernables dans un tableau de fréquences. Les deux types principaux de représentation graphique des distributions numériques sont l'*histogramme* et le *polygone de fréquences*.

Histogramme. *Un histogramme est une représentation graphique en tuyaux d'orgue* de la distribution de fréquences. La figure 3.2 nous montre l'histogramme correspondant à la distribution de fréquences des ventes du sirop Collant Cola telle qu'elle est présentée au tableau 3.3. Comme vous pouvez le voir, cet histogramme est en fait un simple ensemble de rectangles. Les valeurs de la variable mesurée — ici, les litres de sirop vendus — sont portées sur une échelle arithmétique sur l'axe horizontal. Les rectangles de la figure 3.2 sont tous *de même largeur* et celle-ci correspond à *la largeur des classes*, identique pour toutes les classes, du tableau 3.3; la *hauteur* des rectangles de la figure 3.2 correspond à la *fréquence* des classes qu'ils représentent. Ainsi, l'aire des rectangles correspondant à chaque classe est proportionnelle à la fréquence de la classe[4].

FIGURE 3.2

L'histogramme de la distribution de fréquences des litres de sirop Collant Cola vendus en un mois par 50 employés de la compagnie de boissons Paquet et Vestie

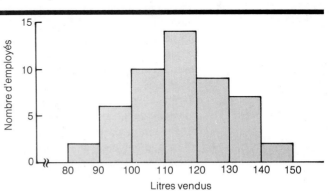

[4]. Si différentes largeurs de classes sont utilisées lors de l'établissement de la distribution de fréquences, l'aire des rectangles correspondant à chaque classe devra toujours être proportionnelle à la fréquence des classes. Ainsi, si la largeur de la troisième classe est deux fois plus grande que celle des deux premières, la hauteur du rectangle correspondant à la troisième classe devra être égale à la moitié de la fréquence de cette classe.

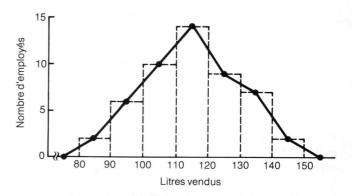

FIGURE 3.3

Polygone de fréquences de la distribution des litres de sirop Collant Cola vendus en un mois par 50 employés de la compagnie de boissons Paquet et Vestie

Polygone de fréquences. *Le polygone de fréquences est une ligne brisée qui représente une distribution de fréquences.* La figure 3.3 présente un polygone de fréquences correspondant aux mêmes données et aux mêmes échelles que l'histogramme de la figure 3.2. (En fait, la figure 3.2 est reproduite en pointillés à la figure 3.3.) Comme vous pouvez le voir, nous avons repéré les *points milieu* de chaque sommet des rectangles. La *hauteur* de chacun des points de la figure 3.3 représente, bien entendu, la *fréquence* de la classe correspondante. Ces points sont ensuite reliés l'un à l'autre par des segments de droite. Habituellement, le polygone ainsi formé est fermé à ses extrémités (1) en plaçant sur l'axe horizontal un point à gauche de la première classe à une distance égale à la moitié de la largeur des classes et un point à droite de la dernière classe à une distance égale à la moitié de la largeur des classes, et ensuite (2) en joignant ces points à ceux représentant les fréquences de la première et de la dernière classe.

Une comparaison. *Les avantages de l'histogramme par rapport au polygone de fréquences* résident dans le fait que (1) chaque classe est représentée par un rectangle qui se voit clairement et que (2) l'aire des rectangles est un témoin fidèle de la fréquence de chaque classe. Cependant, *le polygone de fréquences possède certains avantages*; par exemple, il est plus simple et est constitué de moins de segments de droite que l'histogramme et, par conséquent, il est plus approprié pour faire des comparaisons entre deux ou plusieurs distributions de fréquences. Autre avantage du polygone de fréquences : si la largeur des classes d'une distribution de fréquences est progressivement réduite et que le nombre d'observations de la distribution soit sans cesse augmenté, il est à prévoir que le polygone de fréquences ressemblera de plus en plus à une courbe lisse. Ainsi, par exemple, si le polygone de fréquences de la figure 3.3 ne représentait qu'un petit échantillon de l'ensemble des données concernant les ventes du sirop Collant Cola effectuées par des centaines d'employés et si la distribution de fréquences — c'est-à-dire *la distribution de fréquences de la population* — relative à ce vaste ensemble de données était construite à l'aide de classes de très petite largeur, le polygone de fréquences qui en résulterait serait fort probablement semblable à la courbe de distribution de fréquences de la figure 3.4. Cette courbe en forme de cloche, la *courbe normale*, qui décrit la distribution de plusieurs variables

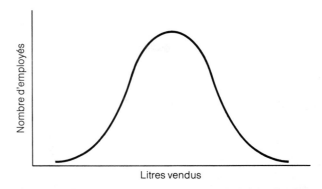

FIGURE 3.4

Courbe de la distribution normale

dans les domaines des sciences physiques, des sciences sociales, de la médecine, de l'agriculture, des affaires et de l'ingénierie s'avère très importante et apparaîtra souvent dans les prochains chapitres.

Autres considérations. Il est parfois souhaitable de déterminer le nombre d'observations situées au-dessus ou au-dessous d'une certaine valeur plutôt qu'à l'intérieur d'un intervalle donné. Pour répondre à ce besoin, la distribution de fréquences peut être transformée en *distribution de fréquences cumulées*, ainsi que le montre le tableau 3.5. (Comme vous le constaterez, nous avons simplement présenté les données du tableau 3.3 sous une autre forme.) Les 8 employés ayant vendu moins de 100 litres correspondent aux 2 employés ayant vendu moins de 90 litres, auxquels se sont joints les 6 de la classe « 90 et moins de 100 » litres. L'*ogive* est la représentation graphique de la distribution de fréquences cumulées. L'ogive du tableau 3.5 est présentée à la figure 3.5: chaque point indique le nombre d'employés ayant vendu moins de litres que le nombre correspondant sur l'échelle horizontale. En ajoutant une échelle de pourcentage à la droite sur le graphique de l'ogive [5], il sera possible d'obtenir graphiquement certaines mesures descriptives que nous calculerons dans les prochaines sections. Par exemple, si nous traçons une droite horizontale vis-à-vis du point correspondant à 50 %, tel que le montre la figure 3.5, et si, ensuite, à partir du point d'intersection de cette droite et de l'ogive, nous abaissons sur l'axe horizontal une droite verticale, nous pouvons alors lire la quantité approximative de sirop vendu par le vingt-cinquième employé dans le rangement ascendant du groupe des 50 employés. (Cette valeur, que l'on nomme *médiane*, sera calculée sans l'aide de l'ogive plus loin dans ce chapitre.)

---

5. Comme chaque employé représente 2 % du total (1/50 × 100), nous n'avons qu'à doubler l'échelle sur l'axe vertical pour obtenir l'échelle en pourcentage.

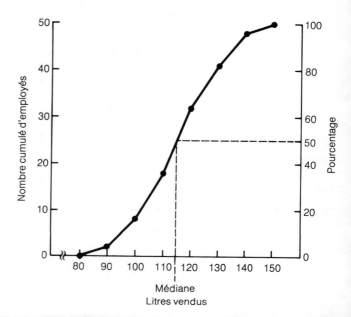

FIGURE 3.5

**Ogive de la
distribution
des litres de sirop
Collant Cola vendus
en un mois par
50 employés de la
compagnie de boissons
Paquet et Vestie**

TABLEAU 3.5

Distribution des fréquences cumulées des litres de sirop Collant Cola
vendus en un mois par 50 employés
de la compagnie de boissons
Paquet et Vestie

Litres vendus	Nombre d'employés
Moins de 80	0
Moins de 90	2
Moins de 100	8
Moins de 110	18
Moins de 120	32
Moins de 130	41
Moins de 140	48
Moins de 150	50

Auto-évaluation 3.1

Voici la première section d'auto-évaluation; vous en retrouverez plusieurs dans ce
livre. Nous vous conseillons de vous arrêter ici, le temps de vérifier votre compréhension des concepts qui viennent d'être présentés. *Les réponses aux questions d'auto-
évaluation vous sont données à la fin de chaque chapitre.*

Léa Ricot et Ab Ricot, propriétaires de la compagnie de produits Ricot, exami-
nent le montant des commandes passées par leurs clients d'une région éloignée. Dans
les dernières semaines, les commandes suivantes ont été faites :

42,50 $	45,00 $	47,75 $	52,10 $	29,00 $	31,25 $
21,50	56,30	55,60	49,80	35,55	42,30
43,50	34,60	65,50	45,10	40,25	58,00
30,30	44,80	36,50	55,00	59,20	36,60
38,50	41,10	46,00	39,95	25,35	49,50

1. a) Effectuer un rangement ascendant de ces données.
   b) Quelle est l'étendue des valeurs?

2. Construire, selon le montant des commandes, une distribution de fréquences comportant les classes suivantes : « 20 $ et moins de 30 $ », « 30 $ et moins de 40 $ ». . . et « 60 $ et moins de 70 $ ».

3. a) Aurait-il été possible d'utiliser 6 ou 7 classes au lieu de 5 dans la distribution de fréquences précédente?
   b) Quelle largeur de classe aurait été appropriée pour construire une distribution de fréquences à 8 classes plutôt qu'à 5?

4. Tracer l'histogramme de la distribution de fréquences établie au problème 2.

5. Tracer le polygone de fréquences de la distribution de fréquences établie au problème 2.

MESURES DE DESCRIPTION D'UNE DISTRIBUTION DE FRÉQUENCES

Dans les prochaines sections de ce chapitre (ainsi qu'au chapitre 4), nous calculerons différents types de mesures qui visent à résumer et à décrire les principales propriétés ou caractéristiques d'une distribution de fréquences[6]. Avant de procéder à ces calculs, il serait bon de prendre le temps de faire une brève discussion de ces mesures et de regarder graphiquement (en utilisant la figure 3.6) ce qu'elles représentent.

Mesures de tendance centrale

Il existe plusieurs mesures de tendance centrale; l'objectif de ces mesures est de résumer en une seule valeur la grandeur typique, le milieu ou le centre d'un ensemble de données. La plus familière de ces mesures est sûrement la *moyenne arithmétique*, qui correspond tout simplement à la somme des valeurs d'un groupe de données divisée par le nombre de données. Mais, comme nous l'avons vu dans le chapitre précédent, la *médiane* et le *mode* constituent d'autres mesures de tendance centrale utilisées fréquemment. Nous retrouvons à la figure 3.6 certaines possibilités qui peuvent survenir dans différentes distributions de fréquences. Supposons que la figure 3.6a, par exemple, représente les distributions des ventes mensuelles de deux produits de Paquet et Vestie, l'orangeade Odorante (OO) et le jus de raisin Régal (RR). La dispersion ou l'étalement des ventes dans chaque distribution semble identique; cependant, il est évident que la moyenne des ventes de jus de raisin est supérieure à celle des ventes d'orangeade — autrement dit, les ventes de jus de raisin se répartissent autour d'une valeur supérieure à celle autour de laquelle se répartissent les ventes d'orangeade. Nous calculerons différentes mesures de tendance centrale dans les pages qui suivent.

---

6. Nous calculerons aussi plusieurs de ces mesures sur des données non groupées, à savoir des données qui ne sont pas présentées sous forme de distribution de fréquences.

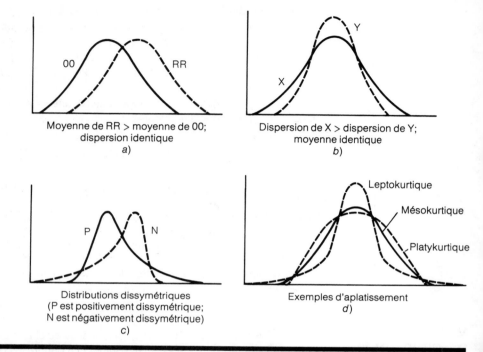

FIGURE 3.6

**Mesures
de description
d'une distribution
de fréquences**

Moyenne de RR > moyenne de 00;
dispersion identique
a)

Dispersion de X > dispersion de Y;
moyenne identique
b)

Distributions dissymétriques
(P est positivement dissymétrique;
N est négativement dissymétrique)
c)

Exemples d'aplatissement
d)

**Mesures de
dispersion**

Si deux distributions ont la même moyenne, cela implique-t-il qu'il n'y a aucune différence entre ces distributions? Dans certains cas, oui, mais pas toujours. À la figure 3.6*b*, les distributions X et Y ont sûrement la même moyenne, mais ne sont pas pour autant identiques. La différence se situe au niveau de l'*éparpillement*, de l'*étalement*, de la *dispersion* ou de la *variation* sur l'axe horizontal des valeurs de chaque distribution. Évidemment, la dispersion dans la distribution X est plus grande que la variation des valeurs dans la distribution Y. L'*étendue* — c'est-à-dire la différence entre la plus grande et la plus petite valeur — constitue la plus simple des mesures de dispersion. Les autres mesures que nous calculerons sont l'*écart moyen*, l'*écart type* et l'*intervalle semi-interquartile*. Ces mesures visent toutes à évaluer la dispersion à l'intérieur d'une distribution. Les mesures de dispersion seront calculées au chapitre 4.

**Mesure de
dissymétrie**

Dans la figure 3.6*a* et *b*, toutes les courbes de distributions de fréquences sont symétriques. Cela veut dire qu'un segment de droite abaissé du sommet de ces courbes, perpendiculaire à l'axe horizontal, divise en deux parties égales l'aire délimitée par ces courbes. Comme vous le constaterez à la figure 3.6*c*, certaines courbes peuvent être dissymétriques. Les courbes dissymétriques se produisent lorsque quelques valeurs sont beaucoup plus grandes ou plus petites que les valeurs typiques rencontrées dans la distribution. Par exemple, la distribution P à la figure 3.6*c* représente la courbe de distribution correspondant au premier examen de statistique du professeur D. Plaisant. La grande majorité des notes obtenues à l'examen sont basses;

cependant, quelques éléments récalcitrants ont obtenu de très bons résultats. Quand les valeurs extrêmes forment une queue à droite (comme dans la distribution P), la courbe est dite « *positivement dissymétrique* ». Par ailleurs, la distribution N à la figure 3.6*c* représente la courbe de distribution des résultats des étudiants en statistique du professeur Jean Til. Comme vous pouvez le voir, la plupart des étudiants ont obtenu de très bonnes notes (même si quelques-uns en ont eu de très mauvaises). Quand les valeurs extrêmes forment une queue à gauche (comme dans la distribution N) la courbe est dite « *négativement dissymétrique* ». Au chapitre 4, on trouvera une mesure indiquant jusqu'à quel point une distribution particulière se différencie d'une distribution parfaitement symétrique.

Mesure de l'aplatissement

Il est possible que trois distributions (voir fig. 3.6*d*) soient symétriques, possèdent la même moyenne et la même valeur de dispersion[7]. Ces distributions peuvent malgré tout avoir des degrés d'aplatissement différents. L'étude de cette caractéristique dépasse le niveau de ce livre; l'analyse statistique simple ne tient à peu près pas compte de cette mesure. Nous nous contenterons de dire qu'une courbe *mésokurtique* a la forme d'une courbe normale, avec des queues modérément longues; une courbe *leptokurtique* est généralement plus pointue que la courbe normale, avec de longues queues; et une courbe *platykurtique* est habituellement plus arrondie avec de petites queues.

MESURES DE TENDANCE CENTRALE

Dans plusieurs cas, les données ont tendance à se rassembler autour d'une valeur centrale, et celle-ci est souvent utilisée comme mesure sommaire pour décrire l'aspect général des données. Il est inutile et sans intérêt de grouper les données en distribution de fréquences si elles sont en nombre restreint (ou si elles peuvent être traitées par ordinateur). Par contre, il devient souhaitable, comme nous l'avons vu, de condenser les données sous une forme plus humainement utilisable dès que leur nombre devient important et la forme privilégiée, en ces cas, est la distribution de fréquences. Dans les pages qui suivent, nous calculerons les mesures de tendance centrale pour des *données non groupées*, puis nous examinerons les méthodes de calcul de ces mêmes mesures pour des *données groupées* en distribution de fréquences.

Données non groupées

La moyenne arithmétique. La plupart des gens utilisent le mot « moyenne » pour désigner la moyenne arithmétique. Lorsque vous additionnez les résultats que vous avez obtenus aux différents examens d'un cours durant une session et que vous divisez cette somme par le nombre d'examens, vous calculez en fait une moyenne arithmétique. La moyenne arithmétique est la mesure de tendance centrale le plus largement employée.

Examinons le calcul de la moyenne en prenant pour exemple les résultats obtenus en statistique par Pierre D'Achoppement durant une session angoissante — les résultats sont présentés en ordre décroissant :

---

7. Calculée à l'aide de l'écart type.

```
75
75
61
50
40
25
10
 5
 1
───
342  Total des résultats
```

Les valeurs des variables (comme les résultats de Pierre) sont généralement représentées par la lettre majuscule X. Ainsi, la formule compliquée pour calculer la moyenne de données non groupées est la suivante :

$$\mu = \frac{\Sigma X}{N} \tag{3.1}$$

où μ (la lettre grecque mu) = moyenne arithmétique
Σ (la lettre grecque sigma) = la somme de
N = nombre d'observations [8]

Dans notre exemple (les résultats de Pierre), ΣX est égal à 342 et le résultat moyen de Pierre pour la session est donc de 38 (342 / N ou 342 / 9 = 38).

La médiane. La médiane est une autre mesure de tendance centrale. Elle représente la valeur qui occupe *la place du milieu* dans le rangement ascendant ou descendant. Dans l'exemple des résultats de Pierre, la valeur du milieu dans le rangement descendant — par conséquent la médiane des résultats — est 40. Même si, dans cet exemple, la médiane est légèrement différente de la moyenne arithmétique, le résultat ultime quant à l'utilisation de la moyenne ou de la médiane comme note finale du semestre est le même — Pierre n'a rien compris dans son cours de statistique et il a été recalé. Comme nous l'avons vu au chapitre précédent dans l'exemple sur le revenu des fermiers, une ou plusieurs valeurs extrêmement grandes (ou extrêmement petites) dans la série de données peuvent cependant mener à une différence importante entre la moyenne et la médiane.

Que serait-il arrivé si le professeur de Pierre avait laissé de côté sa note la plus faible avant de calculer la médiane? Dans ce cas, la position du milieu dans le rangement descendant des résultats de Pierre aurait été à mi-chemin de 40 et 50 — autrement dit, la médiane aurait été de 45 (ça n'aurait rien changé au résultat final de Pierre : toujours un échec).

---

8. Les symboles utilisés dans cette formule, dans les autres formules de ce chapitre ainsi que dans le chapitre 4 sont appropriés quand des données représentent toutes les valeurs d'une population. Ainsi, le symbole μ représente la moyenne d'une population et le symbole N représente le nombre total d'unités dans cette population. Vous verrez dans la première section du chapitre 6 (et dans la figure 6.1) qu'il faut cependant utiliser d'autres symboles lorsque les mesures sont calculées à partir de données d'échantillonnage, et ce, afin de différencier les mesures calculées sur une population de celles calculées sur un échantillon.

Le mode. Le mode est par définition *la valeur la plus fréquente dans une série de données*. Ainsi, dans l'exemple portant sur les résultats de Pierre, le mode est de 75. Pierre serait très satisfait de voir son professeur utiliser cette mesure de tendance centrale, mais le professeur est inflexible. Dans notre exemple, le mode s'avère sans intérêt pour Pierre : cependant, il devient une mesure importante pour le manufacturier de vêtements qui doit décider combien de robes de chaque grandeur doivent être fabriquées. On comprend aisément que le manufacturier désirera produire plus de robes de la grandeur la plus vendue que des autres grandeurs.

Auto-évaluation 3.2

1. Toutes les parties de cette question font référence aux données non groupées suivantes :

(i)	*(ii)*
8	5
10	4
10	7
10	5
12	2
16	12
18	11
—	6
84	—
	52

   a) Déterminer la moyenne, la médiane et le mode des données de la colonne *(i)*.
   b) Déterminer la moyenne, la médiane et le mode des données de la colonne *(ii)*.
   c) Si les données de la colonne *(i)* représentent la grandeur des robes vendues durant une journée typique dans un magasin, quelle est la mesure de tendance centrale la plus susceptible d'intéresser l'acheteur de ce magasin?

2. En utilisant le rangement ascendant effectué à la question 1a de l'Auto-évaluation 3.1, déterminer les mesures suivantes :
   a) La moyenne arithmétique.
   b) La médiane.
   c) Le mode.

Données groupées

Nous pouvons calculer les valeurs approximatives de la moyenne arithmétique, de la médiane et du mode à partir de données groupées en distribution de fréquences. Utilisons les données relatives à la compagnie de boissons Paquet et Vestie présentées au tableau 3.3 pour illustrer ces méthodes de calcul.

La moyenne arithmétique (méthode directe). La méthode directe de calcul de la moyenne arithmétique à partir d'une distribution de fréquences est presque identique à la méthode utilisée pour calculer la moyenne de données non groupées. Cependant, comme la présentation des données en distribution de fréquences a pour résultat une perte au niveau des valeurs réelles des observations appartenant à chaque classe, il est nécessaire de faire une hypothèse au sujet de ces valeurs. L'*hypothèse faite est que chaque observation à l'intérieur d'une classe a une valeur égale au centre de la classe.*

Aussi, dans le tableau 3.6, il est supposé que les 2 employés (*f*) de la première classe ont vendu chacun 85 litres (*m*) de sirop Collant Cola, pour un total de 170 litres (*fm*) vendus. Évidemment, nous avons le privilège de savoir, à partir du tableau 3.2, qu'aucun des 2 employés n'a effectivement vendu 85 litres; cependant, leur vente totale de 171 litres n'est qu'à un litre de notre estimation. Même si notre hypothèse dans la première classe constitue une légère *sous-estimation,* il est fort possible qu'une erreur similaire au niveau d'une autre classe produise une légère *surévaluation.* Par conséquent, dans une distribution de fréquences bien construite, il est à prévoir que la majorité de ces erreurs s'annuleront l'une l'autre. Par exemple, nous avons légèrement surestimé les ventes des 7 employés de la sixième classe puisque nous avons présumé que leurs ventes totales s'élevaient à 945 litres (voir la colonne (*fm*) du tableau 3.6). En réalité, leurs ventes au tableau 3.2 n'étaient que de 943 litres.

TABLEAU 3.6
Calcul de la moyenne arithmétique (méthode directe)

Litres de sirop Collant Cola vendus en un mois par 50 employés de la compagnie de boissons Paquet et Vestie

Litres vendus	Nombre d'employés (*f*)	Centres de classes (*m*)	*fm*
80 et moins de 90	2	85	170
90 et moins de 100	6	95	570
100 et moins de 110	10	105	1050
110 et moins de 120	14	115	1610
120 et moins de 130	9	125	1125
130 et moins de 140	7	135	945
140 et moins de 150	2	145	290
N =	50		5760

$$\mu = \frac{\Sigma fm}{N} = \frac{5760}{50} = 115,2 \text{ litres vendus}$$

Le calcul de la moyenne de 115,2 est présenté au tableau 3.6[9]. *La formule de la méthode directe de calcul de la moyenne pour des données groupées est la suivante*:

$$\mu = \frac{\Sigma fm}{N} \tag{3.2}$$

où *f* = fréquence ou nombre d'observations dans la classe
   m = centre de la classe et valeur hypothétique de chaque observation dans la classe
   N = somme des fréquences ou observations de la distribution

---

9. La moyenne approximative de 115,2 litres calculée au tableau 3.6 s'avère très proche de la moyenne véritable de 115,4 litres, obtenue en additionnant les 50 valeurs réelles du tableau 3.2 (total de 5770 litres) et en divisant par 50. Toutefois, il arrive fréquemment que l'analyste n'ait pas accès aux données brutes.

Quand nous avons examiné la méthode de classement, nous avons spécifié (1) que les classes ouvertes étaient à éviter dans la mesure du possible et (2) que les points de concentration des données devaient idéalement se situer au centre d'une classe[10]. Les raisons justifiant ces affirmations peuvent maintenant être clarifiées. *Premièrement*, l'utilisation de *distributions à classes ouvertes est limitée* puisqu'il est impossible de calculer la moyenne arithmétique de telles distributions. Pourquoi? Parce que, comme vous pouvez le constater au tableau 3.4, nous ne pouvons pas faire d'hypothèse concernant le revenu des 3 familles dans la classe « 30 000 $ et plus ». Comme cette classe ne possède pas de limite supérieure, elle n'a pas, par conséquent, de valeur centrale que nous pourrions assigner au revenu de chacune des 3 familles de cette classe. *Deuxièmement*, si les valeurs des données brutes se regroupent autour de la limite inférieure (ou supérieure) de plusieurs classes plutôt qu'au centre de ces classes, cela signifie que l'hypothèse que nous avons faite afin de calculer la valeur approximative de la moyenne est incorrecte et nous mènera à des résultats complètement faussés. Par exemple, si les données brutes ont tendance à se concentrer à la limite inférieure de plusieurs classes, la moyenne calculée sera nettement supérieure à la véritable moyenne.

La moyenne arithmétique (méthode abrégée). Une autre méthode de calcul de la moyenne arithmétique utilisée quand les classes ont toutes la même largeur est présentée au tableau 3.7.

TABLEAU 3.7
Calcul de la moyenne arithmétique (méthode abrégée)

Litres de sirop Collant Cola vendus en un mois par
50 employés de la compagnie de boissons Paquet et Vestie

Litres vendus	Nombre d'employés (f)	d	fd	
80 et moins de 90	2	−3	− 6	⎫
90 et moins de 100	6	−2	−12	⎬ −28
100 et moins de 110	10	−1	−10	⎭
110 et moins de 120	14	0	0	
120 et moins de 130	9	+1	+ 9	⎫
130 et moins de 140	7	+2	+14	⎬ +29
140 et moins de 150	2	+3	+ 6	⎭
	50		+ 1	

$$\mu = \mu_a + \left(\frac{\Sigma fd}{N}\right) \ (l)$$

$$\mu = 115 + (1/50)(10)$$

$$\mu = 115 + 1/5$$

$$\mu = 115,2 \ \text{litres vendus}$$

10. Nous avons dit aussi que les largeurs des classes devaient, si possible, être égales. La méthode directe de calcul de la moyenne peut être utilisée, que les classes soient ou non de la même largeur, mais on ne peut recourir à la méthode abrégée présentée dans la section suivante que dans le cas où les largeurs des classes sont égales.

Cette méthode, qui implique généralement des calculs plus simples, nous mène au résultat plus rapidement; c'est pourquoi elle est appelée la *méthode abrégée*. Voici, pour l'essentiel, *les étapes de cette méthode abrégée :*

1. Choisir une moyenne arbitraire (μ_a) étant le *centre* de *n'importe quelle* classe.

2. Déterminer, en prenant pour unité la largeur des classes, l'écart entre chaque centre de classe de la distribution et la moyenne arbitraire.

3. Calculer un *facteur de correction* pour réajuster la moyenne arbitraire afin d'obtenir la même valeur calculée à l'aide de la méthode directe. (Par exemple, si la moyenne arbitraire est trop basse, *un facteur de correction de valeur positive* s'additionnera à la moyenne arbitraire, et si la moyenne arbitraire est trop haute, *un facteur de correction de valeur négative* viendra diminuer la moyenne arbitraire.)

La formule, selon la méthode abrégée, est la suivante :

$$\mu = \mu_a + \left(\frac{\Sigma fd}{N}\right)(l) \qquad (3.3)$$

où μ_a = moyenne arbitraire correspondant au centre de n'importe quelle classe [11]
f = fréquences ou nombre d'observations dans la classe
d = écart entre chaque centre de classe et la moyenne arbitraire en prenant pour unité la largeur des classes
N = somme des fréquences de la distribution
l = largeur des classes

Que venez-vous de dire? « Si c'est ce que vous appelez une méthode « abrégée », je préfère utiliser la méthode longue (directe)... » Voici une réaction tout à fait normale; cependant, soyez patients, et attendez de voir à l'aide du tableau 3.7 comment s'utilise la formule 3.3. Comme vous le remarquerez, nous avons donné arbitrairement à la moyenne la valeur 115, ce qui correspond au centre de la classe « 110 et moins de 120 ». Les valeurs de N (50) et de l (10) s'obtiennent aisément en examinant la distribution. Il ne reste donc plus qu'à déterminer la valeur du numérateur Σfd de la formule 3.3. Par définition, les valeurs de d sont les écarts entre la moyenne arbitraire 115 et les centres des classes en prenant pour unité la largeur des classes; ainsi, la différence entre le centre de la classe « 110 et moins de 120 » et la moyenne arbitraire 115 sera, bien sûr, de zéro. Et comme les centres des classes « 100 et moins de 110 » et « 120 et moins de 130 » se situent à une distance correspondant à une largeur de

---

11. Le mot « centre » a été répété plusieurs fois, pour une bonne raison. Comme vous le verrez plus tard, dans plusieurs autres calculs de mesures descriptives concernant des distributions de fréquences, le premier symbole apparaissant dans la formule correspond à la limite inférieure de la classe plutôt qu'au centre de la classe. Par conséquent, quand on demande aux étudiants de calculer plusieurs de ces mesures, ils oublient quelquefois et prennent comme moyenne arbitraire la limite inférieure d'une classe. Assurez-vous de ne pas être un de ceux-ci, surtout si vous avez à passer un examen sur ce sujet. Le terme « n'importe quel » revient, lui aussi, très souvent. Il est vrai que donner la valeur de n'importe quel centre de classe à la moyenne arbitraire nous fournira une réponse exacte; cependant, *les calculs deviennent plus simples* lorsqu'on choisit la classe (généralement près du centre de la distribution) à l'intérieur de laquelle on soupçonne que la valeur de la moyenne se situe.

classe de la moyenne arbitraire, les valeurs de *d* pour ces classes sont de -1 et 1 respectivement. Les autres valeurs de la colonne *d* du tableau 3.7 s'obtiennent de la même manière.

Donc, pour évaluer Σfd, vous devez (*a*) multiplier les valeurs de *f* de chaque classe par les valeurs correspondantes de *d* pour obtenir les valeurs de la colonne *fd* et (*b*) additionner les valeurs de la colonne *fd*. (Dans le tableau 3.7, la valeur de Σfd est $+1$, mais cette somme aurait été négative si la moyenne arbitraire choisie avait été trop élevée.) Une fois Σfd trouvé, il ne vous reste qu'à effectuer les calculs présentés au tableau 3.7 pour obtenir la moyenne. (Vous remarquerez que la moyenne calculée au tableau 3.7 est exactement la même que la valeur calculée au tableau 3.6, c'est-à-dire 115,2 litres.)

La médiane. Nous avons vu que la médiane est la valeur située au milieu dans le rangement ascendant (ou descendant) des valeurs. Cependant, comme les valeurs réelles des observations ne sont plus disponibles après la construction de la distribution de fréquences, on ne peut que calculer une valeur approximative de la médiane dans le cas de données groupées. Nous illustrons cette méthode d'approximation à l'aide du tableau 3.8. La figure 3.7 indique ce que nous cherchons vraiment quand nous calculons la médiane dans l'exemple de la compagnie Paquet et Vestie. En regardant la distribution de fréquences du tableau 3.8, nous pouvons présumer que l'employé ayant vendu le moins (appelons-le l'employé 1) a vendu approximativement 80 litres et que l'employé ayant vendu le plus (appelons-le l'employé 50) a vendu à peu près 149,9 litres.

Ce que nous cherchons maintenant, c'est la quantité vendue par l'employé du milieu (ou le vingt-cinquième).

La *première étape* dans le calcul de la médiane consiste à localiser la *classe médiane*, c'est-à-dire, dans notre exemple, la classe contenant le vingt-cinquième vendeur de notre groupe de 50 employés. Même si cette opération est relativement simple, il peut être très utile de l'effectuer à l'aide de la colonne de fréquences cumulées présentées au tableau 3.8. Comme vous pouvez le voir, les 18 employés des trois premières classes ont vendu moins de 110 litres et les 32 employés des quatre premières classes ont vendu moins de 120 litres. Donc, le vingt-cinquième employé doit se situer dans la quatrième classe, c'est-à-dire la classe médiane.

FIGURE 3.7

Que cherchons-nous?

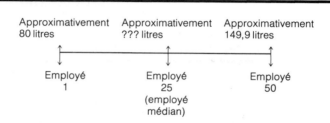

L'*étape suivante* consiste à déterminer lequel des 14 employés de la classe médiane est le vingt-cinquième. (Vous l'avez probablement déjà trouvé, mais, pour les autres, expliquons cette étape.) Si 18 employés se retrouvent dans les trois premières classes et si nous cherchons le vingt-cinquième, cet employé doit être le *septième* des 14 de la quatrième classe (25 − 18 = 7). En d'autres mots, la médiane se situe à sept quatorzièmes ou à mi-chemin dans la classe médiane [12].

La *dernière étape* consiste à déterminer par interpolation la valeur de la médiane. Pour effectuer cette ultime étape, *nous devons présumer que les ventes des 14 employés de la classe médiane se répartissent uniformément dans la classe* [13]. En se basant sur cette hypothèse, il est facile de constater que si le vingt-cinquième employé (l'employé médian) se situe au milieu du groupe d'employés de cette classe, ses ventes se situent à mi-chemin dans la classe. Donc, la valeur de la médiane devrait être de 115 litres, ce qui correspond au nombre de litres vendus par le vingt-cinquième employé.

TABLEAU 3.8
Calcul de la médiane

Litres de sirop Collant Cola vendus en un mois par 50 employés de la compagnie de boissons Paquet et Vestie

Litres vendus	Nombre d'employés (f)	Fréquences cumulées (FC)
80 et moins de 90	2	2
90 et moins de 100	6	8
100 et moins de 110	10	18
110 et moins de 120*	14	32
120 et moins de 130	9	41
130 et moins de 140	7	48
140 et moins de 150	2	50
	50	

$$Md = L_{md} + \left(\frac{N/2 - FC}{f_{md}} \right) \; (I)$$

$$= 110 + \left(\frac{50/2 - 18}{14} \right) \; (10)$$

$$= 110 + (7/14)(10)$$

$$= 110 + 5$$

$$= 115,0 \text{ litres}$$

* classe médiane

12. Il s'agit d'une coïncidence. La médiane peut se situer n'importe où dans la classe médiane.

13. Cette hypothèse de distribution uniforme des valeurs dans la classe médiane a peu de chances de se vérifier dans la réalité et, par conséquent, la valeur calculée de la médiane ne sera qu'une approximation.

La formule permettant de calculer la médiane constitue une simple représentation formelle de ce qui a été dit dans les paragraphes précédents :

$$Md = L_{md} + \left(\frac{N/2 - FC}{f_{md}}\right)(l) \tag{3.4}$$

où Md = médiane
  L_{md} = limite inférieure de la classe médiane
  N = somme des fréquences de la distribution
  FC = fréquence cumulée de toutes les classes précédant la classe médiane
  f_{md} = fréquence de la classe médiane
  l = largeur de la classe médiane

Le calcul de la médiane à l'aide de la formule 3.4 est expliqué au tableau 3.8. Vous remarquerez que la valeur de la médiane est de 115,0 litres, ce qui correspond à la valeur localisée de la médiane sur l'ogive présentée à la figure 3.5 [14].

Le mode. Par définition, le mode est la valeur la plus fréquente. Mais à l'intérieur d'une distribution de fréquences, les valeurs réelles des observations sont inconnues et le mode doit donc, lui aussi, être évalué approximativement. On présume que la valeur la plus fréquente dans la distribution de fréquences appartient à la classe possédant la plus grande fréquence et se trouve directement sous le sommet du polygone de fréquences. Par conséquent, la classe de la distribution ayant la plus grande fréquence est la *classe modale*. La figure 3.8 nous montre comment, à partir de l'histogramme, le mode peut être évalué approximativement de façon graphique et la formule qui suit nous indique comment évaluer approximativement le mode mathématiquement :

$$Mo = L_{Mo} + \left(\frac{d_1}{d_1 + d_2}\right)(l) \tag{3.5}$$

FIGURE 3.8
Représentation graphique du mode

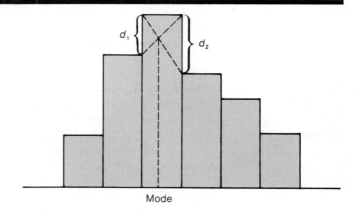

Mode

14. Vous pouvez vérifier à l'aide du tableau 3.2 que la valeur réelle de la médiane est de 115,25; notre approximation n'est donc pas si mauvaise.

où Mo = mode

L_{Mo} = limite inférieure de la classe modale

d_1 = différence entre la fréquence de la classe modale et la fréquence de la classe précédente dans la distribution

d_2 = différence entre la fréquence de la classe modale et la fréquence de la classe suivante dans la distribution

l = largeur de la classe modale

Nous pouvons calculer de la façon suivante le mode correspondant aux données de l'exemple de la compagnie Paquet et Vestie présentées au tableau 3.8:

$$Mo = 110 + \left(\frac{4}{4+5}\right)(10)$$
$$= 110 + (40/9)$$
$$= 110 + 4{,}44$$
$$= 114{,}44 \text{ litres vendus}$$

D'autres mesures. En plus de la moyenne, la médiane et le mode, on utilise d'autres mesures de tendance centrale en certaines occasions. La moyenne pondérée, par exemple, est une variante de la moyenne arithmétique déjà calculée. On la calcule en assignant d'abord un *poids* ou un *indice d'importance relative* aux valeurs dont nous voulons trouver la moyenne. Ainsi, si vous obtenez les notes 83 et 87 aux deux premiers examens de statistique et 95 à l'examen final, et que chacun des deux premiers examens compte pour 25 % de la note finale et l'examen final pour 50 %, alors votre note finale en statistique sera de :

$$\frac{83\,(25) + 87\,(25) + 95\,(50)}{100} = 90 \text{ (Félicitations!)}$$

En plus de la moyenne pondérée, nous devons mentionner deux types de moyennes que l'on utilise peu souvent. Il n'est pas question, dans ce livre, d'examiner le calcul de ces moyennes, mais de dire simplement dans quelles circonstances elles sont employées. La *moyenne géométrique*, par exemple, est une mesure employée pour calculer des rapports moyens ou des taux moyens de variations exprimés en nombres positifs, tandis que la *moyenne harmonique* est utilisée quand la somme des inverses a un sens important, ce qui se produit fréquemment.

Comparaison des mesures de tendance centrale

Il n'existe pas de règle générale pour déterminer quelle mesure de tendance est la plus appropriée pour décrire une distribution donnée. *Si la distribution est parfaitement symétrique*, le problème ne se pose pas puisque alors *la moyenne, la médiane et le mode prennent la même valeur* (voir fig. 3.9a). Mais si la distribution est dissymétrique, les valeurs des trois mesures sont différentes. Ainsi, dans une *distribution positivement dissymétrique*, le *mode* se trouve directement sous le sommet de la courbe tandis que la *moyenne* fortement influencée par quelques valeurs extrêmement grandes se déplace vers ces valeurs extrêmes et prend la valeur la plus grande des trois mesures; la valeur de la *médiane*, pour sa part, se situe entre les valeurs du mode et de la moyenne (voir fig. 3.9b). Dans une *distribution négativement dissymétrique*, le *mode* a la plus grande valeur des trois mesures et se retrouve encore sous le sommet de la

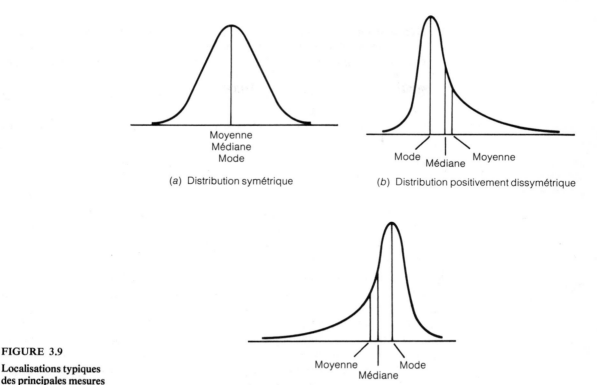

FIGURE 3.9

**Localisations typiques
des principales mesures
de tendance centrale**

(*a*) Distribution symétrique

(*b*) Distribution positivement dissymétrique

(*c*) Distribution négativement dissymétrique

courbe; la *moyenne* a la plus petite valeur, son calcul incluant quelques valeurs extrêmement petites; et, comme toujours, la *médiane* se situe entre le mode et la moyenne (voir fig. 3.9*c*)[15].

Dans le choix de la mesure de tendance centrale appropriée, nous devons tenir compte des caractéristiques de chacune de ces mesures et du type de données disponibles. Un résumé des caractéristiques de chaque mesure est donné plus bas.

La moyenne arithmétique. Voici les caractéristiques les plus importantes de la moyenne:

1. *C'est la mesure la plus familière et le plus couramment utilisée.* Il n'est donc pas nécessaire d'expliquer longuement sa signification.

---

15. En fait, il a été observé que dans des distributions continues modérément dissymétriques, la médiane se situe approximativement à une distance du mode équivalant aux deux tiers de l'écart entre la moyenne et le mode. Cette approximation peut servir à vérifier si les valeurs calculées des trois mesures sont sensées. Dans notre exemple de la compagnie Paquet et Vestie, l'écart entre la moyenne de 115,2 litres et le mode de 114,44 litres est de 0,76 litre. En additionnant les deux tiers de 0,76 litre au mode de 114,44, nous obtenons une approximation de la médiane égale à 114,95, ce qui est très proche de la valeur calculée de la médiane, 115,0 litres.

2. *C'est une mesure influencée par la valeur de toutes les observations.* Une variation dans la valeur d'une observation produit un changement de la valeur moyenne; cependant, la moyenne peut prendre une valeur différente de chacune des observations.

3. *Sa valeur peut être biaisée par quelques valeurs extrêmes.* Parce qu'elle inclut la valeur de toutes les données, la moyenne (comme nous l'avons vu au chapitre 2) peut ne plus être représentative quand les distributions sont fortement dissymétriques.

4. *Elle ne peut être calculée, sans informations additionnelles, dans une distribution à classes ouvertes.* Nous avons discuté ce point plus tôt.

5. *C'est la mesure de tendance centrale la plus efficace quand il s'agit de faire certaines inférences sur la population à partir de données d'échantillonnage.* Comme nous le verrons aux chapitres 6 et 7, la moyenne d'un échantillon tiré d'une population peut être utilisée pour estimer la valeur de la moyenne de la population.

6. *Elle possède deux propriétés mathématiques qui se révéleront très importantes dans les chapitres subséquents.* La *première* de ces propriétés est que la somme des différences entre les valeurs des données et la moyenne de celles-ci sera zéro — c'est-à-dire $\Sigma(X - \mu) = 0$. La *seconde* propriété est que la somme des *écarts au carré* entre les valeurs des données et une constante sera *minimale* si cette constante correspond à la moyenne — autrement dit, $\Sigma(X - a)^2$ a une valeur minimale quand $a = \mu$. Nous illustrerons ces propriétés à l'aide de la série des observations suivantes: 2, 3, 4, 7 et 9. La moyenne de ces observations est de 25/5, c'est-à-dire de 5. Voici comment s'expriment ces propriétés:

X	$(X - \mu)$	$(X - \mu)^2$
2	−3	9
3	−2	4
4	−1	1
7	2	4
9	4	16
25	0	34

Comme vous le voyez, $\Sigma(X - \mu)$ *doit* être égal à zéro (c'est en réalité la définition même de la moyenne) et $\Sigma(X - \mu)^2$, dans cet exemple, est de 34. Si, dans notre exemple, nous avions utilisé n'importe quelle autre constante au lieu de la moyenne 5 et si nous avions calculé, par la même méthode, la somme des écarts au carré entre les valeurs observées et cette constante, le résultat obtenu aurait été supérieur à la valeur minimale 34 [16]. (Évidemment, il n'y a rien à signaler sur cette valeur minimale particulière; nous aurions presque à coup sûr obtenu une autre valeur minimale pour une autre série d'observations.)

---

16. En utilisant le nombre 4 au lieu de la moyenne 5 et en appliquant la méthode de calcul de la somme des écarts au carré, $\Sigma(X - 4)^2$ aurait été de 39. Quel serait le résultat si le nombre 6 était substitué à la valeur de la moyenne 5?

La médiane. Voici les caractéristiques importantes de la médiane :

1. *Elle est facile à calculer et à comprendre.* Le calcul et l'interprétation de la médiane, comme nous l'avons vu, ne sont pas difficiles.

2. *Elle est déterminée par le nombre d'observations, mais pas par la valeur de celles-ci.* Ainsi, des valeurs extrêmes, grandes ou petites, n'affectent pas la médiane.

3. *Elle est fréquemment utilisée dans des distributions fortement dissymétriques.* La médiane ne sera pas déterminée par la grandeur des valeurs extrêmes et sera donc préférable à la moyenne dans des distributions fortement dissymétriques.

4. *Elle peut être calculée dans une distribution à classes ouvertes.* Comme la médiane se situe dans la classe médiane et comme il est presque certain que cette classe ne sera pas une classe ouverte, la médiane peut être déterminée.

5. *Elle est généralement moins efficace que la moyenne lorsqu'elle est utilisée à des fins d'inférence statistique.* Dans les chapitres de la partie 2 concernant l'inférence statistique, nous utiliserons exclusivement la moyenne comme mesure de tendance centrale.

Le mode. Voici quelques-unes des caractéristiques du mode :

1. *Il est généralement moins utilisé que la moyenne ou la médiane.*

2. *Il peut ne pas exister dans certaines séries d'observations, et il peut y en avoir plus d'un dans d'autres distributions.* Une distribution ayant deux sommets (c'est-à-dire une distribution bimodale) devrait habituellement être reclassée en plus d'une distribution.

3. *Il peut être déterminé dans une distribution à classes ouvertes.*

4. *Il n'est pas modifié par les valeurs extrêmes d'une distribution.*

Auto-évaluation 3.3

1. En utilisant la distribution de fréquences construite à la question 2 de l'Auto-évaluation 3.1, déterminer les mesures suivantes :
   a) La moyenne arithmétique.
   b) La médiane.
   c) Le mode.

2. Comparer la moyenne et la médiane calculées pour les données de la compagnie de produits Ricot à la question 2a et b de l'Auto-évaluation 3.2 avec les mêmes mesures calculées au problème 1a et b ci-dessus. Comment expliquer ces différences ?

3. a) À partir de l'information obtenue à la question 1 ci-dessus, déterminer si la distribution pour la compagnie de produits Ricot est négativement ou positivement dissymétrique.
   b) Pourquoi ?

SYNTHÈSE DES DONNÉES QUALITATIVES

Le but premier de ce chapitre était de présenter certaines mesures *quantitatives* de tendance centrale pouvant être utilisées pour résumer l'information contenue dans des données. Nous ne pouvons conclure ce chapitre sans parler brièvement de la mesure utilisée pour représenter la fréquence relative d'occurrence d'un caractère particulier. Cette mesure, utilisée pour résumer des *données qualitatives*, est le *pourcentage* ou la *proportion*.

Si, par exemple, des 250 articles produits par une machine, 21 s'avèrent défectueux, le pourcentage d'articles défectueux est de $\left(\dfrac{21}{250} \right)$ (100) ou 8,4 %[17]. Une approche analytique (qui sera discutée dans la partie 2) recourant au pourcentage d'articles défectueux pourra être utile à la directrice de production comme base pour entreprendre des mesures correctives. D'une façon similaire, un directeur de campagne électorale qui apprend, à l'aide d'un sondage pré-électoral, que 540 des 1200 personnes interrogées favorisent son candidat — c'est-à-dire $\left(\dfrac{540}{1200} \right)$ (100) ou 45 % — peut utiliser cette mesure qualitative pour analyser et planifier sa campagne; ou encore, la directrice d'une station de télévision pourra sûrement se servir de cette mesure qualitative pour prendre des décisions concernant une émission regardée, selon une enquête, dans 252 foyers sur 900 (c'est-à-dire dans 28 % des foyers).

SOMMAIRE

La description statistique débute par la cueillette de données brutes. Pour en retirer de l'information, les données brutes doivent cependant être organisées dans un ordre strict. La façon la plus simple de mettre en ordre les données consiste à effectuer un rangement descendant ou ascendant. Une fois le rangement effectué, il est possible de calculer certaines mesures permettant de résumer les caractéristiques de données non groupées. Mais quand le nombre de données est trop grand, il est souvent nécessaire de compresser cet ensemble de données et de les présenter sous la forme plus synthétique de la distribution de fréquences. Certaines règles de base ou critères pour établir une distribution de fréquences ont été énoncés dans ce chapitre. Deux types principaux de représentation graphique de l'information contenue dans une distribution de fréquences — l'histogramme et le polygone de fréquences — ont aussi été présentés.

Les caractéristiques principales d'une distribution de fréquences peuvent être décrites à l'aide des mesures de tendance centrale, de dispersion, de dissymétrie et d'aplatissement. Dans ce chapitre, nous nous sommes penchés sur les méthodes de calcul des mesures de tendance centrale telles que la moyenne, la médiane et le mode dans le cas de données non groupées ou groupées. Nous avons présenté les différentes caractéristiques de chacune de ces mesures. Dans le prochain chapitre, nous examinerons les mesures de dispersion et de dissymétrie, en plus de présenter sommairement leurs différentes caractéristiques.

---

17. Dans ce livre, nous utiliserons le pourcentage plutôt que la proportion pour résumer des données qualitatives parce que le pourcentage est plus fréquemment employé dans le langage courant. On obtient facilement la proportion en déplaçant la virgule du pourcentage de deux positions vers la gauche. Ainsi 8,4 % donne une proportion égale à 0,084.

TERMES ET CONCEPTS IMPORTANTS

1. Variable
2. Variable discrète
3. Variable continue
4. Rangement
5. Distribution de fréquences
6. Classe
7. Fréquence
8. Centre de classe
9. Classe ouverte
10. Histogramme
11. Polygone de fréquences
12. Courbe normale
13. Distribution de fréquences cumulées
14. Ogive
15. Moyenne arithmétique
16. Médiane
17. Mode
18. Données non groupées
19. Données groupées
20. Dispersion
21. Dissymétrie
22. Positivement dissymétrique
23. Négativement dissymétrique
24. Distribution symétrique
25. Aplatissement
26. $\mu = \dfrac{\Sigma X}{N}$
27. $\mu = \dfrac{\Sigma fm}{N}$
28. Méthode directe
29. Méthode abrégée
30. $\mu = \mu_a + \left(\dfrac{\Sigma fd}{N}\right)(l)$
31. Moyenne arbitraire
32. Classe médiane
33. $Md = L_{md} + \left(\dfrac{N/2 - FC}{f_{md}}\right)(l)$
34. $M_o = L_{mo} + \left(\dfrac{d_1}{d_1 + d_2}\right)(l)$
35. Moyenne arithmétique pondérée
36. $\Sigma (X - \mu) = 0$
37. $\Sigma (X - \mu)^2 =$ valeur minimale

PROBLÈMES

1. Voici les résultats obtenus par les étudiants dans le cours de comptabilité du professeur Debby Lecompte:

68	52	49	56	69
74	41	59	79	81
42	57	60	88	87
47	65	55	68	65
50	78	61	90	85
65	66	72	63	95

a) Effectuer un rangement ascendant des résultats ci-dessus.
b) Quelle est l'étendue des valeurs?
c) Calculer la moyenne arithmétique, la médiane et le mode de ces résultats.

2. a) Construire une distribution de fréquences ayant les classes « 40 et moins de 50 », « 50 et moins de 60 »... et « 90 et moins de 100 » pour les données du problème 1.
b) Calculer la moyenne (par les méthodes directe et abrégée), la médiane et le mode de cette distribution de fréquences.

c) Comparer les valeurs obtenues au problème *2b* avec celles obtenues au problème *1c* et expliquer les différences.

d) Est-ce que la distribution des résultats est négativement ou positivement dissymétrique? Expliquer pourquoi.

3. La distribution suivante représente le nombre de kilomètres parcourus par les 100 camions de la compagnie de produits Ricot durant l'année 198x:

Kilomètres parcourus	Nombre de camions
10 000 et moins de 14 000	5
14 000 et moins de 18 000	10
18 000 et moins de 22 000	12
22 000 et moins de 26 000	20
26 000 et moins de 30 000	24
30 000 et moins de 34 000	14
34 000 et moins de 38 000	11
38 000 et moins de 42 000	4

a) Construire l'histogramme et le polygone de fréquences de cette distribution.

b) Construire l'ogive et localiser graphiquement la valeur de la médiane.

c) Calculer la moyenne avec la méthode directe et avec la méthode abrégée.

d) Calculer la médiane et interpréter.

e) Calculer le mode et interpréter.

f) Est-ce que la distribution est dissymétrique? Expliquer pourquoi.

4. Les données suivantes représentent le revenu annuel des familles de deux petits villages du Nord québécois, Langueur et Pepville:

Revenus annuels	Nombre de familles	
	Langueur	Pepville
5 000 $ et sous 8 000 $	5	2
8 000 et sous 11 000	40	20
11 000 et sous 14 000	73	32
14 000 et sous 17 000	52	58
17 000 et sous 20 000	22	35
20 000 et sous 23 000	8	30
23 000 et sous 26 000	—	15
26 000 et plus	—	8
	200	200

a) Calculer le revenu annuel moyen de chaque village.

b) Calculer le revenu annuel médian de chaque village.

c) Calculer le mode des revenus annuels de chaque village.

d) Chaque distribution ayant été résumée, comparer et analyser la situation économique de ces deux villages.

Note: Si les calculs d'une ou de toutes les parties de cette question ne peuvent être effectués, en indiquer la ou les raisons.

5. Afin de rédiger un rapport pour le gouvernement, une commission scolaire doit déterminer le nombre d'hommes et de femmes enseignant dans chacune des quatre régions qu'elle dessert. Voici les données recueillies:

Régions	A	B	C	D
Hommes	148	64	12	102
Femmes	32	42	26	48

Quel est le pourcentage de femmes enseignant dans chaque région?

6. Lors de la dernière partie, le botteur de l'Université de Montéballon a effectué des bottés de 42, 38, 51, 48 et 45 verges. Calculer la moyenne arithmétique et la médiane.

7. Les distributions suivantes montrent les salaires payés aux hommes et aux femmes employés par Misogynes inc. :

Salaires annuels	Nombre d'employés	
	Hommes	Femmes
6 000 $ et moins de 9 000 $	2	10
9 000 et moins de 12 000	5	25
12 000 et moins de 15 000	20	9
15 000 et moins de 18 000	18	6
18 000 et moins de 21 000	15	3
21 000 et moins de 24 000	8	2
24 000 et moins de 27 000	5	0
27 000 et moins de 30 000	2	0
	75	55

a) Calculer la moyenne arithmétique de chaque distribution.
b) Calculer la médiane de chaque distribution.
c) Calculer le mode de chaque distribution.

QUESTIONS DE COMPRÉHENSION

1. Faire la distinction entre une variable discrète et une variable continue.

2. Comme les quantités mesurées varient d'une façon continue, elles ne fournissent que des résultats approximatifs. Discuter cet énoncé.

3. Quels sont les avantages possibles à tirer d'un rangement des données brutes?

4. Quelles sont les implications de la perte d'informations occasionnée par la présentation des données sous la forme d'une distribution de fréquences?

5. Quels règles de base ou critères doivent être observés lors de la construction d'une distribution de fréquences?

6. Chaque fois que la chose est possible, les classes devraient toutes avoir la même largeur. Discuter cette affirmation.

7. Dans la mesure du possible, il faut éviter de recourir aux classes ouvertes. Discuter cet énoncé.

8. Pourquoi les points de concentration des données devraient-ils se situer au centre d'une classe?

9. a) Qu'est-ce qu'un histogramme?
b) Qu'est-ce qu'un polygone de fréquences?
c) Qu'est-ce qu'une ogive?

10. Quels sont les avantages et les inconvénients de l'histogramme et du polygone de fréquences?

11. Quels types de mesures peuvent être utilisées pour décrire les caractéristiques d'une distribution de fréquences? Expliquer.

12. a) Quelle est l'hypothèse nécessaire au calcul de la moyenne arithmétique de données groupées?

    b) Quelle est l'hypothèse nécessaire au calcul de la médiane de données groupées?

    c) Quelle hypothèse doit être faite afin de calculer le mode de données groupées?

13. Si les données brutes ont tendance à se regrouper près de la limite inférieure de plusieurs classes, la moyenne calculée sera nettement supérieure à la véritable moyenne. Expliquer ce commentaire.

14. a) Préciser la localisation de la moyenne, de la médiane et du mode dans une distribution négativement dissymétrique.

    b) Préciser la localisation de la moyenne, de la médiane et du mode dans une distribution positivement dissymétrique.

15. Énoncer les principales caractéristiques de la moyenne, de la médiane et du mode.

16. Identifier et expliquer les deux propriétés mathématiques de la moyenne arithmétique.

17. Expliquer la différence entre une mesure quantitative de tendance centrale et une mesure servant à synthétiser des données qualitatives.

RÉPONSES AUX QUESTIONS D'AUTO-ÉVALUATION

3.1

1. a) Le rangement ascendant est:

21,50 $	43,50 $
25,35	44,80
29,00	45,00
30,30	45,10
31,25	46,00
34,60	47,75
35,55	49,50
36,50	49,80
36,60	52,10
38,50	55,00
39,95	55,60
40,25	56,30
41,10	58,00
42,30	59,20
42,50	65,50

   b) L'étendue est de 44 $ (65,50 $ − 21,50 $)

2.

Montant de la commande	Nombre de commandes
20 $ et moins de 30 $	3
30 et moins de 40	8
40 et moins de 50	12
50 et moins de 60	6
60 et moins de 70	1
	$\overline{}$
	30

3. *a)* Oui, la distribution aurait pu comporter plus de classes. Cependant, à cause du nombre restreint d'observations, 5 classes représentent d'une façon appropriée les données.

 b) $I = \dfrac{G - P}{C} = \dfrac{65,50\ \$ - 21,50\ \$}{8} = \dfrac{44,00\ \$}{8} = 5,50\ \$$

 ou une largeur de 6,00 $

4. Voir la figure ci-dessous.

5. Voir le polygone de fréquences superposé sur la figure ci-dessous.

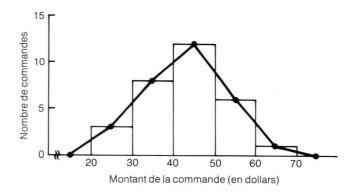

3.2

1. *a)* $\mu = 84 / 7 = 12$; $Md = 10$; $M_o = 10$

 b) $\mu = 52 / 8 = 6,5$; $Md = 5,5$ (avez-vous oublié d'effectuer un rangement ascendant?); $Mo = 5$

 c) Le mode.

2. *a)* $\mu = 1298,40\ \$ / 30 = 43,28\ \$$

 b) $Md = 43,00\ \$$ (la position du milieu dans le rangement)

 c) Il n'y a pas de mode lorsque aucune valeur n'apparaît plus d'une fois.

3.3

1. *a)* $\mu = 45\ \$ + \left(\dfrac{-6}{30}\right)(10)$

 $= 45\ \$ - 2\ \$$

 $= 43\ \$$ par la méthode abrégée

 ou

 $\mu = 1290\ \$ / 30 = 43\ \$$ par la méthode directe

b) $Md = 40\ \$ + \left(\dfrac{15 - 11}{12}\right)(10)$

$\qquad = 40\ \$ + \left(\dfrac{4}{12}\right)(10)$

$\qquad = 43{,}33\ \$$

c) $Mo = 40\ \$ + \left(\dfrac{4}{4 + 6}\right)(10)$

$\qquad = 40\ \$ + \left(\dfrac{4}{10}\right)(10)$

$\qquad = 44\ \$$

2. Des différences apparaissent du fait que les mesures calculées à partir d'une distribution de fréquences ne sont que des approximations des vraies valeurs. La véritable moyenne, par exemple, est de 43,28 $, que l'on a trouvée à la question 2a de l'Auto-évaluation 3.2. Mais comme nous n'avions plus les vraies valeurs quand nous avons calculé la moyenne de la distribution de fréquences, notre valeur calculée de 43 $ ne représente qu'une valeur approximative.

3. a) La distribution est négativement dissymétrique.
    b) Parce que la moyenne est la plus petite des trois valeurs et le mode, la plus grande.

CHAPITRE 4

STATISTIQUE DESCRIPTIVE : MESURES DE DISPERSION ET DE DISSYMÉTRIE

OBJECTIFS D'APPRENTISSAGE

Après avoir lu attentivement ce chapitre, résolu les problèmes et répondu aux questions de compréhension, vous devriez pouvoir :

☞ donner les raisons justifiant l'utilisation des mesures de dispersion absolue, de dispersion relative et de dissymétrie;

☞ calculer les mesures de dispersion absolue telles que l'étendue, l'écart moyen, l'écart type pour des données non groupées;

☞ calculer l'écart type et l'intervalle semi-interquartile pour des données groupées en distribution de fréquences;

☞ donner le sens et certaines caractéristiques des mesures de dispersion absolue présentées dans ce chapitre;

☞ calculer et interpréter le coefficient de variation et le coefficient de dissymétrie.

CONTENU DU CHAPITRE

La plupart du temps, les mesures de tendance centrale présentées au chapitre précédent ne peuvent à elles seules décrire et résumer convenablement une série d'observations. Il est nécessaire d'utiliser des *mesures de dispersion* (ou de variabilité ou d'éparpillement). Comme les mots « dispersion » ou « variabilité » nous le laissent deviner, ces mesures nous indiquent à quel point les observations ont tendance à s'éloigner de la mesure de tendance centrale calculée.

Il y a deux raisons importantes qui justifient le calcul de mesures de dispersion. La première consiste en la nécessité de posséder un outil permettant de juger de la représentativité de la valeur moyenne au sein d'une série d'observations. Ainsi, s'il existe une grande variabilité dans la série d'observations, la mesure de tendance centrale calculée peut nous donner un portrait faussé des données étudiées. (Nous avons d'ailleurs pris conscience, dans le chapitre 2, de l'effet néfaste qu'entraîne l'oubli de la dispersion au niveau de l'interprétation de données.) La seconde raison justifiant le calcul de mesures de dispersion réside dans le besoin de connaître le niveau de l'éparpillement afin de prendre les moyens de *contrôler* cette variation. Par exemple, le manufacturier de pneus tente de produire des pneus donnant un kilométrage moyen élevé. Cependant, et afin de satisfaire sa clientèle, ce manufacturier visera aussi à maintenir une qualité de pneus *uniforme* de telle sorte qu'il n'y ait pas une grande variation, d'un pneu à l'autre, dans le kilométrage parcouru. (Vous êtes sûrement satisfait des 65 000 km que vous ont permis de faire ces pneus, mais moi, je suis vraiment déçu de la performance de 20 000 km obtenue avec des pneus de la même marque.)

En mesurant la variation dans la qualité de son produit, le manufacturier pourra éprouver le besoin d'améliorer l'uniformité de son produit à l'aide de méthodes de vérification et de contrôle de la qualité.

En plus de mesurer la dispersion, il peut être souhaitable de mesurer jusqu'à quel point une distribution se différencie d'une distribution symétrique — c'est-à-dire de mesurer le *degré de dissymétrie* existant afin de se faire une idée de la représentativité de diverses mesures de description. Dans ce chapitre, par conséquent, nous traiterons ces différents sujets : (1) *mesures de dispersion absolue*, (2) *mesures de dispersion relative,* (3) *une mesure de dissymétrie.*

MESURES DE DISPERSION ABSOLUE

Les mesures de dispersion absolue s'expriment, tout comme les mesures de tendance centrale, dans *les mêmes unités que les observations elles-mêmes* (par exemple en litres vendus, dollars gagnés, kilomètres parcourus) et elles peuvent être calculées aussi bien pour des données non groupées que pour des données groupées en distribution de fréquences.

Données non groupées

Les trois mesures de dispersion le plus fréquemment utilisées pour des données non groupées sont l'*étendue*, l'*écart moyen* et l'*écart type*.

L'étendue. L'étendue est la plus simple et la plus sommaire des mesures de dispersion. Elle représente la différence entre la plus grande valeur et la plus petite valeur d'une série d'observations. L'étendue est utilisée, par exemple, pour décrire les variations d'actions boursières durant une période donnée ou pour exprimer les écarts de température durant une période de vingt-quatre heures. Nous n'insisterons pas davantage ici sur l'étendue puisque nous avons déjà abordé cette notion au chapitre précédent.

L'écart moyen. Supposons qu'après ses récents déboires académiques (discutés au chapitre précédent), notre ami Pierre D'Achoppement, qui est âgé de 19 ans, décide de passer quelque temps dans un endroit de villégiature près de la mer afin de se reposer, de s'amuser et de noyer son chagrin (et seulement son chagrin, nous espérons). Un de ses amis l'informe que l'agence de voyages où il travaille à temps partiel organise des voyages de groupes dans deux stations balnéaires bien cotées. Sous l'insistance de Pierre, son ami lui fournit les renseignements suivants : l'âge moyen des femmes célibataires inscrites au voyage à la station A est de 19 ans tandis que l'âge moyen de celles inscrites au voyage à la station B est de 31 ans. Sans hésiter, Pierre s'inscrit au voyage à la station A et s'en retourne chez lui faire ses bagages. L'âge de chacune des femmes célibataires inscrites à l'une et l'autre des stations est donné ci-dessous :

Âge des femmes célibataires allant à la station A	Âge des femmes célibataires allant à la station B
2	18
2	19
2	19
4	19
5	19
7	19
10	20
11	20
11	45
34	45
35	46
35	47
50	48
58	50
266 Âge total	434 Âge total

$$\mu = 266/14 = 19 \qquad \mu = 434/14 = 31$$

Si Pierre ne s'était pas fié uniquement à la moyenne, il aurait sûrement pris une autre décision. Ce qu'espérait Pierre, en fait, c'est une moyenne d'âge de 19 ans et *très peu de variation* de l'âge des individus autour de cette valeur moyenne. Bref, Pierre aurait préféré qu'une dispersion très petite soit associée à cette valeur moyenne de 19 ans. (Bien entendu, Pierre n'a obtenu qu'une note de 50 % à l'examen portant sur les mesures de dispersion.) L'*écart moyen* est une des mesures de dispersion qui aurait permis à Pierre de mieux jauger la situation.

Pour calculer l'écart moyen, il est nécessaire (1) de calculer la moyenne des observations, (2) de déterminer l'écart absolu — c'est-à-dire l'écart, abstraction faite du signe algébrique — entre chaque observation et la moyenne et (3) de calculer la moyenne de ces écarts absolus. En voici la formule :

$$EM = \frac{\Sigma \, | \, X - \mu \, |}{N}$$

(4.1)

où EM = écart moyen

X = valeur des observations

μ = moyenne des observations

| | = le signe des écarts doit être ignoré [1]

N = nombre d'observations

TABLEAU 4.1
Calcul de l'écart moyen

Les misères de Pierre à la station balnéaire

Âge des femmes allant à la station B (1)	Âge moyen (2)	| X − μ | | (1) − (2) |
18	31	13
19	31	12
19	31	12
19	31	12
19	31	12
19	31	12
20	31	11
20	31	11
45	31	14
45	31	14
46	31	15
47	31	16
48	31	17
50	31	19
434		190

$$\mu = \frac{434}{14} = 31$$

$$EM = \frac{\Sigma \, | \, X - \mu \, |}{N} = \frac{190}{14} = 13{,}57 \text{ ans}$$

Le tableau 4.1 nous montre comment utiliser la formule 4.1 pour effectuer le calcul de l'écart moyen de l'âge des femmes célibataires allant à la station B. L'écart moyen est, dans ce cas, de 13,57 ans. (Est-ce que l'écart moyen de l'âge de celles allant à la station A est plus petit ou plus grand?)

---

1. Si l'on tenait compte de leurs signes, la somme de ces écarts serait toujours égale à zéro. Pourquoi? Parce que, souvenez-vous, la première propriété mathématique de la moyenne est $\Sigma \, (X - \mu) = 0$. Par conséquent, il serait impossible de calculer l'écart moyen si les écarts n'étaient pas des valeurs absolues.

Contrairement à l'étendue, l'écart moyen prend en considération chacune des observations et nous indique la distance moyenne séparant les observations de la moyenne de celles-ci; il est relativement simple à calculer et à interpréter. Malheureusement, le fait que des valeurs absolues apparaissent dans la formule de l'écart moyen en limitera l'utilisation comme mesure de dispersion.

L'écart type. L'écart type est la mesure de dispersion la plus utilisée. Il mesure, lui aussi, la dispersion des observations autour de la moyenne arithmétique et on le calcule en se basant sur les écarts existant entre chacune des observations et la valeur moyenne de celles-ci. Plus l'éparpillement des observations autour de la moyenne est important, plus l'écart type est grand [2]; l'écart moyen et l'écart type sont donc deux mesures de dispersion similaires. Mais contrairement à l'écart moyen, le calcul de l'écart type ne fait pas intervenir de valeurs absolues. Examinons maintenant, à l'aide d'un exemple, comment s'effectue le calcul de l'écart type.

TABLEAU 4.2
Calcul de l'écart type (données non groupées)

Les misères de Pierre à la station balnéaire

Âge des femmes allant à la station B (X) (1)	Âge moyen (μ) (2)	$(X - \mu)$ (1) − (2) (3)	$(X - \mu)^2$ (1) − (2)^2 (4)
18	31	−13	169
19	31	−12	144
19	31	−12	144
19	31	−12	144
19	31	−12	144
19	31	−12	144
20	31	−11	121
20	31	−11	121
45	31	14	196
45	31	14	196
46	31	15	225
47	31	16	256
48	31	17	289
50	31	19	361
434		0	2654

$$\mu = \frac{\Sigma X}{N} \qquad \sigma = \sqrt{\frac{\Sigma (X - \mu)^2}{N}}$$

$$= \frac{434}{14} = 31 \qquad = \sqrt{\frac{2654}{14}}$$

$$= \sqrt{189,57}$$

$$= 13,8 \text{ ans}$$

---

2. Par contre, si toutes les observations d'une série ont la même valeur, autrement dit s'il n'y a pas de variation des valeurs autour de la moyenne, l'écart type est égal à zéro.

Le calcul de l'écart type de l'âge des femmes célibataires se rendant à la station B est effectué au tableau 4.2. Voici les différentes étapes de ce calcul :

1. La moyenne arithmétique des données est calculée (nous avons établi plus tôt qu'elle était de 31 ans).

2. La moyenne est soustraite de chaque âge de la colonne 1 (voir colonne 3).

3. Les écarts entre chaque âge et la moyenne (colonne 3) sont élevés au carré (voir colonne 4) et additionnés. Cette somme, $\Sigma (X - \mu)^2$, a, selon la deuxième propriété mathématique de la moyenne, une valeur minimale. Pour vous aider à effectuer cette étape, vous trouverez à l'Annexe 5 à la fin du livre le carré des nombres de 1 à 1000.

4. La moyenne des écarts élevés au carré de la colonne 4 est calculée. La valeur obtenue s'appelle la *variance*. (La variance est en soi une mesure statistique importante et vous devrez donc bien maîtriser son calcul. Au chapitre 10, nous verrons comment interviennent les variances de plusieurs échantillons dans l'*analyse de variance*, méthode permettant de tester l'hypothèse d'égalité des moyennes de différentes populations.) Même si elle remplit son rôle de mesure de dispersion des observations autour de la moyenne de celles-ci, la variance possède cependant un gros défaut : elle ne s'exprime pas dans la même unité de mesure que les données originales. En effet, dans notre exemple, la variance est de 189,57 et représente la moyenne des écarts élevés au carré : l'unité de mesure est donc des *années carrées*. Par conséquent, pour obtenir une mesure de dispersion qui s'exprime dans la même unité que les valeurs originales, il devient nécessaire d'effectuer l'étape finale suivante.

5. *L'écart type est obtenu par l'extraction de la racine carrée de la variance.* (L'Annexe 5 vous permet de trouver rapidement la racine carrée de différents nombres.) Ainsi qu'on le voit au tableau 4.2, l'écart type dans notre exemple est de 13,8 ans. (Pour les mêmes données, l'écart type sera toujours plus grand que l'écart moyen parce qu'en élevant au carré les écarts, l'accent est mis sur les valeurs extrêmes.) Selon vous, est-ce que l'écart type de l'âge des femmes célibataires allant à la station A est plus grand ou plus petit que celui déjà calculé?

Voici la formule utilisée pour calculer l'écart type [3] :

$$\sigma = \sqrt{\frac{\Sigma (X - \mu)^2}{N}} \tag{4.2}$$

---

3. Une autre formule pour calculer l'écart type peut être utilisée quand le nombre d'observations est grand; les calculs sont alors plus simples : $\quad \sigma = \sqrt{\dfrac{\Sigma X^2 - N(\mu)^2}{N}}$

En élevant au carré les valeurs de la colonne 1 du tableau 4.2 et en additionnant ces valeurs, le total obtenu est de 16 108. L'écart type sera alors calculé de la façon suivante :

$$\sigma = \sqrt{\frac{16\ 108 - 14(31)^2}{14}} \qquad = \sqrt{\frac{2654}{14}}$$

$$= \sqrt{\frac{16\ 108 - 14(961)}{14}} \qquad = 13,8 \text{ ans}$$

où σ (la lettre grecque minuscule sigma) $=$ écart type

$\quad\quad\quad\quad\quad\quad$ X $=$ valeur des observations

$\quad\quad\quad\quad\quad\quad$ μ $=$ moyenne des observations

$\quad\quad\quad\quad\quad\quad$ N $=$ nombre d'observations [4]

Auto-évaluation 4.1

1. En ce qui concerne l'âge des femmes célibataires allant à la station A, calculer (à la place de Pierre D'Achoppement, qui a raté ses vacances) les mesures suivantes :

   a) L'étendue.

   b) L'écart moyen.

   c) La variance.

   d) L'écart type.

2. Voici les résultats que Pierre D'Achoppement a obtenus en statistique au cours de la dernière session — tels qu'ils sont présentés au chapitre 3 :

   Résultats

75
75
61
50
40
25
10
5
1
342

   Calculer :

   a) L'écart moyen.

   b) La variance.

   c) L'écart type.

Données groupées

Quand les données sont groupées en distribution de fréquences, on recourt rarement à l'écart moyen. Les mesures de dispersion que l'on utilise sont l'écart type qui, associé à la moyenne, sert à décrire la distribution et l'intervalle semi-interquartile qui, avec la médiane, permet de décrire des distributions dont les caractéristiques ne peuvent ou ne doivent pas être résumées à l'aide de la moyenne et de l'écart type. Pour expliquer les méthodes de calcul des approximations de l'écart type et de l'intervalle semi-interquartile, nous utiliserons encore une fois les données relatives à la compagnie de boissons Paquet et Vestie présentées au tableau 3.3 du chapitre 3.

---

4. On utilise les symboles de cette formule (et de celles de l'écart type pour des données groupées, présentées un peu plus loin) quand *toutes* les valeurs de la *population* sont prises en considération. Cependant — vous le verrez dans la première section du chapitre 6 ainsi que dans la figure 6.1 —, si l'écart type est calculé pour des données d'échantillonnage, il faudra recourir à d'autres symboles afin de différencier les mesures calculées sur une population de celles calculées sur un échantillon.

L'écart type (méthode directe). La méthode directe de calcul de l'écart type d'une distribution de fréquences ressemble beaucoup à la méthode utilisée pour calculer cette mesure dans le cas de données non groupées. Voici *la formule que l'on utilise pour calculer, par la méthode directe, l'écart type* du tableau 4.3 :

$$\sigma = \sqrt{\frac{\Sigma f (m - \mu)^2}{N}} \qquad (4.3)$$

où f = fréquence ou nombre d'observations dans la classe

m = centre de la classe et valeur hypothétique de chaque observation dans la classe

N = somme des fréquences ou observations de la distribution

Comme vous pouvez le constater au tableau 4.3, l'écart type des données de la compagnie Paquet et Vestie est de 14,63 litres. Par ailleurs, vous avez sûrement remarqué au tableau 4.3 que plusieurs colonnes et de fastidieux calculs s'avèrent nécessaires pour évaluer l'écart type par la méthode directe[5]. Si toutes les classes de la distribution sont de même largeur, vous pouvez vous éviter certains de ces calculs en utilisant la méthode abrégée; cependant, si les largeurs ne sont pas toutes identiques, vous n'avez pas le choix et devez utiliser la méthode directe.

---

5. Une formule équivalente mais plus simple peut être employée :

$$\sigma = \sqrt{\frac{\Sigma f(m)^2 - N(\mu)^2}{N}}$$

Il s'agit d'élever au carré chaque centre de classe de la colonne 2 du tableau 4.3, de multiplier chacune des valeurs obtenues par la fréquence de classe correspondante trouvée dans la colonne 1 du tableau 4.3 et d'additionner les produits de ces multiplications : on obtient un total de 674 250. L'écart type sera alors calculé de la façon suivante :

$$\sigma = \sqrt{\frac{674\,250 - 50(115,2)^2}{50}}$$

$$= \sqrt{\frac{674\,250 - 663\,552}{50}}$$

$$= \sqrt{\frac{10\,698}{50}}$$

$$= 14,63 \text{ litres}$$

TABLEAU 4.3
Calcul de l'écart type (méthode directe)

Litres de sirop Collant Cola vendus en un mois par 50 employés de la compagnie de boissons Paquet et Vestie

Litres vendus	Nombre d'employés (f)	Centres des classes (m)	(fm)	Écarts $(m - \mu)$	$(m - \mu)^2$	$f(m - \mu)^2$
80 et moins de 90	2	85	170	−30,2	912,04	1824,08
90 et moins de 100	6	95	570	−20,2	408,04	2448,24
100 et moins de 110	10	105	1050	−10,2	104,04	1040,40
110 et moins de 120	14	115	1610	− 0,2	0,04	0,56
120 et moins de 130	9	125	1125	9,8	96,04	864,36
130 et moins de 140	7	135	945	19,8	392,04	2744,28
140 et moins de 150	2	145	290	29,8	888,04	1776,08
	504		5760			10 698,00

$$\mu = \frac{\Sigma fm}{N} = \frac{5760}{50} = 115,2 \text{ litres}$$

$$\sigma = \sqrt{\frac{\Sigma f(m - \mu)^2}{N}}$$

$$= \sqrt{\frac{10\ 698}{50}}$$

$$= \sqrt{213,96}$$

$$= 14,63 \text{ litres}$$

TABLEAU 4.4
Calcul de l'écart type (méthode abrégée)

Litres de sirop Collant Cola vendus en un mois par 50 employés de la compagnie de boissons Paquet et Vestie

Litres vendus	Nombre d'employés (f)	d	fd		fd^2
80 et moins de 90	2	−3	− 6 ⎫		18
90 et moins de 100	6	−2	−12 ⎬ −28		24
100 et moins de 110	10	−1	−10 ⎭		10
110 et moins de 120	14	0	0		0
120 et moins de 130	9	1	9 ⎫		9
130 et moins de 140	7	2	14 ⎬ 29		28
140 et moins de 150	2	3	6 ⎭		18
	50		1		107

$$\sigma = I \sqrt{\frac{\Sigma fd^2}{N} - \left(\frac{\Sigma fd}{N}\right)^2}$$

$$= 10 \sqrt{107/50 - (1/50)^2}$$

$$= 10 \sqrt{2,14 - (0,0004)}$$

$$= 10 \sqrt{2,1396}$$

$$= 10 (1,463)$$

$$= 14,63 \text{ litres}$$

L'écart type (méthode abrégée). Le tableau 4.4 illustre une autre méthode de calcul de l'écart type applicable *lorsque les classes ont toutes la même largeur*. Tout comme le calcul de la moyenne par la méthode abrégée (voir le tableau 3.7 du chapitre 3), la méthode consiste ici (1) à choisir une moyenne arbitraire égale au centre de n'importe quelle classe, (2) à déterminer, en prenant pour unité la largeur des classes, l'écart entre chaque centre de classe et la moyenne arbitraire, (3) à multiplier la fréquence (*f*) de chaque classe par l'écart (*d*) associé à la classe correspondante et (4) à multiplier ces valeurs *fd* par *d* pour obtenir les valeurs *fd*² de chaque classe. Si tout ceci vous apparaît obscur, veuillez remarquer que le tableau 4.4 ressemble beaucoup au tableau 3.7 (utilisé pour calculer la moyenne par la méthode abrégée); la seule différence réside dans la multiplication des valeurs des colonnes *d* et *fd* pour obtenir une *colonne additionnelle fd*². Ainsi, si vous avez déjà calculé la moyenne de la distribution par la *méthode abrégée*, il ne vous reste plus qu'à ajouter une colonne *fd*² à votre tableau et à appliquer la formule suivante :

$$\sigma = l \sqrt{\frac{\Sigma fd^2}{N} - \left(\frac{\Sigma fd}{N}\right)^2} \tag{4.4}$$

où l = largeur des classes
  f = fréquence de la classe
  d = écart entre chaque centre de classe et la moyenne arbitraire en prenant pour unité la largeur des classes
Σfd^2 = somme des *fd* fois *d* pour chaque classe et non Σf fois Σd^2

L'écart type tel qu'il est calculé au tableau 4.4 est de 14,63 litres et correspond évidemment à la même valeur trouvée au tableau 4.3.

Interprétation de l'écart type. Comme nous l'avons vu à la figure 3.4 du chapitre précédent, lorsqu'un grand nombre de valeurs sont analysées, souvent celles-ci se répartissent symétriquement autour de la moyenne. Dans des distributions normales ou en forme de cloche, l'écart type se révèle une mesure de dispersion très importante à cause de la relation existant entre cette mesure et la moyenne. Nous examinerons d'une façon plus approfondie cette relation au prochain chapitre; cependant, il semble indiqué ici de montrer brièvement comment on peut employer l'écart type pour déterminer la proportion des observations se situant dans certains intervalles centrés sur la moyenne.

Prenons un exemple: un grand nombre de personnes ont passé un test de quotient intellectuel; les données brutes sont classées en distribution de fréquences. Or il s'avère que le polygone de fréquences construit à partir de la distribution est symétrique et de la forme d'une courbe normale (voir fig. 4.1); de plus, la moyenne arithmétique calculée est de 100 et l'écart type vaut 10. Dans une telle situation, la moyenne des Q.I. se situe directement sous le sommet de la courbe et les relations suivantes peuvent alors être établies: (1) *68,3 %* des résultats au test se situent à une distance maximale de *1* écart type de la moyenne — autrement dit, 68,3 % des personnes ont eu un résultat au test entre 90 et 110; (2) *95,4 %* des résultats se retrouvent à pas plus de *2* écarts types de la moyenne — autrement dit, un peu plus de 95 % des per-

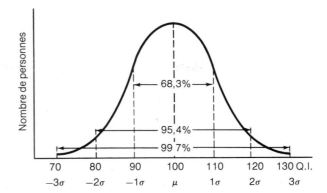

FIGURE 4.1

sonnes qui ont passé le test ont obtenu un résultat entre 89 et 120; et (3) *presque tous les résultats* (99,7%) se situent à une distance maximale de *3* écarts types de la moyenne (résultats entre 70 et 130)[6].

Cette relation entre la moyenne et l'écart type dans la distribution normale peut être utilisée dans l'analyse de distributions approximativement normales. Nous sommes maintenant en mesure d'interpréter la valeur de 14,63 litres correspondant à l'écart type de la distribution de l'exemple de la compagnie Paquet et Vestie puisque cette distribution est approximativement normale. Nous pouvons conclure qu'environ les deux tiers des 50 employés au centre de la distribution ont vendu des quantités de sirop se situant entre $\mu \pm 1\sigma$, c'est-à-dire entre 115,20 l $\pm$ 14,63 l (ou entre 110,57 et 129,83 l). De plus, environ 95 % des employés ont vendu des quantités de sirop allant de $\mu \pm 2\sigma$, ou de 85,94 à 144,46 litres[7]. Il va sans dire que tous les employés ont vendu des quantités de sirop entre $\mu \pm 3\sigma$.

L'intervalle semi-interquartile. À l'instar de l'étendue, l'intervalle semi-interquartile est une mesure de dispersion basée sur la *distance* entre deux points déterminés. En ce qui touche l'étendue, ces deux points étaient tout simplement la plus grande et la plus petite valeur observées. Dans le cas de l'intervalle semi-interquartile, nous calculerons l'étendue interquartile, laquelle englobera approximativement[8] 50 % des valeurs centrales de la distribution. Ainsi, nos points, tels qu'ils sont illustrés à la figure 4.2, se situeront à la position occupée par le premier (Q_1) et le troisième (Q_3) quartile. La position du premier quartile est simplement le point qui sépare la portion de 25 % des

---

6. Ces pourcentages proviennent de l'Annexe 2 que l'on retrouve à la fin du livre. L'utilisation de l'Annexe 2 sera expliquée dans le prochain chapitre.

7. Vous pouvez vérifier à l'aide du dénombrement ascendant du tableau 3.2 qu'en effet, 66 % des employés ont vendu entre 100,57 et 129,83 l de sirop et que 96 % de ceux-ci ont vendu entre 85,94 et 144,46 l.

8. Encore une fois, puisque les valeurs réelles des observations sont perdues lors de la construction de la distribution de fréquences, on ne peut calculer qu'approximativement l'étendue interquartile.

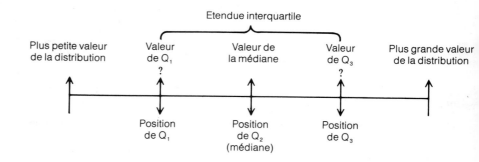

FIGURE 4.2

valeurs les plus petites de la portion de 75 % des valeurs les plus grandes, et la position du troisième quartile est le point qui sépare la portion de 25 % des valeurs les plus grandes de la portion de 75 % des valeurs les plus petites. Aussi, les portions de 25 % des valeurs les plus petites et des plus grandes ne sont pas prises en considération lors du calcul de l'intervalle semi-interquartile (presque toujours, cette mesure pourra être calculée dans des distributions à classes ouvertes). *La valeur du deuxième quartile n'est, en fait, qu'un autre nom pour la médiane*[9]. Pour calculer la valeur de Q_1 et Q_3, nous emploierons une méthode d'interpolation analogue à celle utilisée dans le chapitre 3 pour calculer la médiane. Amorçons le calcul de l'intervalle semi-interquartile en utilisant une nouvelle fois les données relatives à la compagnie de boissons Paquet et Vestie[10].

---

9. La médiane est aussi le 5e décile, le 50e percentile. . . bref, assez pour vous faire pleurer.
10. Voir une fois de plus la même distribution peut aussi suffire à vous faire pleurer.

TABLEAU 4.5
Calcul de l'intervalle semi-interquartile

Litres de sirop Collant Cola vendus en un mois par 50 employés
de la compagnie de boissons Paquet et Vestie

Litres vendus	Nombre d'employés (f)	Fréquences cumulées (FC)
80 et moins de 90	2	2
90 et moins de 100	6	8
100 et moins de 110	10	18
110 et moins de 120	14	32
120 et moins de 130	9	41
130 et moins de 140	7	48
140 et moins de 150	2	50
	50	

$$Q_1 = L_{Q_1} + \left(\frac{N/4 - FC}{f_{Q_1}}\right)(l) \qquad Q_3 = L_{Q_3} + \left(\frac{3N/4 - FC}{f_{Q_3}}\right)(l)$$

$$= 100 + \left(\frac{59/4 - 8}{10}\right)(10) \qquad = 120 + \left(\frac{150/4 - 32}{9}\right)(10)$$

$$= 100 + \left(\frac{12{,}5 - 8}{10}\right)(10) \qquad = 120 + \left(\frac{37{,}5 - 32}{9}\right)(10)$$

$$= 100 + 4{,}5 \qquad\qquad = 120 + 6{,}11$$

$$= 104{,}5 \text{ litres} \qquad\qquad = 126{,}11 \text{ litres}$$

$$\text{Étendue interquartile} = Q_3 - Q_1$$

$$= 126{,}11 - 104{,}5$$

$$= 21{,}61 \text{ litres}$$

$$\text{Intervalle semi-interquartile} = \frac{Q_3 - Q_1}{2}$$

$$= \frac{21{,}61}{2} \text{ litres}$$

$$= 10{,}81 \text{ litres}$$

Le calcul de l'intervalle semi-interquartile est illustré au tableau 4.5. Voici *la formule pour calculer la valeur de* Q_1 :

$$Q_1 = L_{Q_1} + \left(\frac{N/4 - FC}{f_{Q_1}}\right)(l) \tag{4.5}$$

où Q_1 = valeur du premier quartile

L_{Q_1} = limite inférieure de la classe contenant le premier quartile — c'est-à-dire la première classe dont la fréquence cumulée excède $N/4$ observations

FC = fréquence cumulée de toutes les classes précédant la classe contenant le premier quartile

f_{Q_1} = fréquence de la classe contenant le premier quartile

l = largeur de la classe contenant le premier quartile

et la formule pour calculer la valeur de Q_3 :

$$Q_3 = L_{Q_3} + \left(\frac{3N/4 - FC}{f_{Q_3}} \right) (l) \qquad (4.6)$$

Q_3 = valeur du troisième quartile

L_{Q_3} = limite inférieure de la classe contenant le troisième quartile — c'est-à-dire la première classe dont la fréquence cumulée excède 3N/4 observations

FC = fréquence cumulée de toutes les classes précédant la classe contenant le troisième quartile

f_{Q_3} = fréquence de la classe contenant le troisième quartile

l = largeur de la classe contenant le troisième quartile

Comme vous pouvez le voir au tableau 4.5, les valeurs calculées de Q_1 et Q_3 sont respectivement de 104,5 et de 126,11 litres. Par conséquent, les employés de Paquet et Vestie se situant dans le 50 % central de la distribution ont vendu approximativement entre 104,5 et 126,11 litres de sirop. En d'autres mots, l'étendue interquartile $(Q_3 - Q_1)$ de 21,61 litres indique que les ventes du 50 % central des employés varient les unes des autres d'une valeur maximale approximative de 21,61 litres.

L'intervalle semi-interquartile (Q) *correspond simplement à la moitié de l'étendue interquartile.* Donc :

$$Q = \frac{Q_3 - Q_1}{2} \qquad (4.7)$$

Bien entendu, plus Q sera petit, plus le degré de concentration de la moitié centrale des observations sera fort. Dans une distribution normale, exactement 50 % des valeurs se situeront dans l'intervalle médiane $\pm$ 1Q puisque les valeurs de Q_1 et Q_3 seront, dans ce cas, à égale distance de la médiane. Cette relation peut aussi être employée pour analyser des distributions approximativement normales. Ainsi, dans l'exemple de Paquet et Vestie, nous pouvons conclure que le 50 % central des employés a vendu, approximativement, des quantités de sirop s'étendant de Md $\pm$ 1Q, c'est-à-dire de 115,0 l $\pm$ 10,81 l (ou de 104,19 l à 125,81 l) [11].

Comparaison des mesures de dispersion

Il n'existe pas de règle générale pour déterminer quelle mesure de dispersion absolue est la plus appropriée dans telle ou telle situation. Dans le choix de la mesure appropriée, les caractéristiques de chaque mesure ainsi que le type de données disponibles doivent être considérés. Nous vous présentons, plus bas, un résumé des principales caractéristiques de chacune des mesures étudiées dans ce chapitre.

L'étendue. Voici les principales caractéristiques de l'étendue :

1. *C'est la mesure la plus simple à calculer.* Étant donné que son calcul ne comporte qu'une soustraction, elle est aussi la plus simple à comprendre.

---

11. Vous pouvez vérifier à l'aide du dénombrement ascendant du tableau 3.2 que les ventes du 50 % des employés du milieu s'étendent effectivement de 104,75 à 125,81 l.

2. *Elle n'implique que les valeurs extrêmes.* Les valeurs les plus typiques étant généralement ignorées, l'étendue peut nous donner une fausse idée de la véritable dispersion au sein des observations.

L'écart moyen. Voici les principales caractéristiques de l'écart moyen :

1. *Il accorde le même poids à tous les écarts.* C'est donc une mesure plus sensible que l'étendue et l'intervalle semi-interquartile, lesquels ne se basent que sur deux valeurs.

2. *Il peut être calculé aussi bien à partir de la médiane qu'à partir de la moyenne.* La formule 4.1 exige le calcul des écarts à la moyenne des valeurs; cependant, la médiane aurait pu être substituée à la moyenne dans le calcul de l'écart moyen.

3. *C'est une mesure dont le calcul est simple.* Elle est aussi très simple à interpréter.

4. *L'écart moyen est moins influencé par les valeurs extrêmes que l'écart type.* Le fait d'élever au carré les écarts dans le calcul de l'écart type met davantage l'accent sur les valeurs extrêmes.

5. *Son usage est limité dans d'autres calculs.* Parce que le signe algébrique des écarts est ignoré, l'écart moyen n'est pas aussi approprié que l'écart type quand il s'agit d'effectuer certains calculs.

L'écart type. Voici les principales caractéristiques de l'écart type :

1. *C'est la mesure de dispersion le plus fréquemment utilisée.* Les propriétés mathématiques de l'écart type en font la mesure de dispersion la plus appropriée pour l'analyse subséquente impliquant des techniques d'inférence statistique. Nous utiliserons abondamment l'écart type dans la partie 2.

2. *La valeur de chacune des observations affecte la valeur de l'écart type.* Un changement de la valeur d'une observation aura pour effet de changer la valeur de l'écart type.

3. *Sa valeur peut être fortement influencée par quelques valeurs extrêmes.* À l'instar de la moyenne, l'écart type tend à être moins représentatif dans les distributions fortement dissymétriques.

4. *On ne peut le calculer dans des distributions à classes ouvertes qu'à l'aide d'informations additionnelles.* Comme la formule 4.2 l'indique, l'écart type ne peut être calculé si la moyenne ne peut l'être.

L'intervalle semi-interquartile. Voici quelques-unes des caractéristiques de l'intervalle semi-interquartile :

1. *Comme l'étendue, son calcul ne se base que sur deux valeurs.* Ainsi que nous l'avons vu, ces deux valeurs déterminent l'intervalle central englobant 50 % des valeurs.

2. *Il est facile à calculer et à interpréter.* (D'accord, les calculs étaient un peu fastidieux, mais avouez que le sens de l'intervalle semi-interquartile n'était tout de même pas difficile à saisir.)

3. *Il est fréquemment utilisé dans les distributions fortement dissymétriques*. L'intervalle semi-interquartile ne sera pas affecté par la grandeur des valeurs extrêmes d'une série d'observations; c'est pourquoi on peut l'utiliser de préférence à l'écart moyen ou à l'écart type dans des distributions fortement dissymétriques.

4. *Il peut être calculé dans des distributions à classes ouvertes*. Le 25 % des valeurs les plus grandes et le 25 % des valeurs les plus petites ne sont pas pris en considération dans le calcul de l'intervalle semi-interquartile et, par conséquent, celui-ci peut être calculé dans la majorité des distributions à classes ouvertes.

Auto-évaluation 4.2

1. La distribution de fréquences suivante a été présentée à l'Auto-évaluation 3.1, tandis que la moyenne, la médiane et le mode de cette distribution des commandes qu'a reçues la compagnie de produits Ricot ont été calculés à l'Auto-évaluation 3.3.

Montant de la commande	Nombre de commandes
20 $ et sous 30 $	3
30 et sous 40	8
40 et sous 50	12
50 et sous 60	6
60 et sous 70	1
	30

Calculer les mesures suivantes :
a) L'écart type.
b) L'intervalle semi-interquartile.

2. Analyser la distribution précédente à l'aide de :
a) La moyenne et l'écart type.
b) La médiane et l'intervalle semi-interquartile.

MESURES DE DISPERSION RELATIVE

L'écart type et les autres mesures de dispersion considérées dans les pages précédentes sont des *mesures de dispersion absolue*. Cela signifie qu'elles s'expriment dans les mêmes unités que les observations originales. Ainsi, la distribution des salaires annuels d'un groupe de pompiers peut avoir un écart type de 400 $ tandis que l'écart type de la distribution des salaires d'un groupe de plombiers peut être de 800 $. Ou encore, à titre d'exemple, une distribution peut avoir un écart type de 14,63 litres tandis qu'une autre aura un écart type de 9,80 $. S'il nous venait à l'esprit de *comparer* les dispersions des deux premières distributions, pourrions-nous conclure que la distribution ayant un écart type de 800 $ a une variabilité deux fois plus grande que celle ayant un écart type de 400 $? Pourrions-nous conclure aussi que la distribution ayant un écart type de 14,63 litres est plus dispersée que celle ayant un écart type de 9,80 $? (Pouvons-nous logiquement comparer des litres et des dollars?) La réponse à ces questions est évidemment non : nous ne pouvons rien conclure en comparant simplement les mesures de dispersion absolue. Afin d'effectuer des comparaisons, nous avons besoin d'une mesure du degré de dispersion relative au sein de la distribution étudiée.

La mesure de dispersion relative la plus utilisée est le *coefficient de variation* (CV) qui correspond à l'écart type de la distribution exprimé en pourcentage de la moyenne de la distribution. Ainsi :

$$CV = \frac{\sigma}{\mu}\,(100) \tag{4.8}$$

Donc, si la moyenne de la distribution des salaires annuels des pompiers égale 10 000 $ (aimez-vous les exemples invraisemblables?), le coefficient de variation est calculé de la façon suivante :

$$CV = \frac{400\ \$}{10\ 000\ \$}\,(100) = 4\ \%$$

De même, si la moyenne des salaires annuels du groupe de plombiers égale 22 000 $, le coefficient de variation de cette distribution est alors de 3,64 % : CV = (800 $/22 000 $) (100). Par conséquent, la distribution ayant un écart type de 800 $ non seulement *n'a pas* une variabilité deux fois plus grande que celle ayant un écart type de 400 $, mais elle a même une dispersion relative *inférieure*. En d'autres mots, le groupe de plombiers est légèrement plus homogène que le groupe de pompiers quant aux salaires annuels perçus.

Auto-évaluation 4.3

1. Calculer le coefficient de variation de la distribution que l'on trouve dans l'exemple de la compagnie de boissons Paquet et Vestie.

2. Calculer le coefficient de variation pour les données de la compagnie de produits Ricot présentées à l'Auto-évaluation 4.2.

3. Laquelle de ces distributions a la plus grande dispersion relative?

MESURE DE DISSYMÉTRIE

Nous avons vu à la figure 3.9 que, dans des distributions symétriques, la moyenne, la médiane et le mode se situent directement sous le sommet du polygone de fréquences. Rappelons aussi que lorsque les distributions se différencient d'une distribution symétrique — et deviennent dissymétriques —, ces mesures de tendance centrale prennent des valeurs différentes (voir fig. 3.9*b* et *c*) : ainsi, le mode demeure sous le sommet de la courbe tandis que la moyenne se déplace dans le sens de l'étalement (à droite ou à gauche) et la médiane se retrouve entre le mode et la moyenne. Ces relations entre les mesures de tendance centrale nous amènent à définir le *coefficient de dissymétrie* de la façon suivante :

$$CD = \frac{3\,(\mu - Md)}{\sigma} \tag{4.9}$$

Ce coefficient nous indique à la fois le degré de dissymétrie de la distribution et la direction (négative ou positive) de la dissymétrie.

Quand la distribution est symétrique, le coefficient de dissymétrie prend la valeur zéro puisque, dans ce cas, la médiane est égale à la moyenne et que, par conséquent, le numérateur de la formule 4.9 est nul.

Cependant, si la moyenne et la médiane s'éloignent l'une de l'autre, le coefficient de dissymétrie prend alors une valeur différente de zéro, valeur négative ou positive selon le sens de la dissymétrie (le plus souvent, cette valeur se situera entre ± 1). Évidemment, plus cette valeur sera voisine de zéro, moins la distribution sera dissymétrique. Il faut noter que jamais cette valeur ne s'exprime en une unité de mesure particulière. Le coefficient de variation de la distribution de l'exemple Paquet et Vestie est calculé de la façon suivante :

$$CD = \frac{3(115,2 - 115,0)}{14,63} = 0,041$$

Le coefficient de dissymétrie nous indique ici une faible dissymétrie positive. (Si la distribution avait été négativement dissymétrique, la valeur de la moyenne aurait été inférieure à la médiane et le signe du numérateur de la formule 4.9 aurait été négatif.)

Auto-évaluation 4.4

1. Calculer le coefficient de dissymétrie de la distribution que l'on trouve dans l'exemple de la compagnie de produits Ricot. (Les valeurs des mesures nécessaires à ce calcul se retrouvent dans des Auto-évaluations précédentes.)

2. Interpréter la valeur calculée à la question 1.

SOMMAIRE

Les mesures de dispersion sont nécessaires pour porter un jugement sur la représentativité de la valeur de la mesure de tendance centrale calculée et pour déceler le niveau d'éparpillement des observations afin d'entreprendre des démarches visant à contrôler les variations. Ces mesures de dispersion peuvent aussi bien être calculées pour des données non groupées que pour des données présentées sous la forme d'une distribution de fréquences. Les mesures les plus utilisées dans le cas de données non groupées sont l'étendue, l'écart moyen et l'écart type; dans le cas de données groupées, ce sont l'écart type et l'intervalle semi-interquartile. Nous avons présenté dans ce chapitre les méthodes de calcul de chacune de ces mesures; de plus, nous avons énuméré les principales caractéristiques de ces mesures. L'écart type est la plus importante de ces trois mesures, mais il existe des situations où il ne peut pas ou ne devrait pas être utilisé; ainsi, l'intervalle semi-interquartile est la mesure la plus appropriée pour des distributions à classes ouvertes ou fortement dissymétriques.

Si besoin était de comparer deux (ou plus de deux) distributions au niveau de leurs dispersions respectives, il deviendrait nécessaire de calculer une mesure du degré de dispersion relative de ces distributions. L'outil privilégié serait alors le coefficient de variation.

En plus des mesures de dispersion, il peut être souhaitable d'établir jusqu'à quel point une distribution se différencie d'une distribution symétrique afin de se faire une idée de la représentativité de diverses mesures de description. À cette fin, le coefficient de dissymétrie constitue la mesure à employer.

TERMES ET CONCEPTS IMPORTANTS

1. Dispersion absolue
2. Étendue
3. Écart moyen
4. Écart type
5. Variance
6. $\mu \pm 1\sigma$
7. $\mu \pm 2\sigma$
8. $\mu \pm 3\sigma$
9. Étendue interquartile
10. Intervalle semi-interquartile
11. Premier quartile
12. Troisième quartile
13. Deuxième quartile (médiane)
14. Dispersion relative
15. Coefficient de variation

16. Coefficient de dissymétrie

17. $EM = \dfrac{\Sigma \mid X - \mu \mid}{N}$

18. $\sigma = \sqrt{\dfrac{\Sigma(X - \mu)^2}{N}}$

19. $\sigma = \sqrt{\dfrac{\Sigma f(m - \mu)^2}{N}}$

20. $\sigma = l\sqrt{\dfrac{\Sigma fd^2}{N} - \left(\dfrac{\Sigma fd}{N}\right)^2}$

21. $Q = \dfrac{Q_3 - Q_1}{2}$

22. $CV = \dfrac{\sigma}{\mu}(100)$

23. $CD = \dfrac{3(\mu - Md)}{\sigma}$

PROBLÈMES

1. Voici les résultats obtenus par certains étudiants en comptabilité du professeur Debby Lecompte lors d'un examen de reprise :

72
65
43
50
68
62

Calculer les mesures suivantes pour ces résultats :
a) L'étendue.
b) L'écart moyen.
c) La variance.
d) L'écart type.

2. La distribution suivante représente les résultats obtenus par les étudiants du professeur Lecompte au problème 1 du chapitre 3 :

Résultats	Nombre d'étudiants
40 et sous 50	4
50 et sous 60	6
60 et sous 70	10
70 et sous 80	4
80 et sous 90	4
90 et sous 100	2

Calculer les mesures suivantes pour cette distribution :
a) L'écart type (par la méthode directe).
b) L'écart type (par la méthode abrégée).

    c) L'intervalle semi-interquartile.

    d) Le coefficient de variation.

    e) Le coefficient de dissymétrie.

    Note : La moyenne et la médiane ont été calculées au problème 2*b* du chapitre 3.

3. Analyser la distribution du problème 2 en utilisant :

    a) La moyenne et l'écart type.

    b) La médiane et l'intervalle semi-interquartile.

4. En se référant à la distribution des kilomètres au problème 3 du chapitre 3, calculer les mesures suivantes :

    a) L'écart type.

    b) L'intervalle semi-interquartile.

    c) Le coefficient de variation.

    d) Le coefficient de dissymétrie.

5. Comparer les distributions des problèmes 2 et 4 et indiquer laquelle a la plus grande dispersion relative.

6. En utilisant les données concernant les revenus annuels des familles de Langueur et Pepville présentées au problème 4 du chapitre 3, effectuer les opérations suivantes :

    a) Calculer l'écart type pour chaque village.

    b) Calculer l'intervalle semi-interquartile pour chaque village.

    c) Calculer le coefficient de variation pour chaque village.

    d) Calculer le coefficient de dissymétrie pour chaque village.

    e) Comparer et analyser la situation économique dans chaque village.

    Note : S'il est impossible d'effectuer une ou plusieurs opérations mentionnées ci-haut, dire pourquoi.

7. Calculer l'écart moyen et l'écart type des données présentées au problème 6 du chapitre 3.

8. En utilisant les distributions des salaires versés par Misogynes inc. présentées au problème 7 du chapitre 3, effectuer les opérations suivantes :

    a) Calculer l'écart type pour les salaires des hommes et pour ceux des femmes.

    b) Calculer l'intervalle semi-interquartile pour les deux distributions.

    c) Calculer le coefficient de variation de chaque groupe.

    d) Calculer le coefficient de dissymétrie de chaque groupe.

    e) Comparer et analyser les situations économiques de chacun des deux groupes d'employés.

QUESTIONS DE COMPRÉHENSION

1. Pourquoi est-il nécessaire de mesurer la dispersion?

2. Pourquoi doit-on ignorer les signes algébriques des écarts à la moyenne lors du calcul de l'écart moyen?

3. Qu'est-ce qui différencie le calcul de l'écart type de données non groupées du calcul de l'écart moyen?

4. Définir la « variance » et énoncer le défaut principal de cette mesure de dispersion absolue.

5. Dans quelle circonstance le calcul de l'écart type de données groupées doit-il absolument être effectué par la méthode directe?

6. Quelle relation existe-t-il entre la moyenne et l'écart type dans la distribution normale?

7. Quelle relation existe-t-il entre la médiane et l'intervalle semi-interquartile dans des distributions symétriques?

8. Une méthode d'interpolation identique à celle ayant servi au calcul de la médiane est utilisée pour déterminer les valeurs de Q_1 et Q_3. Que dire de cette affirmation?

9. Énoncer les caractéristiques principales de:
   a) L'étendue.
   b) L'écart moyen.
   c) L'écart type.
   d) L'intervalle semi-interquartile.

10. Quelle est l'utilité du coefficient de variation?

11. Quelle est l'utilité du coefficient de dissymétrie?

RÉPONSES AUX QUESTIONS D'AUTO-ÉVALUATION

4.1

1. a) Étendue $= 56$ ans
   b) EM $= 234 / 14 = 16,71$ ans
   c) $\sigma^2 = 4680 / 14 = 347,14$
   d) $\sigma = \sqrt{347,14} = 18,63$ ans

2. a) EM $= 222 / 9 = 24,67$ points
   b) $\sigma^2 = 6826 / 9 = 758,4$
   c) $\sigma = \sqrt{758,4} = 27,54$ points

4.2

1. a) σ (méthode directe) $= \sqrt{\dfrac{2880}{30}} = \sqrt{96} = 9,80$ \$

   ou

   $$\sigma \text{ (méthode abrégée)} = 10 \sqrt{\dfrac{30}{30} - \left(\dfrac{-6}{30}\right)^2}$$
   $$= 10 \sqrt{1,00 - 0,04}$$
   $$= 10 \sqrt{0,96}$$
   $$= 9,80 \text{ \$}$$

   b) $Q_1 = 30 + \left(\dfrac{7,5 - 3}{8}\right)(10)$ $Q_3 = 40 + \left(\dfrac{22,5 - 11}{12}\right)(10)$

   $\quad = 35,62$ \$ $= 49,58$ \$

   $Q = \dfrac{49,58 \text{ \$} - 35,62 \text{ \$}}{2} = 6,98$ \$

2. *a*) Puisque cette distribution est approximativement normale, Léa et Ab Ricot peuvent conclure qu'environ les deux tiers des commandes provenant de la région éloignée sont d'un montant situé à moins d'un écart type de la moyenne, c'est-à-dire entre 43 $ ± 9,80 $ (ou de 33,20 $ à 52,80 $).

   b) Et environ 50 % des commandes du centre de la distribution sont d'un montant s'étendant de M*d* ± 1Q, c'est-à-dire de 43,33 $ ± 6,98 $ (ou de 36,35 $ à 50,31 $).

4.3

1. CV = (14,63 / 115,2) (100) = 12,70 %

2. CV = (9,80 $ / 43,00 $) (100) = 22,79 %

3. La dispersion relative est plus grande dans la distribution de la compagnie de produits Ricot.

4.4

1. $$CD = \frac{3(43,00\ \$ - 43,33\ \$)}{9,80\ \$} = -0,10$$

2. Les données de la compagnie de produits Ricot indiquent une légère dissymétrie négative, non suffisante pour interdire l'utilisation de la moyenne et de l'écart type comme mesures de description représentatives.

PARTIE 2

ÉCHANTILLONNAGE EN THÉORIE ET EN PRATIQUE

Si nous possédions une connaissance parfaite des choses, la plupart des problèmes du monde seraient réglés, puisque connaissance parfaite est synonyme de certitude. Cependant, il est bien rare que l'on possède cette connaissance parfaite et la personne qui doit prendre une décision doit souvent le faire en se basant sur des résultats d'échantillonnage. Elle est donc condamnée à utiliser, dans ses affirmations, des termes comme « peut-être », « vraisemblablement », « sans doute » et « probablement ».

Heureusement, la science de la statistique fournit des techniques pour recueillir et analyser, d'une façon objective, des données d'échantillonnage. Les principes statistiques ne permettent pas d'accorder une certitude absolue aux décisions prises, mais ces principes diminuent le niveau d'incertitude inhérent à la prise de décisions sans données d'échantillonnage. Les techniques statistiques *ne garantissent pas* les résultats; elles élèvent la personne du statut de complète ignorance au statut de doute définissable. Les lois statistiques confèrent à l'individu le privilège de dire « peut-être ».

Dans cette partie du volume, nous étudierons ce qu'on appelle l'*inférence statistique*. Ainsi, dans le chapitre 7, nous examinerons les méthodes permettant de faire *objectivement des estimations de paramètres*. Ces méthodes serviraient, par exemple, à estimer le salaire moyen des chauffeurs de taxi de New York ou le pourcentage des gens qui voteraient pour tel candidat aux élections. Dans les chapitres 8 à 11, nous discuterons les techniques de *tests d'hypothèses* à utiliser dans des situations particulières. Ainsi, nous pourrons tester l'hypothèse disant que le salaire moyen des chauffeurs de taxi de New York est de 19 000 $ par année ou déterminer la validité de l'allégation d'un candidat spécifiant que 60 % des voteurs appuient sa candidature.

Cependant, avant de marcher, nous devons apprendre à ramper. Par conséquent, avant d'aborder les notions présentées dans les chapitres 7 à 11, nous devons comprendre les fondements de ces méthodes. Dans un sens, les chapitres 5 et 6 nous donnent la justification des méthodes que nous emploierons dans les autres chapitres de cette partie. Ces premiers chapitres ont pour but d'expliquer pourquoi nous pouvons, à l'occasion, avoir confiance en nos estimations ou en nos conclusions.

Le chapitre 5 couvre la notion de *probabilité*. Puisque la certitude absolue dans la prise de décisions est inexistante, toute chose doit être placée dans un contexte de plus grande vraisemblance. Par exemple, si vous aviez à parier sur l'issue d'une partie de football, vous miseriez probablement sur l'équipe des Eskimos d'Edmonton plutôt que sur celle de l'École de danse d'oncle Albert et ceci, à cause de la plus grande vraisemblance associée au gain de l'équipe des Eskimos. Lorsque nous ferons des inférences basées sur des résultats d'échantillonnage, nous devrons avoir une idée des « chances » pour que ces inférences soient exactes. Nous verrons aux chapitres 5 et 6 les principes de probabilités et d'application de ceux-ci dans le contexte de la théorie de l'échantillonnage.

Voici les chapitres présentés dans la partie 2 :

5. Probabilités et distribution de probabilités.

6. Concepts de la théorie de l'échantillonnage.

7. Estimation de moyennes et de pourcentages.

8. Tests d'hypothèses et prise de décision : méthodes appliquées à un échantillon.

9. Tests d'hypothèses et prise de décision : méthodes appliquées à deux échantillons.

10. Comparaison de trois moyennes d'échantillons ou plus : analyse de variance.

11. Comparaison de plusieurs pourcentages d'échantillons : méthode du khi-carré.

CHAPITRE 5

PROBABILITÉS ET DISTRIBUTION DE PROBABILITÉS

OBJECTIFS D'APPRENTISSAGE

Après avoir lu attentivement ce chapitre, résolu les problèmes et répondu aux questions de compréhension, vous devriez pouvoir :

☞ définir le mot « probabilité » et expliquer les différents types de probabilités;

☞ utiliser correctement la règle de l'addition et la règle de la multiplication pour évaluer des probabilités;

☞ expliquer ce qu'est une distribution de probabilités et évaluer les probabilités d'une distribution binômiale;

☞ utiliser la table d'aires de la courbe normale centrée réduite pour déterminer les probabilités associées à une distribution normale.

CONTENU DU CHAPITRE

Il existe plusieurs situations où, malgré l'incertitude qui les entoure, des décisions doivent être prises. Ainsi, le commerçant doit décider quelle marchandise il gardera en stock; de même, la gérante doit décider si oui ou non elle mettra en marché tel type de produit; le joueur de poker doit décider du montant à parier sur la main qu'il a.

Dans chacune de ces situations, l'individu concerné doit baser sa décision sur ce qu'il croit devoir se produire. Le commerçant analysera ses ventes antérieures pour déterminer ce que pourront être ses ventes futures et établira par la suite une politique d'achat appropriée. En ce qui a trait à la mise en marché d'un nouveau produit, la gérante orientera sa décision dans un sens ou dans un autre selon l'évaluation qu'elle aura faite des chances de réussite de ce produit. Quant au joueur de poker, il alliera ses connaissances du jeu à la perception qu'il a des autres joueurs afin de déterminer le montant de sa mise.

Chaque fois, ceux et celles qui ont à prendre des décisions doivent le faire en s'appuyant sur ce qu'ils ou elles croient être le plus susceptible de se réaliser dans le futur. En d'autres mots, la décision est basée sur la *probabilité* qu'a un événement de se réaliser. Par conséquent, dans ce chapitre nous examinerons (1) *les méthodes de calcul des probabilités*, (2) *la notion de « distribution de probabilités »* et (3) *les caractéristiques de la distribution binômiale et de la distribution normale.*

DÉFINITION ET TYPES DE PROBABILITÉS

La probabilité d'un événement peut être définie comme la fréquence relative de réalisation de l'événement lors d'un très grand nombre d'essais (en réalité, un nombre illimité). Autrement dit, il s'agit de la *proportion* de fois qu'un événement est censé se réaliser. Puisque nous définissons une probabilité comme étant une proportion, cela implique que la probabilité d'un événement sera toujours un nombre entre 0 et 1. Une probabilité de 0 est associée à l'événement *impossible* tandis qu'une probabilité de 1 est associée à l'événement *absolument certain*.

Si vous lancez en l'air une pièce de monnaie d'un cent (de nos jours, c'est tout ce que vous pouvez en faire), vous pourrez sûrement affirmer que la probabilité d'obtenir une face est de 0,5. Ceci ne veut évidemment pas dire qu'en deux jets de cette pièce vous obtiendrez une face et une pile. Plutôt, il faut interpréter cette probabilité de la façon suivante: si vous lancez cette pièce un très grand nombre de fois, la proportion de faces s'approchera de 0,5.

Pour comprendre cette affirmation, vous pouvez effectuer l'expérience qui suit: lancez la pièce de monnaie dix fois et enregistrez le nombre de faces obtenues; lancez ensuite la pièce dix autres fois et notez le nombre de faces obtenues pour les vingt jets. Si vous répétez l'expérience jusqu'à cent ou deux cents jets, vous vous apercevrez que la proportion de faces s'approchera de plus en plus de 0,5. Non seulement cet exercice a-t-il un côté très instructif, mais de plus il a une portée sociale non négligeable: le temps passé à l'effectuer est autant de temps passé loin des lieux de dépravation.

Les probabilités peuvent être classées de différentes façons. La classification qui nous intéresse particulièrement est basée sur le moment où sont déterminées les probabilités. Ainsi, nous distinguerons deux types de probabilités, *a priori* et *empiriques*.

La probabilité *a priori* est une probabilité déterminée sans effectuer d'expériences. Par exemple, lors du lancement d'un dé (la moitié d'une paire de dés), il y a six résultats possibles. À moins que quelqu'un ne vous ait refilé un dé truqué, tous les résultats sont également probables. Par conséquent, la probabilité d'obtenir n'importe quelle face du dé est de 1/6.

La probabilité *empirique* d'un événement est déterminée à l'aide de l'observation et de l'expérimentation. Pour plusieurs types de décisions, ce type de probabilité s'avère très important. La quantité d'articles que le détaillant doit maintenir en stock, le nombre d'infirmières qu'un hôpital doit recruter, les primes d'assurances qu'une compagnie doit imposer sont tous des facteurs déterminés à l'aide de probabilités empiriques. Également, si vous lancez toujours votre pièce de monnaie et êtes rendus à 10 000 lancers, et que, par pure supposition, la proportion de faces se maintienne continuellement autour de 0,65, il serait bon de réviser votre probabilité *a priori* et conclure qu'on vous a refilé une pièce biaisée.

CALCUL DES PROBABILITÉS

N'importe qui peut gagner s'il est seul à participer.

George Ade

Il existe deux règles de base pour le calcul des probabilités : la *règle de l'addition* et la *règle de la multiplication*. La première de ces règles concerne la probabilité que *l'un ou l'autre* de deux événements se produise, tandis que la seconde régit le calcul de la probabilité que *l'un et l'autre* se produisent.

Règle de l'addition. Événements mutuellement exclusifs

Deux événements sont *mutuellement exclusifs* si la réalisation de l'un empêche la réalisation de l'autre. Par exemple, lors du lancement d'une pièce de monnaie, si vous obtenez une face, il est évidemment impossible d'obtenir une pile, et vice versa. Par conséquent, ces deux résultats possibles sont mutuellement exclusifs.

Si deux événements sont mutuellement exclusifs, la probabilité que l'un ou l'autre se réalise est égale à la somme de leurs probabilités respectives. Pour deux événements, A et B, la règle de l'addition peut s'écrire de la façon suivante :

$$P(A \text{ ou } B) = P(A) + P(B) \text{ [1]}$$

Par exemple, si vous lancez un dé, la probabilité d'obtenir un 1 ou un 2 se calcule de la façon suivante :

$$\begin{aligned} P(1 \text{ ou } 2) &= P(1) + P(2) \\ &= 1/6 + 1/6 \\ &= 2/6 \end{aligned}$$

Règle de l'addition. Événements non mutuellement exclusifs

Deux événements ne sont pas mutuellement exclusifs s'il est possible que les deux événements se réalisent simultanément. Par exemple, lors d'un tirage d'une carte d'un jeu ordinaire, il est possible d'obtenir simultanément un as et un pique en tirant l'as de pique. Ces deux événements, as et pique, ne sont donc pas mutuellement exclusifs. Dans ce cas, la règle de l'addition prendra la forme suivante :

---

1. Les symboles peuvent être interprétés de la façon suivante : la probabilité que soit A, soit B se réalise est égale à la probabilité que A se réalise plus la probabilité que B se réalise.

$$P(A \text{ ou } B) = P(A) + P(B) - P(A \text{ et } B)$$

La probabilité d'obtenir un as ou un pique en tirant une carte d'un jeu sera la suivante:

$$P(\text{as ou pique}) = P(\text{as}) + P(\text{pique}) - P(\text{as et pique})$$
$$= 4/52 + 13/52 - 1/52$$
$$= 16/52$$

Règle de la multiplication. Événements indépendants

Pour déterminer une *probabilité conjointe*, c'est-à-dire la probabilité que deux événements se réalisent, il est nécessaire de savoir si les deux événements sont indépendants. Nous dirons que deux événements sont indépendants si la « réalisation » ou la « non-réalisation » de l'un ne modifie en rien la probabilité de réalisation de l'autre. Supposons que vous lanciez un dé rouge et un dé vert et que vous cherchiez la probabilité d'obtenir un total de 2 avec cette paire de dés. Cela signifie, bien entendu, que vous devrez obtenir un 1 avec le dé rouge et un 1 avec le dé vert. La probabilité d'obtenir un 1 avec le dé rouge est de 1/6 et demeurera de 1/6, peu importe le résultat obtenu avec le dé vert. Puisque la probabilité d'obtenir un 1 avec le dé vert ou un 1 avec le dé rouge ne dépend pas du résultat obtenu avec l'autre dé, ces événements sont indépendants.

Si deux événements sont indépendants, la probabilité qu'ils se réalisent tous les deux est égale au produit de leurs probabilités respectives. Cette règle peut s'écrire formellement de la façon suivante:

$$P(A \text{ et } B) = P(A) \times P(B)$$

La probabilité d'obtenir une somme de 2 avec la paire de dés est donc:

$$P(1 \text{ avec rouge et } 1 \text{ avec vert}) = P(1 \text{ avec rouge}) \times P(1 \text{ avec vert})$$
$$= 1/6 \times 1/6$$
$$= 1/36$$

Les tirages avec remise constituent une autre illustration d'événements indépendants. Une urne contient 10 jetons, 6 rouges et 4 blancs. Un jeton est tiré, sa couleur notée, et il est ensuite remis dans l'urne; un deuxième jeton est alors tiré. La probabilité que le deuxième jeton soit rouge ou la probabilité qu'il soit blanc ne dépend en rien du résultat du premier tirage. Par conséquent, la probabilité que les deux jetons tirés avec remise soient rouges est la suivante:

$$P(2 \text{ rouges}) = P(\text{rouge au } 1^{er} \text{ tirage}) \times P(\text{rouge au } 2^e \text{ tirage})$$
$$= 0,6 \times 0,6$$
$$= 0,36$$

Règle de la multiplication. Événements dépendants

Si deux événements sont dépendants plutôt qu'indépendants — c'est-à-dire si la probabilité de réalisation de l'un est *dépendante* ou *conditionnée* par la « réalisation » ou la « non-réalisation » de l'autre —, alors la probabilité que les deux événements se réalisent est la suivante:

$$P\,(A\text{ et }B) = P\,(A) \times P\,(B/A)^2$$

Reprenons l'exemple précédent de l'urne contenant 6 jetons rouges et 4 blancs. Deux jetons sont tirés successivement, le premier jeton n'étant pas remis dans l'urne avant le second tirage. La probabilité que le second jeton tiré soit rouge ou la probabilité qu'il soit blanc dépend du résultat du premier tirage. La probabilité que les deux jetons tirés de cette manière soient rouges est la suivante :

P (2 rouges) = P (rouge au 1er tirage) × P (rouge au 2e tirage / rouge au 1er tirage)

$$= 6\,/\,10 \times 5\,/\,9$$
$$= 30\,/\,90$$

Auto-évaluation 5.1

1. Une urne contient 8 billes rouges, 7 billes vertes et 5 billes blanches. Quelle est la probabilité qu'une bille choisie au hasard soit :
    a) Rouge ou verte?
    b) Verte ou blanche?

2. Une carte est tirée d'un jeu ordinaire de 52 cartes. Quelle est la probabilité que cette carte soit une figure ou un coeur?

3. Une urne contient 14 billes rouges et 6 billes vertes. 2 billes sont tirées de l'urne au hasard avec remise. Quelle est la probabilité que :
    a) Les 2 billes soient rouges?
    b) Les 2 billes soient vertes?

4. Une urne contient 12 billes rouges et 8 billes vertes. 2 billes sont tirées au hasard sans remise. Quelle est la probabilité que :
    a) Les 2 billes soient rouges?
    b) Les 2 billes soient vertes?

DISTRIBUTION DE PROBABILITÉS

Une *distribution de probabilités* est simplement une énumération complète de tous les résultats possibles d'une expérience avec leurs probabilités respectives. Nous illustrerons ce concept à l'aide de l'exemple du lancement d'une paire de dés. En outre, cet exemple nous permettra d'observer des applications des règles de l'addition et de la multiplication énoncées plus tôt.

Dans la section précédente, nous avons évalué à 1/36 la probabilité d'obtenir une somme de 2 en lançant une paire de dés bien équilibrés. Évaluons maintenant la probabilité d'obtenir une somme de 3. Nous pouvons obtenir ce résultat en ayant un 1 avec le dé rouge et un 2 avec le dé vert, ou un 2 avec le dé rouge et un 1 avec le dé vert. La probabilité d'obtenir un 1 avec le dé rouge et un 2 avec le dé vert se calcule de la façon suivante :

P (1 avec rouge et 2 avec vert) = P (1 avec rouge) × P (2 avec vert)

$$= 1\,/\,6 \times 1\,/\,6$$
$$= 1\,/\,36$$

---

2. Le terme « P (B/A) » est une probabilité conditionnelle et se lit « la probabilité de B étant donné A ».

La probabilité d'obtenir un 2 avec le dé rouge et un 1 avec le dé vert est:

$$P \text{ (2 avec rouge et 1 avec vert)} = P \text{ (2 avec rouge)} \times P \text{ (1 avec vert)}$$
$$= 1/6 \times 1/6$$
$$= 1/36$$

Nous cherchons la probabilité que l'un ou l'autre de ces deux événements se produise. Par conséquent, nous utiliserons la règle de l'addition pour déterminer la probabilité d'obtenir une somme de 3 en lançant une paire de dés:

$$P \text{ (3)} = P \text{ (1 avec rouge et 2 avec vert)} + P \text{ (2 avec rouge et 1 avec vert)}$$
$$= 1/36 + 1/36$$
$$= 2/36$$

Nous pouvons calculer d'une façon analogue la probabilité d'obtenir une somme de 4, 5, 6, 7, 8, 9, 10, 11 ou 12. La distribution de probabilités associée à cette expérience vous est donnée au tableau 5.1.

TABLEAU 5.1

Distribution de probabilités des résultats lorsqu'une paire de dés est lancée

Résultats	Probabilités
2	1/36
3	2/36
4	3/36
5	4/36
6	5/36
7	6/36
8	5/36
9	4/36
10	3/36
11	2/36
12	1/36
Total	36/36 = 1

Il est à noter que la somme de toutes les probabilités du tableau 5.1 est de 1; ce sera d'ailleurs le cas pour toutes les distributions de probabilités. Puisqu'on retrouve dans la distribution l'énumération de *tous* les résultats possibles de l'expérience, il devient évident que l'événement qui consiste à obtenir l'un ou l'autre de ces résultats est un événement absolument certain et que, par conséquent, la somme de toutes les probabilités de la distribution doit être de 1. Plusieurs distributions de probabilités s'avèrent importantes tant pour la compréhension que pour l'application des méthodes statistiques. Nous examinerons maintenant deux de ces distributions: la distribution binômiale et la distribution normale.

**DISTRIBUTION
BINÔMIALE**

La distribution binômiale décrit la distribution de probabilités lorsqu'il n'y a que deux résultats possibles à chaque essai d'une expérience et que le résultat d'un essai est indépendant du résultat de tout autre essai. Par exemple, lorsqu'on lance une pièce de monnaie, il n'y a que deux résultats possibles, face et pile; par conséquent, la distribution de probabilités donnant la probabilité d'obtenir 0, 1, 2, 3 et 4 faces en 4 jets de la pièce est une distribution binômiale.

Cette distribution sert aussi à décrire les probabilités associées à des situations plus pratiques. Lorsqu'un manufacturier tente de déterminer la qualité d'un produit, chaque article vérifié est soit bon, soit défectueux. Lors d'un sondage électoral, chaque personne interviewée indique son intention de voter ou non pour tel candidat. Dans une étude de marché, chaque personne interviewée peut affirmer soit qu'elle a l'intention d'acheter une nouvelle automobile cette année, soit qu'elle n'a pas l'intention d'acheter une nouvelle automobile cette année.

**Combinaisons —
une brève digression**

**Il était une fois une brave guenon.
Qui toujours soufflait dans son basson.
Car elle disait : « Il semble assuré
Qu'en un milliard d'années
Un air connu sûrement je jouerai. »**

Adaptation de Sir Arthur Eddington

Avant d'aborder le calcul des probabilités binômiales, il est nécessaire de présenter brièvement la notion de *combinaison* [3]. Supposons que 3 cartes soient respectivement identifiées par les lettres A, B et C. Combien peut-on former de combinaisons différentes de 2 cartes *sans tenir compte de l'ordre dans lequel les cartes apparaissent*? Autrement dit, combien existe-t-il de combinaisons de 3 cartes prises 2 à la fois? Nous pouvons répondre à cette question terriblement difficile en énumérant simplement toutes les combinaisons possibles: AB, AC et BC. La formule générale donnant le nombre de combinaisons de *n* objets pris *r* à la fois — $_nC_r$ — est la suivante:

$$_nC_r = \frac{n!}{r! \, (n-r)!}$$

Le symbole *n*! (ou *n* factoriel) [4] représente le produit de:

$$n \, (n-1) \, (n-2) \, (n-3) \ldots [n - (n-1)]$$

Ainsi, 6! est égal à $6 \times 5 \times 4 \times 3 \times 2 \times 1$, ou 720. Nous avons établi plus haut qu'à partir des 3 cartes, 3 combinaisons de 2 cartes pouvaient être formées. Vérifions maintenant ce résultat à l'aide de la formule:

---

3. Souvent, dans les livres de statistique, on traite aussi au même moment la notion de *permutation*. Nous avons choisi délibérément de ne pas traiter ce sujet ici; cependant, au problème 9 à la fin du chapitre, nous expliquons succinctement la différence entre une permutation et une combinaison.

4. Vous devez garder en mémoire que, par définition, 0! est égal à 1.

$$_3C_2 = \frac{3!}{(2!)\,(3-2)!}$$

$$= \frac{3 \times 2 \times 1}{2 \times 1 \times 1}$$

$$= 3$$

D'une façon analogue, nous pouvons déterminer le nombre de combinaisons de 7 objets pris 3 à la fois :

$$_7C_3 = \frac{7!}{(3!)\,(7-3)!}$$

$$= \frac{7 \times 6 \times 5 \times 4 \times 3 \times 2 \times 1}{(3 \times 2 \times 1)\,(4 \times 3 \times 2 \times 1)}$$

$$= 35$$

Retour à la binômiale

Dans la distribution binômiale, nous appellerons les deux résultats possibles « succès » et « échec ». Un *succès* consiste dans le résultat pour lequel nous voulons déterminer la distribution de probabilités, comme la face sur une pièce de monnaie ou un article défectueux produit sur une ligne d'assemblage. La probabilité de succès *en un essai* est identifiée par la lettre p, et la probabilité d'échec lors du même essai est identifiée par q. Donc, la somme de p et q est toujours égale à 1. La probabilité d'obtenir r succès en n essais est :

$$P(r) = (_nC_r)\,(p)^r\,(q)^{n-r}$$

Voyons quelques exemples pour illustrer le calcul des probabilités binômiales.

Exemple 5.1. Si une pièce de monnaie est lancée 4 fois, quelle est la probabilité de n'obtenir aucune face? Dans ce problème, p est la probabilité d'obtenir une face lors d'un jet de la pièce de monnaie et est égale à 1/2. La probabilité de ne pas obtenir une face, q, est aussi égale à 1/2. Le nombre d'essais n est 4 et le nombre de succès pour lesquels nous cherchons la probabilité r est 0. La probabilité d'obtenir 0 face en 4 jets est :

$$P(0) = _4C_0\,(1/2)^0\,(1/2)^4$$

$$= \frac{4!}{0!\,4!}\,(1)\,(1/16)$$

$$= 1/16$$

Évidemment, en plus de la possibilité de n'obtenir aucune face en 4 jets de la pièce, il faut considérer les possibilités d'obtenir 1 face, 2 faces, 3 faces et 4 faces. Les probabilités respectives de ces quatre autres résultats possibles sont évaluées ainsi :

$$P(1) = {}_4C_1 (1/2)^1 (1/2)^3$$

$$= \frac{4!}{1!\,3!} (1/2)(1/8)$$

$$= (4)(1/16)$$

$$= 4/16$$

(handwritten, left margin)

$p^4 \quad (\frac{1}{2})^4 = \frac{1}{16}$

$4p^3 q \quad 4(\frac{1}{2})^3 (\frac{1}{2}) = \frac{4}{16}$

$6p^2 q^2 \quad 6(\frac{1}{2})^4(\frac{1}{2})^2 = \frac{6}{16}$

$4pq^3 \quad 4(\frac{1}{2})(\frac{1}{2})^3 = \frac{4}{16}$

$q^4 \quad ((\frac{1}{2})^4 = \frac{1}{16}$

$(p+q)^4 = 1$

(handwritten, top right) $\frac{1\times2\times3\times4}{1\times2\times3} = \frac{24}{6} = 4$

$$P(2) = {}_4C_2 (1/2)^2 (1/2)^2$$

$$= \frac{4!}{2!\,2!}(1/4)(1/4)$$

(handwritten) $\frac{24}{4}$

$$= \frac{4 \times 3 \times 2 \times 1}{2 \times 1 \times 2 \times 1}(1/16)$$

$$= 6/16$$

$$P(3) = {}_4C_3 (1/2)^3 (1/2)^1$$

$$= \frac{4!}{3!\,1!}(1/8)(1/2)$$

$$= 4/16$$

$$P(4) = {}_4C_4 (1/2)^4 (1/2)^0$$

$$= \frac{4!}{4!\,0!}(1/16)(1)$$

$$= 1/16$$

Ces probabilités sont résumées au tableau 5.2 et un histogramme de la distribution de probabilités est donné à la figure 5.1.

TABLEAU 5.2

Distribution de probabilités
du nombre de faces en 4 jets
d'une pièce de monnaie

Nombre de faces	Probabilités
0	1/16
1	4/16
2	6/16
3	4/16
4	1/16
Total	16/16 = 1

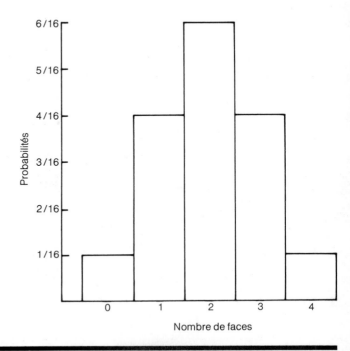

FIGURE 5.1

**Distribution de probabilités
du nombre de faces en 4 jets
d'une pièce de monnaie**

Exemple 5.2. Dans un processus de fabrication, 10 % des articles produits sont défectueux. Quelle est la probabilité que, dans un échantillon de 5 articles choisis au hasard, *exactement* 2 soient défectueux? Dans ce problème $p = 0,1$ et $q = 0,9$. La solution est la suivante :

$$P(2) = {}_5C_2 \, (0,1)^2 \, (0,9)^3$$

$$= \frac{5!}{2! \, 3!} \, (0,01) \, (0,729)$$

$$= \frac{5 \times 4 \times 3 \times 2 \times 1}{2 \times 1 \times 3 \times 2 \times 1} \, (0,00729)$$

$$= (10) \, (0,00729)$$

$$= 0,0729$$

Les probabilités de *tous* les résultats possibles concernant cet échantillon de 5 articles sont données au tableau 5.3 et la distribution de probabilités est illustrée à la figure 5.2.

TABLEAU 5.3

Distribution de probabilités
du nombre d'articles
défectueux dans un échantillon
de 5 articles

Nombre d'articles défectueux	Probabilités
0	0,59049
1	0,32805
2	0,07290
3	0,00810
4	0,00045
5	0,00001
Total	1,00000

En comparant les figures 5.1 et 5.2, on s'aperçoit qu'il y a une différence marquée dans la forme des histogrammes. La distribution de probabilités du nombre de faces obtenues en 4 jets d'une pièce de monnaie est symétrique parce que p et q sont égaux. Par contre, à la figure 5.2, p et q sont inégaux, ce qui cause une dissymétrie évidente.

FIGURE 5.2

Distribution de probabilités du nombre d'articles défectueux dans un échantillon de 5 articles

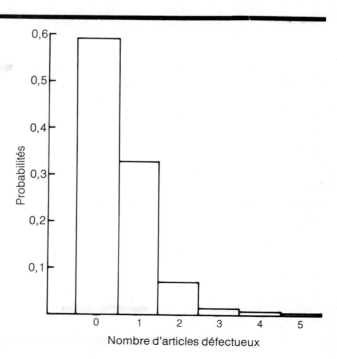

Maintenant que vous savez comment sont calculées les probabilités binômiales, nous allons vous révéler un petit secret. Vous pouvez, dans beaucoup de cas, trouver les probabilités binômiales dans une table spécialement construite à cet effet. Cette table est à l'Annexe 1, à la fin du livre.

Auto-évaluation 5.2

1. En 6 jets d'une pièce de monnaie, quelle est la probabilité d'obtenir :

   a) Exactement 3 faces?
   b) Exactement 4 faces?
   c) Au moins 4 faces?

2. Si 30 % des individus d'une population possèdent leurs propres maisons, quelle est la probabilité que sur 7 individus choisis au hasard dans cette population :

   a) Exactement 2 possèdent une maison?
   b) Exactement 4 possèdent une maison?
   c) Au moins 5 possèdent une maison?

DISTRIBUTION NORMALE

Une distribution dans laquelle le nombre des valeurs que peut prendre la variable est fini constitue une distribution *discrète*. La distribution binômiale en est un exemple. Quand la variable considérée, comme le temps, peut prendre un nombre infini de valeurs, la distribution de probabilités est *continue*. La plus importante distribution continue est la *distribution normale* (W.J. Youden, du National Bureau of Standards, a très bien exprimé son importance — et sa forme — de la façon présentée à la figure 5.3a).

Telle qu'illustrée à la figure 5.3a, la courbe normale est symétrique et, à cause de son aspect, on l'appelle souvent la courbe en forme de cloche. En fait, il ne s'agit pas d'une courbe unique, mais plutôt d'une famille de courbes. Une courbe normale particulière est définie par sa moyenne, μ, et son écart type, σ. La figure 5.3b nous montre trois courbes normales ayant la même moyenne mais des écarts types différents; la figure 5.3c nous montre trois courbes normales de mêmes écarts types mais de moyennes différentes.

Aires sous la courbe normale

Les probabilités dans le cas de distributions de probabilités continues sont représentées par l'aire sous la courbe; ceci veut dire que la *probabilité qu'une variable prenne une valeur entre* a *et* b *est égale à l'aire sous la courbe entre les droites verticales élevées aux points* a *et* b. Par exemple, si la force de résistance d'un matériau est distribuée normalement avec une moyenne de 110 kg et un écart type de 25 kg, la probabilité qu'une pièce de ce matériau ait une force de résistance entre 110 et 120 kg est égale à l'aire sous la courbe dans cet intervalle, ainsi que le montre la figure 5.4.

Pour déterminer l'aire sous la courbe normale pour un intervalle donné, nous utilisons une *table d'aires* construite à cette fin. Il est évidemment impossible de construire des tables pour chaque courbe normale; cependant, on peut en construire une pour la *courbe normale centrée réduite*. Cette table pourra ensuite servir à déterminer les probabilités pour n'importe quelle distribution normale.

FIGURE 5.3

Distributions normales

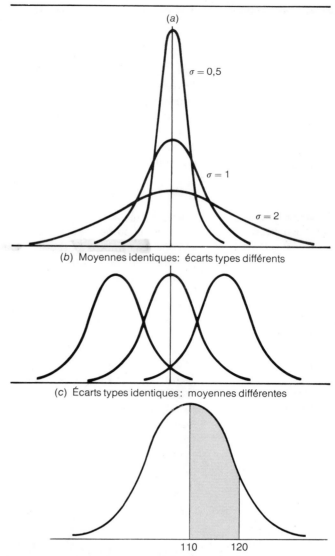

La
loi normale
des erreurs constitue
l'une des généralisations
les plus étendues de la philoso-
phie naturelle dans l'histoire de l'hu-
manité. Elle est un outil précieux pour la
recherche en sciences physiques et sociales
ainsi qu'en médecine, en agriculture et en génie.
Elle est indispensable à l'analyse et à l'interprétation
des données obtenues par l'observation ou l'expérience.

(a)

$\sigma = 0,5$

$\sigma = 1$

$\sigma = 2$

(b) Moyennes identiques: écarts types différents

(c) Écarts types identiques: moyennes différentes

FIGURE 5.4

**Probabilité que
la force de résistance
se situe entre 110 et 120 kg**

110   120

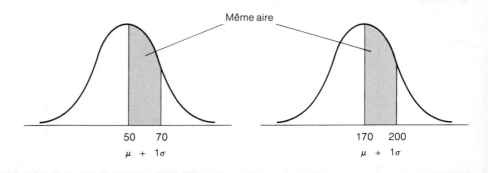

FIGURE 5.5

Pour comprendre l'utilisation des tables d'aires, *il est nécessaire de bien saisir la relation existant entre l'écart type et la courbe normale*. L'aire sous la courbe pour un intervalle construit à partir de la moyenne et d'une longueur égale à un nombre donné d'écarts types est la même pour toutes les courbes normales. Ainsi, l'intervalle de 50 à 70 pour une courbe normale de moyenne 50 et d'écart type 20 *détermine la même aire* que l'intervalle de 170 à 200 pour une courbe normale de moyenne 170 et d'écart type 30 puisque ces deux intervalles couvrent une distance d'un écart type à partir de la moyenne (voir fig. 5.5).

Utilisation de la table d'aires

La table d'aires sous la courbe normale (voir l'Annexe 2 à la fin du livre) nous donne l'aire sous la courbe entre la moyenne et un nombre donné d'écarts types à partir de la moyenne. Le symbole Z est utilisé pour représenter ce nombre d'écarts types. Ainsi, Z peut être défini comme étant la *différence* entre toute valeur (x) de la variable et la moyenne de ces valeurs (μ) divisée par l'écart type (σ). Ainsi :

$$Z = \frac{x - \mu}{\sigma}$$

Comment utiliser la table d'aires? Merci de le demander. Supposons qu'une distribution normale ait une moyenne de 50 et un écart type de 20. Supposons, de plus, qu'une des valeurs de la variable à partir desquelles la moyenne 50 fut calculée soit 75. À combien d'écarts types de la moyenne se situe la valeur 75 ou quelle est la valeur Z correspondant à la valeur 75?

$$Z = \frac{x - \mu}{\sigma}$$

$$= \frac{75 - 50}{20}$$

$$= 1{,}25$$

Ainsi, la valeur 75 se situe à 1,25 écart type à la *droite* de la moyenne de 50. D'une façon analogue, la valeur Z de 25 est :

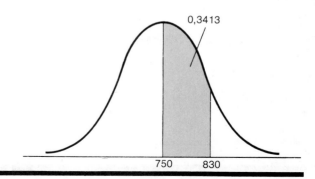

0,3413

750   830

FIGURE 5.6

**Probabilité
qu'une ampoule
dure de 750 à 830 h**

$$Z = \frac{x - \mu}{\sigma}$$

$$= \frac{25 - 50}{20}$$

écart à G.

$= -1,25$ ou 1,25 écart type à la *gauche* de la moyenne de 50

La première colonne de la table d'aires présentée à l'Annexe 2 donne les valeurs de Z avec une décimale. Les autres colonnes donnent la deuxième décimale. Afin de trouver l'aire pour Z = 1,25, repérez dans la première colonne la valeur 1,2 et déplacez-vous vers la droite jusqu'à la colonne 0,05. L'aire trouvée est alors de 0,3944.

Puisque la courbe normale est symétrique, ce qui est vrai pour une moitié de la courbe l'est aussi pour l'autre moitié. C'est pourquoi la table a été construite pour une moitié de la courbe seulement et l'aire pour Z = −1,25 est également de 0,3944. Que représente en réalité ce 0,3944? C'est ce que nous verrons dans la prochaine section.

**Calcul des
probabilités
de la distribution
normale**

Il est probablement justifié de faire une pause ici, le temps de souligner deux points importants. *Premièrement*, souvenez-vous que Z est le nombre d'écarts types *à partir de la moyenne*. La longueur de l'intervalle de Z = 1 à Z = 2 est d'un écart type, mais il ne détermine pas la même aire que l'intervalle entre la moyenne et une valeur Z égale à 1. *Deuxièmement*, souvenez-vous que la courbe normale est une distribution de probabilités et que, par conséquent, l'aire totale sous la courbe est égale à 1. Donc, l'aire sous une moitié de la courbe est de 0,5. Pour déterminer la probabilité d'obtenir une valeur dans un intervalle particulier, *vous devez suivre la méthode suivante* :

1. Déterminer la valeur Z pour chaque limite de l'intervalle.

2. À l'aide de la table d'aires, déterminer l'*aire* pour chaque valeur Z.

3. Si les deux limites de l'intervalle se trouvent sur des *côtés opposés* de la moyenne, *additionner* les aires déterminées à l'étape précédente. Si les limites sont sur le *même côté* de la moyenne, soustraire la plus petite aire de la plus grande.

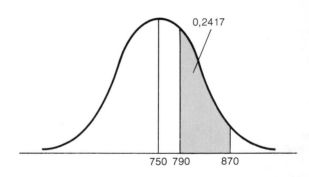

FIGURE 5.7

**Probabilité
qu'une ampoule
dure de 790 à 870 h**

Pour illustrer cette méthode, nous examinerons plusieurs exemples se rapportant tous à la durée de vie d'ampoules électriques, cette variable étant distribuée normalement avec une moyenne de 750 heures et un écart type de 80 heures.

Exemple 5.3. Quelle est la probabilité qu'une ampoule ait une durée de vie de 750 à 830 heures (voir fig. 5.6)?

$$\text{Pour 830 h:} \quad Z = \frac{830 - 750}{80}$$

$$= 1,00$$

$$\text{Pour } Z = 1, \text{ l'aire} = 0,3413$$

La probabilité qu'une ampoule dure entre 750 et 830 h est donc de 0,3413 (l'aire ombragée de la figure 5.6).

Exemple 5.4. Quelle est la probabilité qu'une ampoule ait une durée de vie comprise entre 790 et 870 h (voir fig. 5.7)?

$$\text{Pour 790 h:} Z = \frac{790 - 750}{80}$$

$$= 0,50$$

$$\text{Pour 870 h:} Z = \frac{870 - 750}{80}$$

$$= 1,50$$

Ensuite, pour $Z = 1,50$, l'aire $= 0,4332$

et pour $Z = 0,50$, l'aire $= 0,1915$

et la probabilité est $= 0,2417$

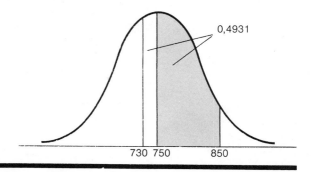

FIGURE 5.8

**Probabilité
qu'une ampoule
dure de 730 à 850 h**

La *différence* des deux aires est de 0,2417, ce qui correspond à la fois à l'aire ombragée de la figure 5.7 et à la probabilité qu'une ampoule dure de 790 à 870 h.

Exemple 5.5. Quelle est la probabilité que la durée de vie d'une ampoule soit comprise entre 730 et 850 h (voir fig. 5.8)?

$$\text{Pour 730 h : } Z = \frac{730 - 750}{80}$$

$$= -0,25$$

$$\text{Pour 850 h : } Z = \frac{850 - 750}{80}$$

$$= 1,25$$

Maintenant, pour $Z = -0,25$, l'aire $= 0,0987$

et pour $Z = \quad 1,25$, l'aire $= \underline{0,3944}$

et la probabilité est $= \overline{0,4931}$

Addition

La *somme* des deux aires est de 0,4931 et ceci correspond à l'aire ombragée à la figure 5.8 ainsi qu'à la probabilité qu'une ampoule dure de 730 à 850 h.

Exemple 5.6. Quelle est la probabilité que la durée de vie d'une ampoule soit supérieure à 810 h (voir fig. 5.9)?

$$\text{Pour 810 h : } Z = \frac{810 - 750}{80}$$

$$= 0,75$$

$$\text{Pour } Z = 0,75, \text{ l'aire } = 0,2734$$

Ainsi, si l'aire entre 750 et 810 h est de 0,2734, l'aire à *droite* de 810 h doit être égale à la *différence* entre 0,5000 (l'aire totale sous la courbe à droite de la moyenne de 750 h) et 0,2734. Donc, la probabilité qu'une ampoule dure plus de 810 h (et l'aire ombragée à la figure 5.9) est de 0,2266.

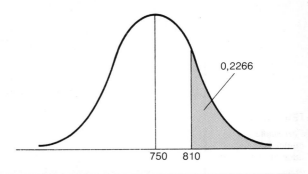

FIGURE 5.9

**Probabilité
qu'une ampoule
dure plus de 810 h**

Exemple 5.7. Quelle est la probabilité que la durée de vie d'une ampoule soit inférieure à 770 h (voir fig. 5.10)?

$$\text{Pour } 770 \text{ h}: Z = \frac{770 - 750}{80}$$

$$= 0,25$$

$$\text{L'aire à gauche de la moyenne de } 750 = 0,5000$$

$$\text{et pour } Z = 0,25, \text{ l'aire} = \underline{0,0987}$$

$$0,5987$$

La réponse cherchée est la *somme* des aires (et des probabilités), c'est-à-dire 0,5987.

Exemple 5.8. Quelle est la probabilité que la durée de vie d'une ampoule soit supérieure à 670 h (voir fig. 5.11)?

$$\text{Pour } 670 \text{ h}: Z = \frac{670 - 750}{80}$$

$$= -1,00$$

$$\text{L'aire à droite de la moyenne de } 750 = 0,5000$$

$$\text{et pour } Z = -1,00, \text{ l'aire} = \underline{0,3413}$$

$$0.8413$$

FIGURE 5.10

**Probabilité
qu'une ampoule
dure moins de 770 h**

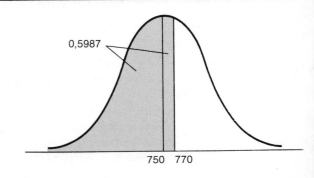

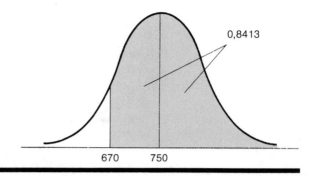

FIGURE 5.11
Probabilité
qu'une ampoule
dure plus de 670 h

La somme des aires (et des probabilités) est de 0,8413, et c'est la réponse à la question.

Auto-évaluation 5.3

1. La force de résistance de tiges d'acier est distribuée normalement avec une moyenne de 90 kg et un écart type de 20 kg. Quelle est la probabilité qu'une de ces tiges d'acier ait une force de résistance:
   a) De 90 à 114 kg?
   b) De 95 à 110 kg?
   c) De 80 à 110 kg?
   d) Supérieure à 70 kg?
   e) Supérieure à 100 kg?

SOMMAIRE

Dans ce chapitre, nous avons passé en revue les concepts de base de la théorie de la probabilité et nous avons examiné, d'une façon un peu plus détaillée, les distributions binômiale et normale. Ces concepts joueront un rôle important dans les prochains chapitres lorsque nous traiterons la théorie de l'échantillonnage. Puisque les probabilités sont souvent déterminées à l'aide de la distribution binômiale ou de la distribution normale, une bonne compréhension des notions présentées dans ce chapitre est essentielle pour saisir les concepts de la théorie de l'échantillonnage que nous verrons au prochain chapitre. (Vous serez sûrement ravis d'apprendre, cependant, qu'il n'y a aucun problème d'ampoule électrique dans le prochain chapitre.)

TERMES ET CONCEPTS IMPORTANTS

1. Probabilité
2. Probabilité *a priori*
3. Probabilité empirique
4. Événements mutuellement exclusifs
5. Règle de l'addition
6. Événements indépendants
7. Règle de la multiplication
8. Événements dépendants

9. Probabilité conditionnelle
10. Distribution de probabilités
11. Distribution binômiale
12. Combinaison
13. Distribution normale
14. Aires sous la courbe normale
15. Valeur Z
16. Distribution continue

PROBLÈMES

1. Quelle est la probabilité d'obtenir un 1 ou un 2 en lançant un dé?

2. Une carte est tirée d'un jeu ordinaire de 52 cartes. Quelle est la probabilité que cette carte soit une carte noire ou un as?

3. Une boîte contient 8 bons articles et 2 défectueux.
   a) Quelle est la probabilité que dans un échantillon de 2 articles pris avec remise les 2 articles soient bons?
   b) Quelle est la probabilité que les 2 soient défectueux?

4. Une boîte contient 7 bons articles et 3 articles défectueux.
   a) Si 2 articles sont choisis au hasard sans remise, quelle est la probabilité que les 2 soient bons?
   b) Quelle est la probabilité que les 2 soient défectueux?

5. Si une pièce de monnaie est lancée 7 fois, quelle est la probabilité d'obtenir:
   a) Exactement 4 faces?
   b) Exactement 5 faces?
   c) 4 ou 5 faces?

6. Dans une population, il y a 60 % de libéraux. Quelle est la probabilité que, dans un échantillon de 6 personnes choisies dans cette population, on retrouve:
   a) Exactement 4 libéraux?
   b) Exactement 5 libéraux?
   c) 4 ou 5 libéraux?
   d) Au moins 4 libéraux?

7. La durée de vie des piles produites par une compagnie est distribuée normalement avec une moyenne de 110 heures et un écart type de 10 heures. Quelle est la probabilité qu'une pile choisie au hasard dure:
   a) De 110 à 115 h?
   b) De 107,5 à 120 h?
   c) De 112 à 123 h?
   d) De 90 à 102 h?
   e) Plus de 113 h?

8. Les résultats des étudiants à un test sont distribués normalement avec une moyenne de 300 et un écart type de 40. Quelle est la probabilité que le résultat à ce test obtenu par un étudiant choisi au hasard soit:
   a) Entre 310 et 330?
   b) Entre 280 et 340?
   c) Inférieur à 320?
   d) Supérieur à 260?
   e) Supérieur à 380?

9. *Permutations*. Nous avons vu dans ce chapitre que *l'ordre n'était pas important* lorsque nous avons abordé la question du nombre de combinaisons possibles — c'est-à-dire la combinaison de cartes AB était considérée comme identique à la combinaison BA. *Les permutations ont ceci de différent: elles tiennent compte de l'ordre*; ainsi, AB est une permutation et BA en est une autre. La formule pour le nombre de permutations de *n* objets pris *r* à la fois est la suivante:

$$_nP_r = \frac{n!}{(n-r)!}$$

a) De combien de façons différentes un amateur de football peut-il entrer dans un stade par une porte et en ressortir par une autre si le stade a 15 portes?

b) De combien de façons différentes peut-on former un comité de 3 personnes à partir d'un groupe de 10 personnes? (Êtes-vous certains que ce sont des permutations?)

10. 50 étudiants sont inscrits au programme de maîtrise en administration dans une université. De ce groupe, 20 étudiants suivent un cours de statistique, 15 étudient la finance et 10 suivent les deux cours. Un étudiant est choisi au hasard :

a) Quelle est la probabilité que l'étudiant suive un cours de statistique ou de finance?

b) Quelle est la probabilité que l'étudiant ne suive pas le cours de statistique?

11. Les diamètres d'un ensemble de pièces sont distribués normalement avec une moyenne de 2 cm et un écart type de 0,2 cm. Si une pièce est choisie au hasard, quelle est la probabilité que son diamètre soit :

a) Entre 1,8 et 2,1 cm?

b) Entre 1,5 et 1,7 cm?

c) Supérieur à 2,2 cm?

d) Inférieur à 2,3 cm?

QUESTIONS DE COMPRÉHENSION

1. Expliquer la différence entre une probabilité *a priori* et une probabilité empirique.

2. Pour évaluer une probabilité conjointe, il est nécessaire de savoir si les deux événements sont indépendants. Que dire de cette affirmation?

3. Donner la définition d'une distribution de probabilités et donner un exemple montrant comment une distribution peut être construite.

4. Pourquoi la formule pour les combinaisons intervient-elle dans la formule pour calculer les probabilités binômiales?

5. La distribution binômiale est un exemple de distribution discrète. Expliquer cet énoncé.

6. Dans le cas de distributions continues, les probabilités sont représentées par différentes aires sous la courbe. Discuter cette affirmation.

7. *a)* Qu'est-ce qu'une valeur Z?

b) Comment utilise-t-on la valeur Z?

8. Expliquer le processus de calcul des probabilités pour la courbe normale.

RÉPONSES AUX QUESTIONS D'AUTO-ÉVALUATION

5.1

1. *a)* 0,75

b) 0,6

2. 22/52 ou 0,4231

3. *a)* 0,49

b) 0,09

4. *a)* 132/380 ou 0,34737

b) 56/380 ou 0,14737

5.2

1. *a)* 0,3125
   b) 0,2344
   c) La réponse est la *somme* des probabilités d'obtenir 4 faces, 5 faces et 6 faces. Donc, la probabilité d'obtenir au moins 4 faces est 0,2344 + 0,0938 + 0,0156 ou 0,3438.

2. *a)* 0,3177
   b) 0,0972
   c) La somme des probabilités de 5, 6, 7 personnes possédant leurs maisons est 0,0250 + 0,0036 + 0,0002 ou 0,0288.

5.3

1. *a)* 0,3849
   b) 0,2426
   c) 0,5328
   d) 0,8413
   e) 0,3085

CHAPITRE 6

CONCEPTS DE LA THÉORIE DE L'ÉCHANTILLONNAGE

OBJECTIFS D'APPRENTISSAGE

Après avoir lu attentivement ce chapitre, résolu les problèmes et répondu aux questions de compréhension, vous devriez pouvoir:

 comprendre et évaluer (a) le but et l'importance de l'échantillonnage et (b) les avantages à tirer de l'échantillonnage;

 cheminer à travers les étapes requises pour (a) construire une distribution d'échantillonnage des moyennes échantillonnales, (b) calculer la moyenne de cette distribution d'échantillonnage et (c) calculer l'écart type de cette distribution d'échantillonnage;

 énoncer le théorème central de la limite et expliciter la relation entre l'erreur type de la moyenne et la taille de l'échantillon;

 cheminer à travers les étapes nécessaires pour (a) construire une distribution d'échantillonnage des pourcentages, (b) calculer la moyenne de cette distribution d'échantillonnage et (c) calculer l'écart type de cette distribution d'échantillonnage.

CONTENU DU CHAPITRE

POPULATION, ÉCHANTILLON: UN RAPPEL
Auto-évaluation 6.1

IMPORTANCE DE L'ÉCHANTILLONNAGE
Auto-évaluation 6.2

AVANTAGES DE L'ÉCHANTILLONNAGE
Coût
Temps
Précision des résultats échantillonnaux
Autres avantages
Auto-évaluation 6.3

Theirs not to reason why,
Theirs but to do and die [1].

Extrait de *The Charge of the Light Brigade*
par Alfred, Lord Tennyson

Plusieurs étudiants qui, dans leur formation académique, doivent suivre un cours sur l'inférence statistique adoptent une approche de l'étude des statistiques semblable à celle décrite par cette citation. Ces malheureux étudiants plongent, à la fois courageu-sement et imprudemment, dans l'inférence statistique sans une solide compréhen-sion des concepts de la théorie de l'échantillonnage; ils ne semblent pas savoir qu'une bonne compréhension de ces concepts éliminerait sûrement en grande partie la confusion qui règne dans leur esprit. Pour se préparer aux examens, ces étudiants livrent un dur combat afin de mémoriser un tas de formules, renonçant à essayer de comprendre leurs fondements mêmes. En conséquence, les notes qu'ils obtiennent deviennent d'intéressantes statistiques sur lesquelles le professeur pourra se baser pour faire certaines déductions concernant leur intelligence. (Il n'est pas surprenant de constater que plusieurs étudiants prennent plaisir à faire rimer « statistiques » avec « sadiques ».)

---

1. N. du T.: Il est parfois difficile de rendre justice à la langue anglaise. Jusqu'ici, je me suis creusé les méninges afin de traduire, au meilleur de mes connaissances, citations et blagues. Ils étaient trois, les auteurs, à manipuler la langue anglaise, à forger des noms bizarres et drôles, à inventer des situations cocasses et à dénicher des citations appropriées. Leurs objectifs consis-taient à rendre ce manuel le plus agréable possible et à causer le plus grand nombre possible de maux de tête au traducteur (du moins, c'est mon opinion). Tout cela pour vous dire que je ne traduirai pas cette citation parce qu'elle est *intraduisible!* Cependant, n'étant pas méchant, je vous en donne quand même le sens: « Ils ne cherchent pas à savoir pourquoi, ils sont là pour combattre et mourir. »

Dans les chapitres qui suivent, nous présenterons la théorie de l'inférence statistique. Mais avant, *vous devez absolument comprendre pourquoi* il est valable et justifié d'utiliser les résultats échantillonnaux pour estimer et prendre des décisions ayant trait aux caractéristiques d'une population. Dans ce chapitre, nous tenterons de vous faire saisir les fondements de l'inférence statistique; pour ce faire, nous examinerons théoriquement et intuitivement les bases de la théorie de l'estimation et des tests d'hypothèses.

En particulier, dans ce chapitre (après un bref *rappel* de certaines *définitions* se rapportant à l'échantillon et à la population), nous examinerons (1) l'*importance* et les *avantages* de l'échantillonnage, (2) quelques méthodes pour *choisir un échantillon* et (3) les concepts extrêmement importants reliés aux *distributions d'échantillonnage des moyennes et des pourcentages*. Ces dernières notions sont la pierre angulaire de la théorie de l'inférence statistique; nous verrons, dans ces sections, pourquoi il est possible de faire des inférences concernant une caractéristique de la population à partir d'une caractéristique de l'échantillon.

Il existe une relation entre les caractéristiques de l'échantillon et les caractéristiques de la population. Une bonne compréhension de cette relation vous évitera de joindre les rangs de ces vaillants mais téméraires soldats de la Light Brigade.

**POPULATION,
ÉCHANTILLON :
UN RAPPEL**

**Quand il neige et grêle, le mardi,
En moi grandit la conviction
Que personne ne sait, ni grands ni petits,
Lesquels sont grêlons, lesquels sont glaçons.**

Winnie-the-Pooh

Habituellement, les gens assimilent le mot « population » à un très grand nombre de personnes habitant une région. En statistique, ce mot a un sens plus large. *Une population est la totalité des unités de n'importe quel genre prises en considération par le statisticien.* Ces unités peuvent être des firmes commerciales, des comptes de crédit, des poulets, des transistors et même des personnes. On dit qu'une population est *finie* si le nombre d'unités dans la population est limité. Une population est *infinie* si elle contient un nombre illimité d'unités.

Un échantillon est un segment ou sous-ensemble de la population étudiée. Par exemple, la Ligue Canadienne de Football peut être considérée comme une population d'équipes de football. Si, par contre, les équipes de Montréal et de Vancouver sont choisies pour faire l'objet d'une étude statistique sur la Ligue Canadienne de Football, ces deux équipes forment un échantillon. Qu'il traite un échantillon ou une population, le statisticien décrit habituellement ces groupes d'unités à l'aide de mesures telles que le nombre total d'unités, la moyenne, l'écart type et le pourcentage. Par exemple, on peut décrire un ensemble d'étudiants en spécifiant le nombre d'étudiants dans le groupe, la note moyenne et l'écart type des notes obtenues par ces étudiants. Les mesures que l'on utilise pour décrire une population sont des paramètres. *Un paramètre est une caractéristique de la population.* Les mesures que l'on utilise pour décrire un échantillon sont appelées des statistiques. *Une statistique est une caractéristique de l'échantillon.*

TABLEAU 6.1

Distinctions entre population et échantillon

	Population	Échantillon
Définition	L'ensemble des unités considérées par le statisticien	Un sous-ensemble de la population choisi pour étude
Caractéristiques	Les caractéristiques d'une population sont des paramètres	Les caractéristiques d'un échantillon sont des statistiques
Symboles	Lettres grecques ou majuscules	Caractères romains
	μ=moyenne de la population	$\bar{x}$=moyenne de l'échantillon
	σ=écart type de la population	s=écart type de l'échantillon
	N=taille de la population	n=taille de l'échantillon
	π=pourcentage dans la population	p=pourcentage dans l'échantillon

Vous pensez peut-être que nous coupons les cheveux en quatre en faisant ces distinctions au niveau des termes employés; cependant, la terminologie utilisée est à ce point importante qu'on ne saurait trop insister sur ces différences. Comme vous le verrez, les résultats d'échantillon sont généralisés pour décrire la population; autrement dit, *les statistiques sont utilisées pour estimer les paramètres.* Les distinctions que nous venons de faire entre les paramètres et les statistiques réduiront le risque de confusion dans les chapitres qui suivent.

Les statisticiens utilisent divers symboles afin de bien faire ressortir la différence entre les paramètres et les statistiques. *Ils recourent habituellement aux lettres grecques pour désigner les paramètres tandis qu'ils utilisent les caractères romains minuscules pour désigner les statistiques.* Le tableau 6.1 illustre les différents symboles utilisés. La moyenne de la population est symbolisée par μ (mu), tandis que la moyenne d'échantillon est symbolisée par $\bar{x}$. La lettre σ (sigma) est employée pour désigner l'écart type de la population tandis que l'écart type de l'échantillon est représenté par s. De plus, le pourcentage dans la population est représenté par π (pi) et le pourcentage dans l'échantillon est désigné par p.

Auto-évaluation 6.1   **1.** Vous voulez effectuer une étude sur les étudiants d'une université; il y a quatre groupes possibles d'étudiants desquels vous pouvez recueillir des données. Dites si les groupes suivants représentent la population de l'université ou un échantillon de cette population.

P a) Tous les étudiants inscrits à l'université.
É b) Tous les étudiants inscrits à un cours de psychologie.
É c) Tous les étudiants de la faculté de médecine.
P d) Tous les étudiants de chacune des facultés de l'université.

2. Dans un exemple précédent, la Ligue Canadienne de Football fut considérée comme une population. Est-ce que cette ligue peut correspondre à un échantillon? Si oui, dites dans quelles circonstances.

3. Un certain syndicat comprend 300 membres. Des données furent recueillies auprès de 25 d'entre eux et la moyenne d'âge fut établie à 39 ans. Par conséquent, la moyenne d'âge de l'ensemble des membres du syndicat fut estimé à 39 ans. Une étude subséquente portant sur l'ensemble des membres montra que l'âge moyen véritable était de 42 ans.

   a) Quels nombres sont des paramètres?

   b) Quels nombres sont des statistiques?

   c) La statistique d'échantillon 39 fut utilisée pour estimer _____ .

IMPORTANCE DE L'ÉCHANTILLONNAGE

Il arrive souvent dans la vie de tous les jours que l'on prélève des échantillons; l'échantillonnage ne doit donc pas être considéré comme un concept employé uniquement par les statisticiens. L'échantillonnage pratiqué dans la vie courante ne possède évidemment pas le caractère formel des vastes études statistiques, mais il vise le même but fondamental qui consiste à recueillir de l'information afin de porter un jugement. En voici quelques exemples:

1. Un cuisinier goûte la soupe qu'il prépare pour le repas du soir. Il veut ainsi vérifier si la soupe a un goût acceptable.

2. Le futur acheteur d'une automobile exige de faire un essai sur la route afin de porter un jugement sur la qualité de la voiture. Est-ce un citron?

3. On analyse du minerai pour déterminer le potentiel d'une nouvelle mine.

La liste des exemples pourrait s'allonger *ad infinitum* (et *ad nauseam*), mais examinons maintenant le côté rationnel de l'échantillonnage.

Le but de l'échantillonnage est de fournir suffisamment d'informations pour que des inférences concernant les caractéristiques d'une population puissent être faites. Dans la majorité des cas, il est impossible d'étudier la population dans sa totalité pour évaluer les vraies caractéristiques de celle-ci. Le cuisinier ne peut manger toute la soupe pour vérifier si elle est acceptable. L'acheteur ne peut conduire la voiture pendant trois ans, avant d'acheter, pour déterminer si elle est un citron. Le minerai ne peut être analysé dans sa totalité afin de déterminer si la mine sera rentable. Par conséquent, l'échantillon doit fournir l'information pertinente sur laquelle on se basera pour porter un jugement sur la population.

L'échantillonnage a pour objectif de choisir une partie de la population qui reproduit le plus fidèlement possible les caractéristiques de la population. Pour pouvoir porter un jugement sur la population en se basant sur des résultats d'échantillon, il est nécessaire que les résultats d'échantillon soient aussi représentatifs que possible de la population d'où est tiré l'échantillon. Supposons que nous voulions faire une étude sociologique d'une ville. Dans l'échantillon, on devra retrouver suffisamment de personnes pour représenter les groupes à revenu élevé, revenu moyen et autres niveaux de revenu; de plus, l'échantillon devra être représentatif de la population au niveau de caractéristiques telles que l'âge, le groupe ethnique et l'instruction. L'échantillon doit être un portrait assez fidèle de la population, sinon les estimations qui en découlent seront émaillées d'erreurs importantes. Malheureusement, il est extrêmement difficile, pour ne pas dire *impossible*, de choisir un échantillon qui soit complètement représentatif de la population. Il serait déraisonnable d'espérer qu'un résultat d'échantillon prendra *exactement* la même valeur que la caractéristique correspondante de la population; en fait, l'erreur d'échantillonnage est inévitable.

Même s'il est impossible d'éliminer complètement l'erreur échantillonnale, cela n'implique pas que les résultats d'échantillon soient inutilisables. La méthode statistique tient compte des erreurs inhérentes à l'échantillonnage. Puisqu'il est possible d'évaluer objectivement l'erreur associée à l'échantillonnage, il est, par conséquent, également possible d'évaluer objectivement la précision de l'estimation. Les statisticiens acceptent volontiers ces erreurs, compte tenu des avantages indéniables que leur procure l'échantillonnage : il ne faut pas oublier que la seule façon d'éliminer ces erreurs consiste à analyser en totalité la population, ce qui représente une tâche très lourde et souvent irréalisable. Les erreurs occasionnées par l'échantillonnage sont donc largement compensées par ses avantages.

Auto-évaluation 6.2

1. Le concept d'échantillonnage est utilisé presque exclusivement en statistique. Commenter cette affirmation.
2. Quel est le but de l'échantillonnage?
3. Quel objectif l'échantillonnage poursuit-il?
4. Puisque l'échantillonnage entraîne inévitablement des erreurs, les résultats d'échantillon sont pratiquement inutilisables. Vrai ou faux? Pourquoi?
5. Comment peut-on déterminer la précision d'une estimation?

AVANTAGES DE L'ÉCHANTILLONNAGE

Il est indéniable que les statisticiens préféreraient obtenir, lors d'un recensement, toute l'information concernant une population. Si chaque unité d'une population était étudiée, le portrait obtenu de la population serait d'une fiabilité incontestable. Cependant, dans la plupart des situations, ce qui est désirable n'est pas nécessairement accessible. Le recensement est souvent un objet de luxe et, par conséquent, dans nombre de situations il est impensable d'y recourir pour étudier une population. L'échantillonnage est plutôt la règle que l'exception. Imaginez que, pour vérifier s'il ne manque pas un peu de sel, un cuisinier décide de se jeter le chaudron de soupe derrière la cravate. Après avoir goûté la soupe de cette façon, il n'en reste plus pour les autres membres de la famille! Dans les paragraphes qui suivent, nous présenterons *les principaux avantages de l'échantillonnage*.

Coût

Toute cueillette de données encourt des frais; qu'on pense aux frais de poste, aux salaires des interviewers et aux sommes nécessaires pour la compilation des données. Plus le nombre de données à considérer est élevé, plus les sommes investies sont importantes. Imaginez une enquête sur la consommation au Canada: si chaque citoyen devait être interrogé, le coût d'une telle enquête atteindrait facilement plusieurs millions de dollars. Les avantages tirés d'un recensement sont amoindris par les coûts qu'il occasionne. Par exemple, une compagnie nationale d'alimentation veut améliorer un de ses produits afin d'en accroître les ventes. Cette compagnie pourrait mener une enquête auprès de chaque client potentiel, mais il est fort à parier que les coûts d'un tel recensement seraient supérieurs aux revenus additionnels que pourrait générer ce produit amélioré. Chaque fois que le coût de prélèvement d'un échantillon est inférieur à celui d'un recensement, il faut considérer le coût comme étant une raison acceptable (mais non suffisante) pour procéder à l'échantillonnage.

Temps

Le dicton « Le temps, c'est de l'argent » caractérise plusieurs décisions importantes dans le monde des affaires. La rapidité de la prise de décisions est souvent déterminante pour la bonne marche de l'entreprise. Supposons que vous soyez propriétaire d'une compagnie; votre compagnie a une idée révolutionnaire pour fabriquer un meilleur piège à souris, mais vous apprenez de la bouche de vos collaborateurs que les compagnies rivales sont aussi dans la course. La première compagnie à mettre en marché un meilleur piège à souris retirera fort probablement des revenus de vente très importants, mais avez-vous réellement un meilleur piège à souris? Est-ce que le public s'arrachera votre piège révolutionnaire ou est-ce que celui-ci restera sur les tablettes des magasins? Il est clair qu'un recensement prend trop de temps, et votre temps est compté. La réponse réside alors dans l'échantillonnage, lequel peut fournir l'information appropriée en beaucoup moins de temps.

Précision des résultats échantillonnaux

Dans certaines situations, les résultats qui se dégagent d'un petit échantillon sont presque aussi précis que ceux obtenus d'un recensement. Comment cela est-il possible? Souvenez-vous que l'objectif poursuivi dans l'échantillonnage est d'en arriver à un portrait représentatif des caractéristiques d'une population. Certaines méthodes d'échantillonnage produisent des échantillons très représentatifs d'une population. Dans ces circonstances, de plus grands échantillons n'apportent pas des résultats *significativement* plus précis. Revoyons l'exemple du cuisinier. S'il a bien brassé la soupe avant d'en extraire un échantillon, deux cuillerées devraient s'avérer suffisantes pour lui indiquer le goût de tout le chaudron. Toute autre cuillerée ingurgitée par le cuisinier ne fait que diminuer la quantité de soupe qu'il pourra servir au souper. (Encore heureux que notre cuisinier ne distille pas de whisky.)

Autres avantages

On utilise souvent des tests destructifs pour vérifier la qualité d'un produit. Par exemple, une compagnie veut vérifier la force de résistance des tiges d'acier d'une livraison qu'elle vient de recevoir. Pour tester celle-ci, il faut soumettre les tiges à une pression jusqu'à ce qu'elles cèdent. Évidemment, il est impensable de tester toutes les tiges, sinon la compagnie se retrouvera avec un camion plein de tiges brisées.

En plusieurs occasions, les ressources nécessaires pour effectuer un recensement sont disponibles, mais la population, par sa nature, ne s'y prête pas. Supposons que vous vouliez déterminer le nombre de baleines à bosses vivant dans les océans. Des organisations de protection de l'environnement sont disposées à financer votre projet, mais à cause des mouvements migratoires, des naissances et des décès, il est impossible d'effectuer une énumération exhaustive des baleines à bosses. Une solution au problème consisterait à relever le nombre de baleines à bosses dans une petite région de l'océan (c'est-à-dire prélever un échantillon) et de faire une projection des résultats obtenus.

Auto-évaluation 6.3

1. L'information complète est toujours souhaitable; cependant, les résultats d'échantillon peuvent quelquefois être presque aussi précis. Commenter cette affirmation.

2. Dans quelles circonstances le coût justifie-t-il le recours à l'échantillonnage plutôt qu'au recensement? Est-ce que le facteur coût peut à lui seul justifier l'utilisation de l'échantillonnage?

PRÉLÈVEMENT D'UN ÉCHANTILLON

Nous avons insisté sur le fait qu'un échantillon doit être aussi représentatif que possible de la population. Plus l'échantillon sera représentatif, plus nous aurons confiance en nos estimations. Dans cette section, nous vous présentons les méthodes le plus couramment employées pour choisir un échantillon. *Il existe plusieurs méthodes, mais aucune d'elles ne peut être considérée comme la meilleure. Le choix de la méthode appropriée pour prélever un échantillon dépend de la nature même de la population étudiée et de l'habileté du statisticien.*

Échantillonnage sur la base du jugement

Il arrive que le choix des unités que l'on doit prélever pour former l'échantillon se fasse à partir de l'opinion d'une ou de plusieurs personnes suffisamment éclairées pour identifier les unités qui représentent adéquatement la population. *Tout échantillon basé sur la connaissance qu'a un individu de la population est appelé échantillon sur la base du jugement.* En voici un exemple: un organisateur de campagne électorale détermine intuitivement que certains districts électoraux sont des indicateurs fiables de l'opinion publique. Seules les connaissances de l'organisateur sont mises à profit dans le choix de l'échantillon de districts électoraux; aucun calcul statistique compliqué n'est utilisé.

L'échantillonnage sur la base du jugement comporte des avantages, mais ceux-ci sont accompagnés d'un inconvénient majeur. En effet, aucune technique statistique n'intervenant dans le choix de l'échantillon, il devient difficile d'évaluer objectivement jusqu'à quel point cet échantillon est représentatif. Cette difficulté d'évaluation objective confère à toute estimation basée sur les résultats d'échantillon une incertitude gênante. Cela ne veut pas dire, cependant, que l'utilisation d'échantillons sur la base du jugement est à proscrire. De toute évidence, la qualité de ces échantillons dépend de la compétence du chercheur; par ailleurs, il est indéniable que l'expérience de celui-ci constituera un outil très valable.

Échantillonnage aléatoire

On parle d'*échantillons aléatoires* lorsque la *probabilité de sélection de chaque élément de la population est déterminée avant même que l'échantillon soit choisi.* Contrairement aux échantillons sur la base du jugement, les échantillons aléatoires permettent de juger objectivement de la valeur des estimations faites sur les caractéristiques de la population. Dans cette section, *nous examinerons brièvement trois des principales méthodes d'échantillonnage aléatoire.*

Échantillonnage aléatoire simple. L'échantillonnage aléatoire simple est une méthode d'échantillonnage qui possède la propriété suivante : tous les échantillons possibles de même taille ont la même probabilité d'être choisis et *tous les éléments de la population ont une chance égale de faire partie de l'échantillon*. Une équipe de basket-ball compte 10 joueurs; vous voulez estimer la moyenne du nombre de points produits par joueur par partie. Supposons que vous vouliez choisir un échantillon aléatoire simple de taille 3. Le nombre total de combinaisons possibles de 3 joueurs choisis parmi 10 joueurs est le suivant :

$$_{10}C_3 = \frac{10!}{3!\,7!} = 120$$

Ainsi, chaque combinaison doit avoir une probabilité de 1/120 d'être choisie, et la probabilité de chaque joueur de se retrouver dans l'échantillon doit être de 3/10.

Pour s'assurer que le choix de l'échantillon se fait *tout à fait* au hasard, on utilise généralement une table de nombres aléatoires pour déterminer les éléments de l'échantillon aléatoire simple. L'explication théorique complète de la table de nombres aléatoires dépasse le niveau de ce livre; il suffit de savoir que chaque chiffre de la table est déterminé aléatoirement et que chaque chiffre ou suite de chiffres a la même chance d'apparaître. Vous trouverez une table de nombres aléatoires à l'Annexe 3.

Illustrons maintenant l'utilisation de cette table de nombres dans l'échantillonnage aléatoire simple. À partir d'une liste de 200 femmes au foyer, vous devez en choisir 20 pour mener une enquête portant sur la consommation. Il est possible d'obtenir un échantillon aléatoire simple de la façon suivante :

1. Assigner à chaque femme au foyer un nombre entre 000 et 199. Toutes ces personnes doivent avoir des nombres différents. La première femme au foyer aura le nombre 000, la deuxième, le nombre 001, et ainsi de suite.
2. Consulter une table de nombres aléatoires. Le tableau 6.2 constitue un exemple de table de nombres aléatoires restreinte.
3. Il est *essentiel* d'établir une *façon systématique* de choisir une suite de chiffres dans la table afin d'éviter que le choix de chiffres ne soit biaisé. Dans cet exemple, vous devez choisir des suites de trois chiffres. Le modèle que vous utiliserez consistera, par exemple, à choisir les trois derniers chiffres de chaque bloc en partant du haut d'une colonne et en descendant.
4. Choisir un nombre aléatoire selon le modèle établi précédemment et *déterminer la femme au foyer correspondant à ce nombre*. Par exemple, la femme au foyer 124 sera choisie en premier; ensuite, la femme au foyer 109 viendra s'ajouter à l'échantillon. Si un nombre aléatoire ne peut être utilisé, c'est le cas du nombre 379, vous passez simplement au nombre suivant, 194, et continuez le processus de sélection jusqu'à ce que l'échantillonnage des 20 femmes au foyer soit complété.

TABLEAU 6.2

Exemple de table de nombres aléatoires

5124	0746	6296	9279
5109	1971	5971	1264
4379	6296	8746	5899
8194	3721	4621	3634

Échantillonnage stratifié. Cette méthode d'échantillonnage consiste d'abord à subdiviser la population en *sous-groupes relativement homogènes* ou *strates*. Par la suite, on extrait de chaque strate un échantillon aléatoire; le regroupement de tous ces échantillons constitue l'échantillon désiré. *On utilise généralement l'échantillonnage stratifié lorsqu'il existe de grandes disparités à l'intérieur de la population; l'analyste doit cependant posséder une certaine connaissance de la structure de la population* lui permettant de subdiviser celle-ci en strates. Pour estimer les caractéristiques de la population, les résultats de chaque strate doivent être pondérés selon l'importance de la strate dans la population et combinés aux résultats des autres strates.

Examinons un exemple d'échantillonnage stratifié. Supposons que vous vouliez estimer la moyenne des dépenses annuelles des étudiants d'un cégep de la région de Montréal. La population étudiée est l'ensemble des étudiants de ce cégep. À cause d'un mode de vie bien différent, nous savons que les étudiants plus âgés dépensent plus que les étudiants plus jeunes; cependant, les étudiants plus âgés sont moins nombreux que les étudiants plus jeunes, plusieurs étudiants abandonnant en cours de route. Pour tenir compte de ces différences au niveau du mode de vie et de la taille des groupes, la population peut être facilement subdivisée en strates comprenant les étudiants de 1re année, ceux de 2e année et ceux de 3e année. Vous pouvez maintenant choisir à l'intérieur de chaque strate un échantillon; les résultats de ces échantillons sont ensuite pondérés pour obtenir une estimation de la moyenne des dépenses pour l'ensemble de la population.

Échantillonnage par grappes. La méthode d'*échantillonnage par grappes* consiste à choisir un échantillon aléatoire formé d'unités qui sont elles-mêmes des *sous-groupes de la population* ou des « *grappes* ». On présume que les unités à l'intérieur de chaque grappe *sont toujours représentatives* de la population. Les enquêtes sur la consommation dans les grandes villes utilisent souvent l'échantillonnage par grappes. La méthode habituelle consiste d'abord à diviser la ville en quartiers contenant chacun un certain nombre de familles. Puis, une fois cette étape accomplie, un *certain nombre de quartiers sont sélectionnés pour faire partie de l'échantillon*. Enfin, on mène l'enquête auprès de toutes les familles qui résident dans les quartiers choisis. Cette méthode d'échantillonnage a pour principal avantage de faire gagner du temps et de l'argent. L'enquête demande moins d'efforts et d'argent parce que l'interviewer demeure dans le même quartier plutôt que de se promener d'un bout à l'autre de la ville.

Auto-évaluation 6.4

1. Quelle méthode d'échantillonnage, s'il en existe une, peut être utilisée dans toutes les situations?

2. Un échantillon aléatoire est-il plus représentatif de la population qu'un échantillon basé sur le jugement? Pourquoi?

3. Pourquoi est-il préférable d'utiliser l'échantillon aléatoire plutôt que l'échantillon basé sur le jugement?

4. Supposons que vous vouliez choisir un échantillon aléatoire simple de taille 2 d'une population de taille 10. Quelle est la probabilité de choisir chacun des échantillons possibles? Quelle est la probabilité qu'une unité de la population soit sélectionnée dans l'échantillon?

5. Quelle est l'hypothèse de base dans la méthode d'échantillonnage par grappes?

6. Que faut-il connaître de la population avant d'effectuer un échantillonnage stratifié?

DISTRIBUTION D'ÉCHANTILLONNAGE DES MOYENNES

La moyenne échantillonnale ne nous donne qu'une idée approximative de la valeur de la moyenne de la population. Il est rare que la moyenne échantillonnale soit égale à la moyenne de la population. Supposons, par exemple, que le revenu moyen d'un échantillon[2] aléatoire de citoyens d'une ville soit de 6251 $. On peut dire, sans risquer de se tromper, que la valeur de la moyenne de la population est égale approximativement à 6251 $. Nous pouvons affirmer, intuitivement, que les chances sont vraiment très minces pour que la moyenne de l'échantillon soit exactement égale à la moyenne de la population. La moyenne d'un autre échantillon de citoyens serait fort probablement différente; elle pourrait être, par exemple, de 6282 $, tandis qu'un troisième échantillon pourrait nous donner une moyenne de 6249 $. *Cette variation au sein des moyennes échantillonnales est appelée « variation d'échantillonnage ».*

En affirmant que la moyenne échantillonnale était une approximation de la moyenne de la population, nous avons par le fait même établi l'hypothèse que la moyenne échantillonnale était reliée d'une façon quelconque à la moyenne de la population. Intuitivement, nous avons présumé que la valeur de la moyenne échantillonnale avait *tendance à s'approcher* de celle de la moyenne de la population. Nous verrons un peu plus loin que notre intuition était tout à fait légitime; les caractéristiques de la population déterminent l'intervalle de variation des valeurs de la moyenne échantillonnale.

Prenons une *population* composée de 15 cartes numérotées de 0 à 14. De cette population, supposons que vous vouliez choisir des échantillons de taille 6. Le nombre d'échantillons *possibles* pouvant être tirés de cette population est obtenu de la façon suivante:

$$_{15}C_6 = \frac{15!}{6!\ 9!} = 5005 \text{ échantillons possibles}$$

Un de ces 5005 échantillons possibles contient les cartes numérotées 2, 4, 6, 8, 10 et 12; un *deuxième* échantillon possible contient les cartes numérotées 1, 4, 3, 7, 8 et 13; un *troisième* échantillon pouvant être sélectionné contient les cartes numérotées 14, 0, 7, 10, 9 et 8. (Si le coeur vous en dit, prenez l'été qui vient pour trouver les 5002 autres échantillons possibles.) Les *moyennes* arithmétiques de ces 3 échantillons possibles sont respectivement de 7, 6 et 8. Puisqu'il y a 5005 échantillons possibles, il y a évidemment 5005 moyennes possibles d'échantillons. Si vous aviez déterminé les 5005 échantillons et rangé en distribution de fréquences ces moyennes, vous auriez obtenu la *distribution d'échantillonnage des moyennes,* laquelle consiste en la distribution des moyennes arithmétiques de tous les échantillons possibles de taille *n* pouvant être choisis à partir d'une population donnée.

---

2. À moins d'indications contraires, le mot « échantillon », dans les pages qui suivent, se rapportera toujours à un échantillon aléatoire.

Nous devons ici nous montrer très prudents, sinon la terminologie nous jouera de vilains tours. Voyons à la figure 6.1 les trois types fondamentaux de distributions. À la figure 6.1a, rien de neuf; il s'agit de la distribution de fréquences d'une quelconque population étudiée, cette distribution pouvant évidemment prendre différentes formes. La moyenne et l'écart type de la *distribution de la population* (μ et σ) vous sont familiers, n'est-ce pas? Quant à la distribution présentée à la figure 6.1b, encore là, rien de bien nouveau; cette figure illustre simplement les distributions de fréquences de quelques-uns des échantillons pouvant être choisis à l'intérieur de la population. Comme dans toute distribution de fréquences, les valeurs (de l'échantillon) se répartis-

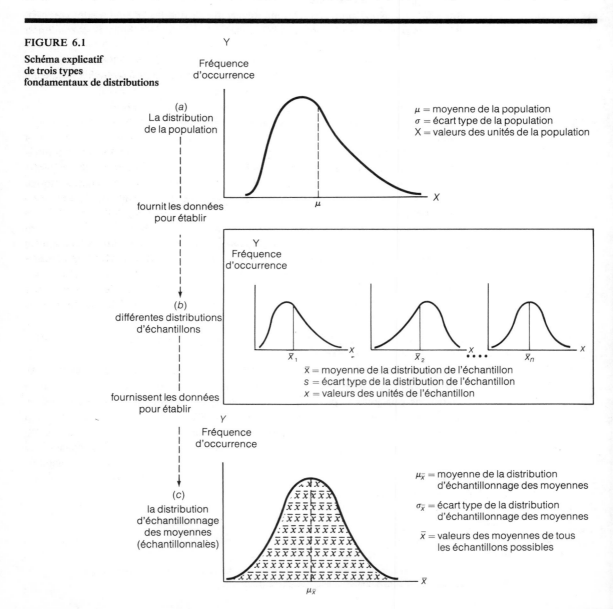

FIGURE 6.1

Schéma explicatif de trois types fondamentaux de distributions

sent autour de la moyenne de ces valeurs ($\bar{x}$). L'écart type échantillonnal (s) est la mesure de dispersion de ces distributions échantillonnales qui, à l'instar de la distribution de la population, peuvent prendre différentes formes. Théoriquement, il peut, bien entendu, y avoir autant de distributions d'échantillons qu'il y a d'échantillons possibles dans une situation donnée — par exemple, s'il y a 5005 échantillons possibles, il y a 5005 distributions d'échantillons possibles. Finalement, nous en arrivons à la figure 6.1c; cette figure représente *la distribution d'échantillonnage des moyennes* — nous rencontrons cette distribution pour la première fois et *elle ne doit pas être confondue avec la distribution d'échantillon*, et cela, même si les termes, à cause de leur ressemblance, portent à confusion. Dans la distribution d'échantillonnage présentée à la figure 6.1c, les différentes valeurs possibles de la moyenne d'échantillon se répartissent autour de la moyenne de la distribution d'échantillonnage. On utilise le symbole $\mu_{\bar{x}}$, comme l'indique la figure 6.1c, pour identifier la moyenne de la distribution d'échantillonnage, tandis que l'écart type de la distribution d'échantillonnage est symbolisé par $\sigma_{\bar{x}}$.

Moyenne de la distribution d'échantillonnage des moyennes

Soyez bien attentifs car nous allons maintenant énoncer un concept très important: *la moyenne de la distribution d'échantillonnage des moyennes est égale à la moyenne de la population*, à savoir $\mu_{\bar{x}} = \mu$. Que venez-vous de dire? « J'ai déjà lu des choses ridicules dans le passé, et plus d'une se retrouve dans ce livre, mais. . . » Nous avions prévu cette attitude sceptique et c'est pourquoi, dans le but de regagner notre crédibilité, nous vous présentons l'exemple suivant.

Une population est constituée de 5 étudiants inscrits à un cours de statistique et le professeur veut estimer le temps moyen hebdomadaire consacré à l'étude des statistiques par ces étudiants. Le tableau 6.3 indique le temps consacré à l'étude des statistiques par semaine pour chacun des étudiants — le professeur n'a cependant pas accès à cette information. Ainsi qu'elle a été calculée au tableau 6.3, la moyenne de la population est de 6.

TABLEAU 6.3

Population d'étudiants et leur temps d'étude hebdomadaire

Étudiants	Temps d'étude (heures)
A	7
B	3
C	6
D	10
E	4
	$\Sigma X = 30$

$$\mu = \frac{\Sigma X}{N} = \frac{30}{5} = 6$$

Si le professeur choisit un échantillon de taille 3, quelles sont les différentes valeurs possibles de la moyenne échantillonnale? Quelle différence existe-t-il entre la véritable moyenne de 6 et la moyenne échantillonnale? Les réponses à ces questions se trouvent au tableau 6.4; de plus, vous trouverez dans ce tableau l'information nécessaire pour calculer la moyenne de la distribution d'échantillonnage suivante:

$$\mu_{\bar{x}} = \frac{(\bar{X}_1 + \bar{X}_2 + \bar{X}_3 + \cdots + \bar{X}_{nC_r})}{{}_nC_r} \tag{6.1}$$

$$= 60/10$$

$$= 6$$

TABLEAU 6.4

Distribution d'échantillonnage des moyennes

Échantillons	Données échantillonnales	Moyennes échantillonnales	$(\bar{x} - \mu_{\bar{x}})$	$(\bar{x} - \mu_{\bar{x}})^2$
1. A, B, C	7, 3, 6	5,33	− 0,67	0,45
2. A, B, D	7, 3, 10	6,67	0,67	0,45
3. A, B, E	7, 3, 4	4,67	− 1,33	1,77
4. A, C, D	7, 6, 10	7,67	1,67	2,79
5. A, C, E	7, 6, 4	5,67	− 0,33	0,11
6. A, D, E	7, 10, 4	7,00	1,00	1,00
7. B, C, D	3, 6, 10	6,33	0,33	0,11
8. B, C, E	3, 6, 4	4,33	− 1,67	2,79
9. B, D, E	3, 10, 4	5,67	− 0,33	0,11
10. C, D, E	6, 10, 4	6,67	0,67	0,45
		60,00		10,00

$$\mu_{\bar{x}} = \frac{(\bar{X}_1 + \bar{X}_2 + \bar{X}_3 + \cdots + \bar{X}_{nC_r})}{{}_nC_r} = \frac{60}{10} = 6$$

Le numérateur est la somme des moyennes de tous les échantillons possibles et le dénominateur est le nombre d'échantillons possibles.

Ainsi, comme vous pouvez le constater, la moyenne dans le tableau 6.3 est égale à la moyenne dans le tableau 6.4, c'est-à-dire: $\mu_{\bar{x}} = \mu$.

Qu'est-ce que tout cela? demanderait l'avocat du diable. Dans une situation réelle, personne n'examine tous les échantillons possibles et calcule les moyennes de ces échantillons. En pratique, on ne choisit qu'un échantillon. Quels avantages peut-on retirer de discuter de distributions d'échantillonnage? Ne devrions-nous pas, plutôt, examiner jusqu'à quel point la moyenne d'un échantillon unique s'approche de la moyenne de la population? En fait, l'étude théorique de la distribution d'échantillonnage nous permet de juger de la proximité de la moyenne d'un échantillon et de la moyenne de la population.

Vous pouvez constater, à partir de l'exemple du tableau 6.4, que les valeurs possibles de la moyenne échantillonnale *se rapprochent* de la moyenne de la population. Puisqu'à ces valeurs sont associées des fréquences d'occurrence, on peut dire que la distribution d'échantillonnage est essentiellement une distribution de probabilités. Lorsque la taille d'échantillon *est suffisamment grande (n plus grand que 30)*, la distribution d'échantillonnage est approximativement une *distribution normale, que la population soit distribuée normalement ou non*. De plus, la distribution d'échantillonnage est une *distribution normale, peu importe la taille de l'échantillon, si la population est distribuée normalement*.

Dans la distribution normale, souvenez-vous, on détermine la probabilité d'un événement en évaluant d'abord à combien d'écarts types de la moyenne de la distribution se situent les bornes de l'intervalle correspondant à l'événement considéré. (Les problèmes d'ampoules électriques vous rappellent quelque chose?) Par conséquent, comme l'illustre la figure 6.2, il y a 68,3 % de chances pour que la moyenne de l'échantillon aléatoire choisi se situe à une distance maximale de 1 écart type ($\sigma_{\bar{x}}$) de la moyenne de la population. De plus, il y a 95,4 % de chances pour que la moyenne échantillonnale se situe à une distance inférieure à 2 écarts types d'un côté et de l'autre de la moyenne de la population. Ainsi, la connaissance des propriétés de la distribution d'échantillonnage nous permet d'évaluer la probabilité que la moyenne d'échantillon soit plus ou moins voisine de la moyenne de la population. Sans cette connaissance de la distribution d'échantillonnage, il est impossible d'associer une probabilité aux différents intervalles dans lesquels peut se trouver la moyenne échantillonnale. Cependant, pour évaluer les probabilités des différents intervalles, il est nécessaire de connaître la valeur de l'écart type de la distribution d'échantillonnage ($\sigma_{\bar{x}}$). Nous verrons, dans la prochaine section, comment calculer l'écart type $\sigma_{\bar{x}}$.

FIGURE 6.2

**Intervalles correspondant
à différentes aires sous
la distribution d'échantillonnage
des moyennes**

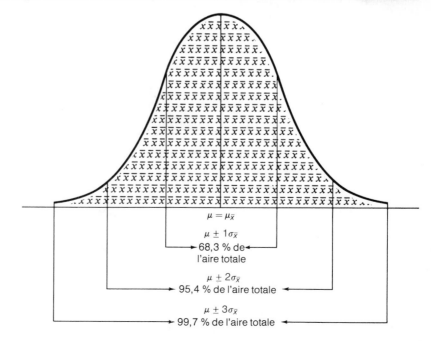

Écart type de la distribution d'échantillonnage des moyennes

Pour déterminer à quel point la moyenne échantillonnale peut différer de la moyenne de la population, il nous faut une *mesure de dispersion*. En d'autres termes, nous devons être à même de calculer l'écart vraisemblable entre la moyenne échantillonnale et la moyenne de la population. Dans le jargon statistique, on appelle l'écart type de la distribution d'échantillonnage l'*erreur type de la moyenne* et, comme nous l'avons vu, cet écart type est symbolisé par $\sigma_{\bar{x}}$. Le calcul de cette mesure est identique au calcul de tout autre écart type autour de la moyenne. Ainsi, pour les données du tableau 6.4, le calcul de $\sigma_{\bar{x}}$ s'effectue de la façon suivante :

$$\sigma_{\bar{x}} = \sqrt{\frac{\Sigma\,(\bar{x} - \mu_{\bar{x}})^2}{N}} \tag{6.2}$$

$$= \sqrt{10,00/10}$$

$$= \sqrt{1,00}$$

$$= 1,00$$

où N = nombre total d'échantillons possibles

Cependant, et nous l'avons mentionné dans un paragraphe précédent, personne (sauf, peut-être, les statisticiens excentriques ou les étudiants auxquels on a demandé de le faire) n'énumère ni ne traite tous les échantillons possibles. Par conséquent, il doit y avoir une autre façon de calculer $\sigma_{\bar{x}}$.

Puisqu'il existe une relation entre $\mu_{\bar{x}}$ et μ, nous pouvons intuitivement présumer qu'il existe aussi une relation entre l'erreur type de la moyenne et l'écart type de la population, cette relation nous permettant d'évaluer plus facilement l'erreur type. En effet, notre présomption est bien fondée et *la formule suivante nous permet d'évaluer l'erreur type pour une population finie* :

$$\sigma_{\bar{x}} = \frac{\sigma}{\sqrt{n}}\,\sqrt{\frac{N-n}{N-1}} \tag{6.3}$$

où
σ = écart type de la population
N = taille de la population
n = taille de l'échantillon
$\sqrt{\dfrac{N-n}{N-1}}$ = facteur de correction pour population finie

Pour les données du tableau 6.3, l'*écart type de la population* est calculé de la façon suivante :

$$\sigma = \sqrt{\frac{\Sigma\,(X - \mu)^2}{N}}$$

$$= \sqrt{\frac{1^2 + 3^2 + 4^2 + 2^2}{5}}$$

$$= \sqrt{\frac{1 + 9 + 16 + 4}{5}}$$

$$= 2,45$$

Par conséquent, on peut évaluer l'erreur type pour les données du tableau 6.4 de la façon suivante :

$$\sigma_{\bar{x}} = \frac{2,45}{\sqrt{3}} \sqrt{\frac{5-3}{5-1}}$$

$$= 1,4145 \, (0,7071)$$

$$= 1,00$$

Nous pouvons constater que les résultats obtenus à l'aide des formules 6.2 et 6.3 sont égaux. Donc, *$\sigma_{\bar{x}}$ peut être évalué si l'écart type de la population, la taille de l'échantillon et la taille de la population sont connus.*

Si la population est infinie, comme par exemple l'ensemble des articles produits sur une ligne d'assemblage, le facteur de correction pour population finie n'est pas requis. La formule de l'erreur type est alors :

$$\sigma_{\bar{x}} = \frac{\sigma}{\sqrt{n}} \text{ pour une population infinie} \qquad (6.4)$$

Si la population est infinie, le facteur de correction n'est pas requis. Cependant, *même si la population est finie, on ne doit pas nécessairement employer le facteur de correction.* Cette apparente contradiction vous fera peut-être grimacer de douleur; nous espérons que l'exemple qui suit vous soulagera.

Supposons que vous ayez une population de taille 200 000 000 et que, de cette population, vous préleviez un échantillon de taille 2000. En employant rigoureusement la formule 6.3, vous obtenez :

$$\sigma_{\bar{x}} = \frac{\sigma}{\sqrt{n}} \sqrt{\frac{N-n}{N-1}}$$

$$= \frac{\sigma}{\sqrt{n}} \sqrt{\frac{200\,000\,000 - 2000}{200\,000\,000 - 1}}$$

$$= \frac{\sigma}{\sqrt{n}} \, (0,99999)$$

Dans cet exemple, la taille de la population est tellement grande que le facteur de correction est, à toutes fins utiles, égal à 1. *Lorsque la taille de la population est extrêmement grande comparativement à la taille de l'échantillon, on peut utiliser la formule 6.4 pour calculer l'erreur type pour une population finie.*

Relation entre n et $\sigma_{\bar{x}}$

L'erreur type de la moyenne constitue, bien sûr, *une mesure de la dispersion* des moyennes échantillonnales autour de la moyenne de la population. Nous pouvons présumer que si le degré de dispersion *diminue*, l'étendue des valeurs possibles de la moyenne échantillonnale *diminue* aussi; cela signifie que la *moyenne échantillonnale* prendra probablement une valeur plus proche de la *moyenne de la population* si l'erreur type est plus petite. De plus, il devient évident, lorsqu'on examine les formules 6.3 et 6.4, que la valeur de $\sigma_{\bar{x}}$ doit décroître à mesure que n augmente. Autrement dit :

$$\downarrow \; \sigma_{\bar{x}} = \frac{\sigma}{\sqrt{n}} \; \uparrow$$

Peut-être cette approche mathématique de la relation entre n et $\sigma_{\bar{x}}$ ne vous satisfait-elle pas; maintenant, examinons intuitivement cette relation. Supposons que vous vouliez estimer un certain paramètre d'une population de taille 100 et qu'au départ vous décidiez de prélever un échantillon de taille 10. Il est possible que ces 10 unités provenant de la population fournissent l'information nécessaire pour effectuer cette estimation. On sait, cependant, qu'un échantillon plus grand, de taille 20 par exemple, fournit plus d'informations, et que plus on obtient d'informations à l'aide de l'échantillon, plus l'estimation du paramètre de la population est précise. En fait, en augmentant la taille de l'échantillon jusqu'à 50 ou 60, vous obtiendriez encore plus d'informations et, par conséquent, l'estimation serait encore plus précise. À la limite, vous pourriez choisir dans l'échantillon la totalité des unités de la population et obtenir ainsi l'information complète concernant cette population; dans ce dernier cas, il n'y aurait aucune différence entre la statistique échantillonnale et le paramètre de la population. Dans notre exemple, si vous vouliez estimer la moyenne de la population à l'aide d'un échantillon de taille 100, l'erreur type serait calculée de cette façon:

$$\sigma_{\bar{x}} = \frac{\sigma}{\sqrt{n}} \; \sqrt{\frac{N - n}{N - 1}}$$

$$= \frac{\sigma}{\sqrt{n}} \; \sqrt{\frac{100 - 100}{99}}$$

$$= 0$$

D'une façon générale, plus n croît, plus $\sigma_{\bar{x}}$ décroît. À mesure que la taille de l'échantillon augmente, nous avons accès à une plus grande quantité d'informations pour estimer la moyenne de la population; par conséquent, la différence probable entre la vraie valeur de la moyenne de la population et la moyenne échantillonnale diminue. Vous trouverez à la figure 6.3 une illustration des points soulevés dans cette section.

Théorème central de la limite

Jusqu'à maintenant, nous avons élaboré les concepts reliés à la distribution d'échantillonnage des moyennes d'une façon plutôt intuitive. Nous allons maintenant formaliser les concepts présentés dans les sections précédentes en énonçant ce que l'on appelle le *théorème central de la limite*. Ce théorème énonce les principes suivants:

La moyenne de la distribution d'échantillonnage des moyennes est égale à la moyenne de la population. L'écart type de la distribution d'échantillonnage des moyennes ($\sigma_{\bar{x}}$) est égale à $\sigma/\sqrt{n}$ si la population est finie et à $\sigma/\sqrt{n}\sqrt{(N-n)/(N-1)}$ si la population est infinie. Si la taille d'échantillon (n) est suffisamment grande, la distribution d'échantillonnage des moyennes s'approche d'une distribution normale de probabilités. Si la population est distribuée normalement, la distribution d'échantillonnage est une distribution normale, peu importe la taille d'échantillon. Nous avons abordé plusieurs notions théoriques importantes dans ces dernières pages. Nous illustrerons maintenant, à l'aide de quelques exercices, certains concepts de base.

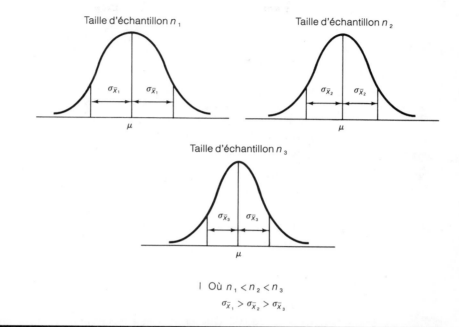

FIGURE 6.3

Relation entre *n* et $\sigma_{\bar{x}}$

| Où $n_1 < n_2 < n_3$

$\sigma_{\bar{x}_1} > \sigma_{\bar{x}_2} > \sigma_{\bar{x}_3}$

Exercices

Exemple 6.1. La compagnie Les Gros Camions possède une flotte de cinq camions; les frais mensuels de réparations pour ces camions s'élèvent respectivement à 200 $, 175 $, 185 $, 210 $ et 190 $. On doit estimer, à l'aide d'un échantillon de taille 3, la moyenne des frais de réparations mensuels des camions. Calculer la moyenne et l'écart type de cette distribution d'échantillonnage de taille 3.

La moyenne de la population est de (200 $ + 175 $ + 185 $ + 210 $ + 190 $)/5 ou 192 $. Puisque la moyenne de la distribution d'échantillonnage est égale à la moyenne de la population, $\mu_{\bar{x}} = 192$ $. Le calcul de l'écart type de la population s'effectue de la façon suivante :

$$\sigma = \sqrt{\frac{\Sigma(X - \mu)^2}{N}}$$

$$= \sqrt{\frac{8^2 + 17^2 + 7^2 + 18^2 + 2^2}{5}}$$

$$= \sqrt{\frac{64 + 289 + 49 + 324 + 4}{5}}$$

$$= 12$$

Par conséquent,

$$\sigma_{\bar{x}} = \frac{\sigma}{\sqrt{n}} \sqrt{\frac{N-n}{N-1}}$$

$$= \frac{12}{\sqrt{3}} \sqrt{\frac{5-3}{5-1}}$$

$$= 4,9$$

Exemple 6.2. La compagnie de traiteurs Restes-aux-Rations veut estimer le montant moyen des commandes passées chez elle. La compagnie obtiendra cette estimation en prélevant un échantillon aléatoire simple de 100 commandes. Présumons que la population est distribuée normalement avec une moyenne de 120 $ et un écart type de 25 $. Quel est l'écart type de la distribution d'échantillonnage des moyennes? Quelle est la probabilité que la moyenne de l'échantillon se situe entre $\mu - 1\sigma_{\bar{x}}$ et $\mu + 1\sigma_{\bar{x}}$? Dans quel intervalle centré sur la moyenne $\bar{x}$ a-t-il 95,4 % de chances de tomber?

$\sigma_{\bar{x}}$ est $\sigma / \sqrt{n} = 25$ $ / 10 = 2,50 $. La probabilité que $\bar{x}$ se situe entre 117,50 $ et 122,50 $ est de 0,683 ou 68,3 %. Il y a 95,4 % de chances pour que $\bar{x}$ se situe entre $\mu - 2\sigma_{\bar{x}}$ et $\mu + 2\sigma_{\bar{x}}$, c'est-à-dire entre 115 $ et 125 $.

Exemple 6.3. La compagnie de stylos Biz-Billes veut estimer le nombre moyen de stylos vendus mensuellement en se basant sur la moyenne d'un échantillon de 100 mois. Supposons que la véritable moyenne soit de 5650 stylos par mois et que l'écart type soit de 700. Quelles sont les chances pour que la différence entre la moyenne de l'échantillon et la vraie moyenne soit inférieure à 200 stylos?

Fondamentalement, la question est celle-ci : quelles sont les chances pour que la valeur de la moyenne de l'échantillon se situe entre $\mu - 200$ et $\mu + 200$? Souvenez-vous que la forme générale des limites de l'intervalle est $\mu - Z\sigma_{\bar{x}}$ et $\mu + Z\sigma_{\bar{x}}$. (Cet intervalle peut s'exprimer plus simplement ainsi : $\mu \pm Z\sigma_{\bar{x}}$.) Donc, nous voulons que $Z\sigma_{\bar{x}}$ soit égal à 200. $\sigma_{\bar{x}}$ se calcule de la façon suivante :

$$\sigma_{\bar{x}} = \frac{\sigma}{\sqrt{n}} = \frac{700}{\sqrt{100}} = 70$$

Maintenant, nous pouvons trouver Z de la manière suivante :

$$Z\sigma_{\bar{x}} = 200$$
$$Z(70) = 200$$
$$Z = 2,86$$

À la valeur $Z = 2,86$ correspond à l'Annexe 2 la probabilité 0,4979; nous pouvons donc affirmer que la probabilité que la moyenne échantillonnale se situe à une distance inférieure à 2,86 écarts types d'un côté de la vraie moyenne est égale à 0,4979. Puisque dans ce problème nous considérons 2,86 écarts types de chaque côté de la moyenne, la probabilité totale que la moyenne de l'échantillon se situe entre 5650 ± 200 est de 0,9958.

Auto-évaluation 6.5

1. La distribution _____ est la distribution de toutes les moyennes possibles d'échantillons, tandis que la distribution _____ est la distribution de toutes les unités appartenant à un même échantillon.

2. Les lettres grecques sont utilisées pour symboliser les paramètres de la population; pourquoi, alors, les utilise-t-on pour symboliser les caractéristiques de la distribution d'échantillonnage des moyennes échantillonnales?

3. Quelle méthode d'échantillonnage est à la base de l'élaboration des concepts reliés à la distribution d'échantillonnage des moyennes?

4. Quelle relation existe-t-il entre la moyenne de la distribution d'échantillonnage des moyennes et la moyenne de la population?

5. Dans quelles circonstances peut-on omettre le facteur de correction dans le calcul de $\sigma_{\bar{x}}$?

6. À quelle condition peut-on affirmer que la distribution d'échantillonnage est approximativement distribuée normalement?

7. Pourquoi est-il possible de faire certains énoncés probabilistes concernant la moyenne échantillonnale lorsque la moyenne de la population est connue?

DISTRIBUTION D'ÉCHANTILLONNAGE DES POURCENTAGES

Il arrive fréquemment que nous devions estimer des pourcentages au sein d'une population[3]. Par exemple, une compagnie peut vouloir estimer le pourcentage d'articles défectueux produits par une machine tandis qu'une autre compagnie peut s'intéresser au pourcentage d'employés, au sein de son personnel, qui appartiennent à des minorités ethniques. De notre côté, nous pourrions vouloir estimer le pourcentage d'étudiants désirant devenir statisticiens. Comme dans le cas de l'estimation d'une moyenne de population, *le pourcentage de la population est estimé à l'aide des résultats obtenus d'un échantillon*. Dans cette section, nous examinerons la relation existant entre le pourcentage de la population et les valeurs possibles du pourcentage échantillonnal. Nous établirons la distribution d'échantillonnage des pourcentages, laquelle consiste en *la distribution des pourcentages de tous les échantillons aléatoires simples possibles de taille n*.

Moyenne de la distribution d'échantillonnage des pourcentages

Nous utiliserons la lettre grecque π (pi) pour symboliser le *pourcentage de la population* tandis que le *p* minuscule représentera le pourcentage échantillonnal. Le symbole μ_p se rapportera à la moyenne de la distribution d'échantillonnage des pourcentages. Le pourcentage échantillonnal est défini par $p = x/n$, où x est le nombre d'unités de l'échantillon possédant la caractéristique étudiée et n est la taille de l'échantillon.

---

3. Plusieurs manuels traitent ce sujet en termes de *proportions* plutôt qu'en termes de pourcentages. Nous préférons utiliser les pourcentages parce qu'en général les étudiants trouvent plus simple l'arithmétique reliée au sujet traité de cette façon; de plus, les pourcentages sont plus fréquemment utilisés dans le langage courant. Toutefois, si vous préférez travailler avec les proportions, il vous suffit, pour tous les calculs, de déplacer le point de deux positions vers la gauche. Les résultats ultimes sont identiques.

Prenons, à titre d'exemple, une population formée de 5 étudiants. Nous voulons estimer le véritable pourcentage d'étudiants allergiques aux statistiques. Le tableau 6.5 fait une énumération des éléments de la population et indique l'état de santé actuel de chacun des étudiants.

TABLEAU 6.5

Population d'étudiants et état de santé de chacun d'eux

Étudiants	Allergie aux statistiques
A	Oui
B	Non
C	Oui
D	Non
E	Non
	X = 2 (le nombre d'étudiants allergiques)

$$\pi = \frac{X}{N} = \frac{2}{5} \text{ ou } 40 \%$$

où π = pourcentage de la population
N = taille de la population
X = nombre d'étudiants allergiques

À quoi peut bien ressembler la distribution d'échantillonnage? Dans le tableau 6.6, tous les pourcentages échantillonnaux possibles ont été relevés. Nous pouvons constater que la moyenne de la distribution d'échantillonnage présentée au tableau 6.6 est égale au pourcentage de la population calculé dans le tableau 6.5.

TABLEAU 6.6

Distribution d'échantillonnage des pourcentages

Échantillons	Données échantillonnales	Pourcentage échantillonnal (p)
1. A, B, C	oui, non, oui	0,667
2. A, B, D	oui, non, non	0,333
3. A, B, E	oui, non, non	0,333
4. A, C, D	oui, oui, non	0,667
5. A, C, E	oui, oui, non	0,667
6. A, D, E	oui, non, non	0,333
7. B, C, D	non, oui, non	0,333
8. B, C, E	non, oui, non	0,333
9. B, D, E	non, non, non	0,000
10. C, D, E	oui, non, non	0,333
		$\Sigma p = 4,000$

$$\mu_p = \frac{\Sigma p}{N} = \frac{4}{10} \text{ ou } 40 \%$$

où μ_p = moyenne de la distribution d'échantillonnage des pourcentages
N = nombre d'échantillons possibles, c'est-à-dire $_nC_r$

Donc, *la moyenne de la distribution d'échantillonnage des pourcentages de tous les échantillons aléatoires simples de taille n est égale au pourcentage de la population, à savoir* $\mu_p = \pi$.

Écart type de la distribution d'échantillonnage des pourcentages

Si le pourcentage de la population, la taille de la population et la taille de l'échantillon sont connus, il est alors possible de calculer l'écart type de la distribution d'échantillonnage des pourcentages. Le symbole utilisé pour représenter cet écart type (plus fréquemment appelé *erreur type du pourcentage*) est σ_p. Dans le cas d'une *population finie*, la formule pour calculer σ_p est la suivante :

$$\sigma_p = \sqrt{\frac{\pi(100-\pi)}{n}}\sqrt{\frac{N-n}{N-1}} \qquad (6.5)$$

où π = pourcentage de la population possédant une caractéristique particulière
$100 - \pi$ = pourcentage de la population ne possédant pas cette caractéristique particulière
N = taille de la population
n = taille de l'échantillon

$\sqrt{\frac{N-n}{N-1}}$ = facteur de correction pour population finie

Vous avez probablement deviné que le facteur de correction peut être omis si la population est infinie ou si la taille de la population est extrêmement grande comparativement à la taille de l'échantillon. La formule 6.6 nous indique comment calculer l'écart type de la distribution d'échantillonnage pour une *population infinie*.

$$\sigma_p = \sqrt{\frac{\pi(100-\pi)}{n}} \qquad (6.6)$$

Voici un dernier commentaire concernant la distribution d'échantillonnage des pourcentages. Le théorème central de la limite s'applique également dans le cas des pourcentages échantillonnaux. *Lorsque la taille d'échantillon est suffisamment grande, la distribution d'échantillonnage s'approche d'une distribution normale de probabilités.* Ce théorème a pour conséquence directe de rendre possible certains énoncés probabilistes concernant la valeur possible de la statistique échantillonnale si le pourcentage de la population est connu. Par exemple, nous pouvons affirmer qu'il y a 95,4 % de chances pour que le pourcentage échantillonnal se situe à moins de $2\sigma_p$ d'un côté ou de l'autre de π. Et il y a approximativement 99,7 % de chances pour que le pourcentage échantillonnal prenne une valeur à l'intérieur des limites $\pi \pm 3\sigma_p$. Plus tôt, nous avons présenté quelques exemples pour illustrer certains concepts de base reliés à la distribution d'échantillonnage des moyennes. De même, nous examinerons maintenant quelques exercices relatifs aux notions que nous venons de voir.

Exercices

Exemple 6.4. L'Organisation fraternelle Caïn et Abel est formée de 8 membres âgés de 27, 32, 33, 26, 43, 52, 28 et 25 ans. L'Organisation a émis un règlement étrange : l'âge minimum requis pour être président est de 33 ans. On choisit un échantillon de taille 4 afin d'estimer le pourcentage de la population possédant l'âge requis. Quels sont la moyenne et l'écart type de la distribution d'échantillonnage?

On calcule le pourcentage de la population de la façon suivante :

$$\pi = \frac{\text{nombre de membres possédant l'âge requis}}{\text{taille de la population}}$$

$$= \frac{3}{8} \text{ ou } 37,5\%$$

Puisque $\mu_p = \pi$, la moyenne de la distribution d'échantillonnage est aussi égale à 37,5 %. Étant donné que la population est *finie*, l'erreur type du pourcentage doit être évaluée ainsi :

$$\sigma_p = \sqrt{\frac{\pi(100-\pi)}{n}}\sqrt{\frac{N-n}{N-1}} = \sqrt{\frac{37,5(100-37,5)}{4}}\sqrt{\frac{8-4}{8-1}}$$

$$= 18,3\%$$

Exemple 6.5. La compagnie Vis-à-Vis a sélectionné un échantillon de 100 boulons afin d'estimer le pourcentage de boulons acceptables qu'elle produit. Dans la population, 90 % des boulons sont acceptables. Quelles sont les chances pour que le pourcentage échantillonnal se situe à moins de 5 % du pourcentage de la population?

La question pourrait se lire ainsi : quelles sont les chances pour que la valeur de *p* se situe entre $\pi - 5\%$ et $\pi + 5\%$? Dans ce cas, $Z\sigma_p$ égale 5 % puisque la forme générale des limites de l'intervalle est $\pi - Z\sigma_p$ et $\pi + Z\sigma_p$ (l'intervalle s'exprime plus simplement par $\pi \pm Z\sigma_p$). Nous pouvons évaluer σ_p de la façon suivante :

$$\sigma_p = \sqrt{\frac{\pi(100-\pi)}{n}}$$

$$= \sqrt{\frac{(90)(10)}{100}}$$

$$= 3\%$$

Maintenant que nous connaissons la valeur de σ_p, nous pouvons trouver Z comme suit :

$$Z\sigma_p = 5\%$$
$$Z(3\%) = 5\%$$
$$Z = 1,67$$

L'aire sous la courbe normale correspondant, dans l'Annexe 2, à la valeur Z = 1,67 est de 0,4515. Donc, la probabilité que le pourcentage échantillonnal se situe à moins de 5 % du pourcentage de la population est de 0,903.

Auto-évaluation 6.6

1. Quelle relation existe-t-il entre la moyenne de la distribution d'échantillonnage des pourcentages et le pourcentage de la population?

2. Quels paramètres de la population doit-on connaître afin de pouvoir déterminer l'écart type de la distribution d'échantillonnage des pourcentages?

3. Dans quelles circonstances peut-on omettre le facteur de correction dans le calcul de σ_p?

4. A quelle condition peut-on affirmer que la distribution d'échantillonnage est approximativement normale?

SOMMAIRE

Le but que nous avons poursuivi dans ce chapitre était de vous expliquer pourquoi il est justifié d'utiliser une statistique échantillonnale pour estimer un paramètre. Lorsque l'échantillon est représentatif de la population, il est possible de faire des inférences sur la population à partir des résultats échantillonnaux. Il est, bien sûr, préférable d'aller puiser, à l'aide d'un recensement, l'information complète concernant une population; cependant, les avantages de l'échantillonnage au niveau de l'argent et du temps investis, alliés à la précision relative des résultats obtenus, compensent largement, dans la plupart des cas, les inconvénients de l'erreur d'échantillonnage. Il existe différentes méthodes d'échantillonnage visant à contrôler cette erreur, mais aucune d'elles ne permet de l'éliminer complètement.

L'échantillonnage ne nous donne pas la valeur exacte du paramètre; toutefois, la distribution d'échantillonnage nous indique comment les valeurs des statistiques échantillonnales sont régies par les caractéristiques de la population, et cela s'avère indispensable à la théorie de l'estimation. Dans le cas de l'échantillon aléatoire simple, la moyenne de la distribution d'échantillonnage est égale à la valeur du paramètre à estimer, tandis que l'écart type de la distribution d'échantillonnage des moyennes est dépendant de l'écart type de la population. Les moyennes d'échantillons différents sont de valeurs différentes, mais ces valeurs gravitent toutes autour de la moyenne de la population. Ces diverses propriétés de la distribution d'échantillonnage sont énoncées dans le théorème central de la limite.

Le théorème central de la limite stipule aussi que la forme de la distribution d'échantillonnage est approximativement normale si la taille de l'échantillon est suffisamment grande. Étant donné cette propriété de normalité, l'on peut faire certains énoncés probabilistes concernant les valeurs possibles de la statistique. Les valeurs de la statistique échantillonnale ont tendance à se maintenir près de la valeur du paramètre et il est possible de juger, en termes de probabilités, de la proximité de la statistique et du paramètre.

Nous vous présentons au tableau 6.7 un résumé des caractéristiques des deux distributions d'échantillonnage étudiées dans ce chapitre.

TABLEAU 6.7

Propriétés des distributions d'échantillonnage*

Population	Distribution d'échantillonnage des	
	Moyennes ($\bar{x}$)	Pourcentages (p)
Finie	$\mu_{\bar{x}} = \mu$	$\mu_p = \pi$
	$\sigma_{\bar{x}} = \dfrac{\sigma}{\sqrt{n}}\sqrt{\dfrac{N-n}{N-1}}$	$\sigma_p = \sqrt{\dfrac{\pi(100-\pi)}{n}}\sqrt{\dfrac{N-n}{N-1}}$
Infinie	$\mu_{\bar{x}} = \mu$	$\mu_p = \pi$
	$\sigma_{\bar{x}} = \dfrac{\sigma}{\sqrt{n}}$	$\sigma_p = \sqrt{\dfrac{\pi(100-\pi)}{n}}$

*Ces deux distributions d'échantillonnage seront approximativement normales si la taille d'échantillon est suffisamment grande. Généralement parlant, on considère que la taille est suffisamment grande lorsqu'elle excède 30.

TERMES ET CONCEPTS IMPORTANTS

1. Population
2. Population finie
3. Population infinie
4. Échantillon
5. Paramètre
6. Statistique
7. $\mu = \dfrac{\Sigma X}{N}$
8. $\sigma = \sqrt{\dfrac{\Sigma (X - \mu)^2}{N}}$
9. $\bar{x} = \dfrac{\Sigma x}{n}$
10. $s = \sqrt{\dfrac{\Sigma (x - \bar{x})^2}{n}}$
11. Échantillonnage sur la base du jugement
12. Échantillonnage aléatoire
13. Échantillonnage aléatoire simple
14. Échantillonnage stratifié
15. Échantillonnage par grappes

16. Table de nombres aléatoires
17. Variation d'échantillonnage
18. Distribution d'échantillonnage des moyennes
19. $\sigma_{\bar{x}} = \dfrac{\sigma}{\sqrt{n}}$ ou $\sigma_{\bar{x}} = \dfrac{\sigma}{\sqrt{n}} \sqrt{\dfrac{N - n}{N - 1}}$
20. Facteur de correction pour population finie
21. Théorème central de la limite
22. $\mu = \mu_{\bar{x}}$
23. $\pi = \mu_p$
24. $\sigma_p = \sqrt{\dfrac{\pi (100 - \pi)}{n}}$

ou

$\sigma_p = \sqrt{\dfrac{\pi (100 - \pi)}{n}} \sqrt{\dfrac{N - n}{N - 1}}$
25. Distribution d'échantillonnage des pourcentages

PROBLÈMES

1. Une population contient 10 objets. On prélève un échantillon aléatoire simple de taille 3. Quelle est la probabilité associée à chacun des échantillons possibles?

2. Soit une population de taille 8. Quelle est la probabilité de sélection de chaque échantillon possible de taille 5? Quelle est la probabilité de sélection de chaque unité de la population?

3. Une population contient 5 étudiants. Le nombre d'heures passées devant le téléviseur par chacun d'eux est donné ci-dessous :

Étudiants	Heures
a	7
b	16
c	20
d	12
e	22

On choisit un échantillon aléatoire simple de taille 3 pour estimer la moyenne de la population, c'est-à-dire le nombre moyen d'heures passées à regarder la télévision.
   a) Évaluer la moyenne et l'écart type de la population.
   b) Quelle est la moyenne de la distribution d'échantillonnage?
   c) Calculer l'écart type de la distribution d'échantillonnage.

4. Soit une population de 5 motards. Le tableau ci-dessous montre combien chacun d'eux a payé pour un litre d'essence :

Motards	Prix
a	0,52 $
b	0,48
c	0,54
d	0,50
e	0,53

Pour estimer le prix moyen d'un litre d'essence, on prélève un échantillon aléatoire de taille 3.

a) Donner la distribution d'échantillonnage de $\bar{x}$.

b) Calculer la moyenne et l'écart type de la distribution d'échantillonnage.

c) Vérifier les valeurs de $\mu_{\bar{x}}$ et de $\sigma_{\bar{x}}$ trouvées en b à l'aide des paramètres de la population.

5. La compagnie Phil Dassier fabrique des câbles d'acier servant dans les numéros de cirque. La compagnie veut vérifier, pour un lot de production, si le diamètre des câbles est conforme aux normes minimales; elle prélève donc un échantillon de 100 câbles. Supposons que $\mu = 0,90$ cm avec un écart type de 0,06 cm.

a) Calculer la moyenne et l'écart type de la distribution d'échantillonnage.

b) Que peut-on dire au sujet de la forme de la distribution d'échantillonnage?

c) Dans quel intervalle centré sur μ la moyenne échantillonnale a-t-elle 68,3 % de chances de se situer?

d) Dans quel intervalle centré sur μ la moyenne échantillonnale a-t-elle 95,4 % de chances de se situer?

6. Soit une population infinie d'une moyenne de 200 et d'un écart type de 15.

a) Trouver l'intervalle autour de la moyenne de 200 dans lequel la moyenne échantillonnale d'un échantillon de taille 45 a 95,4 % de chances de se situer.

b) Dans quel intervalle de valeurs centré sur μ la moyenne échantillonnale a-t-elle la probabilité 0,954 de se situer pour un échantillon de taille 36? Pour un échantillon de taille 49? Pour un échantillon de taille 64?

c) Quelle relation peut-on observer entre la taille d'échantillon et la dispersion de la distribution d'échantillonnage?

7. La compagnie de transports Pneu-Manie veut estimer le tonnage moyen qu'elle manipule chaque mois; elle décide d'examiner un échantillon de 36 mois. Le véritable tonnage moyen mensuel est de 225 tonnes avec un écart type de 30 tonnes. À combien évaluez-vous les chances pour que la moyenne échantillonnale se situe à moins de 7 tonnes de la véritable moyenne?

8. Alain Jection, médecin de profession, veut estimer le coût moyen d'une visite médicale. Il a un échantillon de 40 patients. Si l'on présume que $\mu = 13$ $ et $\sigma = 4$ $, quelles sont les chances pour que la moyenne échantillonnale diffère de la véritable moyenne par moins de 1 $?

9. Soit une population de 20 étudiants de niveau secondaire. On prélève de cette population un échantillon de 5 étudiants afin d'estimer le pourcentage de ceux et celles qui ont l'intention de poursuivre des études collégiales. Le véritable pourcentage est de 60 %.

a) Quelle est la moyenne de la distribution d'échantillonnage des pourcentages? Pourquoi?

b) Est-il nécessaire d'utiliser le facteur de correction pour calculer σ_p? Quelle est la valeur du facteur de correction?

c) Calculer σ_p.

10. La maison d'éditions Les Presses Scriptions veut estimer le pourcentage de livres imprimés qui présentent certains défauts et qui ne peuvent être vendus. Elle choisit un échantillon de taille 100; le véritable pourcentage est de 8,5 %. Quelles sont les chances pour que le pourcentage échantillonnal se situe à moins de 1 % du pourcentage de la population?

QUESTIONS DE COMPRÉHENSION

1. Expliquer la différence entre la distribution de l'échantillon et la distribution d'échantillonnage.

2. Donner des situations où votre groupe de statistique correspond à une population et d'autres où il est considéré comme un échantillon.

3. On ne peut, à toutes fins utiles, se servir d'un échantillon qui n'est pas complètement représentatif. Commenter cette affirmation.

4. Puisque l'erreur d'échantillonnage est toujours présente, il est difficile d'avoir confiance dans les estimations. Commenter cette affirmation.

5. En pratique, on ne prélève qu'un échantillon. Il est donc inutile de connaître la distribution d'échantillonnage parce que personne ne prélève tous les échantillons possibles. Commenter cet énoncé.

6. Si la population est finie, on doit toujours utiliser le facteur de correction pour calculer $\sigma_{\bar{x}}$. Pourquoi cette affirmation est-elle fausse?

7. Quel effet a la taille d'échantillon sur la dispersion des moyennes échantillonnales autour de la moyenne de la population?

RÉPONSES AUX QUESTIONS D'AUTO-ÉVALUATION

6.1

1. *a)* Population.
   b) Échantillon.
   c) Échantillon.
   d) Population.

2. Oui, la population peut être l'ensemble des ligues de football nord-américaines.

3. *a)* Il y a 2 paramètres; le nombre total de membres est de 300 et la moyenne d'âge, de 42 ans.
   b) La taille de l'échantillon, 25, et la moyenne échantillonnale, 39, sont des statistiques.
   c) La moyenne de la population.

6.2

1. Cette affirmation est fausse: on utilise fréquemment l'échantillonnage dans la vie de tous les jours.

2. Le but de l'échantillonnage est de fournir suffisamment d'informations pour qu'on puisse porter des jugements sur les caractéristiques de la population.

3. L'objectif est de parvenir à une représentation la plus fidèle possible des caractéristiques de la population.

4. Faux. Si on peut objectivement évaluer l'erreur d'échantillonnage, il est possible de juger de la précision de l'estimation.

5. On peut la déterminer en évaluant objectivement l'erreur d'échantillonnage.

6.3

1. C'est vrai. Si la méthode d'échantillonnage appropriée est employée, l'échantillon peut être très représentatif de la population.

2. Le facteur coût de l'échantillonnage, comparativement à celui d'un recensement, constitue une raison valable d'utiliser l'échantillonnage; cependant, le coût ne doit jamais être l'unique raison de faire un échantillonnage.

6.4

1. Il n'existe pas de méthode parfaite pour choisir un échantillon; la nature de la population et l'habileté du statisticien sont des facteurs déterminants dans le choix de la méthode appropriée.

2. Il est difficile de dire lequel de l'échantillon aléatoire ou de l'échantillon basé sur le jugement est le plus représentatif de la population puisqu'il est impossible de déterminer objectivement l'erreur de la méthode d'échantillonnage basée sur le jugement.

3. L'échantillon aléatoire est préférable parce que l'erreur d'échantillonnage peut être évaluée objectivement.

4. Il y a 45 combinaisons possibles. Chaque échantillon a donc 1 chance sur 45 d'être choisi. Chaque unité de la population a 1 chance sur 5 d'être sélectionnée.

5. La méthode d'échantillonnage par grappes se fonde sur l'hypothèse que les unités à l'intérieur de chaque grappe sont représentatives de la population.

6. Il faut posséder une connaissance de la structure de la population.

6.5

1. D'échantillonnage; de l'échantillon.

2. Parce que, pour une taille d'échantillon donnée, l'ensemble de toutes les moyennes d'échantillons possibles forme une population.

3. L'échantillonnage aléatoire simple.

4. La moyenne de la distribution d'échantillonnage est toujours égale à la moyenne de la population.

5. Lorsque la population est infinie ou lorsque la taille de la population est extrêmement grande comparativement à la taille d'échantillon.

6. La distribution d'échantillonnage est approximativement normale lorsque la taille d'échantillon est suffisamment grande.

7. La distribution d'échantillonnage est une distribution de probabilités; de plus, lorsque la taille d'échantillon est suffisamment grande, cette distribution est approximativement normale. Puisque nous connaissons la forme et les caractéristiques de la distribution normale, il est donc possible de faire certains énoncés probabilistes.

6.6

1. La moyenne de la distribution d'échantillonnage des pourcentages (μ_p) est égale au pourcentage de la population.

2. Nous devons connaître le pourcentage de la population et la taille de la population si la population est finie.

3. Nous pouvons omettre le facteur de correction si la population est infinie ou si la taille de la population est suffisamment grande comparativement à la taille d'échantillon.

4. La distribution d'échantillonnage est approximativement normale lorsque la taille d'échantillon est grande.

CHAPITRE 7

ESTIMATION DE MOYENNES ET DE POURCENTAGES

OBJECTIFS D'APPRENTISSAGE

Après avoir lu attentivement ce chapitre, résolu les problèmes et répondu aux questions de compréhension, vous devriez pouvoir:

☞ comprendre et expliquer les bases théoriques de l'estimation par intervalle des moyennes et des pourcentages de population;

☞ construire des intervalles d'estimation à différents niveaux de confiance pour la moyenne de la population, que l'écart type de la population soit connu ou non;

☞ savoir quand et comment utiliser la distribution t plutôt que la distribution Z pour estimer la moyenne d'une population;

☞ construire des intervalles d'estimation pour le pourcentage de la population à différents niveaux de confiance;

☞ déterminer la taille d'échantillon requise pour estimer la moyenne ou le pourcentage d'une population à différents niveaux de confiance.

CONTENU DU CHAPITRE

ESTIMATEUR, ESTIMER, ESTIMATION, ETC.
  Estimation ponctuelle
  Estimation par intervalle
  Auto-évaluation 7.1

ESTIMATION PAR INTERVALLE DE LA MOYENNE DE LA POPULATION: QUELQUES CONCEPTS DE BASE
  La distribution d'échantillonnage (encore!)

**Estimer ne coûte presque rien,
Estimer incorrectement coûte cher.**

Vieux proverbe chinois

Comme ce proverbe le laisse deviner, il est très facile de faire une estimation. N'importe qui peut, en se servant de différentes méthodes, se risquer à faire une approximation. La personne non initiée, aussi bien que l'expert, peut, sur demande, produire une estimation d'un paramètre inconnu. Alban Publique, aussi bien que le ministre des Finances, peut fournir une estimation de ce que sera le produit national brut du Canada l'an prochain. Cependant, lorsqu'on doit estimer un paramètre quelconque, il ne suffit pas d'en donner une approximation; il faut aussi que cette estimation s'accompagne d'un certain degré de précision.

La directrice des ventes veut faire des prévisions de ventes pour l'année qui vient; elle vous demande — vous êtes sa personne de confiance — d'estimer le montant moyen des achats du client typique. Pour faire cette estimation, vous pourriez utiliser différentes méthodes comme jeter une paire de dés, lire dans les cartes ou dans les feuilles de thé. Il n'est pas nécessaire que l'estimation soit scientifiquement calculée, mais il est important qu'elle comporte un certain niveau de précision. Imaginez les conséquences désastreuses qui pourraient résulter d'une estimation hautement imprécise. En se basant sur votre estimation très grossière, votre patron fait des prévisions extrêmement imprécises et la compagnie perd plusieurs milliers de dollars. Le président de la compagnie engueule donc votre patron et, en deux temps trois mouvements, vous vous retrouvez en chômage.

Dans ce chapitre, nous élaborerons des méthodes permettant d'estimer, avec un certain degré de précision, la moyenne et le pourcentage d'une population. D'aucune façon, cependant, il ne sera possible d'estimer exactement les valeurs des paramètres de la population, que ce soit avec les méthodes que nous vous présenterons ou avec toute autre méthode. Ce que vous verrez dans ce chapitre, ce sont des méthodes permettant de faire des estimations avec un certain coefficient de confiance dans la proximité de la valeur estimée du paramètre et de sa valeur réelle. Bien entendu, il y aura toujours une erreur associée à l'estimation — comme l'a dit le poète romain Ovide : « Le jugement de l'homme est faillible [1] »; cependant, il sera possible d'évaluer objectivement et de contrôler la marge d'erreur.

Les pages qui suivent traitent les sujets suivants : (1) quelques *définitions de termes importants*, (2) certains *concepts fondamentaux concernant l'estimation d'une moyenne de population*, (3) les *méthodes pour estimer la moyenne d'une population* et (4) les *méthodes pour estimer le pourcentage d'une population*. En plus de ces sujets, nous expliquerons à la fin du chapitre comment *déterminer la taille de l'échantillon* pour un niveau de précision préétabli.

ESTIMATEUR, ESTIMER, ESTIMATION, ETC.

Jusqu'ici, nous n'avons pas donné de définitions des mots « estimer » et « estimation »; cependant, vous avez probablement une connaissance intuitive du sens de ces mots. Dans cette section, nous définirons les termes associés à l'estimation. Vous vous demandez peut-être pourquoi il est nécessaire de définir ces mots puisqu'on les connaît déjà de façon intuitive; qu'il suffise de dire que tout le monde n'interprète pas de la même manière les termes et les concepts. Sans vouloir mettre en doute la finesse de votre intuition, nous définirons ces termes pour le bénéfice des personnes dont l'intuition serait trompeuse.

Supposons que les vergers Adam et Ève veuillent estimer le montant moyen de leurs ventes quotidiennes et qu'un échantillon de jours donne une moyenne échantillonnale de 300 $. Dans cet exemple, on utilise la *statistique* $\bar{x}$ pour estimer la moyenne de la population (μ). La *valeur* échantillonnale de 300 $ est une *estimation* de la valeur de la moyenne de la population. *Toute statistique utilisée pour estimer un paramètre est appelée estimateur.* Ainsi, la moyenne échantillonnale est un estimateur de la moyenne de la population et le pourcentage échantillonnal est un estimateur du pourcentage de la population. Cependant, il faut se rappeler que toute *valeur particulière* de la statistique est une *estimation* du paramètre.

On peut justifier de plusieurs façons le choix d'une statistique particulière à titre d'estimateur. Une étude exhaustive de ces raisons dépasse largement le niveau de ce livre; nous nous contenterons de mentionner un critère très important sur lequel se fonde le choix d'une statistique comme estimateur. On choisit la moyenne échantillonnale comme estimateur de μ et le pourcentage échantillonnal comme estimateur du pourcentage de la population parce que ces deux statistiques sont *sans biais. Un estimateur est sans biais si la moyenne de sa distribution d'échantillonnage est égale au paramètre à estimer.* Nous avons constaté, lors de l'étude des propriétés de certaines distributions d'échantillonnage au chapitre 6, que les valeurs de $\bar{x}$ et de p avaient tendance à se maintenir autour des valeurs des paramètres de la population μ et π. Cette tendance d'un estimateur s'avère souhaitable.

La théorie de l'estimation consiste en l'ensemble des méthodes permettant d'estimer, à l'aide d'estimateurs, les paramètres de la population.

---

1. *Fasti*, chap. V, ligne 191. (Il n'y a rien de mieux qu'un peu d'Ovide pour apaiser les poètes qui doivent s'astreindre à lire ce volume.)

Estimation ponctuelle

Faire une estimation ponctuelle consiste à estimer par une valeur unique le paramètre de la population. La moyenne échantillonnale de 300 $, dans l'exemple précédent, constitue une estimation ponctuelle parce que cette valeur ne correspond qu'à un seul point sur l'échelle des valeurs possibles de $\bar{x}$. Mais quelles sont les chances pour que cette estimation ponctuelle soit exacte?

Estimation par intervalle

Plutôt que d'estimer un paramètre à l'aide d'un seul nombre, il arrive fréquemment que l'on fasse l'estimation en donnant un intervalle de valeurs. Il est peu probable que la moyenne d'un échantillon particulier coïncide parfaitement avec la moyenne de la population : il faudra donc prévoir une marge d'erreur afin d'obtenir une estimation qui ait beaucoup plus de chances d'être exacte. Un intervalle d'estimation est un intervalle de valeurs utilisé pour estimer un *paramètre* de la population; par ailleurs, le processus visant à estimer à l'aide d'un intervalle de valeurs est appelé « estimation par intervalle ».

Laquelle de ces deux méthodes d'estimation devrait-on utiliser? Pour répondre à cette question, examinons la précision de l'estimation ponctuelle. Pour différents échantillons prélevés de la population, la moyenne échantillonnale peut prendre une gamme de valeurs. Il est presque impossible, toutefois, que la moyenne échantillonnale soit égale à μ. De plus, l'estimation ponctuelle n'indique pas quel est l'écart entre la valeur estimée du paramètre et sa valeur réelle. Avec un seul nombre, il n'y a aucune façon de juger de la justesse de l'estimation. Non seulement l'estimation ponctuelle a-t-elle toutes les chances d'être erronée, mais de plus, elle ne permet aucune évaluation de la précision de l'estimation.

La précision d'une estimation est déterminée par l'importance de la marge d'erreur de l'échantillonnage. L'erreur d'échantillonnage a pour résultat que l'estimation ponctuelle a vraiment peu de chances de coïncider avec la valeur du paramètre à estimer; cependant, ce fait ne doit pas nous empêcher d'avoir une *grande confiance* en une estimation qui spécifierait que le paramètre se situe dans un certain intervalle de valeurs. Ainsi, par exemple, au lieu de dire que la véritable moyenne des ventes quotidiennes des vergers est approximativement de 300 $, nous pourrions dire que cette moyenne se situe entre 285 $ et 315 $. Par conséquent, l'intervalle estime la valeur du paramètre à l'intérieur d'une étendue de valeurs; et puisque cette méthode d'estimation tient compte de l'erreur d'échantillonnage, *il sera possible d'évaluer objectivement la précision de l'estimation.* Évidemment, un intervalle d'estimation peut être faux, comme toute autre estimation; mais, contrairement à l'estimation ponctuelle, la *probabilité d'erreur* de l'intervalle *peut être objectivement déterminée.*

N'allez surtout pas croire que l'estimation ponctuelle n'a pas sa place en estimation. Comme vous le constaterez dans les sections suivantes, l'intervalle d'estimation se construit autour de l'estimation ponctuelle. En fait, *on obtient l'intervalle d'estimation en ajustant l'estimation ponctuelle afin de tenir compte de l'erreur d'échantillonnage.* La suite de ce chapitre concerne l'estimation par intervalle de μ et de π.

Auto-évaluation 7.1

1. $\bar{x}$ est un _____ de μ.

2. Pour un échantillon de 36 articles, le pourcentage échantillonnal est de 82 %. Quel est l'estimateur et quelle est l'estimation?

3. Quelle différence y a-t-il entre une estimation ponctuelle et un intervalle d'estimation?

4. Quel est l'inconvénient de l'estimation ponctuelle?

5. Puisque l'intervalle d'estimation tient compte de l'erreur d'échantillonnage, la valeur du paramètre se situera toujours dans l'intervalle trouvé. Commenter cet énoncé.

6. Pourquoi est-il souhaitable d'avoir un estimateur sans biais?

7. Puisqu'on utilise très rarement l'estimation ponctuelle pour estimer un paramètre, cette estimation n'est que très rarement calculée. Discuter cette affirmation.

ESTIMATION PAR INTERVALLE DE LA MOYENNE DE LA POPULATION : QUELQUES CONCEPTS DE BASE

En pratique, on ne prélève qu'un échantillon de la population. La moyenne de l'échantillon est alors calculée et il en ressort une estimation de la moyenne de la population. Pour estimer celle-ci, nous devons faire certaines hypothèses concernant la relation qui existe entre la moyenne échantillonnale et la moyenne de la population.

La distribution d'échantillonnage (encore!)

Une révision rapide des concepts entourant la distribution d'échantillonnage des moyennes nous permettra de fixer les bases théoriques de l'estimation par intervalle de μ. Prenons une taille d'échantillon suffisamment grande pour que la distribution d'échantillonnage des moyennes soit approximativement normale. Nous voyons à la figure 7.1 que 95,4 % des valeurs possibles de $\bar{x}$ se situent à moins de $2\sigma_{\bar{x}}$ de chaque côté de la moyenne de la distribution d'échantillonnage. Cela signifie que si un statisticien cinglé décide de prélever 1000 échantillons de même taille d'une population, approximativement 954 des moyennes échantillonnales obtenues se situeront à moins de deux erreurs types de chaque côté de la moyenne de la population [2].

La longueur de l'intervalle. Généralités

L'énoncé suivant est logiquement vrai (si vous en doutez, relisez-le attentivement) : si 95,4 % des valeurs possibles de $\bar{x}$ se situent à moins de $2\sigma_{\bar{x}}$ de la moyenne de la population, comme l'indique la figure 7.1, il est alors évident que μ ne sera pas à plus de $2\sigma_{\bar{x}}$ de 95,4 % des valeurs possibles de $\bar{x}$.

Illustrons maintenant la logique de l'énoncé précédent. Prenons 1000 villes situées à *différentes distances* de Montréal; supposons que 95,4 % de ces villes soient dans un rayon de 50 km de Montréal (ne riez pas, nous avons bien dit « supposons »). Si 954 villes sont à 50 km de Montréal, alors Montréal doit logiquement se situer à moins de 50 km de ces 954 villes. Si Laval est à moins de 50 km de Montréal, alors

---

2. S'il y a un doute dans votre esprit quant à l'information contenue dans les dernières phrases et dans la figure 7.1, nous vous suggérons de revoir le chapitre 6.

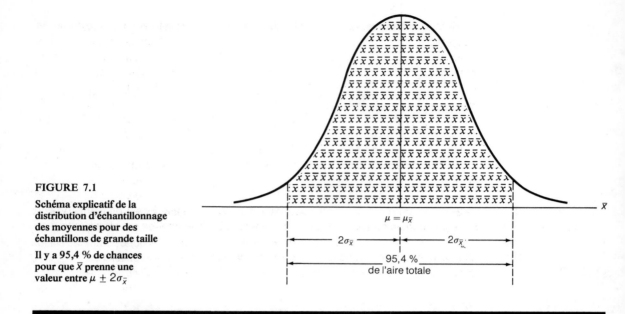

FIGURE 7.1

Schéma explicatif de la distribution d'échantillonnage des moyennes pour des échantillons de grande taille

Il y a 95,4 % de chances pour que $\bar{X}$ prenne une valeur entre $\mu \pm 2\sigma_{\bar{x}}$

Montréal doit certainement être à pas plus de 50 km de Laval (voir fig. 7.2). Si, parmi les 1000 villes, nous en choisissons au hasard un très grand nombre, nous pouvons nous attendre à ce que Montréal soit dans un rayon de 50 km de 95,4 % de toutes les villes sélectionnées. Si tout cela vous semble simple et banal, c'est signe que nous avons fait un bon pas en avant. N'en restons pas là.

FIGURE 7.2

Illustration de relations de distance

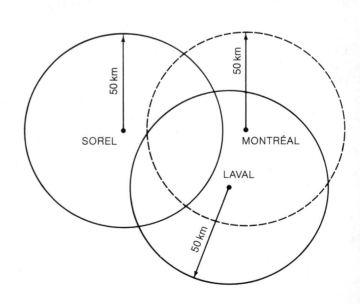

Retournons au monde des statistiques; remplaçons Montréal par la moyenne de la population; supposons, de plus, que les moyennes échantillonnales soient les villes et utilisons $2\sigma_{\bar{x}}$ au lieu d'un rayon de 50 km. Alors, en effectuant les substitutions mentionnées, nous obtenons l'énoncé du début de cette section: si 95,4 % des moyennes échantillonnales sont à moins de $2\sigma_{\bar{x}}$ de μ, alors μ doit certainement se situer à moins de $2\sigma_{\bar{x}}$ de 95,4 % des moyennes échantillonnales. Par conséquent, *si nous utilisons la forme d'intervalle $\bar{x} \pm 2\sigma_{\bar{x}}$ pour estimer la moyenne de la population et si nous construisons un très grand nombre d'intervalles, 95,4 % de ces intervalles d'estimation incluront μ.*

Supposons maintenant que nous ayons 1000 échantillons et, par conséquent, 1000 moyennes échantillonnales dont 3 se retrouvent à la figure 7.3. La moyenne de la population se situera à l'intérieur de 95,4 % des 1000 intervalles de la forme $\bar{x} \pm 2\sigma_{\bar{x}}$ pouvant être construits. Tous les intervalles pris séparément *peuvent contenir ou ne pas contenir* μ (remarquez qu'à la figure 7.3, les intervalles construits autour de $\bar{x}_1$ et $\bar{x}_2$ *contiennent* μ tandis que l'intervalle construit autour de $\bar{x}_3$ *n'englobe pas* μ), mais la méthode de construction de ces intervalles nous assure que *si un grand nombre d'intervalles sont construits, μ sera inclus dans 95,4 % de ceux-ci.*

À moins que vous ne vouliez estimer, le reste de votre vie, des moyennes de population avec une probabilité de 95,4 %, il serait bon de généraliser ce qui vient d'être discuté afin que nous puissions appliquer la méthode d'estimation par intervalle dans nombre de situations. Si la distribution d'échantillonnage est normale, on peut construire un intervalle d'estimation pour μ de la façon suivante:

$$\bar{x} - Z\sigma_{\bar{x}} < \mu < \bar{x} + Z\sigma_{\bar{x}}$$

limite inférieure	limite supérieure
de l'intervalle	de l'intervalle
d'estimation	d'estimation

FIGURE 7.3

Différents intervalles de confiance pour différents $\bar{x}$

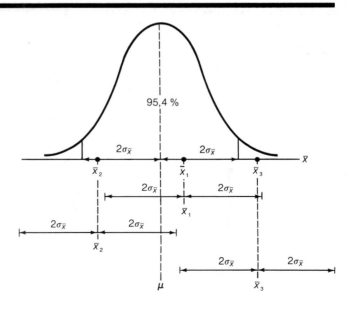

où $\bar{x}$ = moyenne échantillonnale (et estimation ponctuelle de μ)

$\sigma_{\bar{x}}$ = erreur type de la moyenne

Z = valeur déterminée par la probabilité associée à l'intervalle d'estimation — *i.e.* valeur déterminée par le pourcentage des intervalles d'estimation qui englobent la moyenne μ

Le niveau de confiance

Le niveau de probabilité associé à un intervalle d'estimation est appelé niveau de confiance, degré de confiance ou coefficient de confiance. On utilise le mot « confiance » parce que la probabilité est un indicateur du *degré de certitude* d'en arriver à une estimation qui englobe μ avec la méthode d'estimation par intervalle utilisée. Plus le niveau de probabilité associé à l'intervalle d'estimation est élevé, plus la certitude est grande que la méthode d'estimation produira une estimation contenant la moyenne de la population.

Généralement, on fixe le niveau de confiance avant de faire l'estimation et on détermine ensuite la valeur Z appropriée pour construire l'intervalle d'estimation. Par exemple, un niveau de confiance de 90 % signifie *45 % de l'aire totale sous la courbe normale de chaque côté de la moyenne*. En cherchant dans l'Annexe 2 à la fin du livre, nous pouvons constater que la valeur Z correspondant à une aire de 0,45 (ou 45 %) est de 1,64 approximativement. Par conséquent, l'intervalle d'estimation de μ, avec un niveau de confiance de 90 %, est:

$$\bar{x} - 1{,}64\sigma_{\bar{x}} < \mu < \bar{x} + 1{,}64\sigma_{\bar{x}}$$

Les niveaux de confiance le plus fréquemment utilisés dans l'estimation par intervalle sont de 90 %, 95 % et 99 %. Vous trouverez au tableau 7.1 la valeur Z et la forme générale des intervalles d'estimation pour chacun de ces niveaux de confiance. *Ces intervalles d'estimation auxquels est associé un niveau de confiance prédéterminé sont généralement appelés intervalles de confiance; les limites inférieure et supérieure de ces intervalles sont appelées limites de confiance.*

Vous vous demandez sûrement pourquoi l'on considère différents niveaux de confiance puisqu'il semble logique de toujours rechercher le plus haut niveau de confiance lorsqu'on estime μ. Les phrases suivantes exprimeront sans doute votre pensée: « Si je dois estimer d'une façon très fiable la véritable moyenne, pourquoi ne choisirais-je pas toujours un niveau de confiance de 99 %? Il me paraît évident qu'on doit viser la plus grande confiance possible en notre estimation! »

Malheureusement, cette façon d'aborder l'estimation n'est que partiellement correcte. Personne ne doute qu'il est souhaitable d'avoir la plus grande confiance possible en l'estimation faite; mais il faut alors augmenter la marge d'erreur d'échantillonnage. En d'autres termes, *d'un plus haut niveau de confiance résulte un intervalle d'estimation plus long et, par conséquent, la précision de l'estimation s'en trouve diminuée.* Examinons le dialogue suivant tenu par trois étudiants pensionnaires qui attendent anxieusement leur courrier.

Premier étudiant: « J'ai l'*impression* que le courrier sera distribué vers 2 h 30, comme c'est l'habitude. »

Deuxième étudiant: « Je suis *presque certain* que le courrier sera distribué entre 2 h 15 et 2 h 45. »

Troisième étudiant: « Je suis *absolument certain* que le courrier sera distribué entre maintenant et jamais. »

Si vous voulez augmenter le niveau de confiance en votre estimation, il vous faut accepter une marge d'erreur plus élevée; la longueur de l'intervalle augmentera et l'estimation perdra de sa précision. Le tableau 7.1 illustre la relation existant entre le niveau de confiance et la longueur de l'intervalle de confiance. Lorsque l'intervalle est trop long, il ne peut plus être utile pour estimer un paramètre donné.

TABLEAU 7.1

Niveaux de confiance couramment utilisés et intervalles de confiance pour des échantillons de grande taille

Niveaux de confiance	Valeurs Z	Formes générales de l'intervalle de confiance
90	1,64	$\bar{x} - 1,64\sigma_{\bar{x}} < \mu < \bar{x} + 1,64\sigma_{\bar{x}}$
95	1,96	$\bar{x} - 1,96\sigma_{\bar{x}} < \mu < \bar{x} + 1,96\sigma_{\bar{x}}$
99	2,58	$\bar{x} - 2,58\sigma_{\bar{x}} < \mu < \bar{x} + 2,58\sigma_{\bar{x}}$

Prenons l'exemple suivant: vous devez présenter votre budget de publicité au service des finances et les dépenses de publicité doivent correspondre à 10 % des ventes pour la prochaine période. Vous avez prélevé un échantillon qui vous a donné une moyenne de ventes de $\bar{x} = 250\,000$ \$ et $\sigma_{\bar{x}}$ est égal à 2000 \$. En utilisant les formes générales d'intervalle d'estimation présentées au tableau 7.1, vous décidez de construire les intervalles de confiance de niveau 90 % et 99 %. Si vous faites l'estimation avec un niveau de confiance de 90 %, vous demanderez au service des finances de vous fournir pour la publicité une somme se situant entre 21 720 \$ et 28 280 \$. Par contre, si vous faites l'estimation des dépenses de publicité avec un niveau de confiance de 99 %, votre budget devra s'établir entre 19 480 \$ et 30 160 \$: si ce dernier intervalle est plus long que le premier, c'est parce que le niveau de confiance désiré étant plus élevé, la marge d'erreur doit nécessairement être plus grande. En conséquence, plus l'intervalle des valeurs dans lequel peut se situer la somme destinée à la publicité est grand, plus le service des finances aura de la difficulté à planifier judicieusement l'ensemble des dépenses de l'entreprise; celui-ci sera alors forcé de prévoir et de geler plus de crédits qu'il ne faut. En fin de compte, il peut être inutile de faire une estimation avec un niveau de confiance très élevé.

Avant d'aller plus loin, nous devons apporter une précision importante: le niveau de confiance doit être choisi *avant* que ne s'effectue l'estimation par intervalle. Il arrive souvent que le chercheur non averti calcule plusieurs intervalles d'estimation à des niveaux de confiance différents et choisisse par la suite l'intervalle qui lui semble le plus approprié. Une telle approche constitue en réalité une interprétation inacceptable des données en ce qu'elle fait dire aux résultats échantillonnaux ce que l'on veut bien entendre. Cette façon de procéder à une estimation introduit un biais dans l'étude entreprise et doit être condamnée.

Auto-évaluation 7.2

1. Sur quelle base théorique s'appuie-t-on pour construire un intervalle d'estimation pour μ de la forme $\bar{x} \pm Z\sigma_{\bar{x}}$?

2. Quelle est la différence entre un niveau de confiance et un coefficient de confiance?

3. Que signifie un niveau de confiance de 95 %?

4. Quelle relation existe-t-il entre le niveau de confiance et la longueur de l'intervalle?

ESTIMATION DE LA MOYENNE DE LA POPULATION : σ CONNU

Nous avons jusqu'ici justifié théoriquement les intervalles de confiance et donné leur forme générale. Nous allons maintenant examiner l'estimation par intervalle de paramètres dans des conditions particulières.

Lorsque l'*écart type de la population* (σ) *est connu*, nous pouvons calculer directement l'erreur type de la moyenne. *Nous pouvons donc construire de la façon suivante l'intervalle d'estimation* :

$$\underset{\substack{\text{limite de} \\ \text{confiance} \\ \text{inférieure}}}{\bar{x} - Z\sigma_{\bar{x}}} < \mu < \underset{\substack{\text{limite de} \\ \text{confiance} \\ \text{supérieure}}}{\bar{x} + Z\sigma_{\bar{x}}} \tag{7.1}$$

Au chapitre 6, nous avons vu comment calculer $\sigma_{\bar{x}}$.

$$\sigma_{\bar{x}} = \frac{\sigma}{\sqrt{n}} \quad \text{pour une population infinie}$$

ou

$$\sigma_{\bar{x}} = \frac{\sigma}{\sqrt{n}} \sqrt{\frac{N-n}{N-1}} \quad \text{pour une population finie}$$

Illustrons maintenant cette méthode d'estimation à l'aide de quelques exemples.

Exemple 7.1. La compagnie de papier Papyrus veut estimer le temps moyen requis par une nouvelle machine pour produire une rame de papier. Pour un échantillon de 36 rames, le temps requis moyen fut de 1,5 min par rame. En supposant que $\sigma = 0,30$ min, construire un intervalle d'estimation ayant un niveau de confiance de 95 %.

Nous possédons les informations suivantes : $\bar{x} = 1,5$, $\sigma = 0,30$, $n = 36$ et le niveau de confiance est de 95 %. L'écart type de la distribution d'échantillonnage se calcule de la façon suivante :

$$\sigma_{\bar{x}} = \frac{\sigma}{\sqrt{n}}$$

$$= 0,30 / \sqrt{36}$$

$$= 0,05$$

Pour un intervalle de confiance à 95 %, la valeur Z est égale à 1,96. Donc, l'intervalle d'estimation de la véritable moyenne (μ) se construit de la façon suivante :

$$\bar{x} - Z\sigma_{\bar{x}} < \mu < \bar{x} + Z\sigma_{\bar{x}}$$
$$1,5 - 1,96(0,05) < \mu < 1,5 + 1,96(0,05)$$
$$1,5 - 0,098 < \mu < 1,5 + 0,098$$
$$1,402 < \mu < 1,598$$

Exemple 7.2. La compagnie de tuyaux D. Boucher vient de recevoir une livraison de 100 longueurs de tuyaux et elle veut estimer le diamètre moyen de ces tuyaux pour vérifier s'ils respectent la norme de 2,55 cm. On sait que dans le passé l'écart type du diamètre était de 0,07 cm. Construire un intervalle de confiance pour μ à un niveau de confiance de 99 %.

Nous possédons les informations suivantes : $\bar{x} = 2,55$, $\sigma = 0,07$, $n = 50$, N = 100 et le niveau de confiance désiré est de 99 %. L'erreur type de la moyenne est la suivante :

$$\sigma_{\bar{x}} = \frac{\sigma}{\sqrt{n}} \sqrt{\frac{N - n}{N - 1}}$$

$$= \frac{0,07}{\sqrt{50}} \sqrt{\frac{100 - 50}{100 - 1}}$$

$$= 0,007$$

Pour un niveau de confiance de 99 %, la valeur Z est de 2,58. Par conséquent, l'intervalle de confiance pour μ — le véritable diamètre moyen de l'ensemble des 100 tuyaux — est construit de la façon suivante :

$$\bar{x} - Z\sigma_{\bar{x}} < \mu < \bar{x} + Z\sigma_{\bar{x}}$$
$$2,55 - 2,58(0,007) < \mu < 2,55 + 2,58(0,007)$$
$$2,55 - 0,018 < \mu < 2,55 + 0,018$$
$$2,532 < \mu < 2,568$$

Il faut noter que dans les exemples précédents *σ était connu (ou pouvait être déterminé) et la distribution d'échantillonnage était normale*. La figure 7.4 illustre la méthode d'estimation par intervalle de μ dans les conditions ci-haut mentionnées.

Auto-évaluation 7.3

1. À quelles conditions peut-on affirmer que la distribution d'échantillonnage des moyennes est une distribution normale ou approximativement normale?

2. Déterminer la valeur Z correspondant aux niveaux de confiance suivants :
   a) 91 % $Z = 1,7$
   b) 73 % $Z = 1,1$
   c) 86 % $Z = 1,48$

3. Construire un intervalle de confiance à 90 % pour μ, sachant que $\bar{x} = 48$, $\sigma = 9$ et $n = 36$.

4. Construire un intervalle de confiance à 80 % pour μ, sachant que $\bar{x} = 104$, $\sigma_{\bar{x}} = 13$ et $n > 30$.

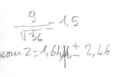

$\frac{9}{\sqrt{36}} = 1,5$

sous $Z = 1,64 \mu \pm 2,46$

$\rightarrow Z = 1,28$

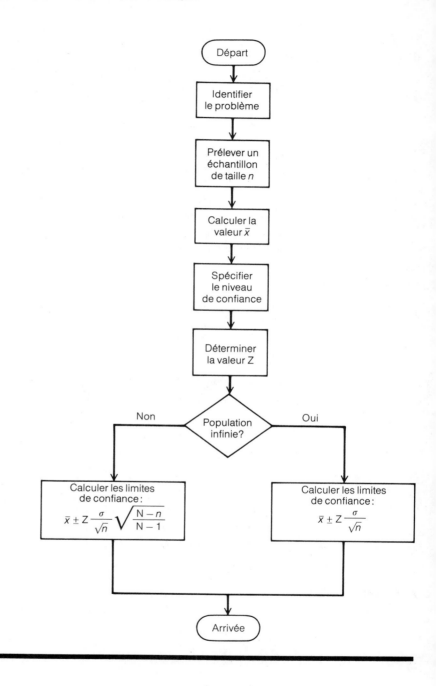

FIGURE 7.4

Méthode d'estimation par intervalle de μ lorsque σ est connu

ESTIMATION DE LA MOYENNE DE LA POPULATION : σ INCONNU

Dans la majorité des situations réelles, non seulement la moyenne de la population est inconnue, mais aussi l'écart type de la population. En fait, celui-ci n'étant connu que dans de rares cas, il doit donc, tout comme la moyenne, être estimé.

L'estimateur de σ

La moyenne échantillonnale est un estimateur de la moyenne de la population; intuitivement, à cause de la similitude des formules de calcul, on serait porté à croire que l'écart type échantillonnal est un estimateur souhaitable de l'écart type de la population. Voici les formules permettant de calculer s et σ:

$$s = \sqrt{\frac{\Sigma\,(x - \bar{x})^2}{n}} \qquad\qquad \sigma = \sqrt{\frac{\Sigma\,(X - \mu)^2}{N}}$$

Cependant, on ne doit pas se laisser influencer par cette similitude des formules: rappelez-vous que pour choisir une statistique comme estimateur, il faut que celle-ci soit sans biais. *L'écart type échantillonnal n'est pas un estimateur sans biais de l'écart type de la population*[3].

L'estimateur sans biais de l'écart type de la population est symbolisé par $\hat{\sigma}$[4]; de merveilleuses opérations mathématiques ont permis de définir cet estimateur sans biais de la façon suivante:

$$\hat{\sigma} = s\,\sqrt{\frac{n}{n-1}} \qquad\qquad (7.2)$$

Bien entendu, $\hat{\sigma}$ est aussi égal à:

$$\sqrt{\frac{\Sigma\,(x - \bar{x})^2}{n}}\,\sqrt{\frac{n}{n-1}} \quad \text{ou} \quad \sqrt{\frac{\Sigma\,(x - \bar{x})^2}{n}\left(\frac{n}{n-1}\right)} \quad \text{ou} \quad \sqrt{\frac{\Sigma\,(x - \bar{x})^2}{n-1}}$$

Si σ est inconnu, il faut aussi estimer l'erreur type de la moyenne. L'estimateur de l'erreur type est symbolisé par $\hat{\sigma}_{\bar{x}}$ et on peut le calculer de la façon suivante:

$$\hat{\sigma}_{\bar{x}} = \frac{\hat{\sigma}}{\sqrt{n}}\ \text{pour une population infinie}$$

$$\hat{\sigma}_{\bar{x}} = \frac{\hat{\sigma}}{\sqrt{n}}\,\sqrt{\frac{N-n}{N-1}}\ \text{pour une population finie}$$

Cependant, puisque

$$\hat{\sigma} = \frac{\hat{\sigma}}{\sqrt{n}}$$

$$= \frac{s\,\sqrt{n/(n-1)}}{\sqrt{n}}$$

$$= \frac{s}{\sqrt{n-1}}$$

il est généralement plus facile de calculer la valeur prise par l'estimateur de l'erreur type de la façon suivante:

---

3. Pouvez-vous croire que la moyenne des écarts types de tous les échantillons possibles est *inférieure* à l'écart type de la population? C'est pourtant vrai. Êtes-vous contents d'apprendre cela? Ne répondez surtout pas; je tiens à garder un bon moral.

4. Le petit chapeau (^) qui coiffe un symbole signifie que la valeur représentée est une valeur *estimée*.

$$\hat{\sigma}_{\bar{x}} = \frac{s}{\sqrt{n-1}} \text{ pour une population infinie} \qquad (7.3)$$

ou

$$\hat{\sigma}_{\bar{x}} = \frac{s}{\sqrt{n-1}} \sqrt{\frac{N-n}{N-1}} \text{ pour une population finie} \qquad (7.4)$$

La formule pour *estimer* l'erreur type est semblable à celle du calcul de $\sigma_{\bar{x}}$; les différences sont que l'écart type de la population est remplacé par l'écart type échantillonnal et que le dénominateur est $\sqrt{n-1}$ plutôt que $\sqrt{n}$.

Lorsque l'écart type de la population est inconnu, la distribution d'échantillonnage des moyennes est approximativement normale *si la taille de l'échantillon est suffisamment grande (supérieure à 30)*. Lorsque σ et $\sigma_{\bar{x}}$ doivent être estimés, la forme générale de l'intervalle d'estimation *pour de grands échantillons* se présente comme suit :

$$\bar{x} - Z\hat{\sigma}_{\bar{x}} < \mu < \bar{x} + Z\hat{\sigma}_{\bar{x}} \qquad (7.5)$$

Comme vous pouvez le constater, la seule différence entre cet intervalle et celui pour le cas où σ est connu réside dans le fait que nous avons remplacé par sa valeur estimée la valeur réelle de l'erreur type de la moyenne. Regardons de nouveaux exemples qui mettent en lumière les points soulevés.

Exemple 7.3. La brasserie Bière Qui Coule Amasse La Mousse veut estimer le montant moyen dépensé par client. La moyenne d'un échantillon de 100 clients est de 3,50 $ avec un écart type *échantillonnal* de 0,75 $. Estimer la vraie moyenne des dépenses avec un niveau de confiance de 90 %.

Nous possédons les informations suivantes : $\bar{x} = 3,50$ $, $s = 0,75$ $, $n = 100$ et le niveau de confiance est de 90 %. On estime $\sigma_{\bar{x}}$ de la façon suivante :

$$\hat{\sigma}_{\bar{x}} = \frac{s}{\sqrt{n-1}}$$

$$= 0,75/\sqrt{100-1}$$

$$= 0,0754 \text{ ou } 0,08$$

La valeur Z correspondant au niveau de confiance de 90 % est de 1,64. L'intervalle de confiance est donc :

$$\bar{x} - Z\hat{\sigma}_{\bar{x}} < \mu < \bar{x} + Z\hat{\sigma}_{\bar{x}}$$
$$3,50 \$ - 1,64(0,08) < \mu < 3,50 \$ + 1,64(0,08)$$
$$3,50 \$ - 0,13 < \mu < 3,50 \$ + 0,13$$
$$3,37 \$ < \mu < 3,63 \$$$

Exemple 7.4. La compagnie Éloi Volailles vient de recevoir une livraison de 100 poulets. Le gérant veut estimer le véritable poids moyen de ces poulets pour vérifier si ceux-ci respectent les normes d'Éloi Volailles. Il choisit un échantillon de 36 poulets et obtient une moyenne de 1,8 kg et un écart type *échantillonnal* de 0,3. Construire un intervalle de confiance à 99 % pour le véritable poids moyen des poulets.

Nous possédons les informations suivantes : $\bar{x} = 1,8$, $s = 0,3$, $n = 36$, $N = 100$ et le niveau de confiance désiré est de 99 %. L'erreur type est estimée de la façon suivante :

$$\hat{\sigma}_{\bar{x}} = \frac{s}{\sqrt{n-1}} \sqrt{\frac{N-n}{N-1}}$$

$$= \frac{0,3}{\sqrt{36-1}} \sqrt{\frac{100-36}{100-1}}$$

$$= 0,041$$

Pour un niveau de confiance de 99 %, la valeur Z est de 2,58. Par conséquent, l'intervalle de confiance est le suivant :

$$\bar{x} - Z\hat{\sigma}_{\bar{x}} < \mu < \bar{x} + Z\hat{\sigma}_{\bar{x}}$$
$$1,8 - 2,58(0,041) < \mu < 1,8 + 2,58(0,041)$$
$$1,8 - 0,11 < \mu < 1,8 + 0,11$$
$$1,69 \text{ kg} < \mu < 1,91 \text{ kg}$$

Lorsque σ est inconnu, la distribution d'échantillonnage est approximativement normale *si la taille d'échantillon est suffisamment grande. Cependant, si $\sigma_{\bar{x}}$ doit être estimée et si la taille de l'échantillon est inférieure ou égale à 30, la distribution d'échantillonnage n'est pas approximativement normale et on ne peut plus calculer l'intervalle d'estimation en utilisant la distribution Z.* Quelle distribution doit-on utiliser alors ? La prochaine section répondra à cette question.

Estimation à l'aide de la distribution t

Lorsque la taille d'échantillon est petite et σ inconnu, il faut utiliser la *distribution t* au lieu de la distribution normale pour construire l'intervalle de confiance pour μ. La figure 7.5 résume les conditions menant à l'utilisation de la distribution t. Une distribution t est semblable à une distribution Z puisqu'elles sont toutes deux symétriques et possèdent une moyenne de 0. Cependant, contrairement à la distribution Z, la forme de la distribution t dépend de la taille de l'échantillon. (Chaque valeur de la taille d'échantillon génère une distribution t différente.) Généralement, la courbe de la distribution t a une forme plus *aplatie* que celle de la distribution Z. Par ailleurs, plus la taille de l'échantillon s'approche de 30, plus la distribution t s'approche de la distribution Z (voir fig. 7.6).

Si σ est inconnu et si la taille d'échantillon est petite, la forme générale de l'intervalle de confiance pour la moyenne de la population est alors :

$$\bar{x} - t_{\alpha/2}\hat{\sigma}_{\bar{x}} < \mu < \bar{x} + t_{\alpha/2}\hat{\sigma}_{\bar{x}}$$

limite de	limite de
confiance	confiance
inférieure	supérieure

À l'instar de la valeur de Z, la valeur de t dépend du niveau de confiance.

L'Annexe 4 consiste en une table de la distribution t. Malheureusement, la table de t est construite d'une façon différente de la table de Z. Si, par exemple, vous aviez à faire une estimation à un niveau de confiance de 95 %, il serait impossible de repérer

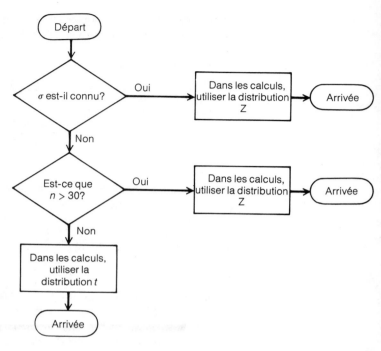

FIGURE 7.5

Quelle distribution utiliser?

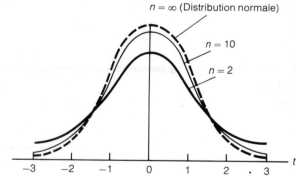

FIGURE 7.6

Forme de la distribution t pour différentes tailles d'échantillons

directement dans la table la valeur de t correspondant à ce niveau de confiance de 95 %; pour se servir de la table de t, il faut tout d'abord déterminer la probabilité que l'intervalle d'estimation *ne contienne pas* μ. Le niveau de confiance de 95 % est, en fait, la probabilité que l'intervalle contienne μ; par conséquent, dans notre exemple, la probabilité que l'intervalle n'englobe pas μ est de 5 %. *Cette probabilité d'erreur dans l'estimation est symbolisée par α (alpha) et est égale, sous la forme décimale, à 1,00 moins le coefficient de confiance* — autrement dit, si le coefficient de confiance est de 0,95 (ou 95 %), alors α est égal à $1,00 - 0,95$ ou 0,05. Puisque α représente la probabilité *totale* d'erreur — c'est-à-dire la probabilité que l'estimation par intervalle n'englobe pas μ — et puisque la distribution t est symétrique, cette probabilité totale se divise également en deux probabilités d'erreur distinctes : la probabilité de sous-estimer la moyenne μ et la probabilité de surévaluer la moyenne μ. La table de t est construite de façon à donner la valeur de t correspondant à *une aire déterminée, complètement à droite de la distribution* ; cette aire est ombragée dans la figure en haut de la table de l'Annexe 4. L'indice $\alpha/2$ associé à t dans la formule de l'intervalle 7.6 correspond à cette aire à droite de la distribution. Par conséquent, pour un niveau de confiance de 95 %, la probabilité d'erreur est de 5 % et nous recherchons la valeur de $t_{\alpha/2}$ dans la colonne $t_{0,025}$ de l'Annexe 4 [5].

Pour déterminer la valeur appropriée de t, nous devons considérer un autre facteur qui influence cette valeur : le nombre de degrés de liberté (d.l.). Dans la situation qui nous intéresse, *le nombre de degrés de liberté est égal à $n-1$* et *identifie la ligne* à laquelle se trouve la valeur de t cherchée dans la table. (Chaque d.l. détermine une distribution t propre.) Supposons qu'avec un échantillon de taille 17, vous vouliez construire un intervalle de confiance à 95 %. La valeur de α est alors de 0,05 et la valeur de t se situe dans la colonne $t_{0,025}$ de l'Annexe 4. Et puisque d.l. $= 17 - 1 = 16$, la valeur de t recherchée se trouve à l'intersection de la ligne 16 d.l. et de la colonne $t_{0,025}$: cette valeur de t est donc égale à 2,120.

Regardons maintenant quelques exemples de l'utilisation de la distribution t dans l'estimation de la moyenne de la population.

Exemple 7.5. Le propriétaire de l'auberge Le Verre à Sous veut estimer le nombre moyen de litres de vin vendus quotidiennement. Pour 20 jours d'opération, la moyenne est de 32 l par jour et l'écart type échantillonnal est de 12 l. Construire un intervalle de confiance à 95 % pour la véritable moyenne du nombre de litres vendus.

Voici les informations disponibles dans ce problème : $\bar{x} = 32$, $s = 12$, $n = 20$ et le niveau de confiance est de 95 %. Pour un niveau de confiance de 95 % et une taille d'échantillon égale à 20, α vaut 0,05 et le nombre de degrés de liberté est de 19. Donc, nous trouvons à l'Annexe 4, dans la colonne $t_{0,025}$, une valeur de t égale à 2,093. La valeur estimée de $\sigma_{\bar{x}}$ est calculée de la façon suivante :

$$\hat{\sigma}_{\bar{x}} = \frac{s}{\sqrt{n-1}}$$

$$= 12,0/\sqrt{20-1}$$

$$= 2,75$$

L'intervalle de confiance est le suivant :

$$\bar{x} - t_{\alpha/2}\hat{\sigma}_{\bar{x}} < \mu < \bar{x} + t_{\alpha/2}\hat{\sigma}_{\bar{x}}$$
$$32 - 2,093(2,75) < \mu < 32 + 2,093(2,75)$$
$$26,24 < \mu < 37,76$$

---

5. Au début, les étudiants ont généralement un peu de difficulté à travailler avec la table de t. Certains trouvent plus facile de repérer la bonne colonne en examinant la dernière ligne (où d.l. est ∞). Cette ligne donne les valeurs Z, puisque la distribution t avec un nombre de degrés de liberté infini est en réalité une distribution normale. Donc, sachant qu'une valeur Z de 1,96, par exemple, aurait été utilisée si la taille de l'échantillon avait été suffisamment grande, *vous pouvez repérer la bonne colonne* en trouvant 1,96 à la dernière ligne.

Exemple 7.6. La compagnie Croûte que Croûte veut estimer la quantité moyenne de farine qu'elle utilise quotidiennement pour faire son pain. Pour un échantillon de 14 jours, l'estimation ponctuelle de μ est de 173 kg avec $s = 45$ kg. Construire un intervalle de confiance à 99 % pour μ.

Les données de ce problème sont: $\bar{x} = 173$, $s = 45$, $n = 14$ et le niveau de confiance désiré est de 99 %. L'estimation de $\sigma_{\bar{x}}$ se calcule de la façon suivante :

$$\hat{\sigma}_{\bar{x}} = \frac{s}{\sqrt{n-1}}$$

$$= 45/\sqrt{14-1}$$

$$= 12,48$$

Si le niveau de confiance est de 99 %, alors α vaut 0,01. Pour un échantillon de taille 14, il y a 13 degrés de liberté. En regardant à l'Annexe 4 dans la colonne $t_{0,005}$, nous trouvons la valeur de t égale à 3,012. L'intervalle d'estimation recherché est donc :

$$\bar{x} - t_{0,005}\,\hat{\sigma}_{\bar{x}} < \mu < \bar{x} + t_{0,005}\,\hat{\sigma}_{\bar{x}}$$
$$173 - 3,012(12,48) < \mu < 173 + 3,012(12,48)$$
$$173 - 37,59 < \mu < 173 + 37,59$$
$$135,41 < \mu < 210,59$$

La démarche pour construire un intervalle de confiance pour μ lorsque σ est inconnu est résumée à la figure 7.7. Remarquez que la méthode employée pour de petits échantillons est fondamentalement la même que celle employée pour de grands échantillons; la seule différence réside dans l'utilisation de la distribution t ou de la distribution Z.

Auto-évaluation 7.4

1. Voici un échantillon de 24 articles et σ est inconnu. Faut-il utiliser la distribution Z ou la t pour faire une estimation par intervalle?

2. Trouver la valeur de t nécessaire à l'estimation par intervalle à un niveau de confiance de 95 % si l'échantillon est de taille 27.

3. La moyenne des dépenses effectuées par 100 clients d'un magasin est de 42 $ avec un écart type échantillonnal de 16 $. Construire un intervalle de confiance pour μ à un niveau de confiance de 95 %.

4. Pour estimer par intervalle la durée moyenne d'un lot de 1000 chandelles à l'aide d'un échantillon de 20 chandelles, comment faut-il procéder et quelles sont les informations nécessaires?

5. Au niveau de la forme de la courbe, quelle est la différence entre une distribution t et une distribution Z?

6. Quel est le facteur qui détermine la forme de la distribution t?

7. La table de Z est ainsi construite qu'elle permet de déterminer directement la valeur Z correspondant à la probabilité que l'intervalle contienne μ. En quoi diffère la table de t?

8. Pourquoi n'utilise-t-on pas l'écart type échantillonnal comme estimateur de l'écart type de la population?

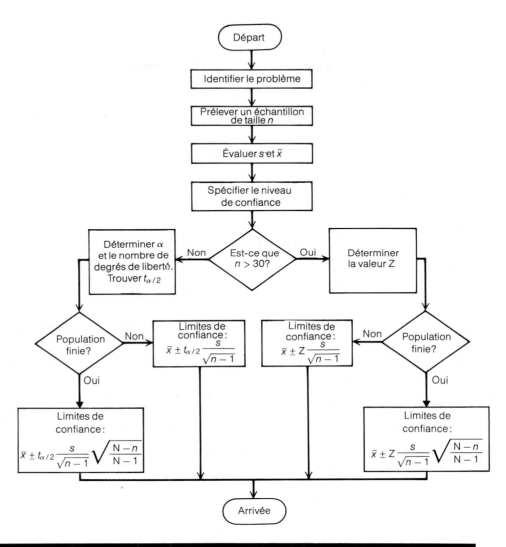

FIGURE 7.7

Méthode d'estimation
par intervalle de μ
lorsque σ est inconnu

ESTIMATION PAR INTERVALLE DU POURCENTAGE DE LA POPULATION

La moyenne de la distribution d'échantillonnage des pourcentages est égale au pourcentage de la population; le pourcentage *échantillonnal* (p) est donc un estimateur sans biais du pourcentage de la *population* (π). Lorsque la taille de l'échantillon est suffisamment grande, la distribution d'échantillonnage est approximativement normale et, par conséquent, il est possible d'associer une probabilité aux intervalles d'estimations de π basés sur les pourcentages échantillonnaux. Dans cette section, nous examinerons l'estimation par intervalle de π uniquement pour les cas où les échantillons sont de grande taille; l'étude des situations des petits échantillons dépasse le niveau de ce livre. Comme la formule 7.7 le laisse voir, le *pourcentage échantillonnal* est au centre de la construction de l'intervalle de confiance pour le pourcentage de la population :

$$p - Z\hat{\sigma}_p \quad < \mu < \quad p + Z\hat{\sigma}_p \qquad (7.7)$$

limite de   limite de
confiance   confiance
inférieure   supérieure

On trouve la valeur Z, dans cet intervalle, de la même façon qu'on le faisait dans l'estimation par intervalle de la moyenne de la population. Le symbole $\hat{\sigma}_p$ est un estimateur sans biais de l'écart type de la distribution d'échantillonnage. On estime l'erreur type du pourcentage à l'aide des deux formules suivantes :

$$\hat{\sigma}_p = \sqrt{\frac{p\,(100-p)}{n-1}}\ \sqrt{\frac{N-n}{N-1}} \quad \text{pour une population finie} \qquad (7.8)$$

ou

$$\hat{\sigma}_p = \sqrt{\frac{p\,(100-p)}{n-1}} \quad \text{pour une population infinie} \qquad (7.9)$$

Lorsqu'on construit un intervalle de confiance pour un pourcentage de population, il faut *toujours estimer* l'erreur type du pourcentage. Pourquoi? Parce qu'il est impossible de calculer la véritable erreur type lorsqu'on construit un intervalle d'estimation pour π. Ce fait paraît évident lorsqu'on examine la formule de l'erreur type :

$$\sigma_p = \sqrt{\frac{\pi\,(100-\pi)}{n}}$$

Comme vous pouvez le constater, pour évaluer σ_p, il faut connaître π. Mais π est exactement ce que nous cherchons à estimer! Pour sortir de cette impasse, il faut utiliser les formules 7.8 et 7.9.

Les quelques exemples qui suivent illustrent la méthode d'estimation par intervalle du pourcentage de la population; il est à remarquer que cette méthode est identique à celle utilisée dans la construction des intervalles de confiance pour la moyenne de la population.

Exemple 7.7. La compagnie de boomerangs du cheik Cent-Bonds veut estimer le pourcentage des clients qui payent leurs boomerangs avec des chèques qui rebondissent. Dans un échantillon de 150 clients ayant payé par chèque, 15 d'entre eux ont passé de mauvais chèques. Estimer à l'aide d'un intervalle de confiance à 95 % le véritable pourcentage des clients qui, payant par chèque, n'ont pas de provisions dans leurs comptes.

Les données du problème sont les suivantes : $p = 15/150 = 10\,\%$, $n = 150$ et le niveau de confiance désiré est de 95 %. On estime σ_p de cette façon :

$$\hat{\sigma}_p = \sqrt{\frac{p\,(100-p)}{n-1}}$$

$$= \sqrt{\frac{10\,(90)}{149}}$$

$$= 2,46\,\%$$

Pour un niveau de confiance de 95 %, la valeur Z est de 1,96. Ainsi, l'intervalle de confiance pour le véritable pourcentage des clients qui, payant par chèque, n'ont pas de provisions, est le suivant:

$$p - Z\hat{\sigma}_p < \pi < p + Z\hat{\sigma}_p$$
$$10\ \% - 1,96\,(2,46\ \%) < \pi < 10\ \% + 1,96\,(2,46\ \%)$$
$$10\ \% - 4,82\ \% < \pi < 10\ \% + 4,82\ \%$$
$$5,18\ \% < \pi < 14,82\ \%$$

Exemple 7.8. L'orienteur d'une école secondaire, Mme Rebecca Rière, s'intéresse à la proportion des étudiants mâles de l'école qui sont en faveur du service militaire obligatoire. L'école comprend 600 étudiants mâles. Elle choisit un échantillon aléatoire simple de taille 50 et s'aperçoit que 15 d'entre eux sont en faveur du service militaire. À un niveau de confiance de 99 %, estimer le véritable pourcentage.

Les données sont: $p = 15/50 = 30\ \%$, $n = 50$ et le niveau de confiance $= 99\ \%$. L'estimation de l'erreur type est calculée de la façon suivante:

$$\hat{\sigma}_p = \sqrt{\frac{p\,(100 - p)}{n - 1}}\ \sqrt{\frac{N - n}{N - 1}}$$

$$= \sqrt{\frac{30\,(70)}{49}}\ \sqrt{\frac{600 - 50}{600 - 1}}$$

$$= 6,28\ \%$$

Pour un niveau de confiance de 99 %, la valeur Z est de 2,58. Ainsi, l'intervalle de confiance est:

$$p - Z\hat{\sigma}_p < \pi < p + Z\hat{\sigma}_p$$
$$30\ \% - 2,58(6,28\ \%) < \pi < 30\ \% + 2,58(6,28\ \%)$$
$$30\ \% - 16,2\ \% < \pi < 30\ \% + 16,2\ \%$$
$$13,8\ \% < \pi < 46,2\ \%$$

(Remarquez la très grande longueur de l'intervalle de confiance; le haut niveau de confiance désiré et la taille relativement petite de l'échantillon en sont les causes.)

La démarche en vue de construire un intervalle de confiance pour π dans le cas de grands échantillons est résumée à la figure 7.8.

Auto-évaluation 7.5

1. À quelle condition peut-on utiliser la distribution Z pour construire un intervalle de confiance pour π?

2. Comparer les formules de $\hat{\sigma}_p$ et de σ_p. Pourquoi les dénominateurs sont-ils différents?

3. Pourquoi doit-on toujours utiliser $\hat{\sigma}_p$ plutôt que σ_p pour faire une estimation par intervalle de π?

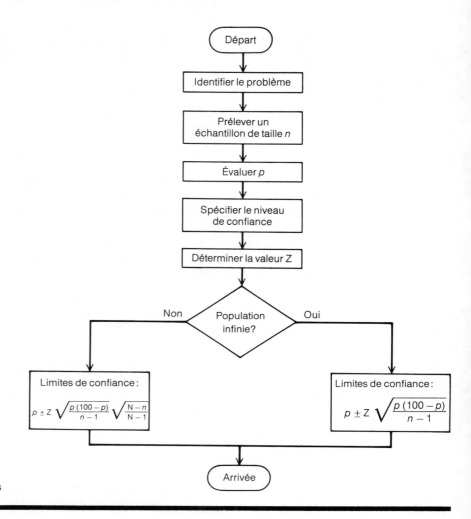

FIGURE 7.8

Méthode d'estimation par intervalle de π pour de grands échantillons

DÉTERMINATION DE LA TAILLE D'ÉCHANTILLON

Jusqu'ici, dans ce chapitre, nous avons considéré le problème de l'estimation par intervalle de la moyenne ou du pourcentage de la population sous l'angle suivant : dans toutes les situations présentées, un échantillon de taille n était prélevé; nous connaissions la valeur de la moyenne échantillonnale et de l'écart type de l'échantillon ou de la population (ou la valeur du pourcentage échantillonnal). À partir de ces valeurs, nous construisions un intervalle d'estimation avec un niveau de confiance de _____%.

Dans chacun des cas, on présumait que l'échantillon avait été prélevé et notre tâche consistait à faire une estimation basée sur les résultats échantillonnaux. Nous devions accepter l'intervalle construit avec le niveau de confiance spécifié, peu importe la longueur qu'il pouvait avoir. Bien entendu, il est possible de contrôler la longueur de l'intervalle en déplaçant le niveau de confiance; cependant, il est inacceptable de jouer avec celui-ci dans le but d'obtenir un intervalle d'estimation dont l'étendue est ce que nous voudrions qu'elle soit.

Considérations générales sur la taille d'échantillon

Il arrive souvent que la précision de l'estimation soit spécifiée avant même que l'échantillon ne soit prélevé. Par exemple, vous voulez vérifier un lot de pièces de machinerie; ces pièces doivent avoir un certain diamètre et l'erreur tolérée dans leur fabrication doit être très petite sinon plusieurs d'entre elles seront inutilisables. Pour vérifier le lot, vous prélevez un échantillon, mais vous voulez que l'estimation se fasse avec la plus petite erreur d'échantillonnage possible. Vous voulez une estimation précise. D'une trop grande erreur d'échantillonnage résulte une longueur d'intervalle trop grande et cela rend souvent inutile l'intervalle de confiance construit.

Nous pouvons contrôler l'erreur d'échantillonnage en choisissant une taille d'échantillon appropriée. L'erreur d'échantillonnage survient lorsque l'échantillon ne prend pas en considération la population dans sa totalité; dans un sondage ou une enquête, il y a toujours quelqu'un ou quelque chose qui est laissé de côté. Chaque fois qu'un échantillon est prélevé, nous perdons une certaine partie de l'information concernant la population, ce qui entraîne immanquablement une erreur dans l'estimation. Par conséquent, si nous voulons un très haut niveau de précision, nous devons prélever un échantillon dont la taille permet d'extraire de la population l'information nécessaire et suffisante pour réaliser l'estimation avec la précision désirée. Dans les prochaines sections, nous examinerons les méthodes de détermination de la taille d'échantillon requise pour atteindre la précision désirée dans l'estimation.

Détermination de la taille d'échantillon pour estimer μ

Considérons la situation suivante: un quincaillier vient de recevoir un lot de 10 000 articles et, avant d'acquitter les frais de cette livraison, il aimerait vérifier si ces articles sont de qualité acceptable et se conforment aux normes spécifiées. Il voudrait estimer le diamètre moyen de ces articles; de plus, il aimerait que l'estimation soit à moins de 0,01 cm de la vraie moyenne et ce, avec un niveau de confiance de 95 %. Comment peut-il déterminer la taille d'échantillon requise pour faire l'estimation dans les conditions données?

Premièrement, regardons ce que désire le quincaillier. À partir de la moyenne échantillonnale $\bar{x}$, il veut construire un intervalle de confiance dont les limites se situent à pas plus de 0,01 cm *au-dessus* de l'estimation ponctuelle et à pas plus de 0,01 cm *au-dessous* d'elle. De plus, il veut que soit associé à cet intervalle d'estimation un niveau de confiance de 95 %. Par conséquent, les limites de confiance désirées sont les suivantes:

$$\bar{x} \pm 0,01 \text{ cm}$$

Puisque la forme générale des limites de confiance est:

$$\bar{x} \pm Z\sigma_{\bar{x}}$$

le quincaillier spécifie donc qu'il veut que $Z\sigma_{\bar{x}}$ soit égal à 0,01.

Nous pouvons maintenant déterminer la taille d'échantillon requise en résolvant l'équation $Z\sigma_{\bar{x}} = 0,01$. Comme le niveau de confiance désiré est de 95 %, la valeur Z est de 1,96. Par conséquent:

$$Z\sigma_{\bar{x}} = 0,01$$
$$1,96\sigma_{\bar{x}} = 0,01$$
$$\sigma_{\bar{x}} = 0,01 / 1,96$$
$$\sigma_{\bar{x}} = 0,005$$

L'erreur type doit donc être égale à 0,005. En supposant que le facteur de correction pour population finie ne soit pas requis, la formule pour $\sigma_{\bar{x}}$ est :

$$\sigma_{\bar{x}} = \frac{\sigma}{\sqrt{n}}$$

Après quelques calculs algébriques, que nous omettrons ici, nous obtenons la taille d'échantillon :

$$n = \frac{\sigma^2}{\sigma_{\bar{x}}^2}$$

Nous savons que $\sigma_{\bar{x}}$ doit être égal à 0,005, mais quelle est la valeur de σ? À cette étape, nous devons faire une hypothèse concernant la valeur de l'écart type de la population. *Pour déterminer la taille d'échantillon requise dans l'estimation par intervalle, il s'avère essentiel de faire une hypothèse au sujet de la valeur de σ.*

Supposons qu'en se basant sur des livraisons antérieures, l'écart type du diamètre des articles puisse être estimé à environ 0,05 cm. Nous pouvons calculer de la façon suivante la taille d'échantillon requise pour estimer le diamètre moyen du lot d'articles avec le niveau de précision spécifié par le quincaillier :

$$n = \frac{\sigma^2}{\sigma_{\bar{x}}^2}$$
$$= \frac{(0,05)^2}{(0,005)^2}$$
$$= 100 \quad \text{Taille de l'échantillon nécessaire}$$

La figure 7.9 résume les étapes nécessaires pour déterminer la taille d'échantillon requise pour estimer μ avec un niveau de précision donné.

Détermination de la taille d'échantillon pour estimer π

La méthode pour déterminer la taille d'échantillon pour l'estimation de π est semblable à la méthode pour déterminer la taille d'échantillon pour l'estimation de μ. La forme générale de l'intervalle de confiance pour π est la suivante :

$$p - Z\sigma_p < \pi < p + Z\sigma_p$$

S'il est dit que π doit être estimé avec une certaine *marge d'erreur donnée*, les limites de confiance requises devront nécessairement être :

$$p \pm Z\sigma_p = p \pm \text{marge d'erreur}$$

où $Z\sigma_p$ doit alors être égal à la *marge d'erreur désirée*.

Après quelques opérations algébriques sur lesquelles nous n'insisterons pas, nous constatons que σ_p est calculé de la façon suivante :

$$\sigma_p = \frac{\text{marge d'erreur}}{Z}$$

Et puisque la formule pour σ_p est :

$$\sigma_p = \sqrt{\frac{\pi(100 - \pi)}{n}}$$

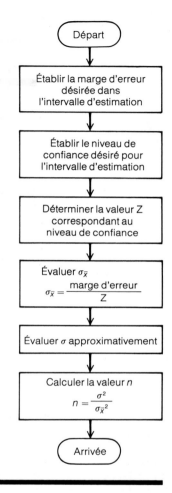

FIGURE 7.9

Méthode pour déterminer la taille d'échantillon requise pour estimer μ

alors :

$$\sigma_p{}^2 = \frac{\pi(100-\pi)}{n}$$

Par conséquent, vous pouvez maintenant vérifier vous-mêmes que :

$$n = \frac{\pi(100-\pi)}{\left(\dfrac{\text{marge d'erreur}}{Z}\right)^2}$$

où σ_p = marge d'erreur / Z.

Pour trouver n, il est nécessaire d'évaluer π approximativement. Les sceptiques parmi vous doivent se demander comment peut-on évaluer π approximativement lorsque π est justement ce que nous voulons estimer. Il arrive fréquemment qu'on ait une idée vague, mais une idée tout de même, du véritable pourcentage d'une population. Par exemple, vous ne savez sûrement pas quel est le véritable pourcentage d'anglophones au Québec; cependant, vous savez sans aucun doute qu'il se situe quelque part entre 10 % et 25 %. Dans plusieurs situations, le chercheur expérimenté connaît suffisamment la population pour évaluer approximativement le véritable pourcentage. L'expérience et le jugement permettent d'évaluer très approximativement le pourcentage, tandis que les résultats échantillonnaux permettent de formuler une estimation du paramètre qui peut être objectivement évaluée et jugée.

Qu'arrive-t-il si une connaissance nettement insuffisante des caractéristiques de la population étudiée ne nous permet pas de faire une approximation du paramètre concerné? Puisqu'une image vaut mille mots, regardons le tableau 7.2. Supposons que nous ayons déterminé la marge d'erreur désirée ainsi que le niveau de confiance souhaitable et que nos calculs indiquent que σ_p devrait valoir 2 %. Le tableau 7.2 fournit la taille d'échantillon requise pour différentes valeurs possibles du pourcentage de la population. Remarquez la *symétrie des résultats*. La taille d'échantillon requise pour une valeur hypothétique de π égale à 20 % est identique à celle pour une valeur hypothétique de π égale à 80 %. (Un coup d'oeil rapide à la colonne 2 du tableau 7.2 vous montrera pourquoi il en est ainsi.)

TABLEAU 7.2

Illustration de la relation entre la valeur hypothétique de π et la taille d'échantillon*

Valeurs hypothétiques de π (%) (1)	$\pi(100-\pi)$ (2)	$n = \dfrac{\pi(100-\pi)}{\sigma_{p^2}}$ (3)
20	20(80) = 1600	400
40	40(60) = 2400	600
50	50(50) = 2500	625
60	60(40) = 2400	600
80	80(20) = 1600	400

* $\sigma_{p^2} = (2\ \%)^2 = 4\ \%$

Comme vous pouvez le constater à partir du tableau 7.2, la plus grande taille d'échantillon est requise lorsque la valeur estimée du pourcentage de la population se situe à 50 %. *Si vous n'avez aucune idée du véritable pourcentage de la population, vous devez supposer que $\pi = 50$ % et choisir, par conséquent, un échantillon de taille maximale afin de vous assurer que la marge d'erreur désirée dans l'estimation du paramètre ne sera pas dépassée.* Il faut se rappeler que plus la taille de l'échantillon est grande, plus l'information fournie par la population est importante; alors l'estimation peut se faire avec une plus grande précision.

Un exemple serait peut-être utile. Supposons que vous vouliez estimer le pourcentage des étudiants d'une université qui sont prêts à donner un litre de leur sang. La Croix-Rouge planifie sa tournée des prochains mois pour recueillir du sang et elle aimerait que vous lui présentiez une estimation à $\pm 5\%$ du véritable pourcentage. Par ailleurs, elle désire un niveau de confiance de 95 %. Quelle devrait être la taille d'échantillon? Vous n'avez aucune idée du véritable pourcentage.

À partir des données disponibles, vous pouvez affirmer que $Z\sigma_p$ doit être égal à 5 % puisque les limites de confiance sont $p \pm Z\sigma_p$. Pour un niveau de confiance de 95 %, vous savez que $Z = 1{,}96$ et, par conséquent:

$$Z\sigma_p = 5\%$$
$$1{,}96\sigma_p = 5\%$$
$$\sigma_p = 5\%/1{,}96$$
$$\sigma_p = 2{,}55\%$$

Puisque vous n'avez aucune idée du véritable pourcentage, vous devez supposer que $\pi = 50\%$ et prélever un échantillon de taille maximale. Ainsi, la taille d'échantillon requise est obtenue de la façon suivante:

$$n = \frac{\pi(100 - \pi)}{\sigma_p^2}$$

$$= \frac{50(50)}{2{,}55^2}$$

$$= \frac{2500}{6{,}50}$$

$$= 385$$

Vous trouverez à la figure 7.10 un résumé de la démarche employée pour déterminer la taille d'échantillon requise pour estimer π.

Auto-évaluation 7.6

1. La Chambre de Commerce veut déterminer le prix moyen des nouvelles résidences unifamiliales construites dans la ville durant les 12 derniers mois. Les constructeurs locaux, les agences d'immeubles ainsi que le bureau des permis de construction de la ville sont en mesure de fournir certaines informations à ce sujet. Une enquête récente faite dans une ville voisine a démontré que le σ des montants pour l'habitation unifamiliale dans cette ville est de 5000 $. Le président de la Chambre veut être sûr à 90 % que les résultats de l'enquête fourniront une estimation à 1000 $ près du véritable prix moyen. Puisqu'on vous confie la tâche de faire cette étude, quelle est la taille de l'échantillon que vous devrez prélever?

2. Les patrons de la compagnie de transports Voyage Ailleurs étudient une nouvelle politique de réduction de prix du transport par autobus pour les citoyens âgés (65 ans et plus) durant certaines périodes de l'année. Avant de prendre une décision finale, ils aimeraient estimer quel pourcentage de leurs passagers est constitué de citoyens de l'âge d'or. Les patrons veulent être sûrs à 95 % que l'estimation obtenue sera au plus à 3 % du véritable pourcentage. Quelle est la taille d'échantillon requise pour faire cette estimation?

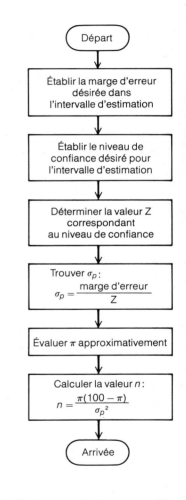

FIGURE 7.10

Méthode pour déterminer la taille d'échantillon requise pour estimer π

SOMMAIRE   Pour estimer un paramètre, il est préférable d'utiliser un estimateur sans biais puisque alors les valeurs possibles de la statistique échantillonnale ont tendance à se rapprocher de la valeur du paramètre à estimer. Même si l'estimateur est sans biais, il est peu probable que la valeur de l'estimation ponctuelle coïncidera parfaitement avec la valeur du paramètre. En conséquence, l'intervalle d'estimation est préférable à l'estimation ponctuelle puisqu'on construit l'intervalle en associant à l'estimation ponctuelle une marge d'erreur d'échantillonnage.

TABLEAU 7.3

Résumé de l'estimation par intervalle de μ et de π

Population	Estimation de μ				Estimation de π
	σ connu	σ inconnu			$n > 30$
		$n \leqslant 30$	$n > 30$		
finie	$\bar{x} \pm Z \dfrac{\sigma}{\sqrt{n}} \sqrt{\dfrac{N-n}{N-1}}$	$\bar{x} \pm t_{\alpha/2} \dfrac{s}{\sqrt{n-1}} \sqrt{\dfrac{N-n}{N-1}}$	$\bar{x} \pm Z \dfrac{s}{\sqrt{n-1}} \sqrt{\dfrac{N-n}{N-1}}$		$p \pm Z \sqrt{\dfrac{p(100-p)}{n-1}} \sqrt{\dfrac{N-n}{N-1}}$
infinie	$\bar{x} \pm Z \dfrac{\sigma}{\sqrt{n}}$	$\bar{x} \pm t_{\alpha/2} \dfrac{s}{\sqrt{n-1}}$	$\bar{x} \pm Z \dfrac{s}{\sqrt{n-1}}$		$p \pm Z \sqrt{\dfrac{p(100-p)}{n-1}}$

En s'appuyant sur les propriétés de la distribution d'échantillonnage, il est possible de construire des intervalles d'estimation de μ ou de π avec un certain degré de certitude. La longueur de l'intervalle de confiance augmente à mesure que le niveau de confiance désiré augmente puisque la marge d'erreur d'échantillonnage doit alors être plus grande.

La taille de l'échantillon affecte la longueur de l'intervalle de confiance; elle doit donc être considérée dans le processus d'estimation. Si la taille d'échantillon est suffisamment grande, la distribution d'échantillonnage est approximativement normale. Pour estimer μ, quand la taille d'échantillon est inférieure ou égale à 30 et σ inconnu, on doit utiliser la distribution t; la forme de cette distribution est déterminée par la taille d'échantillon.

La méthode d'estimation par intervalle de π est semblable à celle utilisée pour estimer μ, sauf dans les cas où l'échantillon est de petite taille.

Le tableau 7.3 résume les différentes formes des intervalles d'estimation présentées dans ce chapitre. Par ailleurs, nous avons étudié la façon de déterminer la taille d'échantillon requise pour estimer, avec une précision donnée, la moyenne ou le pourcentage d'une population.

TERMES ET CONCEPTS IMPORTANTS

1. Estimateur
2. Estimateur sans biais
3. Estimation
4. Estimation ponctuelle
5. Estimation par intervalle
6. Distribution Z
7. Niveau de confiance
8. Coefficient de confiance
9. Intervalle de confiance
10. Limites de confiance
11. Précision de l'estimation
12. Distribution t
13. Degrés de liberté
14. α
15. $\hat{\sigma} = s \sqrt{\dfrac{n}{n-1}}$
16. $s = \sqrt{\dfrac{\Sigma(x - \bar{x})^2}{n}}$

17. $\hat{\sigma}_{\bar{x}} = \dfrac{s}{\sqrt{n-1}}$

18. $\hat{\sigma}_p = \sqrt{\dfrac{p(100-p)}{n-1}}$

19. $n = \dfrac{\sigma^2}{\sigma_{\bar{x}}^2}$

20. $n = \dfrac{\pi(100-\pi)}{\sigma_p^2}$

PROBLÈMES

1. Les données suivantes représentent un échantillon aléatoire simple de températures relevées dans 24 villes du sud des États-Unis, le même jour et à la même heure.

40	36	39	31	35	38	30	44
37	33	37	34	34	30	39	39
39	42	35	34	32	35	39	38

a) Quel estimateur faut-il utiliser pour estimer la température moyenne dans le sud des États-Unis?

b) Donner une estimation ponctuelle de la véritable température moyenne.

c) Calculer l'écart type de l'échantillon.

2. Les données suivantes représentent un échantillon aléatoire simple des résultats obtenus par 32 étudiants d'une université québécoise à un test de Q.I.

137	141	128	132	129	122	140	119
126	133	121	138	111	124	121	116
120	127	129	122	113	125	126	118
117	132	124	116	135	123	126	131

a) Calculer une estimation ponctuelle de la véritable moyenne de Q.I. des étudiants de cette université.

b) Calculer l'écart type échantillonnal.

3. À partir des données du problème 1, construire un intervalle de confiance pour μ à un niveau de confiance de 99 %.

4. À partir des données du problème 2, construire un intervalle de confiance pour μ avec un coefficient de confiance de 95 %.

5. Vous devez construire un intervalle d'estimation à l'aide d'un échantillon de grande taille. Déterminez la valeur de Z pour chacun des niveaux de confiance suivants:

a) 75 %

b) 93 %

c) 88 %

d) 95 %

6. Déterminer la valeur de t si:

a) $n = 15$, niveau de confiance de 99 %.

b) $n = 23$, niveau de confiance de 90 %.

c) $n = 28$, niveau de confiance de 95 %.

d) $n = 27$, niveau de confiance de 95 %.

e) $n = 25$, niveau de confiance de 95 %.

f) $n = 20$, niveau de confiance de 95 %.

7. Examiner attentivement les résultats des parties c à f du problème 6. Existe-t-il une relation entre la longueur de l'intervalle et la taille de l'échantillon?

8. Supposons qu'une étudiante veuille déterminer la somme moyenne d'argent qu'elle dépense par jour durant le mois de septembre. Pour un échantillon de 10 jours, la somme moyenne dépensée est de 6,24 $ par jour avec un écart type de 1,20 $. Estimer μ avec un intervalle de confiance à 90 %.

9. Le service de répondeurs téléphoniques Wee et Hallow veut estimer le nombre moyen d'appels téléphoniques reçus par jour. La moyenne d'un échantillon de 50 jours est de 326 appels par jour avec $s = 48$.
   a) Calculer une estimation de l'écart type de la distribution d'échantillonnage.
   b) Construire un intervalle de confiance pour μ avec un coefficient de confiance de 90 %.

10. L'usine d'assemblage Automates Automatisés a constaté qu'un grand nombre de ses employés quittent leur emploi peu de temps après avoir été embauchés. Le directeur du personnel, M. Alexis Bernetic, veut estimer le temps moyen passé à l'emploi de la compagnie par chaque employé qui quitte de son propre gré. Un échantillon de 15 dossiers d'anciens employés indique que le temps moyen est de 54 jours. L'écart type échantillonnal est de 16 jours. Construire un intervalle de confiance pour la véritable moyenne à un niveau de confiance de 99 %.

11. La taille moyenne de 20 étudiants d'une école est de 1,65 m avec un écart type de 0,20 m. Construire un intervalle de confiance pour la taille moyenne de tous les étudiants avec seulement 5 % de chances d'erreur.

12. Adélard Jean, fabricant de portefeuilles, veut estimer le nombre moyen de portefeuilles vendus quotidiennement. La moyenne d'un échantillon de 36 jours est de 114 portefeuilles. En supposant que $\sigma = 17$, construire un intervalle d'estimation pour μ à un niveau de confiance de 90 %.

13. La compagnie Boeuf à l'Eau Bill veut estimer la quantité moyenne de viande de boeuf sortant de l'usine chaque jour. Pour un échantillon de 50 jours, la moyenne quotidienne était de 100 000 kg. L'écart type de la population est de 22 000 kg. Construire un intervalle de confiance pour la véritable moyenne à un niveau de confiance de 90 %.

14. Dans un échantillon de 50 travailleurs agricoles, 36 ont indiqué qu'ils seraient d'accord pour se syndiquer.
   a) Quel est l'estimateur de π?
   b) Donner une estimation ponctuelle de π.
   c) De quelle information supplémentaire a-t-on besoin pour construire un intervalle de confiance pour π?

15. La poissonnerie Pour Passer Le Flétan a reçu une livraison de poissons et veut estimer le pourcentage de ceux qui respectent ses normes quant au poids. Parmi un échantillon de 37 poissons, 6 sont trop petits. Estimer le véritable pourcentage de poissons acceptables, avec un niveau de confiance de 99 %.

16. Le père Colateur et le moine Astique travaillent à la cuisine d'un monastère; ils aimeraient connaître le pourcentage des 200 moines résidents qui aiment la saucisse en coiffe. Dans un échantillon de 40 frères, 30 aiment la saucisse en coiffe. Estimer à un niveau de confiance de 95 % le véritable pourcentage des moines qui aiment la saucisse en coiffe.

17. Bjorn Talooz, un étudiant norvégien, veut savoir s'il vaut la peine de se porter candidat à la présidence de l'Association des étudiants de l'université. Un échantillon de 50 étudiants a montré que 22 % des étudiants voteraient pour lui. Estimer le véritable pourcentage à un niveau de confiance de 99 %.

18. Afin de répondre à une demande du gouvernement fédéral, le ministre de l'Éducation de la province doit estimer le pourcentage d'enseignantes travaillant dans le réseau éducatif de la province. Le ministre voudrait être confiant à 99 % que l'estimation du pourcentage d'enseignantes sera à moins de 3 % du véritable pourcentage de la population. Quelle est la taille d'échantillon requise pour faire cette estimation?

19. Dans le problème 10 ci-haut, Alexis Bernetic veut estimer le temps moyen à l'emploi de l'usine à 3 jours près avec un niveau de confiance de 95 %. De quelle taille M. Bernetic devra-t-il choisir son échantillon s'il veut atteindre cet objectif? (Utiliser l'écart type de 16 jours pour évaluer approximativement l'écart type de la population.)

QUESTIONS DE COMPRÉHENSION

1. Pourquoi est-il souhaitable d'avoir un estimateur sans biais?

2. Si l'estimation ponctuelle est rarement utilisée en estimation, c'est donc dire qu'on la calcule rarement. Dire pourquoi cet énoncé est faux.

3. Un niveau de confiance de 95 % signifie que 95 % des intervalles de confiance possibles englobent μ. Commenter cette affirmation.

4. Quel effet a une augmentation du niveau de confiance sur la longueur de l'intervalle de confiance?

5. L'estimation par intervalle devrait toujours se faire avec le plus haut niveau de confiance possible. Discuter cette affirmation.

6. Quand la distribution d'échantillonnage est-elle approximativement normale?

7. Pour quelle taille d'échantillon peut-on utiliser la distribution Z dans l'estimation par intervalle lorsque σ est inconnu?

8. Lorsque la distribution t s'applique, que doit-on savoir pour déterminer la valeur de t dans l'intervalle d'estimation?

9. Pourquoi n'utilise-t-on pas l'écart type échantillonnal comme estimateur de σ?

10. Dans certaines circonstances, le paramètre $\sigma_{\bar{x}}$ peut-il être employé dans l'estimation par intervalle de μ? Pourquoi est-il impossible d'employer le paramètre σ_p dans l'estimation par intervalle de π?

11. Lorsque l'intervalle de confiance est trop long, on doit, pour le rétrécir, diminuer le niveau de confiance spécifié. Pourquoi cette façon de procéder est-elle inacceptable?

RÉPONSES AUX QUESTIONS D'AUTO-ÉVALUATION

7.1

1. Estimateur sans biais.

2. p est l'estimateur sans biais de π, tandis que 82 % est l'estimation ponctuelle de π.

3. Un intervalle d'estimation est en réalité une estimation ponctuelle comportant une marge d'erreur afin de tenir compte de l'erreur d'échantillonnage. L'intervalle d'estimation estime le paramètre à l'intérieur d'une étendue de valeurs tandis que l'estimation ponctuelle est une valeur unique.

4. Lorsqu'on regarde une estimation ponctuelle, on n'a aucune idée de la précision de l'estimation.

5. Cet énoncé est faux. L'intervalle d'estimation tient compte de l'erreur d'échantillonnage, mais cette estimation, comme tout autre type d'estimation, peut être inexacte.

6. La moyenne de la distribution d'échantillonnage d'un estimateur sans biais est égale au paramètre de la population à estimer. Cela signifie que les valeurs possibles de la moyenne échantillonnale gravitent autour de la valeur du paramètre.

7. Cette affirmation est fausse. En fait, l'intervalle de confiance se construit à partir de l'estimation ponctuelle.

7.2

1. Ce sont les propriétés de la distribution d'échantillonnage des moyennes qui justifient théoriquement la construction de l'intervalle d'estimation pour μ de la forme $\bar{x} \pm Z\sigma_{\bar{x}}$.

2. Il n'y a aucune différence entre un niveau de confiance et un coefficient de confiance.

3. Un niveau de confiance de 95 % signifie que 95 % des intervalles d'estimation pouvant être construits avec la méthode spécifiée contiendront le paramètre à estimer.

4. Il existe une relation positive entre les deux. Plus le niveau de confiance est élevé, plus l'intervalle de confiance est long.

7.3

1. La distribution d'échantillonnage des moyennes est normale lorsque la population est distribuée normalement; de plus, si la taille d'échantillon est supérieure à 30, on peut dire que la distribution d'échantillonnage est approximativement normale.

2. a) $Z = 1,70$
   b) $Z = 1,10$
   c) $Z = 1,48$

3. Si $\sigma = 9$ et $n = 36$, alors :

$$\sigma_{\bar{x}} = \frac{\sigma}{\sqrt{n}} = \frac{9}{\sqrt{36}} = 1,5$$

Pour un niveau de confiance de 90 %, $Z = 1,64$. L'intervalle de confiance est de $\bar{x} \pm Z\sigma_{\bar{x}} = 48 \pm 1,64(1,5)$. Les limites de confiance sont de 45,54 et 50,46.

4. Pour un niveau de confiance de 80 %, $Z = 1,28$. L'intervalle de confiance est de $\bar{x} \pm Z\sigma_{\bar{x}} = 104 \pm 1,28(13)$. Les limites de confiance sont 87,36 et 120,64.

7.4

1. Puisque la taille d'échantillon est inférieure à 30 et σ est inconnu, la distribution t doit être utilisée.

2. Avec 26 degrés de liberté, $t_{0,025} = 2,056$.

3. $38,85 \$ < \mu < 45,15 \$$

4. Il s'agit de calculer la moyenne et l'écart type échantillonnaux. Puis, utiliser l'écart type échantillonnal pour évaluer $\hat{\sigma}_{\bar{x}}$. De plus, pour construire l'intervalle de confiance, il faut spécifier le niveau de confiance désiré.

5. La distribution t est plus aplatie que la distribution Z.

6. La taille d'échantillon influence la forme de la distribution t.

7. La table de t est construite à partir de la probabilité totale d'erreur dans l'estimation.

8. Parce que l'écart type échantillonnal n'est pas un estimateur sans biais de l'écart type de la population.

7.5

1. Il faut que la taille d'échantillon soit suffisamment grande, c'est-à-dire $n > 30$.

2. Parce que le dénominateur $n - 1$ de $\hat{\sigma}_p$ fait de $\hat{\sigma}_p$ un estimateur sans biais de σ_p.

3. Parce que, pour calculer σ_p, il faut connaître π. Mais π est justement le paramètre à estimer.

7.6

1. Puisque $Z\sigma_{\bar{x}} = 1000 \$$ et $Z = 1,64$, alors $\sigma_{\bar{x}} = 1000 \$ / 1,64 = 609,76 \$$. Par conséquent, comme σ doit être estimé à 5000 \$ dans la ville concernée, on calcule la taille d'échantillon requise de la façon suivante :

$$n = (5000 \$)^2 / (609,76 \$)^2 = 67,24 \text{ ou } 68$$

2. Puisque $Z\sigma_p = 3\%$ et $Z = 1,96$, alors $\sigma_p = 3\% / 1,96 = 1,53\%$. Comme nous n'avons aucune idée du pourcentage de la population, la taille d'échantillon requise est la suivante :

$$n = \frac{(50)\,(50)}{1,53^2} = \frac{2500}{2,34} = 1068$$

CHAPITRE 8

TESTS D'HYPOTHÈSES ET PRISE DE DÉCISION : MÉTHODES APPLIQUÉES À UN ÉCHANTILLON

OBJECTIFS D'APPRENTISSAGE

Après avoir lu attentivement ce chapitre, résolu les problèmes et répondu aux questions de compréhension, vous devriez pouvoir :

☞ expliquer les étapes nécessaires pour effectuer un test d'hypothèses;

☞ effectuer un test d'hypothèses (bilatéral ou unilatéral) sur une moyenne, que l'écart type de la population soit connu ou non;

☞ effectuer un test d'hypothèses (bilatéral ou unilatéral) sur un pourcentage.

CONTENU DU CHAPITRE

Dans le chapitre précédent qui abordait la question de l'estimation, la valeur du paramètre était inconnue; nous utilisions alors les résultats échantillonnaux pour cerner la véritable valeur du paramètre. Dans ce chapitre, les résultats échantillonnaux seront utilisés à une tout autre fin. Dans la plupart des situations réelles, la valeur du paramètre est inconnue, mais il arrive fréquemment que le chercheur ait une idée du paramètre et puisse formuler une hypothèse concernant la valeur de celui-ci. Les résultats échantillonnaux peuvent confirmer ou infirmer l'hypothèse formulée. Prenons l'exemple suivant: le recteur Haddock Taurat affirme que le quotient intellectuel (Q.I.) moyen des étudiants de son université est de 130. Cette affirmation constitue en fait une simple hypothèse, dont on doit pouvoir vérifier le fondement d'une façon ou d'une autre. Une méthode efficace et simple d'en vérifier l'exactitude (à supposer que le recteur connaisse le Q.I. moyen) serait de le ligoter sur une chaise et de lui administrer un sérum de vérité [1]. Une autre méthode plus réalisable et plus agréable aux yeux du recteur et du chercheur est l'échantillonnage. Si la moyenne des Q.I. d'un échantillon aléatoire d'étudiants est de 104, il faut alors, de toute évidence, rejeter l'hypothèse stipulant que la véritable moyenne est de 130, étant donné l'écart important entre la moyenne échantillonnale et la valeur hypothétique de la moyenne de la population. Par contre, si la moyenne échantillonnale est de 131, il semble raisonnable d'accepter l'affirmation du recteur. Malheureusement, il n'est pas toujours aussi facile de prendre des décisions. En fait, les décisions sont généralement cataloguées sous la rubrique « générateurs d'ulcères ». Il arrive fréquemment dans les tests d'hypothèses que la différence entre la valeur de la statistique échantillonnale et la valeur hypothétique du paramètre ne soit ni très grande ni très petite, de telle sorte que la décision à prendre ne s'impose pas d'elle-même. Supposons, par exemple, que la moyenne de l'échantillon soit de 134 ou de 127. Peut-on, en se basant sur l'une ou l'autre de ces valeurs, rejeter catégoriquement l'hypothèse $\mu = 130$? Dans ce cas, on s'en doute, la décision à prendre ne saute pas aux yeux et il faut, par conséquent, définir des critères qui permettent la prise de décisions dans les situations délicates.

Dans ce chapitre, nous élaborerons des techniques statistiques pour déterminer objectivement, dans diverses circonstances, si les résultats échantillonnaux confirment l'hypothèse concernant la valeur du paramètre ou si, au contraire, ils l'infirment, entraînant son rejet. Par ailleurs, nous examinerons plus particulièrement (1) *la méthode statistique de test d'hypothèses*, (2) *les tests d'hypothèses sur une moyenne*

---

1. Cette méthode présuppose qu'il est possible de mettre la main au collet du recteur. Le frère Damian Fandal, ancien recteur de l'Université de Dallas, a énoncé *facétieusement* les deux règles que tout recteur devrait suivre: règle 1 — Cachez-vous!!!; règle 2 — Si l'on vous trouve, mentez!!! Tiré du livre de Thomas L. Martin, *Malice in Blunderland*, New York, McGraw-Hill, 1973, p. 90.

et (3) *les tests d'hypothèses sur un pourcentage.* Dans le prochain chapitre, nous traiterons des *tests d'hypothèses sur la différence de deux moyennes et de deux pourcentages* et, dans les chapitres 10 et 11, nous examinerons les méthodes de tests d'hypothèses sur l'égalité de *plus de deux moyennes* ou *plus de deux pourcentages.*

MÉTHODE STATISTIQUE DE TESTS D'HYPOTHÈSES

Avant d'énumérer formellement les étapes de la méthode statistique de test d'hypothèses, considérons l'exemple suivant. Le maire d'une petite ville affirme que le revenu moyen per capita des habitants du village est de 5000 $. Le conseil municipal demande alors à votre ami statisticien, Philippe O. Thèse, d'approuver ou de réfuter l'affirmation du maire. Philippe sait très bien qu'à cause de la variation d'échantillonnage, il est *peu probable* que la moyenne d'un échantillon sera *égale* à 5000 $, même si cette valeur correspond à la véritable moyenne de la population. Personne instruite et versée en statistique, Philippe réalise qu'il y aura sans doute une différence entre la moyenne échantillonnale et la valeur présumée du paramètre. Le problème auquel il fait face consiste à déterminer combien grande ou *significative* doit être la différence entre $\bar{x}$ et la valeur présumée pour pouvoir légitimement réfuter l'affirmation du maire. Est-ce qu'une différence de 100 $ est significative? Et une différence de 1000 $? Certaines techniques statistiques permettent de déterminer si une différence est significative ou non.

Un autre coup d'oeil sur la distribution d'échantillonnage des moyennes

Jetons un coup d'oeil à la figure 8.1 et supposons que nous ayons une distribution d'échantillonnage de moyennes dont (1) la véritable moyenne (μ) est égale à la valeur présumée (μ_{H_0}) de 5000 $ et dont (2) l'erreur type est égale à 100 $. *En d'autres mots, nous prenons pour acquis que le maire a effectivement raison et que μ est réellement égal à 5000 $. (*Il va sans dire que Philippe et les conseillers municipaux ne sont pas au courant de cela.) Supposons, de plus, que Philippe prélève un échantillon de citoyens et que le revenu moyen obtenu soit de 5100 $. Pouvait-il raisonnablement s'attendre à un pareil résultat avec un μ_{H_0} de 5000 $ et un $\sigma_{\bar{x}}$ de 100 $? Quelles sont les chances d'obtenir un $\bar{x}$ de 5100 $ dans une telle situation? Et, d'une façon plus générale, quelles sont les chances pour que Philippe obtienne une moyenne échantillonnale qui diffère de μ_{H_0} (5000 $) *d'au moins 100 $*?

FIGURE 8.1

Graphique d'une distribution d'échantillonnage normale où la moyenne présumée est égale à la moyenne de la population

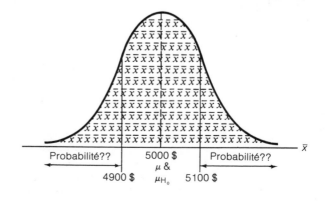

Puisque la distribution d'échantillonnage de la figure 8.1 est approximativement normale, Philippe peut évaluer la probabilité que la moyenne échantillonnale soit supérieure à 5100 $ ou inférieure à 4900 $; pour cela, il lui suffit de déterminer à combien d'erreurs types correspond un écart de 100 $ à la moyenne μ de 5000 $. À combien d'unités Z se situent 5100 $ ou 4900 $ de la véritable moyenne de la population de 5000 $ — c'est-à-dire quel est la *différence standardisée* ou le *nombre d'unités standard*? Philippe peut calculer le nombre d'unités standard de la façon suivante :

$$Z = \frac{\bar{X} - \mu_{H_0}}{\sigma_{\bar{X}}}$$

$$= \frac{5100 \ \$ - 5000 \ \$}{100 \ \$} \quad \text{et} \quad \frac{4900 \ \$ - 5000 \ \$}{100 \ \$}$$

$$= 1,00 \qquad \text{et} \quad -1,00$$

Nous pouvons donc constater, dans notre exemple, que la différence de 100 $ entre la moyenne échantillonnale et la valeur de μ selon l'hypothèse correspond à une différence d'une unité standard ou d'une erreur type. En consultant la table de Z à l'Annexe 2, nous voyons que l'aire sous la courbe normale entre la moyenne et une valeur $Z = 1$ est de 0,3413 et l'aire totale entre $Z = -1$ et $Z = 1$ est de 0,6826. Cela signifie qu'il y a une probabilité de 0,1587 que la moyenne échantillonnale *surpasse* la moyenne de la population hypothétique mais supposée vraie d'*une erreur type ou plus* et qu'il y a également une probabilité de 0,1587 que $\bar{x}$ soit *au moins d'une erreur type inférieur* à la moyenne de la population. La figure 8.2 illustre ce que nous venons d'énoncer : on y voit que la probabilité totale que $\bar{x}$ diffère de μ d'au moins une unité standard est de 0,3174 ou 31,74 %. En conséquence, Philippe pourra dire aux membres du conseil municipal que la probabilité d'obtenir une moyenne échantillonnale de 5100 $ ou plus est relativement forte et que la différence de 100 $ n'est pas suffisamment significative pour qu'il se permette de réfuter l'affirmation du maire.

≃ 1/3 chance de se tromper

FIGURE 8.2

Illustration de la probabilité que $\bar{x}$ diffère de la véritable moyenne de 1 erreur type ou plus

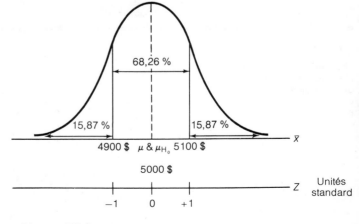

Où : $\sigma_{\bar{x}} = 100 \ \$$

Que serait-il arrivé si Philippe avait obtenu une moyenne échantillonnale de 5200 $ au lieu de 5100 $? Aurait-il alors rejeté l'hypothèse du maire? (N'oubliez pas qu'il ignore la valeur réelle de la moyenne de la population.) Transformons en unités standard cette différence de 200 $ entre $\bar{x}$ et μ_{H_0}:

$$Z = \frac{\bar{x} - \mu_{H_0}}{\sigma_{\bar{x}}}$$

$$= \frac{5200\ \$ - 5000\ \$}{100\ \$}$$

$$Z = 2,00 \quad \longleftarrow \text{erreur-type} \quad p = 0,046$$

La probabilité totale que $\bar{x}$ diffère de la véritable moyenne de 5000 $ d'au moins deux erreurs types n'est que de 0,046, approximativement, ainsi que le montre la figure 8.3. Puisque les chances d'occurrence d'une telle situation sont faibles, Philippe serait probablement contraint de rejeter l'affirmation du maire. Il existe une évidence statistique suffisante pour conclure que l'hypothèse du maire est inexacte.

Comme vous pouvez le constater, la différence entre la valeur de la moyenne échantillonnale obtenue et la valeur présumée de la moyenne de la population est considérée comme suffisamment grande pour justifier le rejet de l'hypothèse lorsque la probabilité d'obtenir une moyenne échantillonnale d'une telle valeur est jugée trop petite. Bien entendu, ce critère « trop petite » peut varier d'un individu à l'autre; il dépend des normes fixées par le chercheur lui-même. Qu'il suffise de dire, pour l'instant, que tous les tests d'hypothèses doivent être accompagnés de la règle suivant laquelle une hypothèse doit être rejetée lorsque la probabilité d'obtenir une valeur particulière de $\bar{x}$ se situe sous un niveau minimum acceptable.

FIGURE 8.3

Illustration de la probabilité que $\bar{x}$ diffère de la véritable moyenne de 2 erreurs types ou plus

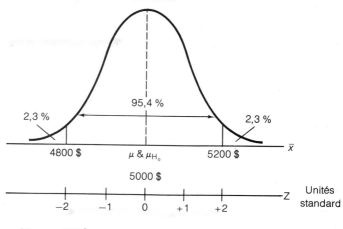

Où: $\sigma_{\bar{x}} = 100\ \$$

Supposons maintenant que la moyenne de la population, dans notre exemple, soit réellement de 5000 $ et que la moyenne échantillonnale soit de 5200 $; Philippe, qui ne pouvait savoir que $\mu = 5000$ $, aurait pu légitimement, mais à tort, rejeter l'hypothèse du maire. En fait, s'il a décidé préalablement que toute valeur de la moyenne échantillonnale qui diffère de la moyenne présumée de 5000 $ de 2 erreurs types ou plus d'un côté ou de l'autre justifie le rejet de l'hypothèse et si la moyenne véritable est égale à 5000 $, il rejetterait à tort l'hypothèse du maire 4,6 % des fois dans l'éventualité où il effectuerait un très grand nombre de tests. En d'autres termes, il peut arriver qu'une moyenne échantillonnale particulière soit une moyenne possible de la distribution d'échantillonnage dans laquelle la moyenne véritable est égale à celle spécifiée par l'hypothèse, et qu'en même temps la probabilité d'occurrence de la moyenne véritable soit si petite qu'on soit justifié de ne pas accepter la valeur présumée vraie de la moyenne de la distribution d'échantillonnage. Bref, la probabilité minimale acceptable est aussi *le risque de rejeter une bonne hypothèse*.

Nous sommes maintenant prêts à voir de plus près les étapes d'un test d'hypothèses.

Étapes d'un test d'hypothèses

Formuler l'hypothèse nulle et l'hypothèse alternative. La *première étape* d'un test d'hypothèses consiste à spécifier la valeur présumée du paramètre *avant* de procéder à l'échantillonnage. *Cette hypothèse est appelée hypothèse nulle* et c'est elle qui sera comparée avec le résultat obtenu de l'échantillon. Si nous voulons tester l'hypothèse que la moyenne de la population est égale à 100, l'hypothèse nulle aura la forme suivante :

$$H_0 : \mu = 100$$

Comme nous l'avons déjà noté, la valeur présumée est symbolisée, dans les différents calculs, par μ_{H_0}.

Si le résultat échantillonnal mène au rejet de l'hypothèse nulle, nous devrons alors en arriver à une autre conclusion. *Lorsque l'hypothèse nulle est rejetée, la conclusion acceptée s'appelle l'hypothèse alternative*. Il y a trois hypothèses alternatives possibles pour l'hypothèse nulle énoncée plus haut :

$$H_1 : \mu \neq 100$$
$$H_1 : \mu > 100$$
$$H_1 : \mu < 100$$

Le choix de l'hypothèse alternative dépend de la nature même du problème; dans des sections ultérieures, nous examinerons chacun de ces trois cas.

Choisir le seuil de signification du test. Après avoir déterminé l'hypothèse nulle et l'hypothèse alternative, la *deuxième étape* consiste à établir le critère d'acceptation ou de rejet de l'hypothèse nulle. Lorsque la moyenne véritable de la population est celle proposée par l'hypothèse nulle, nous savons que la probabilité d'observer une différence entre la moyenne échantillonnale et μ_{H_0} devient plus petite à mesure que cette différence s'accroît; autrement dit, il est très improbable d'observer une grande différence. *Avant* même de prélever l'échantillon, nous devons déterminer la probabilité minimale acceptable d'occurrence pour une différence entre $\bar{x}$ et μ_{H_0}. Dans l'exemple concernant l'affirmation du maire, une différence entre $\bar{x}$ et μ_{H_0} de probabilité 0,046 ou moins était considérée comme improbable et, de ce fait, Philippe a jugé qu'il y avait une raison suffisante pour rejeter l'hypothèse du maire. Dans cette situation, les 4,6 % de chances d'occurrence correspondent à la probabilité minimale acceptable. Comme nous l'avons indiqué, lorsque la valeur de la moyenne est la même que celle proposée par l'hypothèse, *la probabilité minimale acceptable est égale au risque de rejeter l'hypothèse nulle alors que celle-ci est bonne*. Par conséquent, cette étape du test d'hypothèses consiste à spécifier le niveau de risque désiré de rejeter l'hypothèse nulle lorsque celle-ci est vraie. *Le risque de rejeter à tort est appelé le seuil de signification du test et est symbolisé par la lettre grecque α (alpha)* [2].

Déterminer la distribution pour effectuer le test. Une fois le seuil de signification choisi, la *troisième étape* consiste à déterminer la distribution de probabilités appropriée pour effectuer le test. Dans ce chapitre et dans le prochain, ne seront utilisées que la distribution normale (avec la table de Z) et la distribution *t*; dans les chapitres 10 et 11, nous examinerons d'autres tests et présenterons à cet effet de nouvelles distributions. Dans ce chapitre, nous recourrons à la figure 7.5 pour identifier la distribution de probabilités appropriée aux différents tests que nous rencontrerons.

Définir la région critique ou de rejet. Une fois déterminée la distribution appropriée au test, il est possible de préciser en unités standard ce qu'on entend par une différence significative. *Lorsque la distribution d'échantillonnage est normale, on utilise la table de Z pour déterminer le nombre d'unités standard correspondant au seuil de signification désiré.* Supposons, par exemple, que dans un test le risque désiré de rejet à tort de l'hypothèse nulle soit $\alpha = 0,05$. Cela signifie que l'hypothèse nulle sera jugée inacceptable si la différence entre $\bar{x}$ et μ_{H_0} exprimée en unités standard n'a qu'une probabilité de 0,05 ou moins d'arriver lorsque H_0 est vrai. Mais cette différence peut être négative ou positive, c'est-à-dire que $\bar{x}$ peut être trop petit ou trop grand; nous voulons donc 2,5 % de chances de rejeter à tort l'hypothèse nulle de chaque côté de la distribution d'échantillonnage, et α représente le risque d'erreur *total*. La figure 8.4 illustre cette partition de la courbe normale. Puisque l'aire à l'extrême droite et à l'extrême gauche est de 0,025, il reste *de chaque côté de* μ_{H_0} une aire de 0,475 (0,5000 − 0,0250). La valeur Z correspondant à cette aire de 0,475 est de 1,96 (voir l'Annexe 2).

Que représente cette partition de la courbe normale illustrée à la figure 8.4? Nous voyons à la figure 8.5 que si la moyenne échantillonnale diffère de la moyenne présumée d'au moins 1,96 erreur type, il est justifié de rejeter l'hypothèse nulle à un seuil de signification de 0,05. Ainsi, la valeur Z de 1,96 représente en unités standard le seuil à partir duquel la différence entre $\bar{x}$ et μ_{H_0} devient suffisamment significative pour qu'on mette en doute l'égalité $\mu_{H_0} = \mu$. *La différence entre $\bar{x}$ et μ_{H_0} est significative si elle mène au rejet de l'hypothèse nulle.*

---

2. Techniquement, α symbolise le risque d'erreur de première espèce — c'est-à-dire le risque de rejeter une hypothèse vraie. L'erreur de deuxième espèce consiste à *accepter* une hypothèse *fausse*. (Certains étudiants, pas trop gentils, ont déjà fait remarquer à un des auteurs de ce livre que s'inscrire à son cours s'appelait l'erreur de troisième espèce.)

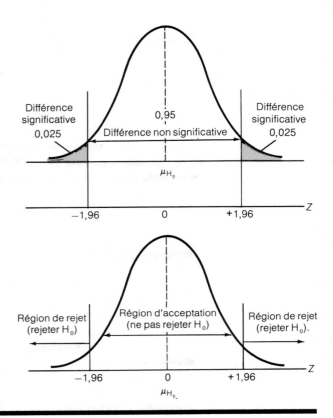

FIGURE 8.4

Pour un risque total désiré de rejet à tort d'une hypothèse nulle vraie égal à 0,05, la différence standardisée entre $\bar{X}$ et μ_{H_0} devient significative à 1,96 ou à −1,96

FIGURE 8.5

Construction des régions d'acceptation et de rejet avec un seuil de signification de 0,05

Ainsi, après avoir précisé le seuil de signification désiré et la distribution à utiliser, la *quatrième étape* du test consiste à déterminer la région critique ou de rejet de la distribution d'échantillonnage exprimée en unités standard. *Lorsque la différence entre $\bar{X}$ et la valeur présumée de μ dans l'hypothèse H_0 se situe dans la région critique, l'hypothèse nulle doit être rejetée.* (Si cette différence ne se situe pas dans cette région critique, il n'y a alors pas d'évidence statistique permettant de douter de l'hypothèse.) Cependant, il faut être très prudent dans l'énoncé de la conclusion d'un test. Théoriquement, le test *ne prouve jamais* que l'hypothèse est vraie. Le test conduit plutôt au non-rejet de l'hypothèse, faute d'évidence statistique permettant d'en douter. Seule une étude complète de la population permettrait d'affirmer que l'hypothèse nulle est vraie ou fausse; mais puisque la moyenne de la population est inconnue, il est impossible de prouver à coup sûr que l'hypothèse est vraie. Par conséquent, lorsque nous dirons que l'hypothèse est acceptée, vous devrez comprendre qu'il n'y a aucune évidence statistique permettant de la rejeter.

Établir la règle de décision. Après avoir formulé les hypothèses, choisi le seuil de signification, déterminé la distribution appropriée et défini la région de rejet, il vous faudra énoncer formellement la règle de décision du test. Cela constitue la *cinquième étape.* La règle de décision doit stipuler clairement la conclusion appropriée selon les résultats échantillonnaux obtenus. Voici la forme générale de la règle de décision:

accepter H_0 si la différence standardisée entre $\bar{x}$ et μ_{H_0} se situe dans la région d'acceptation

ou

rejeter H_0 si la différence standardisée entre $\bar{x}$ et μ_{H_0} se situe dans la région de rejet

Faire les calculs nécessaires. Une fois que sont établies les règles régissant le test d'hypothèses, la *sixième étape* consiste à analyser les données échantillonnales. On doit prélever un échantillon et effectuer une estimation du paramètre concerné. Si, par exemple, le test d'hypothèses porte sur la valeur de la moyenne de la population, nous devrons tout d'abord calculer la moyenne échantillonnale. Avant de convertir en valeur standardisée la différence entre $\bar{x}$ et μ_{H_0}, il est *absolument nécessaire* de déterminer l'erreur type de la moyenne. *La différence standardisée entre la statistique et la valeur présumée du paramètre est appelée le rapport critique;* on appelle ainsi ce rapport parce qu'il détermine si l'hypothèse nulle doit être acceptée ou rejetée. Le rapport critique (RC) pour un test d'hypothèse sur la moyenne de la population est calculé de la façon suivante :

$$ RC = \frac{\bar{x} - \mu_{H_0}}{\sigma_{\bar{x}}} $$

Prendre la décision. *Lorsque la valeur du rapport critique se situe dans la région de rejet, l'hypothèse nulle est rejetée.* Par exemple, la figure 8.6 nous indique la région de rejet pour une courbe normale avec $\alpha = 0,01$. Comme l'indique la table de Z, pour un risque de 1 %, les valeurs Z correspondantes sont de $-2,58$ et $2,58$. Supposons que le rapport critique obtenu avec un échantillon soit de 2,60. Puisque RC se situe dans la région de rejet, il est justifié de rejeter l'hypothèse nulle, en n'oubliant pas, toutefois, que le risque de rejet à tort de cette hypothèse est de 1 %. Toutes ces définitions et ces étapes ont de quoi faire perdre la tête. Nous vous présentons donc, à la figure 8.7, un résumé de la démarche à suivre pour effectuer un test d'hypothèses.

FIGURE 8.6

**Régions d'acceptation
et de rejet
avec $\alpha = 0,01$**

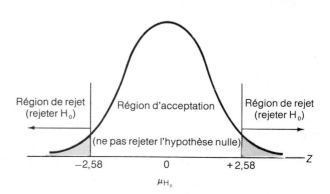

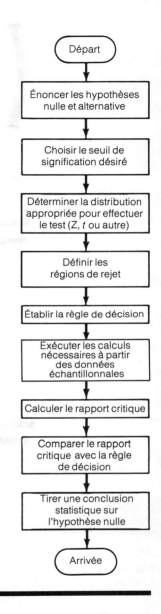

FIGURE 8.7
**Méthode d'un test
d'hypothèses**

**Décisions
administratives
et décisions
statistiques :
une mise au point**

Pour terminer cette section, laissons un peu de côté les statistiques. Les lois statistiques permettent d'élaborer des méthodes appropriées pour tester objectivement des hypothèses; cependant, les conclusions statistiques qui en découlent ne doivent en aucune façon être considérées comme l'étape ultime de la prise de décision. Les résultats quantitatifs véhiculés dans les rapports statistiques ne représentent, aux yeux des personnes auxquelles ils s'adressent, qu'un des nombreux facteurs influençant la décision finale. La prise de décision se fait généralement dans un climat de grande incertitude et les résultats statistiques ne servent qu'à réduire et à contrôler quelque peu cette incertitude, sans toutefois l'éliminer complètement. La qualité de la solution adoptée dans une situation de problème dépend largement de l'information obtenue. Les résultats statistiques, même s'ils sont déterminés objectivement, ne doivent pas être acceptés aveuglément. D'autres facteurs reliés à la situation doivent être considérés. Par exemple, le directeur de la production peut statistiquement en arriver à la conclusion qu'une machine ne produit pas autant que ce qu'il aurait cru. Une telle conclusion ne lui dit cependant pas quelle(s) mesure(s) il doit prendre pour corriger la situation. Le directeur peut remplacer la machine, la faire réparer ou la laisser telle qu'elle est. La décision finale devra tenir compte de l'argent disponible pour le remplacement, du nombre de fois que la machine a été réparée et des sommes investies à cette fin, de la disponibilité de nouvelles machines et ainsi de suite. Par conséquent, *une conclusion statistique n'est pas nécessairement une conclusion administrative*; elle ne représente qu'un des facteurs à considérer dans l'analyse globale d'une situation problématique.

Auto-évaluation 8.1

1. Qu'est-ce qu'une hypothèse nulle?
2. Qu'est-ce qu'une hypothèse alternative?
3. Qu'est-ce que le seuil de signification?
4. Quand peut-on utiliser la distribution Z dans un test d'hypothèses?
5. Qu'entend-on par une différence significative dans un test d'hypothèses?
6. Qu'est-ce que la région de rejet?
7. Comment fait-on pour standardiser la différence entre $\bar{x}$ et μ_{H_0}?
8. Le fait que RC ne se situe pas dans la région de rejet constitue une preuve que l'hypothèse nulle est vraie. Commenter cette affirmation.
9. Puisque la méthode des tests d'hypothèses s'appuie sur des lois statistiques éprouvées et puisque les conclusions de ces tests sont objectivement déterminées, il devient plus facile de prendre des décisions. Discuter cet énoncé.

TESTS D'HYPOTHÈSES SUR UNE MOYENNE

Nous verrons dans cette section comment s'effectue un test sur une moyenne de population dans diverses circonstances. Nous vous rappelons qu'il y a trois hypothèses alternatives possibles et que le choix de la conclusion appropriée lorsque l'hypothèse nulle est rejetée dépend de la nature même de la situation présentée. Nous verrons aussi comment peut être choisie une hypothèse alternative.

Test bilatéral avec σ connu

Lorsque les hypothèses nulle et alternative sont de la forme suivante:

$H_0: \mu =$ valeur présumée
$H_1: \mu \neq$ valeur présumée

si l'hypothèse nulle ne peut être acceptée, nous ne pouvons que conclure que la moyenne de la population n'est pas égale à la valeur présumée. Il importe peu que la vraie valeur de la moyenne soit plus grande ou plus petite que la valeur présumée; ce qui compte, c'est que la moyenne véritable diffère de la valeur hypothétique. Voilà la seule conclusion possible.

La nature des hypothèses précédentes commande un *test bilatéral*. Dans un test bilatéral, l'hypothèse nulle est rejetée lorsque la moyenne échantillonnale est, d'une façon significative, *plus grande ou plus petite* que la valeur présumée de la moyenne de la population. Par conséquent, dans un test bilatéral, il y a *deux* régions de rejet, comme le montre la figure 8.8. Puisque l'hypothèse nulle doit être rejetée lorsque la moyenne échantillonnale est trop grande ou trop petite, le risque total d'erreur de rejet à tort de H_0 est divisé en deux parties égales de chaque côté de la distribution; autrement dit, l'aire sous la courbe pour chacune des régions de rejet est égale à $\alpha / 2$.

Lorsque σ est connu ou lorsque la taille de l'échantillon est suffisamment grande, les limites des régions de rejet sont déterminées à l'aide de la table de Z. En effet, celles-ci sont précisées par la valeur Z correspondant à une aire de $0,5000 - \alpha / 2$. Par exemple, pour un test bilatéral avec $\alpha = 0,05$, l'aire sous la courbe à l'extrême droite et à l'extrême gauche est de 0,0250 et les limites des régions de rejet sont $Z = 1,96$ et $Z = -1,96$ (voir fig. 8.8).

La *règle de décision* appropriée pour un test bilatéral basé sur la distribution Z est donc:

accepter H_0 si RC se situe entre[3] $\pm 1,96$

ou

rejeter H_0 et accepter H_1 si $RC < -1,96$ ou $RC > 1,96$

Les exemples suivants illustrent comment s'effectue un test bilatéral lorsque σ est connu.

FIGURE 8.8

Régions d'acceptation et de rejet pour un test bilatéral avec $\alpha = 0,05$

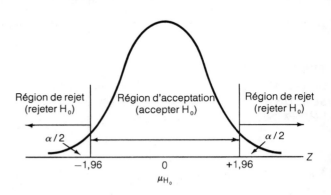

---

3. Qu'arrive-t-il si le rapport critique est égal à 1,96? Dans cette situation et dans les situations semblables rencontrées dans ce livre, nous inclurons le point 1,96 dans la région d'acceptation. Une valeur de 1,97 se trouvera alors dans la région de rejet.

Exemple 8.1. Le propriétaire de la pâtisserie Jean Pifre affirme que le nombre moyen de brioches vendues quotidiennement est de 1500. Un employé du magasin veut vérifier l'exactitude de l'affirmation de son patron. La moyenne d'un échantillon de 36 jours est de 1450 brioches vendues par jour. En utilisant un seuil de signification de $\alpha = 0{,}01$ et en supposant que $\sigma = 120$, quelle devrait être la conclusion de l'employé?

Voici les *hypothèses*:

$H_0: \mu = 1500$ brioches
$H_1: \mu \neq 1500$ brioches

L'employé effectue donc un test bilatéral puisqu'il suffit que la moyenne échantillonnale soit significativement trop grande ou trop petite pour que l'hypothèse nulle soit rejetée. Le but du test consiste, en effet, à déterminer si oui ou non $\mu = 1500$; aucune autre conclusion ne doit être tirée.

Puisque σ est connu, l'employé peut utiliser la distribution Z pour faire le test; pour $\alpha = 0{,}01$, le risque de rejet à tort est de 0,005 de chaque côté de la distribution. Cela signifie que la probabilité d'accepter H_0 avec raison d'un côté de la courbe normale est de 0,4950. En consultant la table de Z, la valeur Z correspondant à une aire de 0,4950 est approximativement de 2,58. (Les régions de rejet pour ce problème sont illustrées à la figure 8.9.)

La *règle de décision* appropriée dans ce problème est la suivante:

accepter H_0 si RC se situe entre $\pm 2{,}58$

ou

rejeter H_0 et accepter H_1 si RC $< -2{,}58$ ou RC $> 2{,}58$

FIGURE 8.9

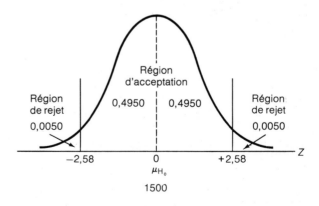

Le calcul du *rapport critique* (RC) s'effectue ainsi :

$$RC = \frac{\bar{X} - \mu_{H_0}}{\sigma_{\bar{x}}}$$

$$= \frac{1450 - 1500}{\sigma / \sqrt{n}}$$

$$= \frac{-50}{120 / \sqrt{36}}$$

$$= -2,5$$

Conclusion : puisque RC $= -2,5$, le rapport critique se situe entre $\pm 2,58$ et l'hypothèse nulle ne doit pas être rejetée au seuil de signification de 0,01.

Exemple 8.2. Un agent d'assurances, M. Plus Otot, affirme que le montant moyen payé pour indemniser les personnes ayant subi des blessures corporelles lors d'accidents d'automobile est de 4500 $. Un détenteur de police, M. Alexis Denté, veut vérifier l'affirmation du courtier et, pour ce faire, on lui permet d'examiner les dossiers de 16 cas d'indemnisation pour blessures corporelles. La moyenne échantillonnale est de 4715 $. En supposant que $\sigma = 800$ $, tester l'affirmation du courtier avec $\alpha = 0,05$.

Les *hypothèses* en présence sont les suivantes :

$H_0 : \mu = 4500$ $

$H_1 : \mu \neq 4500$ $

Le test est bilatéral parce que le détenteur de police n'est intéressé à conclure qu'à la non-égalité entre la valeur présumée et la vraie valeur si l'hypothèse nulle est rejetée.

Puisque σ est donné, on peut recourir à la distribution Z, peu importe la taille de l'échantillon. Pour $\alpha = 0,05$, le risque est de 0,025 de chaque côté de la distribution. La valeur Z correspondant à une aire de 0,4750 (0,5000 − 0,0250) est de 1,96. Par conséquent, la *règle de décision* appropriée est celle-ci :

accepter H_0 si RC se situe entre $\pm 1,96$

ou

rejeter H_0 et accepter H_1 si RC $< -1,96$ ou RC $> 1,96$

Le *rapport critique* se calcule de la façon suivante :

$$RC = \frac{\bar{X} - \mu_{H_0}}{\sigma_{\bar{x}}}$$

$$= \frac{4715\ \$ - 4500\ \$}{800\ \$ / \sqrt{16}}$$

$$= 1,075$$

Conclusion : puisque RC se situe entre $\pm$ 1,96, il n'y a pas d'évidence statistique suffisante permettant de rejeter l'hypothèse nulle à un seuil de signification de 0,05. La moyenne échantillonnale de 4715 $ ne se situe qu'à 1,075 erreur type à droite de la moyenne présumée et cet écart observé est probablement dû à la variation d'échantillonnage.

Auto-évaluation 8.2

1. Qu'est-ce qu'un test bilatéral?

2. Déterminer la valeur Z appropriée pour un test bilatéral avec un seuil de signification de :
   a) $\alpha = 0,01$
   b) $\alpha = 0,08$
   c) $\alpha = 0,05$
   d) $\alpha = 0,03$

3. La moyenne présumée d'une population est de 500 avec $\sigma = 50$. La moyenne d'un échantillon de taille 36 est $\bar{x} = 475$. Faire un test bilatéral avec $\alpha = 0,01$.

Test unilatéral avec σ connu

Il arrive souvent que le test bilatéral ne réponde pas aux attentes du chercheur; en effet, dans le cas où l'hypothèse nulle est rejetée, celui-ci pourrait trouver insatisfaisant de conclure simplement que la vraie valeur du paramètre *n'est pas égale* à la valeur présumée dans l'hypothèse nulle. Lorsque l'hypothèse nulle est jugée inacceptable, le chercheur aime savoir si ce rejet provient du fait que la vraie valeur du paramètre est *probablement supérieure* ou *probablement inférieure* à la valeur présumée. En d'autres mots, si l'hypothèse nulle est rejetée, est-il vraisemblable d'affirmer que la vraie valeur est supérieure ou qu'elle est inférieure à la valeur présumée? Dans une telle situation, l'hypothèse nulle est la même que précédemment :

$H_0 : \mu = $ valeur présumée

Cependant, l'*hypothèse alternative* sera l'une des deux hypothèses suivantes :

$H_1 : \mu > $ valeur présumée

ou

$H_1 : \mu < $ valeur présumée

La nature de chacune de ces hypothèses alternatives commande un test unilatéral. *Dans un test unilatéral, il n'y a qu'une région de rejet et l'hypothèse nulle est rejetée seulement lorsque la valeur de la moyenne échantillonnale se situe dans cette région de rejet unique.*

Test unilatéral à droite. Lorsque l'hypothèse alternative est :

$H_1 : \mu > $ valeur présumée

la région de rejet se situe du côté droit de la distribution d'échantillonnage et le test est alors appelé *test unilatéral à droite*. L'hypothèse nulle est rejetée seulement lorsque la valeur de la moyenne échantillonnale est jugée *significativement grande*. Lorsque la valeur de la moyenne échantillonnale est extrêmement petite comparativement à la valeur présumée en H_0, l'hypothèse nulle ne peut être rejetée. Toutefois, le test unilatéral à droite a un inconvénient majeur: sa structure même peut favoriser le non-rejet d'une hypothèse nulle fausse lorsque la vraie valeur du paramètre est inférieure à la valeur présumée. Un tel test, en effet, met l'accent sur un rejet de H_0 basé sur le fait que la valeur réelle peut être supérieure à la valeur présumée.

Si le paragraphe précédent ne vous semble pas très clair, l'exemple suivant devrait vous aider. Votre ami et vous tentez de deviner l'âge d'une troisième personne. Votre ami pose l'hypothèse que cette personne est âgée de 23 ans tandis que vous croyez qu'elle est plus âgée. Finalement, vous demandez à la troisième personne: « Êtes-vous âgée de plus de 23 ans? » Elle répond alors: « Non. » Vous ne pouvez donc pas rejeter l'affirmation de votre ami parce que vous n'avez pas demandé à la personne si elle était âgée de moins de 23 ans; pourtant, cette affirmation peut être incorrecte.

Le non-rejet de H_0 dans un test unilatéral à droite survient dans des conditions semblables à celles présentées dans cet exemple.

Test unilatéral à gauche. Lorsque l'hypothèse alternative est:

$$H_1 : \mu < \text{valeur présumée}$$

nous voulons déterminer si la valeur réelle est *inférieure* à la valeur présumée. Une telle hypothèse suggère un *test unilatéral à gauche*. Dans un test unilatéral à gauche, la région de rejet se situe à l'extrême gauche de la distribution d'échantillon-nage. Dans ce cas, l'hypothèse nulle est rejetée uniquement lorsque la valeur de la moyenne échantillonnale est jugée *significativement inférieure* à la valeur présumée. Dans un test unilatéral à gauche, l'hypothèse nulle n'est pas rejetée même s'il paraît vraisemblable que la vraie valeur soit supérieure à la valeur présumée.

La figure 8.10 illustre les différences entre un test unilatéral à gauche et un test unilatéral à droite.

FIGURE 8.10

Régions de rejet pour un test unilatéral à gauche et un test unilatéral à droite

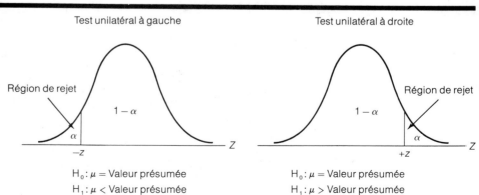

Test unilatéral à gauche

Région de rejet

$1 - \alpha$

α

$-z$

Z

$H_0 : \mu = \text{Valeur présumée}$
$H_1 : \mu < \text{Valeur présumée}$

Test unilatéral à droite

Région de rejet

$1 - \alpha$

α

$+z$

Z

$H_0 : \mu = \text{Valeur présumée}$
$H_1 : \mu > \text{Valeur présumée}$

Seuil de signification. Le seuil de signification (α) représente le *risque total* de rejet de H_0 lorsque, en réalité, cette hypothèse est vraie. Dans un test bilatéral, ce risque total est divisé de façon égale de chaque côté de la distribution d'échantillonnage. Par contre, dans un test unilatéral (puisqu'il n'y a qu'une région de rejet), *l'aire α se retrouve d'un seul côté de la distribution, à droite ou à gauche selon le test.* Si l'on utilise la distribution Z pour effectuer le test, on détermine alors la valeur Z appropriée en trouvant dans la table de Z la valeur correspondant à une probabilité de $0,5000 - \alpha$. Par exemple, si le seuil de signification d'un test unilatéral à gauche est de 0,05, la limite de la région de rejet correspond à une valeur Z de $-1,64$ (voir fig. 8.11).

Règle de décision. Lorsque la distribution Z est applicable, la règle de décision pour un *test unilatéral à gauche* prend la forme suivante :

accepter H_0 si RC $\geqslant -$ valeur Z

ou

rejeter H_0 et accepter H_1 si RC $< -$ valeur Z

La règle de décision pour un test *unilatéral à droite* se lit comme suit :

accepter H_0 si RC $\leqslant$ valeur Z

ou

rejeter H_0 et accepter H_1 si RC $>$ valeur Z

La méthode de calcul du rapport critique est identique pour le test unilatéral et le test bilatéral.

Regardons maintenant quelques exemples dans lesquels le test unilatéral est employé avec σ connu.

FIGURE 8.11

Région de rejet pour un test unilatéral à gauche avec un seuil de signification de 0,05

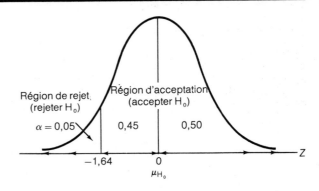

Exemple 8.3. M. Maltais, directeur d'une brasserie, veut s'assurer que le volume moyen des cannettes de bière Super-Broue produites est bien de 341 ml. Si le volume moyen est significativement inférieur à 341 ml, les clients (et diverses agences de surveillance) vont sûrement porter plainte et faire de la mauvaise publicité à la brasserie. À cause du format de la cannette, il est impossible que le volume moyen soit significativement supérieur à 341 ml. La moyenne d'un échantillon de 36 cannettes est de 332 ml. En supposant que $\sigma = 6$ ml, effectuer le test d'hypothèses approprié avec $\alpha = 0,01$.

Les *hypothèses* sont les suivantes :

$H_0 : \mu = 341$ ml
$H_1 : \mu < 341$ ml

Il est clair, dans cette situation, que M. Maltais rejettera l'hypothèse nulle s'il juge que la moyenne échantillonnale est significativement inférieure à la valeur présumée en H_0.

Puisque σ est connu, la distribution Z est applicable dans le test. Donc, pour ce test unilatéral à gauche avec $\alpha = 0,01$, la région de rejet se situe à gauche de la valeur Z égale à $-2,33$. Par conséquent, la règle de décision est la suivante :

accepter H_0 si RC $\geq -2,33$ (n'oubliez pas : $-2,32 > -2,33$)

ou

rejeter H_0 et accepter H_1 si RC $< -2,33$ (n'oubliez pas : $-2,34 < -2,33$)

Le *rapport critique* est calculé de la façon suivante :

$$RC = \frac{\bar{X} - \mu_{H_0}}{\sigma_{\bar{x}}}$$

$$= \frac{332 - 341}{6/\sqrt{36}}$$

$$= -9,00$$

Conclusion : puisque RC $< -2,33$, la brasserie doit rejeter H_0 et améliorer son procédé de remplissage des cannettes. Il est *très peu probable* que la moyenne d'un échantillon prélevé dans une population dont la véritable moyenne est de 341 ml soit située à 9,00 erreurs types à gauche de la véritable moyenne!

Exemple 8.4. M. Eugène Boucher, distributeur de rince-bouche, affirme qu'il en coûte, en moyenne, 13,25 $ pour manipuler une commande d'un détaillant. Mme Minnie Malle, contrôleuse de la compagnie, craint que le coût moyen soit supérieur à ce qu'affirme M. Boucher. Elle a l'intention de prendre les mesures nécessaires pour réduire le coût moyen s'il s'avère trop élevé, mais n'élèvera pas la voix si la moyenne est inférieure aux 13,25 $ mentionnés. La moyenne d'un échantillon aléatoire de 100 commandes est de 13,35 $. En supposant que $\sigma = 0,50$ $, effectuer le test approprié à un seuil de signification de 0,01.

Les *hypothèses* sont les suivantes :

$H_0 : \mu = 13,25$ $
$H_1 : \mu > 13,25$ $

Il s'agit d'un test unilatéral à droite; seule une moyenne échantillonnale significativement supérieure à la valeur de μ spécifiée en H_0 conduira au rejet de l'hypothèse nulle. Dans ce problème, on ne peut envisager la possibilité d'une moyenne échantillonnale trop petite. L'écart type σ étant connu, la distribution Z est applicable dans ce test. Pour $\alpha = 0,01$, la valeur Z appropriée est de 2,33. La *règle de décision* qu'il faut suivre est la suivante :

accepter H_0 si RC $\leqslant$ 2,33

ou

rejeter H_0 et accepter H_1 si RC > 2,33

Le *rapport critique* est calculé de la façon suivante :

$$RC = \frac{\bar{x} - \mu_{H_0}}{\sigma_{\bar{x}}} = \frac{13,35 \ \$ - 13,25 \ \$}{0,50 \ \$ / \sqrt{100}} = 2,00$$

Conclusion : puisque RC < 2,33, Mme Malle ne peut compter sur aucune évidence statistique pour rejeter l'affirmation de M. Boucher au seuil de signification de 0,01.

Auto-évaluation 8.3

1. Qu'est-ce qu'un test unilatéral?

2. Quelle est la différence entre l'hypothèse alternative d'un test unilatéral à gauche et l'hypothèse alternative d'un test unilatéral à droite?

3. Déterminer la valeur Z appropriée pour les situations suivantes :
   a) Test bilatéral, $\alpha = 0,01$
   b) Test bilatéral, $\alpha = 0,05$
   c) Test unilatéral à gauche, $\alpha = 0,05$
   d) Test unilatéral à droite, $\alpha = 0,01$

4. Nous avons l'hypothèse nulle suivante : H_0 : $\mu = 100$. Faire un test unilatéral à gauche avec $\alpha = 0,05$, $\sigma = 15$, $n = 36$ et $\bar{x} = 88$.

5. Soit les informations suivantes : H_0 : $\mu = 24$, $\sigma = 3$, $n = 16$, $\bar{x} = 26$ et $\alpha = 0,01$. Effectuer un test unilatéral à droite.

6. M. X affirme que la vraie moyenne est de 500. M. Y n'est pas d'accord et croit que la valeur de la moyenne est inférieure à ce qu'affirme M. X. Énoncer l'hypothèse nulle et l'hypothèse alternative.

7. Une machine produit des articles dont le diamètre doit être de 6,25 cm. Si le diamètre moyen d'un lot d'articles est inférieur à 6,25 cm, le lot doit être détruit. Par contre, si le diamètre moyen est supérieur à 6,25 cm, les articles pourront être vendus pour un usage différent mais au même prix. Quelles sont les hypothèses les plus appropriées pour cette situation?

8. Lorsque l'hypothèse nulle n'est pas rejetée dans un test unilatéral à droite, on peut affirmer que μ est vraiment égal à la valeur présumée (μ_{H_0}). Discuter cet énoncé.

Test bilatéral avec σ inconnu

Jusqu'ici, nous avons effectué des tests sur une moyenne dans le cas où σ est connu. Cependant, comme nous l'avons vu dans le chapitre précédent, σ n'est que très rarement connu. La plupart du temps, nous devrons donc utiliser à l'intérieur des tests l'écart type échantillonnal s.

Lorsque σ est inconnu, *certains aspects* du déroulement du test d'hypothèses *en sont affectés*. Ainsi, (1) il n'est plus possible de prendre pour acquis que la distribution d'échantillonnage appropriée est normale ou approximativement normale; (2) dans le calcul du rapport critique (RC), $\sigma_{\bar{x}}$ doit être remplacé par $\hat{\sigma}_{\bar{x}}$.

En d'autres mots, lorsque σ est inconnu, nous ne pouvons utiliser Z (et l'Annexe 2) pour déterminer les régions de rejet que si la taille de l'échantillon est supérieure à 30. Si la taille de l'échantillon est égale ou inférieure à 30, nous devons employer la distribution t. La valeur t servant à délimiter une région de rejet est à la fois déterminée par le seuil de signification du test et le nombre de degrés de liberté (égal à $n - 1$). Par exemple, pour un *test bilatéral* basé sur un échantillon de taille 16 avec un seuil de signification de 0,05, la valeur t appropriée avec 15 degrés de liberté est de 2,131, ainsi que l'indique la table t à l'Annexe 4 [4].

Vous constaterez à travers les différents exemples qui suivent que la méthode employée pour effectuer un test lorsque σ est inconnu est identique à celle employée lorsque σ est connu, à quelques exceptions près: il faut, en effet, (1) déterminer la distribution appropriée (Z ou t) avant de faire le test et (2) choisir la bonne méthode de calcul du rapport critique.

Exemple 8.5. M. Boileau, propriétaire du bar Bouze, pense qu'il vend, en moyenne, 17 l de Délice Délétère quotidiennement. Son associé, M. Victor Boyau, pense que cette estimation est fausse. La moyenne d'un échantillon de 36 jours est de 15 l avec un écart type échantillonnal (s) de 4 l. Tester l'affirmation de M. Boileau avec un seuil de signification de 0,10.

Les *hypothèses* sont les suivantes:

$H_0: \mu = 17$ l
$H_1: \mu \neq 17$ l

Nous effectuons un test bilatéral parce que nous voulons simplement vérifier l'exactitude de l'affirmation de M. Boileau. Une valeur extrêmement grande ou extrêmement petite de $\bar{x}$ conduira au rejet de l'hypothèse nulle. Puisque $n = 36$, nous pouvons affirmer que la distribution d'échantillonnage est approximativement normale et, par conséquent, nous pouvons utiliser la distribution Z pour délimiter les régions de rejet.

Puisque le test est bilatéral et $\alpha = 0,10$, le risque d'erreur est de chaque côté égal à 0,05. La valeur Z correspondant à $0,5000 - 0,0500 = 0,4500$ est de 1,64 approximativement. La *règle de décision* appropriée est la suivante:

accepter H_0 si RC se situe entre $\pm$ 1,64

ou

rejeter H_0 et accepter H_1 si RC $< -$ 1,64 ou RC $>$ 1,64

---

4. En effet, $t_{\alpha/2} = t_{0,025} = 2,131$. La table de t est ainsi faite qu'elle donne la valeur t correspondant à une région de rejet d'un seul côté de la distribution.

Avec $s = 4$ et $n = 36$, on calcule $\hat{\sigma}_{\bar{x}}$ de la façon suivante :

$$\hat{\sigma}_{\bar{x}} = \frac{s}{\sqrt{n-1}} = \frac{4}{\sqrt{36-1}} = 0,676$$

Donc, le *rapport critique* est égal à :

$$RC = \frac{\bar{x} - \mu_{H_0}}{\sigma_{\bar{x}}}$$

$$= \frac{15 - 17}{0,676}$$

$$= -2,96$$

Conclusion : puisque $RC < -1,64$, il faut rejeter l'affirmation de M. Boileau avec un seuil de signification de $0,10$.

Exemple 8.6. M. Pierrot Legrand affirme que la taille moyenne des citoyens de Grand-land est de 160 cm. Un sociologue, M. Q. Rieux, prélève un échantillon aléatoire de 16 Grandlandais; il découvre alors que la taille moyenne est de 157,25 cm et que l'écart type est de 6,25 cm. Peut-il conclure, avec un seuil de signification de 0,05, que M. Legrand a raison?

Les *hypothèses* sont les suivantes :

$H_0 : \mu = 160\ \text{cm}$
$H_1 : \mu \neq 160\ \text{cm}$

La situation présentée commande un test bilatéral avec un risque de rejet à tort de 0,025 de chaque côté. Puisque $n = 16$, on doit utiliser la distribution t pour effectuer le test. Avec 15 degrés de liberté et un risque de 0,025 de chaque côté, la valeur t appropriée est $t_{0,025} = 2,131$.

La *règle de décision* dans ce problème est la suivante :

accepter H_0 si RC se situe entre $\pm 2,131$

ou

rejeter H_0 et accepter H_1 si $RC < -2,131$ ou $RC > 2,131$

Avec $s = 6,25$ et $n = 16$, on calcule $\hat{\sigma}_{\bar{x}}$ de la façon suivante :

$$\hat{\sigma}_{\bar{x}} = \frac{s}{\sqrt{n-1}} = \frac{6,25}{\sqrt{16-1}} = 1,614$$

Et le *rapport critique* s'effectue comme suit :

$$RC = \frac{\bar{x} - \mu_{H_0}}{\sigma_{\bar{x}}} = \frac{157,25 - 160,00}{1,614} = -1,70$$

Conclusion : puisque RC se situe entre $\pm 2,131$, il n'y a aucune raison de rejeter l'affirmation de M. Legrand avec un seuil de signification de 0,05.

Auto-évaluation 8.4

1. En quoi diffère un test d'hypothèses avec σ inconnu d'un test d'hypothèses avec σ connu?

2. Soit les informations suivantes: H_0: $\mu = 612$, $\bar{x} = 608$, $s = 5$, $n = 13$ et $\alpha = 0,05$. Effectuer un test bilatéral.

3. Soit les informations suivantes: H_0: $\mu = 243$, $\bar{x} = 269$, $s = 15$, $n = 36$ et $\alpha = 0,01$. Effectuer un test bilatéral.

Test unilatéral avec σ inconnu

Les deux exemples précédents constituaient des tests bilatéraux. Les exemples suivants sont des tests unilatéraux avec σ inconnu. Vous pourrez constater que la méthode utilisée est essentiellement la même.

Exemple 8.7. Le directeur de la compagnie de gravier Le Troc du Roc, Pierre Gravel (incroyable, mais vrai!), a l'impression que la moyenne du poids des livraisons de gravier est de 2000 kg. Un actionnaire de la compagnie, M. Durocher, pense, pour sa part, que ce nombre est exagéré et que M. Gravel ne cherche qu'à leurrer les investisseurs. M. Durocher prélève au hasard un échantillon de 25 livraisons et trouve que la moyenne est de 1980 kg avec un écart type de 110 kg. Est-ce que M. Durocher peut rejeter l'affirmation de M. Gravel avec un seuil de signification de 0,05?

Les *hypothèses* sont les suivantes:

H_0: $\mu = 2000$ kg
H_1: $\mu < 2000$ kg

Il s'agit donc d'un *test unilatéral à gauche* puisque seule une moyenne échantillonnale significativement petite peut mener au rejet de l'hypothèse nulle. Et s'agissant d'un test unilatéral, l'aire sous la courbe dans la région de rejet unique est alors égale au seuil de signification de 0,05.

La taille d'échantillon étant égale à 25, on doit employer la distribution t pour délimiter la région de rejet. Pour 24 degrés de liberté, la valeur t appropriée est $t_{0,025} = 1,711$. La *règle de décision* est alors:

accepter H_0 si RC $\geqslant -1,711$

ou

rejeter H_0 et accepter H_1 si RC $< -1,711$

Avec $s = 110$ kg et $n = 25$:

$$\hat{\sigma}_{\bar{x}} = \frac{s}{\sqrt{n-1}} = \frac{110}{\sqrt{25-1}} = 22,45$$

Le *rapport critique* est calculé de la façon suivante:

$$RC = \frac{\bar{x} - \mu_{H_0}}{\hat{\sigma}_{\bar{x}}} = \frac{1980 - 2000}{22,45} = -0,891$$

Conclusion : puisque RC $> -1,711$, il n'y a aucune évidence statistique permettant à M. Durocher de douter de l'affirmation de M. Gravel. Il est, en effet, tout à fait possible que la moyenne d'un échantillon aléatoire se situe à $-0,891$ erreur type de la véritable moyenne.

Exemple 8.8. M. Réjean Bauche, de l'agence de placement R. B., pense que l'agence reçoit en moyenne 16 plaintes par semaine de compagnies qui ont engagé des clients de l'agence. M. Serge Décelles, un interviewer de l'agence, croit que la véritable moyenne est plus élevée que ce que pense M. Bauche. S'il s'avère exact que M. Bauche sous-évalue le nombre moyen de plaintes, des mesures devront être prises pour améliorer la méthode de sélection de l'agence. La moyenne hebdomadaire pour un échantillon de 10 semaines est de 18 plaintes avec un écart type de 3 plaintes. Effectuer un test à un seuil de signification de 0,01.

Les *hypothèses* sont les suivantes :

$H_0 : \mu = 16$ plaintes
$H_1 : \mu > 16$ plaintes

S'il rejette l'hypothèse nulle, M. Décelles voudra conclure que la valeur du paramètre est supérieure à celle spécifiée en H_0. Par conséquent, le test est *unilatéral à droite*.

Avec $n = 10$ et $\alpha = 0,01$, la valeur t appropriée pour 9 degrés de liberté est $t_{0,01} = 2,821$. La *règle de décision* est donc :

accepter H_0 si RC $\leqslant 2,821$

ou

rejeter H_0 et accepter H_1 si RC $> 2,821$

Avec $s = 3$ et $n = 10$:

$$\hat{\sigma}_{\bar{x}} = \frac{s}{\sqrt{n-1}} = \frac{3}{\sqrt{10-1}} = 1,00$$

Le *rapport critique* est calculé de la façon suivante :

$$RC = \frac{\bar{x} - \mu_{H_0}}{\hat{\sigma}_{\bar{x}}} = \frac{18 - 16}{1,00} = 2,00$$

Conclusion : puisque RC $< 2,821$, il n'y a pas lieu de rejeter l'hypothèse de M. Bauche à un seuil de signification de 0,01.

Jusqu'ici dans ce chapitre, nous avons vu différentes applications du test d'hypothèses sur une moyenne. La méthode employée pour effectuer le test variait quelque peu d'une situation à l'autre selon les conditions propres à chaque situation étudiée; cependant, nous pouvons affirmer que la méthode était essentiellement toujours la même. Les différences dans l'application du test se répercutaient toujours dans la règle de décision, et c'est ce qu'illustre en abrégé le tableau 8.1.

TABLEAU 8.1

Règles de décisions pour un test d'hypothèses sur une moyenne dans différentes conditions d'application

	σ connu ou $n > 30$	σ inconnu et $n \leqslant 30$
Test bilatéral	Accepter H_0 si RC se situe entre $\pm$ valeur Z Rejeter H_0 et accepter H_1 si RC > valeur Z ou RC < − valeur Z	Accepter H_0 si RC se situe entre $\pm$ valeur $t_{\alpha/2}$ Rejeter H_0 et accepter H_1 si RC > valeur $t_{\alpha/2}$ ou RC < − valeur $t_{\alpha/2}$
Test unilatéral à gauche	Accepter H_0 si RC > − valeur Z Rejeter H_0 et accepter H_1 si RC < − valeur Z	Accepter H_0 si RC > − valeur t_α Rejeter H_0 et accepter H_1 si RC < − valeur $t_{\alpha/2}$
Test unilatéral à droite	Accepter H_0 si RC < valeur Z Rejeter H_0 et accepter H_1 si RC > valeur Z.	Accepter H_0 si RC < valeur t_α Rejeter H_0 et accepter H_1 si RC > valeur t_α

Auto-évaluation 8.5

1. Si l'hypothèse nulle est $H_0 : \mu =$ valeur présumée, déterminer la valeur t appropriée dans les situations suivantes :
   a) $n = 23$, $\alpha = 0,01$, $H_1 : \mu <$ valeur présumée
   b) $n = 16$, $\alpha = 0,05$, $H_1 : \mu \neq$ valeur présumée
   c) $n = 26$, $\alpha = 0,01$, $H_1 : \mu >$ valeur présumée
   d) $n = 27$, $\alpha = 0,05$, $H_1 : \mu >$ valeur présumée

2. Soit les informations suivantes : $H_0 : \mu = 400$, $\bar{x} = 389$, $\hat{\sigma}_{\bar{x}} = 8$, $n = 23$ et $\alpha = 0,01$. Effectuer un test unilatéral à gauche.

3. Soit les données suivantes : $H_0 : \mu = 6425$ \$, $\bar{x} = 6535$ \$, $\hat{\sigma}_{\bar{x}} = 55$ \$, $n = 27$ et $\alpha = 0,05$. Effectuer un test unilatéral à droite.

TESTS D'HYPOTHÈSES SUR UN POURCENTAGE

La méthode employée pour tester des hypothèses sur un pourcentage dans le cas d'échantillons de grande taille est essentiellement la même que celle utilisée pour tester des hypothèses sur une moyenne avec un échantillon de grande taille. (Dans cette section, nous ne traiterons que le cas de grands échantillons; effectuer un test d'hypothèses sur un pourcentage avec un échantillon de petite taille est relativement complexe et dépasse le niveau de ce livre.)

La seule différence importante entre la méthode du test d'hypothèses sur une moyenne et celle du test d'hypothèses sur un pourcentage réside dans la façon de calculer le rapport critique. Le rapport critique pour le test sur un pourcentage est calculé de la façon suivante :

$$RC = \frac{p - \pi_{H_0}}{\sigma_p}$$

où $\pi_{H_0} =$ valeur présumée du pourcentage de la population

On utilise la valeur présumée de π pour calculer l'erreur type du pourcentage. Ainsi, σ_p est calculé de la façon suivante :

$$\sigma_p = \sqrt{\frac{\pi_{H_0}(100 - \pi_{H_0})}{n}}$$

Pour illustrer la méthode du test d'hypothèses sur un pourcentage, nous examinerons d'abord un exemple de test bilatéral, puis deux exemples d'application de test unilatéral.

Test bilatéral

Exemple 8.9. Un journal régional, *L'Écho tidien*, affirme que 25 % seulement des étudiants de niveau collégial lisent quotidiennement un journal. Un échantillon aléatoire de 200 étudiants de niveau collégial a montré que 45 de ceux-ci lisent un journal chaque jour. Tester l'exactitude de l'affirmation de l'*Écho* avec un seuil de signification de 0,05.

Les *hypothèses* sont les suivantes :

$H_0 : \pi = 25\ \%$
$H_1 : \pi \neq 25\ \%$

On utilise ici un test bilatéral parce que H_0 doit être rejeté, que le pourcentage échantillonnal soit jugé significativement trop grand ou qu'il soit jugé trop petit. La taille de l'échantillon est suffisamment grande et l'on peut donc utiliser la distribution Z pour déterminer les régions de rejet. Avec $\alpha = 0,05$, l'aire sous la courbe dans chacune des régions de rejet est de 0,025. La valeur Z appropriée est, par conséquent, égale à 1,96. La *règle de décision* du test se lit alors comme suit :

accepter H_0 si RC se situe entre $\pm$ 1,96

ou

rejeter H_0 et accepter H_1 si RC $< -1,96$ ou RC $> 1,96$

La valeur présumée de π est de 25 % ; on calcule donc l'erreur type du pourcentage de la façon suivante :

$$\sigma_p = \sqrt{\frac{\pi_{H_0}(100 - \pi_{H_0})}{n}} = \sqrt{\frac{25(75)}{200}} = 3,1\ \%$$

Et le *rapport critique* est calculé de la façon suivante :

$$RC = \frac{p - \pi_{H_0}}{\sigma_p} = \frac{22,5\ \% - 25\ \%}{3,1\ \%} = -0,806$$

Conclusion : puisque RC se situe entre $\pm$ 1,96, il n'y a aucune évidence statistique permettant de rejeter l'affirmation du journal régional.

Test unilatéral

Exemple 8.10. Le directeur du salon de coiffure Les patrons à postiches, M. Carl Vicie, affirme dans sa publicité que 90 % des clients sont satisfaits des services de la maison. Mme Minnie Stériel, une activiste, croit que cette affirmation est exagérée et examine la possibilité de poursuivre en justice M. Vicie. Dans un échantillon aléatoire de 150 des clients de la compagnie, 132 se disent satisfaits. Déterminer, avec un seuil de signification de 0,05, si Minnie Stériel devrait poursuivre Carl.

Les *hypothèses* sont les suivantes :

$H_0 : \pi = 90\,\%$
$H_1 : \pi < 90\,\%$

Minnie effectue un *test unilatéral à gauche* parce qu'elle ne veut rejeter l'affirmation de Carl que si la valeur du pourcentage échantillonnal est significativement petite. Pour un seuil de signification de 0,05, la région de rejet est délimitée par $Z = -1,64$. Ainsi, la *règle de décision* se lit comme suit :

accepter H_0 si RC $\geqslant -1,64$

ou

rejeter H_0 et accepter H_1 si RC $< -1,64$

Puisque $\pi_{H_0} = 90\,\%$ et $n = 150$, l'erreur type du pourcentage est calculé de la façon suivante :

$$\sigma_p = \sqrt{\frac{\pi_{H_0}(100 - \pi_{H_0})}{n}} = \sqrt{\frac{90(10)}{150}} = 2,4\,\%$$

Le *rapport critique* est calculé ainsi :

$$RC = \frac{p - \pi_{H_0}}{\sigma_p} = \frac{88\,\% - 90\,\%}{2,4\,\%} = -0,833$$

Conclusion : puisque RC est plus grand que $-1,64$, il n'y a aucune raison suffisante permettant de rejeter l'affirmation de Carl Vicie. Minnie Stériel devra donc laisser tomber cette cause.

Exemple 8.11. Le laboratoire pharmaceutique Médée Caman considère que la machine qui procède à l'embouteillage fonctionne bien tant que le pourcentage de bouteilles qui ne sont pas complètement remplies ne dépasse pas 5 %. Dans un échantillon aléatoire de 100 bouteilles, on a découvert 7 bouteilles non complètement remplies. Avec un seuil de signification de 0,01, effectuer un test statistique pour déterminer si la machine fonctionne bien.
Les *hypothèses* sont les suivantes :

$H_0 : \pi = 5\,\%$
$H_1 : \pi > 5\,\%$

Le test est *unilatéral à droite* puisque la compagnie ne s'intéresse qu'à déterminer si le pourcentage réel est supérieur à ce qu'elle croit. Pour un seuil de 0,01, la valeur Z est de 2,33 et, par conséquent, la *règle de décision* se lit comme suit :

accepter H_0 si RC $\leqslant 2,33$

ou

rejeter H_0 et accepter H_1 si RC $> 2,33$

Avec $\pi_{H_0} = 5\%$ et $n = 100$, l'erreur type du pourcentage est calculée de la façon suivante :

$$\sigma_p = \sqrt{\frac{\pi_{H_0}(100 - \pi_{H_0})}{n}} = \sqrt{\frac{5(95)}{100}} = 2,18\%$$

Le *rapport critique* est calculé de la façon suivante :

$$RC = \frac{p - \pi_{H_0}}{\sigma_p} = \frac{7\% - 5\%}{2,18\%} = 0,917$$

Conclusion : puisque RC est inférieur à 2,33, il semble que la machine fonctionne adéquatement.

Auto-évaluation 8.6
1. Pour pouvoir effectuer un test d'hypothèses sur un pourcentage selon la méthode présentée dans cette section, quelle doit être la taille de l'échantillon?
2. Quelles sont les valeurs impliquées dans le calcul de σ_p?
3. Si l'on exclut les erreurs types qui sont différentes, existe-t-il des différences majeures entre la méthode du test sur une moyenne et celle du test sur un pourcentage?

SOMMAIRE

Nous avons vu que l'on utilise l'échantillon pour estimer la valeur inconnue d'un paramètre de la population; mais là n'est pas sa seule utilisation. En effet, il arrive souvent que l'on utilise les résultats échantillonnaux pour juger de la validité de certaines hypothèses émises concernant la valeur d'un paramètre. L'hypothèse soumise au test statistique est appelée « hypothèse nulle » tandis que l'hypothèse devant être acceptée lorsque l'hypothèse nulle est rejetée s'appelle « hypothèse alternative ».

Dans l'élaboration d'un test statistique, l'on doit déterminer le seuil de signification avant de procéder à l'échantillonnage. Ce seuil de signification correspond au risque accepté de rejet de l'hypothèse nulle alors que celle-ci est vraie.

À partir du seuil de signification désiré, la région de rejet doit être déterminée. Celle-ci indique, en unités standard, quelles sont les valeurs de la statistique qui doivent être considérées comme significativement différentes de la valeur présumée dans l'hypothèse nulle. Lorsque la différence standardisée entre la statistique et la valeur présumée du paramètre se situe dans la région de rejet, l'hypothèse nulle doit être rejetée.

La nature du problème étudié détermine le choix de l'hypothèse alternative, celle-ci pouvant prendre trois formes différentes. Le test est bilatéral si une valeur de la statistique jugée trop grande ou trop petite doit mener au rejet de H_0. Le test est unilatéral lorsqu'il n'y a qu'une seule région de rejet de l'hypothèse nulle. On utilise les tests bilatéral et unilatéral aussi bien pour tester une hypothèse concernant la moyenne d'une population que pour tester une hypothèse concernant le pourcentage d'une population. Avant de procéder au test d'hypothèses sur une moyenne, il faut toujours déterminer la distribution appropriée.

TERMES ET CONCEPTS IMPORTANTS

1. Hypothèse nulle
2. Hypothèse alternative
3. Seuil de signification
4. α (alpha)
5. Région critique ou de rejet
6. Règle de décision
7. $RC = \dfrac{\bar{x} - \mu_{H_o}}{\sigma_{\bar{x}}}$

8. $RC = \dfrac{p - \mu_{H_o}}{\sigma_p}$
9. Test bilatéral
10. Test unilatéral
11. Test unilatéral à gauche
12. Test unilatéral à droite
13. $\sigma_p = \sqrt{\dfrac{\pi_{H_o}(100 - \pi_{H_o})}{n}}$

PROBLÈMES

1. La Chambre de Commerce de Banlieueville affirme que le prix moyen d'un hectare de terrain dans cette localité est de 3125 $. Un agent d'immeubles, M. Simoul Acre, veut vérifier l'exactitude de cette assertion; il choisit donc un échantillon aléatoire de 36 hectares mis en vente et constate que le prix moyen demandé est $\bar{x} = 3250$ $. Supposons que $\sigma = 310$ $.
   a) Énoncer l'hypothèse nulle et l'hypothèse alternative.
   b) Est-ce un test bilatéral ou unilatéral?
   c) Est-il possible de faire le test d'hypothèses avec l'information donnée? Pourquoi?

2. Pour les données du problème 1, effectuer le test d'hypothèses avec $\alpha = 0,05$.

3. Déterminer la valeur Z appropriée dans les situations suivantes:
   a) Test unilatéral à gauche, $\alpha = 0,05$
   b) Test bilatéral, $\alpha = 0,10$
   c) Test unilatéral à droite, $\alpha = 0,01$
   d) $H_1 : \mu <$ valeur présumée, $\alpha = 0,01$
   e) $H_1 : \pi >$ valeur présumée, $\alpha = 0,05$

4. Établir la règle de décision correspondant aux tests d'hypothèses suivants:
   a) $n = 36$, $\alpha = 0,05$, $H_1 : \pi <$ valeur présumée
   b) $n = 14$, $\alpha = 0,01$, $H_1 : \mu \neq$ valeur présumée
   c) $n = 23$, $\alpha = 0,05$, $H_1 : \mu >$ valeur présumée
   d) $n = 46$, $\alpha = 0,05$, $H_1 : \pi >$ valeur présumée

5. On pense que la moyenne de la population est de 600. À partir des données suivantes, faire un test unilatéral à gauche: $\bar{x} = 592$, $n = 36$, $s = 10$ et $\alpha = 0,05$.

6. On affirme que $\mu = 69$. Effectuer un test unilatéral à droite à partir des données suivantes: $\bar{x} = 75$, $n = 19$, $s = 6$ et $\alpha = 0,10$.

7. L'hypothèse nulle stipule que le pourcentage de la population est de 82 %. Faire un test unilatéral à droite à partir des informations suivantes: $p = 0,85$, $n = 81$ et $\alpha = 0,05$.

8. La firme de consultants Jos Connaissant affirme, dans son dépliant publicitaire, que le coût moyen par client d'une consultation est de 5600 $. Supposons que, pour un échantillon aléatoire de 36 clients, la moyenne soit $\bar{x} = 5750$ $ avec $s = 175$ $. Tester l'affirmation des consultants avec $\alpha = 0,05$.

9. Le professeur Théo Courant pense que 33 % seulement des étudiants de niveau collégial occupent un emploi rémunéré durant leurs études. Une étudiante, Blanche Lafeuille, croit pour sa part que le professeur sous-estime le zèle de ses pairs. Un échantillon aléatoire de 49 étudiants est choisi et il appert que 17 d'entre eux se rendent au travail après leurs cours. Avec un seuil de signification $\alpha = 0,01$, déterminer qui a raison.

10. Un éducateur physique, M. Hercule Lefort, affirme que les individus qui suivent sa méthode de mise en forme sont en mesure de faire, en moyenne, 75 redressements consécutifs après seulement une semaine d'entraînement. M. Étienne Laforme, un entraîneur chevronné, met en doute l'affirmation de M. Lefort; il choisit donc un échantillon aléatoire de 25 personnes ayant suivi une semaine d'entraînement et obtient : $\bar{x} = 69$ et $s = 7$. Effectuer un test avec $\alpha = 0,01$.

11. La ferme d'élevage Les Poulets Plumés prétend que le poids moyen de ses poulets est de 1,6 kg. Un grossiste sceptique pense que la moyenne est en réalité inférieure à ce que prétend la ferme. La moyenne d'un échantillon de 24 poulets est $\bar{x} = 1,5$ kg avec $s = 0,10$ kg. Faire un test avec $\alpha = 0,05$.

12. Généralement, une certaine machine qui fonctionne bien produit 90 % d'articles acceptables. Si le pourcentage est inférieur à 90 %, la machine doit être réparée. Le pourcentage d'articles acceptables dans un échantillon de 100 articles est $p = 87$ %. Déterminer, avec un seuil de signification de 0,05, si la machine doit être réparée.

13. La maison de sondages O. Azar affirme, dans un rapport de sondage, que 68 % des gens ont l'intention de voter pour la candidate Élise Lachance. On a prélevé un échantillon de 36 voteurs et 26 de ceux-ci ont indiqué qu'ils voteraient pour Mme Lachance. Avec un seuil de signification de 0,05, que peut-on conclure à propos du rapport de la maison de sondages?

QUESTIONS DE COMPRÉHENSION

1. Qu'entend-on par une différence significative dans un test d'hypothèses?

2. Que signifie un seuil de signification de 0,05?

3. Comment doit-on interpréter le terme « accepter » dans un test d'hypothèses?

4. Qu'est-ce qu'une région de rejet?

5. Quand doit-on utiliser un test unilatéral?

6. Indiquer si l'on doit utiliser la distribution Z ou la distribution t dans les conditions suivantes :
   a) $n = 16, s = 24$
   b) $n = 19, \sigma = 15$
   c) $n = 43, \sigma = 98$
   d) $n = 102, s = 48$

7. Comment peut-on prouver, hors de tout doute, qu'une hypothèse est vraie?

RÉPONSES AUX QUESTIONS D'AUTO-ÉVALUATION

8.1

1. Une hypothèse nulle est une hypothèse qui spécifie la valeur du paramètre; c'est cette hypothèse qui est soumise au test statistique.

2. Une hypothèse alternative est une hypothèse qui doit être acceptée lorsque l'hypothèse nulle est rejetée.

3. Le seuil de signification est le risque accepté de rejet d'une hypothèse nulle qui, dans les faits, est vraie.

4. On peut utiliser la distribution Z pour effectuer le test d'hypothèses lorsque σ est connu ou lorsque la taille de l'échantillon est suffisamment grande.

5. La différence entre la statistique obtenue et la valeur présumée du paramètre est significative lorsqu'elle mène au rejet de l'hypothèse nulle.

6. La région de rejet est l'ensemble des valeurs de la différence standardisée qui mènent au rejet de l'hypothèse nulle.

7. On standardise la différence en calculant le rapport critique.

8. Cette affirmation est fausse : on ne peut jamais prouver que l'hypothèse est vraie à moins d'analyser la population dans sa totalité. En fait, on ne peut, dans un test, que montrer qu'il n'y a aucune évidence statistique justifiant le rejet de l'hypothèse nulle.

9. Cet énoncé n'est que partiellement correct. En fait, les résultats statistiques ne sont qu'un des facteurs à considérer lors de la prise de décisions.

8.2

1. Un test bilatéral rejette l'hypothèse nulle lorsque $\bar{x}$ est jugé significativement trop grand ou significativement trop petit comparativement à la valeur présumée du paramètre. Lorsque l'hypothèse nulle est rejetée, la conclusion consiste simplement à affirmer que la véritable valeur du paramètre n'est pas égale à la valeur présumée.

2. a) $Z = 2,58$
   b) $Z = 1,75$
   c) $Z = 1,96$
   d) $Z = 2,17$

3. Les *hypothèses* :

   $H_0 : \mu = 500$
   $H_1 : \mu \neq 500$

   Avec $\alpha = 0,01$, $Z = 2,58$

   La *règle de décision* :

   accepter H_0 si RC se situe entre $\pm 2,58$
   ou
   rejeter H_0 et accepter H_1 si RC $> 2,58$ ou RC $< -2,58$

Le *rapport critique* est calculé ainsi :

$$RC = \frac{\bar{X} - \mu_{H_0}}{\sigma / \sqrt{n}}$$

$$= \frac{475 - 500}{50 / \sqrt{36}}$$

$$= -3,00$$

Conclusion : rejeter H_0.

8.3

1. Un test unilatéral ne comporte qu'une région de rejet. L'hypothèse alternative stipule que la vraie valeur du paramètre est plus grande ou plus petite que la valeur présumée en H_0.

2. Dans un test unilatéral à gauche, $H_1 : \mu <$ valeur présumée, tandis que dans un test unilatéral à droite, $H_1 : \mu >$ valeur présumée.

3. *a)* $Z = 2,58$
   b) $Z = 1,96$
   c) $Z = -1,64$
   d) $Z = 2,33$

4. Les *hypothèses* :

   $H_0 : \mu = 100$
   $H_1 : \mu < 100$

   et avec $\alpha = 0,05$, $Z = -1,64$

   La *règle de décision* de ce test unilatéral à gauche :

   accepter H_0 si $RC \geqslant -1,64$
   ou
   rejeter H_0 et accepter H_1 si $RC < -1,64$

   Le *rapport critique* est calculé comme suit :

   $$RC = \frac{88 - 100}{15 / \sqrt{36}} = -4,8$$

   Conclusion : rejeter H_0.

5. Les *hypothèses* :

   $H_0 : \mu = 24$
   $H_1 : \mu > 24$

   et avec $\alpha = 0,01$, $Z = 2,33$

   La *règle de décision* pour ce test unilatéral à droite :

   accepter H_0 si $RC \leqslant 2,33$
   ou
   rejeter H_0 et accepter H_1 si $RC > 2,33$

   Le *rapport critique* est calculé ainsi :

   $$RC = \frac{26 - 24}{3 / \sqrt{16}} = 2,67$$

   Conclusion : rejeter H_0.

6. $H_0 : \mu = 500$
   $H_1 : \mu < 500$

7. $H_0 : \mu = 6,25$
   $H_1 : \mu < 6,25$

8. Cette affirmation est fausse. Dans un test unilatéral à droite, il peut arriver que l'hypothèse nulle ne soit pas rejetée même si la vraie valeur du paramètre est inférieure à la valeur présumée en H_0.

8.4

1. Ils diffèrent sur deux points : (*a*) la distribution normale (Z) est utilisée, peu importe la taille de l'échantillon, lorsque σ est connu; par contre, si σ est inconnu, le choix de la distribution appropriée est déterminé par la taille de l'échantillon; (*b*) lorsque σ est inconnu, le rapport critique doit être calculé avec $\hat{\sigma}_{\bar{x}}$ au lieu de $\sigma_{\bar{x}}$.

2. Les *hypothèses* sont les suivantes :

   $H_0 : \mu = 612$
   $H_1 : \mu \neq 612$

   Avec $\alpha = 0,05$ et $n = 13$, la valeur *t* pour 12 degrés de liberté est $t_{0,025} = 2,179$.

   La *règle de décision* appropriée est celle-ci :

   accepter H_0 si RC se situe entre $\pm 2,179$
   ou
   rejeter H_0 et accepter H_1 si RC $> 2,179$ ou RC $< -2,179$

   L'*estimation* de $\sigma_{\bar{x}}$ est calculée de la façon suivante :

   $$\hat{\sigma}_{\bar{x}} = \frac{s}{\sqrt{n-1}} = \frac{5}{\sqrt{13-1}} = 1,44$$

   Le *rapport critique* est calculé ainsi :

   $$RC = \frac{\bar{x} - \mu_{H_0}}{\hat{\sigma}_{\bar{x}}} = \frac{608 - 612}{1,44} = -2,77$$

   Conclusion : rejeter H_0.

3. Les *hypothèses* :

   $H_0 : \mu = 243$
   $H_1 : \mu \neq 243$

   Avec $\alpha = 0,01$ et $n = 36$, la valeur Z est de 2,58.

   La *règle de décision* :

   accepter H_0 si RC se situe entre $\pm 2,58$
   ou
   rejeter H_0 et accepter H_1 si RC $> 2,58$ ou RC $< -2,58$

   L'*estimation* de $\sigma_{\bar{x}}$:

   $$\hat{\sigma}_{\bar{x}} = \frac{s}{\sqrt{n-1}} = \frac{15}{\sqrt{36-1}} = 2,54$$

Le *rapport critique* :

$$RC = \frac{\bar{X} - \mu_{H_0}}{\hat{\sigma}_{\bar{x}}} = \frac{269 - 243}{2,54} = 10,24$$

Conclusion : rejeter H_0.

8.5

1. *a)* $-2,508$
  b) $2,131$
  c) $2,485$
  d) $1,706$

2. Les *hypothèses* sont les suivantes :

   $H_0 : \mu = 400$
   $H_1 : \mu < 400$

Avec $\alpha = 0,01$, $n = 23$ et un test unilatéral à gauche, la valeur t appropriée pour 22 degrés de liberté est $t_{0,01} = -2,508$.

La *règle de décision* se lit comme suit :

   accepter H_0 si RC $\geqslant -2,508$
   ou
   rejeter H_0 et accepter H_1 si RC $< -2,508$

Le *rapport critique* est calculé de la façon suivante :

$$RC = \frac{\bar{X} - \mu_{H_0}}{\hat{\sigma}_{\bar{x}}} = \frac{389 - 400}{8} = -1,38$$

Conclusion : accepter H_0.

3. Les *hypothèses* :

   $H_0 : \mu = 6425\ \$$
   $H_1 : \mu > 6425\ \$$

Avec $\alpha = 0,05$, $n = 27$ et un test unilatéral à droite, la valeur t pour 26 degrés de liberté est $t_{0,05} = 1,706$.

La *règle de décision* :

   accepter H_0 si RC $\leqslant 1,706$
   ou
   rejeter H_0 et accepter H_1 si RC $> 1,706$

Le *rapport critique* :

$$RC = \frac{\bar{X} - \mu_{H_0}}{\hat{\sigma}_{\bar{x}}} = \frac{6535\ \$ - 6425\ \$}{55\ \$} = 2,00$$

Conclusion : rejeter H_0.

8.6

1. Dans ce livre, nous ne traitons la question des tests d'hypothèses sur un pourcentage que pour les cas de grands échantillons.

2. Les valeurs utilisées pour calculer σ_p sont celles de π_{H_0} et de n.

3. Essentiellement, les deux démarches sont identiques.

CHAPITRE 9

TESTS D'HYPOTHÈSES ET PRISE DE DÉCISION : MÉTHODES APPLIQUÉES À DEUX ÉCHANTILLONS

OBJECTIFS D'APPRENTISSAGE

Après avoir lu attentivement ce chapitre, résolu les problèmes et répondu aux questions de compréhension, vous devriez pouvoir :

☞ expliquer (*a*) le but poursuivi dans un test d'hypothèses sur deux moyennes ou sur deux pourcentages et (*b*) la démarche à suivre pour effectuer ces tests;

☞ comprendre les concepts associés à la distribution d'échantillonnage des différences entre deux moyennes et à la distribution d'échantillonnage des différences entre deux pourcentages. Vous devriez aussi pouvoir expliquer comment ces distributions sont construites;

☞ effectuer les calculs nécessaires et prendre les décisions appropriées dans différentes situations de tests d'hypothèses sur deux échantillons.

CONTENU DU CHAPITRE

TESTS D'HYPOTHÈSES SUR DEUX MOYENNES
    Distribution d'échantillonnage des différences entre deux moyennes
    Test bilatéral avec σ_1 et σ_2 connus

Test unilatéral avec σ_1 et σ_2 connus
Auto-évaluation 9.1
Test bilatéral avec σ_1 et σ_2 inconnus
Test unilatéral avec σ_1 et σ_2 inconnus
Auto-évaluation 9.2

TESTS D'HYPOTHÈSES SUR DEUX POURCENTAGES
Distribution d'échantillonnage des différences entre deux pourcentages
Test sur la différence entre deux pourcentages
Auto-évaluation 9.3
SOMMAIRE

TERMES ET CONCEPTS IMPORTANTS
PROBLÈMES
QUESTIONS DE COMPRÉHENSION
RÉPONSES AUX QUESTIONS D'AUTO-ÉVALUATION

Les décideurs sont souvent intéressés à déterminer si deux populations données sont semblables ou nettement différentes par rapport à une caractéristique particulière. Ainsi, le ministère de l'Éducation peut désirer savoir si les enseignants sont mieux payés que les enseignantes pour une tâche d'enseignement équivalente. Ou un psychologue peut vouloir déterminer objectivement si la réponse à un stimulus expérimental diffère d'un groupe à un autre. Ou encore, l'acheteur d'une compagnie d'appareils de climatisation peut vouloir comparer la durée de vie de moteurs de ventilateurs provenant de deux fournisseurs différents. Il existe donc plusieurs situations où l'intérêt se situe au niveau de la comparaison de groupes ou d'ensembles par rapport à une caractéristique donnée.

Nous avons présenté au chapitre 8 différentes méthodes permettant de juger de la validité d'affirmations concernant la valeur d'un paramètre de la population. L'hypothèse nulle, qui était soumise au test statistique, spécifiait la valeur du paramètre. L'approche de ce chapitre est différente: nous voulons maintenant comparer les paramètres de *deux populations*. En effet, il ne s'agira plus d'estimer les *valeurs absolues de ces paramètres*, mais plutôt d'examiner leurs *valeurs relatives*, c'est-à-dire l'une par rapport à l'autre. Bref, est-ce qu'une population semble se distinguer d'une autre en ce qui a trait à une caractéristique donnée?

Ce chapitre a pour but de vous montrer comment appliquer la méthode générale du test d'hypothèses introduite au chapitre précédent à des données provenant de deux *échantillons indépendants* [1] afin de comparer (1) *deux moyennes de population* et (2) *deux pourcentages de population*. Ce livre est conçu pour un niveau élémentaire; c'est pourquoi nous nous en tiendrons aux situations de grands échantillons ($n > 30$) parce qu'il est alors permis d'affirmer (en invoquant le théorème central de la limite) que les distributions d'échantillonnage appropriées sont approximativement normales, ce qui simplifie grandement le déroulement des tests présentés.

---

1. Les tests présentés dans ce chapitre ne s'appliquent que si les échantillons sont indépendants, c'est-à-dire si les échantillons proviennent de groupes différents: l'échantillon prélevé dans le premier groupe ne peut d'aucune façon être relié à l'échantillon prélevé dans le second groupe. Ainsi, une étude visant à mesurer les effets d'un cours intensif de rattrapage en statistique, et durant laquelle l'apprentissage d'un groupe d'étudiants aurait été vérifié avant et après le cours, ne saurait recourir aux méthodes présentées dans ce chapitre. Vous serez sûrement enchantés d'apprendre, cependant, que ces études comparatives du type « avant » et « après » peuvent être réalisées grâce aux techniques présentées au chapitre 15.

TESTS D'HYPOTHÈSES SUR DEUX MOYENNES

Lorsqu'on effectue un test d'hypothèses sur deux moyennes, on tente de déterminer à l'aide de données échantillonnales s'il existe une différence statistique significative entre les moyennes de deux populations. L'hypothèse nulle dans de tels tests portant sur la différence entre deux moyennes est la suivante :

$$H_0 : \mu_1 = \mu_2$$

L'hypothèse nulle stipule qu'il n'existe aucune différence entre les moyennes, c'est-à-dire que la moyenne véritable de la première population est égale à la moyenne véritable de la deuxième population. *Essentiellement*, H_0 affirme que *les deux populations sont identiques en ce qui a trait à une caractéristique donnée.*

Il y a, répétons-le, trois hypothèses alternatives possibles menant à des conclusions différentes lorsque l'hypothèse nulle doit être rejetée.

$H_1 : \mu_1 \neq \mu_2$ alternative bilatérale
$H_1 : \mu_1 > \mu_2$ alternative unilatérale à droite
$H_1 : \mu_1 < \mu_2$ alternative unilatérale à gauche

On effectue le test bilatéral lorsque la nature du problème indique que le rejet de l'hypothèse nulle ne doit pas déboucher sur d'autres inférences concernant la différence entre μ_1 et μ_2. Lorsque la nature du problème montre clairement que H_0 doit être rejeté seulement si μ_1 est significativement supérieur à μ_2, on doit alors effectuer un test unilatéral à droite. Par contre, on recourt au test unilatéral à gauche lorsqu'il semble plausible que la moyenne de la première population soit inférieure à celle de la deuxième population.

Distribution d'échantillonnage des différences entre deux moyennes

Nous allons maintenant établir les bases conceptuelles qui sous-tendent la méthode de test d'égalité de moyennes. L'hypothèse nulle qui affirme que la moyenne véritable d'un groupe 1 est égale à la moyenne véritable d'un groupe 2 stipule essentiellement que la *différence entre les paramètres de ces groupes est de zéro,* c'est-à-dire $\mu_1 - \mu_2 = 0$. Cette donnée nous oblige à introduire une autre distribution d'échantillonnage, à savoir *la distribution d'échantillonnage des différences entre deux moyennes*.

Pour nous faire une meilleure idée de cette nouvelle distribution d'échantillonnage, nous nous servirons de la figure 9.1. La distribution A de la figure 9.1 correspond à la distribution d'échantillonnage des moyennes pour la population 1, tandis que la distribution B représente la distribution d'échantillonnage pour la population 2. Comme nous l'avons vu, chacune de ces distributions théoriques est construite à partir des moyennes de tous les échantillons possibles d'une taille donnée pouvant être prélevés de la population. En choisissant une moyenne échantillonnale de la distribution A et une autre de la distribution B, nous pourrions soustraire la valeur de la deuxième moyenne de celle de la première et obtenir une différence, c'est-à-dire $\bar{x}_1 - \bar{x}_2 =$ différence. Cette différence pourrait être soit positive soit négative, comme l'illustre la figure 9.1. Nous pourrions, théoriquement, refaire la même opération — choisir une moyenne échantillonnale de chaque distribution et calculer la différence — jusqu'à ce que nous mourions d'épuisement ou d'ennui. Ensuite, en construisant une distribution de fréquences pour toutes les différences échantillonnales, nous obtiendrions la distribution C

FIGURE 9.1

**Construction
de la distribution
d'échantillonnage
des différences
entre deux moyennes**

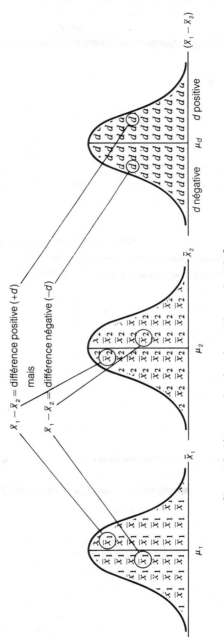

$\bar{x}_1 - \bar{x}_2$ = différence positive ($+d$)

mais

$\bar{x}_1 - \bar{x}_2$ = différence négative ($-d$)

Si μ_1 est égal à μ_2 . . . . . la valeur de μ_d et ($\mu_1 - \mu_2$) est de 0

Ⓐ = Distribution d'échantillonnage des moyennes — population 1

Ⓑ = Distribution d'échantillonnage des moyennes — population 2

Ⓒ = Distribution d'échantillonnage des différences entre deux moyennes

de la figure 9.1, laquelle constitue, en fait, *la distribution d'échantillonnage des différences entre deux moyennes échantillonnales*. Comme le montre la figure 9.1, *si* H_0 est vrai et *si* μ_1 est réellement égal à μ_2, *alors* la moyenne de la distribution d'échantillonnage des différences (μ_d) est égale à $\mu_1 - \mu_2$; autrement dit, μ_d est égal à zéro. En bref, les différences négatives et les différences positives s'annulent, de telle sorte que leur moyenne est de zéro.

Même si l'on suppose que la moyenne de la distribution d'échantillonnage des différences est de zéro, il ne faut pas s'attendre à ce que $\bar{x}_1 - \bar{x}_2$ soit toujours égal à zéro, et la distribution d'échantillonnage doit refléter cette variation au sein des valeurs possibles des différences $\bar{x}_1 - \bar{x}_2$. En fait, si les paramètres sont réellement égaux et si un échantillon est choisi à l'intérieur de chacune des deux populations, il est très improbable que la différence $\bar{x}_1 - \bar{x}_2$ sera égale à zéro; il y aura toujours une variation d'échantillonnage. Cependant, lorsque les moyennes véritables sont égales, il est de même improbable d'observer une *très grande* différence entre $\bar{x}_1$ et $\bar{x}_2$. *Par conséquent, lorsque la différence observée entre $\bar{x}_1$ et $\bar{x}_2$ est très grande, il est alors justifié de conclure que les moyennes véritables ne sont pas égales.* Le problème qui se pose immédiatement consiste à déterminer de quelle grandeur doit être la différence entre les moyennes échantillonnales pour qu'elle soit jugée significative et que, par voie de conséquence, elle mène au rejet de l'hypothèse d'égalité de μ_1 et μ_2.

Si vous avez bien assimilé le contenu du chapitre 8, vous remarquerez qu'il existe des points communs entre ce qui est présenté ici et ce qui a été présenté précédemment. Dans un test de différence de moyennes, nous chercherons à déterminer si la différence entre $\bar{x}_1$ et $\bar{x}_2$ est significative et si, par conséquent, elle justifie le rejet de l'hypothèse nulle.

Lorsque la taille des échantillons prélevés des deux populations est suffisamment grande, la distribution d'échantillonnage des différences entre les moyennes est approximativement normale. Ainsi, 68,26 % des différences dans la distribution d'échantillonnage se situeront à moins de 1 écart type de la moyenne et 95,4 % des différences se situeront à moins de 2 écarts types, d'un côté ou de l'autre de la moyenne. L'écart type de la distribution d'échantillonnage des moyennes porte l'horrible nom d'*erreur type de la différence entre les moyennes* et est symbolisé par $\sigma_{\bar{x}_1 - \bar{x}_2}$ (voir fig. 9.2).

À l'aide de la table de Z, il est possible d'établir ce qu'est une différence significative pour un risque donné de rejet à tort de l'hypothèse nulle. Une fois le seuil de signification (α) spécifié, les limites de la région de rejet de la distribution peuvent être établies. La méthode pour construire la région de rejet et pour établir la règle de décision est exactement la même que celle que nous utilisions au chapitre 8 dans les situations où la distribution Z était appropriée au test. Ainsi, par exemple, dans un test bilatéral comportant un seuil de signification de 0,05, les limites des régions de rejet sont les valeurs $Z = \pm 1,96$. Pour un test unilatéral à gauche à un seuil de 0,05, la valeur Z appropriée est de $-1,64$.

À l'instar des autres tests d'hypothèses pour lesquels les régions de rejet sont déterminées à partir des valeurs Z, le test sur deux moyennes utilise la différence standardisée entre $\bar{x}_1$ et $\bar{x}_2$; cela signifie que nous devons calculer un *rapport critique*. *Le rapport critique pour une différence entre deux moyennes est calculé de la façon suivante:*

$$\text{RC} = \frac{(\bar{x}_1 - \bar{x}_2) - (\mu_1 - \mu_2)}{\sigma_{\bar{x}_1 - \bar{x}_2}} \quad \text{ou} \quad \frac{\bar{x}_1 - \bar{x}_2}{\sigma_{\bar{x}_1 - \bar{x}_2}} \tag{9.1}$$

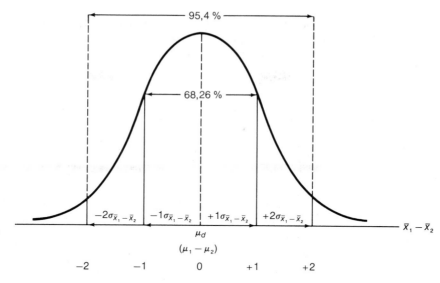

FIGURE 9.2

Distribution d'échantillonnage des différences entre deux moyennes avec de grands échantillons de chaque population

puisqu'on présume que $\mu_1 - \mu_2$ est égal à zéro si H_0 est vrai. Si les deux échantillons aléatoires indépendants sont de grande taille, alors l'erreur type de la différence est calculée de la façon suivante:

$$\sigma_{\bar{x}_1 - \bar{x}_2} = \sqrt{\frac{\sigma_1^2}{n_1} + \frac{\sigma_1^2}{n_2}} \qquad (9.2)$$

Examinons maintenant les exemples suivants illustrant la démarche à suivre pour effectuer un test bilatéral et un test unilatéral.

Test bilatéral avec σ_1 et σ_2 connus

Comme nous l'avons indiqué plus haut, les étapes pour effectuer un test d'hypothèses sur deux moyennes sont les mêmes que celles de la méthode générale du test d'hypothèses présentée au chapitre 8. Nous pouvons illustrer ce fait à l'aide de l'exemple suivant où intervient le test bilatéral.

La compagnie Paul Lissier fabrique des feux de circulation; elle a décidé d'incorporer un micro-ordinateur au module de contrôle des feux afin d'en augmenter l'efficacité et de permettre de mieux régulariser le flot de voitures durant les périodes de pointe. Les micro-ordinateurs de deux fabricants sont jugés adéquats pour remplir cette fonction. La compagnie Lissier préférerait avoir plus d'une source d'approvisionnement et achètera des micro-ordinateurs des deux fournisseurs s'il n'y a pas de différence significative de durabilité entre les deux marques. Elle teste donc un échantillon de 35 micro-ordinateurs de la marque A et un échantillon de 32 micro-ordinateurs de la marque B. Le temps moyen écoulé avant la première panne pour les micro-ordinateurs de la marque A est de 2800 heures tandis que ce temps moyen pour les micro-ordinateurs de la marque B est de 2750 heures. Selon les dires des deux fabricants, l'écart type de la population est de 200 heures pour la marque A et de 180 heures pour la marque B. À un seuil de signification de 0,05, existe-t-il une différence au niveau de la durabilité?

Les *hypothèses* sont les suivantes:

$H_0 : \mu_1 = \mu_2$
$H_1 : \mu_1 \neq \mu_2$

Dans cette situation, la compagnie Lissier veut seulement déterminer s'il existe une différence significative entre les deux marques; c'est pourquoi le test est bilatéral. Le seuil de signification désiré est de 0,05 et les échantillons sont de tailles suffisamment grandes pour nous permettre d'utiliser la distribution Z. Par conséquent, les régions de rejet sont bornées par $Z = \pm 1,96$ et la *règle de décision* est la suivante:

accepter H_0 si RC se situe entre $\pm 1,96$

ou

rejeter H_0 et accepter H_1 si RC $< -1,96$ ou RC $> 1,96$

Puisque $\sigma_1 = 200$ h, $n_1 = 35$, $\sigma_2 = 180$ h et $n_2 = 32$:

1. Calcul de l'erreur-type de la diff.

$$\sigma_{\bar{x}_1 - \bar{x}_2} = \sqrt{\frac{\sigma_1^2}{n_1} + \frac{\sigma_2^2}{n_2}}$$

2. Calcul du Rapport Critique.

$$= \sqrt{\frac{200^2}{35} + \frac{180^2}{32}}$$

$$= 46,43 \text{ h}$$

Par conséquent, le *rapport critique* se lit comme suit:

$$RC = \frac{\bar{x}_1 - \bar{x}_2}{\sigma_{\bar{x}_1 - \bar{x}_2}} = \frac{2800 - 2750}{46,43} = 1,08$$

Conclusion: puisque RC se situe dans la région d'acceptation de $\pm 1,96$, nous pouvons conclure qu'il n'existe pas de différence significative dans la durabilité des deux marques de micro-ordinateurs.

Test unilatéral avec σ_1 et σ_2 connus

Une chaîne de magasins possède les succursales A et B. Ces dernières années, la succursale A a investi plus d'argent que la succursale B pour promouvoir la vente d'un certain article. La chaîne veut maintenant déterminer si cette publicité a entraîné des ventes plus élevées à la succursale A. Pour un échantillon de 36 jours, le nombre moyen d'articles vendus quotidiennement fut de 170 à la succursale A tandis qu'à la succursale B, cette moyenne, pour un échantillon de 36 jours, fut de 165. En supposant que $\sigma_1^2 = 36$ et $\sigma_2^2 = 25$, que pouvons-nous conclure, à partir d'un test effectué à un seuil de signification de 0,05?

Les *hypothèses* sont les suivantes:

$H_0 : \mu_1 = \mu_2$
$H_1 : \mu_1 > \mu_2$

La chaîne veut savoir si le rendement de la succursale A est supérieur à celui de la succursale B; elle effectue donc un test unilatéral à droite. À un seuil de signification de 0,05, la valeur Z qui délimite la région de rejet est de 1,64. La *règle de décision* a pour expression:

accepter H_0 si RC $\leqslant$ 1,64

ou

rejeter H_0 et accepter H_1 si RC > 1,64

Le *rapport critique* est calculé de la façon suivante:

$$RC = \frac{\bar{x}_1 - \bar{x}_2}{\sigma_{\bar{x}_1 - \bar{x}_2}} = \frac{170 - 165}{\sqrt{36/36 + 25/36}} = \frac{5}{1,3017} = 3,84$$

Conclusion: puisque RC est supérieur à 1,64, il y a une évidence statistique permettant de croire que la succursale A vend plus d'articles que la succursale B.

Auto-évaluation 9.1

1. Les tests d'hypothèses sur deux moyennes présentés dans ce chapitre ont pour but de déterminer les valeurs absolues des paramètres. Commenter cette affirmation.

2. En ce qui concerne les échantillons, à quelles conditions peut-on employer les méthodes décrites dans ce chapitre?

3. Une firme de camionnage veut comparer deux marques de pneus. La durée moyenne d'un échantillon de 50 pneus de la marque X (groupe 1) est de 72 000 km, tandis que la durée moyenne d'un échantillon de 40 pneus de la marque Y (groupe 2) est de 74 400 km. En supposant que σ_1 soit égal à 3200 km et que σ_2 soit de 2400 km, existe-t-il une différence significative de qualité entre les deux marques de pneus à un seuil de 0,01?

4. La même firme de camionnage veut comparer deux marques de batteries. La durée de vie moyenne d'un échantillon de 6 batteries Faux Départ est de 42 mois, tandis que la durée de vie moyenne d'un échantillon de 35 batteries Pannatoucou est de 45 mois. En supposant que le σ des batteries Faux Départ soit de 6 mois et que le σ des batteries Pannatoucou soit de 3 mois, peut-on conclure que les batteries Faux Départ sont de qualité inférieure à celle des batteries Pannatoucou à un seuil de 0,05?

Test bilatéral avec σ_1 et σ_2 inconnus

Lorsque les écarts types des populations sont inconnus — et c'est fréquemment le cas —, ceux-ci doivent être estimés à l'aide des écarts types échantillonnaux de la façon suivante[2]:

---

2. On peut appliquer ces formules lorsque les écarts types échantillonnaux sont calculés à l'aide de la formule suivante:

$$s = \sqrt{\frac{\Sigma (x - \bar{x})^2}{n}}$$

$$\hat{\sigma}_1 = s_1 \sqrt{\frac{n_1}{n_1 - 1}} \quad \text{et} \quad \hat{\sigma}_2 = s_2 \sqrt{\frac{n_2}{n_2 - 1}} \qquad (9.3)$$

On estime alors l'erreur type de la différence entre deux moyennes de la façon suivante :

$$\hat{\sigma}_{\bar{x}_1 - \bar{x}_2} = \sqrt{\frac{\hat{\sigma}_1{}^2}{n_1} + \frac{\hat{\sigma}_1{}^2}{n_2}} \qquad (9.4)$$

Examinons maintenant l'exemple suivant.

Un psychologue, M. C. Ranger, veut, à l'aide d'un test de quotient intellectuel, déterminer si les étudiantes de niveau collégial sont aussi brillantes que les étudiants du même niveau. Le résultat moyen d'un échantillon de 40 femmes est de 131 avec un écart type de 15. Le résultat moyen d'un échantillon de 36 hommes est de 126 avec un écart type de 17. À un seuil de signification de 0,01, existe-t-il une différence?

Les *hypothèses* sont les suivantes :

$$H_0 : \mu_1 = \mu_2$$
$$H_1 : \mu_1 \neq \mu_2$$

Puisque M. Ranger ne veut tirer des conclusions que sur l'égalité ou la non-égalité des deux groupes, le test est donc bilatéral. Et puisque les tailles de ces échantillons sont suffisamment grandes, on peut utiliser la distribution Z pour effectuer le test. Par conséquent, les régions de rejet sont bornées par $Z = -2,56$ et $Z = 2,58$ et la *règle de décision* a pour expression :

accepter H_0 si RC se situe entre $\pm 2,58$

ou

rejeter H_0 et accepter H_1 si RC $< -2,58$ ou RC $> 2,58$

Avec $s_1 = 15, n_1 = 40, s_2 = 17, n_2 = 36$:

$$\hat{\sigma}_1 = s_1 \sqrt{\frac{n_1}{n_1 - 1}} \qquad \hat{\sigma}_2 = s_2 \sqrt{\frac{n_2}{n_2 - 1}}$$
$$= 15 \sqrt{40/39} \qquad = 17 \sqrt{36/35}$$
$$= 15,19 \qquad\qquad = 17,24$$

Par conséquent, le *rapport critique* est calculé de la façon suivante :

$$RC = \frac{\bar{x}_1 - \bar{x}_2}{\sqrt{\dfrac{\hat{\sigma}_1{}^2}{n_1} + \dfrac{\hat{\sigma}_2{}^2}{n_2}}} = \frac{131 - 126}{\sqrt{\dfrac{15,19^2}{40} + \dfrac{17,24^2}{36}}} = \frac{5}{3,745} = 1,34$$

Conclusion : puisque le rapport critique se situe entre $\pm 2,58$, nous pouvons conclure qu'il n'y a pas de différence significative (au niveau du Q.I., bien entendu).

Test unilatéral avec σ_1 et σ_2 inconnus

La Chambre de Commerce cherche à attirer de nouvelles industries dans la région. Selon un des arguments invoqués, le coût de la main-d'oeuvre pour un type particulier d'emploi est plus bas dans la région que partout ailleurs au pays. Un président de compagnie plutôt sceptique demande à son beau-frère, qui est actuaire, de vérifier e affirmation. Il prélève donc, dans cette région, un échantillon de 60 travailleurs (groupe 1) occupant un emploi du type mentionné par la Chambre de Commerce et s'aperçoit que le salaire moyen est de 7,75 $ l'heure avec un écart type de 2,00 $ l'heure. Un échantillon de 50 travailleurs (groupe 2) provenant d'une autre région a donné une moyenne de 8,25 $ l'heure avec un écart type échantillonnal de 1,25 $. À un seuil de signification de 0,01, quelle devra être la conclusion du beau-frère du président?

Les *hypothèses* sont les suivantes:

$$H_0: \mu_1 = \mu_2$$
$$H_1: \mu_1 < \mu_2$$

Le beau-frère effectue un test unilatéral à gauche parce qu'il veut vérifier la véracité de l'affirmation de la Chambre de Commerce selon laquelle les salaires versés dans cette région sont plus bas que partout ailleurs au pays. À un seuil de signification de 0,01, la valeur Z qui délimite la région de rejet est de −2,33. Par conséquent, la *règle de décision* se lit comme suit:

accepter H_0 si RC $\geqslant$ − 2,33

ou

rejeter H_0 et accepter H_1 si RC < − 2,33

$$\begin{array}{r} 0,50 \\ -\,0,01 \\ \hline 0,49 \end{array} \to Z = 2,33$$

Avec $s_1 = 2,00$ \$, $n_1 = 60$, $s_2 = 1,25$ \$ et $n_2 = 50$:

$$\hat{\sigma}_1 = 2,00\ \$\sqrt{60/59} \qquad\qquad \hat{\sigma}_2 = 1,25\ \$\sqrt{50/49}$$
$$= 2,02\ \$ \qquad\qquad\qquad = 1,26\ \$$$

Par conséquent, le *rapport critique* est calculé de la façon suivante:

$$RC = \frac{\bar{X}_1 - \bar{X}_2}{\sqrt{\dfrac{\hat{\sigma}_1{}^2}{n_1} + \dfrac{\hat{\sigma}_2{}^2}{n_2}}} = \frac{7,75\ \$ - 8,25\ \$}{\sqrt{\dfrac{2,02\ \$^2}{60} + \dfrac{1,26\ \$^2}{50}}} = \frac{-0,50\ \$}{0,316\ \$} = -1,58$$

Conclusion: puisque RC se situe dans la région d'acceptation, les résultats échantillonnaux invalident l'affirmation de la Chambre de Commerce à un seuil de 0,01. L'actuaire est heureux d'en arriver à une conclusion qui confirme les doutes émis par son beau-frère, le président.

Auto-évaluation 9.2

1. Soit les données suivantes:

	Groupes	
	1	2
$\bar{x}$	5600 $	5300 $
s	1120 $	725 $
n	38	36

Effectuer un test bilatéral à un seuil de 0,10.

2. Énoncer, à partir des données du problème 1, les hypothèses et la règle de décision pour un test unilatéral à droite à un seuil de 0,10.

TESTS D'HYPOTHÈSES SUR DEUX POURCENTAGES

Un test d'hypothèses sur deux pourcentages vise à déterminer, à partir de résultats échantillonnaux, s'il existe vraisemblablement une différence statistique significative entre les pourcentages de deux populations. Dans de tels tests, l'hypothèse nulle est la suivante:

$$H_0 : \pi_1 = \pi_2$$

Dans l'éventualité où l'hypothèse nulle est rejetée, trois hypothèses alternatives possibles peuvent être acceptées:

$H_1 : \pi_1 \neq \pi_2$ alternative bilatérale

ou

$H_1 : \pi_1 > \pi_2$ alternative unilatérale à droite

ou

$H_1 : \pi_1 < \pi_2$ alternative unilatérale à gauche

Distribution d'échantillonnage des différences entre deux pourcentages

La *distribution d'échantillonnage des différences entre deux pourcentages* est théoriquement analogue à la distribution d'échantillonnage des différences entre deux moyennes. La moyenne de la distribution d'échantillonnage des différences entre deux pourcentages est de zéro lorsque l'hypothèse nulle est vraie, c'est-à-dire lorsque $\pi_1 = \pi_2$. La distribution d'échantillonnage est approximativement normale lorsque la taille des échantillons est suffisamment grande; et l'écart type de la distribution d'échantillonnage des différences entre deux pourcentages est calculé de la façon suivante[3]:

$$\sigma_{p_1 - p_2} = \sqrt{\frac{\pi_1(100 - \pi_1)}{n_1} + \frac{\pi_2(100 - \pi_2)}{n_2}}$$

Malheureusement, il est nécessaire de connaître les paramètres pour calculer $\sigma_{p_1 - p_2}$. Si ces valeurs étaient connues, il n'y aurait alors aucune raison de faire un test! Par conséquent, *on devra toujours, dans un test de différence entre deux pourcentages, estimer* $\sigma_{p_1 - p_2}$ *de la façon suivante*:

$$\hat{\sigma}_{p_1 - p_2} = \sqrt{\frac{p_1(100 - p_1)}{n_1 - 1} + \frac{p_2(100 - p_2)}{n_2 - 1}} \qquad (9.5)$$

---

3. Comme vous l'avez sûrement deviné, l'écart type est appelé *l'erreur type de la différence de pourcentages.*

On calcule alors le *rapport critique* de la façon suivante :

$$RC = \frac{(p_1 - p_2) - (\pi_1 - \pi_2)}{\hat{\sigma}_{p_1 - p_2}} \qquad ou \qquad RC = \frac{p_1 - p_2}{\hat{\sigma}_{p_1 - p_2}} \tag{9.6}$$

étant donné que lorsque l'hypothèse nulle est vraie, $\pi_1 - \pi_2$ est alors égal à zéro.

Test sur la différence entre deux pourcentages

La démarche à suivre pour effectuer un test de différence entre deux pourcentages est en tous points identique à celle d'un test de différence entre deux moyennes. Nous n'insisterons donc pas sur ce sujet et nous examinerons, sans plus attendre, un exemple de test bilatéral (à ce stade-ci, vous devriez être en mesure d'élaborer vous-mêmes la démarche du test unilatéral).

Robert L'Heureux, candidat à la prochaine élection, a l'impression que les hommes et les femmes voteront pour lui dans la même proportion. Parmi 36 hommes interrogés, 12 ont indiqué qu'ils voteraient pour Robert tandis que 36 % des femmes d'un échantillon en comptant 50 ont dit qu'elles favoriseraient ce candidat. L'impression de Robert est-elle bien fondée? Effectuer un test à un seuil de signification de 0,05.

Les *hypothèses* sont les suivantes :

$$H_0 : \pi_1 = \pi_2$$
$$H_1 : \pi_1 \neq \pi_2$$

Dans ce problème, nous ne nous intéressons qu'à l'égalité ou à la non-égalité des pourcentages au sein des deux groupes; par conséquent, le test est bilatéral. Les échantillons étant de grande taille, la distribution Z s'applique et les régions de rejet sont délimitées par $Z = \pm 1,96$.

La *règle de décision* se lit comme suit :

accepter H_0 si RC se situe entre $\pm 1,96$

ou

rejeter H_0 et accepter H_1 si RC $< - 1,96$ ou RC $> 1,96$

Le *rapport critique* est calculé de la façon suivante :

$$RC = \frac{p_1 - p_2}{\sqrt{\dfrac{p_1(1 - p_1)}{n_1 - 1} + \dfrac{p_2(1 - p_2)}{n_2 - 1}}}$$

$$= \frac{33,33\ \% - 36\ \%}{\sqrt{\dfrac{(33,33)(66,67)}{35} + \dfrac{(36)(64)}{49}}}$$

$$= \frac{-2,67\ \%}{10,51\ \%}$$

$$= -0,25$$

Conclusion: puisque RC se situe entre $\pm\,1{,}96$, il n'y a aucune évidence statistique permettant de rejeter l'hypothèse de Robert L'Heureux. Il semble que les deux sexes aient sensiblement la même opinion (pas trop bonne) de Robert!

Auto-évaluation 9.3

1. On mène une enquête auprès des électeurs de deux villes pour déterminer s'ils sont en faveur d'une proposition visant à fusionner ces deux villes. On prélève dans chaque ville un échantillon de 200 votants; 120 votants de la ville A sont en faveur de la proposition, comparativement à 109 dans la ville B. À un seuil de 0,05, existe-t-il une différence significative au niveau de l'opinion des votants de ces deux villes?

2. Un producteur de télévision croit que sa nouvelle émission sera plus populaire auprès des citadins qu'auprès des téléspectateurs vivant en milieu rural. Pour vérifier cette impression, un réseau de télévision décide de présenter en première cette émission à 300 téléspectateurs urbains et à 100 téléspectateurs ruraux. Le résultat fut le suivant: 65 téléspectateurs urbains et 18 téléspectateurs ruraux ont indiqué qu'ils avaient apprécié l'émission. À un seuil de 0,05, est-ce que l'affirmation du producteur doit être acceptée?

SOMMAIRE

Ce chapitre avait pour but de vous montrer comment, à l'aide d'un test d'hypothèses approprié, on peut comparer les moyennes ou les pourcentages de deux populations. L'hypothèse nulle soumise au test dans ces deux situations stipule que les deux paramètres sont égaux, c'est-à-dire qu'il n'y a aucune différence significative entre les deux paramètres. Selon la nature du problème, l'hypothèse alternative peut être soit bilatérale, soit unilatérale. De plus, nous vous avons présenté des exemples de situations où un test bilatéral s'appliquait et d'autres où il fallait effectuer un test unilatéral.

Pour déterminer si une différence entre deux valeurs échantillonnales (et, par conséquent, entre deux paramètres) est statistiquement significative ou si elle est simplement due à la variation d'échantillonnage, il nous a fallu établir au préalable la distribution d'échantillonnage des différences entre deux moyennes et des différences entre deux pourcentages. La démarche à suivre pour réaliser les tests d'hypothèses présentés dans ce chapitre est semblable à celle présentée au chapitre 8; la seule différence se situe au niveau du calcul du rapport critique, lequel requiert l'utilisation de l'écart type de la distribution d'échantillonnage des différences entre deux moyennes ou entre deux pourcentages, selon le cas.

TERMES ET CONCEPTS IMPORTANTS

1. Échantillons indépendants

2. Distribution d'échantillonnage

3. Erreur type de la différence entre deux moyennes

4. $\mathrm{RC} = \dfrac{\bar{x}_1 - \bar{x}_2}{\sigma_{\bar{x}_1 - \bar{x}_2}}$

5. $\sigma_{\bar{x}_1 - \bar{x}_2} = \sqrt{\dfrac{\sigma_1{}^2}{n_1} + \dfrac{\sigma_2{}^2}{n_2}}$

6. $\hat{\sigma}_{\bar{x}_1 - \bar{x}_2} = \sqrt{\dfrac{\hat{\sigma}_1{}^2}{n_1} + \dfrac{\hat{\sigma}_2{}^2}{n_2}}$

7. $\mathrm{RC} = \dfrac{p_1 - p_2}{\hat{\sigma}_{p_1 - p_2}}$

8. $\hat{\sigma}_{p_1 - p_2} = \sqrt{\dfrac{p_1(100 - p_1)}{n_1 - 1} + \dfrac{p_2(100 - p_2)}{n_2 - 1}}$

10. Erreur type de la différence entre deux pourcentages

9. Distribution d'échantillonnage des différences entre deux pourcentages

PROBLÈMES

1. Les données échantillonnales suivantes ont été recueillies par un chercheur employé par une chaîne de magasins:

	Magasin Central	Magasin Zin	Magasin La Retraite rurale	Magasin La Benne d'aubaines	Magasin Le Mail à l'envers	Magasin Parti-Prix
Montant moyen dépensé par achat ($\bar{x}$)	36,00 $	40,00 $	33,50 $	28,25 $	22,80 $	26,00 $
Écart type de la population	6,00 $	8,20 $	9,50 $	—	—	—
Écart type échantillonnal	—	—	—	10,15 $	10,50 $	8,75 $
Taille de l'échantillon	40	38	32	42	50	58

a) À un seuil de 0,05, y a-t-il une différence significative au niveau des montants moyens dépensés par achat entre le magasin Central et le magasin Zin?

b) La directrice du magasin Central est convaincue que le montant moyen des achats effectués à son magasin est supérieur à celui du magasin La Retraite rurale. Cette conviction est-elle bien fondée à un seuil de signification de 0,01?

c) À un seuil de 0,01, existe-t-il une différence significative au niveau des montants moyens dépensés par achat entre le magasin Le Mail à l'envers et le magasin Parti-Prix?

d) Le montant moyen des achats au magasin La Benne d'aubaines est-il significativement supérieur à celui du magasin Parti-Prix? Effectuer un test à un seuil de signification de 0,10.

2. Le directeur des relations publiques de la compagnie d'aviation turque Patibul Air (PA) s'inquiète de l'augmentation du nombre de plaintes provenant de clients dont les bagages furent endommagés. Une enquête menée dans trois aérogares où PA se pose a fourni les informations suivantes:

	Aérogare Davouz	Aérogare Ochien	Aérogare Nitour
Nombre d'articles manipulés	760	610	830
Nombre d'articles endommagés	44	53	60

a) À un seuil de 0,05, existe-t-il une différence significative dans le pourcentage d'articles endommagés entre Davouz et Ochien?

b) Le directeur de l'aérogare de Davouz prétend que les préposés à la manutention des bagages de l'aérogare de Nitour ne travaillent pas consciencieusement et que de son expérience en la matière résulte un pourcentage d'articles endommagés nettement inférieur à son aérogare. Êtes-vous d'accord, à un seuil de signification de 0,01?

QUESTIONS DE COMPRÉHENSION

1. Ce chapitre n'a pas pour objectif d'estimer d'une façon absolue la valeur des paramètres. Discuter cet énoncé.

2. Pour pouvoir effectuer les tests selon la démarche présentée dans ce chapitre, les échantillons doivent posséder certaines propriétés. Quelles sont-elles?

3. *a)* Qu'est-ce que la distribution d'échantillonnage des différences entre deux moyennes?

   b) Expliquer comment on construit une telle distribution d'échantillonnage.

4. Quand la moyenne d'échantillonnage des différences entre deux moyennes est-elle égale à zéro?

5. *a)* Qu'est-ce que la distribution d'échantillonnage des différences entre deux pourcentages?

   b) Expliquer comment on construit une telle distribution d'échantillonnage.

   c) Si l'on prend pour acquis que l'hypothèse nulle est vraie, quelle est la valeur de la moyenne de la distribution?

6. Dans un test de différence entre deux pourcentages, on doit toujours estimer l'erreur type de la distribution d'échantillonnage. Pourquoi?

RÉPONSES AUX QUESTIONS D'AUTO-ÉVALUATION

9.1

1. Cette affirmation est fausse. Le but de ces tests est de déterminer les valeurs *relatives* des paramètres.

2. Les échantillons doivent être indépendants et être de taille suffisamment grande.

3. Les *hypothèses* sont les suivantes:

   $$H_0: \mu_1 = \mu_2$$
   $$H_1: \mu_1 \neq \mu_2$$

   À un seuil de 0,01, $Z = 2,58$

   La *règle de décision* se lit comme suit:

   accepter H_0 si RC se situe entre $\pm 2,58$

   ou

   rejeter H_0 et accepter H_1 si RC $< -2,58$ ou RC $> 2,58$

   Le *rapport critique* est calculé de la façon suivante:

   $$RC = \frac{\bar{x}_1 - \bar{x}_2}{\sqrt{\dfrac{\sigma_1^2}{n_1} + \dfrac{\sigma_2^2}{n_2}}} = \frac{72\,000 - 74\,400}{\sqrt{\dfrac{3200^2}{50} + \dfrac{2400^2}{40}}} = \frac{-2400}{590,59} = -4,06$$

Conclusion: rejeter H_0; il y a une différence significative de qualité entre les deux marques de pneus à un seuil de 0,01.

4. Les *hypothèses* sont :

$$H_0 : \mu_1 = \mu_2$$
$$H_1 : \mu_1 < \mu_2$$

À un seuil de 0,05, $Z = -1,64$

La *règle de décision* :

accepter H_0 si RC $\geqslant -1,64$

ou

rejeter H_0 et accepter H_1 si RC $< -1,64$

Le *rapport critique* :

$$RC = \cfrac{\bar{x}_1 - \bar{x}_2}{\sqrt{\cfrac{\sigma_1^2}{n_1} + \cfrac{\sigma_2^2}{n_2}}} = \cfrac{42 - 45}{\sqrt{\cfrac{6^2}{36} + \cfrac{3^2}{35}}} = \cfrac{-3,00}{1,12} = -2,68$$

Conclusion: rejeter H_0; il semble que les batteries Faux Départ aient une durée de vie inférieure à celle des batteries de la marque Pannatoucou.

9.2

1. Les *hypothèses* sont les suivantes :

$$H_0 : \mu_1 = \mu_2$$
$$H_1 : \mu_1 \neq \mu_2$$

À un seuil de 0,10, $Z = 1,64$

La *règle de décision* se lit comme suit :

accepter H_0 si RC se situe entre $\pm 1,64$

ou

rejeter H_0 et accepter H_1 si RC $< -1,64$ ou RC $> 1,64$

Pour calculer le *rapport critique* :

$$\hat{\sigma}_1 = s_1 \sqrt{\frac{n_1}{n_1 - 1}} = 1120\ \$\ \sqrt{38/37} = 1135\ \$$$

$$\hat{\sigma}_2 = s_2 \sqrt{\frac{n_2}{n_2 - 1}} = 725\ \$\ \sqrt{36/35} = 735\ \$$$

et

$$RC = \cfrac{5600\ \$ - 5300\ \$}{\sqrt{\cfrac{1135\ \$^2}{38} + \cfrac{735\ \$^2}{36}}} = \cfrac{300\ \$}{221\ \$} = 1,36$$

Conclusion : puisque $1,36 < 1,64$, l'hypothèse nulle ne peut être rejetée.

2. Les *hypothèses* :

$$H_0 : \mu_1 = \mu_2$$
$$H_1 : \mu_1 > \mu_2$$

La *règle de décision* :

accepter H_0 si RC $\leqslant$ 1,28

ou

rejeter H_0 et accepter H_1 si RC $>$ 1,28

9.3

1. Les *hypothèses* sont celles-ci :

$H_0 : \pi_1 = \pi_2$
$H_1 : \pi_1 \neq \pi_2$

Le test vise à déterminer s'il existe une différence significative entre les pourcentages; c'est pourquoi il est bilatéral. La distribution Z s'applique au test et $Z = \pm$ 1,96. La *règle de décision* se lit ainsi :

accepter H_0 si RC se situe entre $\pm$ 1,96

ou

rejeter H_0 et accepter H_1 si RC $< -$ 1,96 ou RC $>$ 1,96

Le *rapport critique* est calculé de la façon suivante :

$$RC = \frac{p_1 - p_2}{\sqrt{\dfrac{p_1(100 - p_1)}{n_1 - 1} + \dfrac{p_2(100 - p_2)}{n_2 - 1}}}$$

$$= \frac{60 - 54,5}{\sqrt{\dfrac{(60)(40)}{199} + \dfrac{(54,5)(45,5)}{199}}}$$

$$= \frac{5,50}{4,95}$$

$$= 1,13$$

Conclusion : puisque RC se situe dans la région d'acceptation, nous pouvons conclure qu'il n'y a pas de différence significative d'opinion entre les votants des deux villes.

2. Voici les *hypothèses* :

$H_0 : \pi_1 = \pi_2$
$H_1 : \pi_1 > \pi_2$

Nous voulons déterminer si le pourcentage en milieu urbain est significativement supérieur au pourcentage en milieu rural; le test est donc unilatéral à droite. La région de rejet est délimitée par $Z = 1,64$. La *règle de décision* a pour expression :

accepter H_0 si RC $\leqslant$ 1,64

ou

rejeter H_0 et accepter H_1 si RC $>$ 1,64

On calcule le *rapport critique* de la façon suivante:

$$RC = \frac{p_1 - p_2}{\sqrt{\dfrac{p_1(100 - p_1)}{n_1 - 1} + \dfrac{p_2(100 - p_2)}{n_2 - 1}}}$$

$$= \frac{21,67 - 18,00}{\sqrt{\dfrac{(21,67)(78,33)}{299} + \dfrac{(18)(82)}{99}}}$$

$$= \frac{3,67}{4,54}$$

$$= 0,81$$

Conclusion: RC se situe dans la région d'acceptation; autrement dit, nous devons rejeter l'affirmation du producteur et accepter H_0 puisqu'il n'y a pas de différence significative de préférence entre les téléspectateurs urbains et les ruraux (aucun des deux groupes n'est très enthousiasmé par l'émission du producteur!).

CHAPITRE 10

COMPARAISON DE TROIS MOYENNES D'ÉCHANTILLONS OU PLUS : ANALYSE DE VARIANCE

OBJECTIFS D'APPRENTISSAGE Après avoir lu attentivement ce chapitre, résolu les problèmes et répondu aux questions de compréhension, vous devriez pouvoir :

☞ expliquer le but de l'analyse de variance et identifier les conditions d'application de la technique d'analyse de variance;

☞ calculer deux estimations indépendantes de la variance de la population et comprendre la théorie qui les sous-tend;

☞ décrire le déroulement d'une analyse de variance;

☞ utiliser la technique d'analyse de variance et les tables de distributions F pour prendre les décisions statistiques appropriées concernant les moyennes de trois populations ou plus.

CONTENU DU CHAPITRE

LES HYPOTHÈSES ET CONDITIONS D'APPLICATION D'UNE ANALYSE DE VARIANCE

LES PRINCIPES SOUS-JACENTS À L'ANALYSE DE VARIANCE

$\hat{\sigma}^2_{\text{intérieur}}$: un estimateur de σ^2 non influencé par les moyennes des populations.

$\hat{\sigma}^2_{\text{entre}}$: un estimateur de σ^2 si (et seulement si) H_0 est vrai

Le rapport F et les tables des distributions F

Auto-évaluation 10.1

LES ÉTAPES D'UNE ANALYSE DE VARIANCE

Énoncer les hypothèses nulle et alternative

Spécifier le seuil de signification

Calculer les estimations de σ^2 : $\hat{\sigma}^2_{\text{entre}}$ et $\hat{\sigma}^2_{\text{intérieur}}$

Calculer le rapport critique F : RC_F

Utiliser les tables de distributions F

Prendre la décision statistique

Auto-évaluation 10.2

SOMMAIRE

Dans le chapitre précédent, nous avons élaboré une technique statistique permettant de déterminer s'il existe une différence significative entre les moyennes de *deux* échantillons indépendants. Dans ce chapitre, nous présenterons une autre technique pour déterminer s'il existe une différence significative entre *trois* moyennes échantillonnales *ou plus*. Cette technique s'appelle l'*analyse de variance*.

L'analyse de variance est un outil statistique qui permet, grâce à l'analyse du degré de variabilité au sein des données échantillonnales, de conclure à l'égalité ou à la non-égalité de toutes les moyennes des populations considérées. Prenons l'exemple du directeur de production qui veut vérifier si quatre machines produisent des pièces dont les longueurs moyennes sont identiques; on peut, dans ce cas, recourir à l'analyse de variance pour analyser les échantillons de pièces provenant de chacune des machines.

Dans les pages qui suivent, nous énoncerons d'abord *les conditions d'application et les hypothèses* associées à la technique d'analyse de variance. Après cette introduction, nous vous présenterons *les principes sous-jacents à l'analyse de variance*. Finalement, nous examinerons, à l'aide d'un exemple, *les différentes étapes d'une analyse de variance*.

LES HYPOTHÈSES ET CONDITIONS D'APPLICATION D'UNE ANALYSE DE VARIANCE

L'*hypothèse nulle* en analyse de variance stipule que les échantillons indépendants proviennent de différentes populations dont les moyennes sont identiques. En d'autres termes, l'hypothèse nulle prend toujours la forme suivante:

$$H_0 : \mu_1 = \mu_2 = \mu_3 = \cdots = \mu_k$$

où k = nombre de populations considérées

Et l'*hypothèse alternative*, en analyse de variance, est la suivante:

$$H_1 : \text{les moyennes des populations } \textit{ne sont pas toutes égales} \text{ entre elles}$$

Examinons maintenant l'hypothèse alternative: si l'hypothèse alternative est acceptée, il faut conclure qu'*au moins une* moyenne de population diffère des autres moyennes de population. Cependant, l'analyse de variance ne permet pas de déterminer *combien* de moyennes de population sont différentes les unes des autres et, de plus, il est impossible de déceler, avec cette technique, quelles sont les moyennes qui diffèrent. Par exemple, l'hypothèse nulle peut être rejetée et l'hypothèse alternative acceptée même si, pour six populations étudiées, seulement une des six moyennes diffère des cinq autres qui sont égales entre elles.

À toutes les techniques statistiques sont associées des conditions d'application nécessaires à leur utilisation dans une situation de prise de décision. En ce qui a trait à l'analyse de variance, *les conditions d'application sont les suivantes: premièrement*, les échantillons doivent être choisis aléatoirement et tous les échantillons doivent être indépendants; *deuxièmement*, les distributions des populations considérées doivent être approximativement normales, sinon normales; *troisièmement*, les populations d'où sont prélevés les échantillons doivent posséder la même variance (σ^2). Cette troisième condition s'écrit formellement ainsi :

$$\sigma_1{}^2 = \sigma_2{}^2 = \sigma_3{}^2 = \cdots = \sigma_k{}^2$$

où k = nombre de populations

Donc, lorsque l'hypothèse nulle est vraie et lorsque les trois conditions sont remplies, la situation est essentiellement équivalente à celle où tous les échantillons sont prélevés de la même population, comme l'illustre la figure 10.1*a*. Par contre, les moyennes des populations ne sont pas égales si l'hypothèse nulle est fausse, et les échantillons pourront être considérés comme provenant de populations telles que celles illustrées à la figure 10.1*b* si les trois conditions sont remplies. Évidemment, ces populations sont toujours distribuées normalement et possèdent toujours la même variance. Si l'une ou l'autre de ces conditions n'est pas satisfaite, il faut alors se questionner sur l'à-propos de l'utilisation de la technique d'analyse de variance.

LES PRINCIPES SOUS-JACENTS À L'ANALYSE DE VARIANCE

Avant d'examiner d'une façon systématique les différentes étapes de l'analyse de variance, vous devez comprendre les bases conceptuelles de cette technique; une connaissance de ces bases vous permettra de profiter de toutes ses possibilités.

Vous serez sûrement surpris d'apprendre que nous examinerons des estimations de σ^2, la *variance de la population*, afin de déterminer si les moyennes des populations sont égales. En effet, l'analyse d'estimations de σ^2 permet de tirer certaines conclusions concernant les moyennes des populations. Mais soyez patients : après la lecture des paragraphes suivants, ce fait vous paraîtra évident, du moins nous l'espérons.

Dans une analyse de variance, on calcule *deux estimations* de la variance de la population selon deux approches indépendantes. La *première*[1] approche consiste à calculer une estimation de σ^2 qui demeurera valable, que les moyennes des populations soient égales ou non. En d'autres mots, cette estimation de σ^2 ne sera pas affectée par le fait que l'hypothèse nulle soit fausse et que les moyennes des populations considérées diffèrent les unes des autres. À cause de cela, il est impossible de tester la validité de H_0 en n'utilisant que cette seule valeur. Un second élément est nécessaire.

La *deuxième approche* réside en une estimation sans biais de σ^2 *si et seulement si* les moyennes des populations sont égales. Toute différence entre les moyennes des populations affectera la valeur de cette estimation de σ^2. Cependant, s'il n'existait aucune différence entre les moyennes, les deux estimations calculées de σ^2 seraient très proches l'une de l'autre (une comparaison de ces deux estimations servira à tester la validité de l'hypothèse nulle).

---

1. Le mot « première » est utilisé ici pour les besoins de la démonstration. Comme vous le verrez plus tard, il n'est pas nécessaire de calculer cette valeur en premier lieu dans une analyse de variance.

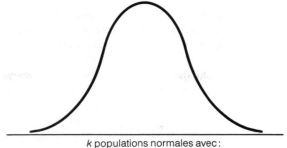

k populations normales avec :

$$\mu_1 = \mu_2 = \mu_3 = \ldots \ldots \mu_k$$

$$\sigma_1^2 = \sigma_2^2 = \sigma_3^2 = \ldots \ldots \sigma_k^2$$

(a)

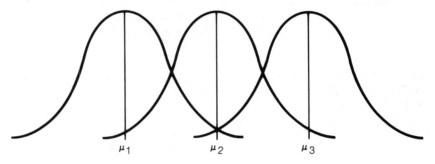

Trois populations normales avec :

$$\mu_1 \neq \mu_2 \neq \mu_3$$

$$\sigma_1^2 = \sigma_2^2 = \sigma_3^2$$

(b)

FIGURE 10.1

Bref, la *règle de décision* suivante résume très bien les deux paragraphes précédents :

Si les deux estimations calculées sont approximativement égales, nous pouvons conclure qu'il n'y a probablement pas de différence entre les moyennes des populations. Par conséquent, l'hypothèse nulle doit être acceptée.

Mais s'il existe une différence significative entre les estimations calculées selon les deux approches, nous devons conclure que des différences au sein des moyennes des populations ont influencé la valeur de la seconde estimation. Par conséquent, H_0 doit être rejeté.

Examinons maintenant d'une façon plus détaillée ces deux estimations de σ^2.

$\hat{\sigma}^2_{\text{intérieur}}$: une estimation de σ^2 non influencée par les moyennes des populations

La première estimation de σ^2 consiste en une moyenne des variances à l'*intérieur* de chacun des échantillons[2]. Chacune des variances échantillonnales (s^2) pourrait, après une légère modification[3], servir d'estimateur sans biais de σ^2; cependant, on utilise généralement la moyenne arithmétique des variances de tous les échantillons pour estimer σ^2, l'estimation obtenue reposant alors sur un plus grand nombre de données. Par conséquent, dans une démarche d'analyse de variance, la variance de chacun des échantillons doit être calculée, la moyenne de celles-ci produisant $\hat{\sigma}^2_{\text{intérieur}}$ — une estimation sans biais de la variance de la population qui demeure valable, que les moyennes des populations soient égales ou non.

$\hat{\sigma}^2_{\text{entre}}$: un estimateur de σ^2 si (et seulement si) H_0 est vrai

La seconde approche pour estimer σ^2 est basée sur la variation entre les moyennes échantillonnales et trouve sa justification dans le théorème central de la limite. (Vous pensiez bien ne plus jamais entendre parler de ce théorème!) Si H_0 est vrai, comme nous l'avons vu à la figure 10.1*a*, nous pouvons alors considérer que tous les échantillons proviennent d'une même population de moyenne μ. Et comme nous l'avons vu au chapitre 6, le théorème central de la limite précise que si la population est distribuée normalement, la distribution d'échantillonnage des moyennes est aussi normale. De plus, vous vous souvenez sans doute que l'écart type de la distribution d'échantillonnage — l'erreur type de la moyenne échantillonnale — est obtenu par la formule suivante :

$$\sigma_{\bar{x}} = \frac{\sigma}{\sqrt{n}}$$

Maintenant, en élevant au carré les deux côtés de cette équation, la formule se lit comme suit :

$$\sigma_{\bar{x}}^2 = \frac{\sigma^2}{n}$$

D'où nous pouvons obtenir le résultat suivant :

$$n\sigma_{\bar{x}}^2 = \sigma^2$$

Donc, si nous connaissions le carré de l'erreur type ($\sigma_{\bar{x}}^2$), nous pourrions évaluer précisément la valeur de σ^2 en multipliant $\sigma_{\bar{x}}^2$ par la taille de l'échantillon.

« Oui et puis? direz-vous peut-être. Encore faut-il avoir une idée de la valeur de $\sigma_{\bar{x}}^2$. » Ne vous inquiétez plus parce qu'effectivement vous serez en mesure (en utilisant une formule qui vous sera présentée un peu plus loin) de (1) calculer une estimation du carré de l'erreur type ($\sigma_{\bar{x}}^2$) et de (2) multiplier cette estimation par la taille d'échantillon pour en arriver à une estimation de σ^2. Cette seconde estimation de σ^2 sera symbolisée par $\hat{\sigma}^2_{\text{entre}}$.

---

2. Nous avons vu au début du chapitre 4 (et au tableau 4.2) comment une variance est calculée. Peut-être avez-vous besoin de revoir ces notions avant d'aller plus loin?

3. Dans le chapitre 7, nous avons employé la formule suivante pour s^2 : $s^2 = \frac{\Sigma(x - \bar{x})^2}{n}$. Pour obtenir une estimation sans biais de la variance de la population, nous devons modifier le dénominateur en changeant n par $n-1$. Ainsi, $\hat{\sigma}^2 = \frac{\Sigma(x - \bar{x})^2}{n-1}$

En résumé, si H_0 était vrai, $\hat{\sigma}^2_{entre}$ serait une estimation sans biais de la variance de la population et devrait être approximativement égal à la valeur de $\hat{\sigma}^2_{intérieur}$. Par contre, s'il devait y avoir une différence significative entre $\hat{\sigma}^2_{entre}$ et $\hat{\sigma}^2_{intérieur}$, on devrait conclure que cette différence est causée par des différences entre les moyennes des populations.

Le rapport F et les tables de distributions F

À quel moment peut-on affirmer que la différence entre les deux estimations de σ^2 est statistiquement significative? La différence entre $\hat{\sigma}^2_{intérieur}$ et $\hat{\sigma}^2_{entre}$ est-elle due à l'inégalité des moyennes des populations ou simplement à la variation d'échantillonnage? Pour répondre à ces questions, un brillant statisticien a découvert qu'il était préférable d'analyser le rapport entre $\hat{\sigma}^2_{intérieur}$ et $\hat{\sigma}^2_{entre}$ plutôt que la différence entre ces deux valeurs; ce rapport, appelé valeur F calculée, est le suivant:

$$F = \frac{\hat{\sigma}^2_{entre}}{\hat{\sigma}^2_{intérieur}} \qquad (10.1)$$

Idéalement, si H_0 est vrai, cette valeur F calculée devrait être égale à un. Cependant, à cause de la variation d'échantillonnage, il faut s'attendre à des différences entre les deux estimations de σ^2 et ce, même si H_0 est vrai. La question qui se pose consiste à déterminer de quelle grandeur doit être cette différence qui se reflète dans la valeur F calculée pour rejeter légitimement H_0. On trouvera la réponse à cette question dans les tables de distributions F présentées à l'Annexe 6.

La valeur *maximale* que peut atteindre le rapport F calculé avant le rejet de H_0 nous est donnée dans les tables de distributions F. Donc, la conclusion à tirer concernant H_0, dans une analyse de variance, sera basée sur la comparaison du rapport F calculé avec une valeur repérée dans les tables de distributions F. Si le rapport F calculé est plus petit ou égal à la valeur trouvée dans les tables, H_0 sera accepté; par contre, si le rapport F calculé est plus grand que la valeur dans les tables, H_0 sera rejeté. Nous verrons plus précisément comment utiliser l'Annexe 6 dans les pages qui viennent.

Auto-évaluation 10.1

1. Quel est le but d'une analyse de variance?

2. Il existe trois conditions d'application pour une analyse de variance. Quelles sont-elles?

3. Quelle est l'hypothèse nulle dans une analyse de variance?

4. Si H_0 est rejeté, on doit conclure que toutes les moyennes des populations sont différentes. Vrai ou faux?

5. $\hat{\sigma}^2_{intérieur}$ est un estimateur sans biais de σ^2 si et seulement si les moyennes des populations sont égales. Vrai ou faux?

6. Si $\hat{\sigma}^2_{intérieur}$ est de 6 et $\hat{\sigma}^2_{entre}$ est de 8, le rapport F est alors égal à 0,75. Vrai ou faux?

LES ÉTAPES D'UNE ANALYSE DE VARIANCE

Le directeur de la Banque d'Épargne, M. Richard, veut évaluer le travail de ses employés pour déterminer s'il doit leur accorder une augmentation de salaire et un nouveau poste au sein de la banque. Le directeur a décidé que le critère le plus important pour juger du rendement de ses caissiers sera le nombre de clients servis quotidiennement. Selon lui, tous les caissiers devraient recevoir approximativement le même nombre de clients chaque jour. Si ce n'est pas le cas, chacun des caissiers devra être traité selon son mérite.

On choisit aléatoirement 6 jours de travail et le nombre de clients reçus par les 3 caissiers de la banque est pris en note. Voici les résultats obtenus :

Nombre de clients reçus

Jours	Caissière 1 Mme Vincennes	Caissier 2 M. Dollard	Caissier 3 M. Monet
1	45	55	54
2	56	50	61
3	47	53	54
4	51	59	58
5	50	58	52
6	45	49	51

Énoncer les hypothèses nulle et alternative

Maintenant, vous devez sûrement savoir que la première étape d'un test d'hypothèses consiste à énoncer formellement l'hypothèse nulle et l'hypothèse alternative. Pour le problème qui nous concerne, l'*hypothèse nulle* stipule que les 3 caissiers reçoivent, en moyenne, le même nombre de clients quotidiennement. Ce qui veut dire qu'on croit, jusqu'à preuve du contraire, que Mme Vincennes, MM. Dollard et Monet accomplissent la même quantité de travail chaque jour. Écrite formellement l'hypothèse nulle se présente comme suit :

$$H_0 : \mu_1 = \mu_2 = \mu_3$$

L'*hypothèse alternative* spécifie que les 3 caissiers ne reçoivent pas, en moyenne, le même nombre de clients quotidiennement. Cela signifie qu'au moins un des caissiers travaille moins que les autres. Par conséquent :

$$H_1 : \text{les moyennes des populations ne sont pas toutes égales}$$

Spécifier le seuil de signification

Nous avons appris dans les chapitres antérieurs qu'il est absolument nécessaire d'établir un critère de rejet de H_0. Dans notre exemple, le directeur qui veut porter un jugement sur le rendement des caissiers, jugement qui peut avoir pour effet de modifier à la hausse ou à la baisse le chèque de paye de ses employés, est conscient que sa décision, lourde de conséquences, comporte un risque d'erreur qu'il doit contrôler. Le directeur décide qu'il ne doit y avoir plus de 5 % des chances de rejeter à tort une hypothèse nulle (H_0) vraie. Par conséquent, nous effectuerons le test avec $\alpha = 0,05$.

Calculer les estimations de σ^2 : $\hat{\sigma}^2_{entre}$ et $\hat{\sigma}^2_{intérieur}$

Nous abordons maintenant une étape importante de l'analyse de variance. Relevez vos manches, attachez vos ceintures et concentrez-vous.

Calculer $\hat{\sigma}^2_{entre}$. La valeur calculée de $\hat{\sigma}^2_{entre}$ est une estimation de σ^2 basée sur la variation entre les moyennes échantillonnales. Cependant, la valeur $\hat{\sigma}^2_{entre}$ sera une estimation fiable de la variation de la population pourvu que H_0 soit vrai. Pour évaluer $\hat{\sigma}^2_{entre}$, il faut effectuer les étapes suivantes :

1. La moyenne des données échantillonnales de chaque caissier doit être calculée. Les moyennes apparaissent au tableau 10.1 et sont symbolisées par $\bar{x}_1$, $\bar{x}_2$, $\bar{x}_3$ pour les caissiers 1, 2 et 3 respectivement.

2. Après avoir calculé les moyennes de chacun des échantillons, vous devez maintenant calculer la moyenne « globale », $\overline{\overline{X}}$. Ce $\overline{\overline{X}}$ correspond simplement à la moyenne de toutes les observations contenues dans les 3 échantillons. On le calcule à l'aide de la formule suivante :

$$\overline{\overline{X}} = \frac{\text{somme de toutes les observations}}{\text{nombre total d'observations}} \qquad (10.2)$$

Dans notre exemple, comme l'indique le tableau 10.1, on calcule comme suit la moyenne globale :

$$\overline{\overline{X}} = \frac{\text{somme de toutes les observations}}{\text{nombre total d'observations}}$$

$$= \frac{294 + 324 + 330}{18} = \frac{948}{18} = 52,67$$

TABLEAU 10.1

Calcul de $\hat{\sigma}^2_{entre}$

Jours	Caissière 1 Mme Vincennes (1)	Caissier 2 M. Dollard (2)	Caissier 3 M. Monet (3)
1	45	55	54
2	56	50	61
3	47	53	54
4	51	59	58
5	50	58	52
6	45	49	51
TOTAL	294	324	330
	$\bar{x}_1 = 49$	$\bar{x}_2 = 54$	$\bar{x}_3 = 55$

$$\overline{\overline{X}} = \frac{\text{somme de toutes les observations}}{\text{nombre total d'observations}} = \frac{294 + 324 + 330}{18} = 52,67$$

$$\hat{\sigma}^2_{entre} = \frac{n_1(\bar{x}_1 - \overline{\overline{X}})^2 + n_2(\bar{x}_2 - \overline{\overline{X}})^2 + n_3(\bar{x}_3 - \overline{\overline{X}})^2}{k - 1}$$

$$= \frac{6(49 - 52,67)^2 + 6(54 - 52,67)^2 + 6(55 - 52,67)^2}{3 - 1}$$

$$= \frac{6(13,469) + 6(1,769) + 6(5,429)}{2}$$

$$= 62,0$$

3. Après avoir complété ces deux étapes simples, nous sommes maintenant en mesure de déterminer la valeur de $\hat{\sigma}^2_{\text{entre}}$. La formule à utiliser est la suivante [4]:

$$\hat{\sigma}^2_{\text{entre}} = \frac{n_1(\bar{x}_1 - \bar{\bar{X}})^2 + n_2(\bar{x}_2 - \bar{\bar{X}})^2 + \cdots + n_k(\bar{x}_k - \bar{\bar{X}})^2}{k - 1} \tag{10.3}$$

où n_1 = nombre d'observations dans l'échantillon 1
n_2 = nombre d'observations dans l'échantillon 2
n_k = nombre d'observations dans l'échantillon k
k = nombre d'échantillons considérés
$\bar{x}_1$ = moyenne de l'échantillon 1
$\bar{x}_2$ = moyenne de l'échantillon 2
$\bar{x}_k$ = moyenne de l'échantillon k
$\bar{\bar{X}}$ = moyenne globale ou moyenne de toutes les observations des échantillons

Grâce à cette formule, nous avons obtenu, au tableau 10.1, une valeur de $\hat{\sigma}^2_{\text{entre}}$ égale à 62,0. Ce nombre s'avérera une estimation fiable de σ^2 *si et seulement si* l'hypothèse nulle est vraie.

Nous avons résumé à la figure 10.2 la démarche à suivre pour calculer $\hat{\sigma}^2_{\text{entre}}$.

Calculer $\hat{\sigma}^2_{\text{intérieur}}$. Nous vous rappelons que $\hat{\sigma}^2_{\text{intérieur}}$ est une estimation de σ^2 basée sur la moyenne des variances à l'*intérieur* de chacun des échantillons. Plus particulièrement, $\hat{\sigma}^2_{\text{intérieur}}$ est une moyenne d'estimations sans biais obtenues à partir de chacun des échantillons.

Lorsque tous les échantillons sont de la même taille, l'estimation désirée de la variance de la population est calculée à l'aide de la formule suivante :

$$\hat{\sigma}^2_{\text{intérieur}} = \frac{\hat{\sigma}_1^2 + \hat{\sigma}_2^2 + \hat{\sigma}_3^2 + \cdots + \hat{\sigma}_k^2}{k} \tag{10.4}$$

où $\hat{\sigma}^2$ = l'estimation sans biais de la variance d'échantillon obtenue de chaque échantillon

On obtient $\hat{\sigma}^2$ en effectuant, pour chaque échantillon, le calcul suivant :

$$\hat{\sigma}^2 = \frac{\Sigma(x - \bar{x})^2}{n - 1} \tag{10.5}$$

où k = nombre d'échantillons

Lorsque les échantillons ne sont pas de même taille, la formule appropriée est la suivante :

$$\hat{\sigma}^2_{\text{intérieur}} = \frac{\Sigma d_1^2 + \Sigma d_2^2 + \Sigma d_3^2 + \cdots + \Sigma d_k^2}{T - k} \tag{10.6}$$

---

4. En examinant attentivement la formule 10.3, vous constaterez que $\hat{\sigma}^2_{\text{entre}}$ est fondamentalement égal à $n\hat{\sigma}_{\bar{x}}^2$, qui est, comme nous l'avons vu, égal à $\hat{\sigma}^2$.

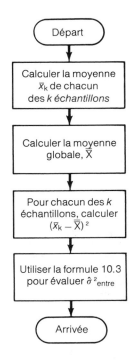

FIGURE 10.2
Méthode pour calculer $\hat{\sigma}^2{}_{\text{entre}}$

où $\Sigma d_1{}^2 =$ la somme des différences élevées au carré — c'est-à-dire $\Sigma (x_1 - \bar{x}_1)^2$ — pour le premier échantillon

$\Sigma d_2{}^2 =$ la somme des différences élevées au carré — c'est-à-dire $\Sigma (x_2 - \bar{x}_2)^2$ — pour le deuxième échantillon, etc.

$T =$ nombre total d'observations (c'est-à-dire $n_1 + n_2 + n_3 + \cdots + n_k$)

$k =$ nombre d'échantillons

Nous allons maintenant appliquer cette méthode de calcul de $\hat{\sigma}^2{}_{\text{intérieur}}$ à notre problème des caissiers de la banque. (Puisque tous les échantillons sont de la même taille, nous utiliserons les formules 10.4 et 10.5.) Dans un problème d'auto-évaluation présenté plus loin dans ce chapitre, les échantillons seront de tailles différentes et vous devrez alors utiliser la formule 10.6; à ceux et celles qui éprouveront à ce moment des difficultés, nous rappelons que la solution à ce problème est donnée à la fin du chapitre.

1. Pour chaque échantillon, il faut calculer l'*écart* entre chaque observation de l'échantillon et la moyenne de cet échantillon — c'est-à-dire calculer $x - \bar{x}$ pour chaque échantillon. Vous trouverez au tableau 10.2 le calcul de ces écarts pour chaque caissier. Pour la caissière 1, Mme Vincennes, la moyenne de clients reçus ($\bar{x}_1$) est de 49. Donc, l'écart pour le jour 1 est de $45 - 49$ ou -4; l'écart pour le jour 2 est de $56 - 49 = 7$; et ainsi de suite.

2. Une fois tous les écarts calculés, il faut *élever au carré* chacun des écarts — c'est-à-dire $(x - \bar{x})^2$. Ces écarts au carré sont ensuite additionnés — $\Sigma(x - \bar{x})^2$ — et la somme est symbolisée par Σd^2. Pour les caissiers 1, 2 et 3, ces sommes d'écarts au carré sont de 90, 84 et 72 respectivement.

3. On calcule ensuite une estimation sans biais de σ^2, à partir de chacun des échantillons entrant dans l'analyse de variance, en utilisant la formule 10.5 de la façon suivante :

$$\hat{\sigma}^2 = \frac{\Sigma(x - \bar{x})^2}{n - 1} = \frac{\Sigma d^2}{n - 1}$$

où $n = $ taille de l'échantillon considéré

TABLEAU 10.2

Calcul de $\hat{\sigma}^2_{intérieur}$

Jours	Caissière 1 Mme Vincennes x_1	$(x_1 - \bar{x}_1)$	$(x_1 - \bar{x}_1)^2$	Caissier 2 M. Dollard x_2	$(x_2 - \bar{x}_2)$	$(x_2 - \bar{x}_2)^2$	Caissier 3 M. Monet x_3	$(x_3 - \bar{x}_3)$	$(x_3 - \bar{x}_3)^2$
1	45	-4	16	55	1	1	54	-1	1
2	56	7	49	50	-4	16	61	6	36
3	47	-2	4	53	-1	1	54	-1	1
4	51	2	4	59	5	25	58	3	9
5	50	1	1	58	4	16	52	-3	9
6	45	-4	16	49	-5	25	51	-4	16
	294		$\Sigma d_1^2 = 90$	324		$\Sigma d_2^2 = 84$	330		$\Sigma d_3^2 = 72$
	$\bar{x}_1 = 49$			$\bar{x}_2 = 54$			$\bar{x}_3 = 55$		

$$\hat{\sigma}_1^2 = \frac{90}{5} = 18 \qquad \hat{\sigma}_2^2 = \frac{84}{5} = 16,8 \qquad \hat{\sigma}_3^2 = \frac{72}{5} = 14,4$$

$$\hat{\sigma}^2_{intérieur} = \frac{18 + 16,8 + 14,4}{3} = 16,4$$

Dans notre exemple, les estimations sans biais de la variance de la population sont calculées de la façon suivante :

Caissière 1 $\qquad \hat{\sigma}_1^2 = \dfrac{\Sigma d_1^2}{n_1 - 1} = \dfrac{90}{5} = 18$

Caissier 2 $\qquad \hat{\sigma}_2^2 = \dfrac{\Sigma d_2^2}{n_2 - 1} = \dfrac{84}{5} = 16,8$

Caissier 3 $\qquad \hat{\sigma}_3^2 = \dfrac{\Sigma d_3^2}{n_3 - 1} = \dfrac{72}{5} = 14,4$

Puisque les échantillons sont de la même taille, $\hat{\sigma}^2_{\text{intérieur}}$ est calculé à l'aide de la formule 10.4:

$$\hat{\sigma}^2_{\text{intérieur}} = \frac{\hat{\sigma}_1^2 + \hat{\sigma}_2^2 + \hat{\sigma}_3^2 + \cdots + \hat{\sigma}_k^2}{k}$$

$$= \frac{18 + 16,8 + 14,4}{3}$$

$$= \frac{49,2}{3}$$

$$= 16,4$$

La figure 10.3 résume les différentes étapes complétées jusqu'ici dans notre analyse de variance. Vous serez sûrement enchantés d'apprendre que sont maintenant terminés les calculs les plus fastidieux reliés à cette analyse. Tout ce qu'il nous reste à faire consiste à calculer le rapport F et à comparer la valeur obtenue avec la valeur appropriée obtenue dans les tables de F. Nous serons alors en mesure de compléter l'analyse en prenant une décision concernant H_0.

FIGURE 10.3

Méthode pour calculer $\hat{\sigma}^2_{\text{intérieur}}$

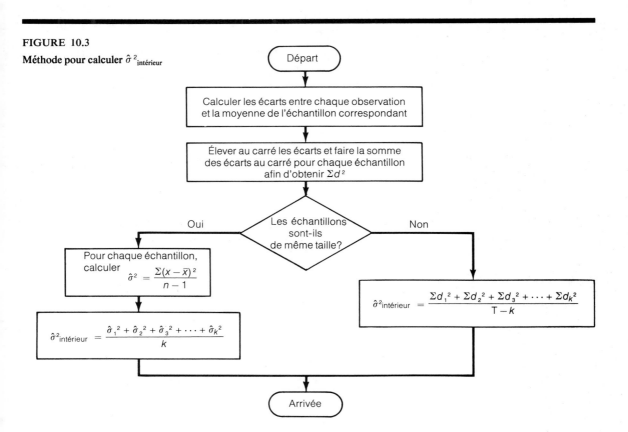

Calculer le rapport critique F : RC_F

Nous avons calculé $\hat{\sigma}^2_{entre}$ et $\hat{\sigma}^2_{intérieur}$; nous sommes donc maintenant prêts à comparer ces deux estimations de σ^2 et à déterminer s'il existe une différence significative entre elles. Bref, nous sommes en mesure de calculer le *rapport F*, symbolisé par RC_F. Nous avons vu à la formule 10.1 que :

$$RC_F = \frac{\hat{\sigma}^2_{entre}}{\hat{\sigma}^2_{intérieur}}$$

Pour le problème que nous avons examiné et en utilisant les résultats obtenus précédemment, nous pouvons calculer le rapport F de la façon suivante :

$$RC_F = \frac{62,0}{16,4} = 3,78$$

Il apparaît que l'estimation $\hat{\sigma}^2_{entre}$ est pratiquement quatre fois plus grande que l'estimation $\hat{\sigma}^2_{intérieur}$. Mais ce RC_F calculé est-il suffisamment grand pour que nous puissions nous permettre de conclure que H_0 est faux? Pour répondre à cette question, il faut connaître la *valeur critique* qui sépare la région d'acceptation de la région de rejet. Cela signifie que nous devons trouver la valeur critique représentée à la figure 10.4. Si le rapport F calculé est plus petit ou égal à la valeur critique représentée à la figure 10.4, il se situe dans la région d'acceptation et H_0 est accepté. Par contre, si la valeur F calculée est plus grande que cette valeur critique, elle se situe alors dans la région de rejet et H_0 doit être rejeté. La valeur critique qui sert de base de comparaison pour le rapport F calculé se trouve dans les tables de distributions F à l'Annexe 6. Si le seuil de signification du test est de 0,05, la valeur critique correspond simplement à la valeur sur l'échelle F — au-dessus de laquelle se situera la valeur du rapport F seulement 5 fois sur 100 si H_0 est vrai.

Vous pouvez constater, en examinant la figure 10.4, qu'une distribution F est positivement dissymétrique. Et comme le laisse entendre la légende de cette figure, chaque distribution F est déterminée par le nombre d'échantillons et le nombre d'observations à l'intérieur de ces échantillons. Cela signifie qu'à chacune des combinaisons possibles du nombre d'échantillons et de la taille d'échantillon correspond une distribution F différente. Par conséquent, il nous faudrait une table de valeurs critiques

FIGURE 10.4

Distribution F pour un nombre donné d'échantillons et un nombre donné d'observations dans les échantillons

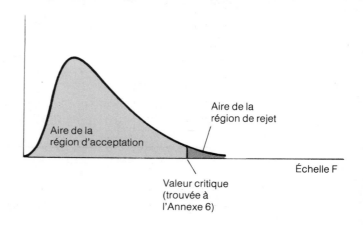

Aire de la région de rejet

Aire de la région d'acceptation

Échelle F

Valeur critique (trouvée à l'Annexe 6)

particulière pour chacune des combinaisons possibles et ce, pour chaque seuil de signification imaginable : le nombre de tables requises est donc infini et, par conséquent, il est impensable de vouloir toutes les construire. Ainsi, à l'Annexe 6, seulement certaines combinaisons sont traitées et seules les valeurs critiques correspondant à des seuils de signification de 0,01 et de 0,05 sont données. Regardons maintenant de quelle façon peut être utilisée l'Annexe 6.

Utiliser les tables de distributions F

Avant de chercher une valeur critique dans les tables de distributions F présentées à l'Annexe 6, vous devez déterminer les degrés de liberté (d.l.) du numérateur et du dénominateur du rapport F calculé. *On calcule le d.l. du numérateur de la façon suivante :*

$$\text{d.l.}_{num} = k - 1 \tag{10.7}$$

où k = nombre d'échantillons

Le d.l. du dénominateur est calculé de la façon suivante :

$$\text{d.l.}_{dén} = T - k \tag{10.8}$$

où T = nombre total d'observations, ou $n_1 + n_2 + n_3 + \cdots + n_k$
k = nombre d'échantillons

Les degrés de liberté, pour notre exemple des caissiers de la banque, sont déterminés comme suit :

$$\text{d.l.}_{num} = 3 - 1 = 2$$

$$\text{d.l.}_{dén} = 18 - 3 = 15$$

(Si vous voulez vérifier vos calculs, sachez que la somme des d.l. du numérateur et du dénominateur doit toujours être égale à $T - 1$ — c'est-à-dire $\text{d.l.}_{num} + \text{d.l.}_{dén} = T - 1$. Puisque $15 + 2 = 18 - 1$, nous pouvons conclure que les calculs sont excellents.)

Nous sommes maintenant en mesure de trouver la valeur F critique correspondant à la combinaison particulière d.l._{num}, $\text{d.l.}_{dén}$ et α que l'on a constatée dans notre problème sur les caissiers. Nous chercherons donc la valeur F critique appropriée pour (1) 2 degrés de liberté au numérateur, (2) 15 degrés de liberté au dénominateur et (3) un seuil de signification de 0,05. Dans les tables de F présentées à l'Annexe 6, nous devons d'abord trouver la table correspondant à α. (Il s'agit, en l'occurrence, de la première table de l'Annexe.) Ensuite, nous devons repérer à l'intersection de la *colonne* correspondant aux degrés de liberté du numérateur et de la *ligne* correspondant aux degrés de liberté du dénominateur la valeur F critique recherchée. Dans notre exemple, la valeur F critique est de 3,68 :

$$F_{(2, \, 15, \, \alpha \, = \, 0,05)} = 3,68$$

La dernière étape de l'analyse de variance consiste à formuler une conclusion statistique concernant la validité de l'hypothèse nulle.

Prendre la décision statistique

Comme nous l'avons déjà mentionné, la *règle de décision* dans une analyse de variance est la suivante :

> si RC_F > valeur F trouvée dans la table, rejeter H_0 et accepter l'hypothèse alternative

Si le rapport F calculé est supérieur à la valeur F de la table, on peut conclure que la différence entre les deux estimations de la variance de la population, $\hat{\sigma}^2_{entre}$ et $\hat{\sigma}^2_{intérieur}$, est très grande et qu'il est très peu probable que l'on observe une telle différence lorsque l'hypothèse nulle est vraie. Par conséquent, une différence de cet ordre doit mener au rejet de l'hypothèse nulle.

Puisque dans notre problème $RC_F = 3,78$ et puisque la valeur critique $= 3,68$, nous sommes obligés de conclure qu'il est fort probable que l'hypothèse nulle soit fausse; en conséquence, l'hypothèse alternative doit être acceptée. Au moins un des caissiers parmi Vincennes, Dollard et Monet travaille probablement moins ou plus que les autres. D'autres analyses seraient nécessaires pour déterminer la nature exacte des écarts de rendement des employés de la banque.

Félicitations! Vous venez de passer au travers d'un chapitre qui demandait une attention soutenue. Pour vous aider, nous vous présentons maintenant, à la figure 10.5, un schéma des étapes importantes d'une analyse de variance, étapes que vous avez assimilées avec succès.

Auto-évaluation 10.2

1. On a demandé à l'agence de publicité Cliché et Slogan de créer un emballage pour une nouvelle boisson gazeuse en poudre. Selon M. Larose, de Cliché et Slogan, c'est l'emballage qui fait vendre le produit. Les employés de l'agence, après trois mois de labeur, ont conçu sur leurs planches à dessin trois emballages qu'ils jugent intéressants. L'un est jaune, l'autre rouge et le dernier orange. Avant de fixer leur choix, les directeurs de l'agence ont décidé de tester les trois emballages sur les tablettes des supermarchés pendant une période de 14 jours. Au cours de cette période, on prit en note quotidiennement les ventes pour chacun des emballages. Voici les résultats obtenus :

Ventes réalisées avec des emballages différents

Jours	Emballage jaune	Emballage rouge	Emballage orange
1	10	12	9
2	19	13	18
3	17	25	36
4	22	39	18
5	25	44	25
6	29	37	21
7	32	36	38
8	31	38	31
9	29	35	33
10	33	27	28
11	31	42	29
12	32	22	32
13	28	36	30
14	27	25	31

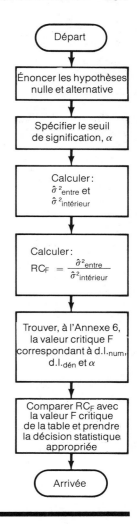

FIGURE 10.5

Méthode d'analyse de variance

À partir de ces données, effectuer une analyse de variance à un seuil de signification de 0,05.

2. Le professeur Martin Bré a surpris les propos suivants tenus par un de ses élèves: « Les examens de Bré sont si difficiles qu'il n'y a pas de différence si on les passe après une bonne nuit de sommeil, à la fin d'une journée harassante ou après trente-six heures sans sommeil: on obtient toujours la même note. » M. Bré a décidé de mener une expérience pour savoir si l'affirmation de l'étudiant est justifiée. Il recrute donc 36 étudiants et divise ceux-ci en 3 groupes de 12. Les 3 groupes ont passé un examen typique de M. Bré, d'une durée d'une heure. Le premier groupe était frais et dispos lorsqu'il a passé l'examen; les étudiants du deuxième groupe ont passé l'examen après une dure journée tandis que ceux du troisième groupe avaient peine à rester éveillés. Les résultats à l'examen sont les suivants:

	Groupes		
	Dispos	Fatigués	Épuisés
Résultats à l'examen	43	56	84
	67	67	78
	76	69	69
	55	62	64
	71	61	67
	62	57	65
	39	59	66
	65	68	63
	61	72	58
	53	66	70
	58	64	
	62		

À partir de ces données, effectuer une analyse de variance à un seuil de signification de 0,01.

SOMMAIRE

La technique d'analyse de variance permet, dans une situation de prise de décision, de comparer les moyennes de trois échantillons aléatoires ou plus afin de déterminer s'il existe une différence statistique significative entre les moyennes des populations d'où proviennent les échantillons. Avant d'appliquer la technique d'analyse de variance, il faut s'assurer que les trois conditions suivantes sont remplies: (1) les échantillons sont aléatoires et indépendants, (2) les distributions des populations sont approximativement normales, sinon normales, et (3) les variances des populations sont égales.

À l'instar de tous les autres tests statistiques que nous avons examinés, la première étape d'une analyse de variance consiste à énoncer formellement les hypothèses nulle et alternative; cela fait, il faut ensuite spécifier clairement le seuil de signification désiré. Une fois ces deux étapes complétées, on doit alors calculer deux estimations indépendantes de la variance de la population. Une première estimation de σ^2, $\hat{\sigma}^2_{\text{intérieur}}$, est calculée à partir des variances de chacun des échantillons. On calcule la seconde estimation de σ^2, $\hat{\sigma}^2_{\text{entre}}$, en évaluant la variation entre les moyennes échantillonnales. Ces deux estimations servent à calculer un rapport F. Idéalement, si H_0 est vrai, ce rapport sera égal à 1, parce qu'alors les deux estimations de σ^2 devraient être égales. Cependant, il est plus réaliste, en raison de la variation d'échantillonnage, de s'attendre à un rapport F qui excède 1, même si H_0 est vrai. Il faut donc déterminer, à l'aide des tables de distributions F présentées à l'Annexe 6, la valeur maximale supérieure à 1 que peut atteindre RC_F calculé avant de rejeter H_0. Si la valeur du RC_F calculé *excède* la valeur F correspondant au seuil de signification spécifié, on doit conclure, selon la technique d'analyse de variance, au rejet de H_0; si RC_F est plus petit ou égal à la valeur trouvée dans la table, alors H_0 est accepté.

TERMES ET CONCEPTS IMPORTANTS

1. Analyse de variance
2. $\hat{\sigma}^2_{\text{intérieur}}$, une estimation de σ^2
3. $\hat{\sigma}^2_{\text{entre}}$, une estimation de σ^2

4. Rapport F

5. Moyenne globale ($\overline{\overline{X}}$)

6. Σd^2

7. RC_F

8. Les distributions F

9. $d.l._{num}$

10. $d.l._{dén}$

11. $\overline{\overline{X}} = \dfrac{\text{somme de toutes les observations}}{\text{nombre total d'observations}}$

12. $\hat{\sigma}^2_{entre} = \dfrac{n_1(\overline{x}_1 - \overline{\overline{X}})^2 + n_2(\overline{x}_2 - \overline{\overline{X}})^2 + \cdots + n_k(\overline{x}_k - \overline{\overline{X}})^2}{k - 1}$

13. $\hat{\sigma}^2 = \dfrac{\Sigma(x - \overline{x})^2}{n - 1} = \dfrac{\Sigma d^2}{n - 1}$

14. $\hat{\sigma}^2_{intérieur} = \dfrac{\hat{\sigma}_1^2 + \hat{\sigma}_2^2 + \hat{\sigma}_3^2 + \cdots + \hat{\sigma}_k^2}{k}$ (pour des échantillons de même taille)

15. $\hat{\sigma}^2_{intérieur} = \dfrac{\Sigma d_1^2 + \Sigma d_2^2 + \Sigma d_3^2 + \cdots + \Sigma d_k^2}{T - k}$ (pour des échantillons de tailles différentes)

16. $RC_F = \dfrac{\hat{\sigma}^2_{entre}}{\hat{\sigma}^2_{intérieur}}$

17. $d.l._{num} = k - 1$

    $d.l._{dén} = T - k$

PROBLÈMES

1. L'entraîneur de l'équipe d'athlétisme d'un collège veut mettre à l'épreuve deux nouvelles techniques d'entraînement qui sont censées réduire sensiblement le temps requis pour courir le 1500 mètres. Trois échantillons de coureurs novices sont choisis pour faire l'expérience. L'entraîneur soumet le groupe A à l'ancienne méthode, le groupe B à l'une des deux nouvelles techniques et le groupe C à l'autre nouvelle technique. Après un mois d'entraînement, il fait courir le 1500 mètres aux 3 groupes et enregistre le temps obtenu par chacun des coureurs (en minutes). Voici les résultats de l'expérience :

Groupe A	Groupe B	Groupe C
4,81	4,43	4,38
4,62	4,50	4,29
5,02	4,32	4,33
4,65	4,37	4,36
4,58	4,41	4,74
4,52	4,39	4,42
4,73	4,64	4,40

Déterminer, par une analyse de variance, si $\mu_A = \mu_B = \mu_C$.

2. L'avocat d'un groupe de consommateurs veut déterminer si les trois marques les plus populaires d'aspirine sont vraiment différentes au niveau de la rapidité du soulagement ressenti. Il choisit au hasard un échantillon de consommateurs auxquels il demande d'utiliser la marque A, la marque B ou la marque C, selon le cas; chaque sujet devait prendre la dose recommandée dès qu'un mal de tête apparaissait et noter le temps écoulé entre l'absorption de l'aspirine et le moment où le soulagement était ressenti. Les données suivantes (en minutes) ont été recueillies:

Marque A	Marque B	Marque C
7,3	6,7	7,4
8,5	7,1	7,8
6,4	9,0	6,9
7,9	8,4	8,5
6,7	7,8	7,4
9,1	6,9	8,2
7,4	8,7	7,4

Effectuer une analyse de variance avec $\alpha = 0,05$. Existe-t-il une différence significative au niveau de la rapidité du soulagement?

3. Un fabricant de boîtes de haricots se demande si la hauteur des étagères sur lesquelles est placé son produit dans les supermarchés exerce une réelle influence sur la quantité de boîtes vendues. Trois supermarchés faisant un même chiffre d'affaires ont accepté de participer à une expérience. Un des magasins a placé les boîtes sur les étagères à la hauteur des yeux; un autre les a placées à la hauteur de la taille et le troisième a placé les boîtes à la hauteur des genoux. Le nombre de boîtes vendues a été noté quotidiennement durant 8 jours:

Nombre de boîtes de haricots vendues

Hauteur des yeux	Hauteur de la taille	Hauteur des genoux
98	106	103
106	105	95
111	98	87
85	93	94
108	96	92
86	98	82
83	97	87
109	104	83

Effectuer une analyse de variance avec $\alpha = 0,05$. Existe-t-il une différence significative dans le nombre de boîtes vendues sur des étagères de différentes hauteurs?

4. Une importante firme de comptables veut déterminer s'il existe une relation entre la qualité du travail de ses employés et l'école où ils ont fait leurs études. Un échantillon aléatoire de comptables provenant de 4 écoles différentes a été prélevé; le nombre d'erreurs commises par chaque comptable durant une période de 2 semaines est donné ci-dessous:

École A	École B	École C	École D
14	17	19	23
16	16	20	12
17	18	22	21
13	15	21	10
22	16	18	9
9	12	19	15
10	14	15	16

Effectuer une analyse de variance avec $\alpha = 0,01$. Existe-t-il une différence significative?

5. Un manufacturier veut savoir si les 4 machines de son usine offrent un rendement identique. Des échantillons furent prélevés dans la production de chacune des machines. Les pièces produites doivent respecter certaines normes au niveau de la longueur. Voici les écarts observés en millimètres pour chacun des échantillons:

Machine A	Machine B	Machine C	Machine D
50	66	50	70
50	61	75	75
55	57	65	73
45	72	60	80
61	68	55	72
56	55	52	78

Quelle serait la conclusion d'une analyse de variance à un seuil de signification de 0,01?

6. Un commerçant veut ouvrir un magasin dans un centre d'achats. Il doit faire un choix entre 3 emplacements différents. Avant de prendre sa décision, il aimerait savoir si le nombre de personnes passant quotidiennement devant chacun de ces emplacements est le même. Il mène alors une enquête durant 10 jours et obtient les résultats suivants:

Emplacement X	Emplacement Y	Emplacement Z
643	249	458
542	404	513
569	378	475
552	337	482
607	426	539
514	298	491
576	345	468
585	362	487
581	425	464
600	376	476

À un seuil de 0,05, existe-t-il une différence significative au niveau de la fréquentation des trois emplacements?

7. Effectuer une analyse de variance à partir des données suivantes:
$n_1 = 13, n_2 = 12, n_3 = 8$ et $\alpha = 0,05$.
$\hat{\sigma}^2_{entre} = 164$ et $\hat{\sigma}^2_{intérieur} = 43$.

8. Tirer la conclusion statistique appropriée en s'appuyant sur les données suivantes:
$n_1 = 20, n_2 = 16, n_3 = 19, n_4 = 21$ et $\alpha = 0,05$.
$\hat{\sigma}^2_{entre} = 158$ et $\hat{\sigma}^2_{intérieur} = 54$.

9. À un seuil de signification $\alpha = 0,01$, quelle décision doit-on prendre à partir des informations suivantes:
$n_1 = 22, n_2 = 22, n_3 = 22, n_4 = 23$ et $n_5 = 26$
$\hat{\sigma}^2_{entre} = 374$ et $\hat{\sigma}^2_{intérieur} = 93$?

10. Le directeur des ventes de la compagnie d'aspirateurs Aspiration sans Transpiration veut déterminer si l'habillement des vendeurs a un quelconque effet sur les ventes d'appareils. Trois tenues vestimentaires A, B et C sont testées lors d'une expérience menée en collaboration avec un groupe de vendeurs choisis au hasard. Le nombre d'appareils vendus par chacun des vendeurs durant 4 semaines apparaît dans le tableau suivant:

Tenue A	Tenue B	Tenue C
26	19	22
37	24	33
41	31	34
35	28	19
29	23	25
33	25	29
40	24	31
	29	
	32	

Que doit conclure le directeur à un seuil de 0,05?

11. Lors d'une recherche sur l'usage du tabac, Nick O. Tine s'intéresse à la capacité des fumeurs de cigarettes, de cigares et de pipe de réduire leur consommation de tabac. Il demande à des sujets choisis au hasard dans chacun des groupes de fumeurs d'espacer le plus possible deux inhalations. Le temps écoulé (en minutes) pour chacun des fumeurs est donné ci-dessous:

Cigarettes	Cigares	Pipe
6	13	8
13	22	17
7	12	14
19	14	23
8	17	18
9	19	12
12	20	11
23	11	15
16		12
10		27
25		31
8		

Que peut-on conclure au sujet de la capacité des différents types de fumeurs de réduire leur consommation de tabac? Utiliser $\alpha = 0,05$.

12. Un important distributeur d'appareils photographiques prétend que le consommateur est insensible au prix à payer pour un appareil de très haute qualité. Un test est effectué auprès de 4 détaillants qui doivent vendre l'appareil à 4 prix différents déterminés au préalable. Après un certain temps, on a relevé le nombre d'appareils vendus par semaine à chacun des points de vente. Voici les résultats obtenus :

Prix 1	Prix 2	Prix 3	Prix 4
3	5	10	8
5	4	9	4
7	6	4	5
9	5	7	7
4	8	2	6
2	7	6	9
10	6	8	6
8	5	8	
		11	

Quelle conclusion doit-on tirer avec $\alpha = 0,05$?

13. Un professeur de collège croit que les saisons ont un effet sur les étudiants quant au temps consacré à l'étude. On choisit un échantillon aléatoire d'étudiants, lesquels participèrent à une expérience devant s'étendre sur une période d'un an. On leur demanda d'évaluer chaque semaine le nombre d'heures consacrées à l'étude. Les données suivantes furent recueillies :

Été	Automne	Hiver	Printemps
4	6	7	7
3	8	11	5
6	7	12	6
7	9	8	4
5	6	13	4
3	8	6	3
4	5	5	4
	4	4	7
		7	

Que peut conclure le professeur à un seuil de 0,05?

14. Le patron d'un abattoir fait face au problème suivant: à cause d'une erreur de planification d'un éleveur de la région, 4 camions remplis de poulets sont arrivés simultanément à l'abattoir et il ne peut en accueillir qu'un seul. S'il s'avère que les poids moyens des poulets des 4 camions sont identiques, le patron en choisira un, peu importe lequel. Des échantillons de poulets ont été prélevés au hasard dans chaque camion. (Il fut impossible de prélever des échantillons de même taille, les camions étant chargés de différentes façons.) Les poids (en kg) sont les suivants :

Camion 1	Camion 2	Camion 3	Camion 4
1,95	1,68	1,86	1,55
1,68	1,64	1,77	1,86
1,72	1,81	1,55	1,91
1,91	1,71	1,90	1,75
1,76	1,66	1,70	1,82
1,59			1,64

À un seuil de 0,05, quelle décision doit prendre le patron?

QUESTIONS DE COMPRÉHENSION

1. Qu'est-ce qu'une analyse de variance?

2. Quelles sont les trois conditions à respecter pour pouvoir effectuer une analyse de variance?

3. Quelle est la plus importante de ces conditions? Pourquoi?

4. Comment doit-on interpréter l'acceptation de l'hypothèse alternative dans une analyse de variance?

5. Vous venez d'entendre une de vos collègues qui disait: « Dans toutes les situations qui requièrent une analyse de variance, la façon de calculer $\hat{\sigma}^2_{intérieur}$ est toujours la même. » Qu'en pensez-vous?

6. Dans une analyse de variance, dès qu'on s'aperçoit que RC_F est inférieur à 1, on peut accepter l'hypothèse nulle sans autres calculs. Discuter cette affirmation.

7. Trouver $F_{(3, 14, 0,05)}$, $F_{(3, 16, 0,05)}$, $F_{(3, 18, 0,05)}$ et $F_{(3, 20, 0,05)}$.

8. En comparant les 4 valeurs F de la question précédente, quelle relation peut-on établir entre le nombre total d'observations dans les échantillons et la valeur F appropriée pour faire le test d'hypothèses?

RÉPONSES AUX QUESTIONS D'AUTO-ÉVALUATION

10.1

1. Le but d'une analyse de variance est de déterminer si toutes les moyennes des populations étudiées sont égales entre elles.

2. (1) Les échantillons sont aléatoires et indépendants; (2) les distributions des populations sont approximativement normales, sinon normales; (3) les populations ont toutes la même variance.

3. L'hypothèse nulle stipule que toutes les moyennes des populations sont égales.

4. Faux. L'acceptation de l'hypothèse alternative signifie simplement qu'au moins une des moyennes est différente des autres.

5. Faux. $\hat{\sigma}^2_{intérieur}$ demeure une estimation sans biais de σ^2, que l'hypothèse nulle soit vraie ou fausse.

6. Faux. F = 1,33.

10.2

1. *a)* Les hypothèses: H_0: les emballages sont tout aussi intéressants les uns que les autres et les ventes réalisées de chacun d'eux semblent, en moyenne, identiques ($\mu_1 = \mu_2 = \mu_3$). H_1: les moyennes des populations ne sont pas toutes égales.

b) Le seuil de signification désiré: $\alpha = 0,05$.

c) Calcul de $\hat{\sigma}^2_{entre}$:

$\bar{x}_1$ = moyenne des ventes avec l'emballage jaune = 26,07
$\bar{x}_2$ = moyenne des ventes avec l'emballage rouge = 30,79
$\bar{x}_3$ = moyenne des ventes avec l'emballage orange = 27,07
$\bar{\bar{X}}$ = 27,98

$$\hat{\sigma}^2_{entre} = \frac{14(-1,91)^2 + 14(2,81)^2 + 14(-0,91)^2}{2}$$

$$= \frac{173,20}{2}$$

$$= 86,60$$

d) Calcul de $\hat{\sigma}^2_{intérieur}$:

emballage jaune: $\Sigma d_1^2 = 596,93$
emballage rouge: $\Sigma d_2^2 = 1358,36$
emballage orange: $\Sigma d_3^2 = 834,93$
emballage jaune: $\hat{\sigma}_1^2 = 45,92$
emballage rouge: $\hat{\sigma}_2^2 = 104,49$
emballage orange: $\hat{\sigma}_3^2 = 64,23$

$$\hat{\sigma}^2_{intérieur} = \frac{45,92 + 104,49 + 64,23}{3}$$

$$= 71,55$$

e) Calcul de RC_F:

$$RC_F = \frac{86,60}{71,55} = 1,21$$

f) Recherche de la valeur F critique:

$F_{(2, 39, \alpha = 0,05)} \approx 3,24$

g) Puisque le rapport F calculé est inférieur à 3,24, nous ne pouvons pas rejeter l'hypothèse nulle. Nous devons donc conclure que tous les emballages ont le même effet sur les ventes.

2. *a)* Les hypothèses: H_0: les étudiants réussissent aussi bien (ou aussi mal), peu importe leur état ($\mu_1 = \mu_2 = \mu_3$). H_1: les moyennes des populations ne sont pas toutes égales.

b) Le seuil de signification spécifié: $\alpha = 0,01$.

c) Calcul de $\hat{\sigma}^2_{intérieur}$:

$\bar{x}_1$ = moyenne du groupe dispos = 59,33
$\bar{x}_2$ = moyenne du groupe fatigué = 63,73
$\bar{x}_3$ = moyenne du groupe épuisé = 68,40

Et $\bar{\bar{X}} = \frac{2097}{33} = 63,55$

Finalement :

$$\hat{\sigma}^2_{entre} = \frac{12(-4,22)^2 + 11(0,18)^2 + 10(4,85)^2}{2}$$

$$= \frac{213,70 + 0,36 + 235,22}{2}$$

$$= 224,64$$

d) Calcul de $\hat{\sigma}^2_{intérieur}$:

$\Sigma d_1^2 = 1262,67 =$ somme des écarts au carré pour le groupe dispos
$\Sigma d_2^2 = 268,18 =$ somme des écarts au carré pour le groupe fatigué
$\Sigma d_3^2 = 514,40 =$ somme des écarts au carré pour le groupe épuisé

Donc :

$$\hat{\sigma}^2_{intérieur} = \frac{1262,67 + 268,18 + 514,40}{33 - 3}$$

$$= \frac{2045,25}{30}$$

$$= 68,18$$

e) Calcul de RC_F :

$$RC_F = \frac{224,64}{68,18} = 3,29$$

f) Recherche dans la table de F :

$F_{(2,30,\ \alpha = 0,05)} = 5,39$

g) Puisque RC_F de $3,29 < 5,39$, nous devons conclure qu'il n'y a pas de différence significative entre les moyennes des groupes; vous avez de bonnes chances d'obtenir la même note à l'examen de Martin Bré, que vous soyez dispos ou complètement fourbus.

CHAPITRE 11

COMPARAISON DE PLUSIEURS POURCENTAGES D'ÉCHANTILLONS : MÉTHODE DU KHI-CARRÉ

OBJECTIFS D'APPRENTISSAGE

Après avoir lu attentivement ce chapitre, résolu les problèmes et répondu aux questions de compréhension, vous devriez pouvoir :

 expliquer le but (*a*) d'un test de comparaison de *k* pourcentages et (*b*) d'un test d'ajustement analytique;

 décrire les étapes d'un test de comparaison de *k* pourcentages et savoir les appliquer pour prendre la décision statistique appropriée concernant les pourcentages de plus de deux populations;

 décrire les étapes d'un test d'ajustement analytique et savoir les appliquer pour déterminer statistiquement si oui ou non une population étudiée possède une distribution uniforme.

CONTENU DU CHAPITRE

Au chapitre 9, nous avons vu comment on peut tester une hypothèse d'égalité de *deux moyennes* de populations; en complément de ces notions, nous avons vu au chapitre 10 comment on peut utiliser la technique d'analyse de variance pour étendre la démarche entreprise au chapitre 9 aux situations dans lesquelles il faut déterminer s'il existe une différence significative entre les moyennes de *trois échantillons ou plus*. De plus, au chapitre 9, nous avons appliqué la méthode de test d'hypothèses à *deux pourcentages*. Nous allons maintenant (vous vous y attendiez probablement) examiner une technique statistique permettant de juger de la validité d'une hypothèse d'égalité *de plus de deux pourcentages*; cette technique repose sur *l'analyse du khi-carré*. Comme ce fut toujours le cas dans les tests que nous avons présentés jusqu'ici, la décision consécutive au test sera prise après l'étude d'échantillons aléatoires indépendants provenant des populations considérées.

Pour effectuer un test de comparaison de plus de deux pourcentages, la méthode décrite au chapitre 9 devient inappropriée. Par contre, la technique de test du khi-carré présentée dans ce chapitre *peut être utilisée* dans toutes les situations (sous certaines conditions d'application) où un test d'égalité de pourcentages est requis, que ce test porte sur deux pourcentages, comme ce fut le cas au chapitre 9, ou sur plus de deux pourcentages. En fait, pour un test d'égalité de deux pourcentages, la technique du chapitre 9 et celle du khi-carré examinée dans ce chapitre sont essentiellement équivalentes et mènent à la même conclusion finale. Toutefois, dans ce chapitre, nous nous en tiendrons à des problèmes de comparaison de trois pourcentages ou plus.

Dans les pages qui suivent, nous aborderons brièvement la *distribution du khi-carré* et la *méthode générale d'un test du khi-carré*. Par la suite, nous verrons plus particulièrement comment s'effectue un *test de comparaison de k pourcentages*. Pour terminer ce chapitre, nous vous présenterons une autre application du test de khi-carré, le *test d'ajustement analytique*.

LA DISTRIBUTION DU KHI-CARRÉ ET LA MÉTHODE GÉNÉRALE D'UN TEST DU KHI-CARRÉ

Le symbole représentant la lettre grecque khi (prononcez « qui ») est χ. Dans notre étude de la distribution du khi-carré et de la méthode générale du test du khi-carré, nous emploierons donc le symbole χ^2.

Dans chacun des tests présentés jusqu'à maintenant, nous devions calculer la valeur d'un certain rapport critique ou statistique dont nous connaissions la distribution de probabilités. Ainsi, dans les tests effectués aux trois derniers chapitres, la distribution appropriée était soit la distribution normale, soit la distribution t ou encore la distribution F. Malheureusement, aucune de ces distributions ne convient à un test de comparaison de plus de deux pourcentages. Nous devons donc, pour satisfaire nos besoins dans ce chapitre, présenter une nouvelle distribution de probabilités, la *distribution χ^2*.

La distribution χ^2

Comme vous le verrez bientôt, puisqu'on obtient une valeur χ^2 en additionnant des nombres au carré, celle-ci ne peut être négative. En réalité, l'*échelle* des valeurs χ^2 possibles s'étend de zéro jusqu'à l'infini sur le côté positif de l'axe des réels. Nous devons, tout comme pour les distributions normales t et F, parler d'une famille de distributions χ^2 plutôt que d'une distribution unique. Ainsi, l'aspect de la *courbe* d'une

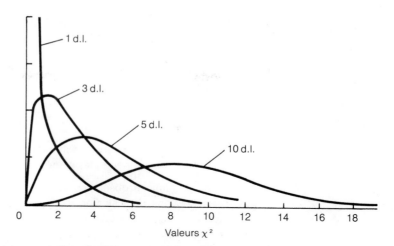

FIGURE 11.1

Distribution χ^2 pour différents degrés de liberté

distribution χ^2 variera selon le nombre de degrés de liberté (d.l.) de la distribution. Le nombre de d.l. constitue, en fait, le seul paramètre d'une distribution χ^2 et est toujours égal à la moyenne de cette distribution[1].

La figure 11.1 illustre les courbes de plusieurs distributions de probabilités χ^2 pour différents degrés de liberté. Comme vous pouvez le voir, les courbes χ^2 dont les degrés de liberté sont petits (c'est-à-dire de 3 à 10 d.l.) sont positivement dissymétriques. Cependant, à mesure que le nombre de degrés de liberté augmente, la distribution χ^2 s'approche lentement d'une distribution normale.

Méthode générale d'un test du khi-carré

Dans un test du χ^2, la décision finale repose toujours sur une évaluation des écarts entre les *fréquences* d'occurrence (ou pourcentages) *observées* à l'intérieur d'échantillons aléatoires et les *fréquences* d'occurrence (ou pourcentages) *théoriques espérées* qui devraient idéalement être observées si l'hypothèse soumise au test était vraie[2]. *D'une façon générale, les étapes d'un test du χ^2 sont les suivantes*:

1. *Énoncer les hypothèses nulle et alternative*. Dans une application du test du χ^2 que nous verrons plus loin, l'hypothèse nulle dira qu'il n'existe aucune différence significative entre les fréquences d'occurrence (ou pourcentages) des populations étudiées. D'autre part, l'hypothèse alternative dira que les pourcentages des populations ne sont pas tous égaux.

2. *Spécifier le seuil de signification* auquel doit se faire le test en question.

3. Prélever des échantillons aléatoires de chacune des populations et *relever les fréquences observées* au sein de ces échantillons.

---

1. Dans une distribution χ^2 de plus de deux degrés de liberté, le mode (la valeur χ^2 à laquelle la courbe atteint son sommet) sera d.l. − 2. Ainsi, le mode d'une distribution χ^2 avec 7 d.l. sera de 5.

2. Au chapitre 8, dans les tests d'hypothèses sur un pourcentage, nous avons essentiellement comparé une fréquence observée — c'est-à-dire le pourcentage échantillonnal — avec une fréquence théorique espérée qui correspondait au pourcentage de la population spécifié dans l'hypothèse nulle.

4. *Calculer les fréquences théoriques espérées (ou pourcentages) que l'on devrait idéalement observer si H_0 était vrai.*

5. *À partir des fréquences observées* (échantillon) *et des fréquences théoriques espérées* (population hypothétique), *calculer la valeur χ^2 à l'aide de la formule suivante:*

$$\chi^2 = \sum \frac{(f_o - f_e)^2}{f_e} \tag{11.1}$$

où f_o = fréquence observée (échantillon)
f_e = fréquence théorique espérée si H_0 est vrai

Si les fréquences observées sont *égales* aux fréquences théoriques espérées, nous pouvons constater en examinant la formule 11.1 que le χ^2 calculé sera égal à 0. Dans une telle situation, il est bien évident que l'on ne peut rejeter l'hypothèse nulle, puisque les fréquences observées dans les échantillons sont exactement celles auxquelles on doit idéalement s'attendre si H_0 est vrai. Donc, 0 est la valeur idéale que devrait prendre le χ^2 calculé lorsque H_0 est vrai. Cependant, à ce stade-ci vos connaissances statistiques vous permettent sûrement de dire qu'il est très improbable que, dans une situation concrète, f_o et f_e soient identiques et ce, même si H_0 est vrai. La variation d'échantillonnage intervient toujours et il en résulte généralement des écarts entre les fréquences observées et les fréquences théoriques espérées.

6. *Comparer la valeur du χ^2 calculé à l'étape 5 avec la valeur critique de la table de χ^2* (pour le seuil de signification désiré et le nombre de degrés de liberté de la distribution χ^2 appropriée) afin de déterminer si le χ^2 calculé est *significativement* supérieur à 0. Vous trouverez à l'Annexe 7 la valeur maximale que peut atteindre le χ^2 calculé pour un seuil de signification spécifié sans que l'hypothèse nulle soit rejetée. (Nous verrons plus loin comment utiliser l'Annexe 7.) La table de χ^2 nous donne la valeur χ^2 critique qui délimite la région d'acceptation et la région de rejet de H_0. Cette valeur critique apparaît à la figure 11.2. Si le χ^2 calculé est plus petit ou égal à la valeur critique illustrée à la figure 11.2, il se situe dans la région

FIGURE 11.2

Régions d'acceptation et de rejet dans une distribution χ^2

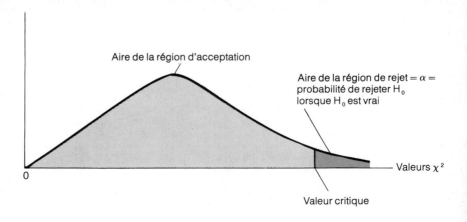

d'acceptation et H_0 sera alors accepté. Par contre, si le χ^2 calculé est plus grand que la valeur trouvée dans la table, l'hypothèse H_0 devra être rejetée. Si le seuil de signification du test d'hypothèses est de 0,05, la valeur critique correspond au point sur l'échelle χ^2 au-dessus duquel le χ^2 calculé ne devrait se situer que 5 fois sur 100 si H_0 était vrai. (Puisque à chaque nombre de degrés de liberté correspond une distribution χ^2 particulière, il nous faudrait construire une quantité inimaginable de tables; heureusement, nos besoins sont plus modestes et c'est pourquoi vous trouverez à l'Annexe 7 les valeurs critiques correspondant à un nombre restreint de α et de d.l.)

Maintenant que vous avez une idée sur ce qu'est un test du khi-carré (χ^2), nous allons voir comment on peut, en appliquant la méthode générale décrite plus haut, effectuer un test de comparaison de plusieurs (plus de deux) pourcentages.

TEST DE COMPARAISON DE _k_ POURCENTAGES

Dans cette section, nous utiliserons un test du khi-carré (χ^2) afin de déterminer s'il existe une différence significative entre les pourcentages de trois échantillons indépendants ou plus — c'est-à-dire _k_ échantillons indépendants. Il est sûrement plus simple d'expliquer ce type de test d'hypothèses à l'aide d'un exemple; c'est donc ce que nous ferons.

Trois candidats briguent les suffrages pour le poste de shérif du comté de Sanlois. Ces aspirants sont Attila Pesant, Madeleine Laforce et Réjean Grosjean. Le conseiller spécial de Pesant décide de mener un sondage d'opinion auprès d'électeurs de trois villes du comté. Les résultats des trois échantillons d'électeurs sont présentés au tableau 11.1; ce type de tableau est appelé _tableau de contingence_ [3]. Comme vous pouvez le constater, les électeurs des échantillons sont classifiés selon la ville où ils résident et le candidat pour lequel ils ont l'intention de voter. Afin de pouvoir mieux planifier la campagne électorale de Pesant, le conseiller spécial aimerait savoir s'il existe une différence significative entre les villes au niveau de l'intention de vote des électeurs qui y résident.

TABLEAU 11.1
Sondage sur les intentions de vote des électeurs dans 3 villes

	Villes				
	Kagoul	Casinoville	Lesplaines		
Pesant	50	40	35	125	totaux
Laforce	30	45	25	100	des
Grosjean	20	45	20	85	lignes
	100	130	80	310	
	totaux des colonnes			grand total	

3. Un tableau de contingence est un tableau à double entrée (parfois plus) qui permet de classifier les observations selon les deux caractéristiques considérées; ici, les deux caractéristiques sont l'intention de vote et la ville de l'électeur.

Étapes du test d'hypothèses

Énoncer les hypothèses nulle et alternative. L'hypothèse nulle, dans cette situation, stipule essentiellement que les pourcentages des populations d'électeurs favorisant chacun des 3 candidats sont identiques dans les 3 villes. H_0 ne signifie pas que chaque candidat obtient 33,33 % de la faveur populaire; l'hypothèse nulle spécifie simplement que le pourcentage de la population d'électeurs en faveur de Pesant est le même dans les trois villes, que le π favorisant Laforce est le même, peu importe le lieu de résidence des électeurs, et que le π en faveur de Grosjean est identique dans les trois localités. Évidemment, le pourcentage de tous les électeurs favorisant Laforce peut être différent du π favorisant Pesant sans pour autant invalider notre hypothèse nulle. Par conséquent, on peut écrire H_0 formellement de la façon suivante :

H_0 : le pourcentage des populations favorisant chaque candidat est le même dans les trois villes

L'hypothèse alternative a pour expression :

H_1 : le pourcentage des populations en faveur de chaque candidat *n'est pas le même* dans les trois villes

Il existe une autre façon équivalente de formuler les hypothèses nulle et alternative :

H_0 : l'intention de vote des électeurs est *indépendante* [4] de la ville où ils résident

H_1 : il existe une relation entre l'intention de vote des électeurs et leur lieu de résidence

Spécifier le seuil de signification. Cette étape revient dans tous les tests d'hypothèses et, dans la situation qui nous occupe, elle doit être abordée dans le même esprit qu'auparavant. Cependant, comme nous l'avons mentionné plus tôt, le nombre de distributions χ^2 est illimité et il est, par conséquent, impensable d'en vouloir construire toutes les tables. C'est pourquoi, à l'Annexe 7, seulement certaines valeurs α sont disponibles. Nous supposerons, dans notre problème, que le conseiller spécial de Pesant désire effectuer le test à un seuil de signification de 0,05.

Déterminer les fréquences observées (f_o). Les données recueillies auprès d'échantillons aléatoires d'électeurs prélevés dans les trois villes sont données au tableau 11.1.

Calculer les fréquences théoriques espérées (f_e). Il faut maintenant calculer le nombre d'électeurs parmi ceux prélevés au sein de chaque ville qui devraient idéalement favoriser le candidat Pesant si l'hypothèse nulle était vraie et si, par conséquent, le pourcentage des populations d'électeurs en faveur de ce candidat était identique dans chacune des localités. Au total, 310 électeurs furent interrogés et 125 de ceux-ci ont indiqué qu'ils voteraient pour Pesant. Puisque 125 « votes » représentent 40,32 % du

---

4. On appelle généralement ce type de test du χ^2 un *test d'indépendance* parce que l'hypothèse nulle (H_0) qui y est soumise stipule qu'il y a indépendance entre les deux caractéristiques selon lesquelles les données échantillonnales sont classées.

nombre total des électeurs rejoints dans les trois villes — (125/310) × 100 = 40,32 % — Pesant peut donc s'attendre, toujours si H_0 est vrai, à ce que 40,32 % des électeurs interrogés le favorisent dans chacune des trois villes. Ainsi, des 100 personnes interrogées à Kagoul, 40,32 % (ou 40,3 %) de celles-ci devraient favoriser Pesant. Parmi les 130 personnes rejointes à Casinoville, nous devrions retrouver 40,32 % (52,3) de celles-ci préférant le candidat Pesant. Enfin, nous devrions observer 32,4 personnes à Lesplaines (40,32 % des 80 personnes interviewées) du côté de Pesant.

On peut recourir à la même méthode de calcul pour évaluer les f_e des autres candidats dans chacune des villes. (Par exemple, puisque 100/310 ou 32,26 % de tous les électeurs ont admis qu'ils voteraient pour Laforce, il devrait y avoir 32,26 personnes parmi les 100 interrogées à Kagoul qui préfèrent cette candidate.) Cependant, *il existe une méthode plus simple pour calculer les fréquences théoriques espérées*. En effet, cette méthode permet d'évaluer rapidement celles-ci pour chaque case du tableau de contingence 11.1. Une case correspond à l'intersection d'une ligne et d'une colonne. Puisqu'il y a dans ce tableau trois lignes et trois colonnes, il y a donc 3 × 3 = 9 cases. (On appelle généralement un tableau comprenant *l* lignes et *c* colonnes un tableau *l* × *c*; dans cet exemple, nous avons un tableau 3 × 3.)

On peut calculer les fréquences théoriques espérées correspondant à chaque case d'un tableau de contingence à l'aide de la formule suivante :

$$f_e = \frac{(\text{total de la ligne})(\text{total de la colonne})}{\text{grand total}} \qquad (11.2)$$

Reprenons maintenant, à l'aide de cette formule, le calcul du nombre de personnes qui *devraient idéalement* favoriser le candidat Pesant à Kagoul si H_0 est vrai. Vous pouvez voir, à partir du tableau 11.1, que le total de la ligne sur laquelle se trouve la case qui nous intéresse est de 125, tandis que le total de la colonne de cette case est de 100; le grand total du tableau de contingence est de 310. Par conséquent, la valeur f_e de cette case est calculée de la façon suivante :

$$f_e = \frac{(125)(100)}{310} = 40,3$$

Si nous appliquons la même formule aux autres données du tableau, nous obtiendrons les valeurs f_e pour toutes les cases. Nous retrouvons dans un même tableau — le tableau 11.2 — les fréquences observées présentées au tableau 11.1 et les fréquences théoriques espérées, ces dernières apparaissant entre parenthèses sous les cases.

TABLEAU 11.2
Fréquences observées et fréquences théoriques espérées

	Villes				
	Kagoul	Casinoville	Lesplaines		
Pesant	50 (40,3)	40 (52,3)	35 (32,4)	125	
Laforce	30 (32,3)	45 (41,9)	25 (25,8)	100	totaux des lignes
Grosjean	20 (27,4)	45 (35,8)	20 (21,8)	85	
	100	130	80	310	
	totaux des colonnes			grand total	

Calculer χ^2 à partir des f_o et des f_e. La formule pour calculer le χ^2 — nous l'avons vue précédemment — est la suivante:

$$\chi^2 = \sum \frac{(f_o - f_e)^2}{f_e}$$

où f_o et f_e représentent respectivement la fréquence observée et la fréquence théorique espérée d'une case.

Tous les calculs intermédiaires menant à l'évaluation finale de χ^2 sont présentés au tableau 11.3. Les colonnes (1) et (2) reprennent les données du tableau 11.2 sous une forme plus appropriée[5]. Les *étapes pour calculer le* χ^2 (comme le montre le tableau 11.3) sont les suivantes:

TABLEAU 11.3
Calcul du χ^2

Lignes/colonnes (cases)	f_o (1)	f_e (2)	$f_o - f_e$ (3)	$(f_o - f_e)^2$ (4)	$\dfrac{(f_o - f_e)^2}{f_e}$ (5)
1-1	50	40,3	9,7	94,09	2,335
1-2	40	52,3	−12,3	151,29	2,893
1-3	35	32,4	2,6	6,76	0,208
2-1	30	32,3	− 2,3	5,29	0,164
2-2	45	41,9	3,1	9,61	0,229
2-3	25	25,8	− 0,8	0,64	0,025
3-1	20	27,4	− 7,4	54,76	1,998
3-2	45	35,8	9,2	84,64	2,364
3-3	20	21,8	− 1,8	3,24	0,149
	310	310,0	0		10,365

1. Soustraire la valeur f_e de la valeur f_o — c'est-à-dire $f_o - f_e$ — dans chaque case du tableau de contingence et noter la différence[6] (telle que l'indique la colonne 3 du tableau 11.3).

2. Élever au carré les différences $(f_o - f_e)$ et porter les résultats $(f_o - f_e)^2$ dans une autre colonne (colonne 4).

3. Diviser chacune de ces différences au carré — $(f_o - f_e)^2$ — par la valeur f_e correspondant à chaque case pour obtenir le quotient $\dfrac{(f_o - f_e)^2}{f_e}$ (colonne 5).

4. Additionner les $\dfrac{(f_o - f_e)^2}{f_e}$ pour obtenir le χ^2 calculé (colonne 5). Le χ^2 calculé de notre problème est donc égal à 10,365.

---

5. Vous pouvez vérifier que $\Sigma f_o = \Sigma f_e$.

6. Pour vérifier vos calculs, notez que $\Sigma (f_o - f_e)$ doit être égal à 0.

Comparer le χ^2 calculé avec la valeur χ^2 critique de la table. Nous avons vu que H_0 sera accepté si le χ^2 calculé ne diffère pas significativement de 0. Notre χ^2 calculé de 10,365 est, bien entendu, différent de 0, mais est-il suffisamment près de 0 pour se situer dans la région d'acceptation illustrée à la figure 11.2? Ou notre χ^2 calculé de 10,365 est-il supérieur à la valeur χ^2 critique de la figure 11.2 et se situe-t-il, par conséquent, dans la région de rejet? Pour répondre à ces questions, il nous faut trouver, à l'Annexe 7, la valeur de la table de χ^2 qui sépare la région d'acceptation de la région de rejet. Une fois cette valeur critique déterminée, nous serons en mesure de prendre une décision au sujet de H_0 en comparant le χ^2 calculé avec lui.

Pour repérer dans la table la valeur χ^2 critique, il faut d'abord connaître (1) le seuil de signification désiré et (2) le nombre de degrés de liberté relatif au problème abordé. Nous savons déjà que le α désiré dans notre problème est de 0,05, mais quel est le nombre de degrés de liberté? *Pour un tableau de contingence l × c, le nombre de degrés de liberté est calculé à l'aide de la formule suivante* :

$$\text{d.l.} = (l-1)(c-1) \qquad (11.3)$$

où l = nombre de lignes du tableau

  c = nombre de colonnes du tableau

Ainsi, pour un tableau 6 × 4, le d.l. est égal à (6 − 1)(4 − 1), ou 15. Le tableau 11.4 vous permettra de saisir ce que représente, dans une telle situation, le nombre de degrés de liberté. Dans un tableau 6 × 4, seulement 15 des valeurs f_e (les f_e des cases du tableau 11.4 où apparaît un crochet) doivent être calculées. Les neuf autres valeurs f_e des cases restantes du tableau 6 × 4 (celles contenant un X dans le tableau 11.4) sont alors automatiquement déterminées par les totaux des lignes et des colonnes. En d'autres termes, les trois premières cases de la *ligne 1* peuvent varier « librement » tandis que la fréquence espérée (f_e) de la dernière case ne peut prendre qu'une seule valeur puisque le total de cette ligne doit être de 100. De même, les cinq premières cases de la *colonne 1* sont « libres » tandis que la valeur de la dernière case est liée au total de la colonne. Par conséquent, dans un tableau 6 × 4, il y a 15 d.l.

Dans notre exemple, le tableau contient trois lignes et trois colonnes. Donc :

$$\begin{aligned} \text{d.l.} &= (l-1)\ (c-1) \\ &= (3-1)\ (3-1) \\ &= 4 \end{aligned}$$

TABLEAU 11.4
Les 15 d.l. d'un tableau de contingence 6 × 4
(les d.l. sont symbolisés par des crochets)

	(1)	(2)	(3)	(4)	Totaux des lignes
(1)	√	√	√	X	100
(2)	√	√	√	X	120
(3)	√	√	√	X	90
(4)	√	√	√	X	230
(5)	√	√	√	X	180
(6)	X	X	X	X	145
Totaux des colonnes	200	150	180	335	865

À l'Annexe 7, nous pouvons trouver la valeur χ^2 critique à l'intersection de la colonne 0,05 (le α désiré dans notre problème) et de la ligne 4 d.l. La valeur critique est de 9,488, laquelle est, bien sûr, inférieure à notre χ^2 calculé de 10,365. Cette valeur critique de 9,488 signifie que, si H_0 est vrai, la probabilité d'obtenir un χ^2 calculé supérieur à 9,488 n'est que de 0,05. Par conséquent, la probabilité d'obtenir un χ^2 calculé supérieur ou égal à 10,365 est *inférieure* à 0,05.

Prendre la décision statistique appropriée. La *règle de décision* pour un test du χ^2 est la suivante :

accepter H_0 si le χ^2 calculé $\leqslant$ valeur critique de la table

ou

rejeter H_0 et accepter H_1 si le χ^2 calculé $>$ valeur critique de la table

Puisque le χ^2 calculé de 10,365 est plus grand que la valeur critique de 9,488, nous devons rejeter H_0 et conclure que le pourcentage des électeurs favorisant chacun des candidats n'est pas le même dans les 3 villes. Le conseiller spécial de Pesant peut décider de tenir compte de cette conclusion lors de la planification de la campagne électorale de son candidat.

Les différentes étapes d'un test de comparaison de k pourcentages sont résumées à la figure 11.3

Auto-évaluation 11.1

1. a) La moyenne et le mode d'une distribution χ^2 avec 8 degrés de liberté sont respectivement de 8 et 6. Vrai ou faux?

   b) Si le seuil du test est de 0,01, la valeur χ^2 critique pour la distribution décrite en (a) est de 18,475. Vrai ou faux?

2. L'hypothèse nulle (H_0) dans un test de comparaison de k pourcentages stipule essentiellement qu'il n'existe aucune différence significative entre les pourcentages au sein des populations considérées. Vrai ou faux?

3. Si H_0 est vrai, le χ^2 calculé sera égal à 0. Vrai ou faux?

4. Si le χ^2 calculé est plus petit que la valeur χ^2 critique, il se situe alors dans la région de rejet. Vrai ou faux?

5. L'association étudiante du collège Radical mène une enquête pour déterminer si les étudiants approuvent les changements proposés à la charte de l'association. Les résultats de l'enquête sont résumés plus loin. Les pourcentages d'étudiants qui approuvent les modifications diffèrent-ils significativement d'une concentration à l'autre, à un seuil de 0,05?

	Concentrations			
	Sciences pures	Droit	Lettres	Techniques administratives
Pour	40	30	30	20
Contre	30	30	20	30

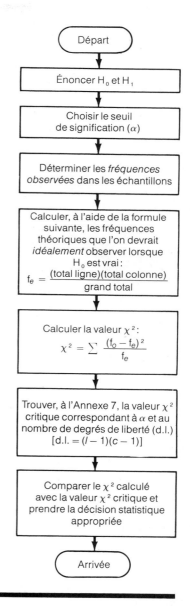

FIGURE 11.3

Méthode d'un test de comparaison de *k* pourcentages

UN AUTRE TEST DU KHI-CARRÉ: L'AJUSTEMENT ANALYTIQUE

Nous verrons maintenant une deuxième application, tout aussi importante que la première, du test du χ^2; il s'agit du test d'ajustement analytique. On recourt à ce test pour déterminer si une population donnée suit une distribution particulière connue. Autrement dit, ce test permettra, par exemple, de vérifier *la qualité de l'ajustement* de la population étudiée à une distribution normale, binômiale ou encore uniforme. (Une distribution est uniforme si toutes les *fréquences* de la distribution sont égales.)

Un test d'ajustement analytique a pour but d'établir s'il est plausible que l'échantillon aléatoire provienne d'une population dont la distribution aurait été celle spécifiée par l'hypothèse nulle. En fait, l'*hypothèse nulle* dans un tel test énonce la distribution de la population — par exemple, H_0 peut spécifier que la distribution de la population est uniforme. Pour sa part, l'*hypothèse alternative* prétend simplement que la distribution de la population n'est pas celle spécifiée en H_0 — exemple de H_1 : la distribution de la population n'est pas uniforme.

Nous allons maintenant voir comment s'applique la méthode générale du test du χ_2 pour vérifier la qualité de l'ajustement de données échantillonnales à une distribution uniforme [7]. Vous constaterez que les étapes de ce test vous sont déjà familières.

La compagnie Pepca Cola veut mettre en marché un nouveau cola diététique et sans saveur appelé Colasancalo. Pour évaluer ce nouveau produit, le directeur du marketing décide de faire passer un test de goût à 300 personnes. On demande à chacune d'elles de goûter le Colasancalo ainsi que quatre autres marques de cola à basse teneur en calories. Afin de ne pas biaiser le test, on identifia les colas par les lettres A, B, C, D et E. Les résultats sont donnés au tableau 11.5.

TABLEAU 11.5
Résultats au test
de goût de Pepca Cola

Marques	Nombre de personnes préférant les marques
A	50
B	65
C	45
D	70
E	70
	300

Étapes d'un test d'ajustement analytique

Énoncer les hypothèses nulle et alternative. L'*hypothèse nulle* se lit comme suit :

H_0 : la distribution de la population est uniforme; autrement dit, les pourcentages de la population préférant chaque marque de cola sont identiques

Et l'*hypothèse alternative* a pour expression :

H_1 : la distribution de la population *n'est pas uniforme*; autrement dit, le pourcentage de la population préférant chacune des marques n'est pas le même.

---

7. Le test d'ajustement à une distribution uniforme est le plus simple et peut-être le plus utile parmi les tests d'ajustement analytique. La méthode pour tester l'ajustement à d'autres distributions connues est fondamentalement la même que celle employée dans notre problème; cependant, la façon de déterminer les valeurs f_e et les d.l. variera selon la distribution considérée. Nous nous en tiendrons ici au test d'ajustement à la distribution uniforme.

Spécifier le seuil de signification. Supposons ici que le directeur du marketing de Pepca Cola veuille faire le test à un seuil de signification de 0,05.

Déterminer les fréquences observées (f_o). Les valeurs f_o sont données au tableau 11.5.

Calculer les fréquences théoriques espérées (f_e). Si l'hypothèse nulle est vraie, il devrait idéalement y avoir le même nombre de personnes dans l'échantillon préférant l'une ou l'autre des 5 marques de cola. Cela signifie qu'on devrait retrouver dans l'échantillon un cinquième ou 20 % des gens qui préfèrent la marque A, 20 % des gens qui préfèrent la marque B, et ainsi de suite. Donc, la valeur f_e pour chaque marque devrait être de 20 % de 300, ou 60.

Calculer le χ^2 à partir des f_o et des f_e. Encore une fois, la formule appropriée est :

$$\chi^2 = \sum \frac{(f_o - f_e)^2}{f_e}$$

Les étapes du calcul du χ^2 pour notre problème d'ajustement analytique se retrouvent au tableau 11.6. Le χ^2 calculé est de 9,168.

Comparer le χ^2 calculé avec la valeur critique de la table de χ^2. Le nombre de degrés de liberté, dans notre problème, est de 4. Ceci s'explique facilement: la somme des fréquences observées est de 300 et, par conséquent, la somme de f_e doit aussi être égale à 300; cela implique que quatre des cinq cases du tableau 11.5 peuvent varier librement, la cinquième étant déterminée par le total de 300. Dans un test d'ajustement à la distribution uniforme, le nombre de degrés de liberté est toujours égal au nombre de classes ou catégories de la distribution moins 1.

Le nombre de degrés de liberté étant maintenant connu, il est donc possible de trouver, dans la table, la valeur χ^2 critique. Pour 4 degrés de liberté, la valeur critique correspondant au seuil de 0,05 trouvé à l'Annexe 7 est de 9,488 — ce qui est légèrement supérieur au χ^2 calculé de 9,168.

TABLEAU 11.6
Calcul de χ^2 pour le test d'ajustement analytique

Marques	Nombre de personnes préférant les marques (f_o)	f_e	$f_o - f_e$	$(f_o - f_e)^2$	$\dfrac{(f_o - f_e)^2}{f_e}$
A	50	60	−10	100	1,667
B	65	60	5	25	0,417
C	45	60	−15	225	3,750
D	70	60	10	100	1,667
E	70	60	10	100	1,667
	300				9,168

Prendre la décision statistique appropriée. La règle de décision pour un test d'ajustement analytique est la même que pour un test de comparaison de k pourcentages. Donc, nous accepterons H_0 puisque le χ^2 calculé est plus petit que le χ^2 critique. À un seuil de 0,05, nous ne pouvons rejeter l'hypothèse selon laquelle un pourcentage égal de la population préfère chacune des 5 marques de cola. Nous devons en conclure au seuil de 0,05 que le Colasancalo n'a pas meilleur goût que les autres marques.

Auto-évaluation 11.2

1. Les étapes d'un test d'ajustement analytique sont essentiellement les mêmes que pour un test de comparaison de k pourcentages; seules quelques différences apparaissent dans la façon d'effectuer ces étapes. Vrai ou faux?

2. Dans un test visant à déterminer si la distribution de la population est uniforme, le nombre de degrés de liberté est égal au nombre de classes ou catégories considérées dans la distribution moins 1. Vrai ou faux?

3. Si l'hypothèse nulle d'un test stipule que les ventes se répartissent également ou uniformément à travers 6 régions et si le seuil du test est de 0,10, la valeur χ^2 critique du test est alors égale à 11,070. Vrai ou faux?

4. Si le χ^2 calculé dans la question précédente était de 10,625, devrait-on accepter l'hypothèse nulle?

5. Un concessionnaire d'automobiles a constaté que, dans un échantillon de 200 jours, 1 camion a été vendu chaque jour pendant une période de 70 jours. Par ailleurs, 2 camions ont été vendus chaque jour pendant 60 jours, 3 camions ont été vendus chaque jour pendant 40 jours et 4 camions ont été vendus chaque jour pendant 30 jours. Ces données sont présentées dans le tableau suivant:

Nombre de camions vendus par jour	Nombre de jours
1	70
2	60
3	40
4	30

À un seuil de 0,01, tester l'hypothèse selon laquelle la demande pour les camions est distribuée uniformément.

SOMMAIRE

On peut recourir à l'analyse du khi-carré pour tester l'hypothèse selon laquelle trois échantillons indépendants ou plus proviennent de populations dont les pourcentages d'individus possédant une caractéristique donnée sont identiques. Nous avons vu dans ce chapitre cette application — le test de comparaison de k pourcentages — de l'analyse de χ^2. On peut également recourir à l'analyse du χ^2 pour déterminer si une population répond à une distribution connue. Cette deuxième application de l'analyse du χ^2 a servi, dans ce chapitre, à vérifier la qualité de l'ajustement de données échantillonnales à une distribution uniforme.

Les étapes de chacun des deux tests présentés dans ce chapitre sont semblables. L'énoncé des hypothèses nulle et alternative varie cependant selon le type d'application. De plus, le calcul des fréquences théoriques espérées et du nombre de degrés de liberté s'effectue différemment dans les deux tests. Par contre, la façon de calculer la statistique χ^2 est généralement la même, peu importe la situation. Le χ^2 calculé doit toujours être comparé à une valeur critique trouvée dans les tables de χ^2 et la décision statistique consiste à accepter l'hypothèse nulle si et seulement si le χ^2 est plus petit ou égal à la valeur χ^2 critique.

TERMES ET CONCEPTS IMPORTANTS

1. Distributions khi-carré
2. Degrés de liberté (d.l.)
3. Fréquences observées (f_o)
4. Fréquences théoriques espérées (f_e)
5. $\chi^2 = \sum \dfrac{(f_o - f_e)^2}{f_e}$
6. Test de comparaison de k pourcentages
7. Tableau de contingence
8. Case
9. $f_e = \dfrac{\text{(total de la ligne) (total de la colonne)}}{\text{grand total}}$
10. d.l. $= (l - 1)(c - 1)$
11. Test d'ajustement analytique
12. Distribution uniforme

PROBLÈMES

1. Le tableau suivant indique le nombre de pièces bonnes et défectueuses produites par chaque équipe de travail dans une usine. À un seuil de signification de 0,05, tester l'hypothèse selon laquelle il n'existe aucune différence significative entre les pourcentages de pièces défectueuses produites par chaque équipe.

	Première équipe	Deuxième équipe	Troisième équipe
Bonnes	90	70	60
Défectueuses	10	20	20

2. Une enquête a été menée auprès d'individus en milieux urbain et rural pour déterminer quels types d'émissions de télévision les gens préfèrent. Les résultats suivants furent obtenus :

	Types d'émissions préférées			
	Western	Comédie	Policier	Variétés
Urbain	80	100	100	60
Rural	70	70	50	40

Au seuil de 0,05, tester l'hypothèse selon laquelle il n'y a pas de différence au niveau des préférences des téléspectateurs urbains et ruraux.

3. On a demandé à un échantillon de 300 consommateurs de choisir parmi 6 marques de café celle qu'ils jugent la meilleure. Voici les résultats de cette enquête:

Marques	Nombre de consommateurs ayant choisi les marques
A	40
B	55
C	60
D	40
E	60
F	45
	300

À un seuil de signification de 0,01, tester l'hypothèse selon laquelle la distribution de la population des buveurs de café est uniforme.

4. Vital Lavalve, chroniqueur automobile dans le journal local, croit que le pare-chocs avant est plus souvent endommagé lors d'une collision que le pare-chocs arrière. En faisant enquête auprès de différents ateliers de réparation, Vital a recueilli les données suivantes:

Endroits où le pare-chocs est endommagé	Nombre de pare-chocs endommagés
Avant droite	150
Avant gauche	120
Arrière droite	125
Arrière gauche	105
	500

À un seuil de 0,10, êtes-vous d'accord avec Vital?

5. Pierre Poisson accepte de jouer au jeu suivant avec un « ami »: Pierre doit jeter un dé; s'il obtient un 1, un 2 ou un 3, il devra payer 10 cents; par contre, s'il obtient un 4, un 5 ou un 6, il recevra 10 cents. C'est l'« ami » qui fournit le dé. Une troisième personne, impartiale, a emprunté le dé et l'a lancé en l'air plusieurs fois. Voici les résultats qu'elle a obtenus:

Faces du dé	Fréquences d'occurrence
1	115
2	100
3	125
4	95
5	85
6	80

À un seuil de 0,05, vérifier si le dé de l'« ami » est régulier.

6. Un manufacturier d'ordinateurs achète ses circuits intégrés de 2 fournisseurs. Les circuits peuvent présenter l'une ou l'autre de 4 défectuosités, mais chaque circuit est vérifié avant d'être accepté. Les données suivantes, résultats de tests échelonnés sur une période de deux semaines, ont été transmises au service des achats par le directeur du contrôle de la qualité :

Fournisseurs	Types de défectuosités			
	1	2	3	4
A	60	80	40	30
B	30	32	25	20

À un seuil de 0,01, peut-on accepter l'hypothèse selon laquelle les pourcentages de circuits présentant chaque défectuosité sont les mêmes pour les deux fournisseurs?

7. Mme Minnie Stériel cherche à se faire élire dans un comté. Afin de bien planifier sa campagne électorale, Minnie aimerait savoir si le pourcentage des électeurs qui l'appuient est le même en milieu urbain, en banlieue et en milieu rural. Un sondage a fourni les données suivantes :

	Urbain	Banlieue	Rural
Pour	78	65	60
Contre	42	45	50

Doit-on accepter, à un seuil de 0,10, l'hypothèse d'égalité des pourcentages d'électeurs favorisant Minnie en milieu urbain, en banlieue et en milieu rural?

QUESTIONS DE COMPRÉHENSION

1. En quoi les distributions t, F et χ^2 sont-elles semblables?

2. Dans tous les tests d'hypothèses, il faut calculer la valeur d'un certain rapport critique ou d'une statistique dont on connaît la distribution de probabilités. Comment se traduit cette affirmation dans le contexte des tests de χ^2?

3. a) Expliquer les différentes étapes d'un test de comparaison de k pourcentages.
b) Expliquer les différentes étapes d'un test d'ajustement analytique.

4. Si l'hypothèse nulle était vraie, le χ^2 calculé serait idéalement égal à zéro. Expliquer pourquoi cette affirmation est vraie.

5. Expliquer pourquoi il est très improbable d'obtenir un χ^2 calculé égal à 0 même si H_0 est vrai.

6. La valeur χ^2 critique pour un test d'hypothèses à un seuil de 0,10 est de 9,236.
a) Que signifie cette valeur de 9,236?
b) Supposons que le χ^2 calculé dans le test soit égal à 12,312. Prendre la décision statistique appropriée et justifier cette décision.

7. Expliquer comment sont calculées les fréquences théoriques espérées du tableau de contingence 6 × 4 présenté au tableau 11.4.

8. *a)* Quel est le but d'un test de comparaison de *k* pourcentages?

   b) Quel est le but d'un test d'ajustement analytique?

RÉPONSES AUX QUESTIONS D'AUTO-ÉVALUATION

11.1

1. *a)* Vrai.

   b) Faux. La valeur critique pour $\alpha = 0,01$ et d.l. = 8 est de 20,090.

2. Vrai.

3. Faux. Même si H_0 est vrai, il est fort probable que la variation d'échantillonnage produira des écarts entre les valeurs $í_o$ et f_e.

4. Encore faux. Le χ^2 calculé se situe alors dans la région d'acceptation et, par conséquent, H_0 devra être accepté.

5. Les hypothèses sont les suivantes:

H_0: le pourcentage d'étudiants en faveur de la nouvelle charte est le même dans toutes les concentrations; autrement dit, il n'existe aucune relation entre le fait qu'un étudiant soit en faveur de la nouvelle charte et la concentration dans laquelle il étudie

H_1: le pourcentage d'étudiants en faveur de la nouvelle charte n'est pas le même dans toutes les concentrations; autrement dit, il existe une relation entre le fait d'approuver les changements et la concentration

Le seuil de signification désiré: $\alpha = 0,05$.

On retrouve dans le tableau suivant, entre parenthèses dans chaque case, les valeurs f_e:

	Sciences pures	Droit	Lettres	Techniques administratives
Pour	40 (36,5)	30 (31,3)	30 (26,1)	20 (26,1)
Contre	30 (33,5)	30 (28,7)	20 (23,9)	30 (23,9)

Le χ^2 calculé est égal à 5,017.

Le d.l. est calculé de la façon suivante:

d.l. $= (I - 1)\ (c - 1)$

$\quad = (2 - 1)(4 - 1)$

$\quad = 3$

Par conséquent, la valeur χ^2 critique pour d.l. = 3 et $\alpha = 0,05$ est de 7,815.

La décision statistique est celle-ci:

accepter H_0, puisque χ^2 calculé de 5,017 < valeur critique de 7,815.

11.2

1. Vrai.

2. Vrai.

3. Enfin, une affirmation fausse. La valeur critique de 11,070 serait appropriée pour un seuil de 0,05 et 5 d.l. À un seuil de 0,10, la valeur critique est cependant égale à 9,236.

4. Non. Si le χ^2 calculé est égal à 10,625 et si la valeur critique est de 9,236, l'hypothèse nulle doit évidemment être rejetée.

5. Les hypothèses sont les suivantes :

   H_0 : la distribution de la population est uniforme
   H_1 : la distribution de la population n'est pas uniforme

   Le seuil de signification est de 0,01.

   Si H_0 est vrai, il devrait y avoir 50 jours où 1 camion a été vendu, 50 jours où 2 camions ont été vendus, etc.

   Le χ^2 calculé est égal à 20,00.

   Le nombre de d.l. $= 3$. Donc, la valeur χ^2 critique pour d.l. $= 3$ et $\alpha = 0,01$ est de 11,345.

   La décision statistique est :

   rejeter H_0 puisque χ^2 calculé $>$ valeur χ^2 critique

PARTIE 3

FAIRE FACE
AU CHANGEMENT

Comme nous l'avons déjà mentionné au chapitre 1, la théorie statistique et les méthodes qui en découlent permettent (1) de décrire les relations entre des variables, (2) d'élaborer des mécanismes de prise de décisions et (3) d'analyser les variations afin de les contrôler ou, à tout le moins, de mieux réagir face à celles-ci. Dans les chapitres de cette partie, nous présenterons de nouvelles techniques statistiques remplissant tantôt l'un, tantôt l'autre des objectifs décrits plus haut; cependant, cette partie du volume ne saurait renier son titre et nous y verrons donc plus particulièrement comment *mesurer* et *prévoir* le changement.

Planifier, c'est décider à l'avance de l'action à entreprendre dans le futur. Par conséquent, toute planification et presque toute décision s'appuient sur une prévision du cours futur des événements et/ou sur certaines relations plus ou moins bien identifiées. Tout bon décideur ou planificateur se doit de posséder certains outils statistiques lui permettant de se faire un portrait de ce qui se produira dans le futur. Dans cette optique, une des approches qu'on peut suivre consiste à supposer que rien ne changera et qu'aucune nouvelle démarche ne doit être entreprise. Il est évident qu'à court terme une telle approche peut s'avérer valable; cependant, il serait présomptueux, dans nombre de situations, d'affirmer que cette stabilité hypothétique persistera à long terme. Il est plus réaliste de croire que dans la plupart des cas le changement survient si graduellement qu'il demeure imperceptible durant une certaine période. Dans le chapitre 12, nous verrons donc certaines techniques dont l'objectif est de mesurer les variations au niveau de variables économiques.

Une deuxième approche consiste (1) à déceler par l'analyse de données empiriques passées des modèles raisonnablement fiables et ensuite (2) à projeter dans le futur ces modèles pour formuler des prévisions. Dans le chapitre 13, nous examinerons certaines des techniques employées à cette fin.

Finalement, une troisième approche de prévision consiste à identifier et analyser certains facteurs indépendants, facilement prévisibles, qui exercent une influence significative sur la variable dépendante dont on veut prévoir le mouvement. Il sera possible d'estimer certaines valeurs de la variable dépendante en se basant sur (1) le type de relation existant entre les variables considérées et sur (2) les valeurs prises par la (les) variable(s) indépendante(s).

Le chapitre 14 sera consacré uniquement à cette troisième facette du problème de la prévision; nous nous en tiendrons cependant à l'étude de situations n'impliquant que deux variables.

La partie 3 contient les chapitres suivants :

CHAPITRE 12

MESURER LE CHANGEMENT: LES NOMBRES INDICES

OBJECTIFS
D'APPRENTISSAGE

Après avoir lu attentivement ce chapitre, résolu les problèmes et répondu aux questions de compréhension, vous devriez pouvoir:

☞ expliquer les différentes utilisations ainsi que les avantages des nombres indices;

☞ décrire les types de nombres indices couramment utilisés;

☞ établir des nombres indices selon la méthode de la somme et selon la méthode de la moyenne des indices élémentaires;

☞ énoncer certains problèmes liés à l'établissement des nombres indices et des causes d'erreurs d'interprétation de ceux-ci.

La méthode des nombres indices fut spécialement élaborée pour mesurer les changements associés à des variables économiques ou commerciales. Examinons immédiatement un exemple: le professeur Jean Sègne, pédagogue de réputation mondiale, affiche un intérêt maladif pour le prix de la craie qu'il utilise pour donner son cours de statistique. Le tableau 12.1 nous montre le prix d'une boîte de craies pour la période s'étendant de 1976 à 1980.

TABLEAU 12.1

Années	Prix d'une boîte de craies
1976	0,60 $
1977	0,60 $
1978	0,65 $
1979	0,70 $
1980	0,75 $

Dans sa forme la plus simple, un nombre indice n'est qu'un *pourcentage relatif* indiquant la relation entre deux valeurs déterminées. Ainsi, pour comparer les prix de la craie du tableau 12.1, il suffit (1) de diviser le prix affecté à chacune des années du tableau par le prix de la craie en 1976 et (2) d'exprimer chacun des nombres relatifs obtenus sous la forme d'un pourcentage, comme cela a été fait dans le tableau ci-dessous:

Années	Prix de l'année ÷ prix de 1976	Prix relatifs	Pourcentages relatifs ou nombres indices
1976	0,60 $ ÷ 0,60 $ =	1,000 × 100 =	100,0
1977	0,60 ÷ 0,60 =	1,000 × 100 =	100,0
1978	0,65 ÷ 0,60 =	1,083 × 100 =	108,3
1979	0,70 ÷ 0,60 =	1,167 × 100 =	116,7
1980	0,75 ÷ 0,60 =	1,250 × 100 =	125,0

On retrouve dans la dernière colonne de ce tableau des nombres indices élémentaires; ceux-ci permettent de comparer les prix de la craie d'une année à l'autre.

Cet exemple relativement simple illustre certains points importants qu'il serait bon d'identifier:

1. Une *période de base* (l'année 1976) a été *arbitrairement* choisie et *cette période de base a un nombre indice de valeur 100*.

2. Les nombres indices sont des pourcentages; cependant, le symbole de pourcentage n'est que rarement (pour ne pas dire jamais) utilisé.

3. Le nombre indice de 1978 (108,3) ne représente ni le prix de la craie en 1976, ni le prix de 1978; il n'illustre pas non plus le fait que l'écart entre le prix de 1978 et celui de 1976 est de 0,05 $. Ce nombre indice ne fait que décrire le *changement relatif* de prix.

4. L'*interprétation* du nombre indice de 1978 (108,3) consiste à faire valoir le fait que le prix de la craie en 1978 était égal à 108,3 % du prix de 1976; nous pourrions tout aussi bien dire que le prix de la craie a augmenté de 8,3 % entre 1976 et 1978. (Entre 1976 et 1980, il y a eu, comme on peut le constater, une augmentation de 25 % du prix de la craie).

Il arrive qu'on établisse une série de nombres indices pour décrire le changement relatif d'une variable unique (après tout, c'est exactement ce que nous venons de faire en calculant les nombres indices des prix de la craie); cependant, il arrive plus fréquemment, en raison de la complexité des phénomènes étudiés, que l'on doive les établir à partir de données relatives à plusieurs produits différents; dans un tel cas, le nombre indice construit est généralement appelé *nombre indice composé*[1]. *D'une façon générale, nous pourrions définir un nombre indice comme étant une mesure du changement relatif d'un ensemble de produits par rapport à une période de base qui a habituellement la valeur 100.*

Comme nous le verrons bientôt, les nombres indices composés[2] peuvent être établis de différentes façons; il faut toutefois noter que, peu importe la méthode d'établissement employée, les quatre points soulevés plus haut demeureront, généralement, valables. Nous verrons dans les prochaines sections, (1) *les avantages des nombres indices*, (2) *les types de nombres indices*, (3) *l'établissement de nombres indices: méthode de la somme*, (4) *l'établissement de nombres indices: méthode de la moyenne des indices élémentaires*, (5) *quelques indices couramment utilisés* et (6) *des problèmes d'établissement et des erreurs à éviter*.

---

1. Les nombres indices qui décrivent le changement relatif d'une seule variable sont appelés *nombres indices élémentaires*; par contre, ceux formés pour illustrer simultanément le changement relatif de plusieurs produits sont appelés *nombres indices composés*.

2. Pour alléger la présentation, nous emploierons jusqu'à la fin de ce chapitre le terme « nombre indice » pour signifier un nombre indice composé.

AVANTAGES DES NOMBRES INDICES

Les nombres indices sont des outils statistiques qui *mesurent* les variations, dans le temps ou dans l'espace, d'une variable ou d'un ensemble de variables. Ils permettent aussi de *synthétiser* et de *communiquer* d'une façon efficace la nature des changements qui se produisent au niveau des variables. Lorsqu'on les compare aux données brutes, les nombres indices présentent les avantages suivants :

1. *Ils simplifient généralement les données et en facilitent la communication*. On peut, par exemple, à l'aide d'un *seul* indice composé, donner un aperçu des changements d'une variable économique complexe. C'est ce que fait l'indice — peut-être le plus connu — des prix à la consommation (IPC). Cet indice mesure périodiquement le prix d'un « panier » de consommation contenant 400 produits (biens ou services) parmi ceux qui sont le plus susceptibles d'influencer le coût de la vie. Ainsi, si l'année de base est 1977 et si l'IPC d'un certain mois est de 195,3, cet indice à lui seul nous montre l'évolution générale des prix entre ces deux périodes. (L'indice, dans cet exemple, nous indique qu'il en aurait coûté 19,53 $ pour acheter les mêmes produits qui auraient nécessité un débours de 10,00 $ en 1967.) Évidemment, il est plus simple de comprendre et d'utiliser une valeur unique (195,3) que les prix de 400 produits qui, dans le cas de l'IPC, proviennent de plusieurs régions du pays.

2. *Ils facilitent les comparaisons*. Il devient facile de comparer les variations observées au sein d'une série de produits exprimés en unités de mesure différentes (par exemple en dollars, tonnes métriques, mètres cubes, balles) lorsque les mesures effectuées sont converties en valeurs relatives.

3. *Ils peuvent faire ressortir les variations saisonnières types*. Une compagnie peut, par exemple, en établissant une série de nombres indices, examiner les variations mensuelles de ses ventes au détail sur une période de plusieurs années. Lorsqu'on les compare avec un indice de ventes mensuelles moyennes de valeur 100, les variations mensuelles deviennent évidentes; on peut, de cette façon, découvrir un modèle qui décrit ces variations sur une base annuelle. Si l'indice du mois de décembre était égal à 145, on pourrait en conclure que les ventes au détail durant ce mois sont de 45 % supérieures à la moyenne mensuelle de l'année en cours. Nous reviendrons à cette application des nombres indices dans le prochain chapitre.

TYPES DE NOMBRES INDICES

Les nombres indices le plus fréquemment utilisés sont classés selon trois catégories : (1) les *indices de prix*, (2) les *indices de quantité* et (3) les *indices de valeur* [3].

Indices de prix

Le premier indice de prix connu fut établi en Italie en 1764 par G.R. Carli; cet Italien voulait comparer les prix, en Italie, de l'huile, du grain et du vin en 1750, avec les prix de ces mêmes produits en 1500. Calculés uniquement pour mesurer les changements relatifs de prix, les indices de prix sont utilisés par un grand nombre de décideurs, parmi lesquels on retrouve (1) les directeurs d'entreprise, qui connaissent l'impact des

---

3. Dans ce chapitre, nous ne verrons que certains indices parmi les plus importants.

variations de prix sur les ventes réalisées, (2) les économistes gouvernementaux, qui doivent établir des politiques budgétaires tout en évitant de favoriser l'inflation[4] ou de provoquer la récession et (3) les leaders syndicaux, qui saisissent l'effet désastreux que peut avoir un changement au niveau des prix sur la qualité de vie des syndiqués qu'ils représentent[5]. Le leader syndical doit, avant d'entreprendre une négociation salariale, évaluer le *pouvoir d'achat* d'un dollar ou l'évolution qu'a subie ce pouvoir d'achat depuis la signature de la dernière entente. Cette évaluation permettra de déterminer quelles devraient être les hausses salariales minimales pour maintenir le niveau de vie des membres. Bref, le leader doit jauger le revenu réel des syndiqués en tenant compte des changements survenus au niveau des prix. Heureusement, il est relativement simple de calculer un *indice du pouvoir d'achat*: il suffit d'utiliser l'indice de prix approprié. Vous voulez savoir comment? (Cette curiosité vous honore.) De la façon suivante: prenons, par exemple, l'IPC du mois de juin 1978 de valeur 195,3 (1967 est l'année de base et l'indice de cette année est de 100) et (1) exprimons cet indice en un prix relatif de 1,953 et ensuite (2) calculons l'inverse de 1,953 (*i.e.* $1 \div 1,953$); nous obtenons alors la valeur 0,512 qui, multipliée par 100, nous donne le nombre indice du pouvoir d'achat sous sa forme conventionnelle. Le nombre indice recherché est donc de 51,2. Que représente ce nombre? Il signifie que le pouvoir d'achat de 100 $ de juin 1978 est équivalent au pouvoir d'achat de 51,20 $ de 1967. Avant de signer une entente avec la partie patronale, le leader syndical voudra sûrement comparer sur la base du pouvoir d'achat réel les anciens salaires et les offres salariales soumises.

Auto-évaluation 12.1   On retrouve dans le tableau ci-dessous le revenu mensuel d'un travailleur en 1970, 1974 et en juin 1978 ainsi que l'IPC pour chacune de ces années.

Périodes	Revenus (mensuels)	Indices des prix à la consommation (1967 = 100)
1970	600 $	116,3
1974	750	147,7
Juin 1978	925	195,3

1.   Établir l'indice du pouvoir d'achat pour chacune des périodes du tableau.

2.   Qu'est-il arrivé au pouvoir d'achat du travailleur entre 1970 et 1974? Entre 1974 et juin 1978?

---

4. Will Rogers a trouvé les mots justes pour encourager ceux qui luttent contre ce problème: « Il est facile de remplir un asile avec des personnes dont on est assuré qu'elles méritent d'y être; il suffit de choisir uniquement des personnes qui affirment comprendre ce qu'est l'inflation. »

5. Dans ce chapitre, nous examinerons plus particulièrement les indices de prix pour les raisons suivantes: (1) ils illustrent très bien les méthodes d'établissement des nombres indices et (2) on les rencontre plus souvent dans la vie de tous les jours que n'importe quel autre type d'indice. Par ailleurs, nous parlerons brièvement des indices de quantité, mais nous omettrons les indices de valeur.

Indices de quantité

Comme nous venons de le voir, les indices de prix sont d'une grande utilité. Cependant, plusieurs variables sont sujettes à des variations qui ne peuvent ou ne doivent pas s'exprimer en termes de prix. Ainsi, certaines variables mesurent les variations relatives des quantités produites; ces variables sont fréquemment utilisées dans différentes sphères d'activités telles que la construction et l'industrie. *Les indices de quantité furent établis dans le but de mesurer les variations relatives du nombre d'unités physiques produites.* Un décideur peut préférer évaluer la production d'un certain bien de consommation — comme des moteurs électriques — en mesurant celle-ci en termes d'unités produites (le nombre de moteurs qui sortent de l'usine) plutôt qu'en termes de prix (revenus générés). Le nombre de livres vendus par un éditeur ou le nombre de mises en chantier de maisons unifamiliales dans une région constituent d'autres exemples où il est préférable de mesurer les variations en utilisant des indices de quantité plutôt que des indices de prix. Il sera très facile d'adapter à l'établissement d'indices de quantité les méthodes d'établissement des indices de prix.

Indices de valeur

On obtient la valeur en multipliant le prix par la quantité; *par conséquent, on devra élaborer l'indice de valeur de façon qu'il reflète toute variation au niveau des prix et/ou au niveau des quantités produites ou consommées.* Ainsi, le chiffre d'affaires, en dollars, sera égal au produit du prix de vente par la quantité (nombre d'unités) vendue; tout changement du prix de vente ou du nombre d'unités vendues produira une variation du chiffre d'affaires. De la même manière, le revenu obtenu sera directement affecté par une variation du profit réalisé sur chaque unité vendue ou par une variation du niveau de production. La valeur des contrats de construction accordés par F.W. Dodge Corporation, une filiale de McGraw-Hill, est un exemple parfait d'indice de valeur publié mensuellement. Les indices de prix, de quantité et de valeur sont généralement établis selon la méthode de la *somme* ou celle de la *moyenne des indices élémentaires*. Nous examinerons maintenant chacune de ces techniques d'établissement de séries de nombres indices.

MÉTHODE DE LA SOMME

Cette méthode fait intervenir une somme particulière. En effet, l'indice construit selon cette méthode en est un pour lequel le calcul, à chaque période, est basé sur la somme des mesures effectuées sur chacun des produits pris en considération. Dans les pages qui suivent, nous verrons (1) *la méthode de la somme pondérée implicitement*, (2) *la nécessité d'une pondération explicite* et (3) *la méthode de la somme pondérée explicitement*.

Indices pondérés implicitement

Indice de prix. M. Jean Sègne, le professeur de statistique dont nous avons fait plus tôt la connaissance, veut mesurer jusqu'à quel point le prix de certains articles dont il se sert régulièrement a varié durant ses cinq dernières années d'enseignement. On retrouve au tableau 12.2 les différents articles qu'il juge essentiels à son enseignement ainsi que les prix de ces articles pour les années 1976 à 1980.

S'il veut suivre la méthode de la somme pondérée implicitement, ce cher professeur pourra calculer un indice de prix à l'aide de la formule suivante:

$$IP_n = \frac{\Sigma p_n}{\Sigma p_o} \cdot 100 \qquad (12.1)$$

où IP_n = indice de prix à la période n

p_n = prix, à la période n, des différents articles

p_o = prix, à la période de base, des différents articles

TABLEAU 12.2

Articles jugés essentiels à l'enseignement des statistiques

Articles	Unités de consommation	Prix				
		1976	1977	1978	1979	1980
Craies	boîte de 12	0,60 $	0,60 $	0,65 $	0,70 $	0,75 $
Stylos rouges	1 / 2 douzaine	0,72	0,75	0,80	0,85	0,92
Livre de statistiques	1	9,50	10,00	10,00	10,50	11,00
Aspirine	1 flacon	0,59	0,59	0,65	0,69	0,75
		11,41 $	11,94 $	12,10 $	12,74 $	13,42 $

Si, à des fins de calcul des indices de prix pour chacune des années du tableau, l'année de base est 1976, nous calculerons ces indices pour les années 1976 et 1980 de la façon suivante:

$$IP_{1976} = \frac{\Sigma p_{1976}}{\Sigma p_o} \cdot 100 = \frac{11,41 \$}{11,41 \$} \cdot 100 = 100,0$$

$$IP_{1980} = \frac{\Sigma p_{1980}}{\Sigma p_o} \cdot 100 = \frac{13,42 \$}{11,41 \$} \cdot 100 = 117,6$$

Le tableau 12.3 nous donne la liste complète des indices correspondant aux années de notre exemple.

TABLEAU 12.3

Indices construits selon la méthode de la somme pondérée implicitement pour l'exemple du professeur Sègne

Années	Indices de prix (1976 = 100)
1976	100,0
1977	104,6
1978	106,0
1979	111,7
1980	117,6

Indice de quantité. À l'aide de la méthode de la somme pondérée implicitement, on peut construire un indice de quantité en utilisant la formule suivante :

$$IQ = \frac{\Sigma q_n}{\Sigma q_o} \cdot 100$$

où q_n et q_o représentent respectivement les quantités (et non les prix) à la période n et à la période de base. Cependant, on utilise très rarement cette formule parce que, pour ne citer qu'un inconvénient, il serait absurde d'additionner, à une période donnée, des quantités exprimées en unités de mesure différentes telles que des grammes, des kilos, des tonnes et des balles.

Auto-évaluation 12.2

1. Construire, selon la méthode de la somme pondérée implicitement, les indices de prix pour chacune des années du tableau ci-dessous. Prendre comme période de base l'année 1979.

Articles	1979 Prix d'une unité	1980 Prix d'une unité	1981 Prix d'une unité
A	21 $	23 $	24 $
B	40	44	48
C	10	9	10
D	25	25	28

2. Interpréter chacun des indices trouvés à la question précédente.

La nécessité d'une pondération explicite

Vous vous demandez peut-être ce que nous entendons par « pondération implicite ». Dans l'exemple des prix des articles du professeur Sègne, nous n'avons pas tenu compte de l'*importance relative* des différents articles. Pourtant, il est plus que probable que le professeur ne mettra pas chacun des articles sur un pied d'égalité quant à l'impact qu'ils ont sur son enseignement; celui-ci accorde sans doute une plus grande importance aux comprimés d'aspirine qu'aux stylos rouges. Par contre, comme vous pouvez le constater en examinant le tableau 12.2, le prix d'une unité de stylos rouges est supérieur à celui d'un flacon d'aspirine. Par conséquent, lorsque nous avons utilisé la formule 12.1, nous avons automatiquement ou *implicitement* accordé une plus grande importance aux stylos qu'à l'aspirine. Bref, le prix des stylos dans la formule 12.1 influe davantage sur la valeur de l'indice que le prix de l'aspirine.

Lorsque aucun poids explicite n'est associé aux différents articles de la série, on dit généralement de l'indice construit qu'il est « non pondéré ». Il est cependant plus juste de dire qu'il est « pondéré implicitement » puisqu'un poids plus grand (dans le cas d'indices de prix) est accordé implicitement aux articles les plus coûteux au détriment des articles les moins coûteux. Pour résumer, si aucun poids explicite n'est accordé aux diverses marchandises dans une série d'indices de prix à la consommation — en considérant l'importance relative de chacune des marchandises —, on doit s'attendre à ce que le prix des lames de tondeuses à gazon influe davantage sur la valeur des indices que le prix du lait ou du pain, et cela, même s'il est évident que monsieur et madame Tout-le-Monde achètent beaucoup plus de pain que de lames de tondeuses et qu'une augmentation du prix du pain risque de les affecter plus durement qu'une augmentation du prix de ces lames. Pour accorder au pain la place qu'il mérite lors de la construction d'une série d'indices composés de prix, il faut absolument déterminer l'importance explicite de chacun des articles apparaissant dans la série, cette importance devant tenir compte des *quantités habituellement consommées* (quantités pour une année type pouvant être une moyenne sur plusieurs années). Dans la section qui suit, nous construirons, à l'aide de la méthode de la somme, des indices pondérés.

Indices pondérés

Indice de prix. Pour accorder à chacun des articles l'importance qu'il mérite dans une série de nombres indices, il faut un système de pondération logique et approprié à la situation considérée. L'importance variera selon la nature de l'indice calculé et l'objectif poursuivi. Dans le cas des indices de prix, la méthode usuelle de pondération consiste à accorder à chacun des articles de la série un poids équivalent à la *quantité utilisée durant une année type*[6]. En multipliant le prix de chaque article par le nombre d'unités consommées dans une période donnée, nous obtenons une valeur qui indique bien l'importance relative de chacun des articles.

Examinons maintenant, en recourant à l'exemple du professeur Sègne, la méthode de construction de la somme pondérée appliquée à une situation de prix. Dans le tableau 12.4, nous retrouvons toutes les données du tableau 12.2; cependant, nous avons ajouté une nouvelle colonne où apparaît le nombre d'unités consommées de chaque article durant une année type. (Vous pouvez constater que le professeur consomme plus d'aspirine que de stylos rouges.)

TABLEAU 12.4

Articles indispensables au professeur Sègne: indices de prix construits selon la méthode de la somme pondérée

Articles	Unités de consommation	Consommation annuelle type (q_t)	Prix				
			1976	1977	1978	1979	1980
Craies	boîte de 12	4	0,60 $	0,60 $	0,65 $	0,70 $	0,75 $
Stylos rouges	1/2 douzaine	1/2	0,72	0,75	0,80	0,85	0,92
Livre de statistiques	1	1	9,50	10,00	10,00	10,50	11,00
Aspirine	1 flacon	6	0,59	0,59	0,65	0,69	0,75

6. Dans certains cas, les prix sont pondérés par les quantités consommées durant la période de base (q_o) ou encore par les quantités utilisées durant la période courante (q_n). Nous ne verrons pas ici les différents critères sur lesquels on peut s'appuyer pour déterminer les poids appropriés; dans la dernière section de ce chapitre, nous nous contenterons d'effleurer ce sujet.

La formule pour calculer un indice de prix pondéré est la suivante :

$$IP_n = \frac{\Sigma\ (p_n q_t)}{\Sigma\ (p_o q_t)}\ \cdot 100 \qquad\qquad (12.2)$$

où IP_n = indice de prix à une période donnée n

p_n = prix à une période donnée n

p_o = prix à la période de base

q_t = nombre type d'unités consommées ou produites durant les années étudiées

Cette formule peut être appliquée facilement. Pour obtenir le *numérateur*, il suffit de :

1. Multiplier le prix de chaque article à la *période donnée* par la quantité type consommée correspondante;

2. Additionner les produits des prix par les quantités de la période pour laquelle l'indice est calculé.

Pour obtenir le *dénominateur*, vous n'avez qu'à :

1. Multiplier le prix de chaque article à la *période de base* par la quantité type consommée correspondante;

2. Additionner les produits des prix à la période de base par les quantités types.

TABLEAU 12.5

Articles du professeur Sègne : sommes des valeurs — 1976-1980

Articles	1976 $(p_{1976}q_t)$	1977 $(p_{1977}q_t)$	1978 $(p_{1978}q_t)$	1979 $(p_{1979}q_t)$	1980 $(p_{1980}q_t)$
Craies	2,40 $	2,40 $	2,60 $	2,80 $	3,00 $
Stylos rouges	0,36	0,38	0,40	0,42	0,46
Livre de statistiques	9,50	10,00	10,00	10,50	11,00
Aspirine	3,54	3,54	3,90	4,14	4,50
	15,80 $	16,32 $	16,90 $	17,86 $	18,96 $

$\dfrac{\Sigma(p_n q_t)}{\Sigma(p_o q_t)}$ → Divisé par ← 15,80 $ ←

Nous retrouvons dans le tableau 12.5 les résultats de ces différents calculs. Ainsi, *si 1976 est l'année de base*, il suffit pour obtenir l'indice désiré de reporter dans la formule 12.2 les totaux du tableau 12.5 correspondant aux années pour lesquelles on cherche à déterminer l'indice. Le calcul des indices pour les années 1976 et 1980 est effectué ci-dessous :

$$IP_{1976} = \frac{\Sigma(p_{1976}q_t)}{\Sigma(p_o q_t)}\ \cdot 100 = \frac{15,80\ \$}{15,80\ \$}\ \cdot 100 = 100,0$$

$$IP_{1980} = \frac{\Sigma(p_{1980}q_t)}{\Sigma(p_o q_t)}\ \cdot 100 = \frac{18,96\ \$}{15,80\ \$}\ \cdot 100 = 120,0$$

Les indices correspondant aux années 1976 à 1980 vous sont donnés au tableau 12.6.

TABLEAU 12.6

Indices de prix pondérés
construits selon la méthode
de la somme (1976 = 100)

Années	Indices de prix
1976	100,0
1977	103,3
1978	107,0
1979	113,0
1980	120,0

Indice de quantité. L'indice de quantité pondéré mesure la variation de la valeur (quantité multipliée par le prix) d'un ensemble d'articles entre une période de base et une période donnée. Cependant, puisque les prix servant de poids restent constants lors du calcul d'une série d'indices de quantité pondérés, toute variation de la valeur devra être imputée à une *variation des quantités*. En fait, nous avons procédé de la même manière pour calculer les indices de prix selon la méthode de la somme pondérée: ainsi, seule une variation des prix pouvait occasionner une variation de la valeur puisque les quantités types employées à titre de poids demeurent constantes tout au long du calcul de ces indices. Par conséquent, il suffit de changer p en q et q en p dans la formule 12.2 pour obtenir la formule de l'indice de la somme pondérée des quantités à toute période n:

$$IQ_n = \frac{\Sigma(q_n p_t)}{\Sigma(q_o p_t)} \cdot 100 \qquad (12.3)$$

où IQ_n = indice de quantité à la période n
q_n = quantité à la période n
q_o = quantité à la période de base
p_t = prix type pour les années considérées

La méthode de calcul d'un indice de la somme pondérée des quantités est la même que celle employée précédemment pour évaluer un indice de prix pondéré; il n'est donc pas nécessaire de présenter un exemple pour illustrer cette méthode. Vous aurez cependant l'occasion, à la question 3 de l'auto-évaluation qui suit, de vérifier votre compréhension en calculant des indices de quantités pondérés.

Auto-évaluation 12.3
1. Calculer, à partir des données présentées ci-dessous, les *indices de prix* des années considérées selon la méthode de la somme pondérée (période de base = 1979 = 100,0).

Articles	Unités de consommation	Consommation annuelle type	Prix		
			1979	1980	1981
A	1 douzaine	4	1,00 $	1,20 $	1,30 $
B	100 kg	3	10,00	10,00	12,00
C	1	10	8,00	9,50	9,75

2. Interpréter les réponses obtenues.

3. Calculer, à partir des données présentées ci-dessous, les *indices de quantité* des années considérées selon la méthode de la somme pondérée (période de base = 1981 = 100,0).

Articles	Unités de production	Prix types	Quantités produites		
			1981	1982	1983
A	douzaine	1,00 $	40	48	52
B	kg	2,00	800	860	900
C	boîte	1,50	500	550	500

4. Interpréter les réponses obtenues.

MÉTHODE DE LA MOYENNE DES INDICES ÉLÉMENTAIRES

La méthode de la moyenne des indices élémentaires est une deuxième méthode couramment utilisée pour construire des nombres indices. (Au début de ce chapitre, nous avons établi les indices élémentaires de prix de la craie utilisée par le professeur Sègne pour les années 1976 à 1980.) Fondamentalement, la méthode de la moyenne des indices élémentaires consiste (1) à diviser le prix ou la quantité à une période donnée par le prix ou la quantité, selon le cas, à la période de base et (2) à calculer la moyenne arithmétique des *prix relatifs* ou des *quantités relatives obtenus*. À l'instar de la méthode de la somme, on peut appliquer la méthode de la moyenne des indices élémentaires pour établir des indices pondérés soit *implicitement*, soit *explicitement*.

Indices pondérés implicitement

Indice de prix. Vous sentez-vous prêts à revoir, sous un autre angle, l'exemple du professeur Sègne? De toute manière, nous ne vous laissons guère le choix! (Cependant, nous réduirons sensiblement le nombre de calculs à effectuer en ne considérant que les années 1976 et 1980.)

Le tableau 12.7 illustre la façon de calculer un indice de prix selon la méthode de la moyenne pondérée implicitement des indices élémentaires. La formule à utiliser dans ce cas est la suivante:

$$IP_n = \frac{\sum \left(\frac{p_n}{p_o} \cdot 100 \right)}{N} \qquad (12.4)$$

où $(p_n / p_o) 100$ = indice élémentaire de prix à la période n

N = nombre total d'indices élémentaires de prix ou nombre total de produits considérés

Ainsi, selon la méthode de la moyenne des indices élémentaires, nous pouvons dire que les prix en 1980 représentaient 123,9 % des prix de 1976; autrement dit, il y a eu une augmentation moyenne de 23,9 %.

TABLEAU 12.7

Établissement d'un indice de prix selon la méthode de la moyenne des indices élémentaires pour les articles du professeur Sègne (1976 = 100)

Articles	1976			1980	
	Prix (p_o)	Indices élémentaires $\left(\dfrac{p_{1976}}{p_o} \cdot 100 \right)$			Indices élémentaires $\left(\dfrac{p_{1980}}{p_o} \cdot 100 \right)$
Craies	0,60 $	100,0	0,75 $		125,0
Stylos rouges	0,72	100,0	0,92		127,8
Livre de statistiques	9,50	100,0	11,00		115,8
Aspirine	0,59	100,0	0,75		127,1

$$\sum \left(\frac{p_n}{p_o} \cdot 100 \right) = \qquad 400,0 \qquad\qquad 495,7$$

$$IP_n = \frac{\sum \left(\dfrac{p_n}{p_o} \cdot 100 \right)}{N} = \frac{400,0}{4} = 100,0 \qquad\qquad \frac{495,7}{4} = 123,9$$

Indice de quantité. Voici la formule pour calculer un indice de quantité selon la méthode de la moyenne pondérée implicitement des indices élémentaires:

$$IQ_n = \frac{\sum \left(\dfrac{q_n}{q_o} \cdot 100 \right)}{N} \qquad (12.5)$$

où $(q_n / q_o)\,100$ = indice élémentaire à la période n

N = nombre total d'indices élémentaires ou nombre total de produits considérés

Bien entendu, la méthode de calcul d'un indice de quantité selon la méthode de la moyenne des indices élémentaires est identique à la méthode de calcul présentée au tableau 12.7, à la différence que nous avons *substitué aux prix* à la période n et à la période de base *les quantités consommées ou vendues* durant ces périodes. Il s'avère donc inutile d'illustrer à l'aide d'un exemple l'utilisation de la formule 12.5. Vous pourrez cependant vérifier votre compréhension puisqu'un des exercices de l'auto-évaluation suivante requiert le calcul d'indices de quantité.

Auto-évaluation 12.4

1. À partir des données présentées au tableau 12.4, calculer, pour 1978 et 1979, l'indice de prix selon la méthode de la moyenne pondérée implicitement des indices élémentaires.

2. Calculer à partir des données présentées ci-dessous (période de base = 1980 = 100), un indice de prix pour chaque année selon la méthode de la moyenne pondérée implicitement des indices élémentaires.

	Indices élémentaires		
Articles	1980 $\left(\dfrac{p_n}{p_o} \cdot 100 \right)$	1981 $\left(\dfrac{p_n}{p_o} \cdot 100 \right)$	1982 $\left(\dfrac{p_n}{p_o} \cdot 100 \right)$
A	100,0	105,0	110,0
B	100,0	110,0	120,0
C	100,0	120,0	110,0
	300,0	335,0	340,0

3. Calculer, à partir des données présentées ci-dessous (période de base = 1980 = 100), l'indice de quantité pour ces deux années selon la méthode de la moyenne pondérée implicitement des indices élémentaires.

Produits	1980 Quantités produites	1981 Quantités produites
A	3 000	2 900
B	12 000	14 000

Indices pondérés

Le principal inconvénient de la méthode de la moyenne implicitement pondérée des indices élémentaires décrite précédemment réside dans le fait que cette méthode ne tient pas compte de l'importance relative des différents produits ou services qui entrent dans le calcul de l'indice. Par conséquent, nous devons présenter une nouvelle méthode de calcul qui supprime cet inconvénient: la méthode de la moyenne *pondérée* des indices élémentaires.

Indice de prix. On pondère généralement chacun des indices élémentaires de prix des articles entrant dans le calcul de la moyenne des indices élémentaires par la valeur monétaire de ces articles. On choisira la valeur monétaire d'une année type, compte tenu des périodes considérées; cette *valeur* monétaire type étant égale au produit du prix par la quantité des biens de consommation, que ceux-ci soient consommés, achetés ou vendus [7].

---

7. Il est facile de comprendre pourquoi on ne peut, ici, utiliser les quantités à titre de poids comme nous l'avions fait précédemment: en effet, si on multiplie les indices élémentaires (généralement sous forme de pourcentage, par conséquent, sans unité de mesure) par des quantités exprimées en unités de mesure différentes (kilos, balles, tonnes métriques, etc.), les produits de ces multiplications seront aussi exprimés en unités de mesure différentes et ne pourront pas logiquement s'additionner les uns aux autres.

Voici la formule générale pour établir un indice de prix selon la méthode de la moyenne pondérée des indices élémentaires:

$$IP_n = \frac{\sum \left[\left(\frac{p_n}{p_o} \cdot 100 \right) (p_t q_t) \right]}{\Sigma(p_t q_t)}$$ (12.6)

où (p_n / p_o) 100 = indice élémentaire de prix à la période *n*

   p_t = prix type durant les périodes examinées

   q_t = quantité type d'unités produites ou consommées durant les périodes examinées

   $p_t q_t$ = valeur monétaire type (poids) durant les périodes examinées

Nous verrons, encore une fois à l'aide de l'exemple du professeur Sègne, comment utiliser la formule 12.6. Nous nous contenterons de calculer les indices de prix correspondant aux années 1976 et 1980. Toutes les étapes du calcul de ces deux indices sont illustrées au tableau 12.8. Vous pouvez y voir à la colonne 2 que nous avons choisi comme prix type des différents articles du professeur Sègne les prix de 1976 — *i.e.* $p_t = p_o$. Le *numérateur* de l'indice de prix de l'année 1976 correspond au total de la colonne 8; le *numérateur* de l'indice de 1980 est égal au total de la colonne 9; le *dénominateur* de l'indice de chacune de ces deux années correspond au total de la colonne 7. Nous présumons que vous êtes capables, à ce stade-ci, d'interpréter l'indice de 1980 qui est égal à 120.

Si vous comparez le nombre indice de 1980 que nous venons de calculer avec l'indice de prix de 1980 calculé selon la méthode de la somme pondérée (voir le tableau 12.6), vous vous apercevrez qu'ils sont égaux. Ceci n'a rien de surprenant puisque les formules 12.2 et 12.6 sont algébriquement équivalentes lorsque les prix de l'année de base (p_o) sont choisis à titre de prix types pour le calcul de l'indice. Pour le démontrer, il suffit de remplacer le symbole p_t dans la formule 12.6 par p_o; on peut alors simplifier le numérateur de la façon suivante:

$$IP_n = \frac{\sum \left[\left(\frac{p_n}{p_o} \cdot 100 \right) (p_o q_t) \right]}{\Sigma(p_o q_t)} = \frac{\Sigma(p_n q_t)}{\Sigma(p_o q_t)} \cdot 100$$

formule 12.6 = formule 12.2

Puisque ces deux méthodes d'établissement d'indices donnent des résultats identiques, pourquoi alors s'embarrasser de la méthode de la moyenne pondérée des indices élémentaires? (D'autant plus — il faut bien l'admettre — que la formule n'a rien de bien attirant!) La réponse est évidemment que les deux méthodes *ne sont pas* équivalentes lorsque $p_t \neq p_o$, et il est très souvent inapproprié d'utiliser les prix de la période de base comme prix types ou représentatifs des périodes analysées.

Indice de quantité. Si vous vous souvenez, pour obtenir la formule de calcul de l'indice de quantité selon la méthode de la somme pondérée, il suffisait d'intervertir *p* et *q* dans la formule de calcul de l'indice de prix selon la même méthode. Nous obtiendrons un résultat semblable en intervertissant *p* et *q* dans la formule 12.6. Autrement dit, la formule pour établir un indice de quantité selon la méthode de la moyenne pondérée des indices élémentaires est la suivante:

TABLEAU 12.8

Calcul d'indices de prix pour les articles du professeur Sègne selon la méthode de la moyenne pondérée des indices élémentaires (période de base = 1976 = 100)

(1)	Prix		Indices élémentaires de prix		Consommation annuelle type	Valeurs (poids)	Indices élémentaires pondérés	
	1976 $(p_O$ et $p_t)$	1980 (p_n)	$\left(\dfrac{p_{1976}}{p_O} \cdot 100\right)$	$\left(\dfrac{p_{1980}}{p_O} \cdot 100\right)$	(q_t)	$(p_t q_t)$ (col. 2 × col. 6)	1976 (col. 4 × col. 7)	1980 (col. 5 × col. 7)
	(2)	(3)	(4)	(5)	(6)	(7)	(8)	(9)
Craies	0,60 $	0,75 $	100,0	125,0	4	2,40 $	240	300
Stylos rouges	0,72	0,92	100,0	127,8	0,5	0,36	36	46
Livre de statistiques	9,50	11,00	100,0	115,8	1	9,50	950	1100,1
Aspirine	0,59	0,75	100,0	127,1	6	3,54	354	449,9
						→ 15,80 $	→ 1580	→ 1896

$$\dfrac{\sum\left[\left(\dfrac{p_n}{p_O} \cdot 100\right)(p_t q_t)\right]}{\sum(p_t q_t)}$$

Donc, $IP_{1976} = \dfrac{1580}{15,80\ \$} = 100,0$ et $IP_{1980} = \dfrac{1896}{15,80\ \$} = 120,0$

$$IQ_n = \frac{\sum \left[\left(\frac{q_n}{q_o} \cdot 100 \right) (q_t p_t) \right]}{\sum (q_t p_t)}$$ (12.7)

La seule différence entre les formules 12.6 et 12.7 apparaît au numérateur; dans la formule 12.7, il faut calculer les indices élémentaires de quantité à la place des indices élémentaires de prix, comme c'était le cas dans la formule 12.6. Mis à part cette différence, les calculs entrant dans l'établissement des deux indices, prix et quantité, sont identiques. Par conséquent, nous ne voyons pas la nécessité de présenter un exemple de calcul d'un indice de quantité. Cependant, la prochaine auto-évaluation permettra de vérifier votre compréhension de cette section par le biais d'un problème dans lequel vous devrez établir un indice de quantité selon la méthode de la moyenne pondérée des indices élémentaires.

Auto-évaluation 12.5

1. À partir des prix et des quantités du tableau 12.4, calculer l'indice de prix des années 1978 et 1979 selon la méthode de la moyenne pondérée des indices élémentaires en supposant que la période de base est l'année 1978 et que les prix types sont ceux de cette même année.

2. Calculer, pour les données présentées ci-dessous, l'indice de quantité des années 1980 et 1981 selon la méthode de la moyenne pondérée des indices élémentaires. (Considérer que l'année de base est 1980 et que les quantités produites types sont celles de cette même année.)

Articles	Unités de production	Prix types	Quantités produites	
			1980	1981
X	douzaine	1,00 $	48	52
Y	kg	2,00	860	900
Z	boîte	1,50	550	500

QUELQUES INDICES COURAMMENT UTILISÉS

Les journaux et la télévision transmettent régulièrement de l'information sur les variations observées de certains nombres indices. Les responsables dans le milieu de l'information jugent, avec raison, que le public a le droit de connaître la nature des changements qui surviennent au niveau de la situation économique en général ainsi que les effets que ces changements peuvent créer sur la vie des citoyens; c'est pourquoi ils n'hésitent pas à communiquer à la population l'information pertinente concernant ces nombres indices. (Les électeurs basent fréquemment leurs décisions, lorsque vient le jour du scrutin, sur le taux de variation de certains indicateurs économiques.) Évidemment, les administrateurs et les économistes, dont le travail consiste principalement à planifier et à prendre des décisions, doivent pouvoir s'appuyer sur une information précise et spécialisée; certains nombres indices sont spécialement établis pour répondre à leurs besoins. Statistique Canada est au pays le principal fournisseur d'indices associés à des données économiques ou commerciales. Les indices mis au point sont directement transmis à la population par Statistique Canada au moyen de nombreux catalogues publiés régulièrement ou par l'intermédiaire de journaux et magazines spécialisés tels que *Les Affaires*, le *Financial Post* et *Commerce*, pour n'en citer que quelques-uns. Voyons maintenant certains nombres indices parmi les plus courants.

Indices de prix

L'*indice des prix à la consommation* (IPC) publié par Statistique Canada mesure la variation dans le temps, exprimée en pourcentage, du coût à l'achat d'un « panier » constant de biens et de services qui représente les achats faits par un groupe particulier de la population au cours d'une période donnée. Le panier contient des biens et des services de quantité et de qualité équivalentes et dont les prix sont mesurables dans le temps.

Le panier servant au calcul de l'IPC comprend environ 400 biens et services distincts, allant du boeuf haché aux coupes de cheveux, des cigarettes aux automobiles. Les prix des produits constituant le « panier » sont relevés, pour la plupart mensuellement, dans quelque 50 villes du pays, d'un océan à l'autre. Il faut bien comprendre que le panier n'est pas constitué de tous les articles achetés par la famille urbaine type : on n'y retrouve que les articles les plus importants.

L'IPC est un indice établi selon la méthode de la moyenne pondérée des indices élémentaires. Depuis avril 1982, les pondérations utilisées proviennent d'une enquête sur les dépenses de consommation menée en 1978. L'année de base utilisée est (en date de 1983) 1981. Cependant, la période de base de l'IPC fait l'objet d'une mise à jour régulière afin qu'existe un point de référence temporel plus rapproché et plus significatif. (Avant 1981, l'année de base de l'IPC était 1974.)

L'IPC est sûrement l'indice le plus connu et le plus fréquemment utilisé; de même, il constitue probablement la statistique la plus importante véhiculée par Statistique Canada. Cet indice exerce aujourd'hui un impact direct ou indirect sur presque tous les Canadiens. Ainsi, un grand nombre de conventions collectives, qui régissent la rémunération d'un très grand nombre de travailleurs au Canada, prévoient une indemnité de vie chère (COLA) relevant automatiquement les salaires en fonction de l'IPC. On retrouve au tableau 12.9 les indices des prix à la consommation au Canada pour les années 1968 à 1982.

L'*indice des prix de vente dans l'industrie* est un autre indice publié mensuellement par Statistique Canada. Cet indice mesure les variations du prix des livraisons brutes des industries manufacturières, y compris les livraisons interindustrielles des industries manufacturières. L'année de base pour le calcul de cet indice, établi selon la méthode de la moyenne pondérée des indices élémentaires, est 1971. On retrouve au tableau 12.10 les indices de prix de vente dans l'industrie manufacturière au Canada pour tous les mois de 1982 et pour janvier à mai 1983.

Indice de quantité

L'*indice de la production industrielle* est un indice de quantité qui mesure le taux de variation de la quantité de biens produits pendant une période donnée par rapport à une période de base. Des indices sont calculés pour des groupes et des sous-groupes de biens particuliers. L'indice de la production industrielle ne sert pas uniquement d'indicateur du niveau de la production actuelle; il est aussi utilisé abondamment pour refléter les conditions économiques d'une façon générale.

TABLEAU 12.9

Indices des prix à la consommation (non désaisonnalisés), 1968-1982
1981 = 100

Années	Indices des prix à la consommation
1968	38,0
1969	39,7
1970	41,0
1971	42,2
1972	44,2
1973	47,6
1974	52,8
1975	58,5
1976	62,9
1977	67,9
1978	73,9
1979	80,7
1980	88,9
1981	100,0
1982	110,8

Source: Statistique Canada

TABLEAU 12.10

Indices des prix de vente dans l'industrie : industries manufacturières
1971 = 100

Années et mois	Indices des prix de vente dans l'industrie
1982 J	281,9
F	283,5
M	284,8
A	287,7
M	288,8
J	289,7
J	290,3
A	290,3
S	292,4
O	292,1
N	291,3
D	292,3
1983 J	292,7
F	293,5
M	295,3
A	297,0
M	298,5

Source: Statistique Canada

PROBLÈMES D'ÉTABLISSEMENT ET ERREURS À ÉVITER

Quelqu'un a déjà tenu les propos suivants : « Les nombres indices sont des instruments de mesure du changement extrêmement élaborés et précis puisqu'ils sont établis à partir d'échantillons exhaustifs et s'appuient sur une théorie mathématique rigoureuse. » C'est une très belle affirmation. . . mais elle est malheureusement fausse. Il est plus juste de dire que les nombres indices sont loin d'être des outils parfaits bien qu'ils *n'induisent pas délibérément en erreur*. L'étude systématique des limites associées aux nombres indices dépasse largement le niveau de ce livre; cependant, nous allons examiner (1) *certains problèmes majeurs liés à l'établissement d'indices* et (2) *certaines causes d'erreurs d'interprétation des indices*. Vous serez tôt ou tard des consommateurs de données statistiques; vous devrez donc être avertis des problèmes et des pièges des nombres indices.

Problèmes d'établissement des nombres indices

Voici les principaux problèmes que rencontrent les statisticiens lors de l'établissement de nombres indices :

1. *Le problème du choix d'un échantillon.* Les indices de prix et de quantité les plus connus sont utilisés dans des situations très différentes; par conséquent, il est difficile, pour ne pas dire impossible, de choisir les articles devant servir à l'établissement de l'indice désiré de façon que tous ses utilisateurs puissent l'interpréter d'une manière équivalente. Par exemple, l'IPC vise à donner un aperçu des

modifications apportées au prix de détail en milieu *urbain*. Par conséquent, cet indice ne peut traduire fidèlement le comportement d'une famille en milieu rural confrontée aux variations de prix, ni même le comportement d'une famille particulière faisant partie d'un groupe de population urbaine. De plus, il faut bien comprendre que les 400 articles choisis pour établir l'IPC ne forment pas un échantillon aléatoire de l'ensemble des biens et services disponibles au pays; ces articles représentent en réalité un échantillon basé sur le *jugement* de statisticiens du gouvernement.

2. *Le problème du choix d'une pondération appropriée.* Dans les formules d'indices pondérés présentées dans ce chapitre, nous avons utilisé comme poids les prix et les quantités d'une année type. Cependant, il se peut que cette pondération jugée appropriée pour une certaine période et utilisée dans un but déterminé devienne rapidement inappropriée lorsque l'indice est appliqué à d'autres circonstances ou à une autre période. On constate souvent un décalage entre le temps où la pondération devrait être changée et celui où elle est effectivement révisée. Dans une période où les prix augmentent rapidement, les habitudes de consommation des familles évoluent aussi rapidement, et la pondération employée pour établir un indice de prix, basée sur les quantités types achetées, peut devenir désuète à brève échéance. L'IPC illustre très bien cette situation. En effet, avant avril 1982, la pondération utilisée pour l'IPC, au Canada, se rapportait à la composition des dépenses en 1974; depuis avril 1982, cette pondération a été révisée à partir d'une enquête sur les dépenses de familles menée en 1978. On pourrait raisonnablement penser qu'il serait temps, en 1984, de réviser encore une fois la pondération à utiliser pour le calcul de l'IPC.

3. *Le problème du choix de la période de base.* Il existe des critères à respecter dans le choix de la période de base. En voici deux : (1) la période de base doit être normale et récente afin que soient éliminées les variations accidentelles ou saisonnières qui fausseraient la comparaison avec les autres périodes et que soit créé un point de référence temporel rapproché et significatif; (2) la période de base doit permettre la comparaison avec d'autres indices fréquemment utilisés. Il est évidemment difficile de choisir une période de base récente et relativement normale pour construire un indice composé à partir de certains articles. La période de base pour l'IPC est, en 1983, l'année 1981, mais les deux années de base précédentes étaient 1971 et 1967. Par contre, plusieurs indices publiés par Statistique Canada ont encore 1971 pour année de base.

Causes d'erreurs d'interprétation des nombres indices

Pour éviter de commettre certaines erreurs d'interprétation des nombres indices, il faut:

1. *Posséder une compréhension suffisante des nombres indices.* La grande majorité des personnes qui utilisent les nombres indices ne possèdent pas les connaissances nécessaires pour le faire; en fait, elles sont peu nombreuses celles qui connaissent tous les indices disponibles et leurs méthodes d'établissement respectives. (Il serait bon, pour en apprendre davantage sur les nombres indices, de lire attentivement les publications des différents organismes qui les transmettent.)

Si, en vous présentant d'une façon sommaire quelques-uns des problèmes liés à l'établissement des nombres indices, nous avons pu vous inciter à examiner les indices avant de les utiliser, nous avons alors atteint notre but.

2. *Considérer la non-pertinence possible de la pondération utilisée.* L'erreur d'interprétation est ici reliée au problème du choix d'une pondération appropriée, problème soulevé dans la section précédente. Le temps passant, un nombre indice peut, à un moment donné, surestimer ou sous-estimer le taux de variation réel, à moins qu'on ne procède à une révision des poids accordés aux différents articles étudiés afin de tenir compte d'un changement possible au niveau de l'importance de chacun d'eux. Il est facile d'imaginer qu'une décision prise à partir d'un indice biaisé peut entraîner des conséquences malheureuses.

3. *Considérer la variation de qualité.* À notre époque, de nouvelles technologies voient le jour régulièrement, lesquelles ont souvent pour effet de changer la qualité des biens et services à la disposition des consommateurs. S'il faut calculer un indice de prix, celui-ci doit refléter les variations de prix, dans le temps, d'un panier *constant* de biens et services; il est cependant difficile, sinon impossible, d'ajuster l'indice de prix pour tenir compte efficacement d'une amélioration ou d'une diminution de la qualité des articles faisant partie du panier. Les automobiles d'aujourd'hui ne sont pas celles d'il y a dix ans; il en est de même pour les pneus. Si, par exemple, un pneu de 50 $ a une durée de vie 50 % supérieure à celle d'un pneu de prix comparable fabriqué il y a plusieurs années, quelle place doit-on faire à cette variation de qualité dans le calcul de l'indice de prix? Dans l'IPC, s'il n'y a pas de variation de prix, les pneus seront considérés comme équivalents. C'est pourquoi certains analystes croient que l'IPC ne traduit pas fidèlement l'augmentation des prix au cours des années, puisque le panier servant de point de comparaison n'est pas constant.

SOMMAIRE

On utilise généralement les nombres indices pour mesurer dans le temps les changements se produisant au niveau des variables économiques. En simplifiant l'information, les nombres indices permettent de transmettre d'une façon efficace la nature des changements qui surviennent. De plus, ils facilitent les comparaisons et font ressortir les variations saisonnières types.

Les nombres indices les plus fréquemment utilisés se classent en trois catégories: (1) les indices de prix, (2) les indices de quantité et (3) les indices de valeur. Mentionnons que l'indice du pouvoir d'achat est établi à partir d'un indice de prix.

Peu importe le type d'indice considéré — indice de prix, de quantité ou de valeur —, il existe deux méthodes pour l'établir: la méthode de la somme et la méthode de la moyenne des indices élémentaires. Dans ce chapitre, nous avons présenté des exemples illustrant la façon d'établir des indices pondérés implicitement selon chacune des deux méthodes. On parle souvent d'indice « non pondéré », alors qu'il serait plus juste de parler d'indice « pondéré implicitement ». Il est habituellement nécessaire d'établir une pondération qui tienne compte de l'importance relative des articles entrant dans l'établissement de l'indice. Dans ce chapitre, nous avons établi, à travers des exemples, des indices pondérés selon la méthode de la somme et selon la méthode de la moyenne des indices élémentaires.

L'indice des prix à la consommation et l'indice des prix de vente dans l'industrie figurent parmi les indices de prix les plus fréquemment utilisés. Ces indices ainsi que l'indice de la production industrielle (indice de quantité) sont décrits brièvement un peu plus haut. Pour terminer, nous avons évoqué certains problèmes parmi les plus importants liés à l'établissement des indices et plusieurs erreurs à éviter lorsqu'on utilise ceux-ci.

TERMES ET CONCEPTS IMPORTANTS

1. Nombre indice
2. Pourcentage relatif
3. Période de base
4. Nombre indice élémentaire
5. Nombre indice composé
6. Indice de prix
7. Indice de quantité
8. Indice de valeur
9. Indice du pouvoir d'achat
10. Méthode de la somme
11. Indices pondérés implicitement
12. Poids explicites
13. Méthode de la moyenne des indices élémentaires
14. Indices pondérés
15. Pondération par la valeur
16. Indice des prix à la consommation (IPC)
17. Panier
18. Indemnité de vie chère

19. Indice des prix de vente dans l'industrie
20. Indice de la production industrielle
21. $IP_n = \dfrac{\Sigma(p_n)}{\Sigma(p_o)} \cdot 100$
22. $IP_n = \dfrac{\Sigma(p_n q_t)}{\Sigma(p_o q_t)} \cdot 100$
23. $IQ_n = \dfrac{\Sigma(q_n p_t)}{\Sigma(q_o p_t)} \cdot 100$
24. $IP_n = \dfrac{\Sigma\left(\dfrac{p_n}{p_o} \cdot 100\right)}{N}$
25. $IQ_n = \dfrac{\Sigma\left(\dfrac{q_n}{q_o} \cdot 100\right)}{N}$
26. $IP_n = \dfrac{\Sigma\left[\left(\dfrac{p_n}{p_o} \cdot 100\right)(p_t q_t)\right]}{\Sigma(p_t q_t)}$
27. $IQ_n = \dfrac{\Sigma\left[\left(\dfrac{q_n}{q_o} \cdot 100\right)(q_t p_t)\right]}{\Sigma(q_t p_t)}$

PROBLÈMES

1. En utilisant 1975 comme année de base, calculer l'indice élémentaire de prix de chacune des années s'étendant de 1975 à 1980 à partir des données présentées ci-dessous:

Années	Prix de 500 g de maïs
1975	0,10 $
1976	0,09
1977	0,11
1978	0,13
1979	0,13
1980	0,15

2. On a découvert récemment les résultats d'une vieille enquête portant sur les habitudes de consommation d'un membre des Cavaliers de Colon. Les résultats étant présentés ci-dessous, nous vous donnons l'occasion de mettre à profit toutes les connaissances que vous possédez sur les nombres indices.

Articles	Unités de consommation	1970		1971		1972	
		Prix	Quantités	Prix	Quantités	Prix	Quantités
Chemises	1 unité	6,00 $	10	6,67 $	11	7,55 $	10
Livres	1 unité	8,75	11	9,35	12	10,15	13
Bière	1 bouteille	0,30	105	0,30	127	0,35	153
Essence	1 litre	0,07	1520	0,08	520	0,10	1456

En prenant 1970 comme année de base et les quantités de cette même année comme quantités types :
a) Établir une série d'indices de prix selon la méthode de la somme pondérée implicitement.
b) Établir une série d'indices de prix selon la méthode de la somme pondérée.

3. Le département de Recherche industrielle d'une université doit préparer un rapport devant être publié dans une revue spécialisée. Ce rapport vise à démontrer de quelle manière les prix et les quantités de 3 produits ont évolué dans le temps. Le département a trouvé dans ses dossiers les renseignements suivants :

Produits	1978		1979		1980		1981	
	Prix unitaires	Quantités vendues	Prix unitaires	Quantités vendues	Prix unitaires	Quantités vendues	Prix unitaires	Quantités vendues
A	0,30 $	960	0,35	975	0,45 $	900	0,47	965
B	0,75	135	0,70	100	0,80	115	0,78	140
C	1,00	290	1,05	280	1,07	285	1,05	295

En prenant 1978 comme année de base, établir pour chacune des années :
a) L'indice élémentaire de prix pour le produit A.
b) L'indice de prix selon la méthode de la somme pondérée implicitement.
c) L'indice de prix pondéré selon la méthode de la somme (pondéré par les quantités de la période de base).
d) L'indice de quantité pondéré selon la méthode de la somme (pondéré par les prix de la période de base).
e) L'indice de prix selon la méthode de la moyenne pondérée implicitement des indices élémentaires.
f) L'indice de prix pondéré selon la méthode de la moyenne des indices élémentaires (pondéré par les prix et les quantités de l'année 1978).
g) L'indice de quantité pondéré selon la méthode de la moyenne des indices élémentaires (pondéré par les prix et les quantités de l'année 1978).

QUESTIONS DE COMPRÉHENSION

1. Quels avantages y a-t-il à représenter des données sous forme de nombres indices?

2. Quelle différence y a-t-il entre un nombre indice composé et un nombre indice élémentaire?

3. Donner quelques utilisations possibles (*a*) des indices de prix, (*b*) des indices de quantité et (*c*) des indices de valeur.

4. *a*) Quelle distinction peut-on faire entre le salaire gagné et le revenu réel?
   b) Comment, à l'aide d'indices de prix, peut-on comparer le pouvoir d'achat à deux périodes données?

5. *a*) Que signifie le terme « pondération »?
   b) Pourquoi est-il nécessaire d'établir une pondération explicite lors du calcul d'indices de prix?

6. Pourquoi, dans l'établissement d'un indice de prix selon la méthode de la moyenne des indices élémentaires, ne peut-on pas utiliser à titre de poids les quantités types?

7. Décrire sommairement (*a*) l'indice des prix à la consommation, (*b*) l'indice des prix de vente dans l'industrie et (*c*) l'indice de la production industrielle.

8. Donner quelques-uns des problèmes liés à l'établissement des nombres indices.

9. Donner quelques-unes des causes d'erreurs dans l'interprétation des nombres indices.

10. Discuter le rôle des nombres indices dans le graphique présenté ci-dessous.

RÉPONSES AUX QUESTIONS D'AUTO-ÉVALUATION

12.1

1. Indice du pouvoir d'achat pour 1970:
   $1 \div 1,163 = 0,85984$
   Indice du pouvoir d'achat pour 1974:
   $1 \div 1,477 = 0,67705$
   Indice du pouvoir d'achat pour juin 1978:
   $1 \div 1,953 = 0,51203$

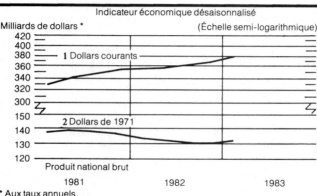

Indicateur économique désaisonnalisé

Milliards de dollars *   (Échelle semi-logarithmique)

1 Dollars courants

2 Dollars de 1971

Produit national brut

1981   1982   1983

* Aux taux annuels.

Source: Statistique Canada

2. Les revenus réels (en dollars de 1967) sont:
   1970 = 600 $ × 0,85984 = 515,90 $
   1974 = 750 $ × 0,67705 = 507,79 $
   Le revenu mensuel a augmenté de 150 $ entre 1970 et 1974; cependant, le pouvoir d'achat du travailleur a baissé de 8 $ durant cette période. De plus, exprimé en dollars de 1967, le revenu mensuel de juin 1978 est de 473,63 $ (925 $ × 0,51203). Donc, en juin 1978, le revenu réel du travailleur est de 42 $ inférieur à ce qu'il était en 1970 et ce, même si son salaire a augmenté de 325 $ durant ces années!

12.2

1. Les indices de prix pondérés implicitement construits selon la méthode de la somme sont les suivants:

$$IP_{1979} = \frac{96 \text{ \$}}{96 \text{ \$}} \cdot 100 = 100,0$$

$$IP_{1980} = \frac{101 \text{ \$}}{96 \text{ \$}} \cdot 100 = 105,2$$

$$IP_{1981} = \frac{110 \text{ \$}}{96 \text{ \$}} \cdot 100 = 114,6$$

2. Il y a eu, entre 1979 et 1980, une augmentation des prix de 5,2 % tandis qu'entre 1979 et 1981, cette augmentation a été de 14,6 %.

12.3

1. Les indices des prix pondérés construits selon la méthode de la somme sont:

$$IP_{1979} = \frac{114,00 \text{ \$}}{114,00 \text{ \$}} \cdot 100 = 100,0$$

$$IP_{1980} = \frac{129,80 \text{ \$}}{114,00 \text{ \$}} \cdot 100 = 113,9$$

$$IP_{1981} = \frac{138,70 \text{ \$}}{114,00 \text{ \$}} \cdot 100 = 121,7$$

2. Il y a eu une augmentation des prix de 13,9 % entre 1979 et 1980; l'augmentation des prix entre 1979 et 1981 fut de 21,7 %.

3. Les indices de quantités pondérés construits selon la méthode de la somme sont:

$$IQ_{1981} = \frac{2390 \text{ \$}}{2390 \text{ \$}} \cdot 100 = 100,0$$

$$IQ_{1982} = \frac{2593 \text{ \$}}{2390 \text{ \$}} \cdot 100 = 108,5$$

$$IQ_{1983} = \frac{2602 \text{ \$}}{2390 \text{ \$}} \cdot 100 = 108,9$$

4. Les quantités produites ont augmenté de 8,5 % et 8,9 % respectivement entre la période de base et les années 1982 et 1983.

12.4

1. $IP_{1978} = \dfrac{434,9}{4} = 108,7$

   $IP_{1979} = \dfrac{462,2}{4} = 115,6$

2. $IP_{1980} = \dfrac{300}{3} = 100,0$

   $IP_{1981} = \dfrac{335,0}{3} = 111,7$

   $IP_{1982} = \dfrac{340,0}{3} = 113,3$

3. $IQ_{1980} = \dfrac{200}{2} = 100,0$

   $IQ_{1981} = \dfrac{213,4}{2} = 106,7$

12.5

1. Les indices de prix pondérés établis selon la méthode de la moyenne des indices élémentaires sont les suivants :

   $IP_{1978} = \dfrac{1690\ \$}{16,90\ \$} = 100,0$

   $IP_{1979} = \dfrac{1786,70\ \$}{16,90\ \$} = 105,7$

2. Les indices de quantité pondérés établis selon la méthode de la moyenne des indices élémentaires sont les suivants :

   $IQ_{1980} = \dfrac{259\ 300\ \$}{2593\ \$} = 100,0$

   $IQ_{1981} = \dfrac{260\ 274,90\ \$}{2593\ \$} = 100,4$

CHAPITRE 13

OUTILS DE PRÉVISION : L'ANALYSE DES SÉRIES CHRONOLOGIQUES

OBJECTIFS D'APPRENTISSAGE

Après avoir lu attentivement ce chapitre, résolu les problèmes et répondu aux questions de compréhension, vous devriez pouvoir :

☞ expliquer (a) les raisons justifiant l'étude des séries chronologiques et (b) les problèmes reliés à l'analyse des séries chronologiques;

☞ identifier les composantes d'une série chronologique;

☞ établir l'équation de la droite de tendance et l'utiliser pour faire des prévisions;

☞ déterminer et utiliser les indices saisonniers;

☞ décrire le rôle de l'analyse des séries chronologiques dans le processus de prévision.

CONTENU DU CHAPITRE

POURQUOI ÉTUDIER LES SÉRIES CHRONOLOGIQUES?

LES COMPOSANTES D'UNE SÉRIE CHRONOLOGIQUE : UN SURVOL
La tendance séculaire
Les variations saisonnières
Les fluctuations cycliques
Les variations irrégulières
Un modèle explicatif des séries chronologiques

ANALYSE DE LA TENDANCE
Pourquoi mesurer la tendance?
Équation de la droite de tendance
Prévisions basées sur la tendance
Auto-évaluation 13.1

VARIATIONS SAISONNIÈRES
Pourquoi mesurer les variations saisonnières?
Calcul de l'indice saisonnier

Les administrateurs oeuvrant dans différentes sphères d'activités ont pour tâche de planifier l'évolution de l'entreprise pour laquelle ils travaillent; toute planification doit tenir compte des changements possibles de l'environnement de l'entreprise, changements pouvant survenir à court terme, à moyen terme ou à long terme. De la planification découleront les décisions concernant les actions à entreprendre dans l'avenir. Il est donc évident que la planification et la prise de décisions se baseront sur une prévision du cours futur des événements susceptibles d'avoir un impact sur l'entreprise. Par conséquent, s'appuyant soit sur des méthodes quantitatives complexes ou, plus simplement, sur une intuition raffinée, les administrateurs doivent scruter l'horizon et faire des *prévisions* afin (1) d'établir des stratégies à court et à long terme, (2) de développer des politiques et d'instaurer des systèmes pour atteindre les objectifs visés et (3) de revoir les décisions et repenser la planification à la lumière des changements survenus depuis la prise de décisions et l'élaboration de la planification[1]. L'*analyse des séries chronologiques* (le sujet de ce chapitre) et l'*analyse de régression* (le sujet du prochain chapitre) sont deux outils statistiques de prévision parmi ceux dont dispose l'administrateur pour planifier et faire face au changement.

Une *série chronologique* n'est rien d'autre qu'un ensemble (série) de valeurs numériques prises par une variable particulière et énumérées en ordre chronologique. À la figure 13.1, la variable est le nombre de chômeurs au Canada et la période considérée s'étale de 1980 à 1982. L'*analyse de cette série chronologique* consiste à identifier et classer les facteurs qui expliquent les variations parmi les valeurs prises par la variable observée sur des intervalles réguliers (les intervalles sont généralement des mois, des trimestres ou des années).

Dans les pages qui suivent, nous verrons d'abord *les raisons justifiant l'étude des séries chronologiques*. Ensuite, les sujets traités seront (1) *les composantes d'une série chronologique: un survol*, (2) *l'analyse de tendance*, (3) *les variations saisonnières*, (4) *l'identification de la composante cyclique et de la composante irrégulière*, (5) *l'analyse des séries chronologiques comme méthode de prévision* et (6) *les problèmes liés à l'analyse des séries chronologiques*.

---

1. Après avoir élaboré un plan d'action, l'entreprise se trouve plus ou moins liée par celui-ci pour une certaine période. On utilise quelquefois l'expression « horizon de la planification » pour signifier la période durant laquelle les planificateurs seront liés par leurs décisions. Dans certaines situations, l'horizon de la planification sera aussi court qu'une journée — vous décidez, par exemple, ce que vous allez porter demain, compte tenu des prévisions de la météo —, mais dans les décisions d'affaires portant notamment sur les dépenses en capital, l'horizon de la planification se mesure en termes de mois ou d'années et la précision des prévisions revêt alors une importance beaucoup plus grande.

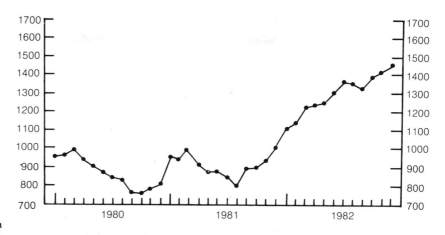

FIGURE 13.1

Nombre de chômeurs au Canada

**POURQUOI
ÉTUDIER
LES SÉRIES
CHRONO-
LOGIQUES?**

± inférence stat.

Dans la partie 2, nous avons examiné la théorie de l'échantillonnage et de l'inférence statistique; cette théorie s'appuie sur une base conceptuelle solide et les techniques d'application qui en découlent ont été éprouvées. Cependant, on ne peut en dire autant de l'analyse des séries chronologiques puisque (1) cette analyse ne nous fournira pas des estimations auxquelles nous pourrions en toute confiance associer une grande probabilité et que (2) les modèles les plus fréquemment utilisés dans une telle analyse sont plutôt grossiers et ne mènent au mieux qu'à des résultats très approximatifs. À la lumière de ces constatations troublantes, vous êtes sûrement en droit de vous poser la question suivante: pourquoi étudier les séries chronologiques?

Il peut être intéressant d'étudier les séries chronologiques pour les raisons suivantes:

1. *Elles facilitent la compréhension des modèles de variation passés et présents.* Une étude attentive des événements passés peut nous donner un meilleur aperçu des forces qui affectent les structures de variation. Les historiens ont l'habitude de dire que les individus qui ignorent le passé sont condamnés à toujours répéter les mêmes erreurs. Le décideur qui comprend pourquoi certains changements se sont produits dans le passé est moins exposé à refaire les mêmes erreurs.

2. Elles peuvent fournir certains indices concernant l'évolution future d'une situation et aider par le fait même à l'élaboration de prévisions. Les historiens ont aussi l'habitude de dire que le passé annonce l'avenir. Si, après l'étude d'une série chronologique, le décideur a de bonnes raisons de croire qu'un modèle passé persistera dans le futur, il pourra alors faire des prévisions en projetant dans le futur la structure que le passé a révélée. Évidemment, la valeur des estimations repose en grande partie sur la capacité de jugement de l'analyste qui les élabore, mais puisque les décideurs sont contraints d'essayer de prévoir le cours futur des événements, il est sûrement préférable qu'ils s'en remettent à la projection d'une série chronologique, même si celle-ci peut s'avérer douteuse, plutôt que de se fier uniquement à des pressentiments ou des intuitions.

Pour résumer, il est tout à fait naturel d'accorder à l'étude des séries chronologiques une place qu'elle mérite. Une bonne compréhension des forces qui façonnent l'économie sera indéniablement utile et l'analyse de séries chronologiques peut réellement favoriser cette compréhension. De plus, on n'a habituellement pas le choix: il faut faire des prévisions et l'analyse des séries chronologiques peut faire ressortir des structures constantes et aider ainsi à l'élaboration de prévisions. Néanmoins, nous devrons aborder l'étude des séries chronologiques en plaçant celle-ci dans le cadre qui est le sien; autrement dit, il faudra toujours être conscients des limites de cet outil de prévision. Le commentaire suivant illustre bien la perspective dans laquelle nous devons envisager cette étude:

> Si votre désir est de comprendre le lien logique qui unit les différentes histoires racontées par les séries chronologiques en économie, vous devez alors écouter attentivement la conversation que tenaient Alice et le Roi Blanc. Le Roi demanda à Alice de regarder la route et de lui dire si elle y voyait ses deux messagers. « Personne sur la route », répondit Alice. « J'aimerais avoir de si bons yeux, répliqua le Roi sur un ton grognon. Être capable de voir Personne, et à cette distance en plus![2] »

LES COMPOSANTES D'UNE SÉRIE CHRONO-LOGIQUE: UN SURVOL

Il est possible d'orienter l'étude d'une série chronologique vers l'examen de l'ensemble des valeurs de la série telles qu'elles se présentent. Cependant, l'analyste qui entreprend l'étude d'une série chronologique désirera, dans la plupart des situations, isoler une ou plusieurs *composantes*, lesquelles, agissant de concert, tendent à représenter les effets sur la série de divers facteurs — par exemple les améliorations technologiques, les changements de la population, des habitudes de consommation, des conditions atmosphériques, du capital investi, de la productivité — de nature économique, climatique ou culturelle, facteurs qui peuvent expliquer les variations observées au sein de la série chronologique. Les quatre composantes d'une série chronologique sont (1) *la tendance séculaire*, (2) *les variations saisonnières*, (3) *les fluctuations cycliques* et (4) *les variations irrégulières*. Généralement, on utilise les symboles T, S, C, I pour

---

2. Harold T. Davis, *The Analysis of Economic Time Series*, Commission Cowles pour la recherche en économie, monographie 6, Bloomington, Ind., The Principia Press, 1951, p. 580.

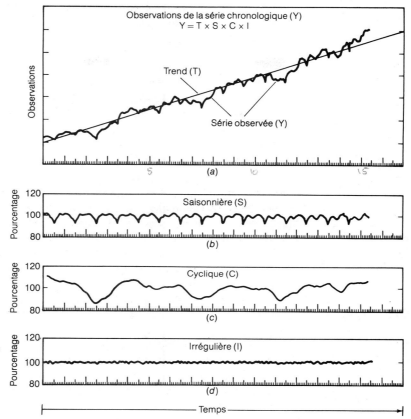

FIGURE 13.2

Les composantes d'une série chronologique s'étalant sur 15 ans (Adapté de Mabel A. Smith, « Seasonal Adjustment of Economic Times Series », *Survey of Current Business*, septembre 1962, p. 24-32)

représenter ces quatre composantes dans l'ordre où nous les donnons. Nous examinerons plus en détail chacune de ces composantes, mais nous nous contenterons pour l'instant d'en donner une brève description.

La tendance séculaire

La *tendance séculaire* (en anglais *trend*) traduit l'allure d'ensemble du phénomène; elle décrit le mouvement à long terme[3] de la série qui, globalement, peut être croissante, décroissante ou stable. Nous pouvons voir à la figure 13.2a une série chronologique s'étendant sur une période de 15 ans; la variable dont on suit le mouvement est symbolisée par Y[4]. Une droite de tendance a été superposée aux données originales.

---

3. Que signifie l'expression « à long terme »? Vous posez des questions embarrassantes. La longueur exacte est probablement impossible à déterminer; celle-ci varie habituellement selon la série étudiée. On peut cependant dire que, dans le cas de séries chronologiques décrivant les variations d'une variable économique, la période considérée doit être assez longue pour couvrir au moins deux cycles d'affaires afin que la structure ait le temps de se dessiner.

4. La variable représentée à la figure 13.2 est la fabrication de produits chimiques et de produits connexes.

Dans cet exemple, on peut remarquer un *trend croissant* pouvant être représenté d'une façon satisfaisante par une *droite*; il peut évidemment arriver, dans d'autres situations, que le trend soit *décroissant* ou qu'il ne soit pas linéaire mais plutôt *curviligne*[5]. Parmi les facteurs responsables d'une croissance ou d'une décroissance moyenne à long terme, on retrouve (1) les *variations de la population* (qui ont un impact évident sur les ventes de produits alimentaires, de vêtements et d'unités de logement) et (2) les *découvertes technologiques* (les manufacturiers de calèches ne se sont jamais relevés de l'invention de l'automobile).

Les variations saisonnières

On appelle variations saisonnières les variations qui, dans une série chronologique, sont de nature périodique (voir fig. 13.2*b*) et *réapparaissent régulièrement* à chaque année (ou à des intervalles plus courts). Les conditions climatiques sont classées parmi les facteurs responsables des variations saisonnières; elles représentent d'ailleurs le facteur le plus important. Le nombre de mises en chantier, les ventes de mazout et de crème solaire, la production agricole sont autant de variables influencées par la température. Cependant, la température n'est pas la seule responsable des variations saisonnières; il faut aussi mentionner les *coutumes propres à une population* ainsi que les *fêtes religieuses*. N'importe quel gérant de magasin à rayons pourrait vous dire qu'à chaque année, il y a une augmentation soudaine des ventes durant les jours (ou les semaines) précédant Noël, Pâques, la fête du Travail, le premier jour de l'année scolaire, etc. La figure 13.3 illustre le nombre de passagers ayant traversé l'Atlantique Nord sur certaines lignes aériennes pour les années 1973-1974 à 1977-1978. On y voit clairement se dessiner une structure qui revient annuellement (y compris le creux de la vague en février).

condition d'observation (p 325)

Les fluctuations cycliques

À l'instar des variations saisonnières, les fluctuations cycliques sont périodiques et caractérisent généralement un mouvement oscillatoire (voir fig. 13.2*c*). Contrairement aux variations saisonnières, les cycles d'affaires s'étendent habituellement sur une période de *plusieurs années* et peuvent ne pas suivre exactement des modèles identiques après des intervalles égaux. Chaque nouveau cycle est influencé par des facteurs différents. De grands efforts ont été faits pour analyser les périodes de prospérité, de stabilité, de récession et de dépression afin d'en arriver à un modèle qui décrive d'une façon satisfaisante un cycle complet. Malheureusement, il y a probablement, à ce jour, autant de théories explicatives qu'il y a eu de cycles et aucun modèle mis au point pour expliquer et prévoir les fluctuations cycliques ne s'est avéré jusqu'à maintenant tout à fait satisfaisant.

Les variations irrégulières

On retrouve souvent dans les séries chronologiques des mouvements qui apparaissent irrégulièrement et généralement durant de courtes périodes. Ces mouvements ne suivent pas de modèle particulier et sont imprévisibles. Les variations irrégulières (voir fig. 13.2*d*) sont souvent attribuables à des facteurs aléatoires ou à des événements

---

5. Nous limiterons notre étude aux situations où le trend est linéaire.

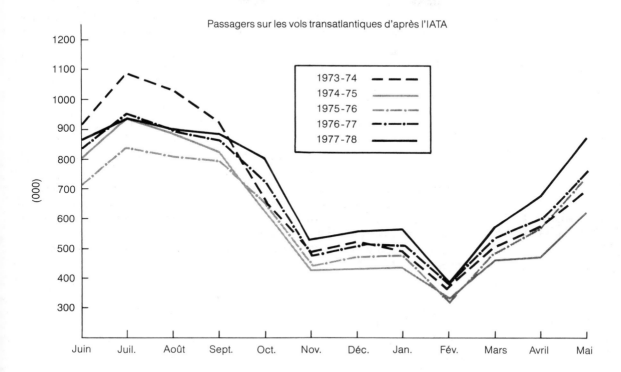

FIGURE 13.3

**Variations saisonnières
du trafic aérien au-dessus
de l'Atlantique Nord
(*Source : Aviation Week
and Space Technology,*
23 oct. 1978, p. 143)**

particuliers tels que les grèves, les guerres, les élections, pour n'en nommer que quelques-uns. En pratique, toutes les variations d'une série chronologique qui ne peuvent être attribuées à l'influence cyclique, saisonnière ou à celle du trend sont classées dans les variations irrégulières.

**Un modèle
explicatif
des séries
chronologiques**

En tenant compte de ce qui précède, il est maintenant possible de définir un modèle explicatif des séries chronologiques reposant sur l'hypothèse selon laquelle les valeurs (Y) de la série sont déterminées par une relation entre les composantes (T, S, C et I); cette relation peut s'exprimer de la façon suivante (voir fig. 13.2*a*) :

$$Y = T \times S \times C \times I \tag{13.1}$$

À partir de ce modèle, l'analyste peut, par exemple, (1) mesurer le trend et les variations saisonnières, et ainsi analyser ces deux composantes et les retrancher des données originales de manière à (2) identifier et étudier les composantes cyclique et irrégulière. Cela signifie qu'il est possible de décomposer une série chronologique de la façon suivante :

$$\frac{T \times S \times C \times I}{T \times S} = C \times I$$

Dans les pages qui suivent, nous utiliserons ce modèle descriptif des séries chronologiques; nous verrons (1) *l'analyse du trend* et *les prévisions basées sur le trend*, (2) *la mesure des variations saisonnières* et *l'utilisation des structures saisonnières* et (3) *l'identification des fluctuations cycliques et irrégulières*.

ANALYSE DE LA TENDANCE

Une partie importante de l'analyse d'une série chronologique consiste en l'étude de la tendance séculaire (ou trend). Dans cette section, nous verrons (1) *pourquoi mesurer la tendance?* (2) *une méthode de calcul de la tendance* et (3) *comment utiliser la tendance pour faire des prévisions*.

Pourquoi mesurer la tendance?

On mesure la tendance (le trend) pour les mêmes raisons qu'on étudie généralement les séries chronologiques. Ainsi, l'étude de la tendance séculaire permet d'atteindre les buts suivants :

1. *Élaborer des modèles descriptifs d'une situation passée*. Une compagnie peut, à l'aide d'une courbe de tendance, comparer l'évolution de ses ventes dans le passé avec celles de ses principaux concurrents.

2. *Faire des projections de structures constantes*. Si (il s'agit d'un « si » très important) un analyste a de bonnes raisons de croire qu'une structure se maintiendra dans l'avenir, une courbe de tendance peut alors servir de point de départ au processus de prévision.

3. *Éliminer le trend*. Un analyste peut avoir pour premier objectif l'étude des variations cycliques d'une série chronologique. Cependant, pour isoler la composante cyclique, on doit d'abord mesurer et retrancher des données originales les effets du trend.

Équation de la droite de tendance

Il existe plusieurs techniques pour construire une droite de tendance, dont *la méthode à main levée*, qui consiste à tracer à l'oeil la droite qui semble décrire le mieux l'évolution de la variable dans le temps. Cependant, nous emploierons une technique plus objective, *la méthode des moindres carrés*, laquelle est la plus couramment utilisée pour identifier la tendance séculaire. Elle permet, en effet, d'identifier *mathématiquement* la droite qui représente le mieux (selon le critère des moindres carrés) l'ensemble des données. Avant d'utiliser une droite de tendance, il est nécessaire d'examiner de plus près (1) *l'équation d'une droite* et (2) *les propriétés de la droite de tendance*.

L'équation de la droite. La figure 13.4*a* nous montre une droite du type de celle que nous allons bientôt rencontrer. Pour caractériser une droite d'une façon stricte et unique, nous devons connaître deux choses à son sujet. D'abord, nous devons connaître la valeur de l'*ordonnée à l'origine* — c'est-à-dire la valeur (sur l'axe des Y) de *a* dans la figure 13.4*a* lorsque X est à l'origine ou égal à 0. Puis, nous devons connaître la *pente de la droite* (*b*) : on détermine celle-ci de la façon illustrée à la figure 13.4*a* (1) en choisissant arbitrairement un segment de droite, (2) en mesurant la variation

FIGURE 13.4

L'équation de la droite

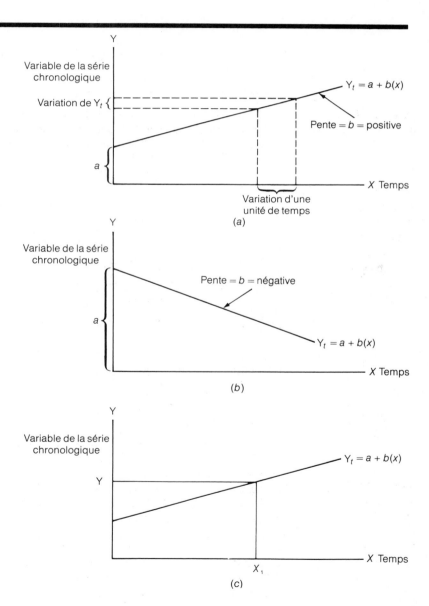

en unité de temps sur l'axe des X, (3) en évaluant la variation correspondante de Y_t sur l'axe des Y et (4) en divisant la variation de Y_t par la variation de temps. À la figure 13.4a, la pente de la droite est *positive* tandis qu'à la figure 13.4b, la pente est *négative*. Dans les deux cas, par contre, la formule de Y_t (et la formule que nous utiliserons pour déterminer le trend) est la suivante:

$$Y_t = a + bx \tag{13.2}$$

où Y_t = valeur du trend à un temps donné
    a = valeur de Y_t lorsque X est à l'origine
    b = pente de la droite, ou accroissement ou diminution de Y_t pour chaque variation d'une unité de temps
    x = toute période choisie

Si, au temps X_1, nous élevons une droite verticale jusqu'à la droite de tendance, comme l'illustre la figure 13.4c, et si nous tirons à partir du point d'intersection un segment de droite horizontal jusqu'à l'axe des Y, nous pourrons lire sur cet axe la valeur Y, qui correspond à la valeur du trend au temps X_1.

Propriétés de la droite de tendance. Une droite de tendance construite selon la méthode des moindres carrés possède *deux propriétés*. La première de ces propriétés est illustrée à la figure 13.5, où l'on retrouve sur un même graphique l'ensemble des valeurs Y de la série chronologique et la droite de tendance. Au temps X_1, la valeur réelle (Y) est plus grande que la valeur du trend (Y_t). (Les valeurs de Y et de Y_t se lisent toutes les deux sur l'axe des Y.) Par conséquent, si nous soustrayons Y_t de Y, nous obtenons une valeur *positive*. Au temps X_2, par contre, nous observons le phénomène contraire: la valeur Y_t est supérieure à la valeur Y et la différence $Y - Y_t$ est donc *négative*. La droite de tendance est ici construite de telle façon que la somme des écarts entre les valeurs Y et les valeurs de trend correspondantes sera toujours égale à 0. Nous pouvons formuler cette première propriété de la droite de tendance de la façon suivante:

$$\Sigma(Y - Y_t) = 0$$

De plus, la droite de tendance minimise la somme des *carrés* des écarts, ce qui signifie que la somme des carrés des écarts obtenue à partir de n'importe quelle autre droite que la droite de tendance sera toujours supérieure ou égale à la somme obtenue à partir de la droite de tendance. En d'autres mots, la deuxième propriété a pour expression:

$$\Sigma(Y - Y_t)^2 = \text{valeur minimale}^6$$

Calcul du trend: nombre impair d'années. Nous utiliserons les données fictives du tableau 13.1 pour illustrer la méthode de calcul du trend linéaire. Comme vous pouvez le constater, les ventes de la lingerie Élégance ont d'une façon générale augmenté même s'il y a eu des périodes creuses en 1976 et 1980. (En 1980, une nouvelle

---

6. D'où le nom de la « méthode des moindres carrés ». Les deux propriétés de la moyenne arithmétique sont, comme nous l'avons déjà vu: $\Sigma(X - \mu) = 0$ et $\Sigma(X - \mu)^2 = \text{valeur minimale}$. C'est pourquoi nous pouvons dire que la droite de tendance des moindres carrés est à la série chronologique ce que la moyenne est à la distribution de fréquences.

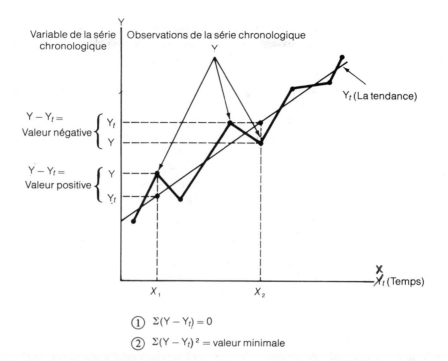

FIGURE 13.5

Propriétés de la droite de tendance

① $\Sigma(Y - Y_t) = 0$

② $\Sigma(Y - Y_t)^2 =$ valeur minimale

gamme de gaines et de soutiens-gorge fut mise en marché et l'*ancien* directeur des ventes, Gaston Chausson, lança, à l'époque, une vaste campagne publicitaire pour mousser la vente de ces produits, centrée sur le slogan peu délicat : « Nous arrondissons les coins. » Cette campagne publicitaire, combinée aux conditions économiques prévalant alors, donna des résultats désastreux. Les ventes diminuèrent, comme le montre le tableau 13.1; Chausson perdit son poste et obtint un territoire de vente situé dans un rayon de 30 km autour de Saint-Théodore. Depuis, un nouveau directeur des ventes, Alphonse D. Zastre, a été engagé.)

TABLEAU 13.1

Ventes annuelles de la lingerie Élégance (en millions de dollars)

1975	10
1976	8
1977	10
1978	12
1979	16
1980	12
1981	16

Nous retrouvons, au tableau 13.2, les différentes étapes du calcul des valeurs du trend dans l'exemple de la lingerie Élégance pour les années 1975 à 1981. (Les deux premières colonnes de ce tableau reprennent les données du tableau 13.1.) Pour simplifier les calculs, nous avons employé une méthode de codage, le code d'une année exprimant le nombre d'années séparant celle-ci du milieu de la période considérée. En d'autres mots, dans notre exemple, nous avons déplacé l'origine du début de 1975 au milieu de 1978. Dans la colonne 3 du tableau 13.2, nous avons déterminé les écarts, exprimés en années, entre l'origine et le milieu de chacune des années constituant la période étudiée. Ainsi, le milieu de 1975 se trouve à − 3 ans du milieu de 1978 (l'origine) et le milieu de 1980 se situe à +2 ans de l'origine. Après avoir effectué cette légère modification, il nous est maintenant possible de déterminer l'équation de la droite de tendance. Les formules de a et de b, dans l'équation de tendance, sont les suivantes :

ordonnée à l'origine
$$a = \frac{\Sigma Y}{n} \qquad (13.3)$$

où Y = observations de la série chronologique et
 n = nombre d'années

pente
$$b = \frac{\Sigma(xY)}{\Sigma(x^2)} \qquad (13.4)$$

où x = code des années plutôt que les années réelles (X)

La valeur a, dans notre exemple, est de 84/7 ou 12,00 (millions de dollars). On obtient la valeur b, au tableau 13.2, en divisant le total de la colonne 4 par le total de la colonne 5. Ainsi, b = 1,143 (million de dollars). Que représentent ces deux valeurs, a et b? La valeur de a — 12 millions de dollars — signifie que la valeur calculée Y_t sera, au milieu de 1978, de 12 millions de dollars. Pourquoi? Parce que, comme nous l'avons vu précédemment, a représente la valeur de Y_t lorsque x est égal à 0 ou lorsque x est à l'origine, et x est égal à 0 au milieu de l'année 1978. La valeur b — 1,143 million de dollars — nous indique que, pour chaque variation d'une année de la variable x, le montant des ventes variera sur la droite de tendance de 1,143 million de dollars.

On retrouve dans la colonne 6 du tableau 13.2 les valeurs du trend en millions de dollars pour chacune des 7 années. Voici, par exemple, la façon de calculer la valeur Y_t pour l'année 1975 :

$Y_{1975} = a + bx$
     $= 12,00 + 1,143 (−3)$
     $= 12,00 + (−3,429)$
     $= 8,571$ la valeur du trend pour les ventes de la lingerie en 1975 (en millions de dollars)

On peut déterminer, de la même façon, les autres valeurs Y_t en plaçant dans l'équation de la droite de tendance la valeur x appropriée. Il est possible aussi de calculer la valeur du trend pour une année en additionnant la valeur de b au trend de l'année précédente si celui-ci est connu puisque, par définition, b représente la variation de Y_t

TABLEAU 13.2

Ventes annuelles de la lingerie Élégance

Années (X) (1)	Ventes de la compagnie (millions $) (Y) (2)	Codes des années (x) (3)	(xY) (cols. 2 × 3) (4)	(x^2) (5)	Y_t (pour les années indiquées, en millions de $) (6)
1975	10	−3	−30	9	8,571
1976	8	−2	−16	4	9,714
1977	10	−1	−10	1	10,857
1978	12	0	0	0	12,000
1979	16	1	16	1	13,143
1980	12	2	24	4	14,286
1981	16	3	48	9	15,429
	84	0	32	28	84,000

$$a = \frac{\Sigma Y}{n} = \frac{84}{7} = 12,00 \text{ (millions de \$)}$$

$$b = \frac{\Sigma (xY)}{\Sigma (x^2)} = \frac{32}{28} = 1,143 \text{ (million de \$)}$$

$$Y_t = 12,00 + 1,143 (x)$$

Origine (où $x = 0$) : milieu de l'année 1978
Unité de codage : 1 année
Données Y : ventes de la compagnie en millions de dollars

correspondant à une variation d'une unité de temps. Par conséquent, en connaissant la valeur du trend pour l'année 1975, il est très simple de calculer la valeur du trend pour chacune des autres années puisqu'il suffit d'appliquer à répétition ce principe d'addition de la valeur de b [7].

La figure 13.6 nous montre à la fois les observations de la lingerie Élégance et la droite de tendance établie précédemment. Vous pouvez vous servir de cette figure pour tester votre compréhension des différents principes énoncés dans les paragraphes précédents.

Calcul du trend : nombre pair d'années. Dans les paragraphes précédents, nous avons calculé les valeurs du trend des ventes de la lingerie Élégance pour un nombre impair (7) d'années. Évidemment, il pourrait arriver que les données disponibles couvrent un nombre pair d'années. Supposons maintenant que nous ajoutions la valeur des ventes d'Élégance en 1982 aux données des 7 années précédentes (voir le tableau 13.3). Le tableau 13.3 illustre deux façons de calculer le trend pour un nombre pair d'années.

---

7. Vous remarquerez que les totaux des colonnes 2 et 6 sont identiques. Ceci n'est pas dû au hasard mais découle plutôt de la première propriété de la droite de tendance : si $\Sigma (Y - Y_t) = 0$, alors $\Sigma Y - \Sigma Y_t$ doit être égal à 0.

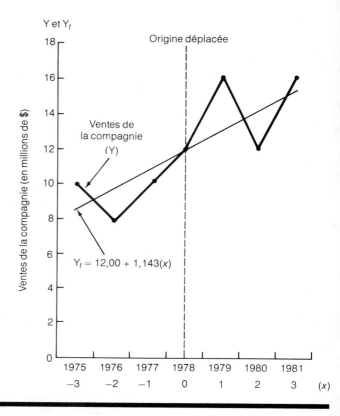

FIGURE 13.6

La méthode de calcul présentée au tableau 13.3*a* est, en fait, identique à la méthode que nous venons de décrire; nous l'examinerons donc rapidement. Vous pouvez voir que le milieu de la période considérée se situe *entre* l'année 1978 et l'année 1979; c'est pourquoi l'origine est déplacée au 1er janvier 1979. Le code des années (troisième colonne du tableau 13.3*a*) est égal à l'écart, exprimé en année, entre l'origine et le milieu de chaque année. Par exemple, l'écart entre le milieu de 1980 et le 1er janvier 1979 est de 18 mois ou 1 1/2 année; le code de l'année 1980 est donc de 1 1/2. Les autres calculs du tableau 13.3*a* s'effectuent exactement de la même façon que les calculs du tableau 13.2. Il est à noter que les valeurs de *a* et de *b* dans l'équation de la droite de tendance ont changé, ceci étant dû au fait qu'une nouvelle donnée (les ventes de 1982) a été ajoutée aux précédentes.

Une autre méthode de calcul est présentée au tableau 13.3*b*. Jusqu'à maintenant, l'unité de temps sur laquelle reposait le codage était l'*année*; il faut bien comprendre que le choix de l'année comme unité de codage était tout à fait arbitraire. Nous aurions pu choisir des intervalles de deux ans ou de 1/2 année. Dans le tableau 13.3*b*, l'unité de codage est de *1/2 année*; elle constitue la *seule différence* entre la méthode employée au tableau 13.3*a* et celle employée au tableau 13.3*b*. En choisissant, dans le tableau 13.3*b*, 1/2 année comme unité de *x*, nous avons pu éliminer les fractions dans le code des années, ce qui semble, aux dires de plusieurs, simplifier les calculs subséquents. Vous remarquerez cependant que les valeurs Y_t sont identiques dans les deux tableaux. La valeur *a* dans l'équation du trend sera toujours la même, peu importe la méthode utilisée; par contre, la valeur *b semble* différer d'un tableau à l'autre. Dans le tableau 13.3*a*, la variation de Y_t pour une variation d'une unité de temps (1 année) est de 1,00; dans le tableau 13.3*b*, la variation de Y_t pour une variation d'une unité de temps (1/2 année) est de 0,50. Par conséquent, il n'existe pas vraiment de différence au niveau de la valeur *b*. On peut voir d'ailleurs qu'il n'y a pas de différence entre les valeurs Y_t de l'année 1975 calculées dans les deux parties du tableau 13.3 puisqu'il n'y a pas de différence entre multiplier 1,00 par − 3,5 et multiplier 0,50 par −7. Selon votre préférence, vous pouvez utiliser l'une ou l'autre des deux méthodes que nous venons de décrire.

TABLEAU 13.3

Ventes annuelles de la lingerie Élégance

Années	Ventes de la compagnie (millions $) (Y)	Codes des années (*x*)	(*x*Y)	x^2	Y_t (pour les années indiquées, en millions de $)
1975	10,00	−3 1/2	−35	12,25	8,86
1976	8,00	−2 1/2	−20	6,25	9,86
1977	10,00	−1 1/2	−15	2,25	10,86
1978	12,00	− 1/2	− 6	0,25	11,86
1979	16,00	1/2	8	0,25	12,86
1980	12,00	1 1/2	18	2,25	13,86
1981	16,00	2 1/2	40	6,25	14,86
1982	14,86	3 1/2	52	12,25	15,86
	98,86	0	42	42,00	98,88

$$a = 98,86/8 = 12,36$$
$$b = 42/42 = 1,00$$
$$Y_t = 12,36 + 1,00 \,(x)$$
$$Y_{1975} = 12,36 + 1,00 \,(-3\ 1/2)$$
$$= 8,86$$

(*a*) Origine : 1er janvier 1979
Unité de *x* : 1 année
Unité de Y : million de dollars (ventes)

Années	Ventes de la compagnie (millions $) (Y)	Codes des années (*x*)	(*x*Y)	x^2	Y_t (pour les années indiquées, en millions de $)
1975	10,00	−7	− 70	49	8,86
1976	8,00	−5	− 40	25	9,86
1977	10,00	−3	− 30	9	10,86
1978	12,00	−1	− 12	1	11,86
1979	16,00	1	16	1	12,86
1980	12,00	3	36	9	13,86
1981	16,00	5	80	25	14,86
1982	14,86	7	104	49	15,86
	98,86	0	84	168	98,88

$$a = 98,86/8 = 12,36$$
$$b = 84/168 = 0,50$$
$$Y_t = 12,36 + 0,50 \,(x)$$
$$Y_{1975} = 12,36 + 0,50(-7) = 8,86$$

(*b*) Origine : 1er janvier 1979
Unité de *x* : 1/2 année
Unité de Y : million de dollars (ventes)

Prévisions basées sur la tendance

Alphonse D. Zastre, le nouveau directeur des ventes de la lingerie Élégance, aimerait utiliser le modèle décrivant les ventes passées de l'entreprise pour élaborer des prévisions de ventes. Si M. Zastre peut présumer que la structure qui s'est dessinée dans le passé a de bonnes chances de se maintenir dans le futur, il pourra formuler des prévisions en se basant sur une projection de la droite de tendance. Supposons que M. Zastre veuille une projection du trend pour l'année 1985 basée sur les données du tableau 13.3*b*. Le code de l'année 1982, dans le tableau 13.3*b*, est de 7. La valeur *x* pour 1983 serait alors égale à 9; pour 1984, cette valeur serait de 11 et pour 1985, *x* prendrait la valeur 13 — autrement dit, le milieu de 1985 serait à 13 intervalles de 1/2 année de l'origine placée au 1er janvier 1979. Par conséquent,

$$Y_{1985} = 12,36 + 0,50\,(13)$$
$$= 12,36 + 6,5$$
$$= 18,86 \text{ millions de dollars (les ventes prévues)}$$

M. Zastre pourrait emprunter la même démarche pour prévoir la valeur Y_t pour n'importe quelle autre année. Cependant, il doit absolument réaliser que la prévision obtenue n'est que le point de départ du processus de prévision; en fait, les prévisions obtenues par une extrapolation du trend, bien que très précises en apparence, devront généralement être révisées à la lumière de considérations subjectives; en fait, ces prévisions n'auront de valeur que si le statisticien les utilise avec discernement, en mettant à profit l'expérience qu'il possède. On retrouve à la figure 13.7 les données relatives à la lingerie Élégance, la droite de tendance et une projection du trend. Une étude attentive de cette figure vous permettra de mieux saisir le contenu de cette section.

FIGURE 13.7

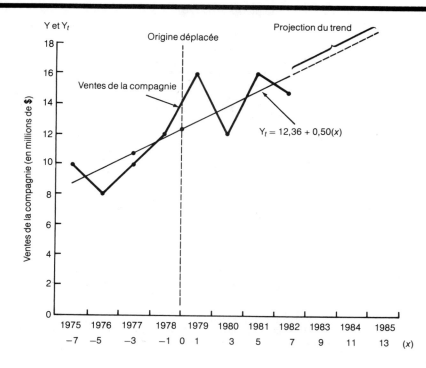

Auto-évaluation 13.1

1. On retrouve ci-dessous le nombre de selles produites annuellement par la compagnie Descelles durant les années 1971 à 1981 :

Années	Production annuelle de selles (centaines)
1971	8
1972	9
1973	12
1974	11
1975	14
1976	17
1977	18
1978	22
1979	24
1980	25
1981	28

a) Déterminer l'équation de la droite de tendance.
b) Effectuer une prévision basée sur le trend pour 1983.
c) Donner la signification de la valeur calculée au problème 1b.

2. À partir de l'équation du trend et des autres informations données ci-dessous, calculer une prévision de la valeur Y_t pour 1983.

$$Y_t = 10 + 3x \qquad \text{Origine : le milieu de 1979}$$
$$\text{Unité de } x : 1 \text{ année}$$

VARIATIONS SAISONNIÈRES

L'analyse d'une série chronologique ne se limite pas au calcul et à la projection de la tendance séculaire ou du trend; en effet, une autre partie importante de cette analyse consiste en l'étude des variations saisonnières. Puisque, par définition, les variations saisonnières surviennent dans un intervalle d'une année ou moins, il faut absolument pour détecter ces variations qu'un relevé de la valeur de la variable étudiée ait été fait à intervalles réguliers (hebdomadairement, mensuellement, trimestriellement, etc.) pendant plusieurs années [8].

La mesure ou description des structures saisonnières s'effectue en déterminant un *indice de variation saisonnière*. (Nous sommes convaincus que vous apprécierez ce qui vient, vous qui avez lu avec un enthousiasme délirant le chapitre 12 sur les nombres indices et qui en avez saisi toutes les subtilités.) Il est facile de construire un indice saisonnier rudimentaire. Prenons l'exemple d'Alex Xercis, propriétaire d'un studio de santé : celui-ci veut se donner la peine d'analyser ses recettes mensuelles de l'année dernière; ces recettes se retrouvent au tableau 13.4.

---

8. Les valeurs annuelles d'une série chronologique ne laissent deviner que les effets des composantes séculaire, cyclique et irrégulière car la composante saisonnière ne fait sentir son effet qu'à l'*intérieur* d'une année.

TABLEAU 13.4

Un indice saisonnier rudimentaire

Mois (1)	Recettes mensuelles (2)	Indices saisonniers [(2) ÷ moyenne mensuelle × 100] (3)
Janvier	8 400 $	112,0
Février	8 000	106,7
Mars	7 400	98,7
Avril	6 500	86,7
Mai	6 400	85,3
Juin	6 200	82,7
Juillet	7 000	93,3
Août	7 500	100,0
Septembre	7 700	102,7
Octobre	7 900	105,3
Novembre	8 200	109,3
Décembre	8 800	117,3
	90 000 $	1200,0

Moyenne des recettes mensuelles = 90 000 $ / 12 = 7500 $

Indice saisonnier de janvier = 8400 $ / 7500 $ × 100 = 112,0

Comme vous pouvez le voir au tableau 13.4, l'indice rudimentaire de variation saisonnière est construit à partir de la moyenne des recettes mensuelles, laquelle est de 7500 $. En réalité, nous avons simplement exprimé les recettes réelles de chaque mois en *pourcentage de la moyenne mensuelle*. (Comme c'est la coutume quand on exprime un nombre indice, nous n'avons pas employé le symbole de pourcentage.) Ainsi, la recette de décembre qui s'élevait à 8800 $ est de 17,3 % *supérieure* à (ou 117,3 % de) la recette d'un mois moyen ou type. Par contre, le mois de juin dont l'indice est de 82,7 a connu une recette qui ne représente que 82,7 % de la recette d'un mois moyen. Il est à noter que la somme des nombres indices est égale à 1200, comme il se doit, puisque leur moyenne doit être de 100.

Il existe de nombreuses façons de construire un indice de variation saisonnière et notre exemple présenté au tableau 13.4 comporte plusieurs vices. La *méthode des rapports à la moyenne mobile*, que nous emploierons bientôt, est une méthode plus raffinée et plus fréquemment utilisée; cependant, les indices construits à l'aide de cette méthode seront encore une fois le résultat de la division des *données mensuelles réelles* par une *valeur mensuelle moyenne*.

Pourquoi mesurer les variations saisonnières?

Voici les trois principales raisons pour lesquelles on mesure les variations saisonnières:

1. *Identifier les structures saisonnières*. La connaissance des mouvements saisonniers d'une variable telle que celle analysée à la figure 13.3 peut revêtir une importance capitale pour les directeurs des différentes compagnies aériennes

concernées. En possédant une mesure ou un indice de variation saisonnière, ils peuvent déterminer, par exemple, si la baisse de l'affluence sur les vols durant le mois de février d'une année donnée est supérieure ou inférieure à celle observée normalement durant ce mois.

2. *Faire des prévisions.* Nous avons vu qu'on pouvait se servir de l'équation de la droite de tendance comme point de départ pour planifier à *long terme* et contrôler certaines variables importantes. Les mouvements de la composante saisonnière peuvent aussi servir à l'élaboration des prévisions ou à la planification et au contrôle d'une variable, cette fois-ci à *court terme.* Par exemple, il sera possible, à l'aide de prévisions basées sur des modèles saisonniers constants, de mieux utiliser les ressources en personnel à l'intérieur d'une entreprise ou de maintenir les stocks à un niveau qui répond le mieux à la situation qui s'annonce. Une prévision à court terme basée sur les données de la figure 13.3 aurait des effets directs sur la planification de l'horaire des vols et sur l'affectation du personnel d'entretien et permettrait de maintenir des stocks appropriés de carburant et de pièces.

3. *Éliminer la composante saisonnière.* La composante cyclique, à l'instar des composantes de tendances séculaire et saisonnière, a aussi un rôle à jouer dans le processus de prévision. On recourt souvent aux mouvements cycliques anticipés dans l'élaboration de prévisions. Cependant, l'élément cyclique est fréquemment voilé par les variations saisonnières; c'est pourquoi il faut mesurer et éliminer la composante saisonnière afin de laisser apparaître les mouvements cycliques. Les données transmises par les gouvernements sous forme de tableaux ou de graphiques tiennent souvent compte, pour cette raison, des variations saisonnières (voir fig. 13.8). Nous verrons plus loin comment on fait pour désaisonnaliser des données.

FIGURE 13.8

Données réelles et désaisonnalisées
(Source: **Statistique Canada, catalogue 71-001, juillet 1983)**

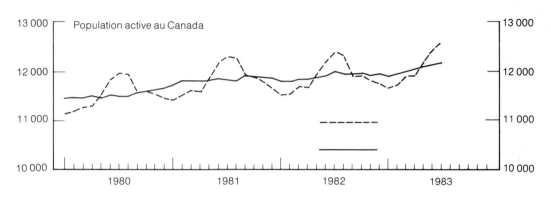

TABLEAU 13.5

Production de la raffinerie Otto S. Hance (en millions de litres)

Mois	1976	1977	1978	1979	1980	1981
Janvier	8	10	11	9	8	12
Février	9	12	8	9	10	14
Mars	9	10	8	13	12	13
Avril	12	14	16	15	19	18
Mai	16	15	17	14	22	19
Juin	13	17	16	13	20	16
Juillet	17	20	23	25	21	23
Août	15	14	12	10	18	19
Septembre	10	9	14	14	16	18
Octobre	8	10	13	15	15	19
Novembre	10	10	14	16	12	18
Décembre	14	15	17	15	17	17

Calcul de l'indice saisonnier

Comme nous l'avons mentionné plus tôt, la méthode la plus usuelle d'établissement d'un indice saisonnier est la *méthode des rapports à la moyenne mobile*; nous l'emploierons dans cette section pour identifier la composante saisonnière d'une série chronologique. Afin de mieux comprendre le fonctionnement de cette méthode, nous l'appliquerons dans le cadre de l'exemple présenté au tableau 13.5, lequel indique la production mensuelle d'essence (en millions de litres) de la raffinerie Otto S. Hance.

Les étapes de la méthode des rapports à la moyenne mobile sont énumérées ci-dessous [9], en plus d'être présentées aux tableaux 13.6 et 13.7.

1. *Calculer une somme mobile pour une période de 12 mois consécutifs* et placer le total obtenu vis-à-vis du septième [10] des 12 mois (voir la colonne 4 du tableau 13.6). Remarquez que la somme des 12 mois de 1976 (de valeur 141) est disposée vis-à-vis du septième mois qui est, en l'occurrence, juillet. La somme mobile suivante, portant toujours sur 12 mois, est de 143 et correspond à la somme des observations mensuelles s'étalant du mois de février 1976 au mois de janvier 1977 (on a obtenu la somme de 143 en soustrayant de la somme précédente de 141 la valeur du mois de janvier 1976 et en additionnant par la suite la

9. Comme vous le constaterez, les étapes de cette méthode sont relativement simples à comprendre; l'embarras vient cependant du nombre de calculs à effectuer et de la quantité d'énergie nécessaire au calcul, à la main, de ces indices. Heureusement, l'ordinateur vient aujourd'hui à notre rescousse; il peut, en effet, traiter une masse considérable de données et accomplir rapidement toutes les étapes intermédiaires ainsi que tous les calculs requis pour l'établissement de ces indices saisonniers.

10. Le milieu d'une période de 12 mois se situe évidemment entre le sixième et le septième mois; on trouve donc, dans plusieurs volumes, la somme mobile à cet endroit. Par conséquent, pour centrer la somme mobile vis-à-vis de la donnée d'un mois particulier, il est nécessaire de calculer une nouvelle somme mobile sur 24 mois en additionnant 2 sommes mobiles portant sur 12 mois. Pour les fins de cet ouvrage, le travail supplémentaire requis pour en arriver à un tel raffinement ne sera pas nécessaire.

donnée de janvier 1977). Cette démarche doit se poursuivre jusqu'à ce que la dernière somme mobile calculée comprenne la donnée du dernier mois de la dernière année.

2. *Calculer une moyenne mobile sur 12 mois* (voir la colonne 5 du tableau 13.6) en divisant par 12 chacune des sommes mobiles portant sur 12 mois. Ainsi, la première moyenne mobile sur 12 mois du tableau 13.6 est de 11,8 et a été obtenue en divisant la somme mobile de 141 par 12; la deuxième moyenne mobile de valeur 11,9 est le résultat de la division de 143 par 12. Cette démarche doit de nouveau se poursuivre jusqu'à l'obtention de la dernière moyenne mobile calculée à partir de la dernière somme mobile du tableau.

3. *Calculer le rapport à la moyenne mobile.* Pour le mois de juillet 1976, la production d'essence était de 17 millions de litres (colonne 3) et la moyenne mobile sur 12 mois correspondante est de 11,8 (millions de litres). Souvenez-vous qu'au tableau 13.4 nous avons établi des indices saisonniers rudimentaires en divisant les données mensuelles par la valeur de la moyenne mensuelle. C'est exactement ce que nous avons fait à la colonne 6 du tableau 13.6 — diviser la donnée de juillet 1976 (17) par la moyenne mobile correspondante de 11,8 (et multiplier le résultat par 100) pour obtenir un indice saisonnier de valeur 144,1[11]. On a obtenu le deuxième nombre indice en divisant la donnée (15) du mois d'août 1976 par la moyenne mobile correspondante de 11,9. On doit utiliser cette méthode jusqu'à épuisement des données (ou de la personne qui calcule), comme le montre le tableau 13.6.

4. *Mettre en ordre les indices obtenus.* Notre problème est maintenant le suivant: nous voulions établir un nombre indice pour chaque mois de l'année et voilà que nous en avons *cinq* pour chacun des mois. Évidemment, nous devrons soumettre ces cinq nombres indices à une opération visant à en faire surgir un seul qui soit représentatif de chaque mois. Pour effectuer cette opération, il est préférable de présenter les différents indices obtenus à l'étape 3 sous une forme plus appropriée. Au tableau 13.7, nous retrouvons sous une présentation différente les données de la colonne 6 du tableau 13.6; cette nouvelle présentation a pour but de faciliter l'exécution de l'étape suivante.

5. *Calculer la moyenne mensuelle modifiée.* Pour établir un indice saisonnier représentatif de chacun des mois, nous emploierons une mesure de tendance centrale que nous appliquerons aux cinq indices de chaque mois. Nous avons choisi d'utiliser une moyenne arithmétique modifiée; autrement dit, nous éliminons de la liste des cinq indices de chaque mois le plus grand et le plus petit, puis nous calculons la moyenne des trois indices restants[12]. En divisant par trois la somme des trois valeurs centrales de chaque mois, nous obtenons une moyenne mensuelle modifiée et celle-ci apparaît, pour chacun des mois, au bas du tableau 13.7.

---

11. Que représente cette valeur de 144,1? Elle indique que la production d'essence en juillet 1976 était de 44,1 % supérieure à la moyenne mensuelle.

12. Dans certains livres, on utilise la moyenne arithmétique et dans d'autres, la médiane. Il semble que le choix de la mesure de tendance à utiliser se fasse le plus souvent de façon arbitraire.

TABLEAU 13.6

Calcul de l'indice saisonnier par la méthode des rapports à la moyenne mobile

Années	Mois	Nombre de litres produits (en millions)	Sommes mobiles sur 12 mois	Moyennes mobiles sur 12 mois [(4) ÷ 12]	Rapports à la moyenne mobile [(3) ÷ (5) × 100]
(1)	(2)	(3)	(4)	(5)	(6)
1976	Janvier	8			
	Février	9			
	Mars	9			
	Avril	12			
	Mai	16			
	Juin	13			
	Juillet	17	141	11,8	144,1
	Août	15	143	11,9	126,1
	Septembre	10	146	12,2	82,0
	Octobre	8	147	12,2	65,6
	Novembre	10	149	12,4	80,6
	Décembre	14	148	12,3	113,8
1977	Janvier	10	152	12,6	79,4
	Février	12	155	12,9	93,0
	Mars	10	154	12,8	78,1
	Avril	14	153	12,8	109,4
	Mai	15	155	12,9	116,3
	Juin	17	155	12,9	131,8
	Juillet	20	156	13,0	153,8
	Août	14	157	13,1	106,9
	Septembre	9	153	12,8	70,3
	Octobre	10	151	12,6	79,4
	Novembre	10	153	12,8	78,1
	Décembre	15	155	12,9	116,3
1978	Janvier	11	154	12,8	85,9
	Février	8	157	13,1	61,1
	Mars	8	155	12,9	62,0
	Avril	16	160	13,3	120,3
	Mai	17	163	13,6	125,0
	Juin	16	167	13,9	115,1
	Juillet	23	169	14,1	163,1
	Août	12	167	13,9	86,3
	Septembre	14	168	14,0	100,0
	Octobre	13	173	14,4	90,3
	Novembre	14	172	14,3	97,9
	Décembre	17	169	14,1	120,6
1979	Janvier	9	166	13,8	65,2
	Février	9	168	14,0	64,3
	Mars	13	166	13,8	94,2
	Avril	15	166	13,8	108,7
	Mai	14	168	14,0	100,0
	Juin	13	170	14,2	91,6
	Juillet	25	168	14,0	178,6
	Août	10	167	13,9	71,9
	Septembre	14	168	14,0	100,0
	Octobre	15	167	13,9	107,9

TABLEAU 13.6

Calcul de l'indice saisonnier par la méthode des rapports à la moyenne mobile (suite)

Années	Mois	Nombre de litres produits (en millions)	Sommes mobiles sur 12 mois	Moyennes mobiles sur 12 mois [(4) ÷ 12]	Rapports à la moyenne mobile [(3) ÷ (5) × 100]
(1)	(2)	(3)	(4)	(5)	(6)
	Novembre	16	171	14,2	112,7
	Décembre	15	179	14,9	100,7
1980	Janvier	8	186	15,5	51,6
	Février	10	182	15,2	65,8
	Mars	12	190	15,8	75,9
	Avril	19	192	16,0	118,8
	Mai	22	192	16,0	137,5
	Juin	20	188	15,6	128,2
	Juillet	21	190	15,8	132,9
	Août	18	194	16,2	111,1
	Septembre	16	198	16,5	97,0
	Octobre	15	199	16,6	90,4
	Novembre	12	198	16,5	72,7
	Décembre	17	195	16,2	104,9
1981	Janvier	12	191	15,9	75,5
	Février	14	193	16,1	87,0
	Mars	13	194	16,2	80,2
	Avril	18	196	16,3	110,4
	Mai	19	200	16,6	114,5
	Juin	16	206	17,2	93,0
	Juillet	23			
	Août	19			
	Septembre	18			
	Octobre	19			
	Novembre	18			
	Décembre	17			

6. *Appliquer un facteur de correction*. Les moyennes du tableau 13.7 représentent essentiellement la série de nombres indices saisonniers que nous recherchions. Notez bien, cependant, que cette somme est de 1199,4; pourtant, nous avons vu au tableau 13.4 que cette somme devrait théoriquement être égale à 1200. Pour ramener à ce nombre cette somme d'indices[13], il suffit (1) de calculer un facteur de correction en divisant 1200 par la somme des indices et (2) de multiplier par ce facteur de correction chacun des indices mensuels.

---

13. Dans cet exemple, la somme des indices est si proche de 1200 qu'il serait, en pratique, inutile de corriger ceux-ci. Par contre, si cette somme avait été de 1175 ou de 1220, il aurait alors été indispensable d'appliquer aux indices le facteur de correction approprié.

Les opérations précédentes avaient, bien sûr, pour but d'isoler les effets des variations saisonnières de l'influence qu'exercent les autres composantes sur les observations de la série chronologique. Comment nous y sommes-nous pris? Les données de la colonne 3 du tableau 13.6 subissent l'influence de quatre facteurs: les composantes séculaire, cyclique, saisonnière et irrégulière. Nous pouvons expliquer l'esprit de la méthode des rapports à la moyenne mobile de la façon suivante: la *moyenne mobile* de la colonne 5 du tableau 13.6 est une *approximation des influences combinées des composantes séculaire et cyclique* (le calcul d'une moyenne mensuelle à partir d'observations portant sur 12 mois a pour effet d'éliminer la composante saisonnière); en divisant les observations de la colonne 3 par la moyenne mobile, nous avons par le fait même éliminé les influences séculaire (trend) et cyclique, de telle sorte que les indices obtenus à la colonne 6 du tableau 13.6, sous forme de pourcentage, représentent maintenant les fluctuations causées par les facteurs saisonniers et irréguliers. En d'autres mots:

$$\frac{\text{colonne 3 du tableau 13.6}}{\underbrace{\frac{\cancel{T} \times S \times \cancel{C} \times I}{\cancel{T} \times \cancel{C}}}_{\text{colonne 5 du tableau 13.6}} = S \times I} \ \Big\} \text{colonne 6 du tableau 13.6}$$

Enfin, nous avons éliminé les fluctuations irrégulières, au tableau 13.7, en mettant de côté le plus petit indice et le plus grand indice pour calculer la moyenne mensuelle modifiée.

Utilisation de l'indice saisonnier

Comme nous l'avons vu, l'indice saisonnier est utilisé à des fins de *prévision* et de *désaisonnalisation*. Le volume des ventes, le rythme de production, les besoins en personnel et le niveau des stocks à maintenir représentent des variables typiques pouvant faire l'objet de prévisions à court terme. L'indice saisonnier peut servir à l'élaboration de telles prévisions. Supposons, par exemple, qu'une *projection du trend* nous amène à croire que le volume des ventes se chiffrera, au mois de février de l'an prochain, à 17 000 $ — 17 000 $ est une estimation des ventes obtenue à partir de la tendance séculaire [14]. Supposons, de plus, que l'indice saisonnier correspondant au mois de février soit de 90,2. L'analyste devra corriger la valeur prévue du trend pour le mois de février en multipliant celle-ci par l'indice saisonnier de ce mois. Il obtiendra alors une *prévision ajustée suivant la variation saisonnière* pour le mois de février; cette prévision sera de 15 334 $ (17 000 $ × 0,902) [15].

---

14. Il est relativement simple de modifier l'équation de la tendance séculaire de façon à permettre des prévisions *mensuelles*; nous nous abstiendrons, toutefois, d'examiner en détail cet aspect de la question.

15. Si l'analyste possède une *estimation des variations cycliques*, il peut ajuster davantage la prévision de février. Par exemple, si le facteur cyclique de février était estimé à + 4 %, la valeur prévue serait de 15 947 $ (17 000 $ × 0,902 × 1,04). Il ne faudrait cependant pas être naïf et croire que les ventes en février totaliseront *exactement* 15 947 $. (N'oublions pas que des mouvements irréguliers sont toujours possibles et que la valeur du trend et l'indice saisonnier ne sont en réalité que des approximations. Par contre, une prévision de 15 947 $ est peut-être préférable à une absence de prévision!)

TABLEAU 13.7

Calcul de l'indice saisonnier

Années	Jan.	Fév.	Mars	Avril	Mai	Juin	Juil.	Août	Sept.	Oct.	Nov.	Déc.	Total
1976							144,1	~~126,1~~	82,0	~~85,6~~	80,6	113,8	
1977	79,4	~~99,0~~	78,1	109,4	116,3	~~191,8~~	153,8	106,9	~~70,3~~	79,4	78,1	116,3	
1978	~~85,9~~	~~61,1~~	~~62,0~~	~~120,3~~	125,0	115,1	163,1	86,3	~~100,0~~	90,3	97,9	~~120,6~~	
1979	65,2	64,3	~~94,2~~	~~108,7~~	~~100,0~~	~~91,6~~	~~178,6~~	~~71,9~~	100,0	~~107,9~~	~~112,7~~	~~100,7~~	
1980	~~51,6~~	65,8	75,9	118,8	~~137,5~~	128,2	~~152,9~~	111,1	97,0	90,4	~~72,7~~	104,9	
1981	75,5	87,0	80,2	110,4	114,5	93,0							
Sommes des trois valeurs centrales	220,1	217,1	234,2	338,6	355,8	336,3	461,0	304,3	279,0	260,1	256,6	335,0	
Moyennes modifiées	73,4	72,4	78,1	112,9	118,6	112,1	153,6	101,4	93,0	86,7	85,6	111,6	1199,4
Indices saisonniers*	73,4	72,4	78,1	113,0	118,7	112,2	153,7	101,5	93,0	86,7	85,6	111,7	1200,0

* Facteur de correction = 1200,0/1199,4 = 1,0005002

De plus, il peut être utile de *désaisonnaliser* les observations d'une série chrono-logique afin d'isoler et d'analyser les variations cycliques de la série. La désaisonnali-sation est une opération très simple: il suffit de diviser les observations par l'indice saisonnier approprié. On retrouve au tableau 13.8 les données de production désai-sonnalisées de la raffinerie Otto S. Hance pour l'année 1981. (Vous remarquerez que les nombres apparaissant dans la colonne 2 de ce tableau proviennent du tableau 13.5 et que les indices saisonniers de la colonne 3 sont ceux calculés au tableau 13.7.) Les données désaisonnalisées de la colonne 4 du tableau 13.8 ont des composantes trend, cyclique et irrégulière. En d'autres mots:

observations originales
(colonne 2 du tableau 13.8)

$$\frac{T \times \overbrace{S} \times C \times I}{\underset{\smile}{S}} = T \times C \times I \,\}\, \text{colonne 4 du tableau 13.8}$$

indice saisonnier
(colonne 3 du tableau 13.8)

TABLEAU 13.8

Données de production désaisonnalisées de la raffinerie Otto S. Hance
pour l'année 1981 (en millions de litres)

Mois (1)	Données de production non désaisonnalisées 1981 (2)	Indices saisonniers (3)	Production désaisonnalisée [(2) ÷ (3) × 100] (4)
Janvier	12	73,4	16,3
Février	14	72,4	19,3
Mars	13	78,1	16,6
Avril	18	113,0	15,9
Mai	19	118,7	16,0
Juin	16	112,2	14,3
Juillet	23	153,7	15,0
Août	19	101,5	18,7
Septembre	18	93,0	19,4
Octobre	19	86,7	21,9
Novembre	18	85,6	21,0
Décembre	17	111,7	15,2

Auto-évaluation 13.2 Les données suivantes représentent les recettes mensuelles (en milliers de dollars) de l'école de mannequins Elsa Bille:

Années	Mois	Recettes	Années	Mois	Recettes
1979	Janvier	10 $	1981	Janvier	10 $
	Février	12		Février	12
	Mars	14		Mars	15
	Avril	15		Avril	16
	Mai	15		Mai	18
	Juin	8		Juin	7
	Juillet	9		Juillet	9
	Août	10		Août	10
	Septembre	12		Septembre	15
	Octobre	13		Octobre	14
	Novembre	15		Novembre	16
	Décembre	18			
1980	Janvier	9 $			
	Février	13			
	Mars	15			
	Avril	18			
	Mai	17			
	Juin	6			
	Juillet	11			
	Août	10			
	Septembre	14			
	Octobre	13			
	Novembre	16			
	Décembre	17			

1. Calculer les indices saisonniers par la méthode des rapports à la moyenne mobile. (Vu le nombre restreint de données disponibles, utiliser la moyenne arithmétique au lieu de la moyenne modifiée pour calculer les indices saisonniers.)

2. Utiliser les indices saisonniers calculés au problème 1 pour désaisonnaliser les recettes mensuelles (en milliers de dollars) de l'école Elsa Bille en 1982 :

Mois	Recettes non désaisonnalisées
Janvier	11
Février	13
Mars	14
Avril	15
Mai	19
Juin	8
Juillet	12
Août	14
Septembre	14
Octobre	16
Novembre	17
Décembre	21

IDENTIFIER LES COMPOSANTES CYCLIQUE ET IRRÉGULIÈRE

Dans les premières pages de ce chapitre, nous avons énoncé un modèle explicatif des séries chronologiques qui met en relation les valeurs de la série Y et les quatre composantes T, C, S et I de la façon suivante :

$$Y = T \times S \times C \times I$$

On appelle généralement ce modèle des séries chronologiques le *modèle classique*; on peut se servir de lui pour identifier et analyser les composantes cyclique et irrégulière.

Les techniques que nous avons présentées jusqu'à maintenant ont permis de calculer les valeurs du trend et l'indice saisonnier; par conséquent, il est maintenant possible d'éliminer ces deux composantes de la série chronologique et obtenir une nouvelle série théorique au sein de laquelle seules les composantes cyclique et irrégulière font sentir leur effet[16]. Ceci peut s'exprimer ainsi : $(T \times C \times S \times I) \div T = S \times C \times I$ et $(S \times C \times I) \div S = C \times I$. Une fois qu'on a éliminé le trend et la variation saisonnière, la méthode généralement employée consiste à *éliminer l'influence de la composante irrégulière* en calculant une moyenne mobile. Les variations qui demeurent dans la série sont appelées *variations résiduelles* et représentent les *forces cycliques* qui agissent dans la série chronologique. Il est souhaitable de tenter de mesurer l'élément cyclique vu l'importance que peuvent revêtir les facteurs cycliques dans un processus de prévision à court et à moyen terme.

Les calculs nécessaires à l'identification des composantes cyclique et irrégulière ne sont pas très compliqués, ce qui n'enlève pas leur caractère ennuyeux. Par conséquent, si vous n'y voyez pas d'objection, nous les laisserons aux livres de niveau plus avancé. Vous retrouverez cependant dans le tableau 13.9 toutes les étapes menant à l'identification de la composante cyclique.

L'ANALYSE DES SÉRIES CHRONO-LOGIQUES : UNE MÉTHODE DE PRÉVISION

On recourt à de nombreuses méthodes pour prévoir l'avenir, lesquelles reposent sur un nombre restreint d'hypothèses de base. Une de ces hypothèses affirme que les grandes tendances observées historiquement *se maintiendront* dans le futur; une autre hypothèse consiste à dire que les fluctuations mesurables d'une variable *se reproduiront à intervalles réguliers*, de telle sorte que ces variations deviendront prévisibles. Les usages suivants de *l'analyse des séries chronologiques dans un processus de prévision* s'appuient sur ces deux hypothèses :

1. *Prévision à long terme*. Lorsqu'il s'agit de faire des prévisions à long terme (pour plusieurs années), l'analyse et, par la suite, l'extrapolation de la tendance séculaire s'avèrent importantes. Nous avons vu de quelle façon on utilise la droite de tendance pour faire de telles prévisions. Les prévisions à long terme basées sur le trend ne prennent généralement pas en considération les facteurs cycliques; de plus, la composante saisonnière n'exerce pas d'effet sur les données annuelles et ne s'inscrit donc pas dans le processus de prévision à long terme.

---

16. Lorsque les observations de la série sont annuelles (ou lorsque les données disponibles sont désaisonnalisées), la composante saisonnière n'apparaît pas dans la série ou a déjà été éliminée par la désaisonnalisation. Dans ce cas, la démarche pour dégager de la série les variations C et I sera la même que celle présentée ici : cependant, il ne sera pas nécessaire de procéder à l'étape d'élimination de la composante saisonnière.

TABLEAU 13.9

Étapes de l'identification de la composante cyclique

Mois (1)	Observations de la série $(T \times C \times S \times I)$ (2)	Valeur du trend (T) (3)	Observations en pourcentage; trend ajusté $(S \times C \times I)$ $[(2) \div (3)]$ (4)	Indice saisonnier (S) (5)	Composantes cyclique et irrégulière en pourcentage $(C \times I)$ $[(4) \div (5)]$ (6)	Somme mobile des pourcentages de (6) (7)	Composante cyclique en pourcentage (C) $[(7) \div$ nombre de mois (ou de trimestres) de la somme mobile] (8)

2. *Prévision à moyen terme.* Pour tenir compte de l'effet probable de la composante cyclique dans le mécanisme de prévision à moyen terme, il faut multiplier la valeur prévue du trend par une estimation de la variation relative escomptée attribuable à des facteurs cycliques. Cela signifie que la valeur de la projection du trend multipliée par le pourcentage cyclique est égale à la valeur prévue. (Il devient délicat de présumer, lorsque l'on traite de la composante cyclique, que les structures qui se dégagent des données se maintiendront et que les variations observées se reproduiront avec régularité. En fait, les cycles successifs ont tendance à varier énormément tant au niveau de leur périodicité qu'à celui de leur importance ou du modèle qu'ils suivent.)

3. *Prévision à court terme.* Nous connaissons déjà le rôle que peut jouer l'indice saisonnier dans la prévision à court terme; nous avons utilisé celui-ci de façon que les valeurs mensuelles projetées du trend tiennent compte des variations saisonnières. De plus, nous avons vu, au renvoi 15, comment une estimation des variations cycliques pouvait influencer une prévision à court terme. En général, on n'essaie pas de prévoir les mouvements irréguliers dans les prévisions à court terme, pas plus que dans les prévisions portant sur des périodes plus longues.

PROBLÈMES LIÉS À L'ANALYSE DES SÉRIES CHRONO-LOGIQUES

Les économistes prédisent l'augmentation du PNB à un dixième de un pour cent près dans le seul but de montrer qu'ils ont le sens de l'humour.

E.R. Fiedler

Donnez-leur un nombre, donnez-leur une date, mais jamais les deux.

E.R. Fiedler

Il est vraiment étonnant de constater qu'un devin peut en croiser un autre sans même sourire.

Cicéron

Ce n'est pas parce qu'une prévision obtenue par l'analyse de séries chronologiques s'est révélée fausse qu'il faut immédiatement conclure que l'utilisation des techniques présentées dans ce chapitre est à proscrire. En fait, bien que fausse, cette prévision était peut-être plus proche de la réalité que ne l'aurait été toute autre prévision s'appuyant uniquement sur l'intuition [17]. L'analyse de séries chronologiques sera justifiée tant et aussi longtemps qu'elle permettra de réduire le niveau d'*incertitude* dans l'élaboration de prévisions. Toutefois, lorsqu'on y recourt, on doit s'attendre à faire face à des problèmes, lesquels, d'ailleurs, mettent en lumière certaines questions qu'il est toujours bon de se poser. Dans une situation donnée, voici quelques-unes des questions que l'on devrait avoir présentes à l'esprit :

---

17. Il existe d'autres méthodes pour prévoir l'avenir : vous pouvez, par exemple, entrer en transe, assis sur un trépied au-dessus d'un gouffre d'où émanent des vapeurs délétères, et prononcer des paroles sibyllines qu'une personne noterait. C'est la méthode qu'employaient les Grecs dans la Delphes antique.

1. *Le modèle classique semble-t-il approprié?* Un modèle est une présentation abstraite de la réalité. Dans le modèle classique, chacune des composantes représente les effets théoriques d'une myriade de facteurs agissant simultanément sur la variable étudiée. Lorsqu'on imagine un modèle et qu'on l'utilise pour analyser une série d'observations, il faut s'attendre à ce que la qualité des résultats de l'analyse soit proportionnelle à la précision et à la justesse du modèle lui-même. Malheureusement, notre modèle d'analyse des séries chronologiques est très élémentaire. Il suppose, par exemple, que les quatre composantes sont *indépendantes les unes des autres*, ce qui est rarement conforme à la réalité. (Dans un cycle de récession, de nombreuses personnes changent leurs habitudes saisonnières de consommation durant la période de Noël.)

2. *Nos hypothèses de constance et de régularité sont-elles valables*? Si ces hypothèses ne sont pas raisonnablement fondées, la mécanique mathématique que nous avons développée pour déterminer l'équation de tendance et l'indice saisonnier entrera tout de même en action et les prévisions qui en découleront, quoique très précises en apparence, risquent de dépeindre très imparfaitement la réalité. Il faut toujours garder à l'esprit ces hypothèses; l'analyste doit rectifier ses calculs à la lumière de facteurs subjectifs et qualitatifs qui se retrouvent dans presque toutes les situations.

3. *Peut-on se fier aux données disponibles*? La principale source de problèmes réside dans l'insuffisance de données; cependant, même lorsque les données sont en nombre suffisant, elles ne sont pas toujours rigoureusement comparables. Pour voir apparaître une tendance, il faut relever des données pendant des périodes qui s'étalent souvent sur plusieurs années. Entre-temps, plusieurs choses peuvent arriver; par exemple, la qualité de la variable étudiée peut s'être modifiée. Ainsi, il n'est pas impensable que la qualité d'un produit ayant connu beaucoup de succès ait diminué à un point tel que la tendance observée dans le passé se transforme rapidement.

Ces questions ne représentent que quelques-unes de celles que l'analyste devrait se poser avant d'utiliser les techniques d'analyse de séries chronologiques. Malgré ses limites et les problèmes qu'elle soulève, l'analyse des séries chronologiques s'avère un outil très précieux comme point de départ d'un processus de prévision.

SOMMAIRE

La planification et la prise de décisions sont deux activités qui s'appuient sur la vision de ce que l'avenir réserve; les administrateurs doivent donc faire des prévisions. L'analyse des séries chronologiques constitue un des outils qu'utilisent les administrateurs. On étudie les séries chronologiques pour (1) mieux comprendre le comportement d'une variable dans le passé et dans le présent et (2) deviner quelle structure adoptera cette variable dans le futur afin de faire des prévisions.

Les quatre composantes qu'on peut identifier dans une série chronologique sont la tendance séculaire, les variations saisonnières, les fluctuations cycliques et les variations irrégulières. On utilise un modèle classique pour décrire la relation entre ces composantes.

Dans ce chapitre, la première composante que nous avons étudiée était la tendance séculaire; nous voulions dégager de la série la structure que la variable avait établie et projeter ensuite dans le futur les tendances que l'on pouvait voir se dessiner. Une fois l'élément trend identifié, il était possible de l'éliminer des observations dans la série pour étudier les mouvements des autres composantes. Par ailleurs, nous avons déterminé l'équation de la droite de tendance ($Y_t = a + bx$) et vu ce qu'elle représentait. À l'aide de cette équation, nous avons pu faire des extrapolations de la tendance dans le futur.

La deuxième composante, les variations saisonnières, est mesurée par l'établissement d'un indice de variation saisonnière. Pour ce faire, nous avons utilisé la méthode des rapports à la moyenne mobile. Les raisons qui justifient la mesure des variations saisonnières sont (1) la compréhension des structures saisonnières, (2) la projection dans le futur des structures existantes et (3) l'élimination de la série chronologique de la composante saisonnière par la méthode de la désaisonnalisation.

Après avoir mesuré la composante de la tendance et la composante saisonnière, il est possible, en éliminant ces deux éléments, d'obtenir une série théorique au sein de laquelle seules les composantes cyclique et irrégulière agissent. La mesure de la composante de la tendance et des composantes saisonnière et cyclique vise le plus souvent à fournir un point de départ au processus de prévision. Cependant, l'analyse des séries chronologiques comme outil de prévision comporte des limites et soulève plusieurs problèmes qu'il serait imprudent de prendre à la légère.

TERMES ET CONCEPTS IMPORTANTS

1. Prévision
2. Analyse des séries chronologiques
3. Série chronologique
4. Tendance séculaire
5. Variations saisonnières
6. Fluctuations cycliques
7. Variations irrégulières
8. $Y = T \times S \times C \times I$
9. Analyse de la tendance
10. Ordonnée à l'origine
11. Pente d'une droite
12. $Y_t = a + bx$
13. $\Sigma(Y - Y_t) = 0$
14. $\Sigma(Y - Y_t)^2 =$ valeur minimale

15. Projection du trend
16. Indice de variation saisonnière
17. Méthode des rapports à la moyenne mobile
18. Rapport à la moyenne mobile
19. Désaisonnalisation
20. Prévision ajustée suivant les variations saisonnières
21. Modèle classique
22. Variations résiduelles
23. Prévision à long terme
24. Prévision à court terme
25. Hypothèse de constance
26. Méthode des moindres carrés
27. Équation de la droite de tendance

PROBLÈMES

1. La compagnie de piscines préfabriquées Perce-Glace de Fort Chimo, au Québec, examine la possibilité d'augmenter sa production. Avant de prendre sa décision, la compagnie doit effectuer des prévisions de ventes pour chacune des 5 prochaines années. Une analyse des dossiers de la compagnie a fourni les informations suivantes:

Années	Ventes annuelles (en millions de $)
1975	110
1976	125
1977	135
1978	150
1979	170
1980	185
1981	195
1982	216
1983	230

a) Représenter graphiquement la série chronologique ci-dessus.

b) Déterminer l'équation de la droite de tendance par la méthode des moindres carrés. Superposer la droite de tendance sur le graphique construit au problème 1a.

c) À partir de l'équation établie au problème 1b, calculer une prévision pour chacune des 5 années qui préoccupent la compagnie.

2. La station de radio TOQP, de Chêneville, s'inquiète d'une apparente tendance à la baisse du nombre d'auditeurs des stations MA de la région où elle diffuse. Par contre, les stations MF semblent connaître une tendance à la hausse. Une agence de recherche en marketing a pu fournir les données suivantes :

Années	Nombre moyen d'auditeurs des stations MA (en centaines)	Nombre moyen d'auditeurs des stations MF (en centaines)
1972	31	3
1973	32	3
1974	33	6
1975	30	7
1976	29	10
1977	30	11
1978	28	14
1979	26	14
1980	24	17

a) Représenter graphiquement les deux séries chronologiques du tableau ci-dessus.

b) Déterminer l'équation de la droite de tendance par la méthode des moindres carrés pour chacune des deux séries chronologiques (MA et MF).

c) Faire une prévision du nombre d'auditeurs qu'auront les stations MA et MF en 1982.

3. Le chef de la sécurité de l'Université Josée Spéré est en train d'élaborer un plan d'attribution des tâches ainsi que le calendrier des vacances du personnel affecté à la circulation pour l'an prochain. Les dossiers officiels révèlent le nombre total de contraventions émises au cours des trois dernières années :

	Nombre de contraventions émises		
Mois	1980	1981	1982
Janvier	100	90	110
Février	90	110	120
Mars	80	90	90
Avril	90	110	100
Mai	110	130	140
Juin	130	120	140
Juillet	140	150	140
Août	160	170	160
Septembre	200	200	220
Octobre	210	210	220
Novembre	180	200	240
Décembre	240	220	280

a) Calculer les indices saisonniers par la méthode des rapports à la moyenne mobile. (Il faudra calculer la moyenne arithmétique des différents nombres indices du même mois.)

b) Dire comment le chef de la sécurité peut utiliser ces indices saisonniers.

4. Le chef des assistants du chef, responsable des dossiers universitaires, doit fournir aux administrateurs de Josée Spéré un rapport concernant le nombre de contraventions émises durant les six premiers mois de 1983. Ces chiffres apparaissent ci-dessous :

Mois	Nombre de contraventions émises
Janvier	120
Février	120
Mars	100
Avril	90
Mai	130
Juin	150

a) Désaisonnaliser, à l'aide des indices saisonniers obtenus au problème 3, le nombre de contraventions émises à chaque mois.

b) Commenter l'apparente augmentation ou diminution du nombre de contraventions émises jusqu'ici en 1983.

QUESTIONS DE COMPRÉHENSION

1. Tous les administrateurs doivent faire des prévisions. Discuter cette affirmation.

2. Pourquoi devons-nous étudier les séries chronologiques?

3. Identifier et expliquer ce que représentent les composantes d'une série chronologique.

4. Quel est le modèle explicatif classique des séries chronologiques? En quoi peut-il être utile?

5. Comparer les raisons qui justifient la mesure de la tendance séculaire avec celles qui incitent à mesurer les variations saisonnières.

6. Pourquoi, dans un processus de prévision, les hypothèses de constance et de régularité sont-elles si importantes?

7. Supposons que la courbe du *coût total* d'un certain produit soit une droite. Déterminer, d'une façon générale, l'équation de cette droite [18].

8. En économie, la fonction de consommation prend souvent l'allure d'une droite. La pente de la fonction de consommation est alors la propension marginale à consommer. Expliquer pourquoi [19].

9. Expliquer les hypothèses préalables à la projection dans le futur de la tendance séculaire.

10. L'indice saisonnier de janvier est de 112,6. Que signifie ce nombre?

11. Expliquer les étapes de la méthode des rapports à la moyenne mobile utilisée pour calculer l'indice saisonnier.

12. Expliquer comment on peut ajuster une prévision à court terme de manière à ce qu'elle tienne compte des variations saisonnières.

13. Pourquoi appelle-t-on la méthode d'identification des variations cycliques la méthode résiduelle?

14. Décrire brièvement l'apport de l'analyse des séries chronologiques dans l'élaboration de prévisions.

15. Quels sont les problèmes liés à l'analyse des séries chronologiques?

RÉPONSES AUX QUESTIONS D'AUTO-ÉVALUATION

13.1

1. a) $a = 188/11 = 17,09$
   $b = 226/110 = 2,05$
   $Y_t = 17,09 + 2,05x$

   b) $Y_t = 17,09 + 2,05(7)$
   $= 17,09 + 14,35$
   $= 31,44$

   c) Si la tendance passée se maintient, une tentative de prévision de la production pour 1983 donnerait 3144 selles.

---

18. Cette question optionnelle est difficile. Ne vous en faites pas si vous êtes incapables d'y répondre.
19. Voir note 18.

2. Puisque l'origine est située au milieu de 1979, et étant donné que l'unité de x est d'une année, la valeur x pour 1983 est de 4. Par conséquent:

$$Y_t = 10 + 3(4)$$
$$= 22$$

13.2

1.

Années	Rapports à la moyenne mobile											
	Jan.	Fév.	Mars	Avril	Mai	Juin	Juil.	Août	Sept.	Oct.	Nov.	Déc.
1979							71,4	80,0	95,2	103,2	116,3	137,4
1980	69,8	99,2	114,5	136,4	128,8	45,1	83,3	75,2	106,1	98,5	122,1	128,8
1981	75,8	91,6	114,5	121,2	136,4	53,0						
Moyennes	72,8	95,4	114,5	128,8	132,6	49,0	77,4	77,6	100,6	100,8	119,2	133,1
Indices saisonniers*	72,7	95,3	114,3	128,6	132,4	48,9	77,3	77,5	100,4	100,6	119,0	132,9

* Facteur de correction = 1200,0 / 1201,8 = 0,9985

2.

Mois	Recettes réelles (en milliers $)	Indices saisonniers	Recettes désaisonnalisées (en milliers $)
Janvier	11	72,7	15,1
Février	13	95,3	13,6
Mars	14	114,3	12,2
Avril	15	128,6	11,7
Mai	19	132,4	14,4
Juin	8	48,9	16,4
Juillet	12	77,3	15,5
Août	14	77,5	18,1
Septembre	14	100,4	13,9
Octobre	16	100,6	15,9
Novembre	17	119,0	14,3
Décembre	21	132,9	15,8

CHAPITRE 14

OUTILS DE PRÉVISION: CORRÉLATION ET RÉGRESSION LINÉAIRE SIMPLE

OBJECTIFS D'APPRENTISSAGE

Après avoir lu attentivement ce chapitre, résolu les problèmes et répondu aux questions de compréhension, vous devriez pouvoir:

☞ expliquer les objectifs de l'analyse de régression et de corrélation;

☞ déterminer l'équation de la droite de régression et l'erreur type de l'estimation; établir des intervalles de prédiction de la variable dépendante;

☞ calculer les coefficients de détermination et de corrélation et en donner la signification;

☞ relever plusieurs erreurs possibles associées à l'utilisation de l'analyse de régression et de corrélation.

CONTENU DU CHAPITRE

Comme nous l'avons vu, il est souvent nécessaire, pour prendre des décisions, d'élaborer au préalable des prévisions. Pour préparer un budget, il faut être en mesure de prévoir les revenus. Une institution d'enseignement doit faire des prévisions de clientèle avant de planifier l'horaire des cours. Il devient plus facile de prendre des décisions lorsqu'une relation peut être établie entre la variable dont on doit prévoir le comportement et une autre variable qui est soit connue, soit facilement prévisible.

En ce qui nous concerne, dans ce chapitre, nous dirons qu'il existe une « relation » entre deux (ou plus de deux) variables si leurs variations sont en quelque sorte *reliées l'une à l'autre*. Par exemple, nous pouvons découvrir une relation très forte entre la consommation de mazout et le nombre de journées froides durant l'hiver, ou entre les ventes d'essence et le nombre de véhicules en circulation. Il est logique de penser qu'une variation du nombre de journées froides s'accompagnera toujours d'une variation de la consommation de mazout et qu'une variation du nombre de véhicules en circulation se répercutera sur la demande d'essence.

Ce chapitre a pour but d'examiner certaines techniques statistiques afin de mesurer et d'évaluer la relation entre deux variables quantitatives. Dans la première section, nous verrons certains *concepts de base*; les sections suivantes seront consacrées à l'*analyse de régression*, à l'*erreur type d'estimation* et à l'*analyse de corrélation*; nous terminerons ce chapitre par une discussion *des limites et des erreurs les plus fréquentes* associées à l'utilisation et à l'interprétation de la régression et du coefficient de corrélation.

CONCEPTS DE BASE
Analyse de régression et de corrélation : un survol

L'*analyse de régression* et l'*analyse de corrélation* sont deux outils qui ont été mis au point pour étudier et mesurer la relation statistique existant entre deux (ou plus de deux) variables. (Nous nous limiterons à l'étude des relations entre *deux* variables — nous ne verrons que la régression et la corrélation *simple*; cependant, les mesures qui seront présentées dans ce chapitre pourront aussi être appliquées à *trois variables ou plus*, c'est-à-dire aux situations de corrélation et de régression *multiple*.)

L'étape principale d'une analyse de régression consiste à déduire, en se basant sur les données échantillonnales, une *équation d'estimation* qui décrit la nature fonctionnelle de la relation entre les variables. Comme son nom l'indique, l'équation d'estimation (ou de *régression*) servira à estimer la valeur d'une des variables à partir de la valeur prise par l'autre variable. La variable qui doit être estimée est appelée *variable dépendante* et se retrouve généralement sur l'axe vertical (ou des Y) du graphique. (La variable dépendante est, par conséquent, identifiée par le symbole Y.) La variable qui est censée exercer une influence sur la variable dépendante ou, en d'autres mots, la variable qui explique les variations de la variable dépendante est généralement portée sur l'axe horizontal (ou des X) du graphique; de ce fait, elle est appelée *variable indépendante* et on la symbolise par X. Regardons immédiatement un exemple: supposons qu'Évariste Jouvet, le directeur du personnel de la compagnie de jouets Lajoie, ait découvert qu'il existe une relation logique et étroite entre le rendement offert par les employés dans un certain service de la compagnie et le résultat qu'ils ont obtenu antérieurement à un test d'aptitudes. Supposons de plus qu'Évariste ait calculé une équation d'estimation (à l'aide des techniques que nous verrons plus loin); il pourra alors, s'il possède le résultat au test d'aptitudes d'un postulant, utiliser l'équation d'estimation pour prédire le rendement futur du candidat (la variable dépendante) en se basant sur les résultats du test (la variable indépendante). En analyse de régression, on ne se limite pas à établir une équation de la variable dépendante; il faut, en outre, déterminer le degré de *fiabilité* des prédictions obtenues à l'aide de cette équation.

En analyse de corrélation, le but visé est de mesurer le degré d'association entre les variables. Autrement dit, l'analyse de régression pose la question: « De quel type est la relation entre les variables? » tandis que l'analyse de corrélation cherche à savoir: « Quelle est la force de la relation décrite par l'analyse de régression? »

Certaines situations ne se prêtent qu'à une analyse de régression tandis que d'autres ne se prêtent qu'à une analyse de corrélation. Toutefois, dans la plupart des cas, notamment ceux qui touchent les affaires ou l'économie, l'analyse de régression et l'analyse de corrélation sont effectuées conjointement. En fait, l'expression « analyse de corrélation » englobe souvent les *deux* éléments, régression et corrélation, tels qu'ils sont décrits ici.

Pour résumer, nous étudierons plus particulièrement trois sujets dans les pages qui suivent, dont les deux premiers se rapportent à l'analyse de régression:

1. Le calcul de l'équation de régression et la prédiction, à l'aide de cette équation, de la valeur de la variable dépendante (Y) pour une valeur donnée de la variable indépendante (X).

2. Le calcul d'une mesure de l'erreur possible associée à l'utilisation de l'équation de régression comme outil de prévision.

3. L'élaboration de mesures permettant d'évaluer la force de l'association ou de la corrélation entre les variables.

Une relation logique: la première étape

Vos ventes de l'année dernière sont égales à celles du rhum et du coca à Rio de Janeiro, ajustées par un facteur correspondant à la somme des derniers chiffres de tous les nouveaux numéros de téléphone à Toronto. Alors, pourquoi faire une étude de marché? Vous n'avez qu'à envoyer quelqu'un chercher l'information pertinente au Canada et au Brésil [1].

Lydia Strong

Il existe plusieurs explications du fait que deux séries varient en même temps. Et, dans certaines situations, l'analyste est en droit d'interpréter les mesures de corrélation dans le sens d'une relation de cause à effet. Cependant, le seul fait que deux variables soient reliées entre elles, au sens statistique du terme, n'est pas suffisant pour conclure à l'existence d'une relation de cause à effet. En d'autres mots, si un tel type de relation existe, il y aura corrélation entre les variables mais, comme le laisse entendre la citation qui précède, *la seule existence d'une corrélation statistique n'est pas une preuve de causalité.* (Si vous en doutez, vous devriez tout simplement envoyer quelqu'un recueillir des données à Toronto et à Rio!)

---

1. Extrait de « What's Ahead? The Gentle Art of Business Forecasting », *Management Review*, septembre 1956.

On peut classer les relations de causalité en deux catégories : le *cause à effet* et la *cause commune*. Il existe une relation de cause à effet si la variation d'une variable est attribuable à la variation de l'autre variable. Par exemple, une variation de température dans une réaction chimique peut causer une variation au niveau du résultat de cette réaction et une variation du nombre d'articles produits peut causer une variation du coût total de production. Par ailleurs, deux variables peuvent être conjointement influencées par un facteur commun. Il est probable qu'une relation étroite existe entre les ventes de bijoux et les ventes d'appareils stéréophoniques; toutefois, il serait farfelu d'imputer à l'une de ces variables les variations observées de l'autre variable. Les variations des deux variables sont ici probablement le résultat d'une variation du revenu des consommateurs.

Comme l'indique la citation du début de cette section, certaines relations sont purement accidentelles. Même s'il existe une relation entre le nombre de voitures vendues au Canada et le nombre d'éléphants en Afrique, il serait absurde d'analyser le marché de l'automobile au Canada en se basant sur cette relation. Les relations de ce genre sont appelées *fausses corrélations*.

La première étape d'une étude de régression et de corrélation consiste à déterminer s'il existe une relation logique entre les variables dont on veut analyser le comportement. Malheureusement, la présentation d'un résumé de plusieurs types de variables et des forces qui agissent sur elles dépasse largement le niveau de ce livre. Par contre, les cours d'économique, de comptabilité, d'administration et de marketing abordent généralement ce sujet; en suivant un ou plusieurs de ces cours, vous aurez alors l'occasion — à moins que ce ne soit déjà fait — de vous familiariser davantage avec ces notions. Le raisonnement et le jugement (alliés à la connaissance des variables et des forces agissantes) sont les seuls éléments dont dispose l'analyste pour déterminer si, dans une situation donnée, le principe de causalité s'applique. Sans cette hypothèse de causalité, il serait tout à fait inutile de procéder à une analyse de régression ou à une analyse de corrélation [2].

ANALYSE DE RÉGRESSION

Comme vous le savez déjà, cette section a pour objectif d'expliquer de quelle façon on peut établir une équation de régression pour décrire la relation entre des variables. Nous nous limiterons à l'*étude de la régression linéaire simple*, ce qui signifie que nous examinerons uniquement des situations où la relation entre deux variables peut être adéquatement représentée par une droite.

Le diagramme de dispersion

Après avoir établi l'existence possible d'une relation logique entre les variables, suffisamment logique pour justifier une analyse plus approfondie, l'étape suivante consiste à porter sur un graphique les données disponibles. Sur ce graphique — appelé *diagramme de dispersion* —, chaque point représente un couple de valeurs observées

---

2. On rencontre parfois les deux extrêmes chez les étudiants débutants : certains appliquent les techniques statistiques sans réaliser l'importance de déterminer s'il existe une relation logique et établissent de fausses corrélations qui les mènent à conclure à une relation de cause à effet; d'autres pensent qu'étant donné qu'il est impossible de prouver la causalité par l'étude de la corrélation, il faut absolument conclure qu'il n'existe aucun lien entre la corrélation et la causalité.

de la variable dépendante et de la variable indépendante. *Le diagramme de dispersion remplit deux rôles*: (1) il aide à déterminer s'il existe une relation entre les deux variables, et (2) il aide à déterminer le type d'équation appropriée pour décrire la relation.

TABLEAU 14.1

Rendement et résultats au test d'aptitudes de 8 employés de la compagnie de jouets Lajoie

Employés	Production (Y) (en douzaines d'unités)	Résultats au test d'aptitudes (X)
A	30	6
B	49	9
C	18	3
D	42	8
E	39	7
F	25	5
G	41	8
H	52	10

Nous illustrerons le rôle que joue le diagramme de dispersion en utilisant les données du tableau 14.1. Nous retrouvons, dans ce tableau, le nombre de douzaines d'unités produites durant une période donnée (la variable dépendante) et les résultats au test d'aptitudes (la variable indépendante) de 8 employés de la compagnie de jouets Lajoie. Si l'on prend pour acquis que le test d'aptitudes a été bien pensé, on peut raisonnablement prétendre que les employés ayant obtenu les résultats les plus élevés seront parmi les plus productifs [3].

Les données associées à *1* employé représentent *1* point du diagramme de dispersion illustré à la figure 14.1. (Nous avons identifié les points représentant les employés C et F pour vous montrer comment porter sur le graphique les points correspondant aux paires d'observations associées aux employés.) Vous pouvez remarquer, dans la figure, que les huit points semblent se rapprocher d'une même *droite*; de plus, vous pouvez supposer qu'il existe une relation étroite entre les variables puisque tous les points sont très près de la droite. La relation entre les variables est ici *positive* (ou *directe*), c'est-à-dire que si le résultat au test d'aptitudes *augmente*, la productivité *augmentera aussi*. Évidemment, il peut arriver que la relation entre les

---

3. Notre groupe de 8 employés représente probablement un très petit échantillon à partir duquel on ne pourra tirer que de fragiles conclusions. Nous avons délibérément choisi d'opérer avec un petit nombre d'employés et des données simples afin de minimiser l'ampleur des calculs à effectuer dans les prochaines sections.

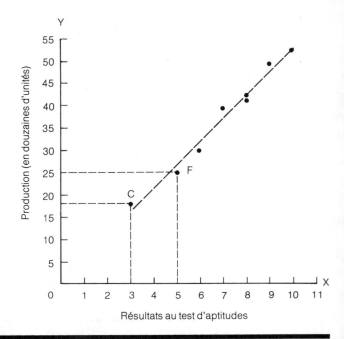

FIGURE 14.1
Diagramme de dispersion
(*Source :* Tableau 14.1)

variables soit *négative* (ou *inverse*) — lorsque X augmente, Y diminue. La figure 14.2 illustre différents diagrammes de dispersion. À la figure 14.2 *a* et *b*, la relation est linéaire et positive. La relation entre les variables n'est pas toujours linéaire; on peut le constater à la figure 14.2 *d*, *e* et *f*[4]. À la figure 14.2*f*, les variables pourraient être, d'une part, le revenu familial et, d'autre part, l'âge du chef de famille. (Le revenu a tendance à augmenter durant une certaine période et diminue lorsque vient l'âge de la retraite.) Finalement, il est possible qu'*aucune relation* n'existe entre les variables; c'est ce que semble révéler le diagramme de dispersion de la figure 14.2*g*.

La droite de régression

La droite de la figure 14.1 (et les droites apparaissant à la figure 14.2) décrit la relation entre les variables : cette droite est appelée droite de *régression* (ou d'*estimation*). De plus, l'équation utilisée pour ajuster la droite de régression aux données du diagramme de dispersion est appelée l'équation de régression ou d'estimation[5]. Si vous avez

---

4. Les équations visant à décrire ces relations curvilignes diffèrent de l'équation de la droite que nous verrons dans la prochaine section.

5. On doit le terme « régression » à Sir Francis Galton qui, en 1877, fit une étude sur la taille humaine. Ses recherches montrèrent que la taille des enfants issus de parents de grande taille avait tendance à régresser (ou diminuer) pour s'approcher de la grandeur moyenne de la population; Galton appela la droite décrivant cette relation « droite de régression ». Depuis ce temps, on utilise le mot « régression », même s'il est plus approprié d'utiliser les expressions « droite d'estimation » ou « droite de prévision ».

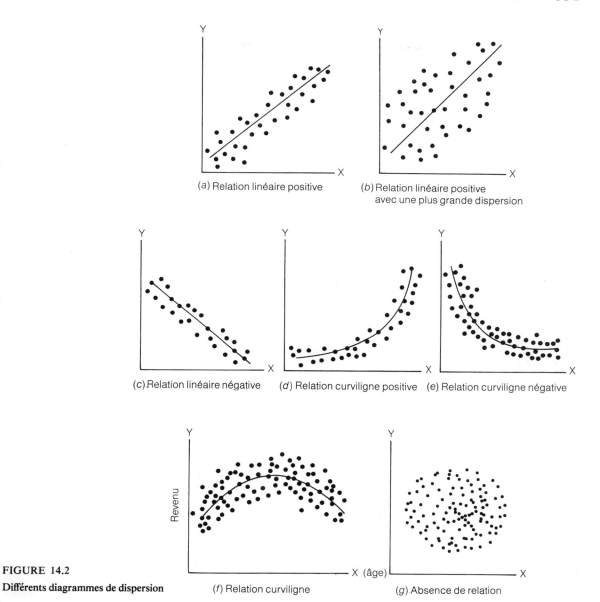

FIGURE 14.2
Différents diagrammes de dispersion

(a) Relation linéaire positive

(b) Relation linéaire positive avec une plus grande dispersion

(c) Relation linéaire négative

(d) Relation curviligne positive

(e) Relation curviligne négative

(f) Relation curviligne

(g) Absence de relation

compris ce qui a été dit au chapitre 13 au sujet du calcul de la tendance linéaire, l'équation de régression ne vous posera aucun problème. Pourquoi? Parce que nous utiliserons la même méthode pour déterminer l'équation de la droite de régression; en effet, nous emploierons encore une fois la *méthode des moindres carrés* pour ajuster une droite aux données du diagramme de dispersion. Par conséquent, l'équation de régression sera:

$$Y_c = a + bX \qquad (14.1)$$

où a = ordonnée à l'origine (la valeur de Y_c pour $X = 0$)

b = pente de la droite de régression (la variation de Y_c pour une variation d'une unité de X)

X = valeur de la variable indépendante

Y_c = valeur calculée de la variable dépendante

Ainsi, la droite de régression et la droite de tendance sont toutes les deux décrites par l'équation générale de la droite; cependant, la similitude entre ces deux droites ne s'arrête pas là. En effet, la droite de régression (tout comme la droite de tendance et la moyenne arithmétique) possède les deux propriétés mathématiques suivantes:

$$et \quad \begin{aligned} \Sigma(Y - Y_c) &= 0 \\ \Sigma(Y - Y_c)^2 &= \text{valeur minimale} \end{aligned}$$

En d'autres termes, l'ajustement de la droite de régression aux données du diagramme de dispersion sera tel que les écarts *positifs* observés entre les points situés *au-dessus* de la droite et la droite annuleront les écarts *négatifs* observés entre les points situés *au-dessous* de la droite et celle-ci; la somme des écarts sera alors égale à 0 (voir fig. 14.3).

FIGURE 14.3

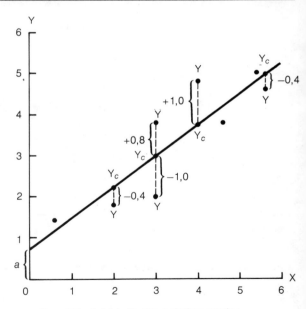

Propriétés de la droite des moindres carrés:

$$\Sigma(Y - Y_c) = 0$$
$$\Sigma(Y - Y_c)^2 = \text{valeur minimale}$$

Les calculs reliés à l'analyse de régression et de corrélation seront simplifiés si les formules sont exprimées en termes d'écarts aux *moyennes des variables* X *et* Y, *c'est-à-dire en termes d'écarts à* $\overline{X}$ *et* $\overline{Y}$. Par conséquent, en utilisant les symboles suivants:

$$x = (X - \overline{X})$$
$$y = (Y - \overline{Y})$$
$$et \quad xy = (X - \overline{X})(Y - \overline{Y})$$

on pourra calculer les valeurs de *a* et de *b* dans l'équation de régression à l'aide des formules suivantes:

$$b = \frac{\Sigma(xy)}{\Sigma(x^2)} \qquad (14.2)$$

$$a = \overline{Y} - b\overline{X} \qquad (14.3)$$

Nous sommes maintenant en mesure d'établir l'équation de régression pour les données présentées au tableau 14.1. Toutes les étapes intermédiaires nécessaires au calcul de *a* et de *b* (à l'aide des formules 14.2 et 14.3) sont illustrées au tableau 14.2. Les valeurs de *a* et *b* sont calculées de la façon suivante:

$$b = \frac{\Sigma(xy)}{\Sigma(x^2)} = \frac{185}{36} = 5,138 \text{ ou } 5,14$$

$$a = \overline{Y} - b\overline{X} = 37 - (5,14)(7) = 1,02$$

Donc, l'équation de régression qui décrit la relation entre le rendement des employés de la compagnie de jouets Lajoie et leurs résultats au test d'aptitudes a pour expression:

$$Y_c = 1,02 + 5,14X$$

TABLEAU 14.2

Employés	Production en douzaines d'unités (Y)	Résultats au test (X)	y $(Y - \overline{Y})$	x $(X - \overline{X})$	xy	x^2	y^2
A	30	6	− 7	− 1	7	1	49
B	49	9	12	2	24	4	144
C	18	3	− 19	− 4	76	16	361
D	42	8	5	1	5	1	25
E	39	7	2	0	0	0	4
F	25	5	− 12	− 2	24	4	144
G	41	8	4	1	4	1	16
H	52	10	15	3	45	9	225
	296	56	0	0	185	36	968

$$\overline{Y} = \frac{\Sigma Y}{n} = \frac{296}{8} = 37; \quad \overline{X} = \frac{\Sigma X}{n} = \frac{56}{8} = 7$$

Estimation à l'aide de l'équation de régression

Il était une fois un jeune directeur nommé René
Dont les prévisions étaient toujours erronées.
Un jour, son patron, comme il se doit,
Vint lui dire de sa belle voix,
« René, mon fils, essaie la régression
Ou cherche-toi une autre occupation. »

*Un des auteurs de ce volume qui,
pour des raisons évidentes,
préfère garder l'anonymat*

On utilise l'équation de régression principalement pour estimer la valeur de la variable dépendante pour une valeur donnée de la variable indépendante. Supposons, par exemple, qu'Évariste Jouvet, le directeur du personnel de la compagnie de jouets Lajoie, doive décider s'il engage ou non un postulant ayant obtenu un score de 4 au test d'aptitudes. La directrice de la production voudrait, pour sa part, engager quelqu'un qui puisse produire au moins 30 douzaines d'unités. Il est évidemment impossible de prévoir avec exactitude quel pourrait être le rendement du postulant; cependant, Jouvet peut, à l'aide de l'équation établie dans la section précédente, formuler une estimation ou une prévision de ce que le postulant produirait dans le futur s'il était engagé. Comment? Simplement en substituant la valeur 4 à X dans l'équation de régression. L'estimation désirée sera donc obtenue de la façon suivante:

$$Y_c = 1,02 + 5,14(4)$$
$$= 1,02 + 20,56$$
$$= 21,58 \text{ douzaines d'unités produites}$$

On retrouve cette estimation à la figure 14.4.

FIGURE 14.4

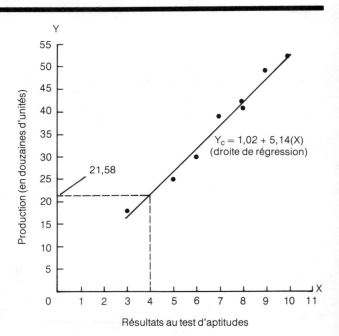

Résultats au test d'aptitudes

Auto-évaluation 14.1   Toutes les questions de cette auto-évaluation se rapportent aux données suivantes :

Y	X
255	5
100	2
307	6
150	3

1. Déterminer les valeurs de :
   a) $\Sigma(xy)$
   b) $\Sigma(x^2)$
2. Quelle est l'équation de régression pour ces données?
3. Estimer Y pour X = 4.

L'ERREUR TYPE DE L'ESTIMATION   Nous avons calculé une estimation de la valeur Y à l'aide de l'équation de régression; une question devrait tout naturellement surgir à l'esprit : « Jusqu'à quel point peut-on se fier à cette estimation? » Comme on le sait, la proximité de la relation entre les variables constitue un facteur important, lequel a un effet sur la fiabilité de l'estimation. Lorsque les points du diagramme de dispersion sont peu éloignés de la droite de régression, comme c'est le cas à la figure 14.5a (ou lorsque la dispersion est relativement faible), on peut logiquement présumer que l'estimation s'appuyant sur cette relation sera probablement plus fiable que celle qui aurait été obtenue à partir d'une droite de régression, comme celle illustrée à la figure 14.5b, où la dispersion ou la variation est beaucoup plus grande[6]. Si nous possédions une mesure de l'éparpillement des points autour de la droite de régression, nous serions alors plus aptes à juger de la fiabilité des estimations obtenues à partir de la droite. (Vous commencez à soupçonner quelque chose, n'est-ce pas?)

FIGURE 14.5

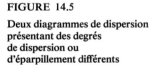

Deux diagrammes de dispersion présentant des degrés de dispersion ou d'éparpillement différents

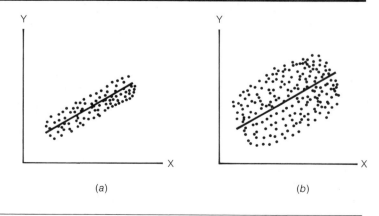

(a)   *(b)*

6. On présume que les échelles des diagrammes de dispersion de la figure 14.5a et b ainsi que les droites de régression sont identiques.

Vous ne serez sûrement pas surpris d'apprendre qu'il existe une telle mesure pour indiquer le degré ou niveau de dispersion des points autour de la droite de régression. *Plus cette mesure sera petite, plus la prévision sera susceptible d'être fiable.* (Puisque la dispersion est moins prononcée à la figure 14.5*a*, la valeur numérique de cette mesure serait plus petite à la figure 14.5*a* qu'à la figure 14.5*b*.) Cette mesure est appelée l'*erreur type de l'estimation* (son symbole est S$y \cdot x$) et, comme son nom l'indique, elle est utilisée pour quantifier le degré de variation (ou erreur) possible associée à une estimation obtenue à partir de la droite de régression.

Calcul de
S$y \cdot x$

Une des formules utilisées pour calculer l'erreur type de l'estimation est semblable à la formule que nous avons utilisée pour évaluer l'écart type de données non groupées. Ce qui distingue essentiellement ces deux formules, c'est que le calcul de l'écart type repose sur les écarts à la moyenne tandis que celui de l'erreur type de l'estimation repose sur les écarts à la droite de régression. (La moyenne et la droite de régression nous indiquent la tendance centrale.) La formule de l'erreur type de l'estimation est la suivante [7] :

$$S y \cdot x = \sqrt{\frac{\Sigma(Y - Y_c)^2}{n - 2}} \qquad (14.4)$$

Pour appliquer cette formule, nous devons au préalable calculer la valeur de Y_c correspondant à chaque valeur de X en substituant chaque valeur de X dans l'équation de régression. Nous devons ensuite calculer la différence entre ces valeurs de Y_c et les valeurs correspondantes observées de Y. Le calcul de l'erreur type de l'estimation, dans notre exemple de la compagnie de jouets Lajoie, a été effectué au tableau 14.3; vous y trouverez toutes les étapes intermédiaires nécessaires à l'évaluation finale de l'erreur type de l'estimation. Et pour calculer celle-ci, voici comment on procède :

$$S y \cdot x = \sqrt{\frac{\Sigma(Y - Y_c)^2}{n - 2}}$$

$$= \sqrt{\frac{17,3056}{6}}$$

$$= \sqrt{2,88}$$

$$= 1,69 \text{ douzaine d'unités (la valeur de S} y \cdot x \text{ s'exprime}$$
dans les mêmes unités que la variable Y)

---

7. Le dénominateur est ici de $n - 2$ parce que nous traitons des données échantillonnales. On pourrait donner une justification plus détaillée du fait que le dénominateur est $n - 2$, mais nous la laissons aux volumes plus avancés.

TABLEAU 14.3

Employés	Production (Y)	Résultats au test (X)	Y_C	$(Y - Y_C)$	$(Y - Y_C)^2$
A	30	6	31,86	− 1,86	3,4596
B	49	9	47,28	1,72	2,9584
C	18	3	16,44	1,56	2,4336
D	42	8	42,14	− 0,14	0,0196
E	39	7	37,00	2,00	4,0000
F	25	5	26,72	− 1,72	2,9584
G	41	8	42,14	− 1,14	1,2996
H	52	10	52,42	− 0,42	0,1764
	296*		296,00*	0,00	17,3056

* La somme des Y est égale à la somme des Y_C. Il en sera toujours ainsi puisque $\Sigma(Y - Y_C) = 0$.

La formule 14.4 s'avère très utile pour expliquer ce qu'est l'erreur type de l'estimation, mais la formule qui suit s'applique plus facilement :

$$Sy \cdot x = \sqrt{\frac{\Sigma(y^2) - b\Sigma(xy)}{n - 2}} \qquad (14.5)$$

Comme vous pouvez le constater, toutes les valeurs faisant l'objet de cette formule se retrouvent au tableau 14.2, dont l'élaboration vise à déterminer l'équation de régression. Donc, si l'on utilise les valeurs de ce tableau, nous obtenons[8] :

$$Sy \cdot x = \sqrt{\frac{968 - (5,14)(185)}{8 - 2}}$$

$$= \sqrt{\frac{17,1}{6}}$$

$$= \sqrt{2,85}$$

$$= 1,69 \text{ douzaine d'unités}$$

Intervalles de prédiction

Nous avons vu que le calcul de l'écart type et celui de l'erreur type sont semblables ; mais ce n'est pas tout. En effet, ces deux mesures se ressemblent aussi au niveau de leur interprétation. Nous savons que l'écart type est une mesure de la dispersion autour de la moyenne et que l'erreur type de l'estimation est une mesure de la dispersion autour de la droite de régression. Nous avons vu à maintes reprises dans les chapitres précédents (peut-être trop souvent !) que dans une distribution normale (1) 68,3 % des

8. Le fait d'avoir arrondi les nombres a entraîné de légères différences entre les valeurs obtenues au moyen de la formule 14.4 et celles obtenues avec la formule 14.5. Lorsque les problèmes sont plus complexes que celui de notre exemple, il est plus simple d'utiliser les formules suivantes : $\Sigma(xy) = \Sigma(XY) - \overline{X}\Sigma Y$, $\Sigma(x^2) = \Sigma(X^2) - \overline{X}\Sigma X$ et $\Sigma(y^2) = \Sigma(Y^2) - \overline{Y}\Sigma Y$.

valeurs centrales de la distribution se situent à moins d'un écart type de chaque côté de la moyenne, (2) 95,4 % des valeurs se situent à une distance maximale de deux écarts types de la moyenne et (3) 99,7 % des valeurs sont à moins de trois écarts types de la moyenne. Par conséquent, *si* les valeurs Y sont distribuées normalement autour de la droite de régression, nous pourrons affirmer qu'approximativement 68 % des points du diagramme de dispersion se situeront à moins d'un écart type de l'estimation au-dessus ou au-dessous de la droite de régression (voir fig. 14.6). Cet intervalle $\pm 1\ Sy \cdot x$ est représenté, dans cette figure, par les deux droites en pointillés les plus proches de la droite de régression; l'intervalle $\pm 3\ Sy \cdot x$, toujours à la figure 14.6, englobe presque tous les points du diagramme de dispersion.

Pour vous aider à mieux comprendre la relation qui existe entre l'erreur type de l'estimation et la droite de régression, nous avons dessiné, à la figure 14.6, deux courbes normales. L'estimation Y_1 a été obtenue par le remplacement de X par X_1 (une valeur donnée) dans l'équation de régression ($Y_1 = a + bX_1$). Il est important de noter que Y_1 est une *estimation ponctuelle* et, compte tenu de la dispersion autour de la droite de régression à la figure 14.6, il est peu probable que cette estimation (Y_1) de la valeur Y pour une valeur X égale à X_1 soit rigoureusement exacte. La fiabilité de cette estimation ponctuelle dépend largement de la grandeur de l'erreur type de l'estimation; nous avons déjà mentionné que plus cette erreur type est petite, et plus il est probable que l'estimation ponctuelle soit voisine de la véritable valeur de la variable dépendante. La connaissance de l'erreur type de l'estimation permet, en quelque sorte, d'améliorer notre méthode d'estimation: *plutôt que de nous en tenir à une estimation ponctuelle, nous pourrons maintenant calculer un intervalle de prédiction auquel sera attachée une probabilité.* L'intervalle de prédiction que nous cherchons aura la forme suivante:

$$Y_c \pm Z\,(Sy \cdot x)$$

L'intervalle $Y_1 \pm 2\ (Sy \cdot x)$ illustré à la figure 14.6 est un intervalle de prédiction au niveau de 95,4 %.

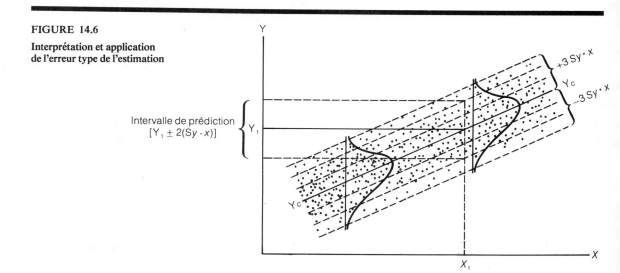

FIGURE 14.6

Interprétation et application de l'erreur type de l'estimation

Voyons maintenant comment on peut appliquer à notre exemple des jouets Lajoie les concepts que nous venons d'énoncer. Lorsque nous avons laissé Évariste Jouvet, celui-ci venait de calculer une *estimation ponctuelle* du nombre de douzaines d'unités que pourrait produire un postulant ayant obtenu un résultat de 4 au test d'aptitudes : cette estimation ponctuelle était de *21,58 douzaines d'unités*. De plus, nous avons vu que l'erreur type de l'estimation s'établissait à 1,69 douzaine d'unités. En supposant que, dans cet exemple, les points se distribuent normalement autour de la droite de régression[9], nous pourrons établir un *intervalle de prédiction* à 95 % de la façon suivante :

$$\text{Intervalle} = Y_c \pm Z\,(Sy \cdot x)$$
$$= 21{,}58 \pm (1{,}96)\,(1{,}69)$$
$$= 21{,}58 \pm 3{,}31$$
$$= 18{,}27 \text{ à } 24{,}89$$

Cet intervalle signifie qu'Évariste Jouvet peut faire la prédiction que 95 % des postulants qui auront obtenu un score de 4 au test d'aptitudes produiront entre 18,27 et 24,89 douzaines d'unités. Puisque la directrice de la production recherche un candidat pouvant produire au moins 30 douzaines d'unités, il est très peu probable que le postulant ayant obtenu un score de 4 satisfasse aux exigences de l'emploi.

Auto-évaluation 14.2 Utiliser les données de l'auto-évaluation 14.1 pour répondre aux questions suivantes :

1. Évaluer $\Sigma\,(y^2)$.
2. Quelle est l'erreur type de l'estimation ?
3. En supposant que les distributions de la variable dépendante soient des distributions normales centrées sur la droite de régression, établir un intervalle de prédiction à 68 % à partir de l'estimation de Y calculée au problème 3 de l'auto-évaluation 14.1.

ANALYSE DE CORRÉLATION Nous avons vu comment on détermine l'équation de la droite qui décrit le mieux, selon le critère des moindres carrés, la relation entre deux variables. Maintenant, nous devons nous forger des mesures pour juger du degré d'association ou de corrélation existant entre les variables ou, si vous préférez, pour juger de la qualité de l'ajustement des points par la droite. Dans cette section, nous étudierons brièvement deux de ces mesures de la corrélation : le *coefficient de détermination* et le *coefficient de corrélation*.

9. En réalité, si l'échantillon est de petite taille, comme c'est le cas dans notre exemple ($n = 8$), on doit plutôt utiliser la distribution t et un facteur de correction pour établir l'intervalle de prédiction. Dans ce volume, nous ne voulons pas compliquer les choses et, par conséquent, nous ne nous soucierons pas de ces détails.

Le coefficient de détermination

Soyez sans crainte: nous n'avons pas l'intention de pousser bien loin notre étude du coefficient de détermination (symbolisé par r^2). Cependant, avant de définir cette mesure, il serait préférable d'examiner les différents termes et concepts illustrés à la figure 14.7. Supposons que nous nous servions de $\overline{Y}$, la moyenne des valeurs observées de la variable dépendante, pour prévoir la valeur de Y; dans ce cas, il faut s'attendre à ce que l'écart entre notre estimation et la valeur de Y soit considérable. Nous avons choisi un point particulier (Y), à la figure 14,7, pour vous montrer l'ampleur de l'*écart total* qui existe, dans cet exemple, entre la valeur observée de Y et $\overline{Y}$. Par contre, en utilisant la droite de régression pour estimer ou prévoir la valeur de la variable dépendante, il est possible de réduire l'écart probable entre la valeur de Y et la valeur estimée de Y. Nous pouvons remarquer, dans cette figure, que la droite de régression est plus rapprochée de la majorité des points du diagramme que ne l'est $\overline{Y}$. Donc, pour ce qui est de ce point unique (Y) de la figure, la droite de régression explique en partie l'écart entre Y et $\overline{Y}$; autrement dit, l'écart expliqué par la droite est $Y_c - \overline{Y}$. Malheureusement, la droite de régression n'explique pas entièrement l'écart entre Y et $\overline{Y}$, puisque l'écart entre Y et Y_c demeure inexpliqué.

Pour résumer, nous pouvons représenter la situation de la figure 14.7 de la façon suivante:

$$\text{Écart total} = \text{écart expliqué} + \text{écart inexpliqué}$$
$$Y - \overline{Y} = (Y_c - \overline{Y}) + (Y - Y_c)$$

Et nous pourrions exprimer comme suit la variation totale des observations dans l'ensemble du diagramme de dispersion:

$$\text{Variation totale} = \text{variation expliquée} + \text{variation inexpliquée}$$
$$\Sigma(Y - \overline{Y})^2 = \Sigma(Y_c - \overline{Y})^2 + \Sigma(Y - Y_c)^2$$

Les pièces du casse-tête étant bien assemblées, nous pouvons dès lors définir r^2. *Le coefficient de détermination est une mesure de la proportion de la variation dans la variable Y qui s'explique par la présence de la variable X (ou par la droite de régression).* Ainsi:

$$r^2 = \frac{\text{variation expliquée}}{\text{variation totale}}$$

FIGURE 14.7

Illustration des concepts d'écart total, d'écart expliqué et d'écart inexpliqué

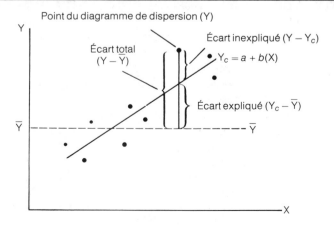

Point du diagramme de dispersion (Y)

Écart total $(Y - \overline{Y})$

Écart inexpliqué $(Y - Y_c)$

$Y_c = a + b(X)$

Écart expliqué $(Y_c - \overline{Y})$

où la variation totale $\Sigma(Y - Y_c)^2$ (revoir le tableau 14.2) est $\Sigma(y^2)$ et où la variation expliquée $\Sigma(Y_c - \overline{Y})^2$ est donnée par $b(\Sigma xy)$ – pour démontrer ce qui précède, plusieurs opérations algébriques sont nécessaires, mais nous vous épargnerons ce travail supplémentaire. Donc :

$$r^2 = \frac{b(\Sigma xy)}{\Sigma(y^2)} \tag{14.6}$$

Pour calculer le coefficient de détermination de notre exemple de la compagnie de jouets Lajoie, il suffit de se reporter au tableau 14.2 puisqu'il contient tous les éléments requis :

$$r^2 = \frac{b(\Sigma xy)}{\Sigma(y^2)} = \frac{(5,14)(185)}{968} = \frac{950,9}{968} = 0,982$$

Mais que représente la valeur r^2? Félicitations, vos questions arrivent toujours à point. Elle signifie que 98,2 % de la variation dans la variable Y est expliquée ou attribuable à la variation dans la variable X. Dans notre exemple, nous pouvons conclure que 98,2 % de la variation dans le rendement est expliqué par la variation des résultats au test. Il est évident que la valeur r^2 ne peut dépasser 1,00 (vous ne pouvez tout de même pas expliquer plus que 100 % de la variation dans Y!); la valeur 0,982 est, par conséquent, relativement grande. Si la droite de régression doit servir à faire des prévisions, il sera souhaitable que la valeur r^2 soit très grande étant donné que plus la valeur r^2 est grande, plus celle de $Sy \cdot x$ est petite. (Nous vous laissons le soin de vérifier cette dernière affirmation.)

Le coefficient de corrélation

Le coefficient de corrélation (r) constitue simplement la racine carrée du coefficient de détermination (r^2). Dans notre exemple des jouets Lajoie, le coefficient de corrélation est égal à 0,991 :

$$r = \sqrt{0,982} = 0,991$$

Le coefficient de corrélation n'est pas aussi utile que le coefficient de détermination parce qu'il représente une mesure abstraite qui ne se prête pas à une interprétation précise. (Le coefficient de corrélation est la racine carrée d'un pourcentage et ne peut donc pas être interprété en termes de pourcentage.) Le coefficient de corrélation r nous donne, par comparaison, une idée de l'importance de la liaison linéaire entre les variables X et Y. Ainsi, la valeur r se situera toujours entre -1 et $+1$. Si le coefficient de corrélation est nul, il y a *absence* de corrélation linéaire entre les deux variables; par contre, si $r = +1,00$ *ou* $-1,00$, cela signifie qu'il y a une corrélation linéaire parfaite entre X et Y. (Le signe de r sera toujours le même que le signe de b dans l'équation de régression.) Plus la valeur r se rapproche d'une des deux limites, ± 1, plus la corrélation linéaire est forte, et plus la valeur r est voisine de 0, plus la relation linéaire entre les variables est faible.

Un résumé graphique

Résumons maintenant, à l'aide de diagrammes de dispersion, certaines notions que nous avons abordées dans ce chapitre :

1. À la figure 14.8a, nous avons un exemple de *corrélation positive parfaite* : tous les points du diagramme s'alignent sur une droite de régression de pente positive. Donc, $r = +1,00$, $r^2 = 1,00$ et $Sy \cdot x = 0$ puisqu'il y a absence de dispersion autour de la droite.

2. À la figure 14.8b, nous sommes en présence d'une *corrélation négative parfaite* ; nous y trouvons les valeurs prises par différentes mesures.

3. À la figure 14.8c et 14.8d, la corrélation est positive, mais les valeurs de r et de r^2 en d sont inférieures à celles en c. Si les échelles X et Y sont les mêmes dans les deux figures et si la relation dans les deux cas est décrite par la même droite de régression, nous pouvons alors conclure que la valeur de $Sy \cdot x$ est plus grande en d qu'en c.

4. À la figure 14.8e, il y a absence de corrélation linéaire. Dans ce cas, la droite de régression est la droite $Y_c = \overline{Y}$, c'est-à-dire une droite horizontale (de pente nulle) passant par le point $(0, \overline{Y})$. Et les valeurs r et r^2 sont ici égales à 0 tandis que la valeur $Sy \cdot x$ est égale à l'écart type de la variable Y (ce qui correspond d'ailleurs à la limite supérieure de $Sy \cdot x$).

Auto-évaluation 14.3

En utilisant les réponses obtenues aux auto-évaluations 14.1 et 14.2, répondre aux questions suivantes :

1. Calculer la variation expliquée.

2. Calculer le coefficient de détermination.

3. Interpréter le coefficient de détermination.

4. Calculer le coefficient de corrélation.

ERREURS FRÉQUENTES ET LIMITES

Toutes les méthodes statistiques sont, à un moment ou l'autre, utilisées dans des circonstances inopportunes, entraînant de ce fait des interprétations erronées; l'analyse de régression et de corrélation n'échappe pas à la règle. C'est pourquoi nous vous présentons un résumé des erreurs les plus courantes.

1. *L'analyse de corrélation est utilisée, à l'occasion, pour établir une relation de cause à effet.* Le coefficient de détermination n'indique nullement la nature de la relation qui unit les deux variables; il ne fait que donner la proportion de la variation qui pourrait être expliquée *si* une relation de causalité existait.

2. *Le coefficient de corrélation est quelquefois interprété comme un pourcentage.* Il est très imprudent d'interpréter ainsi ce coefficient. Supposons que nous ayons un coefficient de corrélation de valeur 0,7. Si on fait dire à cette valeur que 70 % de la variation de Y est expliquée, on commet une erreur grossière puisque, en réalité, seulement 49 % de la variation est expliqué.

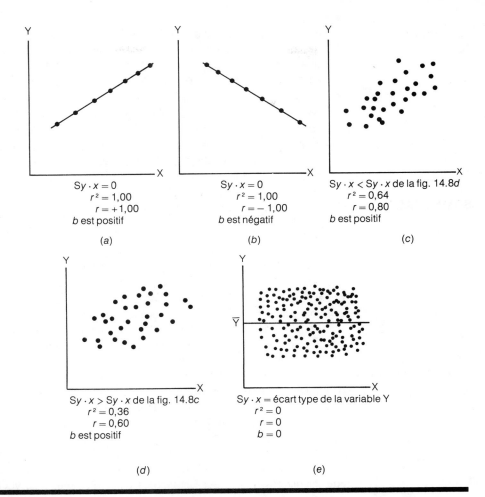

$Sy \cdot x = 0$
$r^2 = 1,00$
$r = +1,00$
b est positif

(a)

$Sy \cdot x = 0$
$r^2 = 1,00$
$r = -1,00$
b est négatif

(b)

$Sy \cdot x < Sy \cdot x$ de la fig. 14.8d
$r^2 = 0,64$
$r = 0,80$
b est positif

(c)

$Sy \cdot x > Sy \cdot x$ de la fig. 14.8c
$r^2 = 0,36$
$r = 0,60$
b est positif

(d)

$Sy \cdot x =$ écart type de la variable Y
$r^2 = 0$
$r = 0$
$b = 0$

(e)

FIGURE 14.8
Un résumé graphique

3. *Il arrive que le coefficient de détermination soit mal interprété.* En effet, d'aucuns interprètent ce coefficient comme s'il était le pourcentage de la variation de la variable dépendante dont la *cause* est imputable à la variable indépendante. Voilà un non-sens. Il faut garder en mémoire que la variation de la variable dépendante est expliquée (mais pas nécessairement causée) par la variable X.

4. *En analyse de régression, on ne peut faire légitimement des estimations au-delà de l'étendue des valeurs observées.* Il est impossible de prévoir quelle forme prendrait l'équation de régression pour des valeurs de la variable dépendante inférieures ou supérieures à celles déjà observées. Ainsi, dans l'exemple de la compagnie de jouets Lajoie, il serait insensé de croire qu'on pourrait augmenter indéfiniment le rendement des employés en ne recrutant que des candidats dont les résultats au test d'aptitudes sont de plus en plus élevés. Il existe, en effet, une certaine limite supérieure au test d'aptitudes qui ne peut être franchie et, nonobstant les capacités du candidat, celui-ci sera freiné dans son rendement par son endurance physique

limitée et par la vitesse de production de la machinerie qu'il utilise. Puisque la plus grande valeur X observée dans cet exemple est de 10, il serait audacieux de tenter une estimation de ce que pourrait être le rendement d'un employé ayant obtenu un score de 11 ou de 12 au test d'aptitudes.

5. *Si les deux variables dépendent du temps (corrélation de séries chronologiques), on ne peut pas donner une interprétation aussi précise que celle faite plus haut au coefficient de détermination.* Car les paires d'observations ne sont pas indépendantes, ce qui a pour effet d'augmenter artificiellement la valeur de r^2. Il existe des méthodes pour résoudre ce problème, mais elles dépassent le niveau de ce livre.

SOMMAIRE

On utilise fréquemment l'analyse de régression et de corrélation dans le domaine des affaires et de l'économie, en psychologie et en sciences. Elle permet, entre autres, de faire des prévisions de ventes, de prédire le succès académique d'étudiants et d'estimer le nombre d'unités pouvant être vendues à un prix donné.

L'analyse de régression vise à déterminer une équation de régression ou d'estimation qui décrit la relation fonctionnelle existant entre les variables. On recourt à cette équation de régression pour faire des prévisions, auxquelles est associée une erreur possible dont l'ampleur est déterminée par l'erreur type de l'estimation.

L'analyse de corrélation a trait à l'évaluation de mesures (le coefficient de détermination et le coefficient de corrélation) ayant pour but de refléter le degré d'association ou de corrélation qui existe entre les variables.

La première étape d'une analyse de régression et de corrélation consiste à déterminer s'il existe une relation logique entre les variables, suffisamment logique pour justifier une analyse plus approfondie. Le diagramme de dispersion est alors utile pour (1) déceler visuellement l'existence d'une relation entre les variables et (2) aider à déterminer le type d'équation (linéaire ou autre) à utiliser pour décrire la relation. Dans ce chapitre, nous avons vu comment on peut déterminer l'équation de régression linéaire simple; ensuite, nous avons appris à calculer l'erreur type de l'estimation et les coefficients r^2 et r. Si vous utilisez ces différentes mesures, vous devez cependant connaître leurs limites afin d'éviter les erreurs d'interprétation décrites dans la section précédente.

TERMES ET CONCEPTS IMPORTANTS

1. Relation
2. Corrélation et régression linéaire simple
3. Régression multiple et corrélation multiple
4. Équation de régression
5. Équation d'estimation
6. Variable dépendante
7. Variable indépendante
8. Relations de causalité
9. Fausses corrélations
10. Diagramme de dispersion
11. Analyse de régression
12. Corrélation positive
13. Corrélation négative
14. Corrélation curviligne
15. Méthode des moindres carrés
16. $Y_c = a + bX$
17. Erreur type de l'estimation
18. $Sy \cdot x = \sqrt{\dfrac{\Sigma(Y - Y_c)^2}{n - 2}}$

19. Estimation ponctuelle

20. Intervalle de prédiction

21. Coefficient de détermination

22. $r^2 = \dfrac{\text{variation expliquée}}{\text{variation totale}}$

23. $r^2 = \dfrac{b(\Sigma xy)}{\Sigma(y^2)}$

24. Coefficient de corrélation

25. Corrélation parfaite

PROBLÈMES

1. Une organisation militaire canadienne veut savoir s'il existe une relation entre le nombre de bureaux de recrutement situés dans certaines villes du pays et le nombre de nouvelles recrues dans chacune de ces villes. Le tableau ci-dessous nous montre le nombre de bureaux dans chacune des villes ainsi que le nombre de personnes enrôlées durant la dernière année.

Villes	Nombre de personnes enrôlées en 1 an	Nombre de bureaux de recrutement
Sherbrooke	20	1
Edmonton	40	2
Winnipeg	60	4
Québec	60	3
Toronto	80	5
Vancouver	100	4
Ottawa	80	5
Montréal	50	2
Regina	110	5
Calgary	30	1

a) Construire le diagramme de dispersion.

b) Déterminer l'équation de la droite de régression par la méthode des moindres carrés et tracer celle-ci sur le diagramme de dispersion.

c) Calculer l'erreur type de l'estimation.

d) Tracer sur le diagramme de dispersion les deux droites parallèles à la droite de régression délimitant les intervalles de prédiction à 95,4 %

e) Calculer les coefficients de détermination et de corrélation et interpréter ceux-ci.

f) Estimer avec une probabilité de 95,4 % le nombre de personnes que l'organisation peut s'attendre à recruter dans une ville possédant 3 bureaux de recrutement.

g) Quels facteurs, hormis le nombre de bureaux de recrutement, peuvent influer sur le nombre de nouvelles recrues dans une ville donnée?

2. Valcourt Roy est propriétaire de plusieurs stations-service Tex Tacot situées dans des artères importantes de la ville de Pompaluile. Roy voudrait savoir s'il existe une relation entre le nombre de litres d'essence vendus à chaque station, l'année dernière, et le nombre moyen de véhicules qui passent chaque jour devant chacune de ses stations. Roy a obtenu les données suivantes du Service de la Voirie de Pompaluile et de la compagnie Tex Tacot:

Emplacement des stations-service	Nombre de litres d'essence vendus (en milliers)	Nombre moyen de véhicules qui circulent quotidiennement devant l'emplacement (en centaines)
Rue Barbe	100	3
Rue Brique	112	4
Rue Gueuse	150	5
Avenue Anse	210	7
Rue Elle	60	2
Chemin Sire	85	3
Chemin Soeur	77	2

a) Construire le diagramme de dispersion.

b) Déterminer l'équation de la droite de régression et tracer celle-ci sur le diagramme de dispersion.

c) Calculer l'erreur type de l'estimation.

d) Tracer sur le diagramme de dispersion les deux droites parallèles à la droite de régression délimitant les intervalles de prédiction à 95,4 %.

e) Calculer le coefficient de détermination et interpréter celui-ci.

f) Trouver un intervalle de prédiction à 68 % pour le nombre de litres qui pourraient être vendus à une nouvelle station dans la Côte-en-Liesse. Le nombre moyen de véhicules qui circulent quotidiennement dans la Côte-en-Liesse est de 275.

3. L'infirmière-chef de l'hôpital des Saints Soins désire déterminer s'il existe une relation entre le nombre de jours qu'un patient passe à l'hôpital et le nombre de visites que doit lui faire l'infirmière dans une période de 24 heures. L'infirmière-chef a compilé les données suivantes :

Patients	Nombre de jours aux Saints Soins	Nombre total de visites de l'infirmière
Mme L'Heureux	2	2
M. Lacharité	4	3
M. Lavigueur	5	3
Mme Lajoie	6	4
Mme Ladouceur	3	2
Mme Letendre	15	10
M. Latendresse	7	5
M. Lespérance	15	11
Mme Labonté	2	1

a) Construire le diagramme de dispersion.

b) Déterminer l'équation de la droite de régression et tracer celle-ci sur le diagramme de dispersion.

c) Calculer l'erreur type de l'estimation.

d) Tracer sur le diagramme de dispersion les deux droites parallèles à la droite de régression délimitant les intervalles de prédiction à 95,4 %.

e) Calculer le coefficient de détermination et interpréter celui-ci.

4. La compagnie Monnaie Courante inc. gère des machines distributrices de café dans plusieurs immeubles de bureaux. La compagnie veut étudier la relation — s'il en existe une — entre le nombre de tasses de café vendues quotidiennement et le nombre de personnes travaillant dans les bureaux de l'immeuble. Elle a, pour ce faire, recueilli les données qui sont présentées dans le tableau ci-dessous:

Immeubles où sont situées les machines distributrices	Nombre de tasses de café vendues quotidiennement dans ces immeubles	Nombre de personnes travaillant dans ces immeubles
1	10	5
2	20	6
3	30	14
4	40	19
5	30	15
6	20	11
7	40	18
8	40	22
9	50	26
10	10	4

a) Construire le diagramme de dispersion.

b) Déterminer l'équation de la droite de régression et tracer celle-ci sur le diagramme de dispersion.

c) Calculer l'erreur type de l'estimation.

d) Tracer sur le diagramme de dispersion les deux droites parallèles à la droite de régression délimitant les intervalles de prédiction à 95,4 %.

e) Calculer les coefficients de détermination et de corrélation et interpréter ceux-ci.

QUESTIONS DE COMPRÉHENSION

1. Quels sont les objectifs de l'analyse de régression et de corrélation?

2. Quel type de relation existe-t-il entre les paires de variables suivantes?

   a) Les ventes d'essence et le nombre d'automobiles.

   b) Les ventes d'essence et les ventes d'huile à moteur.

   c) Les ventes d'essence et le nombre de livres de la Bibliothèque nationale.

3. Quelle est la fonction du diagramme de dispersion?

4. Discuter l'utilisation de l'équation de régression comme outil de prévision.

5. Comment intervient l'erreur type de l'estimation dans l'élaboration de prédictions basées sur l'équation de régression?

6. Que signifie l'expression « analyse de régression linéaire simple »?

7. Comment doit-on interpréter le coefficient de détermination?

8. Énoncer les erreurs commises le plus fréquemment dans l'interprétation des résultats d'une analyse de corrélation.

9. Quelle est la relation entre les valeurs de r^2 et de $S_{y \cdot x}$?

10. L'erreur type de l'estimation est semblable à plusieurs égards à l'écart type. Discuter cette affirmation.

14.1

Y	X	y $(Y - \overline{Y})$	x $(X - \overline{X})$	xy	x^2	y^2
255	5	52	1	52	1	2 704
100	2	− 103	− 2	206	4	10 609
307	6	104	2	208	4	10 816
150	3	− 53	− 1	53	1	2 809
812	16			519	10	26 938

$\overline{Y} = 203 \qquad \overline{X} = 4$

1. a) $\Sigma(xy) = 519$
   b) $\Sigma(x^2) = 10$

2. $Y_c = a + bX$

$b = \dfrac{\Sigma(xy)}{\Sigma(x^2)} = \dfrac{519}{10} = 51,9$

$a = \overline{Y} - b\overline{X} = 203 - 51,9(4) = -4,6$

3. $Y_c = -4,6 + 51,9(4)$
   $= -4,6 + 207,6$
   $= 203$

14.2

1. 26 938

2. $Sy \cdot x = \sqrt{\dfrac{\Sigma(y^2) - (b)\,(\Sigma xy)}{n - 2}}$

$= \sqrt{\dfrac{26\,938 - (51,9)(519)}{2}}$

$= \sqrt{\dfrac{1,9}{2}} = 0,97$

3. $203 \pm 1,00(0,97)$
   202,03 à 203,97

14.3

1. Variation expliquée $= b(\Sigma xy) = (51,9)\,(519) = 26\,936,1$

2. $r^2 = \dfrac{26\,936,1}{26\,938,0} = 0,999$

3. Nous pouvons affirmer que 99,9 % de la variation de Y est expliqué par la variation de X.

4. $r = \sqrt{0,999} \doteq 0,999$

PARTIE 4

SUJETS DIVERS

On a pu lire le commentaire suivant sur une affiche placée dans la vitrine d'un magasin :

> *Nos dévoués employés mettent tout en oeuvre pour affronter les diverses situations, répondre aux questions avant qu'elles ne soient posées et résoudre les problèmes dès qu'ils se présentent. Cependant, lorsque vous avez un taureau qui vous colle au...* [partie de l'anatomie que nous ne pouvons mentionner] *avouez qu'il est difficile de garder à l'esprit que vous étiez dans le champ pour cueillir des marguerites.*

Lorsque vous vous êtes efforcés de comprendre le contenu des chapitres précédents, vous avez sûrement vécu, à quelques reprises, des moments de découragement; vous vous êtes peut-être demandé pourquoi vous deviez, dans un seul et même cours, apprendre tout ce qui touche les statistiques. Vous considérez peut-être que le commentaire de l'affiche est pertinent et qu'il décrit parfaitement le sentiment que vous avez éprouvé quelquefois. Néanmoins, vous serez peinés (ou soulagés) d'apprendre que, dans ce livre, nous n'avons qu'effleuré certaines notions de base dans les domaines de la statistique et des méthodes quantitatives.

Nous ne pouvons pas, dans cette dernière partie du livre, examiner en détail plusieurs méthodes d'analyse quantitative que nous n'avons pu traiter jusqu'à maintenant; cependant, nous ne pouvons pas, non plus, conclure sans aborder l'étude de certains outils statistiques additionnels dont peut tirer profit le décideur. L'étude portera donc sur le cadre d'utilisation de ces nouvelles techniques quantitatives et sur leurs limites.

Dans les chapitres 7 à 10, nous avons fait des inférences et pris des décisions en utilisant des méthodes d'estimation et des techniques permettant de tester des hypothèses. Toutefois, avant d'utiliser ces techniques, nous avons dû faire certaines hypothèses concernant la forme de diverses distributions d'échantillonnage ou des distributions des populations d'où nous prélevions les échantillons; en fait, ces techniques ne sont valables que dans le cadre de ces hypothèses. Par contre, on peut utiliser une foule de méthodes statistiques importantes sans qu'il soit nécessaire pour autant de faire des hypothèses concernant la forme d'une distribution : ce sont les méthodes non paramétriques. En d'autres termes, ces méthodes permettent au décideur de tester des hypothèses dans un cadre non restrictif. Nous aurions pu, assurément, examiner ces tests non paramétriques dans la partie 2, mais nous avons préféré aborder ce sujet dans la dernière partie.

Nous décrirons brièvement quelques outils statistiques plus avancés dans le dernier chapitre. Les chapitres de la partie 4 sont les suivants :

15.   Méthodes statistiques non paramétriques.

16.   Est-ce bien la fin?

CHAPITRE 15

MÉTHODES STATISTIQUES NON PARAMÉTRIQUES

OBJECTIFS D'APPRENTISSAGE

Après avoir lu attentivement ce chapitre, résolu les problèmes et répondu aux questions de compréhension, vous devriez pouvoir :

☞ déterminer dans quelles situations on doit utiliser les méthodes non paramétriques;

☞ effectuer le test du signe sur de petits et de grands échantillons;

☞ appliquer le test de Wilcoxon à de petits échantillons;

☞ utiliser le test de Mann-Whitney pour déterminer si deux petits échantillons indépendants proviennent de populations identiques;

☞ déterminer, à l'aide du test des séquences, si dans une petite suite d'observations, celles-ci se sont présentées aléatoirement ou si elles ont suivi une structure quelconque;

☞ calculer le coefficient de corrélation de rang de Spearman et vérifier à l'aide d'un test si cette mesure est significative.

CONTENU DU CHAPITRE

CONCEPTS GÉNÉRAUX

La plupart des techniques statistiques que nous avons examinées aux chapitres 7, 8, 9 et 10 s'appuyaient sur une hypothèse de normalité des distributions des populations données. Cela, sans doute, était suffisant pour rendre certaines personnes (vous, peut-être!) sceptiques quant à l'importance qu'on doit accorder à ces techniques puisqu'on ne peut effectivement pas prétendre que toutes les distributions des populations possibles sont normales. On ne peut nier le fait qu'il faut se montrer prudent dans l'utilisation de ces techniques! La validité des inférences réalisées dans ces chapitres reposait en grande partie sur la justesse de certaines hypothèses[1] concernant (1) la forme des différentes distributions d'échantillonnage des statistiques échantillonnales ou la forme de la distribution de la population et (2) la relation entre ces distributions de probabilités et les paramètres de la population. (Ceux et celles qui se sentiraient au bord d'une crise d'anxiété sont priés de revoir le théorème central de la limite au chapitre 6.)

Dans ce chapitre, nous examinerons certaines *statistiques non paramétriques, c'est-à-dire des statistiques qui ne requièrent pas que l'on pose des hypothèses touchant la distribution de la population*. Nous pourrons, à partir de statistiques non paramétriques, faire des inférences *sans tenir compte* de la forme de la distribution des populations d'où proviennent les échantillons. Dans les chapitres précédents, nous utilisions des statistiques paramétriques pour faire des inférences et, par conséquent, la validité de celles-ci reposait sur la vraisemblance de certaines hypothèses restrictives.

Sans le mentionner, nous avons déjà utilisé des techniques non paramétriques. Vous êtes surpris? Au chapitre 11, les méthodes du khi-carré constituaient fondamentalement des techniques non paramétriques. Nous y employions la méthode du khi-carré pour comparer des fréquences observées (échantillon) avec des fréquences théoriques espérées (selon l'hypothèse nulle); ces fréquences espérées ne suivaient pas nécessairement un type particulier de distribution.

---

1. Un statisticien et son épouse, un jour, échouèrent sur une île déserte. À sa femme qui lui demandait comment ils rejoindraient la civilisation, le statisticien répondit: « Supposons que nous ayons un bateau. . . »

L'utilité des techniques non paramétriques

Quand devrait-on utiliser les méthodes non paramétriques? *On devrait utiliser ces méthodes lorsque l'une ou l'autre des situations suivantes se présentent*:

1. Lorsque la taille de l'échantillon est trop petite pour qu'on puisse prétendre raisonnablement que les distributions d'échantillonnage des statistiques sont approximativement normales et lorsqu'il est impossible de faire des hypothèses concernant la forme de la distribution de la population d'où a été prélevé l'échantillon.

2. Lorsqu'on analyse des *données ordinales*. (On appelle donnée ordinale toute donnée indiquant le *rang* qu'occupe un élément à l'intérieur d'un ensemble. On obtient donc des données ordinales en effectuant un classement selon un critère bien défini et en assignant aux divers éléments le rang qu'ils occupent dans un ensemble.)

3. Lorsqu'on analyse des *données nominales*. (On appelle données nominales des données classées selon certaines catégories ayant leurs caractères propres; chaque donnée entre dans une seule catégorie. Par exemple, on obtiendrait des données nominales en « classant » les individus d'un groupe selon leur sexe, « homme » ou « femme ».)

Les limites du chapitre

Malheureusement, il est impossible de traiter ici toutes les méthodes non paramétriques; en effet, le sujet est très vaste et exigerait la rédaction d'un volume à lui seul (de plus, nous sentons grandir en vous le désir d'en finir au plus tôt). Par conséquent, nous nous en tiendrons, dans ce chapitre, à certaines des techniques non paramétriques parmi celles que l'on emploie le plus fréquemment[2]. Ces techniques sont (1) *le test du signe*, (2) *le test de Wilcoxon*, (3) *le test de Mann-Whitney*, (4) *le test des séquences* et (5) *le coefficient de corrélation de rang de Spearman*. Toutes ces techniques peuvent s'appliquer aussi bien à de petits qu'à de grands échantillons; cependant, nous nous limiterons presque exclusivement à l'examen de situations comportant de petits échantillons.

LE TEST DU SIGNE

On emploie le test du signe pour comparer des paires de données ordinales provenant de deux classements effectués sur un seul groupe d'individus ou sur deux groupes qui sont en relation. Le test vise à déterminer s'il existe des différences significatives entre des paires d'observations, sans tenir compte de la grandeur des différences observées. *Le test du signe repose sur le signe, positif ou négatif, des différences observées entre des paires de données ordinales*. Dans ce test, on considère essentiellement le sens des différences sans se préoccuper de leur grandeur.

---

2. Pour ceux et celles qui aimeraient approfondir le sujet, il existe plusieurs volumes consacrés aux méthodes non paramétriques. Vous pouvez consulter, par exemple, le livre de W.J. Conover, *Practical Nonparametric Statistics*, New York, John Wiley & Sons, Inc., 1971.

Le test du signe appliqué à de petits échantillons

Considérons la situation suivante. Poulet Ailé, une chaîne nationale de restaurants à service rapide, a mis au point une nouvelle recette de panure pour son poulet et le service de marketing veut savoir si cette nouvelle panure a meilleur goût que celle utilisée à l'heure actuelle. À ce stade du développement du produit, le service de marketing n'est pas intéressé à quantifier l'amélioration obtenue au niveau de la saveur du produit.

Dix consommateurs sont choisis au hasard pour prendre part à un test de goût. Dans une première étape, chaque consommateur goûte un morceau de poulet enrobé de l'ancienne panure et lui accorde une cote de 1 à 10; la cote 1 signifie très mauvais goût et la cote 10, très bon goût. Dans une deuxième étape, le même consommateur mange un morceau de poulet frit avec la nouvelle panure et accorde une deuxième cote sur l'échelle de 1 à 10 selon son appréciation. Les données recueillies apparaissent au tableau 15.1.

TABLEAU 15.1

Cotes accordées par 10 consommateurs au poulet enrobé de l'ancienne panure et au poulet enrobé de la nouvelle panure (une cote de 10 signifie « très bon goût » et une cote de 1 signifie « très mauvais goût »)

| Consommateurs | Cotes de saveur | | Signe de la différence entre la nouvelle et l'ancienne panure $(y - x)$ |
	Ancienne panure (x)	Nouvelle panure (y)	
M. Leboeuf	3	9	+
M. Guindon	5	5	0
Mme Loiseau	3	6	+
M. Papillon	1	3	+
Mme Lelièvre	5	10	+
M. Cauchon	8	4	−
M. Vacher	2	2	0
Mme Poulin	8	5	−
Mme Lecoq	4	6	+
M. Pouliot	6	7	+

n = nombre d'observations retenues pour analyse
  = nombre de signes plus + nombre de signes moins
  = 6 + 2
  = 8

r = nombre de signes apparaissant le moins souvent
  = 2

Que pouvons-nous conclure de cette étude de marché? S'il n'y a vraiment aucune différence de goût entre les deux panures, nous pouvons nous attendre à ce que, dans un grand échantillon, le nombre de consommateurs préférant la nouvelle panure soit égal au nombre de consommateurs donnant une meilleure cote à l'ancienne panure. En d'autres mots, s'il n'y a pas de différence significative entre les deux panures, on doit s'attendre à ce que la médiane des différences entre les cotes accordées aux deux panures soit égale à zéro. Ceci implique donc que la probabilité de choisir un consommateur qui apprécie davantage la nouvelle panure serait, dans cette éventualité, égale à la probabilité de sélectionner un consommateur qui affirme que la nouvelle panure a moins bon goût que l'ancienne.

Énoncer l'hypothèse nulle et l'hypothèse alternative. Le test du signe ne diffère pas des autres tests d'hypothèses : la première étape consiste toujours à énoncer les hypothèses nulle et alternative. Nous devons décider, encore une fois, si le test sera unilatéral ou bilatéral, avant, bien sûr, d'établir l'hypothèse alternative.

L'*hypothèse nulle* soumise au test, dans notre exemple, stipule que les nouveaux ingrédients n'ont aucun effet sur la saveur du poulet : dans un test de goût effectué par un échantillon de consommateurs choisis au hasard, la probabilité d'avoir un signe positif indiquant une saveur améliorée est aussi grande que la probabilité d'avoir un signe négatif signifiant une diminution de la saveur. L'*hypothèse alternative*, pour sa part, stipule que la nouvelle panure améliore le goût. Le test est unilatéral à droite et l'hypothèse alternative prétend qu'il y a plus de 50 % des chances pour qu'une personne choisie au hasard affirme que la nouvelle panure a meilleur goût que l'ancienne. Les hypothèses peuvent se formuler de la façon suivante :

$$H_0 : p = 0,5$$
$$H_1 : p > 0,5$$

où p est la probabilité qu'une personne choisie au hasard préfère la nouvelle panure.

Choisir le seuil de signification. Après avoir énoncé les hypothèses nulle et alternative, la deuxième étape consiste à établir le critère permettant, selon les cas, de rejeter ou d'accepter l'hypothèse nulle. Supposons que, dans notre exemple, le risque désiré de rejet à tort d'une hypothèse nulle vraie soit de 5 %. Donc, le seuil de signification du test est $\alpha = 0,05$.

Déterminer le signe des différences entre les paires d'observations. Les hypothèses nulle et alternative ont été énoncées et le seuil de signification est maintenant choisi; la troisième étape consiste à soustraire, à l'intérieur de chaque paire d'observations, la première observation de la deuxième et à noter le signe de cette différence, positif (une saveur améliorée) ou négatif (une perte de saveur). On retrouve dans la dernière colonne du tableau 15.1 le signe des différences pour chacun des consommateurs ayant participé à l'expérience; il est à remarquer que la cote accordée à l'ancienne panure est *soustraite* de celle accordée à la nouvelle panure. M. Leboeuf, par exemple, a donné une *meilleure* ou plus grande cote à la nouvelle panure qu'à l'ancienne; par conséquent, le signe de la différence est positif. Lorsqu'il y a égalité des cotes, on inscrit zéro à la ligne appropriée dans la colonne des signes des différences.

Dénombrer la fréquence des signes. L'étape suivante consiste à dénombrer les signes plus, les signes moins et les zéros. Dans la dernière colonne du tableau 15.1, il y a 6 plus, 2 moins et 2 zéros : 6 consommateurs ont affirmé que la nouvelle panure avait meilleur goût, 2 ont dit que l'ancienne était plus savoureuse tandis que 2 autres consommateurs n'ont pu déceler de différence de goût entre les deux panures. Après avoir trouvé le nombre de plus et le nombre de moins, *nous symboliserons par r le plus petit de ces nombres.* Dans le cas qui nous intéresse ici, r est égal à 2 puisque le nombre de signes négatifs est égal à 2 et ce nombre est plus petit que le nombre de signes positifs qui est égal à 6.

Juger de la vraisemblance des résultats échantillonnaux. Les seuls sujets ou paires d'observations qui seront retenus pour l'analyse sont ceux dont l'appréciation du goût est marquée, dans un sens ou dans l'autre, c'est-à-dire ceux dont la différence des cotes est soit négative, soit positive. Dans notre exemple, seulement 8 des 10 paires d'observations sont retenues pour l'analyse et c'est pourquoi $n = 8$. (Les réponses de M. Guindon et de M. Vacher ne sont pas prises en considération dans l'analyse parce qu'elles ne favorisent ni l'une ni l'autre des deux panures.) Si l'hypothèse nulle est vraie, on devrait idéalement retrouver parmi les 8 paires d'observations 4 paires dont la différence est positive et 4 paires dont la différence est négative. Étant donné qu'on trouve 2 différences négatives dans le tableau 15.1, une question se pose dans le cadre du test unilatéral à droite proposé : quelle est la probabilité d'observer, parmi 8 sujets, 2 sujets dont la différence des cotes est négative lorsque l'hypothèse nulle est vraie (selon l'hypothèse nulle, on devrait idéalement retrouver, dans un échantillon aléatoire, 50 % des sujets interrogés préférant l'ancienne panure — différence négative — et 50 % des sujets favorisant la nouvelle — différence positive)? Pour répondre à cette question, il faut recourir à la distribution binômiale de probabilités (si n est petit) et consulter l'Annexe 1[3]. Dans notre exemple, 8 sujets ont été retenus pour l'analyse. Par conséquent, dans la table, il faut d'abord repérer la section où $n = 8$. Ceci fait, il faut ensuite se diriger vers la colonne correspondant à $p = 0,50$ — la valeur de p selon l'hypothèse nulle. Nous voyons, dans cette colonne, que la probabilité d'observer *au plus* 2 sujets parmi 8 pour lesquels la différence de cotes est négative est de 0,1445 : on obtient ce résultat en faisant la somme des probabilités d'observer 0 sujet parmi 8 (0,0039), 1 sujet parmi 8 (0,0312) et 2 sujets parmi 8 (0,1094). Autrement dit, s'il n'y a réellement aucune différence de goût entre l'ancienne et la nouvelle panure, la probabilité que, dans un groupe de 8, au plus 2 sujets affirment qu'il y a perte de saveur n'est que de 14,5 %.

Tirer la conclusion statistique appropriée concernant l'hypothèse nulle. Nous devons maintenant répondre à la question suivante : la probabilité du résultat échantillonnal étant de 0,1445, devons-nous accepter l'hypothèse nulle selon laquelle il n'y a pas de différence significative entre les cotes accordées par les consommateurs? La probabilité d'obtenir 2 consommateurs parmi 8 réagissant négativement à la nouvelle panure n'est pas particulièrement grande; cependant, elle est nettement supérieure (0,1445) au seuil de signification de 0,05, seuil que nous avons choisi précédemment. Seule une probabilité du résultat échantillonnal inférieure à 0,05 aurait pu entraîner le rejet de l'hypothèse nulle.

---

3. Lorsque la taille de l'échantillon est suffisamment grande ($n \geqslant 30$), on peut utiliser l'approximation de la distribution binômiale par la normale. En effet, lorsque $n > 30$, l'erreur engendrée par l'utilisation de la normale pour évaluer approximativement la binômiale dans un test du signe est négligeable.

En résumé, la *règle de décision* pour un test du signe portant sur un petit échantillon est la suivante:

accepter H_0 si $\alpha \leqslant$ la probabilité du résultat échantillonnal

ou

rejeter H_0 et accepter H_1 si $\alpha >$ la probabilité du résultat échantillonnal

Puisque, dans notre exemple, $0,05 < 0,1445$, nous devons donc accepter l'hypothèse nulle et conclure que la nouvelle panure n'est pas, de façon significative, meilleure au goût que l'ancienne [4].

Le test du signe appliqué à de grands échantillons

Lorsque la taille de l'échantillon est suffisamment grande pour permettre l'approximation par la normale de la distribution binômiale, les règles de décision présentées au chapitre 8 s'appliquent; le rapport critique (la valeur Z) du test du signe est alors le suivant:

$$RC = \frac{2R - n}{\sqrt{n}} \qquad (15.1)$$

où R = nombre de signes positifs
n = nombre de paires d'observations retenues pour analyse

Supposons, pour notre problème du Poulet Ailé, que 33 consommateurs aient participé au test de goût. Supposons, de plus, que les résultats du test soient les suivants:

$$\left. \begin{array}{l} \text{nombre de différences } + = 18 \\ \text{nombre de différences } - = 12 \end{array} \right\} n = 30$$
$$\underline{\text{nombre de différences } 0 = 3}$$
$$\text{total} = 33$$

Considérons, encore une fois, un test unilatéral à droite; les hypothèses sont donc les mêmes que précédemment. À un seuil de signification de 0,05, la règle de décision appropriée prendra la forme suivante:

accepter H_0 si $RC \leqslant 1,64$

ou

rejeter H_0 et accepter H_1 si $RC > 1,64$

---

4. Si le test avait été bilatéral, nous aurions doublé les probabilités obtenues dans la table de la distribution binômiale avant d'appliquer la règle de décision du test. Ainsi, dans notre exemple, pour un test bilatéral, la probabilité du résultat échantillonnal aurait été le double de 0,1445, ou 0,2890.

Le calcul du rapport critique se fait de la façon suivante:

$$RC = \frac{2R - n}{\sqrt{n}}$$

$$= \frac{2(18) - 30}{\sqrt{30}}$$

$$= \frac{36 - 30}{5,477}$$

$$= 1,095$$

Puisque $1,095 < 1,64$, l'hypothèse nulle doit être acceptée. La conclusion finale du test est donc qu'il n'existe pas de différence significative entre les cotes accordées aux deux panures.

La figure 15.1 résume les différentes étapes du test du signe présenté dans cette section.

Auto-évaluation 15.1

1. Qu'est-ce qu'un test du signe?

2. Le test du signe est toujours un test unilatéral. Discuter cette affirmation.

3. Dans un test du signe, combien d'observations sont effectuées sur chacun des sujets faisant partie de l'échantillon?

4. Quelle est l'hypothèse nulle d'un test du signe?

5. *a)* Lorsque la taille de l'échantillon est petite, quelle distribution de probabilités faut-il utiliser pour tester les hypothèses d'un test du signe?

   b) Quelle distribution faut-il utiliser lorsque la taille de l'échantillon est supérieure à 30?

6. *a)* Si, parmi les différences entre les paires de données dans un test du signe, on retrouve 5 différences positives, 7 différences négatives et 6 zéros, alors $n = 18$ et $r = 7$. Vrai ou faux?

   b) Si, à partir des données de *a*, on effectue un test unilatéral à droite à un seuil de 0,10, doit-on accepter ou refuser l'hypothèse nulle?

7. Dans un test du signe, 16 différences entre les paires de données utilisées sont positives, 26 sont négatives et 4 sont nulles. Quelle serait la décision statistique d'un test bilatéral effectué à un seuil de signification de 0,05?

LE TEST DE WILCOXON

Dans un test du signe, on porte l'accent sur le *signe* des différences entre des paires d'observations. Mais dans le test de Wilcoxon (Frank Wilcoxon est le statisticien qui, le premier, élabora ce test dans les années 1940), il n'en va pas tout à fait ainsi; en effet, on prend en considération aussi bien la *grandeur* que le signe pour déterminer s'il existe une différence significative parmi les paires d'observations obtenues à partir d'un échantillon ou de deux échantillons dépendants. On effectue donc un test de Wilcoxon lorsqu'on veut tenir compte, dans la prise de décision, de la *grandeur* et du signe des différences entre les paires de données.

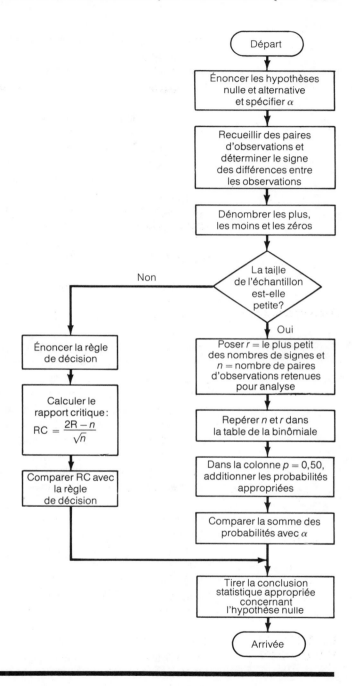

FIGURE 15.1

**Méthode pour effectuer
un test du signe**

**La démarche du
test de Wilcoxon**

Pour illustrer la démarche à suivre dans un test de Wilcoxon, nous examinerons sous un autre angle l'exemple du Poulet Ailé. Le directeur de cette entreprise veut maintenant juger de la qualité de sa nouvelle panure en s'appuyant non seulement sur le nombre de personnes qui disent préférer celle-ci, mais aussi sur le degré d'amélioration qu'apporte cette nouvelle panure selon les consommateurs. Le test de Wilcoxon est alors tout à fait approprié. Les données dont nous nous servirons pour effectuer ce test sont tirées du tableau 15.1; elles réapparaissent au tableau 15.2.

Énoncer les hypothèses et choisir α. Comme vous l'avez deviné, nous devons en premier lieu énoncer les hypothèses devant être testées et choisir le seuil de signification. Dans la situation qui nous intéresse, l'hypothèse nulle prétend qu'il n'existe aucune différence de saveur entre les deux panures. Par conséquent, dans un échantillon de grande taille, le nombre de signes positifs devrait être égal au nombre de signes négatifs. Puisqu'ici le test est unilatéral à droite, l'hypothèse alternative dit que la saveur de la nouvelle panure est supérieure à celle de l'ancienne panure. Nous pouvons formuler ces deux hypothèses de la façon suivante :

H_0 : les deux panures sont aussi savoureuses (ou dégueulasses?) l'une que l'autre
H_1 : la nouvelle panure a meilleur goût que l'ancienne

Dans cet exemple, nous effectuerons le test au seuil de signification de 0,01.

Déterminer la grandeur et le signe des différences entre les paires d'observations. Les hypothèses sont maintenant clairement énoncées et le seuil de signification du test est choisi. La prochaine étape consiste à traiter les données brutes pour en retirer l'information nécessaire au test. On retrouve dans la troisième colonne du tableau 15.2 la *grandeur* et le *signe* des différences observées à l'intérieur de chacune des paires de données. Par exemple, M. Cauchon a donné une cote de 8 à l'ancienne panure et a jugé que la nouvelle ne méritait que 4. Par conséquent, la différence observée dans ce cas est de −4 et c'est cette différence qui apparaît vis-à-vis de M. Cauchon dans la troisième colonne du tableau 15.2. On a effectué le même calcul pour obtenir les différences associées à chacun des autres consommateurs.

Ordonner les différences sans tenir compte de leurs signes. À ce stade-ci, il faut *ignorer* les signes des différences apparaissant dans la colonne 3 et attribuer un rang aux valeurs *absolues* des différences en assignant le rang 1 à la *plus petite* différence; la deuxième plus petite valeur a le rang 2, et ainsi de suite. (Les différences de zéro seront toujours ignorées.) Dans notre exemple, M. Papillon et Mme Lecoq sont à égalité au deuxième et au troisième rang avec une différence de 2 : nous accorderons à chacun d'eux le rang 2,5, c'est-à-dire la moyenne arithmétique des rangs 2 et 3. Cette démarche doit se continuer jusqu'à ce que toutes les différences aient un rang.

Accoler le signe à chacun des rangs. Cette étape consiste à *accoler le signe de chaque différence* (voir la colonne 3 du tableau 15.2) *au rang correspondant*. Les résultats de cette étape se trouvent dans les deux dernières colonnes du tableau 15.2. Ainsi, la différence des cotes accordées par Mme Lelièvre occupe le rang 7; puisque la différence est positive, on retrouve dans la cinquième colonne du tableau 15.2 un +7 vis-à-vis de Mme Lelièvre. On obtient de la même façon les rangs accompagnés du signe approprié pour chacun des autres consommateurs.

TABLEAU 15.2
Calculs requis pour un test de Wilcoxon

Consommateurs	(1) Cotes de l'ancienne panure	(2) Cotes de la nouvelle panure	(3) Différence : cote de la nouvelle panure moins cote de l'ancienne	(4) Rang sans tenir compte du signe	(5) (6) Rang avec signe	
					positif	négatif
M. Leboeuf	3	9	+6	8	+ 8	
M. Guindon	5	5	0	(ignoré)		
Mᵐᵉ Loiseau	3	6	+3	4,5	+ 4,5	
M. Papillon	1	3	+2	2,5	+ 2,5	
Mᵐᵉ Lelièvre	5	10	+5	7	+ 7	
M. Cauchon	8	4	−4	6		− 6
M. Vacher	2	2	0	(ignoré)		
Mᵐᵉ Poulin	8	5	−3	4,5		− 4,5
Mᵐᵉ Lecoq	4	6	+2	2,5	+ 2,5	
M. Pouliot	6	7	+1	1	+ 1	
					+25,5	−10,5

n = nombre d'observations retenues pour analyse
   = nombre de signes plus + nombre de signes moins
   = 6 + 2
   = 8

T = plus petite des deux sommes de rangs
   = 10,5

Faire la somme des rangs. Avant d'effectuer le test d'hypothèses, il nous reste une dernière étape à franchir. Il s'agit d'additionner, d'une part, tous les rangs positifs et, d'autre part, tous les rangs négatifs. *On appelle la plus petite des deux sommes obtenues la valeur T calculée.* Puisque la somme des rangs négatifs est de 10,5 tandis que la somme des rangs positifs est de 25,5, la somme de 10,5 constitue alors notre valeur T calculée. (Si vos calculs sont bons, la somme de tous les rangs positifs et négatifs — 25,5 + 10,5 — devrait être égale à la somme de tous les rangs de la colonne 4 du tableau 15.2.)

Tirer la conclusion statistique appropriée concernant l'hypothèse nulle. Nous sommes maintenant en mesure de tester la validité de l'hypothèse nulle en comparant la valeur T calculée avec la valeur appropriée de la table de T correspondant au seuil de signification du test. En admettant que l'hypothèse nulle soit vraie, la table de T présentée à l'Annexe 8 nous donne les valeurs de T correspondant aux seuils α de 0,01 et 0,05 et ce, aussi bien pour un test bilatéral que pour un test unilatéral. Puisque dans l'échantillon il y a 8 rangs (les différences nulles sont ignorées), notre n est donc égal à 8. Pour un test unilatéral avec $n = 8$ et $\alpha = 0,01$, la valeur T dans la table est de 1. *Si la valeur T calculée est inférieure ou égale à la valeur de T dans la table, l'hypothèse nulle doit être rejetée.* Puisque notre valeur T calculée est égale à 10,5 et puisque cette statistique est supérieure à 1, la valeur T de la table, l'hypothèse nulle est acceptée. On doit donc conclure que le poulet enrobé de la nouvelle panure n'est pas selon les consommateurs significativement plus savoureux que le poulet enrobé de l'ancienne panure. Pour vous aider, nous vous présentons d'une façon résumée, à la figure 15.2, la démarche à suivre pour réaliser un test de Wilcoxon.

FIGURE 15.2

Méthode pour effectuer un test de Wilcoxon

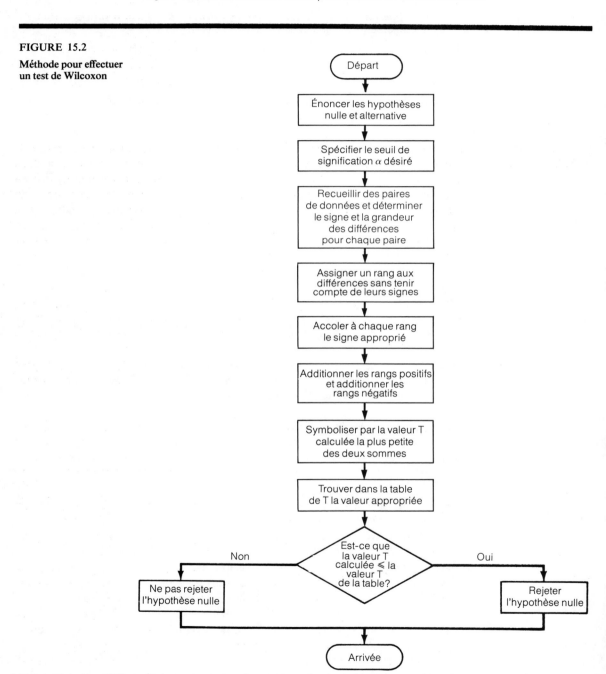

Auto-évaluation 15.2

1. En quoi le test de Wilcoxon diffère-t-il du test du signe?

2. Quelle est l'hypothèse nulle dans un test de Wilcoxon?

3. Dans un test de Wilcoxon, lorsque vient le temps d'assigner un rang à toutes les différences parmi les paires d'observations, on doit tout d'abord ignorer le signe de ces différences. Vrai ou faux?

4. Si la somme des rangs positifs et la somme des rangs négatifs sont respectivement de 25 et de 20, alors la valeur T calculée est de 25. Vrai ou faux?

5. Quelle est la valeur T critique pour un test bilatéral avec $n = 32$ et $\alpha = 0,05$?

6. Si la valeur T calculée est inférieure à la valeur T de la table, on doit alors rejeter l'hypothèse nulle. Vrai ou faux?

LE TEST DE MANN-WHITNEY

Le test du signe et le test de Wilcoxon que nous avons vus étaient employés dans des situations où les paires d'observations provenaient d'un échantillon unique ou de deux échantillons dépendants. Nous verrons maintenant comment tester une hypothèse nulle qui spécifie qu'il n'y a pas de différence significative entre deux ensembles de données lorsque celles-ci proviennent de deux échantillons *indépendants*; le test approprié est alors celui de Mann-Whitney. Ce test est souvent appelé le test U parce que la statistique calculée pour tester la validité de l'hypothèse nulle est symbolisée par la lettre U.

La démarche du test de Mann-Whitney

Considérons la situation suivante: le président de l'association des gradués d'une école d'études commerciales compile présentement certaines données concernant les étudiants ayant gradué 10 ans auparavant. En s'appuyant sur les résultats d'une enquête menée auprès de ceux-ci, le président voudrait déterminer si le revenu annuel des personnes diplômées en marketing est aujourd'hui supérieur à celui des diplômés en administration. Huit ($n_1 = 8$) diplômés en marketing et 12 ($n_2 = 12$) diplômés en administration ont répondu au questionnaire qui leur avait été posté et les revenus annuels de ces 20 personnes apparaissent dans le tableau 15.3.

TABLEAU 15.3
Données pour le test de Mann-Whitney

Revenus annuels de personnes ayant gradué en marketing et en administration, il y a 10 ans

Diplômés en marketing	Revenus annuels (en milliers $)	Rang du revenu	Diplômés en administration	Revenus (en milliers $)	Rang du revenu
D. Rondeau	22,4	15	A. Brosseau	21,9	14
A. Bureau	17,8	3	N. Parizeau	16,8	1
J. Duranleau	26,5	16	C. Juneau	28,0	17
D. Rousseau	19,3	8	A. Trudeau	19,5	10
V. Garneau	18,2	5,5	P. Boileau	18,2	5,5
F. Pomerleau	21,1	13	V. Cointreau	17,9	4
K. Verreau	19,7	11	E. Filteau	35,8	19
S. Gareau	43,5	20	T. Moreau	20,5	12
			T. Lebeau	18,7	7
			C. Labelle	19,4	9
			J. Loiselle	17,3	2
			L. Ratelle	32,9	18
$n_1 = 8$		$R_1 = 91,5$	$n_2 = 12$		$R_2 = 118,5$

Énoncer les hypothèses et choisir α. La première étape de tous les tests d'hypothèses consiste à énoncer les hypothèses nulle et alternative et à choisir le seuil de signification α; le test de Mann-Whitney ne fait pas exception à cet égard. Dans la situation qui nous préoccupe, l'hypothèse nulle est à l'effet qu'il n'existe pas, après 10 ans, de différence significative entre les revenus annuels des diplômés en marketing et ceux des diplômés en administration: H_0: les salaires des diplômés en marketing sont égaux à ceux des diplômés en administration. Puisque le président de l'association veut faire un test unilatéral à droite, l'hypothèse alternative spécifie que les salaires versés aux diplômés en marketing sont supérieurs aux salaires versés aux diplômés en administration 10 ans après la graduation: H_1: les salaires des diplômés en marketing sont plus élevés que ceux des diplômés en administration. Le président veut ici effectuer le test au seuil de signification $\alpha = 0,01$.

Ordonner l'ensemble des observations. Cette étape consiste à attribuer *un rang à chaque revenu annuel, sans tenir compte du fait qu'il provienne de l'un ou de l'autre échantillon*; en fait, on doit considérer que toutes les observations font partie d'un seul ensemble de données et déterminer le rang qu'occupe chacune des observations dans cet ensemble. N. Parizeau perçoit le plus petit salaire parmi les 20 diplômés qui ont répondu au questionnaire: ce salaire a donc le rang 1. D'autre part, S. Gareau a déclaré le plus haut revenu annuel de tous les diplômés et son salaire est classé au rang 20.

Additionner les rangs à l'intérieur de chaque échantillon et calculer la statistique U. Nous devons maintenant additionner tous les rangs assignés aux observations dans chacun des deux échantillons. Ainsi, pour les diplômés en marketing, la somme des rangs R_1 est de 91,5 tandis que la somme des rangs pour les diplômés en administration, R_2, est de 118,5. Nous pouvons maintenant calculer la statistique U. Avant d'obtenir la valeur de U, il faut calculer les valeurs de U_1 et de U_2 à l'aide des formules suivantes:

$$U_1 = n_1 n_2 + \frac{n_1(n_1 + 1)}{2} - R_1 \qquad (15.2)$$

et

$$U_2 = n_1 n_2 + \frac{n_2(n_2 + 1)}{2} - R_2 \qquad (15.3)$$

où R_1 = somme des rangs de l'échantillon de taille n_1
  R_2 = somme des rangs de l'échantillon de taille n_2

U_1 et U_2 prendront généralement des valeurs différentes. *La statistique* U *utilisée dans le test d'hypothèses est la plus petite des deux valeurs* U_1 *et* U_2. En appliquant la formule 15.2, nous obtenons:

$$U_1 = 8(12) + \frac{8(8 + 1)}{2} - 91,5 = 40,5$$

Et, à l'aide de la formule 15.3, nous obtenons:

$$U_2 = 8(12) + \frac{12(12 + 1)}{2} - 118,5 = 55,5$$

Donc, dans ce problème, $U = U_1 = 40,5$ puisque 40,5 est la plus petite des deux valeurs calculées à l'aide des formules 15.2 et 15.3. La relation suivante entre U_1 et U_2 permet de vérifier facilement nos calculs :

$$U_1 + U_2 = n_1 n_2 \tag{15.4}$$

Ainsi, dans notre exemple :

$$U_1 + U_2 = 40,5 + 55,5$$
$$= 96$$
$$= n_1 n_2 \qquad (n_1 n_2 = 8(12) = 96)$$

Tirer la conclusion statistique appropriée concernant l'hypothèse nulle. La statistique U ayant été calculée, nous pouvons donc tester l'hypothèse nulle. Le test consiste essentiellement à comparer la valeur U calculée avec une valeur U que l'on devrait idéalement observer lorsque l'hypothèse nulle est vraie. Les tables de l'Annexe 9 nous fournissent la valeur idéale de U lorsque l'hypothèse nulle est vraie pour différentes valeurs de n_1, n_2 et α. *La règle de décision est alors la suivante* :

rejeter l'hypothèse nulle si la valeur U calculée est *inférieure* ou *égale* à la valeur de U selon la table

Dans notre exemple, nous avons vu que $n_1 = 8$, $n_2 = 12$ et que le seuil de signification désiré est $\alpha = 0,01$; de plus, le test est unilatéral et, par conséquent, nous trouverons la valeur appropriée de U dans la deuxième table de l'Annexe 9. La valeur U, dans la table, est de 17. Puisque la statistique U calculée est égale à 40,5, elle est évidemment plus grande que 17 et nous ne pouvons donc pas rejeter l'hypothèse nulle. En conclusion, il n'y a pas de différence significative entre les salaires des diplômés en marketing et ceux des diplômés en administration.

Toutes les étapes d'un test de Mann-Whitney sont illustrées à la figure 15.3.

Auto-évaluation 15.3

1. Quelle est la différence entre le test du signe et le test de Mann-Whitney?

2. En quoi le test de Mann-Whitney diffère-t-il du test U?

3. Pour effectuer un test de Mann-Whitney, les deux échantillons indépendants doivent obligatoirement être de même taille. Vrai ou faux?

4. Dans un test de Mann-Whitney, les rangs sont assignés aux observations selon la place qu'elles occupent dans l'ensemble regroupant les données des deux échantillons analysés. Vrai ou faux?

5. Si la valeur U calculée est inférieure ou égale à la valeur de U dans la table, alors l'hypothèse nulle doit être rejetée. Vrai ou faux?

6. Quelle est la valeur critique de U lorsque $n_1 = 12$, $n_2 = 13$ et $\alpha = 0,05$ dans un test bilatéral?

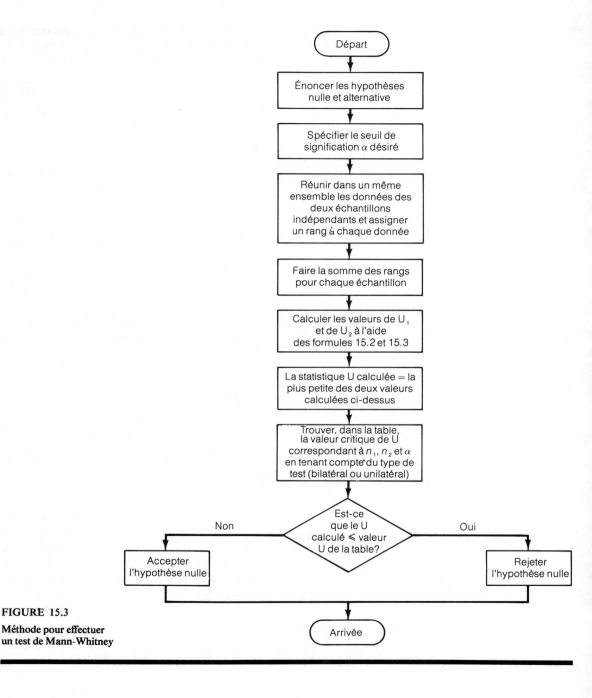

FIGURE 15.3

Méthode pour effectuer un test de Mann-Whitney

LE TEST DES SÉQUENCES

Un financier curieux aimerait savoir si les récentes variations (augmentation ou diminution) de l'indice quotidien de la Bourse de Montréal sont simplement dues au hasard ou si elles suivent une structure particulière. Pour satisfaire sa curiosité, ce financier pourrait effectuer le test des séquences, lequel permet de vérifier si un échantillon est vraiment *aléatoire*. Si l'on devait arriver à la conclusion que l'échantillon n'est pas aléatoire, il faudrait accepter le fait que les observations se sont présentées selon une structure quelconque; mais le test ne permettra pas d'identifier celle dont il s'agit. Ce test repose sur le *nombre de séquences* de résultats du même type dans la suite des observations. Par exemple, si le financier s'aperçoit que, pendant 15 journées consécutives, l'indice de la Bourse de Montréal a baissé, il pourra immédiatement conclure que le marché boursier a nettement suivi une structure à la baisse. Malheureusement, les situations sont rarement aussi claires et la décision ne se prend pas toujours aussi facilement. Le test des séquences est en réalité un autre outil statistique dont pourra tirer profit le décideur placé dans l'incertitude.

La démarche du test des séquences

Lors des 15 derniers jours d'activités, l'indice de la Bourse de Montréal a subi les fluctuations suivantes :

Jours : 1 2 3 4 5 6 7 8 9 10 11 12 13 14 15
Fluctuations : + + − − + + + + + − − + + − +

Le signe plus signifie une augmentation par rapport à la journée précédente tandis que le signe moins reflète une diminution.

Énoncer les hypothèses nulle et alternative. Les hypothèses de notre test des séquences sont les suivantes :

H_0 : les fluctuations observées de l'indice de la Bourse de Montréal se produisent d'une façon aléatoire

H_1 : les fluctuations observées de l'indice de la Bourse de Montréal se produisent selon une structure quelconque

Le test des séquences permet de révéler l'existence d'une structure dans une suite d'observations mais ne permet pas d'identifier la *nature* de celle-ci. Ainsi, dans l'exemple qui précède, le test pourra peut-être nous amener à conclure que les fluctuations du marché boursier obéissent à une structure quelconque, mais nous ne serons pas en mesure de déterminer, par ce test, si le marché a une tendance générale à la hausse ou une tendance générale à la baisse.

Dénombrer les séquences. En se basant sur les séquences de signes, que peut conclure le financier? Les fluctuations du marché se présentent-elles d'une façon aléatoire ou suivent-elles une structure *quelconque*? (Le financier ne cherche pas à déterminer de quel type de structure il s'agit.) Pour répondre à cette question, il faut, dans une première étape, dénombrer les séquences. Ceci peut être fait de la façon suivante :

Fluctuations : |+ +| |− −| |+ + + + +| |− −| |+ +| |−| |+|
Séquences :   1   2   3   4   5   6 7

Il y a sept séquences dans la suite d'observations. La première séquence est formée de deux plus; la deuxième séquence comporte deux moins; la troisième séquence est formée de cinq plus, et ainsi de suite. Donc, dans notre exemple, r (le nombre de séquences) = 7. Est-ce que ces sept séquences prouvent que le marché boursier fluctue aléatoirement ou existe-t-il une structure quelconque?

Déterminer la fréquence d'occurrence. Nous en sommes maintenant à l'étape du test des séquences qui consiste à déterminer le nombre d'éléments de la première espèce dans la suite d'observations (symbolisé par n_1) et le nombre d'éléments de la seconde espèce (symbolisé par n_2). Dans notre exemple, le nombre de plus est égal à 10 (donc, $n_1 = 10$) et le nombre de moins est égal à 5 (par conséquent, $n_2 = 5$). Si on avait observé dans la suite d'observations des absences de fluctuations (stabilité de l'indice durant au moins deux journées consécutives), on aurait tout simplement mis à l'écart ces observations avant d'effectuer le test.

Tirer la conclusion statistique appropriée. Lorsque n_1 et n_2 sont tous les deux égaux ou inférieurs à 20[5], on peut utiliser les tables de l'Annexe 10 pour tester l'hypothèse nulle. Ces tables reposent sur l'hypothèse que H_0 est vrai et nous pourrons y trouver les valeurs critiques de r pour différentes valeurs de n_1 et n_2 ainsi que pour différents seuils de signification. La *règle de décision* qui permet de comparer la valeur échantillonnale de r avec la valeur de r dans la table est la suivante:

rejeter l'hypothèse nulle si la valeur échantillonnale de r est *inférieure ou égale* à la valeur appropriée de r dans la table (*a*) de l'Annexe 10 *ou* si la valeur échantillonnale de r est *supérieure ou égale* à la valeur de r trouvée dans la table (*b*) de l'Annexe 10.

Dans notre exemple, $n_1 = 10$ et $n_2 = 5$. La valeur r correspondante dans la table (*a*) de l'Annexe 10 est de 3 tandis que la valeur r de la table (*b*) de l'Annexe 10 est de 12. Nous pouvons donc conclure à partir de l'Annexe 10 que, dans une suite aléatoire de 15 observations comprenant 10 plus et 5 moins, la probabilité d'obtenir 3 séquences ou moins ou 12 séquences ou plus est de 0,05 (ou 5 %). Puisque la valeur échantillonnale r est de 7, nous ne pouvons donc pas rejeter l'hypothèse nulle. Dans une suite aléatoire d'observations telle que celle de notre exemple, il existe une probabilité relativement grande de trouver 7 séquences. Le financier peut donc conclure qu'au cours des 15 derniers jours, l'évolution du marché boursier n'a répondu à aucune structure discernable.

La figure 15.4 résume la démarche à suivre pour effectuer un test des séquences.

Auto-évaluation 15.4
1. Qu'est-ce qu'un test des séquences?
2. Est-ce que le test des séquences s'applique à deux échantillons indépendants?
3. Quelle est l'hypothèse alternative dans un test des séquences?

---

5. On peut aussi faire un test des séquences lorsque n_1 ou n_2 sont supérieurs à 20. Dans ce cas, la démarche à suivre est différente mais, faute d'espace, nous ne pourrons vous la présenter dans ce volume.

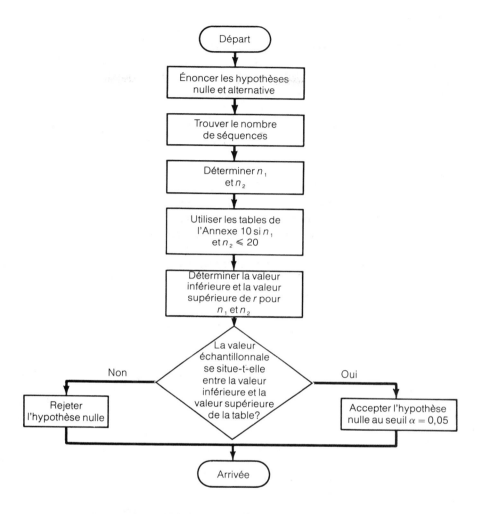

FIGURE 15.4

Méthode du test des séquences

4. On utilise le test des séquences pour détecter l'existence ou la non-existence d'une structure; ce test ne permet pas de déterminer de quel type de structure il s'agit lorsqu'on en trouve une. Vrai ou faux?

5. Si la valeur échantillonnale de r est inférieure à la plus petite valeur de r trouvée dans la table ou supérieure à la plus grande valeur de r de la table, alors on doit accepter l'hypothèse alternative. Vrai ou faux?

6. On peut utiliser les tables de l'Annexe 10 lorsque n_1 et n_2 sont tous les deux supérieurs à 20. Vrai ou faux?

7. Supposons que dans un test de séquences la suite d'observations étudiée comporte 10 séquences; supposons, de plus, que la valeur n_1 soit de 19 et la valeur n_2 soit de 14. Au seuil de 0,05 devrait-on accepter H_0?

LE COEFFICIENT DE CORRÉLATION DE RANG DE SPEARMAN

Le coefficient de corrélation de rang de Spearman, r_s, mesure le degré d'association entre des variables ordinales; r_s est, en d'autres mots, une mesure de la force de la relation entre des données ordinales. Au chapitre 14, nous avons calculé le coefficient de corrélation r à partir des valeurs de X et Y; dans le calcul du coefficient de Spearman, nous considérons les rangs qu'occupent les valeurs de X et les valeurs de Y dans une série d'observations plutôt que les valeurs réelles de ces variables.

La méthode de calcul du coefficient de corrélation de rang de Spearman

La compagnie d'assurances La Bourse ou la Vie offre à ses vendeurs un cours de recyclage sur la vente dans le but d'augmenter leur rendement. Plusieurs vendeurs ont maintenant terminé le cours offert par la compagnie. Le directeur, dont la tâche est de voir à la bonne marche du programme de recyclage, voudrait en vérifier la qualité. En fait, il aimerait savoir s'il existe une relation entre la note récoltée par un vendeur à la fin de son cours et les ventes annuelles qu'il a réalisées après avoir suivi le cours. Le directeur, ayant étudié les dossiers de 11 ($n = 11$) vendeurs qui ont suivi le cours de recyclage, a pu compiler les données présentées au tableau 15.4.

Ordonner les observations. La première étape que doit effectuer le directeur consiste à associer un rang aux 11 vendeurs selon la note qu'ils ont obtenue au cours de recyclage; il a accordé le rang 1 à la personne ayant obtenu la meilleure note, le rang 2 à la personne dont la note fut la deuxième meilleure, et ainsi de suite. Le directeur a par la suite assigné un rang à chacun des vendeurs selon le nombre de ventes réalisées durant l'année qui a suivi la fin du cours. Le vendeur qui s'est révélé le meilleur durant la période considérée occupe le rang 1 tandis que le pire vendeur s'est vu classé au 11e rang. Examinons, à titre d'exemple, le cas de Mme Primeau: nous pouvons constater, en examinant le tableau 15.4, qu'elle a obtenu la meilleure note du groupe au cours de recyclage et qu'elle s'est par la suite classée au quatrième rang en ce qui concerne les ventes réalisées durant les 12 mois qui ont suivi la fin du cours.

Calculer les différences entre les rangs. Cette étape consiste à calculer systématiquement les différences entre les paires de rangs de chaque vendeur. Ces différences, symbolisées par D, apparaissent dans la troisième colonne du tableau 15.4. La vendeuse Paris occupe le rang 5 au niveau de la note obtenue au cours; toutefois, elle s'est *moins bien* classée par rapport aux ventes annuelles puisqu'elle occupe le rang 7 : la différence des rangs pour Mme Paris est donc de -2.

Calculer r_s. Toutes les différences ayant été calculées, le directeur peut maintenant mesurer le coefficient de corrélation de rang de Spearman; ce coefficient est défini de la façon suivante :

$$r_s = 1 - \left(\frac{6 \Sigma D^2}{n(n^2 - 1)} \right) \tag{15.5}$$

Pour calculer r_s, il faut élever au carré les différences entre les rangs et faire la somme de ces différences au carré — c'est-à-dire effectuer l'opération symbolisée par ΣD^2 dans le numérateur de la formule 15.5. La somme des différences au carré apparaît au bas de la dernière colonne du tableau 15.4. En effectuant les calculs illustrés dans ce tableau, nous obtenons la valeur r_s qui est égale à 0,636.

Pour interpréter le coefficient de corrélation r_s, vous devez garder en mémoire que lorsque r_s (à l'instar de r dans le chapitre précédent) est égal à 0, il n'y a pas de corrélation. De plus, comme c'était le cas pour r au chapitre 14, si r_s est +1,00 ou −1,00, la corrélation est parfaite. Par conséquent, dans notre exemple, le directeur peut conclure qu'il y a corrélation entre la note obtenue au cours et la performance de vente subséquente.

TABLEAU 15.4
Calcul du coefficient de corrélation de rang de Spearman

Vendeurs	Rang selon la note (1)	Rang selon les ventes (2)	Différences entre les rangs (1 − 2) (3)	D^2 (4)
Mme Primeau	1	4	−3	9
M. Portelance	2	6	−4	16
M. Prévost	3	1	2	4
Mme Paquette	4	2	2	4
Mme Paris	5	7	−2	4
Mme Pellerin	6	10	−4	16
M. Poupart	7	3	4	16
Mme Paquin	8	5	3	9
M. Piché	9	8	1	1
M. Péguy	10	9	1	1
Mme Plante	11	11	0	0
			$\Sigma D = 0$	$\Sigma D^2 = 80$

$$r_s = 1 - \left(\frac{6\Sigma D^2}{n(n^2 - 1)} \right)$$

$$= 1 - \left(\frac{6(80)}{11(121 - 1)} \right)$$

$$= 1 - 0{,}364$$

$$= 0{,}636$$

Test de signification de r_s

Il existe un test qui détermine à partir de la valeur r_s s'il existe une relation statistique significative entre les variables. Le coefficient r_s est un coefficient de corrélation de rang échantillonnal. Le coefficient de corrélation de rang de Spearman pour la population est symbolisé par ρ_s (ρ est la lettre grecque rhô). L'hypothèse nulle du test qui nous intéresse ici spécifie qu'il n'existe pas de relation entre la note obtenue au cours et le rendement offert — H$_0$: $\rho_s = 0$. Puisque le directeur est porté à croire que le cours augmente la capacité de vendre, il effectuera donc un test unilatéral à droite. L'hypothèse alternative dit alors qu'il existe une relation positive entre la note obtenue au cours et le rendement offert — H$_1$: $\rho_s > 0$. Prenons pour acquis que le seuil de signification désiré est $\alpha = 0{,}05$. La question qui se pose dans ce test est de déterminer si l'on peut, en toute vraisemblance, trouver une valeur échantillonnale $r_s = 0{,}636$ quand il n'existe pas de relation entre les deux variables.

Lorsque la taille de l'échantillon est supérieure à 10, le rapport critique (RC) à calculer pour effectuer le test prend la forme suivante:

$$RC = r_s \sqrt{\frac{n-2}{1-r_s{}^2}} \tag{15.6}$$

Pour notre exemple, nous obtenons:

$$RC = 0,636 \sqrt{\frac{11-2}{1-0,636^2}}$$

$$= 0,636 \sqrt{\frac{9}{1-0,404}}$$

$$= 2,47$$

Le rapport critique étant calculé, nous pouvons maintenant tirer la conclusion appropriée. La *règle de décision* pour un test unilatéral à droite au seuil de signification de 0,05 a pour expression:

accepter H_0 si RC $\leqslant$ la valeur t appropriée

ou

rejeter H_0 et accepter H_1 si RC > la valeur t appropriée

Quelle est la valeur t appropriée? On peut la trouver à l'annexe 4, si vous vous souvenez bien. Le nombre de degrés de liberté, d.l., est égal à $n-2$; le chiffre 2 représente le nombre de variables en présence (la note au cours et le rendement offert). Les seuils de signification que l'on aperçoit au haut des colonnes de l'Annexe 4 correspondent à différents seuils pour des tests unilatéraux. Dans notre exemple, par conséquent, la valeur t recherchée pour $n-2$ (11 − 2) ou 9 degrés de liberté au seuil de signification de 0,05 se trouve à l'Annexe 4, à l'intersection de la ligne 9 et de la colonne 0,05; cette valeur t est égale à 1,833. Puisque RC = 2,47, l'hypothèse nulle doit être rejetée. Nous pouvons conclure qu'il existe une relation statistique entre le résultat d'un vendeur au cours de recyclage et son rendement ultérieur.

La figure 15.5 résume la démarche à suivre pour calculer r_s et effectuer pour lui un test de signification.

Auto-évaluation 15.5

1. Qu'est-ce que le coefficient de corrélation de rang de Spearman?

2. Que peut-on conclure lorsque $r_s = 1,36$?

3. Lorsque $n > 10$, on peut effectuer un test de signification de r_s en utilisant la formule 15.6. Vrai ou faux?

4. Déterminer la valeur de r_s si $\Sigma D^2 = 566$ et $n = 16$.

5. a) Si $r_s = 0,67$ et $n = 13$, alors RC = 2,43. Vrai ou faux?
   b) Au seuil de signification de 0,01, devrait-on accepter l'hypothèse H_0 d'un test unilatéral? (Utiliser les données de la partie a de cette question.)

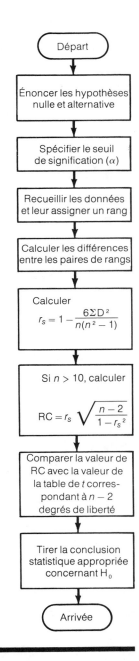

FIGURE 15.5

Méthode pour calculer et tester la signification du coefficient de corrélation de rang de Spearman

SOMMAIRE

Le chercheur est souvent limité dans son analyse à cause de l'imprécision des propriétés quantitatives des données disponibles. Par exemple, celui-ci doit faire face à des situations où l'échantillon prélevé est de petite taille et où la distribution de la population est à toutes fins utiles inconnue; on peut donc dire que le problème majeur du statisticien réside dans le fait qu'il ne peut pas toujours déterminer les distributions d'échantillonnage des statistiques qu'il désire utiliser. Pour résoudre ce type de problème, on peut recourir aux techniques non paramétriques. Dans ce chapitre, nous avons examiné quelques techniques non paramétriques parmi celles que l'on emploie le plus fréquemment. Nous avons examiné particulièrement l'application de ces techniques dans le cas de petits échantillons.

Lorsqu'on veut déterminer s'il existe des différences significatives entre des paires de données ordinales provenant d'un échantillon ou de deux échantillons dépendants, on peut recourir au test du signe ou au test de Wilcoxon. On se tournera vers le test de Wilcoxon si la prise de décision doit s'appuyer sur la *grandeur* des différences observées entre les paires de données; par contre, le test du signe sera l'outil privilégié lorsqu'on désirera prendre une décision en considérant uniquement le signe des différences.

Le test de Mann-Whitney, ou test U, sert à déterminer s'il existe des différences significatives entre des paires de données ordinales provenant de deux échantillons indépendants.

Le test des séquences permet de vérifier s'il existe une structure quelconque dans une suite d'observations formant un échantillon unique. On pourra donc, à l'aide de ce test, déterminer si les observations se présentent aléatoirement ou si elles suivent un modèle qui conditionne leur apparition dans la suite.

À la fin du chapitre, nous avons brièvement analysé le coefficient de corrélation de rang de Spearman. On calcule ce coefficient de corrélation pour des paires de données ordinales. Le coefficient r_s est une mesure du degré d'association de deux variables.

TERMES ET CONCEPTS IMPORTANTS

1. Statistiques non paramétriques
2. Donnée ordinale
3. Donnée nominale
4. Le test du signe
5. Le test de Wilcoxon
6. Signe des différences
7. Grandeur des différences
8. La statistique T de Wilcoxon
9. Le test de Mann-Whitney
10. La statistique U de Mann-Whitney
11. Le test des séquences

12. Le coefficient de corrélation de rang de Spearman

13. $RC = \dfrac{2R - n}{\sqrt{n}}$

14. $U_1 = n_1 n_2 + \dfrac{n_1(n_1 + 1)}{2} - R_1$

15. $U_2 = n_1 n_2 + \dfrac{n_2(n_2 + 1)}{2} - R_2$

16. $r_s = 1 - \left(\dfrac{6\Sigma D^2}{n(n^2 - 1)} \right)$

17. $RC = r_s \sqrt{\dfrac{n - 2}{1 - r_s^2}}$

PROBLÈMES

1. Élaine François, propriétaire de la compagnie de textiles Naturellement ltée, s'inquiète du faible rendement de ses employés. Elle a donc décidé d'instaurer un système de primes pour stimuler ses employés; mais avant d'étendre ce système à l'ensemble des travailleurs de son usine, Mme François aimerait savoir si le fait d'allouer des primes de rendement augmentera réellement la productivité. (Pour

l'instant, elle ne veut pas considérer le degré d'accroissement du rendement.) À titre expérimental, on a appliqué le système de primes à 8 employés. Leur rendement quotidien avant et après l'instauration du système apparaît ci-dessous :

Employés	Unités produites avant le système de primes	Unités produites après le système de primes
Serge Bouton	80	85
Paule Couture	75	75
Phil. Brodeur	65	71
Robert Courtemanche	82	79
Ferdinand Chaussure	56	68
Esther Crochet	70	86
Pierre Brassard	73	71
Louise Taillon	62	59

a) Énoncer l'hypothèse alternative.

b) Quelle est la valeur de n? Quelle est la valeur de r?

c) Si H_0 est vrai, quelle est la probabilité d'obtenir une valeur r inférieure ou égale à celle trouvée en *b* compte tenu de la valeur de n?

d) Quel serait le seuil de signification si l'on devait rejeter l'hypothèse nulle?

2. Le directeur du marketing de la compagnie Fisette, qui produit des shampooings, se demande si une teinte plus foncée au shampooing vert existant améliorerait la perception des consommateurs quant à l'efficacité du produit. Le directeur cherche à déterminer s'il vaut la peine de pousser plus loin cette idée de marketing sans se préoccuper, pour l'instant, du degré d'amélioration qui pourrait être atteint au niveau de la perception du produit. Des données furent recueillies auprès de 7 personnes; chacune d'elles a attribué une cote de 1 à 10 au shampooing vert original et au shampooing de teinte plus foncée. La cote 1 signifie « très inefficace » tandis que la cote 10 signifie « très efficace ». Les données apparaissent ci-dessous :

Consommateurs	Cote d'efficacité du shampooing vert vert	Cote d'efficacité du shampooing plus foncé
Pierre Lapierre	4	2
Raymonde Raymond	6	6
Louis-Guy Guay	7	4
Philippe Filiatrault	5	6
Gilbert Hébert	9	8
Rose Larose	1	3
Fleurette Lafleur	3	8

a) Quelle est l'hypothèse alternative?

b) Quelle est la valeur de n? Quelle est la valeur de r?

c) Si on rejette H_0, quelle est la probabilité de commettre une erreur de jugement?

3. La compagnie d'ordinateurs Latouche emploie 500 vendeurs. Afin de réduire le temps requis pour réaliser une vente, la compagnie a produit un film que les vendeurs peuvent utiliser pour convaincre les clients. Jusqu'à maintenant, seulement 10 vendeurs ont demandé le film et l'ont utilisé. Chaque vendeur ayant fait une demande pour obtenir le film devait, avant de l'utiliser, estimer le temps généralement requis pour réaliser une vente. Après avoir utilisé le film pendant 2 mois, on a demandé à nouveau à chacun des vendeurs d'estimer le temps requis pour effectuer une vente. Les données recueillies apparaissent ci-dessous:

Vendeurs	Temps moyen requis pour réaliser une vente (en jours)	
	Sans le film	Avec le film
A	23	17
B	45	43
C	36	36
D	42	37
E	25	20
F	33	39
G	28	31
H	25	21
I	35	27
J	30	40

a) Quelle est l'hypothèse alternative?
b) Au seuil de signification de 0,05, devrait-on rejeter H_0?

4. On vous demande d'effectuer un test du signe; vous avez déjà établi le signe des différences entre les paires de données et construit le tableau suivant:

Individus	Différences entre les paires d'observations
A	+
B	−
C	−
D	+
E	−
F	0

L'hypothèse alternative spécifie que la probabilité d'observer un signe négatif est supérieure à 0,50. À quel seuil de signification pouvez-vous rejeter l'hypothèse nulle?

5. Supposons que vous deviez faire un test du signe à partir des informations suivantes: $n = 15$, $r = 3$, test bilatéral et $\alpha = 0,05$. Est-ce que l'hypothèse nulle doit être rejetée?

6. Effectuer un test du signe à partir des données suivantes:

Individus	Différences entre les paires d'observations
a	+
b	−
c	−
d	−
e	−
f	−

L'hypothèse alternative considère qu'il est plus probable de retrouver un signe négatif qu'un signe positif. À quel seuil de signification pourrait-on rejeter H_0?

7. L'Association des Producteurs laitiers du Grand Nord mène une campagne publicitaire pour promouvoir la consommation du lait; cette campagne est axée sur des messages publicitaires de 30 secondes à la télévision. L'association a demandé à 18 magasins de noter le nombre de litres de lait vendus durant la semaine précédant le début de la campagne et durant la semaine suivant immédiatement le début de la diffusion des messages. Voici les données que l'association a recueillies:

Magasins	Nombre de litres vendus par semaine	
	Avant la campagne	Après la campagne
Petits Prix	124	136
Économisons	107	105
Super	82	89
La Vache à lait	114	128
Le Coin	940	1080
Les Provisions	75	85
Les Emplettes	105	105
Surprises	94	95
La Laiterie	865	985
Valeur	620	820
Dépanneur Jean	80	75
Service	750	725
Coopérons	330	350
Les Aubaines	110	112
Qualité	125	120
Gros Sac	400	425
Bas Prix	400	450
Rabais	175	215

a) Effectuer un test du signe à un seuil de 0,10.

b) Effectuer un test de Wilcoxon à un seuil de 0,05.

c) On a demandé à 18 autres magasins de noter le nombre de litres vendus « avant » et « après » le début de la campagne de publicité. On retrouve ci-dessous les résultats pour l'ensemble des magasins:

$$\text{différences} + = 24$$
$$\text{différences} - = 10$$
$$\text{différences} \ 0 = \ \ 2$$
$$\overline{\hspace{2cm}}$$
$$36$$

Effectuer un test du signe avec $\alpha = 0{,}05$.

8. La compagnie Les Sables Mouvants exploite deux carrières dans la région de Québec. La production de la carrière B est supérieure à celle de la carrière A et le propriétaire de la compagnie impute cette différence à la composition des sols où sont situées les deux carrières; autrement dit, il ne croit pas que la différence de production soit attribuable au personnel ou à l'équipement des deux carrières. Voulant savoir s'il a raison, le propriétaire décide de tenter l'expérience suivante : il enregistre d'abord le nombre d'unités produites en une semaine par 12 travailleurs de la carrière A et envoie ensuite ceux-ci à la carrière B, où il note pendant une semaine le nombre d'unités qu'ils produisent. Les résultats de cette expérience apparaissent ci-dessous :

	Nombre d'unités produites en une semaine	
Employés	Carrière A	Carrière B
Laroche	100	105
Larocque	150	145
Roche	160	163
Pelletier	95	95
Lamontagne	110	118
Dumont	87	90
Carrier	135	143
Carrière	125	129
Cailloux	98	86
Therrien	142	145
Gravel	110	85
Lapierre	130	132

a) Effectuer un test du signe avec $\alpha = 0{,}05$.

b) Effectuer un test de Wilcoxon avec $\alpha = 0{,}01$.

9. Une pharmacienne se demande si un nouvel analgésique est efficace pour les personnes souffrant de douleurs chroniques. Pour sa part, elle croit que le nouveau médicament devrait réduire significativement le niveau de la douleur. Non seulement veut-elle savoir si l'analgésique agit vraiment, mais elle s'intéresse de plus au degré de soulagement obtenu. À l'aide d'un instrument de mesure spécialement conçu à cet effet, elle enregistre le niveau de la douleur de 8 patients avant et après leur avoir administré le médicament. Un résultat élevé sur l'échelle de l'instrument correspond à un haut niveau de douleur. Voici les données recueillies :

Patients	Niveaux de douleur avant de prendre l'analgésique	Niveaux de douleur après avoir pris l'analgésique
A	14	8
B	15	9
C	10	11
D	12	10
E	11	11
F	13	9
G	12	11
H	10	10

a) Quelles sont les hypothèses nulle et alternative?

b) La pharmacienne désire faire le test avec $\alpha = 0,05$. Que doit-elle conclure en ce qui concerne l'efficacité du nouvel analgésique?

10. Supposons que vous deviez effectuer un test de Wilcoxon et que les différences entre les paires d'observations soient les suivantes:

Individus	Différences entre les paires d'observations
A	+3
B	0
C	−1
D	+8
E	+4
F	−2
G	+1
H	+6

a) Quelle est la somme des rangs positifs?

b) Quelle est la somme des rangs négatifs?

c) Quelle est la valeur T calculée?

d) Si le test est bilatéral et $\alpha = 0,05$, devez-vous rejeter l'hypothèse nulle?

11. L'hypothèse alternative d'un test est la suivante:

H_1: la probabilité d'une diminution est supérieure à la probabilité d'une augmentation

Effectuer un test de Wilcoxon avec $\alpha = 0,01$ à partir des données suivantes:

Individus	Différences entre les paires de données
1	+ 6
2	− 9
3	+ 2
4	− 4
5	− 3
6	+ 1
7	0
8	− 1
9	− 5
10	+ 3
11	− 2
12	0
13	− 7
14	−10

12. À partir des données du problème 1, effectuer un test de Wilcoxon bilatéral à un seuil de signification de 0,05.

13. Effectuer un test de Wilcoxon bilatéral à partir des données du problème 3. Utiliser un seuil de signification de 0,01.

14. Le conseiller pédagogique d'un collège se demande si les étudiants provenant d'un collège public réussissent aussi bien à l'École Polytechnique que ceux issus d'un collège privé. Les moyennes (4,0 représente un A et 1,0 représente un D) d'un échantillon aléatoire d'étudiants apparaissent dans le tableau ci-dessous :

Étudiants issus d'un collège public		Étudiants issus d'un collège privé	
Noms	Moyennes	Noms	Moyennes
Newton	2,4	Boole	3,1
Curie	3,2	Bayes	2,3
Einstein	3,9	Chebyshev	1,9
Joule	1,6	Sinus	2,1
Gauss	2,2	Cosinus	2,7
Archimède	2,5	Pascal	3,6
Faraday	2,4		

Effectuer un test bilatéral au seuil de signification de 0,01.

15. La compagnie Les Pneus Plats a mis au point une nouvelle pompe qui est censée être significativement plus rapide que la pompe de son principal compétiteur. Pour tester son produit, la compagnie a choisi des automobilistes au hasard; certains ont utilisé le nouveau produit tandis que d'autres se sont servis de la pompe du compétiteur. Les secondes requises pour gonfler un pneu apparaissent ci-dessous :

Pompe de Pneus Plats	Pompe du compétiteur
17	23
16	21
21	32
19	21
15	19
14	20
16	21
16	22
23	

Si on vous demandait de faire le test approprié, quelle serait votre décision statistique à un seuil de 0,05?

16. Un spécialiste de l'emploi croit que les diplômés universitaires apprécient davantage leur travail que les personnes qui ne possèdent pas de diplômes universitaires. On a fait passer un test de satisfaction au travail à des individus des deux catégories. (Un score élevé révèle un haut niveau de satisfaction au travail.) Les résultats de ce test sont les suivants :

Individus sans diplômes	Scores	Individus diplômés	Scores
a	102	aa	78
b	87	bb	93
c	93	cc	101
d	98	dd	85
e	95	ee	84
f	101	ff	77
g	92	gg	92
h	85	hh	86
i	88		
j	95		
k	97		
l	96		

Prendre la décision statistique appropriée au seuil de 0,05.

17. Selon un psychologue, les étudiants du Collège A ont tendance à être plus agressifs que les étudiants du Collège B. Il a fait passer un test psychologique à des étudiants choisis au hasard dans les deux collèges. Un score élevé à ce test révèle un haut niveau d'agressivité. Les résultats suivants ont été obtenus :

Collège A		Collège B	
Étudiants	Résultats du test	Étudiants	Résultats du test
Jocelyne Laterreur	43	Pierrette Ledoux	47
Jim La Jungle	56	Josette Ladouceur	68
Bill Leboeuf	31	Alain Lebeau	39
Louise Laforce	30	Jean Lafleur	29
Denise Laprise	41	Françoise Letendre	36
Claude Carré	38	Louis Labonté	42
		Jacques Prince	33
		Luc Bouquet	54

Tirer la conclusion statistique appropriée au seuil de 0,05.

18. Georges Letarte a un ami qui lui propose de jouer à pile ou face pour de l'argent. L'ami de Georges gagnera un dollar chaque fois que la pièce lancée tombera sur face (F) tandis que Georges gagnera un dollar lorsque la pièce tombera sur pile (P). Après vingt jets de la pièce, le pauvre Georges avait perdu 6 $. Comme la pièce provenait de la poche de son ami, Georges a subitement eu des doutes : la pièce serait-elle truquée? Voici la séquence des résultats :

P P P F F F P F F F F F P P P F F F F F

Que pouvez-vous dire à Georges au seuil de 0,05?

19. L'Institut d'Études Économiques a mis au point un nouveau modèle de prévision et cherche à déterminer si les erreurs entre ses estimations et les résultats réels sont purement aléatoires ou si elles se produisent selon une structure quelconque. Une série de 25 estimations a été faite, qui ont été comparées avec les résultats réels. Les erreurs de surestimation (+) et celles de sous-estimation (−) sont illustrées ci-dessous :

+ + − + − + − − − − − + + − − − − + + + + + − + +

Quelle conclusion pouvez-vous tirer au seuil de 0,05?

20. Pendant une période de 22 jours, le surveillant d'un chantier de construction a observé le travail de ses employés afin de déterminer si son équipe respectait la cadence imposée par le contracteur. Le surveillant voulait savoir si les journées plus productives (+) et les journées moins productives (−) suivaient un modèle aléatoire. Les observations furent les suivantes:

− − − − − + − − − − + + − + − − − − + + −

Tirer la conclusion statistique appropriée au seuil de 0,05.

21. Effectuer un test des séquences avec $\alpha = 0,05$ pour la suite d'observations suivantes:

+ + + + − − − − − − + + + + − − + + + + − + + + + + + + +

22. Effectuer un test des séquences avec $\alpha = 0,05$ pour la suite d'observations suivantes:

F F F F F P F F F P P P P P P P F F F F F

23. Joseph Doublejeu, instructeur des lanceurs de l'équipe Les Astéroïdes de Terrebonne, a remarqué au fil des ans que certains des meilleurs lanceurs de la ligue avaient un excès de poids. Il en est venu à se demander s'il existe une relation entre le poids d'un lanceur et sa performance au monticule. Il a alors décidé d'analyser le poids et le pourcentage de victoires de 21 lanceurs de la ligue. Pour le poids, il a assigné le rang 1 au lanceur le plus lourd tandis que pour la performance, il a accordé le rang 1 au lanceur ayant le meilleur pourcentage de victoires. Voici les résultats qu'il a obtenus:

Lanceurs	Rang pour le poids	Rang pour la performance
a	3	6
b	7	1
c	15	21
d	10	2
e	2	9
f	13	13
g	6	8
h	21	5
i	8,5	19
j	1	12
k	12	4
l	14	14
m	17	18
n	4	20
o	18	11
p	8,5	7
q	11	16
r	20	3
s	19	15
t	16	17
u	5	10

Quelle conclusion pouvez-vous tirer au seuil de signification de 0,05?

24. La directrice des ventes d'une compagnie de boissons gazeuses veut savoir quelle est la force de la relation (s'il en existe une) entre la température d'une journée et les ventes réalisées durant cette journée. Vu l'imprécision de l'information qui lui est transmise à ce sujet, elle devra réaliser son étude à partir de données ordinales (la journée la plus chaude a le rang 1 et la journée où les ventes ont été les meilleures occupe également le rang 1). Quinze journées ont été choisies au hasard et les paires d'observations sont les suivantes :

Rang pour la température	Rang pour les ventes
6	5
11	12
4	2
7	7
1	4
12	14
8	10
2	1
15	15
14	13
5	3
10	9
13	11
9	8
3	6

Quelle conclusion pouvez-vous tirer au seuil de 0,01?

25. Un psychologue croit qu'à un bon résultat dans un certain test de motivation correspond un très bon salaire; autrement dit, il y a une relation directe et positive entre le résultat au test et le salaire d'un individu. Pour mettre à l'épreuve sa théorie, le psychologue a fait passer le test à 17 personnes et ordonné les observations en attribuant le rang 1, dans les deux catégories, à la plus petite valeur. Les paires d'observations sont les suivantes :

Rang pour le test de motivation	Rang pour le salaire
1	3
8	7
4	2
10	12
12	9
2	1
13	11
6	6
16	17
11	13
14	15
3	5
9	10
7	8
15	14
17	16
5	4

Quelle conclusion peut-on tirer au seuil de 0,01?

26. Selon certains journaux, les gens habitant une région montagneuse de Placebo affirment que plusieurs de leurs voisins sont âgés de plus de 100 ans. Le ministre de l'Information de Placebo affirme qu'il existe un lien entre cette longévité et la consommation des concombres de la région. Le professeur Sceptique ne croit pas, quant à lui, qu'il existe réellement une relation (positive ou négative) entre l'âge d'une personne et sa consommation annuelle de concombres. Le gouvernement de Placebo a permis au professeur Sceptique de choisir au hasard et d'interviewer 15 résidents de la région montagneuse. Vu l'absence d'archives, l'information transmise par les individus concernant leur âge et leur consommation de concombres fut très imprécise. Par conséquent, avant d'analyser les données, celles-ci devront d'abord être converties en données ordinales :

Individus	Âge	Consommation annuelle de concombres
Jean Bertrand	102	156
Luce Bonami	136	175
Yves Balthazar	98	134
Jacqueline Bérault	110	143
Claudette Bissonnette	106	129
Éric Blier	156	164
Émile Bordeaux	92	124
Suzanne Belzile	89	110
Georges Béchard	143	160
Cléo Bichot	124	109
Elsa Bilodeau	94	95
Claude Blanchot	105	120
Gilles Bertrand	117	133
Yvette Bolduc	108	119
Madeleine Bigras	97	101

Si l'on assigne le rang 1 à la plus petite valeur dans chacune des catégories et si $\alpha = 0,01$, quelle conclusion devrait-on tirer?

QUESTIONS DE COMPRÉHENSION

1. Qu'est-ce qu'une statistique non paramétrique?

2. Donner quelques exemples de données nominales et de données ordinales.

3. En quoi le test du signe diffère-t-il du test de Wilcoxon?

4. Quels sont les points communs entre un test de Wilcoxon et un test U?

5. Lorsqu'une structure est découverte dans une suite d'observations, le test des séquences ne permet pas de déterminer de quel type il s'agit. Discuter cette affirmation.

6. Quelle est la différence majeure entre un coefficient de corrélation paramétrique et un coefficient de corrélation non paramétrique?

RÉPONSES AUX QUESTIONS D'AUTO-ÉVALUATION

15.1

1. On utilise le test du signe pour déterminer s'il existe des différences significatives entre des paires de données ordinales provenant d'un échantillon unique ou de deux échantillons dépendants. Le test est basé sur le signe des différences observées entre des paires de données.

2. Cette affirmation est fausse. Le test du signe, en effet, peut être bilatéral.

3. Pour faire un test du signe, il faut absolument faire deux observations ou prendre deux mesures sur chacun des sujets de l'échantillon.

4. L'hypothèse nulle du test du signe spécifie toujours que la probabilité d'observer un signe positif est égale à la probabilité d'observer un signe négatif. En d'autres mots, la médiane des différences entre les paires de données doit être de 0.

5. a) On doit utiliser la distribution binômiale dans le test du signe lorsque la taille de l'échantillon est petite.
   b) On peut utiliser, dans ce cas, l'approximation de la distribution binômiale par la normale.

6. a) Faux. Le nombre de données retenues pour l'analyse est de 12 ($n = 12$). De plus, r est égal à 5 puisque le nombre de signes apparaissant le moins souvent est de 5.
   b) $H_0: p = 0,5$
   $H_1: p > 0,5$

   $\alpha = 0,10$

   Avec $n = 12$ et $r = 5$, la somme des probabilités appropriées est de 0,3867 (0,0002 + 0,0029 + 0,0161 + 0,0537 + 0,1204 + 0,1934). Puisque $0,10 < 0,3867$, H_0 est accepté.

7. $H_0: p = 0,5$
   $H_1: p \neq 0,5$

   $\alpha = 0,05$

   La règle de décision: accepter H_0 si RC se situe entre $\pm 1,96$.

   $$RC = \frac{2R - n}{\sqrt{n}} = \frac{2(16) - 42}{\sqrt{42}} = \frac{-10}{6,481} = -1,543$$

   Décision: accepter H_0 puisque RC se situe entre $\pm 1,96$.

15.2

1. Le test de Wilcoxon tient compte autant de la grandeur que du signe des différences entre les paires de données ordinales.

2. L'hypothèse nulle du test de Wilcoxon stipule qu'il n'y a pas de différence significative entre les paires de données.

3. Vrai.

4. Faux. La statistique T est la plus petite des deux sommes de rangs; donc, $T = 20$.

5. La valeur T désirée est de 159.

6. Vrai.

15.3

1. Pour effectuer un test de Mann-Whitney, il faut que les deux échantillons soient indépendants; dans le test du signe, les données résultaient de deux observations sur les mêmes individus ou sur les individus de deux échantillons dépendants.

2. Il s'agit du même test.

3. Faux. Il n'est pas nécessaire que les échantillons soient de même taille pour effectuer un test de Mann-Whitney.

4. Vrai. Avant d'assigner un rang à chacune des observations, il faut d'abord regrouper dans un ensemble unique les observations des deux échantillons; on accorde alors les rangs sans tenir compte de l'échantillon d'où proviennent les observations.

5. Vrai.

6. La valeur U critique dans la table est de 41.

15.4

1. On utilise le test des séquences pour déterminer s'il existe ou non une structure dans une suite d'observations.

2. Les données dans un test des séquences proviennent d'un échantillon unique.

3. L'hypothèse alternative d'un test des séquences stipule que la série d'observations se présente selon une structure quelconque.

4. Vrai.

5. Vrai.

6. Faux. On peut utiliser les tables lorsque la taille de chacun des échantillons est inférieure ou égale à 20.

7. L'hypothèse H_0 doit être rejetée. La plus petite valeur r dans la table est de 11; puisque la valeur échantillonnale r est de 10, ce qui est inférieur à la valeur de la table, on doit rejeter H_0.

15.5

1. Le coefficient r_s est une mesure du degré d'association de données ordinales.

2. On doit conclure qu'il y a eu erreur dans le calcul de r_s; en effet, la valeur r_s se situera toujours entre $-1,00$ et $+1,00$.

3. Vrai.

4. On calcule la valeur de r_s de la façon suivante:

$$r_s = 1 - \left(\frac{6\Sigma D^2}{n(n^2 - 1)} \right) = 1 - \left(\frac{6(566)}{16(256 - 1)} \right) = 0,1677$$

5. a) Faux. RC = 2,99.

$$RC = 0,67 \sqrt{\frac{13 - 2}{1 - 0,67^2}} = 2,99$$

b) L'hypothèse H_0 doit être rejetée. La valeur t pour 11 d.l. et $\alpha = 0,01$ est de 2,718, ce qui est inférieur au rapport critique de 2,99.

CHAPITRE 16
EST-CE BIEN LA FIN?

OBJECTIFS D'APPRENTISSAGE

Après avoir lu attentivement ce chapitre et répondu aux questions de compréhension, vous devriez pouvoir:

☞ dire à quelles fins furent conçues les techniques quantitatives étudiées;

☞ donner des exemples de situations où ces techniques peuvent s'appliquer.

CONTENU DU CHAPITRE

LES MÉTHODES D'ÉCHANTIL-LONNAGE

LA RÉGRESSION MULTIPLE

LA THÉORIE DE LA DÉCISION

LA PROGRAMMATION LINÉAIRE

LES MODÈLES DE GESTION D'INVENTAIRE

LA THÉORIE DES FILES D'AT-TENTE

LA SIMULATION

SOMMAIRE

TERMES ET CONCEPTS IMPOR-TANTS

QUESTIONS DE COMPRÉHENSION

Vient un temps où on ressent le besoin de demander même à un Shakespeare ou à un Beethoven : « Avez-vous terminé? »

Aldous Huxley

Vous avez jusqu'ici investi beaucoup de temps dans l'étude de la méthode statistique; vous avez travaillé avec ardeur pour comprendre l'essentiel des notions que nous vous avons présentées. C'est pourquoi il ne vous fera certainement pas plaisir d'apprendre que ce livre n'a fait qu'effleurer la théorie de la statistique. Voilà qui est peut-être difficile à accepter à ce stade-ci, mais c'est pourtant la vérité! Malheureusement, les ouvrages qui se destinent à l'étude exhaustive de la statistique ont tendance à ressembler à des encyclopédies et, comme les encyclopédies, ces livres sont utilisés par certaines personnes à titre d'ouvrages de référence et, par d'autres, pour bloquer les portes. Même les volumes très détaillés n'ont pas la prétention d'être exhaustifs. De plus, des sujets tels que l'analyse des séries chronologiques, la corrélation et les nombres indices ont tous fait l'objet de livres entiers.

Il est impossible de traiter en détail dans un seul chapitre tous les sujets que nous n'avons pas abordés dans les chapitres précédents; ce n'est d'ailleurs pas notre intention. Nous voulons plutôt décrire quelques autres méthodes importantes de l'analyse quantitative; nous donnerons des exemples de situations où elles s'appliquent et nous insisterons sur leurs conditions d'application.

Dans ce chapitre, nous examinerons brièvement, (1) *les méthodes d'échantillonnage*, (2) *la régression multiple*, (3) *la théorie de la décision*, (4) *la programmation linéaire*, (5) *les modèles de gestion d'inventaire*, (6) *la théorie des files d'attente* et (7) *la simulation*.

LES MÉTHODES D'ÉCHANTILLONNAGE

Au chapitre 6, nous avons expliqué brièvement la méthode d'échantillonnage par strates et la méthode d'échantillonnage par grappes (ou par amas); toutes les méthodes d'estimation et d'inférence statistique que nous avons examinées sont valables uniquement si la méthode d'échantillonnage est de type aléatoire simple. Cependant, dans de nombreuses situations et pour diverses raisons, il est soit impossible, soit difficilement réalisable de choisir un échantillon aléatoire simple.

Lorsque la dispersion au sein de la population est très grande, il est nécessaire de prélever un échantillon de très grande taille pour maintenir à un niveau acceptable l'erreur d'échantillonnage. Toutefois, le coût du prélèvement d'un tel échantillon est souvent prohibitif. Pour contourner ce problème, on peut, dans certains cas, utiliser la méthode d'*échantillonnage par strates*. Cette méthode consiste à subdiviser la population en sous-groupes d'éléments possédant une ou des caractéristiques communes, de telle sorte que la variation à l'intérieur des sous-groupes sera relativement petite. Par la suite, on obtient l'échantillon désiré en choisissant aléatoirement des éléments dans tous les sous-groupes. La dispersion dans chaque sous-groupe étant inférieure à la dispersion dans la population, l'échantillonnage par strates permet de réduire la taille d'échantillon requise compte tenu d'une erreur d'échantillonnage donnée.

Supposons, par exemple, que vous vouliez choisir un échantillon de magasins dans une ville afin d'estimer le montant total des ventes au détail réalisées durant le mois précédent dans cette ville. La variation à l'intérieur de cette population serait incroyablement grande puisque celle-ci regroupe les supermarchés, les magasins à rayons ainsi que les dépanneurs; on doit s'attendre à ce que le chiffre d'affaires varie beaucoup d'un magasin à l'autre suivant le type de commerce. Par contre, si l'on divisait la population en *strates*, regroupant les magasins selon leur taille et leur importance, la dispersion à l'intérieur de chaque strate serait relativement faible. Pour recueillir ce type de données commerciales, on utilise souvent l'échantillonnage par strates. On recourt aussi à cette méthode d'échantillonnage dans des études de personnel en regroupant les employés selon la catégorie d'emploi qu'ils occupent. Bref, cette méthode d'échantillonnage s'avère très utile *lorsqu'il est possible de diviser une population hétérogène en sous-groupes relativement homogènes*.

Pour prélever un échantillon aléatoire ou un échantillon stratifié, il est nécessaire de posséder une liste complète, sous une forme ou une autre, des éléments formant la population étudiée. *Cependant, il est souvent impossible de se procurer une telle liste.* Par exemple, nous pourrions vouloir prélever un échantillon d'employés des commerces de détail dans la ville. Il serait sans doute impossible de dresser la liste exhaustive de toutes ces personnes; par contre, nous pourrions facilement obtenir la liste de tous les commerces de détail de la ville. À partir de cette liste, nous pourrions choisir un échantillon de commerces et interroger tous les employés des commerces choisis. *Cette méthode d'échantillonnage s'appelle l'échantillonnage par grappes (ou par amas).* Elle consiste à diviser la population en amas d'éléments et à choisir un certain nombre d'amas dont tous les éléments devront faire partie de l'échantillon. *Ce type d'échantillonnage est couramment utilisé dans les études de marché et les sondages électoraux.* Par exemple, on peut, pour une étude de marché, prélever un échantillon de personnes en choisissant d'abord, dans une ville, un échantillon de pâtés de maisons et en interrogeant ensuite toutes les personnes qui y résident. Il faut bien comprendre que cette méthode d'échantillonnage comporte deux étapes: première-ment, la sélection d'un certain nombre d'amas d'éléments dans la population et, deuxièmement, l'incorporation dans l'échantillon de tous les éléments des amas sélec-tionnés.

Il existe une variante de cette méthode d'échantillonnage par amas dans laquelle l'échantillonnage se fait à deux niveaux. Cette méthode consiste à ne prélever qu'un échantillon d'éléments des amas sélectionnés en premier lieu. Dans l'exemple des employés de magasins que nous venons de voir, cette variante implique qu'à l'intérieur de chacun des magasins sélectionnés, un échantillon d'employés serait choisi, et non pas tous les employés. Cette façon de procéder présente certains avantages; il est fort probable que la variation entre les amas sera supérieure à la variation à l'intérieur des amas et, en outre, nous pourrons choisir plus d'amas sans pour autant augmenter le nombre d'éléments à l'intérieur de l'échantillon.

Comme il se doit, *le choix de la meilleure méthode d'échantillonnage ne garantit pas la validité des résultats échantillonnaux.* Les sources d'erreurs sont en réalité très nombreuses — la formulation des questions, la façon dont l'intervieweur pose les questions ou tout simplement les critères de définition de la population. Il y a quelques années, une importante compagnie pétrolière a investi des sommes énormes dans une enquête visant à déterminer les préférences et les motifs qui poussent les consomma-teurs à acheter une huile à moteur plutôt qu'une autre. Les données recueillies n'ont été, à toutes fins utiles, d'aucune utilité pour une raison très simple: la compagnie avait oublié de demander aux personnes interrogées si elles possédaient une voiture. Les sommes dépensées pour l'élaboration de la méthode d'échantillonnage n'ont pu remédier à ce problème.

LA RÉGRESSION MULTIPLE

Au chapitre 14, nous avons étudié certains aspects de la théorie de la régression et de la corrélation; notre étude s'est limitée à la corrélation et à la régression simple. Plusieurs étudiants doivent se demander pourquoi on utilise le mot « simple » pour qualifier une théorie qui peut sembler compliquée; en fait, ce terme appartient au jargon de la statistique et signifie ici que l'analyse porte sur la relation entre deux variables, et seulement deux variables. Il arrive fréquemment que la corrélation entre deux variables soit relativement faible, ce qui diminue sensiblement la fiabilité que l'on peut accorder aux estimations faites des valeurs de la variable dépendante pour des valeurs données de la variable indépendante. En définitive, lorsque la corrélation est faible, la variable indépendante n'explique qu'une petite partie de la variation de la variable dépendante. Dans une telle situation, l'*adjonction* à l'analyse d'une ou de plusieurs variables indépendantes permettrait sans doute de mieux expliquer la variation de la variable dépendante et pourrait, par le fait même, rendre possible la formulation d'estimations nettement plus fiables. C'est ce qu'on appelle la *régression multiple*. Par conséquent, *dans l'analyse de régression multiple, il n'y a qu'une variable dépendante, mais au moins deux variables indépendantes*.

L'analyse de régression multiple est souvent mise à contribution dans l'élaboration de modèles de prévisions. On construit de tels modèles afin de prévoir le produit national brut, les ventes d'automobiles et d'essence et la demande de places de stationnement ou d'aires récréatives. On peut, au moyen de l'analyse de régression et de corrélation multiples, répondre à de nombreuses questions: existe-t-il une corrélation entre, d'une part, la production agricole et, d'autre part, la température et le nombre de millimètres de pluie? Le niveau de production est-il en corrélation avec le nombre de travailleurs et la quantité d'heures supplémentaires effectuées?

Deux problèmes peuvent se poser dans une analyse de régression multiple, lesquels ont pour effet de limiter l'usage qu'on peut faire d'elle. Le premier problème se présente lorsque deux des variables indépendantes sont elles-mêmes corrélées. Par exemple, pour prévoir les ventes d'essence, on peut tenter de corréler celles-ci avec le nombre de véhicules en circulation et le revenu des consommateurs; cependant, il est évident que le nombre de véhicules en circulation est directement relié au revenu des consommateurs de telle sorte que plus le revenu augmente, et plus le nombre de véhicules augmente. Les corrélations de séries chronologiques sont à la source du deuxième problème. Dans ce cas, l'hypothèse d'indépendance des observations n'est pas respectée. Par exemple, si la variable dépendante est le nombre d'automobiles neuves vendues, il devient évident que le nombre de ventes réalisées dans une année n'est pas indépendant du nombre de ventes réalisées au cours des années précédentes. Le nombre d'automobiles neuves vendues en 1984 dépendra du nombre de ventes effectuées en 1983 et aura un effet sur les ventes de 1985. Que l'un ou l'autre de ces problèmes survienne et il sera impossible d'interpréter précisément les mesures de corrélation qui découlent de l'analyse effectuée.

LA THÉORIE DE LA DÉCISION

Au chapitre 8, nous avons examiné des techniques pour tester des hypothèses statistiques. Ces techniques menaient à une prise de décision dont l'issue était le rejet ou l'acceptation d'une certaine hypothèse. Dans la théorie moderne de la décision, *la valeur monétaire des stratégies ou des actions qui pourraient faire suite à une décision* représente un facteur important et joue un rôle prépondérant. Pour tenir compte de ce nouveau facteur, un processus de prise de décision dans l'incertitude a été élaboré.

Afin d'illustrer cette nouvelle approche de la prise de décision, considérons le problème suivant: la gérante d'une petite épicerie doit prendre une décision quant au nombre de pains à stocker sur ses tablettes chaque jour. Elle sait par expérience qu'il ne se vend jamais moins de 11 pains ni plus de 14 pains par jour. Pour résoudre ce problème de décision, voici la démarche à suivre:

1. *Construire la table des profits conditionnels*. Puisque la demande quotidienne de pains s'étend toujours de 11 à 14, la gérante peut adopter l'une ou l'autre des stratégies qui consistent à stocker 11, 12, 13 ou 14 pains. Bien entendu, dépendant de la demande et de la stratégie adoptée, les profits générés varieront. La table des profits conditionnels indique les conséquences monétaires (profits ou pertes) résultant de chacune des stratégies possibles face aux différentes demandes.

2. *Calculer la valeur espérée de chaque stratégie*. Pour calculer la valeur espérée de chaque stratégie, on doit d'abord établir la distribution de probabilités de la demande; cette distribution indique les probabilités de vendre 11, 12, 13 et 14 pains dans une journée. La gérante devra mettre à profit son expérience pour estimer ces probabilités. La valeur espérée d'une stratégie est calculée à partir des profits conditionnels et des probabilités. La valeur espérée d'une stratégie correspond au profit moyen qu'on pourrait réaliser à long terme en suivant, jour après jour, cette stratégie.

3. *Choisir la stratégie dont la valeur espérée est la plus grande*. Dans la théorie moderne de la décision, les probabilités sont révisées à la lumière des informations additionnelles recueillies au cours de l'analyse; cet aspect de la théorie est très important. Prenons l'exemple d'une directrice de production qui doit prendre la décision de mettre ou non en marché un nouveau produit. Pour évaluer les probabilités de succès de ce nouveau produit, celle-ci peut s'appuyer sur l'expérience passée avec des produits semblables. Cependant, elle ne voudra certainement pas en rester là et elle cherchera à obtenir des renseignements additionnels concernant son produit et ses chances de succès. Elle pourra obtenir cette information en effectuant une enquête auprès des consommateurs. Les probabilités établies avant l'enquête seront révisées à la lumière de l'information nouvellement recueillie grâce à un théorème de probabilités formulé par Thomas Bayes. Vu le rôle important que joue ce théorème dans la théorie moderne de la décision, on appelle couramment cette théorie la *théorie bayésienne de la décision*.

Les résultats d'une analyse de la décision ne peuvent être meilleurs que la distribution de probabilités utilisée pour calculer les valeurs espérées des différentes stratégies qui s'offrent au décideur. Celui-ci doit garder en mémoire qu'on obtient souvent les probabilités à partir d'une analyse de ce qui s'est produit dans le passé; ces probabilités peuvent, par conséquent, dépeindre très mal la situation à laquelle il fait face au moment où il doit prendre sa décision. De nombreux facteurs extérieurs peuvent changer l'aspect de la distribution de probabilités qui devrait être utilisée à un temps donné. Il est indéniable que l'invention du nylon a eu pour effet de changer la distribution de probabilités de la demande de soie. Une amélioration de la qualité des matériaux employés dans un processus de fabrication changera la distribution de probabilités du pourcentage d'articles défectueux produits. L'usage d'une distribution de probabilités inappropriée dans une analyse de la décision affectera inévitablement la qualité de la décision qui en découlera.

LA PROGRAM-MATION LINÉAIRE

La programmation linéaire est une technique utilisée pour maximiser ou minimiser une fonction linéaire soumise à certaines contraintes linéaires. Cette définition peut, à première vue, paraître très énigmatique et rebutante; par contre, lorsqu'on la place dans un contexte particulier, elle devient très facile à comprendre. Généralement, on essaie de maximiser les profits ou minimiser les coûts; on appelle contraintes les limites imposées aux valeurs que peut prendre la variable étudiée. Ainsi, dans un problème de maximalisation des profits, on doit considérer qu'il existe des limites à la quantité d'articles qui peuvent être produits. *Plusieurs problèmes peuvent être résolus à l'aide de la programmation linéaire; en voici quelques exemples :*

1. Une compagnie fabrique trois produits dont les prix unitaires sont différents. Connaissant le temps requis pour fabriquer chacun de ces produits et la capacité totale de production de chacune des chaînes de montage, l'entreprise peut, à l'aide de la programmation linéaire, déterminer le nombre d'unités de chaque produit qu'elle devrait fabriquer pour maximiser ses profits.

2. Une compagnie fait de la nourriture préparée pour le bétail; la moulée qu'elle produit est un mélange de trois ingrédients dont la teneur en vitamines et en protéines doit répondre à certaines normes. En prenant en considération le coût de chaque ingrédient ainsi que leur teneur en vitamines et en protéines, la compagnie peut, grâce à la programmation linéaire, déterminer le mélange qui minimise ses coûts de production tout en satisfaisant aux normes nutritionnelles fixées.

3. Une compagnie possède trois usines et six entrepôts dans différentes régions du pays. La compagnie peut recourir à la programmation linéaire pour déterminer dans quels entrepôts elle doit acheminer la production de chacune des usines pour minimiser les coûts de transport.

4. Une usine a cinq commandes à livrer. La rentabilité de chaque commande varie selon la machine utilisée pour effectuer le travail. La programmation linéaire peut servir à établir une répartition du travail entre les machines afin que les profits soient maximisés.

Les exemples donnés ci-haut ne sont que quelques illustrations de l'usage qu'on peut faire de la programmation linéaire; ils ne constituent pas une liste exhaustive de toutes les applications possibles. Le domaine des affaires engendre de nombreuses situations où la programmation linéaire peut s'appliquer; nous vous avons présenté quatre de ces situations, mais la liste des exemples aurait pu s'allonger à l'infini. Il ne faut pas croire, cependant, que seuls les gens d'affaires ont intérêt à utiliser la programmation linéaire. En effet, celle-ci est largement utilisée dans d'autres sphères de l'activité humaine pour régler des problèmes reliés à la santé, à la pollution, à l'affectation des budgets gouvernementaux, etc. Bref, on peut affirmer que *la programmation linéaire est un modèle d'affectation; son usage doit, par conséquent, être envisagé chaque fois que se présente un problème relié à l'affectation de ressources restreintes.*

Nous avons vu que la programmation linéaire permet de déterminer la combinaison de facteurs qui maximise les profits ou minimise les coûts et, à ce titre, elle joue un rôle non négligeable dans le processus de prise de décision. À l'instar de toutes les techniques quantitatives, la programmation linéaire ne donnera les résultats escomptés que si elle est employée dans des situations qui s'y prêtent. *La programmation linéaire est soumise à une importante restriction* qui nous est révélée par sa définition même, telle qu'elle fut donnée au début de cette section : *les fonctions doivent être linéaires*. Si la fonction du coût (ou du profit) n'est pas linéaire, il est inutile de vouloir se servir de la programmation linéaire pour minimiser (ou maximiser) celui-ci puisque les résultats n'auraient, en l'occurrence, aucun sens.

LES MODÈLES DE GESTION D'INVENTAIRE

Les gens d'affaires doivent prendre de nombreuses décisions délicates, mais aucune n'est aussi délicate ni aussi difficile à prendre que la décision concernant les stocks à maintenir. À cet égard, les directeurs peuvent commettre deux types d'erreurs coûteuses — les stocks qu'ils maintiennent peuvent être trop élevés ou ils peuvent être trop bas. Maintenir des stocks trop élevés a pour effet de gonfler inutilement la facture d'entreposage; de plus l'entreprise risque de perdre des sommes appréciables sur les articles qu'elle ne réussit pas à vendre. D'autre part, si les stocks disponibles sont à un niveau anormalement bas, la demande risque de dépasser l'offre; il pourrait éventuellement en résulter une perte de profit pour l'entreprise qui n'a pas réalisé les ventes qu'elle aurait dû faire.

Il existe des modèles mathématiques spécialement conçus pour aider à résoudre les problèmes reliés au contrôle de l'inventaire. Ces modèles de gestion d'inventaire ne sont, en fait, que des équations auxquelles on associe quelquefois des distributions de probabilités pertinentes, compte tenu des systèmes d'inventaire que ces modèles cherchent à décrire.

Les modèles de gestion d'inventaire peuvent s'avérer très utiles pour déterminer la quantité à commander qui soit la plus économique. Celle-ci représente la quantité optimale que doit commander l'entreprise chaque fois qu'elle relève le niveau de ses stocks, quantité qui minimise les coûts totaux engendrés par une commande et associés au maintien des stocks. Chaque fois qu'elle passe une commande, l'entreprise doit évidemment défrayer les coûts de l'opération — les coûts de préparation du bon de commande, les coûts de tenue de livres, les coûts reliés à la vérification de la commande reçue et à la vérification de la facture. Pour maintenir ses stocks, l'entreprise doit aussi assumer plusieurs frais, dont les frais d'entreposage, les primes d'assurances et les intérêts sur l'investissement requis. Bien entendu, l'entreprise peut réduire le plus possible le nombre de commandes qu'elle passe et minimiser les coûts reliés à ce genre d'opération, mais elle devra, pour y arriver, commander chaque fois de très grandes quantités et, du même coup, elle augmentera sensiblement les sommes consacrées au maintien de ses stocks. D'autre part, l'entreprise pourrait décider de minimiser ses coûts d'entreposage, d'assurances et d'intérêts sur l'investissement en ne commandant que de petites quantités à la fois; elle se verrait alors obligée de passer de nombreuses commandes et devrait consacrer des sommes plus importantes à cette fin. Un modèle descriptif du coût total du système d'inventaire nous permet de déterminer la quantité optimale à commander pour minimiser ce coût.

À quel niveau minimal l'entreprise doit-elle maintenir ses stocks? Quand doit-elle passer une nouvelle commande? Bref, quel est le point de réapprovisionnement? Les modèles de gestion d'inventaire permettent de répondre à ces questions qui n'en font qu'une. Si le point de réapprovisionnement est trop haut, le niveau moyen des stocks et les coûts reliés à leur maintien sont alors inutilement élevés. Par contre, si le point de réapprovisionnement est placé trop bas, les stocks risquent d'être épuisés avant même que la nouvelle commande arrive et, dans cette éventualité, l'entreprise perdrait des ventes et la faveur du consommateur. Il est possible de déterminer, à l'aide d'un modèle de gestion d'inventaire, le point de réapprovisionnement optimal qui minimise les coûts espérés d'une pénurie et les coûts associés au maintien des stocks. Évidemment, on doit retrouver dans ce modèle la distribution de probabilités de la demande.

Pour qu'un modèle de gestion d'inventaire apporte des résultats satisfaisants, il faut qu'il décrive assez précisément le système d'inventaire *étudié*. Avant d'utiliser un modèle qui fut conçu à l'origine pour décrire un autre système, nous devons absolument nous assurer que les deux systèmes sont identiques. Plusieurs volumes de management font état de ce qu'on appelle la formule de la quantité économique des stocks. En réalité, il n'existe aucune formule qui puisse répondre à toutes les situations. Cependant, on retrouve une formule de la quantité économique à stocker appropriée pour un système d'inventaire satisfaisant aux conditions suivantes: (1) la demande pour le produit est connue, (2) la demande est constante et (3) les coûts d'une pénurie de stock sont si élevés que l'entreprise ne peut s'offrir le luxe de laisser la demande dépasser l'offre. On ne pourra pas, à partir de cette formule, obtenir la quantité qui minimise les coûts si l'une ou l'autre des conditions d'application n'est pas respectée.

LA THÉORIE DES FILES D'ATTENTE

Les personnes qui ont déjà essayé de faire un dépôt dans une banque un jeudi après-midi ou qui ont déjà tenté de sortir rapidement d'un grand magasin la veille de Noël connaissent ce qu'est une file d'attente. Peut-être serez-vous surpris d'apprendre qu'une théorie se penche sur ce type de problème. Cette théorie cherche à répondre à des questions comme: (1) quelle est la longueur moyenne de la file d'attente? (2) en moyenne, combien de temps une personne doit-elle attendre avant d'avoir accès à un service? (3) quelle est la probabilité que le nombre de personnes dans une file d'attente dépasse tel ou tel niveau? (4) quelle est la probabilité qu'une personne doive attendre plus qu'un temps donné dans une file d'attente?

Les modèles de files d'attente permettent de résoudre un grand nombre de problèmes pratiques. On les utilise pour déterminer le nombre de caisses qu'un supermarché devrait garder ouvertes, le nombre de guichets qu'une banque devrait laisser ouverts, le nombre d'employés que le service d'entretien d'une usine devrait compter, le nombre de voies qu'on devrait ouvrir à la circulation sur une autoroute ou le nombre d'infirmières que nécessite un hôpital. À l'instar des diverses techniques quantitatives, *ces méthodes ne peuvent s'appliquer dans toutes les situations; elles furent conçues pour répondre à des besoins particuliers et on doit les utiliser uniquement pour résoudre les problèmes pour lesquels elles furent mises au point.*

L'histoire se passe dans une firme d'ingénieurs où Francine est chef de service. Celle-ci constate, un jour, qu'une longue file a tendance à se former à la porte de la salle des bleus. C'est dans cette salle que les ingénieurs et les ingénieures vont se procurer le matériel nécessaire à leur travail. Ces spécialistes sont de hauts salariés, aussi le temps perdu à attendre représente des sommes importantes. Pressée de résoudre ce problème, Francine demande alors à une équipe de chercheurs de procéder à une analyse de la situation afin de déterminer le nombre optimal de commis à employer dans la salle des bleus. L'équipe se met aussitôt à la tâche et recueille de nombreuses données concernant le nombre d'ingénieurs et d'ingénieures se présentant chaque jour à la salle des bleus ainsi que le temps écoulé entre le moment où ils y entrent et le moment où ils en sortent. Une fois cette étape franchie, les chercheurs reviennent à leurs bureaux et soumettent les données à leur ordinateur. Pourtant, malgré leurs efforts, ils ne réussissent pas à saisir les raisons de la formation de la fameuse file d'attente. La directrice du personnel, déçue, décide donc d'aller examiner elle-même la situation à la salle des bleus; elle comprit d'un simple coup d'oeil: le sourire et l'accueil chaleureux des deux personnes qui y travaillent, fort consciencieusement d'ailleurs, justifient à eux seuls la formation d'une file d'attente. Évidemment, l'ordinateur n'était pas programmé pour tenir compte de facteurs si humains. La directrice du personnel avisa le groupe d'ingénieurs et d'ingénieures de ne pas s'attarder indûment à la salle des bleus et tout rentra dans l'ordre rapidement.

LA SIMULATION

Les physiciens reproduisent généralement dans leurs laboratoires les phénomènes qu'ils veulent étudier; ils expérimentent des procédés en utilisant des modèles réduits possédant toutes leurs caractéristiques. Au cours de ces expériences, les chercheurs peuvent faire intervenir de nombreuses sources de variation complexes et les résultats qui en découlent leur permettent de découvrir ce qui se passe dans des conditions sur lesquelles ils exercent un contrôle. La simulation est une technique qui ressemble à l'expérimentation scientifique. La figure 16.1 peut sans doute clarifier ce qu'on entend par simulation. À sa base, la figure 16.1 repose sur la réalité ou les faits. Très peu de gens (pour ne pas dire personne) parviennent à saisir tous les aspects d'une situation complexe; on émet donc des théories en vue d'expliquer l'un ou l'autre aspect d'un phénomène trop complexe pour être traité dans sa totalité. Selon les situations, il est possible de construire des modèles pour tester ou représenter une théorie. Finalement, la simulation réside dans l'utilisation d'un modèle qui vise à identifier ou découvrir le comportement d'une personne, d'un procédé ou d'un système.

Pour déterminer la possibilité de réalisation de projets ou de stratégies qui leur sont proposés, les administrateurs d'une entreprise peuvent, au départ, construire des modèles théoriques. Ils peuvent ensuite analyser le comportement de ces modèles en les soumettant à des conditions particulières. La simulation constitue une approche de résolution de problèmes basée sur l'essai et l'erreur; elle représente un outil de planification d'une valeur indiscutable.

Les modèles de simulation aident les administrateurs à prendre de meilleures décisions touchant des aspects importants de l'entreprise, comme par exemple l'acquisition possible d'une usine dans le cadre d'un plan d'expansion. Dans une telle situation, le modèle de simulation doit faire la synthèse de nombreuses variables très complexes, les unes reflétant la réalité de l'entreprise et les autres traduisant des

FIGURE 16.1

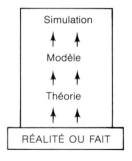

conjectures. Parmi ces variables, on retrouve (1) la taille actuelle et potentielle du marché dans lequel s'inscrit l'entreprise, (2) la part de marché que détient l'entreprise et celle qu'elle pourrait éventuellement détenir, (3) les prix de vente des produits fabriqués et (4) les investissements requis pour amener la production de l'entreprise à différents niveaux. Par conséquent, les directeurs d'entreprises trouvent dans la simulation une aide précieuse qui facilite la prise de décision et l'élaboration de plans d'expansion.

La simulation n'est cependant pas l'apanage des directeurs d'entreprises; en effet, elle s'est révélée très utile (1) à la conception de plans d'avions et d'autres véhicules aériens, (2) à l'amélioration de certaines techniques médicales, (3) comme méthode d'enseignement, (4) à la planification du développement urbain et (5) à la planification des réseaux de transport en respectant certaines contraintes dont l'augmentation éventuelle du nombre de véhicules en circulation, les effets de la construction d'une autoroute sur la densité de la circulation et l'impact des rues à sens unique sur l'ensemble du réseau.

SOMMAIRE

Dans ce chapitre, nous avons fait un survol de certaines méthodes quantitatives d'analyse. Nous nous sommes contentés de décrire brièvement ces techniques sans aborder la méthodologie d'application qui les entoure. Par contre, afin de bien délimiter le cadre d'utilisation des techniques présentées, nous vous avons cité plusieurs problèmes auxquels elles peuvent apporter une solution; nous avons insisté tout particulièrement sur les limites du champ d'application de chacune de ces techniques. Il est très important de comprendre que l'analyse quantitative ne constitue pas l'étape ultime de la prise de décision; en effet, elle se contente de fournir une base plus solide sur laquelle on peut s'appuyer pour prendre une décision.

TERMES ET CONCEPTS IMPORTANTS

1. Échantillonnage par strates
2. Échantillonnage par grappes ou par amas
3. Régression multiple
4. Théorie bayésienne de la décision
5. Programmation linéaire
6. Modèles de gestion d'inventaire
7. Modèles des files d'attente
8. Simulation

QUESTIONS DE COMPRÉHENSION

1. a) Quand et comment doit-on prélever un échantillon stratifié?
   b) Un échantillon par amas?
2. a) Qu'est-ce que la régression multiple?
   b) Quels problèmes peut-on retrouver dans l'analyse de régression multiple?
3. Quelles sont les étapes de la théorie de la décision?
4. À quoi sert la programmation linéaire?
5. a) Qu'entend-on par modèles de gestion d'inventaire?
   b) À quoi servent les modèles de gestion d'inventaire?
6. a) Qu'est-ce que la simulation?
   b) Dans quelles circonstances peut-on utiliser les modèles de simulation?

ANNEXES

ANNEXE 1
DISTRIBUTIONS BINÔMIALES

$$P(r) = {}_nC_r\,(p)^r(q)^{n-r}$$

Exemple: Si $p = 0,30$, $n = 5$ et $r = 2$, alors $P(r) = 0,3087$. (Lorsque p est supérieur à 0,50, on trouve dans la table la valeur de $P(r)$ correspondant à la valeur de n à l'intersection de la ligne $n - r$ et de la colonne $1 - p$ plutôt qu'à l'intersection de la ligne r et de la colonne p.)

n	r	0,01	0,05	0,10	0,15	0,20	0,25	p 0,30	0,35	0,40	0,45	0,50
1	0	0,9900	0,9500	0,9000	0,8500	0,8000	0,7500	0,7000	0,6500	0,6000	0,5500	0,5000
	1	0,0100	0,0500	0,1000	0,1500	0,2000	0,2500	0,3000	0,3500	0,4000	0,4500	0,5000
2	0	0,9801	0,9025	0,8100	0,7225	0,6400	0,5625	0,4900	0,4225	0,3600	0,3025	0,2500
	1	0,0198	0,0950	0,1800	0,2550	0,3200	0,3750	0,4200	0,4550	0,4800	0,4950	0,5000
	2	0,0001	0,0025	0,0100	0,0225	0,0400	0,0625	0,0900	0,1225	0,1600	0,2025	0,2500
3	0	0,9703	0,8574	0,7290	0,6141	0,5120	0,4219	0,3430	0,2746	0,2160	0,1664	0,1250
	1	0,0294	0,1354	0,2430	0,3251	0,3840	0,4219	0,4410	0,4436	0,4320	0,4084	0,3750
	2	0,0003	0,0071	0,0270	0,0574	0,0960	0,1406	0,1890	0,2389	0,2880	0,3341	0,3750
	3	0,0000	0,0001	0,0010	0,0034	0,0080	0,0156	0,0270	0,0429	0,0640	0,0911	0,1250
4	0	0,9606	0,8145	0,6561	0,5220	0,4096	0,3164	0,2401	0,1785	0,1296	0,0915	0,0625
	1	0,0388	0,1715	0,2916	0,3685	0,4096	0,4219	0,4116	0,3845	0,3456	0,2995	0,2500
	2	0,0006	0,0135	0,0486	0,0975	0,1536	0,2109	0,2646	0,3105	0,3456	0,3675	0,3750
	3	0,0000	0,0005	0,0036	0,0115	0,0258	0,0469	0,0756	0,1115	0,1536	0,2005	0,2500
	4	0,0000	0,0000	0,0001	0,0005	0,0016	0,0039	0,0081	0,0150	0,0256	0,0410	0,0625
5	0	0,9510	0,7738	0,5905	0,4437	0,3277	0,2373	0,1681	0,1160	0,0778	0,0503	0,0312
	1	0,0480	0,2036	0,3280	0,3915	0,4096	0,3955	0,3602	0,3124	0,2592	0,2059	0,1562
	2	0,0010	0,0214	0,0729	0,1382	0,2048	0,2637	0,3087	0,3364	0,3456	0,3369	0,3125
	3	0,0000	0,0011	0,0081	0,0244	0,0512	0,0879	0,1323	0,1811	0,2304	0,2757	0,3125
	4	0,0000	0,0000	0,0004	0,0022	0,0064	0,0146	0,0284	0,0488	0,0768	0,1128	0,1562
	5	0,0000	0,0000	0,0000	0,0001	0,0003	0,0010	0,0024	0,0053	0,0102	0,0185	0,0312
6	0	0,9415	0,7351	0,5314	0,3771	0,2621	0,1780	0,1176	0,0754	0,0467	0,0277	0,0156
	1	0,0571	0,2321	0,3543	0,3993	0,3932	0,3560	0,3025	0,2437	0,1866	0,1359	0,0938
	2	0,0014	0,0305	0,0984	0,1762	0,2458	0,2966	0,3241	0,3280	0,3110	0,2780	0,2344
	3	0,0000	0,0021	0,0146	0,0415	0,0819	0,1318	0,1852	0,2355	0,2765	0,3032	0,3125
	4	0,0000	0,0001	0,0012	0,0055	0,0154	0,0330	0,0595	0,0951	0,1382	0,1861	0,2344
	5	0,0000	0,0000	0,0001	0,0004	0,0015	0,0044	0,0102	0,0205	0,0369	0,0609	0,0938
	6	0,0000	0,0000	0,0000	0,0000	0,0001	0,0002	0,0007	0,0018	0,0041	0,0083	0,0156
7	0	0,9321	0,6983	0,4783	0,3206	0,2097	0,1335	0,0824	0,0490	0,0280	0,0152	0,0078
	1	0,0659	0,2573	0,3720	0,3960	0,3670	0,3115	0,2471	0,1848	0,1306	0,0872	0,0547
	2	0,0020	0,0406	0,1240	0,2097	0,2753	0,3115	0,3177	0,2985	0,2613	0,2140	0,1641
	3	0,0000	0,0036	0,0230	0,0617	0,1147	0,1730	0,2269	0,2679	0,2903	0,2918	0,2734
	4	0,0000	0,0002	0,0026	0,0109	0,0287	0,0577	0,0972	0,1442	0,1935	0,2388	0,2734
	5	0,0000	0,0000	0,0002	0,0012	0,0043	0,0115	0,0250	0,0466	0,0774	0,1172	0,1641
	6	0,0000	0,0000	0,0000	0,0001	0,0004	0,0013	0,0036	0,0084	0,0172	0,0320	0,0547
	7	0,0000	0,0000	0,0000	0,0000	0,0000	0,0001	0,0002	0,0006	0,0016	0,0037	0,0078

Source: Adapté des tables du livre de Leonard J. Kazmier, *Statistical Analysis for Business and Economics*, 2e éd., copyright © 1973, publié par McGraw-Hill, Inc., avec l'autorisation de McGraw-Hill Book Company.

n	r	0,01	0,05	0,10	0,15	0,20	0,25 p	0,30	0,35	0,40	0,45	0,50
8	0	0,9227	0,6634	0,4305	0,2725	0,1678	0,1002	0,0576	0,0319	0,0168	0,0084	0,0039
	1	0,0746	0,2793	0,3826	0,3847	0,3355	0,2670	0,1977	0,1373	0,0896	0,0548	0,0312
	2	0,0026	0,0515	0,1488	0,2376	0,2936	0,3115	0,2065	0,2587	0,2090	0,1569	0,1094
	3	0,0001	0,0054	0,0331	0,0839	0,1468	0,2076	0,2541	0,2786	0,2787	0,2568	0,2188
	4	0,0000	0,0004	0,0046	0,0185	0,0459	0,0865	0,1361	0,1875	0,2322	0,2627	0,2734
	5	0,0000	0,0000	0,0004	0,0026	0,0092	0,0231	0,0467	0,0808	0,1239	0,1719	0,2188
	6	0,0000	0,0000	0,0000	0,0002	0,0011	0,0038	0,0100	0,0217	0,0413	0,0403	0,1094
	7	0,0000	0,0000	0,0000	0,0000	0,0001	0,0004	0,0012	0,0033	0,0079	0,0164	0,0312
	8	0,0000	0,0000	0,0000	0,0000	0,0000	0,0000	0,0001	0,0002	0,0007	0,0017	0,0039
9	0	0,9135	0,6302	0,3874	0,2316	0,1342	0,0751	0,0404	0,0207	0,0101	0,0046	0,0020
	1	0,0830	0,2985	0,3874	0,3679	0,3020	0,2253	0,1556	0,1004	0,0605	0,0339	0,0176
	2	0,0034	0,0629	0,1722	0,2597	0,3020	0,3003	0,2668	0,2162	0,1612	0,1110	0,0703
	3	0,0001	0,0077	0,0446	0,1069	0,1762	0,2336	0,2668	0,2716	0,2508	0,2119	0,1641
	4	0,0000	0,0006	0,0074	0,0283	0,0661	0,1168	0,1715	0,2194	0,2508	0,2600	0,2461
	5	0,0000	0,0000	0,0008	0,0050	0,0165	0,0389	0,0735	0,1181	0,1672	0,2128	0,2461
	6	0,0000	0,0000	0,0001	0,0006	0,0028	0,0087	0,0210	0,0424	0,0743	0,1160	0,1641
	7	0,0000	0,0000	0,0000	0,0000	0,0003	0,0012	0,0039	0,0098	0,0212	0,0407	0,0703
	8	0,0000	0,0000	0,0000	0,0000	0,0000	0,0001	0,0004	0,0013	0,0035	0,0083	0,0176
	9	0,0000	0,0000	0,0000	0,0000	0,0000	0,0000	0,0001	0,0003	0,0008	0,0020	
10	0	0,9044	0,5987	0,3487	0,1969	0,1074	0,0563	0,0282	0,0135	0,0060	0,0025	0,0010
	1	0,0914	0,3151	0,3874	0,3474	0,2684	0,1877	0,1211	0,0725	0,0403	0,0207	0,0098
	2	0,0042	0,0746	0,1937	0,2759	0,3020	0,2816	0,2335	0,1757	0,1209	0,0763	0,0439
	3	0,0001	0,0105	0,0574	0,1298	0,2013	0,2503	0,2668	0,2522	0,2150	0,1665	0,1172
	4	0,0000	0,0010	0,0112	0,0401	0,0881	0,1460	0,2001	0,2377	0,2508	0,2384	0,2051
	5	0,0000	0,0001	0,0015	0,0085	0,0264	0,0584	0,1029	0,1536	0,2007	0,2340	0,2461
	6	0,0000	0,0000	0,0001	0,0012	0,0055	0,0162	0,0368	0,0689	0,1115	0,1596	0,2051
	7	0,0000	0,0000	0,0000	0,0001	0,0008	0,0031	0,0090	0,0212	0,0425	0,0746	0,1172
	8	0,0000	0,0000	0,0000	0,0000	0,0001	0,0004	0,0014	0,0043	0,0106	0,0229	0,0439
	9	0,0000	0,0000	0,0000	0,0000	0,0000	0,0000	0,0001	0,0005	0,0016	0,0042	0,0098
	10	0,0000	0,0000	0,0000	0,0000	0,0000	0,0000	0,0000	0,0000	0,0001	0,0003	0,0010
11	0	0,8953	0,5688	0,3138	0,1673	0,0859	0,0422	0,0198	0,0088	0,0036	0,0014	0,0005
	1	0,0995	0,3293	0,3835	0,3248	0,2362	0,1549	0,0932	0,0518	0,0266	0,0125	0,0054
	2	0,0050	0,0867	0,2131	0,2866	0,2953	0,2581	0,1998	0,1395	0,0887	0,0513	0,0269
	3	0,0002	0,0137	0,0710	0,1517	0,2215	0,2581	0,2568	0,2254	0,1774	0,1259	0,0806
	4	0,0000	0,0010	0,0112	0,0401	0,0881	0,1460	0,2001	0,2377	0,2508	0,2384	0,2051
	5	0,0000	0,0001	0,0025	0,0132	0,0388	0,0803	0,1321	0,1830	0,2207	0,2360	0,2256
	6	0,0000	0,0000	0,0003	0,0023	0,0097	0,0268	0,0566	0,0985	0,1471	0,1931	0,2256
	7	0,0000	0,0000	0,0000	0,0003	0,0017	0,0064	0,0173	0,0379	0,0701	0,1128	0,1611
	8	0,0000	0,0000	0,0000	0,0000	0,0002	0,0011	0,0037	0,0102	0,0234	0,0462	0,0806
	9	0,0000	0,0000	0,0000	0,0000	0,0000	0,0001	0,0005	0,0018	0,0052	0,0126	0,0269
	10	0,0000	0,0000	0,0000	0,0000	0,0000	0,0000	0,0000	0,0002	0,0007	0,0021	0,0054
	11	0,0000	0,0000	0,0000	0,0000	0,0000	0,0000	0,0000	000000	0,0000	0,0002	0,0005

n	r	0,01	0,05	0,10	0,15	0,20	0,25	p 0,30	0,35	0,40	0,45	0,50
12	0	0,8864	0,5404	0,2824	0,1422	0,0687	0,0317	0,0138	0,0057	0,0022	0,0008	0,0002
	1	0,1074	0,3413	0,3766	0,3012	0,2062	0,1267	0,0712	0,0368	0,0174	0,0075	0,0029
	2	0,0060	0,0988	0,2301	0,2924	0,2835	0,2323	0,1678	0,1088	0,0639	0,0339	0,0161
	3	0,0002	0,0173	0,0852	0,1720	0,2362	0,2581	0,2397	0,1954	0,1419	0,0923	0,0537
	4	0,0000	0,0021	0,0213	0,0683	0,1329	0,1936	0,2311	0,2367	0,2128	0,1700	0,1204
	5	0,0000	0,0002	0,0038	0,0193	0,0532	0,1032	0,1585	0,2039	0,2270	0,2225	0,1934
	6	0,0000	0,0000	0,0005	0,0040	0,0155	0,0401	0,0792	0,1281	0,1766	0,2124	0,2256
	7	0,0000	0,0000	0,0000	0,0006	0,0033	0,0115	0,0291	0,0591	0,1009	0,1489	0,1934
	8	0,0000	0,0000	0,0000	0,0001	0,0005	0,0024	0,0078	0,0199	0,0420	0,0762	0,1208
	9	0,0000	0,0000	0,0000	0,0000	0,0001	0,0004	0,0015	0,0048	0,0125	0,0277	0,0537
	10	0,0000	0,0000	0,0000	0,0000	0,0000	0,0000	0,0002	0,0008	0,0025	0,0068	0,0161
	11	0,0000	0,0000	0,0000	0,0000	0,0000	0,0000	0,0000	0,0001	0,0003	0,0010	0,0029
	12	0,0000	0,0000	0,0000	0,0000	0,0000	0,0000	0,0000	0,0000	0,0000	0,0001	0,0002
13	0	0,8775	0,5133	0,2542	0,1209	0,0550	0,0238	0,0097	0,0037	0,0013	0,0004	0,0001
	1	0,1152	0,3512	0,3672	0,2774	0,1787	0,1029	0,0540	0,0259	0,0113	0,0045	0,0016
	2	0,0070	0,1109	0,2448	0,2937	0,2680	0,2059	0,1388	0,0836	0,0453	0,0220	0,0095
	3	0,0003	0,0214	0,0997	0,1900	0,2457	0,2517	0,2181	0,1651	0,1107	0,0660	0,0349
	4	0,0000	0,0028	0,0277	0,0838	0,1535	0,2097	0,2337	0,2222	0,1845	0,1350	0,0873
	5	0,0000	0,0003	0,0055	0,0266	0,0691	0,1258	0,1803	0,2154	0,2214	0,1989	0,1571
	6	0,0000	0,0000	0,0008	0,0063	0,0230	0,0559	0,1030	0,1546	0,1968	0,2169	0,2095
	7	0,0000	0,0000	0,0001	0,0011	0,0058	0,0186	0,0442	0,0833	0,1312	0,1775	0,2095
	8	0,0000	0,0000	0,0001	0,0001	0,0011	0,0047	0,0142	0,0336	0,0656	0,1089	0,1571
	9	0,0000	0,0000	0,0000	0,0000	0,0001	0,0009	0,0034	0,0101	0,0243	0,0495	0,0873
	10	0,0000	0,0000	0,0000	0,0000	0,0000	0,0001	0,0006	0,0022	0,0065	0,0162	0,0349
	11	0,0000	0,0000	0,0000	0,0000	0,0000	0,0000	0,0001	0,0003	0,0012	0,0036	0,0095
	12	0,0000	0,0000	0,0000	0,0000	0,0000	0,0000	0,0000	0,0000	0,0001	0,0005	0,0016
	13	0,0000	0,0000	0,0000	0,0000	0,0000	0,0000	0,0000	0,0000	0,0000	0,0000	0,0001
14	0	0,8687	0,4877	0,2288	0,1028	0,0440	0,0178	0,0068	0,0024	0,0008	0,0002	0,0001
	1	0,1229	0,3593	0,3559	0,2539	0,1539	0,0832	0,0407	0,0181	0,0073	0,0027	0,0009
	2	0,0081	0,1229	0,2570	0,2912	0,2501	0,1802	0,1134	0,0634	0,0317	0,0141	0,0056
	3	0,0003	0,0259	0,1142	0,2056	0,2501	0,2402	0,1943	0,1366	0,0845	0,0462	0,0222
	4	0,0000	0,0037	0,0349	0,0998	0,1720	0,2202	0,2290	0,2022	0,1549	0,1040	0,0611
	5	0,0000	0,0004	0,0078	0,0352	0,0860	0,1468	0,1963	0,2178	0,2066	0,1701	0,1222
	6	0,0000	0,0000	0,0013	0,0093	0,0322	0,0734	0,1262	0,1759	0,2066	0,2088	0,1833
	7	0,0000	0,0000	0,0002	0,0019	0,0092	0,0280	0,0618	0,1082	0,1574	0,1952	0,2095
	8	0,0000	0,0000	0,0000	0,0003	0,0020	0,0082	0,0232	0,0510	0,0918	0,1398	0,1833
	9	0,0000	0,0000	0,0000	0,0000	0,0003	0,0018	0,0066	0,0183	0,0408	0,0762	0,1222
	10	0,0000	0,0000	0,0000	0,0000	0,0000	0,0003	0,0014	0,0049	0,0136	0,0312	0,0611
	11	0,0000	0,0000	0,0000	0,0000	0,0000	0,0000	0,0002	0,0010	0,0033	0,0093	0,0222
	12	0,0000	0,0000	0,0000	0,0000	0,0000	0,0000	0,0000	0,0001	0,0005	0,0019	0,0056
	13	0,0000	0,0000	0,0000	0,0000	0,0000	0,0000	0,0000	0,0000	0,0001	0,0002	0,0009
	14	0,0000	0,0000	0,0000	0,0000	0,0000	0,0000	0,0000	0,0000	0,0000	0,0000	0,0001

n	r	0,01	0,05	0,10	0,15	0,20	0,25	p 0,30	0,35	0,40	0,45	0,50
15	0	0,8601	0,4633	0,2059	0,0874	0,0352	0,0134	0,0047	0,0016	0,0005	0,0001	0,0000
	1	0,1303	0,3658	0,3432	0,2312	0,1319	0,0668	0,0305	0,0126	0,0047	0,0016	0,0005
	2	0,0092	0,1348	0,2669	0,2856	0,2309	0,1559	0,0916	0,0476	0,0219	0,0090	0,0032
	3	0,0004	0,0307	0,1285	0,2184	0,2501	0,2252	0,1700	0,1110	0,0634	0,0318	0,0139
	4	0,0000	0,0049	0,0428	0,1156	0,1876	0,2252	0,2186	0,1792	0,1268	0,0780	0,0417
	5	0,0000	0,0006	0,0105	0,0499	0,1032	0,1651	0,2061	0,2123	0,1859	0,1404	0,0916
	6	0,0000	0,0000	0,0019	0,0132	0,0430	0,0917	0,1472	0,1906	0,2066	0,1914	0,1527
	7	0,0000	0,0000	0,0003	0,0030	0,0138	0,0393	0,0811	0,1319	0,1771	0,2013	0,1964
	8	0,0000	0,0000	0,0000	0,0005	0,0035	0,0131	0,0348	0,0710	0,1181	0,1647	0,1964
	9	0,0000	0,0000	0,0000	0,0001	0,0007	0,0034	0,0116	0,0298	0,0612	0,1048	0,1527
	10	0,0000	0,0000	0,0000	0,0000	0,0001	0,0007	0,0030	0,0096	0,0245	0,0515	0,0916
	11	0,0000	0,0000	0,0000	0,0000	0,0000	0,0001	0,0006	0,0024	0,0074	0,0191	0,0417
	12	0,0000	0,0000	0,0000	0,0000	0,0000	0,0000	0,0001	0,0004	0,0016	0,0052	0,0139
	13	0,0000	0,0000	0,0000	0,0000	0,0000	0,0000	0,0000	0,0001	0,0003	0,0010	0,0032
	14	0,0000	0,0000	0,0000	0,0000	0,0000	0,0000	0,0000	0,0000	0,0000	0,0001	0,0005
	15	0,0000	0,0000	0,0000	0,0000	0,0000	0,0000	0,0000	0,0000	0,0000	0,0000	0,0000
16	0	0,8515	0,4401	0,1853	0,0743	0,0281	0,0100	0,0033	0,0010	0,0003	0,0001	0,0000
	1	0,1376	0,3706	0,3294	0,2097	0,1126	0,0535	0,0228	0,0087	0,0030	0,0009	0,0002
	2	0,0104	0,1463	0,2745	0,2775	0,2111	0,1336	0,0732	0,0353	0,0150	0,0056	0,0018
	3	0,0005	0,0359	0,1423	0,2285	0,2463	0,2079	0,1465	0,0888	0,0468	0,0215	0,0085
	4	0,0000	0,0061	0,0514	0,1311	0,2001	0,2252	0,2040	0,1553	0,1014	0,0572	0,0278
	5	0,0000	0,0008	0,0137	0,0555	0,1201	0,1802	0,2099	0,2008	0,1623	0,1123	0,0667
	6	0,0000	0,0001	0,0028	0,0180	0,0550	0,1101	0,1649	0,1982	0,1983	0,1684	0,1222
	7	0,0000	0,0000	0,0004	0,0045	0,0197	0,0524	0,1010	0,1524	0,1889	0,1969	0,1746
	8	0,0000	0,0000	0,0001	0,0009	0,0055	0,0197	0,0487	0,0923	0,1417	0,1812	0,1964
	9	0,0000	0,0000	0,0000	0,0001	0,0012	0,0058	0,0185	0,0442	0,0840	0,1318	0,1746
	10	0,0000	0,0000	0,0000	0,0000	0,0002	0,0014	0,0056	0,0167	0,0392	0,0755	0,1222
	11	0,0000	0,0000	0,0000	0,0000	0,0000	0,0002	0,0013	0,0049	0,0142	0,0337	0,0667
	12	0,0000	0,0000	0,0000	0,0000	0,0000	0,0000	0,0002	0,0011	0,0040	0,0115	0,0278
	13	0,0000	0,0000	0,0000	0,0000	0,0000	0,0000	0,0000	0,0002	0,0008	0,0029	0,0085
	14	0,0000	0,0000	0,0000	0,0000	0,0000	0,0000	0,0000	0,0000	0,0001	0,0005	0,0018
	15	0,0000	0,0000	0,0000	0,0000	0,0000	0,0000	0,0000	0,0000	0,0000	0,0001	0,0002
	16	0,0000	0,0000	0,0000	0,0000	0,0000	0,0000	0,0000	0,0000	0,0000	0,0000	0,0000
17	0	0,8429	0,4181	0,1668	0,0631	0,0225	0,0075	0,0023	0,0007	0,0002	0,0000	0,0000
	1	0,1447	0,3741	0,3150	0,1893	0,0957	0,0426	0,0169	0,0060	0,0019	0,0005	0,0001
	2	0,0117	0,1575	0,2800	0,2673	0,1914	0,1136	0,0581	0,0260	0,0102	0,0035	0,0010
	3	0,0006	0,0415	0,1556	0,2359	0,2393	0,1893	0,1245	0,0701	0,0341	0,0144	0,0052
	4	0,0000	0,0076	0,0605	0,1457	0,2093	0,2209	0,1868	0,1320	0,0796	0,0411	0,0182
	5	0,0000	0,0010	0,0175	0,0668	0,1361	0,1914	0,2081	0,1849	0,1379	0,0875	0,0472
	6	0,0000	0,0001	0,0039	0,0236	0,0680	0,1276	0,1784	0,1991	0,1839	0,1432	0,0944
	7	0,0000	0,0000	0,0007	0,0065	0,0267	0,0668	0,1201	0,1685	0,1927	0,1841	0,1484
	8	0,0000	0,0000	0,0001	0,0014	0,0084	0,0279	0,0644	0,1134	0,1606	0,1883	0,1855
	9	0,0000	0,0000	0,0000	0,0003	0,0021	0,0093	0,0276	0,0611	0,1070	0,1540	0,1855

n	r	0,01	0,05	0,10	0,15	0,20	0,25	0,30	0,35	0,40	0,45	0,50
17	10	0,0000	0,0000	0,0000	0,0000	0,0004	0,0025	0,0095	0,0263	0,0571	0,1008	0,1484
	11	0,0000	0,0000	0,0000	0,0000	0,0001	0,0005	0,0026	0,0090	0,0242	0,0525	0,0944
	12	0,0000	0,0000	0,0000	0,0000	0,0000	0,0001	0,0006	0,0024	0,0081	0,0215	0,0472
	13	0,0000	0,0000	0,0000	0,0000	0,0000	0,0000	0,0001	0,0005	0,0021	0,0068	0,0182
	14	0,0000	0,0000	0,0000	0,0000	0,0000	0,0000	0,0000	0,0001	0,0004	0,0016	0,0052
	15	0,0000	0,0000	0,0000	0,0000	0,0000	0,0000	0,0000	0,0000	0,0001	0,0003	0,0010
	16	0,0000	0,0000	0,0000	0,0000	0,0000	0,0000	0,0000	0,0000	0,0000	0,0000	0,0001
	17	0,0000	0,0000	0,0000	0,0000	0,0000	0,0000	0,0000	0,0000	0,0000	0,0000	0,0000
18	0	0,8345	0,3972	0,1501	0,0536	0,0180	0,0056	0,0016	0,0004	0,0001	0,0003	0,0010
	1	0,1517	0,3763	0,3002	0,1704	0,0811	0,0338	0,0126	0,0042	0,0012	0,0003	0,0001
	2	0,0130	0,1683	0,2835	0,2556	0,1723	0,0958	0,0458	0,0190	0,0069	0,0022	0,0006
	3	0,0007	0,0473	0,1680	0,2406	0,2297	0,1704	0,1046	0,0547	0,0246	0,0095	0,0001
	4	0,0000	0,0093	0,0700	0,1592	0,2153	0,2130	0,1681	0,1104	0,0614	0,0291	0,0117
	5	0,0000	0,0014	0,0218	0,0787	0,1507	0,1988	0,2017	0,1664	0,1146	0,0666	0,0327
	6	0,0000	0,0002	0,0052	0,0301	0,0816	0,1436	0,1873	0,1941	0,1655	0,1181	0,0708
	7	0,0000	0,0000	0,0010	0,0091	0,0350	0,0820	0,1376	0,1792	0,1892	0,1657	0,1214
	8	0,0000	0,0000	0,0002	0,0022	0,0120	0,0376	0,0811	0,1327	0,1734	0,1864	0,1669
	9	0,0000	0,0000	0,0000	0,0004	0,0033	0,0139	0,0386	0,0794	0,1284	0,1694	0,1855
	10	0,0000	0,0000	0,0000	0,0001	0,0008	0,0042	0,0149	0,0385	0,0771	0,1248	0,1669
	11	0,0000	0,0000	0,0000	0,0000	0,0001	0,0010	0,0046	0,0151	0,0374	0,0742	0,1214
	12	0,0000	0,0000	0,0000	0,0000	0,0000	0,0002	0,0012	0,0047	0,0145	0,0354	0,0708
	13	0,0000	0,0000	0,0000	0,0000	0,0000	0,0000	0,0002	0,0012	0,0045	0,0134	0,0327
	14	0,0000	0,0000	0,0000	0,0000	0,0000	0,0000	0,0000	0,0002	0,0011	0,0039	0,0117
	15	0,0000	0,0000	0,0000	0,0000	0,0000	0,0000	0,0000	0,0000	0,0002	0,0009	0,0031
	16	0,0000	0,0000	0,0000	0,0000	0,0000	0,0000	0,0000	0,0000	0,0000	0,0001	0,0006
	17	0,0000	0,0000	0,0000	0,0000	0,0000	0,0000	0,0000	0,0000	0,0000	0,0000	0,0001
	18	0,0000	0,0000	0,0000	0,0000	0,0000	0,0000	0,0000	0,0000	0,0000	0,0000	0,0000
19	0	0,8262	0,3774	0,1351	0,0456	0,0144	0,0042	0,0011	0,0003	0,0001	0,0000	0,0000
	1	0,1586	0,3774	0,2852	0,1529	0,0685	0,0268	0,0093	0,0029	0,0008	0,0002	0,0000
	2	0,0144	0,1787	0,2852	0,2428	0,1540	0,0803	0,0358	0,0138	0,0046	0,0013	0,0003
	3	0,0008	0,0533	0,1796	0,2428	0,2182	0,1517	0,0869	0,0422	0,0175	0,0062	0,0018
	4	0,0000	0,0112	0,0798	0,1714	0,2182	0,2023	0,1491	0,0909	0,0467	0,0203	0,0074
	5	0,0000	0,0018	0,0266	0,0907	0,1636	0,2023	0,1916	0,1468	0,0933	0,0497	0,0222
	6	0,0000	0,0002	0,0069	0,0374	0,0955	0,1574	0,1916	0,1844	0,1451	0,0949	0,0518
	7	0,0000	0,0000	0,0014	0,0122	0,0443	0,0974	0,1525	0,1844	0,1797	0,1443	0,0961
	8	0,0000	0,0000	0,0002	0,0032	0,0166	0,0487	0,0981	0,1489	0,1797	0,1771	0,1442
	9	0,0000	0,0000	0,0000	0,0007	0,0051	0,0198	0,0514	0,0980	0,1464	0,1771	0,1762
	10	0,0000	0,0000	0,0000	0,0001	0,0013	0,0066	0,0220	0,0528	0,0976	0,1449	0,1762
	11	0,0000	0,0000	0,0000	0,0000	0,0003	0,0018	0,0077	0,0233	0,0532	0,0970	0,1442
	12	0,0000	0,0000	0,0000	0,0000	0,0000	0,0004	0,0022	0,0083	0,0237	0,0529	0,0961
	13	0,0000	0,0000	0,0000	0,0000	0,0000	0,0001	0,0005	0,0024	0,0085	0,0233	0,0518
	14	0,0000	0,0000	0,0000	0,0000	0,0000	0,0000	0,0001	0,0006	0,0024	0,0082	0,0222
	15	0,0000	0,0000	0,0000	0,0000	0,0000	0,0000	0,0000	0,0001	0,0005	0,0022	0,0074
	16	0,0000	0,0000	0,0000	0,0000	0,0000	0,0000	0,0000	0,0000	0,0001	0,0005	0,0018

n	r	0,01	0,05	0,10	0,15	0,20	0,25	p 0,30	0,35	0,40	0,45	0,50
19	17	0,0000	0,0000	0,0000	0,0000	0,0000	0,0000	0,0000	0,0000	0,0000	0,0001	0,0003
	18	0,0000	0,0000	0,0000	0,0000	0,0000	0,0000	0,0000	0,0000	0,0000	0,0000	0,0000
	19	0,0000	0,0000	0,0000	0,0000	0,0000	0,0000	0,0000	0,0000	0,0000	0,0000	0,0000
20	0	0,8179	0,3585	0,1216	0,0388	0,0115	0,0032	0,0008	0,0002	0,0000	0,0000	0,0000
	1	0,1652	0,3774	0,2702	0,1368	0,0576	0,0211	0,0068	0,0020	0,0005	0,0001	0,0000
	2	0,0159	0,1887	0,2852	0,2293	0,1369	0,0669	0,0278	0,0100	0,0031	0,0008	0,0002
	3	0,0010	0,0596	0,1901	0,2428	0,2054	0,1339	0,0718	0,0323	0,0123	0,0040	0,0011
	4	0,0000	0,0133	0,0898	0,1821	0,2182	0,1897	0,1304	0,0738	0,0350	0,0139	0,0046
	5	0,0000	0,0022	0,0319	0,1028	0,1746	0,2023	0,1789	0,1272	0,0746	0,0365	0,0148
	6	0,0000	0,0003	0,0089	0,0454	0,1091	0,1686	0,1916	0,1712	0,1244	0,0746	0,0370
	7	0,0000	0,0000	0,0020	0,0160	0,0545	0,1124	0,1643	0,1844	0,1659	0,1221	0,0739
	8	0,0000	0,0000	0,0004	0,0046	0,0222	0,0609	0,1144	0,1614	0,1797	0,1623	0,1201
	9	0,0000	0,0000	0,0001	0,0011	0,0074	0,0271	0,0654	0,1158	0,1597	0,1771	0,1602
	10	0,0000	0,0000	0,0000	0,0002	0,0020	0,0099	0,0308	0,0686	0,1171	0,1593	0,1762
	11	0,0000	0,0000	0,0000	0,0000	0,0005	0,0030	0,0120	0,0336	0,0710	0,1185	0,1602
	12	0,0000	0,0000	0,0000	0,0000	0,0001	0,0008	0,0039	0,0136	0,0355	0,0727	0,1201
	13	0,0000	0,0000	0,0000	0,0000	0,0000	0,0002	0,0010	0,0045	0,0146	0,0366	0,0739
	14	0,0000	0,0000	0,0000	0,0000	0,0000	0,0000	0,0002	0,0012	0,0049	0,0150	0,0370
	15	0,0000	0,0000	0,0000	0,0000	0,0000	0,0000	0,0000	0,0003	0,0013	0,0049	0,0148
	16	0,0000	0,0000	0,0000	0,0000	0,0000	0,0000	0,0000	0,0000	0,0003	0,0013	0,0046
	17	0,0000	0,0000	0,0000	0,0000	0,0000	0,0000	0,0000	0,0000	0,0000	0,0002	0,0011
	18	0,0000	0,0000	0,0000	0,0000	0,0000	0,0000	0,0000	0,0000	0,0000	0,0000	0,0002
	19	0,0000	0,0000	0,0000	0,0000	0,0000	0,0000	0,0000	0,0000	0,0000	0,0000	0,0000
	20	0,0000	0,0000	0,0000	0,0000	0,0000	0,0000	0,0000	0,0000	0,0000	0,0000	0,0000
25	0	0,7778	0,2774	0,0718	0,0172	0,0038	0,0008	0,0001	0,0000	0,0000	0,0000	0,0000
	1	0,1964	0,3650	0,1994	0,0759	0,0236	0,0063	0,0014	0,0003	0,0000	0,0000	0,0000
	2	0,0238	0,2305	0,2659	0,1607	0,0708	0,0251	0,0074	0,0018	0,0004	0,0001	0,0000
	3	0,0018	0,0930	0,2265	0,2174	0,1358	0,0641	0,0243	0,0076	0,0019	0,0004	0,0001
	4	0,0001	0,0269	0,1384	0,2110	0,1867	0,1175	0,0572	0,0224	0,0071	0,0018	0,0004
	5	0,0000	0,0060	0,0646	0,1564	0,1960	0,1645	0,1030	0,0506	0,0199	0,0063	0,0016
	6	0,0000	0,0010	0,0239	0,0920	0,1633	0,1828	0,1472	0,0903	0,0442	0,0172	0,0053
	7	0,0000	0,0001	0,0072	0,0441	0,1108	0,1654	0,1712	0,1327	0,0800	0,0381	0,0143
	8	0,0000	0,0000	0,0018	0,0175	0,0623	0,1241	0,1651	0,1607	0,1200	0,0701	0,0322
	9	0,0000	0,0000	0,0004	0,0058	0,0294	0,0781	0,1336	0,1635	0,1511	0,1084	0,0609
	10	0,0000	0,0000	0,0000	0,0016	0,0118	0,0417	0,0916	0,1409	0,1612	0,1419	0,0974
	11	0,0000	0,0000	0,0000	0,0004	0,0040	0,0189	0,0536	0,1034	0,1465	0,1583	0,1328
	12	0,0000	0,0000	0,0000	0,0000	0,0012	0,0074	0,0268	0,0650	0,1140	0,1511	0,1550
	13	0,0000	0,0000	0,0000	0,0000	0,0003	0,0025	0,0115	0,0350	0,0760	0,1236	0,1550
	14	0,0000	0,0000	0,0000	0,0000	0,0000	0,0007	0,0042	0,0161	0,0434	0,0867	0,1328

n	r	0,01	0,05	0,10	0,15	0,20	0,25	p 0,30	0,35	0,40	0,45	0,50
25	15	0,0000	0,0000	0,0000	0,0000	0,0000	0,0002	0,0013	0,0064	0,0212	0,0520	0,0974
	16	0,0000	0,0000	0,0000	0,0000	0,0000	0,0000	0,0004	0,0021	0,0088	0,0266	0,0609
	17	0,0000	0,0000	0,0000	0,0000	0,0000	0,0000	0,0001	0,0006	0,0031	0,0115	0,0322
	18	0,0000	0,0000	0,0000	0,0000	0,0000	0,0000	0,0000	0,0001	0,0009	0,0042	0,0143
	19	0,0000	0,0000	0,0000	0,0000	0,0000	0,0000	0,0000	0,0000	0,0002	0,0013	0,0053
	20	0,0000	0,0000	0,0000	0,0000	0,0000	0,0000	0,0000	0,0000	0,0000	0,0001	0,0016
	21	0,0000	0,0000	0,0000	0,0000	0,0000	0,0000	0,0000	0,0000	0,0000	0,0000	0,0004
	22	0,0000	0,0000	0,0000	0,0000	0,0000	0,0000	0,0000	0,0000	0,0000	0,0000	0,0001
30	0	0,7397	0,2146	0,0424	0,0076	0,0012	0,0002	0,0000	0,0000	0,0000	0,0000	0,0000
	1	0,2242	0,3389	0,1413	0,0404	0,0093	0,0018	0,0003	0,0000	0,0000	0,0000	0,0000
	2	0,0328	0,2586	0,2277	0,1034	0,0337	0,0086	0,0018	0,0003	0,0000	0,0000	0,0000
	3	0,0031	0,1270	0,2361	0,1703	0,0785	0,0269	0,0072	0,0015	0,0003	0,0000	0,0000
	4	0,0002	0,0451	0,1771	0,2028	0,1325	0,0604	0,0208	0,0056	0,0012	0,0002	0,0000
	5	0,0000	0,0124	0,1023	0,1861	0,1723	0,1047	0,0464	0,0157	0,0041	0,0008	0,0001
	6	0,0000	0,0027	0,0474	0,1368	0,1795	0,1455	0,0829	0,0353	0,0115	0,0029	0,0006
	7	0,0000	0,0005	0,0180	0,0828	0,1538	0,1662	0,1219	0,0652	0,0263	0,0081	0,0019
	8	0,0000	0,0001	0,0058	0,0420	0,1106	0,1593	0,1501	0,1009	0,0505	0,0191	0,0055
	9	0,0000	0,0000	0,0016	0,0181	0,0676	0,1298	0,1573	0,1328	0,0823	0,0382	0,0133
	10	0,0000	0,0000	0,0004	0,0067	0,0355	0,0909	0,1416	0,1502	0,1152	0,0656	0,0280
	11	0,0000	0,0000	0,0001	0,0022	0,0161	0,0551	0,1103	0,1471	0,1396	0,0976	0,0509
	12	0,0000	0,0000	0,0000	0,0006	0,0064	0,0291	0,0749	0,1254	0,1474	0,1265	0,0806
	13	0,0000	0,0000	0,0000	0,0001	0,0022	0,0134	0,0444	0,0935	0,1360	0,1433	0,1115
	14	0,0000	0,0000	0,0000	0,0000	0,0007	0,0054	0,0231	0,0611	0,1101	0,1424	0,1354
	15	0,0000	0,0000	0,0000	0,0000	0,0002	0,0019	0,0106	0,0351	0,0783	0,1242	0,1445
	16	0,0000	0,0000	0,0000	0,0000	0,0000	0,0006	0,0042	0,0177	0,0489	0,0953	0,1354
	17	0,0000	0,0000	0,0000	0,0000	0,0000	0,0002	0,0015	0,0079	0,0269	0,0642	0,1115
	18	0,0000	0,0000	0,0000	0,0000	0,0000	0,0000	0,0005	0,0031	0,0129	0,0379	0,0806
	19	0,0000	0,0000	0,0000	0,0000	0,0000	0,0000	0,0001	0,0010	0,0054	0,0196	0,0509
	20	0,0000	0,0000	0,0000	0,0000	0,0000	0,0000	0,0000	0,0003	0,0020	0,0088	0,0280
	21	0,0000	0,0000	0,0000	0,0000	0,0000	0,0000	0,0000	0,0001	0,0006	0,0034	0,0133
	22	0,0000	0,0000	0,0000	0,0000	0,0000	0,0000	0,0000	0,0000	0,0002	0,0012	0,0055
	23	0,0000	0,0000	0,0000	0,0000	0,0000	0,0000	0,0000	0,0000	0,0000	0,0003	0,0019
	24	0,0000	0,0000	0,0000	0,0000	0,0000	0,0000	0,0000	0,0000	0,0000	0,0001	0,0006
	25	0,0000	0,0000	0,0000	0,0000	0,0000	0,0000	0,0000	0,0000	0,0000	0,0000	0,0001

428

ANNEXE 2
AIRES SOUS LA COURBE DE LA DISTRIBUTION NORMALE CENTRÉE RÉDUITE

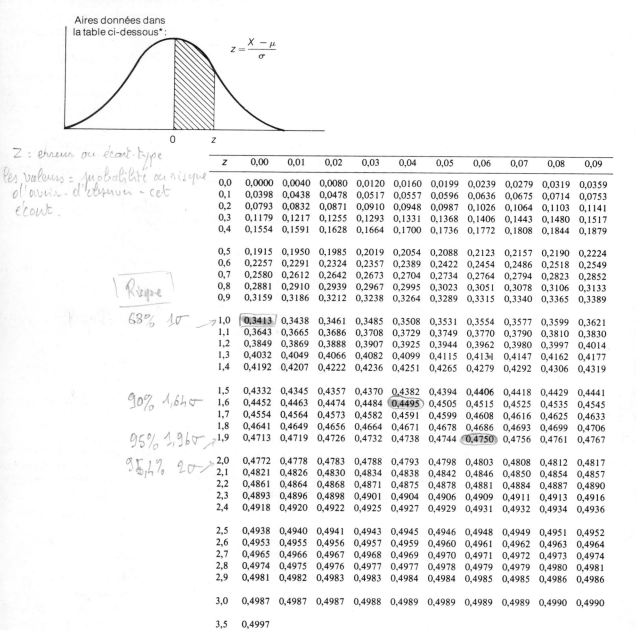

Aires données dans la table ci-dessous*:

$$z = \frac{X - \mu}{\sigma}$$

Z : erreur ou écart-type
les valeurs = probabilité ou risque
d'avoir d'obtenir - cet
écart.

Risque

63% 1σ →

90% 1,64σ

95% 1,96σ →

95,4% 2σ →

z	0,00	0,01	0,02	0,03	0,04	0,05	0,06	0,07	0,08	0,09
0,0	0,0000	0,0040	0,0080	0,0120	0,0160	0,0199	0,0239	0,0279	0,0319	0,0359
0,1	0,0398	0,0438	0,0478	0,0517	0,0557	0,0596	0,0636	0,0675	0,0714	0,0753
0,2	0,0793	0,0832	0,0871	0,0910	0,0948	0,0987	0,1026	0,1064	0,1103	0,1141
0,3	0,1179	0,1217	0,1255	0,1293	0,1331	0,1368	0,1406	0,1443	0,1480	0,1517
0,4	0,1554	0,1591	0,1628	0,1664	0,1700	0,1736	0,1772	0,1808	0,1844	0,1879
0,5	0,1915	0,1950	0,1985	0,2019	0,2054	0,2088	0,2123	0,2157	0,2190	0,2224
0,6	0,2257	0,2291	0,2324	0,2357	0,2389	0,2422	0,2454	0,2486	0,2518	0,2549
0,7	0,2580	0,2612	0,2642	0,2673	0,2704	0,2734	0,2764	0,2794	0,2823	0,2852
0,8	0,2881	0,2910	0,2939	0,2967	0,2995	0,3023	0,3051	0,3078	0,3106	0,3133
0,9	0,3159	0,3186	0,3212	0,3238	0,3264	0,3289	0,3315	0,3340	0,3365	0,3389
1,0	0,3413	0,3438	0,3461	0,3485	0,3508	0,3531	0,3554	0,3577	0,3599	0,3621
1,1	0,3643	0,3665	0,3686	0,3708	0,3729	0,3749	0,3770	0,3790	0,3810	0,3830
1,2	0,3849	0,3869	0,3888	0,3907	0,3925	0,3944	0,3962	0,3980	0,3997	0,4014
1,3	0,4032	0,4049	0,4066	0,4082	0,4099	0,4115	0,4131	0,4147	0,4162	0,4177
1,4	0,4192	0,4207	0,4222	0,4236	0,4251	0,4265	0,4279	0,4292	0,4306	0,4319
1,5	0,4332	0,4345	0,4357	0,4370	0,4382	0,4394	0,4406	0,4418	0,4429	0,4441
1,6	0,4452	0,4463	0,4474	0,4484	0,4495	0,4505	0,4515	0,4525	0,4535	0,4545
1,7	0,4554	0,4564	0,4573	0,4582	0,4591	0,4599	0,4608	0,4616	0,4625	0,4633
1,8	0,4641	0,4649	0,4656	0,4664	0,4671	0,4678	0,4686	0,4693	0,4699	0,4706
1,9	0,4713	0,4719	0,4726	0,4732	0,4738	0,4744	0,4750	0,4756	0,4761	0,4767
2,0	0,4772	0,4778	0,4783	0,4788	0,4793	0,4798	0,4803	0,4808	0,4812	0,4817
2,1	0,4821	0,4826	0,4830	0,4834	0,4838	0,4842	0,4846	0,4850	0,4854	0,4857
2,2	0,4861	0,4864	0,4868	0,4871	0,4875	0,4878	0,4881	0,4884	0,4887	0,4890
2,3	0,4893	0,4896	0,4898	0,4901	0,4904	0,4906	0,4909	0,4911	0,4913	0,4916
2,4	0,4918	0,4920	0,4922	0,4925	0,4927	0,4929	0,4931	0,4932	0,4934	0,4936
2,5	0,4938	0,4940	0,4941	0,4943	0,4945	0,4946	0,4948	0,4949	0,4951	0,4952
2,6	0,4953	0,4955	0,4956	0,4957	0,4959	0,4960	0,4961	0,4962	0,4963	0,4964
2,7	0,4965	0,4966	0,4967	0,4968	0,4969	0,4970	0,4971	0,4972	0,4973	0,4974
2,8	0,4974	0,4975	0,4976	0,4977	0,4977	0,4978	0,4979	0,4979	0,4980	0,4981
2,9	0,4981	0,4982	0,4983	0,4983	0,4984	0,4984	0,4985	0,4985	0,4986	0,4986
3,0	0,4987	0,4987	0,4987	0,4988	0,4989	0,4989	0,4989	0,4989	0,4990	0,4990
3,5	0,4997									
4,0	0,4999 683									

* Exemple: Pour $z = 1,96$, l'aire hachurée est égale à 0,4750. L'aire totale sous la courbe est égale à 1,0000.

ANNEXE 3
TABLE DE NOMBRES ALÉATOIRES

100 97	850 17	845 32	136 18	231 57	869 52	024 38	765 20
375 42	167 19	827 89	690 41	055 45	441 09	054 03	648 94
084 22	658 42	276 72	821 86	148 71	221 15	865 29	196 45
990 19	768 75	206 84	391 87	389 76	943 24	432 04	093 76
128 07	936 40	391 60	414 53	973 12	415 48	931 37	801 57
660 65	994 78	700 86	712 65	117 42	182 26	290 04	340 72
310 60	651 19	264 86	473 53	433 61	994 36	427 53	455 71
852 69	703 22	215 92	482 33	938 06	325 84	218 28	020 51
635 73	581 33	412 78	116 97	495 40	617 77	679 54	053 25
737 96	446 55	812 55	311 33	367 68	604 52	385 37	035 29
985 20	022 95	134 87	986 62	070 92	446 73	613 03	149 05
118 05	850 35	548 81	355 87	433 10	488 97	484 93	398 08
834 52	011 97	869 35	280 21	615 70	233 50	657 10	062 88
886 85	979 07	190 78	406 46	313 52	486 25	443 69	865 07
995 94	632 68	969 05	287 97	570 48	463 59	742 94	875 17
654 81	528 41	596 84	674 11	092 43	560 92	843 69	174 68
801 24	537 22	713 99	109 16	079 59	212 25	130 18	177 27
743 50	114 34	519 08	621 71	937 32	269 58	024 00	774 02
699 16	623 75	992 92	211 77	727 21	669 95	072 89	662 52
098 93	283 37	209 23	879 29	610 20	628 41	313 74	142 25
914 99	386 31	794 30	624 21	979 59	674 22	699 92	684 79
803 36	491 72	163 32	446 70	350 89	176 91	892 46	269 40
441 04	892 32	573 27	346 79	622 35	796 55	813 36	851 57
125 50	028 44	150 26	324 39	585 37	482 74	813 30	111 00
636 06	403 87	654 06	379 20	087 09	606 23	022 37	165 05
611 96	802 40	441 77	511 71	087 23	393 23	057 98	264 57
154 74	449 10	993 21	721 73	562 39	045 95	108 36	952 70
945 57	336 63	863 47	009 26	449 15	348 23	517 70	678 97
424 81	854 30	191 02	374 20	419 76	765 59	243 58	973 44
235 23	313 79	685 88	816 75	156 94	434 38	368 79	732 08
044 93	980 86	325 33	177 67	145 23	524 94	248 26	752 46
055 49	331 85	048 05	054 31	945 98	976 54	162 32	640 51
359 63	809 51	689 53	996 34	819 49	153 07	004 06	268 98
598 08	797 52	025 29	402 00	737 42	083 91	491 40	454 27
460 58	186 33	999 70	673 48	493 29	952 36	325 37	013 90
321 79	740 29	747 17	176 74	904 46	005 97	452 40	873 79
692 34	541 78	108 05	356 35	452 66	614 06	419 41	201 17
195 65	116 64	776 02	998 17	285 73	414 30	963 82	017 58
451 55	483 24	321 35	268 03	162 13	149 38	719 61	194 76
948 64	690 74	457 53	205 05	783 17	319 94	981 45	361 68

Source: Leonard J. Kazmier, *Statistical Analysis for Business and Economics,* 2ᵉ éd., copyright © 1973 publié par McGraw-Hill, Inc. Reproduit avec l'autorisation de McGraw-Hill Company.

**ANNEXE 4
DISTRIBUTION** *t*

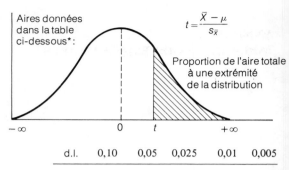

d.l.	0,10	0,05	0,025	0,01	0,005
1	3,078	6,314	12,706	31,821	63,657
2	1,886	2,920	4,303	6,965	9,925
3	1,638	2,353	3,182	4,541	5,841
4	1,533	2,132	2,776	3,747	4,604
5	1,476	2,015	2,571	3,365	4,032
6	1,440	1,943	2,447	3,143	3,707
7	1,415	1,895	2,365	2,998	3,499
8	1,397	1,860	2,306	2,896	3,355
9	1,383	1,833	2,262	2,821	3,250
10	1,372	1,812	2,228	2,764	3,169
11	1,363	1,796	2,201	2,718	3,106
12	1,356	1,782	2,179	2,681	3,055
13	1,350	1,771	2,160	2,650	3,012
14	1,345	1,761	2,145	2,624	2,977
15	1,341	1,753	2,131	2,602	2,947
16	1,337	1,746	2,120	2,583	2,921
17	1,333	1,740	2,110	2,567	2,898
18	1,330	1,734	2,101	2,552	2,878
19	1,328	1,729	2,093	2,539	2,861
20	1,325	1,725	2,086	2,528	2,845
21	1,323	1,721	2,080	2,518	2,831
22	1,321	1,717	2,074	2,508	2,819
23	1,319	1,714	2,069	2,500	2,807
24	1,318	1,711	2,064	2,492	2,797
25	1,316	1,708	2,060	2,485	2,787
26	1,315	1,706	2,056	2,479	2,779
27	1,314	1,703	2,052	2,473	2,771
28	1,313	1,701	2,048	2,467	2,763
29	1,311	1,699	2,045	2,462	2,756
30	1,310	1,697	2,042	2,457	2,750
40	1,303	1,684	2,021	2,423	2,704
60	1,296	1,671	2,000	2,390	2,660
120	1,289	1,658	1,980	2,358	2,617
∞	1,282	1,645	1,960	2,326	2,576

* Exemple: Si le nombre de degrés de liberté est
de 10, alors la valeur *t* pour laquelle l'aire hachurée représente 0,05 de l'aire totale est de 1,812.

Source: Abrégé de la Table IV dans le livre de
R.A. Fisher, *Statistical Methods for Research Wor-
kers*, 14e éd., copyright © 1972 par Hafner
Press. Reproduit avec l'autorisation de Hafner Press.

ANNEXE 5
TABLE DE CARRÉS ET DE RACINES CARRÉES

N	N²	$\sqrt{N}$	$\sqrt{10N}$	N	N²	$\sqrt{N}$	$\sqrt{10N}$
				50	2 500	7,071 068	22,360 68
1	1	1,000 000	3,162 278	51	2 601	7,141 428	22,583 18
2	4	1,414 214	4,472 136	52	2 704	7,211 103	22,803 51
3	9	1,732 051	5,477 226	53	2 809	7,280 110	23,021 73
4	16	2,000 000	6,324 555	54	2 916	7,348 469	23,237 90
5	25	2,236 068	7,071 068	55	3 025	7,416 198	23,452 08
6	36	2,449 490	7,745 967	56	3 136	7,483 315	23,664 32
7	49	2,645 751	8,366 600	57	3 249	7,549 834	23,874 67
8	64	2,828 427	8,944 272	·58	3 364	7,615 773	24,083 19
9	81	3,000 000	9,486 833	59	3 481	7,681 146	24,289 92
10	100	3,162 278	10,000 00	60	3 600	7,745 967	24,494 90
11	121	3,316 625	10,488 09	61	3 721	7,810 250	24,698 18
12	144	3,464 102	10,954 45	62	3 844	7,874 008	24,899 80
13	169	3,605 551	11,401 75	63	3 969	7,937 254	25,099 80
14	196	3,741 657	11,832 16	64	4 096	8,000 000	25,298 22
15	225	3,872 983	12,247 45	65	4 225	8,062 258	25,495 10
16	256	4,000 000	12,649 11	66	4 356	8,124 038	25,690 47
17	289	4,123 106	13,038 40	67	4 489	8,185 353	25,884 36
18	324	4,242 641	13,416 41	68	4 624	8,246 211	26,076 81
19	361	4,358 899	13,784 05	69	4 761	8,306 824	26,267 85
20	400	4,472 136	14,142 14	70	4 900	8,366 600	26,457 51
21	441	4,582 576	14,491 38	71	5 041	8,426 150	26,645 83
22	484	4,690 416	14,832 40	72	5 184	8,485 281	26,832 82
23	529	4,795 832	15,165 75	73	5 329	8,544 004	27,018 51
24	576	4,898 979	15,491 93	74	5 476	8,602 325	27,202 94
25	625	5,000 000	15,811 39	75	5 625	8,660 254	27,386 13
26	676	5,099 020	16,124 52	76	5 776	8,717 798	27,568 10
27	729	5,196 152	16,431 68	77	5 929	8,774 964	27,748 87
28	784	5,291 503	16,733 20	78	6 084	8,831 761	27,928 48
29	841	5,385 165	17,029 39	79	6 241	8,888 194	28,106 94
30	900	5,477 226	17,320 51	80	6 400	8,944 272	28,284 27
31	961	5,567 764	17,606 82	81	6 561	9,000 000	28,460 50
32	1 024	5,656 854	17,888 54	82	6 724	9,055 385	28,635 64
33	1 089	5,744 563	18,165 90	83	6 889	9,110 434	28,809 72
34	1 156	5,830 952	18,439 09	84	7 056	9,165 151	28,982 75
35	1 225	5,916 080	18,708 29	85	7 225	9,219 544	29,154 76
36	1 296	6,000 000	18,973 67	86	7 396	9,273 618	29,325 76
37	1 369	6,082 763	19,235 38	87	7 569	9,327 379	29,495 76
38	1 444	6,164 414	19,493 59	88	7 744	9,380 832	29,664 79
39	1 521	6,244 998	19,748 42	89	7 921	9,433 981	29,832 87
40	1 600	6,324 555	20,000 00	90	8 100	9,486 833	30,000 00
41	1 681	6,403 124	20,248 46	91	8 281	9,539 392	30,166 21
42	1 764	6,480 741	20,493 90	92	8 464	9,591 663	30,331 50
43	1 849	6,557 439	20,736 44	93	8 649	9,643 651	30,495 90
44	1 936	6,633 250	20,976 18	94	8 836	9,695 360	30,659 42
45	2 025	6,708 204	21,213 20	95	9 025	9,746 794	30,822 07
46	2 116	6,782 330	21,447 61	96	9 216	9,797 959	30,983 87
47	2 209	6,855 655	21,679 48	97	9 409	9,848 858	31,144 82
48	2 304	6,928 203	21,908 90	98	9 604	9,899 495	31,304 95
49	2 401	7,000 000	22,135 94	99	9 801	9,949 874	31,464 27
50	2 500	7,071 068	22,360 68	100	10 000	10,000 00	31,622 78

N	N²	$\sqrt{N}$	$\sqrt{10N}$	N	N²	$\sqrt{N}$	$\sqrt{10N}$
100	10 000	10,000 00	31,622 78	150	22 500	12,247 45	38,729 83
101	10 201	10,049 88	31,780 50	151	22 801	12,288 21	38,858 72
102	10 404	10,099 50	31,937 44	152	23 104	12,328 83	39,987 18
103	10 609	10,148 89	32,093 61	153	23 409	12,369 32	39,115 21
104	10 816	10,198 04	32,249 03	154	23 716	12,409 67	39,242 83
105	11 025	10,246 95	32,403 70	155	24 025	12,449 90	39,370 04
106	11 236	10,295 63	32,557 64	156	24 336	12,400 00	39,496 84
107	11 449	10,344 08	32,710 85	157	24 649	12,529 96	39,623 23
108	11 664	10,392 30	32,863 35	158	24 964	12,569 81	39,749 21
109	11 881	10,440 31	33,015 15	159	25 281	12,609 52	39,874 80
110	12 100	10,488 09	33,166 25	160	25 600	12,649 11	40,000 00
111	12 321	10,535 65	33,316 66	161	25 921	12,688 58	40,124 81
112	12 544	10,583 01	33,466 40	162	26 244	12,727 92	40,249 22
113	12 769	10,630 15	33,615 47	163	26 569	12,767 15	40,373 26
114	12 996	10,677 08	33,763 89	164	26 896	12,806 25	40,496 91
115	13 225	10,723 81	33,911 65	165	27 225	12,845 23	40,620 19
116	13 456	10,770 33	34,058 77	166	27 556	12,884 10	40,743 10
117	13 689	10,816 65	34,205 26	167	27 889	12,922 85	40,865 63
118	13 924	10,862 78	34,351 13	168	28 224	12,961 48	40,987 80
119	14 161	10,908 71	34,496 38	169	28 561	13,000 00	41,109 61
120	14 400	10,954 45	34,641 02	170	28 900	13,038 40	41,231 06
121	14 641	11,000 00	34,785 05	171	29 241	13,076 70	41,352 15
122	14 884	11,045 36	34,928 50	172	29 584	13,114 88	41,472 88
123	15 129	11,090 54	35,071 36	173	29 929	13,152 95	41,593 27
124	15 376	11,135 53	35,213 63	174	30 276	13,190 91	41,713 31
125	15 625	11,180 34	35,355 34	175	30 625	13,228 76	41,833 00
126	15 876	11,224 97	35,496 48	176	30 976	13,266 50	41,952 35
127	16 129	11,269 43	35,637 06	177	31 329	13,304 13	42,071 37
128	16 384	11,313 71	35,777 09	178	31 684	13,341 66	42,190 05
129	16 641	11,357 82	35,916 57	179	32 041	13,379 09	42,308 39
130	16 900	11,401 75	36,055 51	180	32 400	13,416 41	42,426 41
131	17 161	11,445 52	36,193 92	181	32 761	13,453 62	42,544 09
132	17 424	11,489 13	36,331 80	182	33 124	13,490 74	42,661 46
133	17 689	11,532 56	36,469 17	183	33 489	13,527 75	42,778 50
134	17 956	11,575 84	36,606 01	184	33 856	13,564 66	42,895 22
135	18 225	11,618 95	36,742 35	185	34 225	13,601 47	43,011 63
136	18 496	11,661 90	36,878 18	186	34 596	13,638 18	43,127 72
137	18 769	11,704 70	37,013 51	187	34 969	13,674 79	43,243 50
138	19 044	11,747 34	37,148 35	188	35 344	13,711 31	43,358 97
139	19 321	11,789 83	37,282 70	189	35 721	13,747 73	43,474 13
140	19 600	11,832 16	37,416 57	190	36 100	13,784 05	43,588 99
141	19 881	11,874 34	37,549 97	191	36 481	13,820 27	43,703 55
142	20 164	11,916 38	37,682 89	192	36 864	13,856 41	43,817 80
143	20 449	11,958 26	37,815 34	193	37 249	13,892 44	43,931 77
144	20 736	12,000 00	37,947 33	194	37 636	13,928 39	44,045 43
145	21 025	12,041 59	38,078 87	195	38 025	13,964 24	44,158 80
146	21 316	12,083 05	38,209 95	196	38 416	14,000 00	44,271 89
147	21 609	12,124 36	38,340 58	197	38 809	14,035 67	44,384 68
148	21 904	12,165 53	38,470 77	198	39 204	14,071 25	44,497 19
149	22 201	12,206 56	38,600 52	199	39 601	14,106 74	44,609 42
150	22 500	12,247 45	38,729 83	200	40 000	14,142 14	44,721 36

N	N²	$\sqrt{N}$	$\sqrt{10N}$	N	N²	$\sqrt{N}$	$\sqrt{10N}$
200	40 000	14,142 14	44,721 36	250	62 500	15,811 39	50,000 00
201	40 401	14,177 45	44,833 02	251	63 001	15,842 98	50,099 90
202	40 804	14,212 67	44,944 41	252	63 504	15,874 51	50,199 60
203	41 209	14,247 81	45,055 52	253	64 009	15,905 97	50,299 11
204	41 616	14,282 96	45,166 36	254	64 516	15,937 38	50,398 41
205	42 025	14,317 82	45,276 93	255	65 025	15,968 72	50,497 52
206	42 436	14,352 70	45,387 22	256	65 536	16,000 00	50,596 44
207	42 849	14,387 49	45,497 25	257	66 049	16,031 22	50,695 17
208	43 264	14,422 21	45,607 02	258	66 564	16,062 38	50,793 70
209	43 681	14,456 83	45,716 52	259	67 081	16,093 48	50,892 04
210	44 100	14,491 38	45,825 76	260	67 600	16,124 52	50,990 20
211	44 521	14,525 84	45,934 74	261	68 121	16,155 49	51,088 16
212	44 944	14,560 22	46,043 46	262	68 644	16,186 41	51,185 94
213	45 369	14,594 52	46,151 92	263	69 169	16,217 27	51,283 53
214	45 796	14,628 74	46,260 13	264	69 696	16,248 08	51,380 93
215	46 225	14,662 88	46,368 09	265	70 225	16,278 82	51,478 15
216	46 656	14,696 94	46,475 80	266	70 756	16,309 51	51,575 19
217	47 089	14,730 92	46,583 26	267	71 289	16,340 13	51,672 04
218	47 524	14,764 82	46,690 47	268	71 824	16,370 71	51,768 72
219	47 961	14,798 65	46,797 44	269	72 361	16,401 22	51,865 21
220	48 400	14,832 40	46,904 15	270	72 900	16,431 68	51,961 52
221	48 841	14,866 07	47,010 64	271	73 441	16,462 08	52,057 66
222	49 284	14,899 66	47,116 88	272	73 984	16,492 42	52,153 62
223	49 729	14,933 18	47,222 88	273	74 529	16,522 71	52,249 40
224	50 176	14,966 63	47,328 64	274	75 076	16,552 95	52,345 01
225	50 625	15,000 00	47,434 16	275ı	75 625	16,583 12	52,440 44
226	51 076	15,033 30	47,539 46	276	76 176	16,613 25	52,535 70
227	51 529	15,066 52	47,644 52	277	76 729	16,643 32	52,630 79
228	51 984	15,099 67	47,749 35	278	77 284	16,673 33	52,725 71
229	52 441	15,132 75	47,853 94	279	77 841	16,703 29	52,820 45
230	52 900	15,165 75	47,958 32	280	78 400	16,733 20	52,915 03
231	53 361	15 198 68	48 062 46	281	78 961	16,763 05	53,009 43
232	53 824	15,231 55	48,166 38	282	79 524	16,792 86	53,103 67
233	54 289	15,264 34	48,270 07	283	80 089	16,822 60	53,197 74
234	54 756	15,297 06	48,373 55	284	80 656	16,852 30	53,291 65
235	55 225	15,329 71	48,476 80	285	81 225	16,881 94	53,385 39
236	55 696	15,362 29	48,579 83	286	81 796	16,911 53	53,478 97
237	56 169	15,394 80	48,682 65	287	82 369	16,941 07	53,572 38
238	56 644	15,427 25	48,785 24	288	82 944	16,970 56	53,665 63
239	57 121	15,459 62	48,887 63	289	83 521	17,000 00	53,758 72
240	57 600	15,491 93	48,989 79	290	84 100	17,029 39	53,851 65
241	58 081	15,524 17	49,091 75	291	84 681	17,058 72	53,944 42
242	58 564	15,556 35	49,193 50	292	85 264	17,088 01	54,037 02
243	59 049	15,588 46	49,295 03	293	85 849	17,117 24	54,129 47
244	59 536	15,520 50	49,396 36	294	86 436	17,146 43	54,221 77
245	60 025	15,652 48	49,497 47	295	87 025	17,175 56	54,313 90
246	60 516	15,684 39	49,598 39	296	87 616	17,204 65	54,405 88
247	61 009	15,716 23	49,699 09	297	88 209	17,233 69	54,497 71
248	61 504	15,748 02	49,799 60	298	88 804	17,262 68	54,589 38
249	62 001	15,779 73	49,899 90	299	89 401	17,291 62	54,680 89
250	62 500	15,811 39	50,000 00	300	90 000	17,320 51	54,772 26

N	N²	$\sqrt{N}$	$\sqrt{10N}$	N	N²	$\sqrt{N}$	$\sqrt{10N}$
300	90 000	17,320 51	54,772 26	350	122 500	18,708 29	59,160 80
301	90 601	17,349 35	54,863 47	351	123 201	18,734 99	59,245 25
302	91 204	17,378 15	54,954 53	352	123 904	18,761 66	59,329 59
303	91 809	17,406 90	55,045 44	353	124 609	18,788 29	59,413 80
304	92 416	17,435 60	55,136 20	354	125 316	18,814 89	59,497 90
305	93 025	17,464 25	55,226 81	355	126 025	18,841 44	59,581 88
306	93 636	17,492 88	55,317 27	356	126 736	18,867 96	59,665 74
307	94 249	17,521 42	55,407 58	357	127 449	18,894 44	59,749 48
308	94 864	17,549 93	55,497 75	358	128 164	18,920 89	59,833 10
309	95 481	17,578 40	55,587 77	359	128 881	18,947 30	59,916 61
310	96 100	17,606 82	55,677 64	360	129 600	18,973 67	60,000 00
311	96 721	17,635 19	55,767 37	361	130 321	19,000 00	60,083 28
312	97 344	17,663 52	55,856 96	362	131 044	19,026 30	60,166 44
313	97 969	17,691 81	55,946 40	363	131 769	19,052 56	60,249 48
314	98 596	17,720 05	56,036 70	364	132 496	19,078 78	60,332 41
315	99 225	17,748 24	56,124 86	365	133 225	19,104 97	60,415 23
316	99 856	17,776 39	56,213 88	366	133 956	19,131 13	60,497 93
317	100 489	17,804 49	56,302 75	367	134 689	19,157 24	60,580 52
318	101 124	17,832 55	56,391 49	368	135 424	19,183 33	60,663 00
319	101 761	17,860 57	56,480 08	369	136 161	19,209 37	60,745 37
320	102 400	17,888 54	56,568 54	370	136 900	19,235 38	60,827 63
321	103 041	17,916 47	56,656 86	371	137 641	19,261 36	60,909 77
322	103 684	17,944 36	56,745 04	372	138 384	19,287 30	60,991 80
323	104 329	17,972 20	56,833 09	373	139 129	19,313 21	61,073 73
324	104 976	18,000 00	56,921 00	374	139 876	19,339 08	61,155 54
325	105 625	18,027 76	57,008 77	375	140 625	19,364 92	61,237 24
326	106 276	18,055 47	57,096 41	376	141 376	19,390 72	61,318 84
327	106 929	18,083 14	57,183 91	377	142 129	19,416 49	61,400 33
328	107 584	18,110 77	57,271 28	378	142 884	19,442 22	61,481 70
329	108 241	18,138 36	57,358 52	379	143 641	19,467 92	61,562 98
330	108 900	18,165 90	57,445 63	380	144 000	19,493 59	61,644 14
331	109 561	18,193 41	57,532 60	381	145 161	19,519 22	61,725 20
332	110 224	18,220 87	57,619 44	382	145 924	19,544 83	61,806 15
333	110 889	18,248 29	57,706 15	383	146 689	19,570 39	61,886 99
334	111 556	18,275 67	57,792 73	384	147 456	19,595 92	61,967 73
335	112 225	18,303 01	57,879 18	385	148 225	19,621 42	62,048 37
336	112 896	18,330 30	57,965 51	386	148 996	19,646 88	62,128 90
337	113 569	18,357 56	58,051 70	387	149 769	19,672 32	62,209 32
338	114 224	18,384 78	58,137 77	388	150 544	19,697 72	62,289 65
339	114 921	18,411 95	58,223 71	389	151 321	19,723 08	62,369 86
340	115 600	18,439 09	58,309 52	390	152 100	19,748 42	62,449 98
341	116 281	18,466 19	58,395 21	391	152 881	19,773 72	62,529 99
342	116 694	18,493 24	58,480 77	392	153 664	19,798 99	62,609 90
343	117 649	18,520 26	58,566 20	393	154 449	19,824 23	62,689 71
344	118 336	18,547 24	58,651 51	394	155 236	19,849 43	62,769 42
345	119 025	18,574 18	58,736 70	395	156 025	19,874 61	62,849 03
346	119 716	18,601 08	58,821 76	396	156 816	19,899 75	62,928 53
347	120 409	18,627 94	58,906 71	397	157 609	19,924 86	63,007 94
348	121 104	18,654 76	58,991 52	398	158 404	19,949 94	63,087 24
349	121 801	18,681 54	59,076 22	399	159 201	19,974 98	63,166 45
350	122 500	18,708 29	59,160 80	400	160 000	20,000 00	63,245 55

N	N²	$\sqrt{N}$	$\sqrt{10N}$	N	N²	$\sqrt{N}$	$\sqrt{10N}$
400	160 000	20,000 00	63,245 55	450	202 500	21,213 20	67,082 04
401	160 801	20,024 98	63,324 56	451	203 401	21,236 76	67,156 53
402	161 604	20,049 94	63,403 47	452	204 304	21,260 29	67,230 95
403	162 409	20,074 86	63,482 28	453	205 209	21,283 80	67,305 27
404	163 216	20,099 75	63,560 99	454	206 116	21,307 28	67,379 52
405	164 025	20,124 61	63,639 61	455	207 025	21,330 73	67,453 69
406	164 836	20,149 44	63,718 13	456	207 936	21,354 16	67,527 77
407	165 649	20,174 24	63,796 55	457	208 849	21,377 56	67,601 78
408	166 464	20,199 01	63,874 88	458	209 764	21,400 93	67,675 70
409	167 281	20,223 75	63,953 11	459	210,681	21,424 29	67,749 54
410	168 100	20,248 46	64,031 24	460	211 600	21,447 61	67,823 30
411	168 921	20,273 13	64,109 28	461	212 521	21,470 91	67,896 98
412	169 744	20,297 78	64,187 23	462	213 444	21,494 19	67,970 58
413	170 569	20,322 40	64,265 08	463	214 369	21,517 43	68,044 10
414	171 396	20,346 99	64,342 83	464	215 296	21,540 66	68,117 55
415	172 225	20,371 55	64,420 49	465	216 225	21,563 86	68,190 91
416	173 056	20,396 08	64,498 06	466	217 156	21,587 03	68,264 19
417	173 889	20,420 58	64,575 54	467	218 089	21,610 18	68,337 40
418	174 724	20,445 05	64,652 92	468	219 024	21,633 31	68,410 53
419	175 561	20,469 49	64,730 21	469	219 961	21,656 41	68,483 57
420	176 400	20,493 90	64,807 41	470	220 900	21,679 48	68,556 55
421	177 241	20,518 28	64,884 51	471	221 841	21,702 53	68,629 44
422	178 084	20,542 64	64,961 53	472	222 784	21,725 56	68,702 26
423	178 929	20,566 96	65,038 45	473	223 729	21,748 56	68,775 00
424	179 776	20,591 26	65,115 28	474	224 676	21,771 54	68,847 06
425	180 625	20,615 53	65,192 02	475	225 625	21,794 49	68,920 24
426	181 476	20,639 77	65,268 08	476	226 576	21,817 42	68,992 75
427	182 329	20,663 98	65,345 24	477	227 529	21,840 33	69,065 19
428	183 184	20,688 16	65,421 71	478	228 484	21,863 21	69,137 54
429	184 041	20,712 32	65,498 09	479	229 441	21,886 07	69,209 83
430	184 900	20,736 44	65,574 39	480	230 400	21,908 00	69,282 03
431	185 761	20,760 54	65,650 59	481	231 361	21,931 71	69,354 16
432	186 624	20,784 61	65,726 71	482	232 324	21,954 50	69,426 22
433	187 489	20,808 65	65,802 74	483	233 280	21,977 26	69,408 20
434	188 356	20,832 67	65,878 68	484	234 256	21,000 00	69,570 11
435	189 225	20,856 65	65,954 53	485	235 225	22,022 72	69,641 94
436	190 096	20,880 61	66,030 30	486	236 196	22,045 41	69,713 70
437	190 969	20,904 54	66,105 98	487	237 169	22,068 08	69,785 30
438	191 844	20,928 45	66,181 57	488	238 144	22,090 72	69,857 00
439	192 721	20,952 33	66,257 08	489	239 121	22,113 34	69,928 53
440	193 600	20,976 18	66,332 50	490	240 100	22,135 94	70,000 00
441	194 481	21,000 00	66,407 83	491	241 081	22,158 52	70,071 39
442	195 364	21,023 80	66,483 08	492	242 064	22,181 07	70,142 71
443	196 249	21,047 57	66,558 25	493	243 049	22,203 60	70,213 96
444	197 136	21,071 31	66,633 32	494	244 036	22,226 11	70,285 13
445	198 025	21,095 02	66,708 32	495	245 025	22,248 60	70,356 24
446	198 916	21,118 71	66,783 23	496	246 016	22,271 06	70,427 27
447	199 809	21,142 37	66,858 06	497	247 009	22,293 50	70,498 23
448	200 704	21,166 01	66,932 80	498	248 004	22,315 19	70,569 12
449	201 601	21,189 62	67,007 46	499	249 001	22,338 31	70,639 93
450	202 500	21,213 20	67,082 04	500	250 000	22,360 68	70,710 68

N	N²	√N	√10N	N	N²	√N	√10N
500	250 000	22,360 68	70,710 68	550	302 500	23,452 08	74,161 98
501	251 001	22,383 03	70,781 35	551	303 601	23,473 39	74,229 37
502	252 004	22,045 36	70,851 96	552	304 704	23,494 68	74,296 70
503	253 009	22,427 66	70,922 49	553	305 809	23,515 95	74,363 97
504	254 016	22,449 94	70,992 96	554	306 916	23,537 20	74,431 18
505	255 025	22,472 21	71,063 35	555	308 025	23,558 44	74,498 32
506	256 036	22,494 44	71,133 68	556	309 136	23,579 65	74,565 41
507	257 049	22,516 66	71,203 93	557	310 249	23,600 85	74,632 43
508	258 064	22,538 86	71,274 12	558	311 364	23,622 02	74,699 40
509	259 081	22,561 03	71,344 24	559	312 481	23,643 18	74,766 30
510	260 100	22,583 18	71,414 28	560	313 600	23,664 32	74,833 15
511	261 121	22,605 31	71,484 26	561	314 721	23,685 44	74,899 93
512	262 144	22,627 42	71,554 18	562	315 844	23,706 54	74,966 66
513	263 169	22,649 50	71,624 02	563	316 969	23,727 62	75,033 33
514	264 196	22,671 57	71,693 79	564	318 096	23,748 68	75,099 93
515	265 225	22,693 61	71,763 50	565	319 225	23,769 73	75,166 48
516	266 256	22,715 63	71,833 14	566	320 356	23,790 75	75,232 97
517	267 289	22,737 63	71,902 71	567	321 489	23,811 76	75,299 40
518	268 324	22,759 61	71,972 22	568	322 624	23,832 75	75,365 77
519	269 361	22,781 57	72,041 65	569	323 761	23,853 72	75,432 09
520	270 400	22,803 51	72,111 03	570	324 900	23,874 67	75,498 34
521	271 441	22,825 42	72,180 33	571	326 041	23,895 61	75,564 54
522	272 484	22,847 32	72,249 57	572	327 184	23,916 52	75,630 68
523	273 529	22,869 19	72,318 74	573	328 329	23,937 42	75,696 76
524	274 576	22,891 05	72,387 84	574	329 476	23,958 30	75,762 79
525	275 625	22,912 88	72,456 88	575	330 625	23,979 16	75,828 75
526	276 676	22,934 69	72,525 86	576	331 776	24,000 00	75,894 66
527	277 729	22,956 48	72,594 77	577	332 929	24,020 82	75,960 52
528	278 784	22,978 25	72,663 61	578	334 084	24,041 63	76,026 31
529	279 841	23,000 00	72,732 39	579	335 241	24,062 42	76,092 05
530	280 900	23,021 73	72,801 10	580	336 400	24,083 19	76,157 73
531	281 961	23,043 44	72,869 75	581	337 561	24,103 94	76,223 36
532	283 024	23,065 13	72,938 33	582	338 724	24,124 68	76,288 92
533	284 089	23,086 79	73,006 85	583	339 889	24,145 39	76,354 44
534	285 156	23,108 44	73,075 30	584	341 056	24,166 09	76,419 89
535	286 225	23,130 07	73,143 69	585	342 225	24,186 77	76,485 29
536	287 296	23,151 67	73,212 02	586	343 396	24,207 44	76,550 64
537	288 369	23,173 26	73,280 28	587	344 569	24,228 08	76,615 93
538	289 444	23,194 83	73,348 48	588	345 744	24,248 71	76,681 16
539	290 521	23,216 37	73,416 62	589	346 921	24,269 32	76,746 34
540	291 600	23,237 90	73,484 69	590	348 100	24,289 92	76,811 46
541	292 681	23,259 41	73,552 70	591	349 281	24,310 49	76,876 52
542	293 764	23,280 89	73,620 65	592	350 464	24,331 05	76,941 54
543	294 849	23,302 36	73,688 53	593	351 649	24,351 59	77,006 49
544	295 936	23,323 81	73,756 36	594	352 836	24,372 12	77,071 40
545	297 025	23,345 24	73,824 12	595	354 025	24,392 62	77,136 24
546	298 116	23,366 64	73,891 81	596	355 216	24,413 11	77,201 04
547	299 209	23,388 03	73,959 45	597	356 409	24,433 58	77,265 78
548	300 304	23,409 40	74,027 02	598	357 604	24,454 04	77,330 46
549	301 401	23,430 75	74,094 53	599	358 801	24,474 48	77,395 09
550	302 500	23,452 08	74,161 98	600	360 000	24,494 90	77,459 67

N	N²	$\sqrt{N}$	$\sqrt{10N}$	N	N²	$\sqrt{N}$	$\sqrt{10N}$
600	360 000	24,494 90	77,459 67	650	422 500	25,495 10	80,622 58
601	361 201	24,515 30	77,524 19	651	423 801	25,514 70	80,684 57
602	362 404	24,535 69	77,588 68	652	425 409	25,553 86	80,808 42
603	363 609	24,556 06	77,653 07	653	426 409	25,553 86	80,808 42
604	364 816	24,576 41	77,717 44	654	427 716	25,573 42	80,870 27
605	366 025	24,596 75	77,781 75	655	429 025	25,592 97	80,932 07
606	367 236	24,617 07	77,846 00	656	430 336	25,612 50	80,993 83
607	368 449	24,637 37	77,910 20	657	431 649	25,632 01	81,055 54
608	369 664	24,657 66	77,974 35	658	432 964	25,651 51	81,117 20
609	370 881	24,677 93	78,038 45	659	434 281	25,671 00	81,178 81
610	372 100	24,698 18	78,102 50	660	435 600	25,690 47	81,240 38
611	373 321	24,718 41	78,166 49	661	436 921	25,709 92	81,301 91
612	374 544	24,738 63	78,230 43	662	438 244	25,729 36	81,363 38
613	375 769	24,758 84	78,294 32	663	439 569	25,748 79	81,424 81
614	376 996	24,779 02	78,358 15	664	440 896	25,768 20	81,486 20
615	378 225	24,799 19	78,421 94	665	442 225	25,787 59	81,547 53
616	379 456	24,819 35	78,485 67	666	443 556	25,806 98	81,608 82
617	380 689	24,839 48	78,549 35	667	444 889	25,826 34	81,670 07
618	381 924	24,859 61	78,612 98	668	446 224	25,845 70	81,731 27
619	383 161	24,879 71	78,676 55	669	447 561	25,865 03	81,792 42
620	384 400	24,899 80	78,740 08	670	448 900	25,884 36	81,853 53
621	385 641	24,919 87	78,803 55	671	450 241	25,903 67	81,914 59
622	386 884	24,939 93	78,866 98	672	451 584	25,922 96	81,975 61
623	388 129	24,959 97	78,930 35	673	452 929	25,942 24	82,036 58
624	389 376	24,979 99	78,993 67	674	454 276	25,961 51	82,097 50
625	390 625	25,000 00	79,056 94	675	455 625	25,980 76	82,158 38
626	391 876	25,019 99	79,120 16	676	456 976	26,000 00	82,219 22
627	393 129	25,039 97	79,183 33	677	458 329	26,019 22	82,280 01
628	394 384	25,059 93	79,246 45	678	459 684	26,038 43	82,340 76
629	395 641	25,079 87	79,309 52	679	461 041	26,057 63	82,401 46
630	396 900	25,099 80	79,372 54	680	462 400	26,076 81	82,462 11
631	398 161	25,119 71	79,435 51	681	463 761	26,095 98	82,422 72
632	399 424	25,139 61	79,498 43	682	465 124	26,115 13	82,583 29
633	400 689	25,159 49	79,561 30	683	466 489	26,134 27	82,643 81
634	401 956	25,179 36	79,624 12	684	467 856	26,153 39	82,704 29
635	403 225	25,199 21	79,686 89	685	469 225	26,172 50	82,764 73
636	404 496	25,219 04	79,749 61	686	470 596	26,191 60	82,825 12
637	405 769	25,238 86	79,812 28	687	471 969	26,210 68	82,885 46
638	407 044	25,258 66	79,874 90	688	473 344	26,229 75	82,945 77
639	408 321	25,278 45	79,937 48	689	474 721	26,248 81	83,006 02
640	409 600	25,298 22	80,000 00	690	476 100	26,267 85	83,066 24
641	410 881	25,317 98	80,062 48	691	477 481	26,286 88	83,126 41
642	412 164	25,337 72	80,124 90	692	478 864	26,305 89	83,186 54
643	413 449	25,357 44	80,187 28	693	480 249	26,324 89	83,246 62
644	414 736	25,377 16	80,249 61	694	481 636	26,343 88	83,306 66
645	416 025	25,396 85	80,311 89	695	483 025	26,362 85	83,366 66
646	417 316	25,416 53	80,374 13	696	484 416	26,381 81	83,426 61
647	418 609	25,436 19	80,436 31	697	485 809	26,400 76	83,486 53
648	419 904	25,455 84	80,498 45	698	487 204	26,419 69	83,546 39
649	421 201	25,475 48	80,560 54	699	488 601	26,438 61	83,606 22
650	422 500	25,495 10	80,622 58	700	490 000	26,457 51	83,666 00

N	N²	$\sqrt{N}$	$\sqrt{10N}$	N	N²	$\sqrt{N}$	$\sqrt{10N}$
700	490 000	26,457 51	83,666 00	750	562 500	27,386 13	86,602 54
701	491 401	26,476 40	83,725 74	751	564 001	27,404 38	86,660 26
702	492 804	26,495 28	83,785 44	752	565 504	27,422 62	86,717 93
703	494 209	26,514 15	83,845 10	753	567 009	27,440 85	86,775 57
704	495 616	26,533 00	83,904 71	754	568 516	27,459 06	86,833 17
705	497 025	26,551 84	83,964 28	755	570 025	27,477 26	86,890 74
706	498 436	26,570 66	84,023 81	756	571 536	27,495 45	86,948 26
707	499 849	26,589 47	84,083 29	757	573 049	27,513 63	87,005 75
708	501 264	26,608 27	84,142 74	758	574 564	27,531 80	87,063 20
709	502 681	26,627 05	84,202 14	759	576 081	27,549 95	87,120 61
710	504 100	26,645 83	84,261 50	760	577 600	27,568 10	87,177 98
711	505 521	26,664 58	84,320 82	761	579 121	27,586 23	87,235 31
712	506 944	26,683 33	84,380 09	762	580 644	27,604 35	87,292 61
713	508 369	26,702 06	84,439 33	763	582 169	27,622 45	87,349 87
714	509 796	26,720 78	84,498 52	764	583 696	27,640 55	87,407 09
715	511 225	26,739 48	84,557 67	765	585 225	27,658 63	87,464 28
716	512 656	26,758 18	84,615 78	766	586 756	27,676 71	87,521 43
717	514 089	26,776 86	84,675 85	767	588 289	27,694 76	87,578 54
718	515 524	26,795 52	84,734 88	768	589 824	27,712 81	87,635 61
719	516 961	26,814 18	84,793 87	769	591 361	27,730 85	87,692 65
720	518 400	26,832 82	84,852 81	770	592 900	27,748 87	87,749 64
721	519 841	26,851 44	84,911 72	771	594 441	27,766 89	87,806 61
722	521 284	26,870 06	84,970 58	772	595 984	27,784 89	87,863 53
723	522 729	26,888 66	85,029 41	773	597 529	27,802 88	87,920 42
724	524 176	26,907 25	85,088 19	774	599 076	27,820 86	87,977 27
725	525 625	26,925 82	85,146 93	775	600 625	27,838 82	88,034 08
726	527 076	26,944 39	85,205 63	776	602 176	27,856 78	88,090 86
727	528 529	26,962 94	85,264 29	777	603 729	27,874 72	88,147 60
728	529 984	26,981 48	85,322 92	778	605 284	27,892 65	88,204 31
729	531 441	27,000 00	85,381 50	779	606 841	27,910 57	88,260 98
730	532 900	27,018 51	85,440 04	780	608 400	27,928 48	88,317 61
731	534 361	27,037 01	85,498 54	781	609 961	27,946 38	88,374 20
732	535 824	27,055 50	85,557 00	782	611 524	27,964 26	88,430 76
733	537 289	27,073 97	85,615 42	783	613 089	27,982 14	88,487 29
734	538 756	27,092 43	85,673 80	784	614 656	28,000 00	88,543 77
735	540 225	27,110 88	85,732 14	785	616 225	28,017 85	88,600 23
736	541 696	27,129 32	85,790 44	786	617 796	28,035 69	88,656 64
737	543 169	27,147 74	85,848 70	787	619 369	28,053 52	88,713 02
738	544 644	27,166 16	85,906 93	788	620 944	28,071 34	88,769 36
739	546 121	27,184 55	85,965 11	789	622 521	28,089 14	88,825 67
740	547 600	27,202 94	86,023 25	790	624 100	28,106 94	88,881 94
741	549 081	27,221 32	86,081 36	791	625 681	28,124 72	88,938 18
742	550 564	27,239 68	86,139 42	792	627 264	28,142 49	88,994 38
743	552 049	27,258 03	86,107 45	793	628 849	28,160 26	89,050 55
744	553 536	27,276 36	86,255 43	794	630 436	28,178 01	89,106 68
745	555 025	27,294 69	86,313 38	795	632 025	28,195 74	89,162 77
746	556 516	27,313 00	86,371 29	796	633 616	28,213 47	89,218 83
747	558 009	27,331 30	86,429 16	797	635 209	28,231 19	89,274 86
748	559 504	27,349 59	86,486 09	798	636 804	28,248 89	89,330 85
749	561 001	27,367 86	86,544 79	799	638 401	28,266 59	89,386 80
750	562 500	27,386 13	86,602 54	800	640 000	28,284 27	89,442 72

N	N²	$\sqrt{N}$	$\sqrt{10N}$	N	N²	$\sqrt{N}$	$\sqrt{10N}$
800	640 000	28,284 27	89,442 72	850	722 500	29,154 76	92,195 44
801	641 601	28,301 94	89,498 60	851	724 201	29,171 90	92,249 66
802	643 204	28,319 60	89,554 45	852	725 904	29,189 04	92,303 85
803	644 809	28,337 25	89,610 27	853	727 609	29,206 16	92,358 00
804	646 416	28,354 89	89,666 05	854	729 316	29,223 28	92,412 12
805	648 025	28,372 52	89,721 79	855	731 025	29,240 38	92,466 21
806	649 636	28,390 14	89,777 50	856	732 736	29,257 48	92,520 27
807	651 249	28,407 75	89,833 18	857	734 449	29,274 56	92,574 29
808	652 864	28,425 34	89,888 82	858	736 164	29,291 64	92,628 29
809	654 481	28,442 93	89,944 43	859	737 881	29,308 70	92,682 25
810	656 100	28,460 50	90,000 00	860	739 600	29,325 76	92,736 18
811	657 721	28,478 06	90,055 54	861	741 321	29,342 80	92,790 09
812	659 344	28,495 61	90,111 04	862	743 044	29,359 84	92,843 96
813	660 969	28,513 15	90,166 51	863	744 769	29,376 86	92,897 79
814	662 596	28,530 69	90,221 95	864	746 496	29,393 88	92,951 60
815	664 225	28,548 20	90,277 35	865	748 225	29,410 88	93,005 38
816	665 856	28,565 71	90,332 72	866	749 956	29,427 88	93,059 12
817	667 489	28,583 21	90,388 05	867	751 689	29,444 86	93,112 83
818	669 124	28,600 70	90,443 35	868	753 424	29,461 84	93,166 52
819	670 761	28,618 18	90,498 62	869	755 161	29,478 81	93,220 17
820	672 400	28,635 64	90,553 85	870	756 900	29,495 76	93,273 79
821	674 041	28,653 10	90,609 05	871	758 641	29,512 71	93,327 38
822	675 684	28,670 54	90,664 22	872	760 384	29,529 65	93,380 94
823	677 329	28,687 98	90,719 35	873	762 129	29,546 57	93,434 47
824	678 976	28,705 40	90,774 45	874	763 876	29,563 49	93,487 97
825	680 625	28,722 81	90,829 51	875	765 625	29,580 40	93,541 43
826	682 276	28,740 22	90,884 54	876	767 376	29,597 30	93,594 87
827	683 929	28,757 61	90,939 54	877	769 129	29,614 19	93,648 28
828	685 584	28,774 99	90,994 51	878	770 884	29,631 06	93,701 65
829	687 241	28,792 36	91,049 44	879	772 641	29,647 93	93,755 00
830	688 900	28,809 72	91,104 34	880	774 400	29,664 79	93,808 32
831	690 561	28,827 07	91,159 20	881	776 161	29,681 64	93,861 60
832	692 224	28,844 41	91,214 03	882	777 924	29,698 48	93,914 86
833	693 889	28,861 74	91,268 83	883	779 689	29,715 32	93,968 08
834	695 556	28,879 06	91,323 60	884	781 456	29,732 14	94,020 27
835	697 225	28,896 37	91,378 33	885	783 225	29,748 95	94,074 44
836	698 896	28,913 66	91,433 04	886	784 996	29,765 75	94,127 57
837	700 569	28,930 95	91,487 70	887	786 769	29,782 55	94,180 68
838	702 244	28,948 23	91,542 34	888	788 544	29,799 33	94,233 75
839	703 921	28,965 50	91,596 94	889	790 321	29,816 10	94,286 80
840	705 600	28,982 75	91,651 51	890	792 100	29,832 87	94,339 81
841	707 281	29,000 00	91,706 05	891	793 881	29,849 62	94,392 80
842	708 964	29,017 24	91,760 56	892	795 664	29,866 37	94,445 75
843	710 649	29,034 46	91,815 03	893	797 449	29,883 11	94,498 68
844	712 336	29,051 68	91,869 47	894	799 236	29,899 83	94,551 57
845	714 025	29,068 88	91,923 88	895	801 025	29,916 55	94,604 44
846	715 716	29,086 08	91,978 26	896	802 816	29,933 26	94,657 28
847	717 409	29,103 26	92,032 60	897	804 609	29,949 96	94,710 08
848	719 104	29,120 44	92,086 92	898	806 404	29,966 65	94,762 86
849	720 801	29,137 60	92,141 20	899	808 201	29,983 33	94,815 61
850	722 500	29,154 76	92,195 44	900	810 000	30,000 00	94,868 33

N	N²	$\sqrt{N}$	$\sqrt{10N}$	N	N²	$\sqrt{N}$	$\sqrt{10N}$
900	810 000	30,000 00	94,868 33	950	902 500	30,822 07	97,467 94
901	811 801	30,016 66	94,921 02	951	904 401	30,838 29	97,519 23
902	813 604	30,033 31	94,973 68	952	906 304	30,854 50	97,570 49
903	815 409	30,049 96	95,026 31	953	908 209	30,870 70	97,621 72
904	817 216	30,066 59	95,078 91	954	910 116	30,886 89	97,672 92
905	819 025	30,083 22	95,131 49	955	912 025	30,903 07	97,724 10
906	820 836	30,099 83	95,184 03	956	913 936	30,919 25	97,775 25
907	822 649	30,116 44	95,236 55	957	915 849	30,935 42	97,826 38
908	824 464	30,133 04	95,289 03	958	917 764	30,951 58	97,877 47
909	826 281	30,149 63	95,341 49	959	919 681	30,967 73	97,928 55
910	828 100	30,166 21	95,393 92	960	921 600	30,983 87	97,979 59
911	829 921	30,182 78	95,446 32	961	928 521	31,000 00	98,030 61
912	831 744	30,199 34	95,498 69	962	925 444	31,016 12	98,081 60
913	833 569	30,215 89	95,551 03	963	927 369	31,032 24	98,132 56
914	835 396	30,232 43	95,603 35	964	929 296	31,048 35	98,183 50
915	837 225	30,248 97	95,655 63	965	931 225	31,064 45	98,234 41
916	839 056	30,265 49	96,707 89	966	933 156	31,080 54	98,285 30
917	840 889	30,282 01	95,760 12	967	935 089	31,096 62	98,336 16
918	842 724	30,298 51	95,812 32	968	937 024	31,112 70	98,386 99
919	844 561	30,315 01	95,864 49	969	938 961	31,128 76	98,437 80
920	846 400	30,331 50	95,916 63	970	940 900	31,144 82	98,488 58
921	848 241	30,347 98	95,968 74	971	942 841	31,160 87	98,539 33
922	850 084	30,364 45	96,020 83	972	944 784	31,176 91	98,590 06
923	851 929	30,380 92	96,072 89	973	946 729	31,192 95	98,640 76
924	853 776	30,397 35	96,124 92	974	948 676	31,208 97	98,691 44
925	855 625	30,413 81	96,176 92	975	950 625	31,224 99	98,742 09
926	857 476	30,430 25	96,228 89	976	952 576	31,241 00	98,792 71
927	859 329	30,446 67	96,280 84	977	954 529	31,257 00	98,843 31
928	861 184	30,463 09	96,332 76	978	956 484	31,272 99	98,893 88
929	863 041	30,479 50	96,284 65	979	958 441	31,288 98	98,944 43
930	864 900	30,495 90	96,436 51	980	960 400	31,304 95	98,994 95
931	866 761	30,512 29	96,488 32	981	962 361	31,320 92	99,045 44
932	868 624	30,528 68	96,540 15	982	964 324	31,336 88	99,095 91
933	870 489	30,545 05	96,591 93	983	966 144	31,432 47	99,448 48
934	872 356	30,561 41	96,643 68	984	968 256	31,368 77	99,196 77
935	874 225	30,577 77	96,695 40	985	970 225	31,384 71	99,247 17
936	876 096	30,594 12	96,747 09	986	972 196	31,400 64	99,297 53
937	877 969	30,610 46	96,798 76	987	974 169	31,416 56	99,347 87
938	879 844	30,626 79	96,850 40	988	976 144	31,432 47	99,398 19
939	881 721	30,643 11	96,902 01	989	978 121	31,448 37	99,448 48
940	883 600	30,659 42	96,953 60	990	980 100	31,464 27	99,498 74
941	885 481	30,675 72	97,005 15	991	982 081	31,480 15	99,548 98
942	887 364	30,692 02	97,056 68	992	984 064	31,496 03	99,599 20
943	889 249	30,708 31	97,108 19	993	986 049	31,511 90	99,649 39
944	891 136	30,724 58	97,159 66	994	988 036	31,527 77	99,699 55
945	893 025	30,740 85	97,211 11	995	990 025	31,543 62	99,749 69
946	894 916	30,757 11	97,262 53	996	992 016	31,559 47	99,799 80
947	896 809	30,773 37	97,313 93	997	994 009	31,575 31	99,849 89
948	898 704	30,789 61	97,365 29	998	996 004	31,591 14	99,899 95
949	900 601	30,805 84	97,416 63	999	998 001	31,606 96	99,949 99
950	902 500	30,822 07	97,467 94	1000	1 000 000	31,622 78	100,000 00

ANNEXE 6
TABLES DE DISTRIBUTIONS F

Les tables suivantes donnent les valeurs critiques de F aux seuils de signification de 0,05 et 0,01. Le nombre de degrés de liberté du *numérateur* apparaît en haut de chaque *colonne* et le nombre de degrés de liberté du *dénominateur* détermine la *ligne* où se trouve la valeur critique désirée.

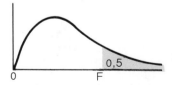

Valeurs critiques de F_{v_1,v_2} pour $\alpha = 0,05$

v_1 = degrés de liberté du numérateur

v_2	1	2	3	4	5	6	7	8	9	10	12	15	20	24	30	40	60	120	∞
1	161	200	216	225	230	234	237	239	241	242	244	246	248	249	250	251	252	253	254
2	18,5	19,0	19,2	19,2	19,3	19,3	19,4	19,4	19,4	19,4	19,4	19,4	19,4	19,5	19,5	19,5	19,5	19,5	19,5
3	10,1	9,55	9,28	9,12	9,01	8,94	8,89	8,85	8,81	8,79	8,74	8,70	8,66	8,64	8,62	8,59	8,57	8,55	8,53
4	7,71	6,94	6,59	6,39	6,26	6,16	6,09	6,04	6,00	5,96	5,91	5,86	5,80	5,77	5,75	5,72	5,69	5,66	5,63
5	6,61	5,79	5,41	5,19	5,05	4,95	4,88	4,82	4,77	4,74	4,68	4,62	4,56	4,53	4,50	4,46	4,43	4,40	4,37
6	5,99	5,14	4,76	4,53	4,39	4,28	4,21	4,15	4,10	4,06	4,00	3,94	3,87	3,84	3,81	3,77	3,74	3,70	3,67
7	5,59	4,74	4,35	4,12	3,97	3,87	3,79	3,73	3,68	3,64	3,57	3,51	3,44	3,41	3,38	3,34	3,30	3,27	3,23
8	5,32	4,46	4,07	3,84	3,69	3,58	3,50	3,44	3,39	3,35	3,28	3,22	3,15	3,12	3,08	3,04	3,01	2,97	2,93
9	5,12	4,26	3,86	3,63	3,48	3,37	3,29	3,23	3,18	3,14	3,07	3,01	2,94	2,90	2,86	2,83	2,79	2,75	2,71
10	4,96	4,10	3,71	3,48	3,33	3,22	3,14	3,07	3,02	2,98	2,91	2,85	2,77	2,74	2,70	2,66	2,62	2,58	2,54
11	4,84	3,98	3,59	3,36	3,20	3,09	3,01	2,95	2,90	2,85	2,79	2,72	2,65	2,61	2,57	2,53	2,49	2,45	2,40
12	4,75	3,89	3,49	3,26	3,11	3,00	2,91	2,85	2,80	2,75	2,69	2,62	2,54	2,51	2,47	2,43	2,38	2,34	2,30
13	4,67	3,81	3,41	3,18	3,03	2,92	2,83	2,77	2,71	2,67	2,60	2,53	2,46	2,42	2,38	2,34	2,30	2,25	2,21
14	4,60	3,74	3,34	3,11	2,96	2,85	2,76	2,70	2,65	2,60	2,53	2,46	2,39	2,35	2,31	2,27	2,22	2,18	2,13
15	4,54	3,68	3,29	3,06	2,90	2,79	2,71	2,64	2,59	2,54	2,48	2,40	2,33	2,29	2,25	2,20	2,16	2,11	2,07
16	4,49	3,63	3,24	3,01	2,85	2,74	2,66	2,59	2,54	2,49	2,42	2,35	2,28	2,24	2,19	2,15	2,11	2,06	2,01
17	4,45	3,59	3,20	2,96	2,81	2,70	2,61	2,55	2,49	2,45	2,38	2,31	2,23	2,19	2,15	2,10	2,06	2,01	1,96
18	4,41	3,55	3,16	2,93	2,77	2,66	2,58	2,51	2,46	2,41	2,34	2,27	2,19	2,15	2,11	2,06	2,02	1,97	1,92
19	4,38	3,52	3,13	2,90	2,74	2,63	2,54	2,48	2,42	2,38	2,31	2,23	2,16	2,11	2,07	2,03	1,98	1,93	1,88
20	4,35	3,49	3,10	2,87	2,71	2,60	2,51	2,45	2,39	2,35	2,28	2,20	2,12	2,08	2,04	1,99	1,95	1,90	1,84
21	4,32	3,47	3,07	2,84	2,68	2,57	2,49	2,42	2,37	2,32	2,25	2,18	2,10	2,05	2,01	1,96	1,92	1,87	1,81
22	4,30	3,44	3,05	2,82	2,66	2,55	2,46	2,40	2,34	2,30	2,23	2,15	2,07	2,03	1,98	1,94	1,89	1,84	1,78
23	4,28	3,42	3,03	2,80	2,64	2,53	2,44	2,37	2,32	2,27	2,20	2,13	2,05	2,01	1,96	1,91	1,86	1,81	1,76
24	4,26	3,40	3,01	2,78	2,62	2,51	2,42	2,36	2,30	2,25	2,18	2,11	2,03	1,98	1,94	1,89	1,84	1,79	1,73
25	4,24	3,39	2,99	2,76	2,60	2,49	2,40	2,34	2,28	2,24	2,16	2,09	2,01	1,96	1,92	1,87	1,82	1,77	1,71
30	4,17	3,32	2,92	2,69	2,53	2,42	2,33	2,27	2,21	2,16	2,09	2,01	1,93	1,89	1,84	1,79	1,74	1,68	1,62
40	4,08	3,23	2,84	2,61	2,45	2,34	2,25	2,18	2,12	2,08	2,00	1,92	1,84	1,79	1,74	1,69	1,64	1,58	1,51
60	4,00	3,15	2,76	2,53	2,37	2,25	2,17	2,10	2,04	1,99	1,92	1,84	1,75	1,70	1,65	1,59	1,53	1,47	1,39
120	3,92	3,07	2,68	2,45	2,29	2,18	2,09	2,02	1,96	1,91	1,83	1,75	1,66	1,61	1,55	1,50	1,43	1,35	1,25
∞	3,84	3,00	2,60	2,37	2,21	2,10	2,01	1,94	1,88	1,83	1,75	1,67	1,57	1,52	1,46	1,39	1,32	1,22	1,00

v_2 = degrés de liberté du dénominateur

0,01

Valeurs critiques de F_{v_1,v_2} pour $\alpha = 0,01$

0   F

v_1 = degrés de liberté du numérateur

v_2 = degrés de liberté du dénominateur

	1	2	3	4	5	6	7	8	9	10	12	15	20	24	30	40	60	120	∞
1	4052	5000	5403	5625	5764	5859	5928	5982	6023	6056	6106	6157	6209	6235	6261	6287	6313	6339	6366
2	98,5	99,0	99,2	99,2	99,3	99,3	99,4	99,4	99,4	99,4	99,4	99,4	99,4	99,5	99,5	99,5	99,5	99,5	99,5
3	34,1	30,8	29,5	28,7	28,2	27,9	27,7	27,5	27,3	27,2	27,1	26,9	26,7	26,6	26,5	26,4	26,3	26,2	26,1
4	21,2	18,0	16,7	16,0	15,5	15,2	15,0	14,8	14,7	14,5	14,4	14,2	14,0	13,9	13,8	13,7	13,7	13,6	13,5
5	16,3	13,3	12,1	11,4	11,0	10,7	10,5	10,3	10,2	10,1	9,89	9,72	9,55	9,47	9,38	9,29	9,20	9,11	9,02
6	13,7	10,9	9,78	9,15	8,75	8,47	8,26	8,10	7,98	7,87	7,72	7,56	7,40	7,31	7,23	7,14	7,06	6,97	6,88
7	12,2	9,55	8,45	7,85	7,46	7,19	6,99	6,84	6,72	6,62	6,47	6,31	6,16	6,07	5,99	5,91	5,82	5,74	5,65
8	11,3	8,65	7,59	7,01	6,63	6,37	6,18	6,03	5,91	5,81	5,67	5,52	5,36	5,28	5,20	5,12	5,03	4,95	4,86
9	10,6	8,02	6,99	6,42	6,06	5,80	5,61	5,47	5,35	5,26	5,11	4,96	4,81	4,73	4,65	4,57	4,48	4,40	4,31
10	10,0	7,56	6,55	5,99	5,64	5,39	5,20	5,06	4,94	4,85	4,71	4,56	4,41	4,33	4,25	4,17	4,08	4,00	3,91
11	9,65	7,21	6,22	5,67	5,32	5,07	4,89	4,74	4,63	4,54	4,40	4,25	4,10	4,02	3,94	3,86	3,78	3,69	3,60
12	9,33	6,93	5,95	5,41	5,06	4,82	4,64	4,50	4,39	4,30	4,16	4,01	3,86	3,78	3,70	3,62	3,54	3,45	3,36
13	9,07	6,70	5,74	5,21	4,86	4,62	4,44	4,30	4,19	4,10	3,96	3,82	3,66	3,59	3,51	3,43	3,34	3,25	3,17
14	8,86	6,51	5,56	5,04	4,70	4,46	4,28	4,14	4,03	3,94	3,80	3,66	3,51	3,43	3,35	3,27	3,18	3,09	3,00
15	8,68	6,36	5,42	4,89	4,56	4,32	4,14	4,00	3,89	3,80	3,67	3,52	3,37	3,29	3,21	3,13	3,05	2,96	2,87
16	8,53	6,23	5,29	4,77	4,44	4,20	4,03	3,89	3,78	3,69	3,55	3,41	3,26	3,18	3,10	3,02	2,93	2,84	2,75
17	8,40	6,11	5,19	4,67	4,34	4,10	3,93	3,79	3,68	3,59	3,46	3,31	3,16	3,08	3,00	2,92	2,83	2,75	2,65
18	8,29	6,01	5,09	4,58	4,25	4,01	3,84	3,71	3,60	3,51	3,37	3,23	3,08	3,00	2,92	2,84	2,75	2,66	2,57
19	8,19	5,93	5,01	4,50	4,17	3,94	3,77	3,63	3,52	3,43	3,30	3,15	3,00	2,92	2,84	2,76	2,67	2,58	2,49
20	8,10	5,85	4,94	4,43	4,10	3,87	3,70	3,56	3,46	3,37	3,23	3,09	2,94	2,86	2,78	2,69	2,61	2,52	2,42
21	8,02	5,78	4,87	4,37	4,04	3,81	3,64	3,51	3,40	3,31	3,17	3,03	2,88	2,80	2,72	2,64	2,55	2,46	2,36
22	7,95	5,72	4,82	4,31	3,99	3,76	3,59	3,45	3,35	3,26	3,12	2,98	2,83	2,75	2,67	2,58	2,50	2,40	2,31
23	7,88	5,66	4,76	4,26	3,94	3,71	3,54	3,41	3,30	3,21	3,07	2,93	2,78	2,70	2,62	2,54	2,45	2,35	2,26
24	7,82	5,61	4,72	4,22	3,90	3,67	3,50	3,36	3,26	3,17	3,03	2,89	2,74	2,66	2,58	2,49	2,40	2,31	2,21
25	7,77	5,57	4,68	4,18	3,86	3,63	3,46	3,32	3,22	3,13	2,99	2,85	2,70	2,62	2,53	2,45	2,36	2,27	2,17
30	7,56	5,39	4,51	4,02	3,70	3,47	3,30	3,17	3,07	2,98	2,84	2,70	2,55	2,47	2,39	2,30	2,21	2,11	2,01
40	7,31	5,18	4,31	3,83	3,51	3,29	3,12	2,99	2,89	2,80	2,66	2,52	2,37	2,29	2,20	2,11	2,02	1,92	1,80
60	7,08	4,98	4,13	3,65	3,34	3,12	2,95	2,82	2,72	2,63	2,50	2,35	2,20	2,12	2,03	1,94	1,84	1,73	1,60
120	6,85	4,79	3,95	3,48	3,17	2,96	2,79	2,66	2,56	2,47	2,34	2,19	2,03	1,95	1,86	1,76	1,66	1,53	1,38
∞	6,63	4,61	3,78	3,32	3,02	2,80	2,64	2,51	2,41	2,32	2,18	2,04	1,88	1,79	1,70	1,59	1,47	1,32	1,00

Source: Maxime Merrington et Catherine M. Thompson, « Tables of the Percentages Points of the Inverted F-Distribution », *Biometrika*, vol. 33, 1943, p. 73-88. Reproduit avec l'autorisation des détenteurs des droits d'auteur de *Biometrika*.

ANNEXE 7
DISTRIBUTIONS DU KHI-CARRÉ

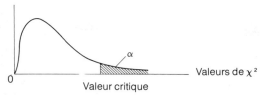

Exemple: Dans une distribution χ^2 à 6 degrés de liberté
(d.l.), l'aire à droite de la valeur critique 12,592 — *i.e.*
l'aire α — est de 0,05.

Degrés de liberté (d.l.)	Aire hachurée (α)		
	0,10	0,05	0,01
1	2,706	3,841	6,635
2	4,605	5,991	9,210
3	6,251	7,815	11,345
4	7,779	9,488	13,277
5	9,236	11,070	15,086
6	10,645	12,592	16,812
7	12,017	14,067	18,475
8	13,362	15,507	20,090
9	14,684	16,919	21,666
10	15,987	18,307	23,209
11	17,275	19,675	24,725
12	18,549	21,026	26,217
13	19,812	22,362	27,688
14	21,064	23,685	29,141
15	22,307	24,996	30,578
16	23,542	26,296	32,000
17	24,769	27,587	33,409
18	25,989	28,869	34,805
19	27,204	30,144	36,191
20	28,412	31,410	37,566
21	29,615	32,671	38,932
22	30,813	33,924	40,289
23	32,007	35,172	41,638
24	33,196	36,415	42,980
25	34,382	37,652	44,314
26	35,563	38,885	45,642
27	36,741	40,113	46,963
28	37,916	41,337	48,278
29	39,087	42,557	49,588
30	40,256	42,773	50,892

Source: Tiré de la Table IV du livre de Fisher et Yates, *Statistical Tables for Biological, Agricultural and Medical Research*, Londres, Longman Group, Ltd. (publié précédemment par Oliver & Boyd, Ltd., Édimbourg). Reproduit avec l'autorisation des auteurs et des éditeurs.

ANNEXE 8
VALEURS CRITIQUES DE T POUR $\alpha = 0,05$
ET $\alpha = 0,01$ **DANS UN TEST**
DE RANGS DE WILCOXON

	Test bilatéral		Test unilatéral	
n	0,05	0,01	0,05	0,01
4				
5			0	
6	0		2	
7	2		3	0
8	3	0	5	1
9	5	1	8	3
10	8	3	10	5
11	10	5	13	7
12	13	7	17	9
13	17	9	21	12
14	21	12	25	15
15	25	15	30	19
16	29	19	35	23
17	34	23	41	27
18	40	27	47	32
19	46	32	53	37
20	52	37	60	43
21	58	42	67	49
22	65	48	75	55
23	73	54	83	62
24	81	61	91	69
25	89	68	100	76
26	98	75	110	84
27	107	83	119	92
28	116	91	130	101
29	126	100	140	110
30	137	109	151	120
31	147	118	163	130
32	159	128	175	140
33	170	138	187	151
34	182	148	200	162
35	195	159	213	173
40	264	220	286	238
50	434	373	466	397
60	648	567	690	600
70	907	805	960	846
80	1211	1086	1276	1136
90	1560	1410	1638	1471
100	1955	1779	2045	1850

Source: Tiré de « Extended Tables of the Wilcoxon Matched Pairs Signed Rank Statistic », publié par Robert L. McCormack dans *Journal of the American Statistical Association*, septembre 1965, p. 866-867.

ANNEXE 9
DISTRIBUTION DE U DANS UN TEST DE MANN-WHITNEY

Tables pour un test unilatéral

Valeurs critiques de U : $\alpha = 0,05$ pour un test unilatéral
(et $\alpha = 0,10$ pour un test bilatéral)

$n_1 \backslash n_2$	1	2	3	4	5	6	7	8	9	10	11	12	13	14	15	16	17	18	19	20
1																			0	0
2				0	0	0	1	1	1	1	2	2	2	3	3	3	4	4	4	4
3			0	0	1	2	2	3	3	4	5	5	6	7	7	8	9	9	10	11
4			0	1	2	3	4	5	6	7	8	9	10	11	12	14	15	16	17	18
5		0	1	2	4	5	6	8	9	11	12	13	15	16	18	19	20	22	23	25
6		0	2	3	5	7	8	10	12	14	16	17	19	21	23	25	26	28	30	32
7		0	2	4	6	8	11	13	15	17	19	21	24	26	28	30	33	35	37	39
8		1	3	5	8	10	13	15	18	20	23	26	28	31	33	36	39	41	44	47
9		1	3	6	9	12	15	18	21	24	27	30	33	36	39	42	45	48	51	54
10		1	4	7	11	14	17	20	24	27	31	34	37	41	44	48	51	55	58	62
11		1	5	8	12	16	19	23	27	31	34	38	42	46	50	54	57	61	65	69
12		2	5	9	13	17	21	26	30	34	38	42	47	51	55	60	64	68	72	77
13		2	6	10	15	19	24	28	33	37	42	47	51	56	61	65	70	75	80	84
14		2	7	11	16	21	26	31	36	41	46	51	56	61	66	71	77	82	87	92
15		3	7	12	18	23	28	33	39	44	50	55	61	66	72	77	83	88	94	100
16		3	8	14	19	25	30	36	42	48	54	60	65	71	77	83	89	95	101	107
17		3	9	15	20	26	33	39	45	51	57	64	70	77	83	89	96	102	109	115
18		4	9	16	22	28	35	41	48	55	61	68	75	82	88	95	102	109	116	123
19	0	4	10	17	23	30	37	44	51	58	65	72	80	87	94	101	109	116	123	130
20	0	4	11	18	25	32	39	47	54	62	69	77	84	92	100	107	115	123	130	138

Valeurs critiques de U : $\alpha = 0,01$ pour un test unilatéral
(et $\alpha = 0,02$ pour un test bilatéral)

$n_1 \backslash n_2$	1	2	3	4	5	6	7	8	9	10	11	12	13	14	15	16	17	18	19	20
1																				
2													0	0	0	0	0	0	1	1
3							0	0	1	1	1	2	2	2	3	3	4	4	4	5
4					0	1	1	2	3	3	4	5	5	6	7	7	8	9	9	10
5				0	1	2	3	4	5	6	7	8	9	10	11	12	13	14	15	16
6				1	2	3	4	6	7	8	9	11	12	13	15	16	18	19	20	22
7			0	1	3	4	6	7	9	11	12	14	16	17	19	21	23	24	26	28
8			0	2	4	6	7	9	11	13	15	17	20	22	24	26	28	30	32	34
9			1	3	5	7	9	11	14	16	18	21	23	26	28	31	33	36	38	40
10			1	3	6	8	11	13	16	19	22	24	27	30	33	36	38	41	44	47
11			1	4	7	9	12	15	18	22	25	28	31	34	37	41	44	47	50	53
12			2	5	8	11	14	17	21	24	28	31	35	38	42	46	49	53	56	60
13		0	2	5	9	12	16	20	23	27	31	35	39	43	47	51	55	59	63	67
14		0	2	6	10	13	17	22	26	30	34	38	43	47	51	56	60	65	69	73
15		0	3	7	11	15	19	24	28	33	37	42	47	51	56	61	66	70	75	80
16		0	3	7	12	16	21	26	31	36	41	46	51	56	61	66	71	76	82	87
17		0	4	8	13	18	23	28	33	38	44	49	55	60	66	71	77	82	88	93
18		0	4	9	14	19	24	30	36	41	47	53	59	65	70	76	82	88	94	100
19		1	4	9	15	20	26	32	38	44	50	56	63	69	75	82	88	94	101	107
20		1	5	10	16	22	28	34	40	47	53	60	67	73	80	87	93	100	107	114

Tables pour un test bilatéral

Valeurs critiques de U : $\alpha = 0,05$ pour un test bilatéral
(et $\alpha = 0,025$ pour un test unilatéral)

n_1 \ n_2	1	2	3	4	5	6	7	8	9	10	11	12	13	14	15	16	17	18	19	20
1																				
2								0	0	0	0	1	1	1	1	1	2	2	2	2
3					0	1	1	2	2	3	3	4	4	5	5	6	6	7	7	8
4				0	1	2	3	4	4	5	6	7	8	9	10	11	11	12	13	13
5			0	1	2	3	5	6	7	8	9	11	12	13	14	15	17	18	19	20
6			1	2	3	5	6	8	10	11	13	14	16	17	19	21	22	24	25	27
7			1	3	5	6	8	10	12	14	16	18	20	22	24	26	28	30	32	34
8		0	2	4	6	8	10	13	15	17	19	22	24	26	29	31	34	36	38	41
9		0	2	4	7	10	12	15	17	20	23	26	28	31	34	37	39	42	45	48
10		0	3	5	8	11	14	17	20	23	26	29	33	36	39	42	45	48	52	55
11		0	3	6	9	13	16	19	23	26	30	33	37	40	44	47	51	55	58	62
12		1	4	7	11	14	18	22	26	29	33	37	41	45	49	53	57	61	65	69
13		1	4	8	12	16	20	24	28	33	37	41	45	50	54	59	63	67	72	76
14		1	5	9	13	17	22	26	31	36	40	45	50	55	59	64	67	74	78	83
15		1	5	10	14	19	24	29	34	39	44	49	54	59	64	70	75	80	85	90
16		1	6	11	15	21	26	31	37	42	47	53	59	64	70	75	81	86	92	98
17		2	6	11	17	22	28	34	39	45	51	57	63	67	75	81	87	93	99	105
18		2	7	12	18	24	30	36	42	48	55	61	67	74	80	86	93	99	106	112
19		2	7	13	19	25	32	38	45	52	58	65	72	78	85	92	99	106	113	119
20		2	8	13	20	27	34	41	48	55	62	69	76	83	90	98	105	112	119	127

Valeurs critiques de U : $\alpha = 0,01$ pour un test bilatéral
(et $\alpha = 0,005$ pour un test unilatéral)

n_1 \ n_2	1	2	3	4	5	6	7	8	9	10	11	12	13	14	15	16	17	18	19	20
1																				
2																			0	0
3									0	0	0	1	1	1	2	2	2	2	3	3
4						0	0	1	1	2	2	3	3	4	5	5	6	6	7	8
5					0	1	1	2	3	4	5	6	7	7	8	9	10	11	12	13
6				0	1	2	3	4	5	6	7	9	10	11	12	13	15	16	17	18
7				0	1	3	4	6	7	9	10	12	13	15	16	18	19	21	22	24
8				1	2	4	6	7	9	11	13	15	17	18	20	22	24	26	28	30
9			0	1	3	5	7	9	11	13	16	18	20	22	24	27	29	31	33	36
10			0	2	4	6	9	11	13	16	18	21	24	26	29	31	34	37	39	42
11			0	2	5	7	10	13	16	18	21	24	27	30	33	36	39	42	45	48
12			1	3	6	9	12	15	18	21	24	27	31	34	37	41	44	47	51	54
13			1	3	7	10	13	17	20	24	27	31	34	38	42	45	49	53	56	60
14			1	4	7	11	15	18	22	26	30	34	38	42	46	50	54	58	63	67
15			2	5	8	12	16	20	24	29	33	37	42	46	51	55	60	64	69	73
16			2	5	9	13	18	22	27	31	36	41	45	50	55	60	65	70	74	79
17			2	6	10	15	19	24	29	34	39	44	49	54	60	65	70	75	81	86
18			2	6	11	16	21	26	31	37	42	47	53	58	64	70	75	81	87	92
19		0	3	7	12	17	22	28	33	39	45	51	56	63	69	74	81	87	93	99
20		0	3	8	13	18	24	30	36	42	48	54	60	67	73	79	86	92	99	105

Source : Reproduit avec l'autorisation de William H. Beyer (sous la direction de) à partir de *Handbook of Tables for Probability and Statistics*, 2ᵉ éd., 1968, copyright The Chemical Rubber Co., CRC Press, Inc.

ANNEXE 10
VALEURS CRITIQUES DE r DANS UN TEST DE SÉQUENCES

Toute valeur échantillonnale r inférieure ou égale à celle trouvée dans la table (a) ou supérieure ou égale à celle de la table (b) cause le rejet de H_0 au seuil de signification de 0,05.

n_1 \ n_2	2	3	4	5	6	7	8	9	10	11	12	13	14	15	16	17	18	19	20
2											2	2	2	2	2	2	2	2	2
3					2	2	2	2	2	2	2	2	2	3	3	3	3	3	3
4				2	2	2	3	3	3	3	3	3	3	3	4	4	4	4	4
5			2	2	3	3	3	3	3	4	4	4	4	4	4	4	5	5	5
6		2	2	3	3	3	3	4	4	4	4	5	5	5	5	5	5	6	6
7		2	2	3	3	3	4	4	5	5	5	5	5	6	6	6	6	6	6
8		2	3	3	3	4	4	5	5	5	6	6	6	6	6	7	7	7	7
9		2	3	3	4	4	5	5	5	6	6	6	7	7	7	7	8	8	8
10		2	3	3	4	5	5	5	6	6	7	7	7	7	8	8	8	8	9
11		2	3	4	4	5	5	6	6	7	7	7	8	8	8	9	9	9	9
12	2	2	3	4	4	5	6	6	7	7	7	8	8	8	9	9	9	10	10
13	2	2	3	4	5	5	6	6	7	7	8	8	9	9	9	10	10	10	10
14	2	2	3	4	5	5	6	7	7	8	8	9	9	9	10	10	10	11	11
15	2	3	3	4	5	6	6	7	7	8	8	9	9	10	10	11	11	11	12
16	2	3	4	4	5	6	6	7	8	8	9	9	10	10	11	11	11	12	12
17	2	3	4	4	5	6	7	7	8	9	9	10	10	11	11	11	12	12	13
18	2	3	4	5	5	6	7	8	8	9	9	10	10	11	11	12	12	13	13
19	2	3	4	5	6	6	7	8	8	9	10	10	11	11	12	12	13	13	13
20	2	3	4	5	6	6	7	8	9	9	10	10	11	12	12	13	13	13	14

(a)

n_1 \ n_2	2	3	4	5	6	7	8	9	10	11	12	13	14	15	16	17	18	19	20
2											6	6	6	6	6	6	6	6	6
3					8	8	8	8	8	8	8	8	8	8	8	8	8	8	8
4				9	9	10	10	10	10	10	10	10	10	10	10	10	10	10	10
5			9	10	10	11	11	12	12	12	12	12	12	12	12	12	12	12	12
6		8	9	10	11	12	12	13	13	13	13	14	14	14	14	14	14	14	14
7		8	10	11	12	13	13	14	14	14	14	15	15	15	16	16	16	16	16
8		8	10	11	12	13	14	14	15	15	16	16	16	16	17	17	17	17	17
9		8	10	12	13	14	14	15	16	16	16	17	17	18	18	18	18	18	18
10		8	10	12	13	14	15	16	16	17	17	18	18	18	19	19	19	20	20
11		8	10	12	13	14	15	16	17	17	18	19	19	19	20	20	20	21	21
12	6	8	10	12	13	14	16	16	17	18	19	19	20	20	21	21	21	22	22
13	6	8	10	12	14	15	16	17	18	19	19	20	20	21	21	22	22	23	23
14	6	8	10	12	14	15	16	17	18	19	20	20	21	22	22	23	23	23	24
15	6	8	10	12	14	15	16	18	18	19	20	21	22	22	23	23	24	24	25
16	6	8	10	12	14	16	17	18	19	20	21	21	22	23	23	24	25	25	25
17	6	8	10	12	14	16	17	18	19	20	21	22	23	23	24	25	25	26	26
18	6	8	10	12	14	16	17	18	19	20	21	22	23	24	25	25	26	26	27
19	6	8	10	12	14	16	17	18	20	21	22	23	23	24	25	26	26	27	27
20	6	8	10	12	14	16	17	18	20	21	22	23	24	25	25	26	27	27	28

(b)

INDEX